ཐུན་རིན་གྱི་ལོ་རིམ་གསལ་བའི་མེ་ལོང་།

同仁年鉴

TONGREN YEARBOOK 2022

同仁市志鉴编纂委员会　编

方志出版社
Publishing House of Local Records

图书在版编目（CIP）数据

同仁年鉴．2022 / 同仁市志鉴编纂委员会编．—北京：方志出版社，2022.11
ISBN 978-7-5144-5422-2

Ⅰ．①同… Ⅱ．①同… Ⅲ．①同仁－2022－年鉴
Ⅳ．①Z524.44

中国版本图书馆 CIP 数据核字（2022）第 247828 号

责任编辑　罗滔
责任校对　刘玉霞
责任印制　梅中英
出 版 者　方志出版社
地　　址　北京市朝阳区潘家园东里 9 号（国家方志馆 4 层）
邮　　编　100021
网　　址　http://www.zgfzcb.cn
发　　行　方志出版社图书营销中心（010-67110500）
印　　刷　成都市兴雅致印务有限责任公司
开　　本　889 毫米 ×1194 毫米　1/16
印　　张　30.5
字　　数　680 千字
版　　次　2022 年 11 月第 1 版
印　　次　2022 年 11 月第 1 次印刷
定　　价　288.00 元

同仁市志鉴编纂委员会

主　　任	赵建国				
副主任	陈　峻	王旭龄			
委　　员	陈国著	钱　鑫	桑　多	辛作鲲	刘立功
	马新国	董　涛	才　巴	傲赛多杰	李本太
	汤海明	官却加	夏吾加	史智华	敏　飞
	才让扎西	秦丽华	卡本加	才让东智	王　祥
	才让多杰	王世海	柳小军	李积燕	

《同仁年鉴（2022）》编辑部

主　　编	陈　峻	王旭龄	
副主编	李积燕		
编　　务	李小英	才让卓玛	拉毛卓玛

同仁行政区划图

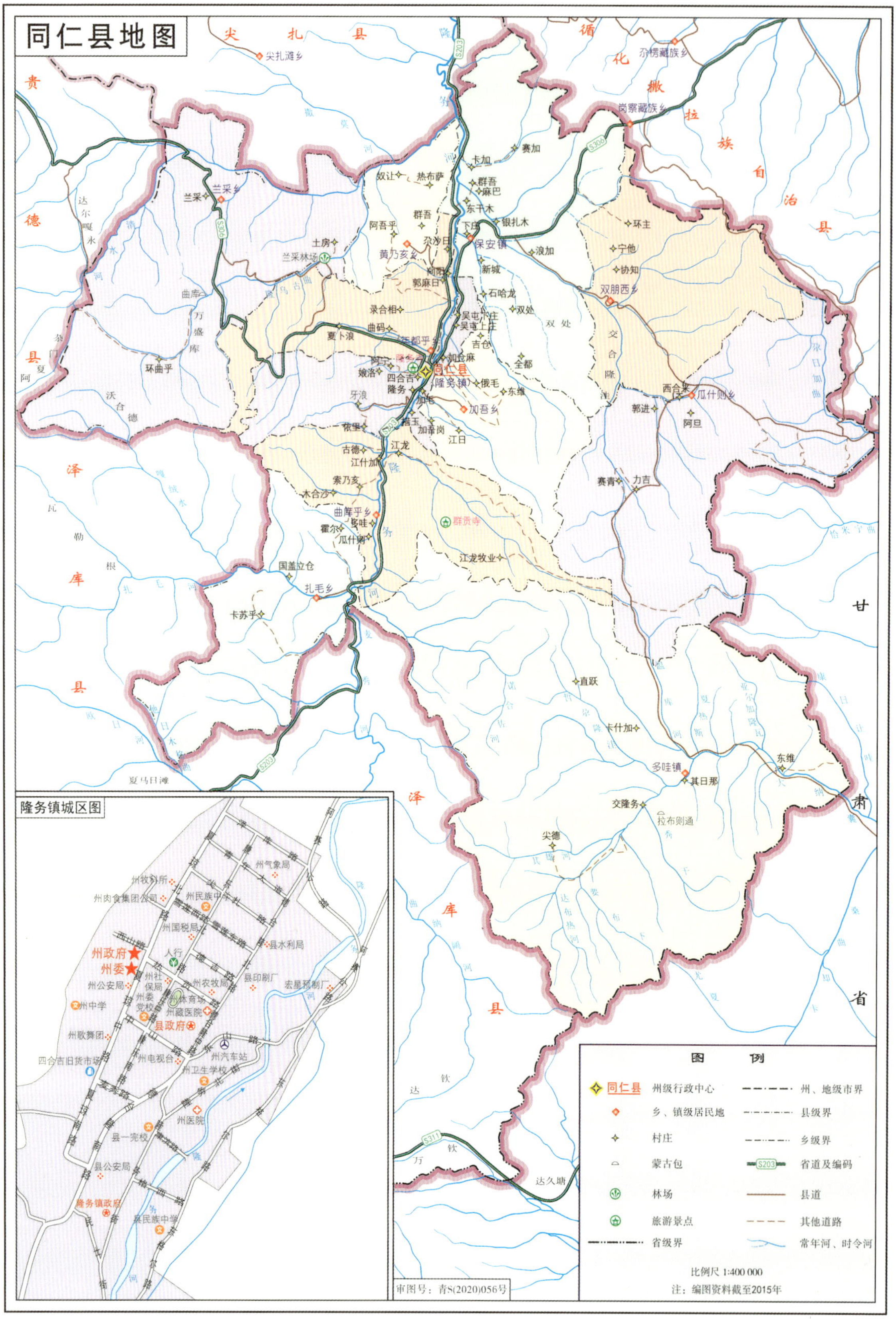

同仁县地图
尖扎县
尖扎滩乡
循化撒拉族自治县
尕楞藏族乡
岗察藏族乡
贵德县
泽库县
甘肃省
兰采乡
兰采
土房
兰采林场
奴让
热布萨
卡加
赛加
群吾
麻巴
东干木
阿吾乎
黄乃亥乡
尕沙日
下庄
保安镇
银扎木
浪加
新城
郭麻日
年都乎
石哈龙
双处
录合相
曲码
吴屯
吾屯上庄
夏卜浪
吉仓
加仓麻
全都
娘洛
四合吉
同仁县
(隆务镇)
隆务
俄毛
东维
牙浪
加吾乡
环主
宁他
协知
双朋西乡
西合美
瓜什则乡
郭进
阿旦
古德
江龙
加吾岗
江日
江什加
索乃亥
木合沙
曲库乎乡
多哇
霍尔
瓜什则
群贡寺
江龙牧业
国盖立仓
扎毛乡
卡苏乎
赛青
力吉
环曲乎
曲库
万盛库
直跃
卡什加
多哇镇
其日那
东维
交隆务
拉布则通
尖德
夏马日滩
达久塘
达钦
万钦
S203
S306
S311
隆务镇城区图
州气象局
州牧科所
州肉食集团公司
州民族中学
州国税局
县水利局
州政府
州委
人行
州社保局
州公安局
州农牧局
县印刷厂
宏星预制厂
州中学
州委党校
体育场
州藏医院
县政府
州歌舞团
四合吉旧货市场
州电视台
州汽车站
州卫生学校
州医院
县一完校
县公安局
隆务镇政府
县民族中学
图例
同仁县 州级行政中心
乡、镇级居民地
村庄
蒙古包
林场
旅游景点
省级界
州、地级市界
县级界
乡级界
S203 省道及编码
县道
其他道路
常年河、时令河
比例尺 1:400 000
注：编图资料截至2015年
审图号：青S(2020)056号

数字同仁·2021

SHU ZI TONG REN

- 辖区面积　3275 平方千米
- 耕地面积　7506.67 公顷
- 草原面积　31.8 万公顷

  可利用草地面积　30.07 万公顷
- 林地面积　213729.6 公顷
- 水域及水利设施面积　2154.08 公顷
- 总人口　102354 人

  城镇人口　51611 人

  农村人口　50743 人
- 乡　镇　11 个
- 社　区　8 个
- 行政村　72 个
- 农业生产合作社　362 个
- 年平均气温　7.2℃
- 年日照总时数　2220.7 小时
- 年总降水量　432.8 毫米
- 地区生产总值（当年价）　402643.78 万元

  第一产业增加值　63543.5 万元

  第二产业增加值　48844.8 万元

  第三产业增加值　290255.48 万元
- 人均地区生产总值　39499 元
- 市属固定资产投资同比增长　6.9%
- 农林牧渔业总产值（现行价）85952.78 万元
- 粮食播种面积　3723.13 公顷
- 粮食总产量　13360 吨
- 油料播种面积　1446.87 公顷
- 油料总产量　3055 吨
- 年末存栏各类牲畜　457869 头（只、匹）
- 牲畜出栏率　59.5%
- 规模以上工业总产值　2365.4 万元
- 完成发电量　2.84 亿千瓦时
- 财政总财力　396754 万元
- 地方财政公共预算收入　11898 万元
- 地方财政公共预算支出　284952 万元
- 社会消费品零售总额（含州本级）　101524.7 万元
- 城镇新增就业　450 人
- 转移农牧区劳动力就业　9600 人次
- 发放城乡低保金　8794.4 万元
- 城镇居民人均可支配收入　38270 元
- 农村常住居民人均可支配收入　12169 元
- 电信行业营业收入　8295 万元
- 文化产业经营收入　101223 万元
- 广播人口覆盖率　99.88%
- 电视人口覆盖率　99.98%
- 接待游客数量　335.6 万人次
- 旅游总收入　170469 万元
- 金融机构人民币各项存款余额　89.05 亿元
- 金融机构人民币各项贷款余额　32.19 亿元
- 空气质量优良天数比例　96.3%
- 学前毛入园率　105.24%
- 医疗机构床位　1266 张
- 基本医疗保险参保人数　73482 人

编辑说明

一、《同仁年鉴》是在中共同仁市委、同仁市人民政府的领导下，由同仁市志鉴编纂委员会编纂的年度资料性文献。《同仁年鉴》作为权威的地情信息载体，全面、系统、准确地记述全市自然、政治、经济、文化、社会等方面的综合情况，收录年度性主要文献和重要资料，旨在为党政决策服务，为地方经济发展献策，也为广大读者了解和研究同仁提供基本资料。

二、《同仁年鉴》以马克思列宁主义、毛泽东思想、邓小平理论、“三个代表”重要思想、科学发展观、习近平新时代中国特色社会主义思想为指导，坚持辩证唯物主义和历史唯物主义的立场、观点和方法，紧紧围绕市委、市政府中心工作，全面客观地反映各级党委、政府的主要工作和各地区、各部门、各行业取得的重大成就。力求做到观点正确、框架科学、资料翔实、记述准确、编写规范、特色鲜明，突出时效性，讲求实用性。

三、《同仁年鉴（2022）》主要收录2021年度发生在同仁行政区域内的大事要闻，突出反映同仁优势、特点和各地区、各部门深化改革、扩大开放的新举措、新进展。年鉴采用分类编辑法，主要分为类目、分目、条目三个层次，条目为主要记述单元，条目标题统一用黑体字加“【】”表示。

四、《同仁年鉴（2022）》设图照、特载、大事记、市情概览、中共同仁市委、同仁市人民代表大会、同仁市人民政府、政协同仁市委员会、中共同仁市纪委监委、群众团体、法治 军事、经济管理、农牧水利、工商业与贸易服务、城建 交通 通信、金融业、生态环境、科技 教育、文化 旅游、卫生和健康 体育、社会民生、社会事务、乡镇、附录、索引等。

五、《同仁年鉴（2022）》表述形式有条目文字、图片、表格等。行文中严格执行文字数字、计量单位、标点符号的国家标准规范。因统计口径不同等原因，部分数据在不同地方可能不一致。反映全市国民经济和社会发展情况的数据，以市统计局为准。

六、《同仁年鉴（2022）》记述“全年”或没用年份表述的时间均为2021年；数据增加或减少未说明与某年份比较的，均与2020年比较；文中“疫情防控”在无说明情况下，皆指新冠肺炎疫情防控。

七、《同仁年鉴（2022）》所用稿件均由各乡镇、市直各部门及相关单位提供，并经单位主要领导审签，供稿人（单位）署名于各相应栏目的文末。

同仁政治党建

2021 年 7 月 7 日，中国共产党同仁市第一次代表大会在市委五楼会议室召开（市委办供图）

市委书记旦增代表第十四届委员会作工作报告（市委办供图）

2021 年 7 月 14 日，同仁市第二届人民代表大会第一次会议在州会议中心召开（市人大办供图）

市委副书记、市政府市长人选赵建国作政府工作报告（市人大办供图）

2021 年 7 月 15 日，省人大常委会党组书记、副主任张光荣（前中）在加吾乡调研指导“两室一平台”规范化建设工作（加吾乡政府供图）

2021 年 6 月 3 日，州委副书记、州长扎西才让（中）在同仁市调研唐卡小镇建设工作（市政府办供图）

2021 年 11 月 11 日，州委常委、市委书记旦增（左二）在市公安局指导应急处突演练工作（市委政法委供图）

2021 年 12 月 21 日，市委副书记、市长赵建国（左二）在扎毛乡学区中心寄校调研同仁市教育高质量发展工作推进情况（市政府办供图）

2021 年 6 月 2 日，同仁市乡村振兴局挂牌。图为市领导与市乡村振兴局班子合影（市乡村振兴局供图）

2021 年 9 月 1—6 日，同仁市乡村振兴农畜产业发展专题研讨班学员在西宁市、海南州等地考察学习。图为全体学员在大通县牦牛育种与繁殖实验站合影（市乡村振兴局供图）

2021年11月25日，市民政局在政府南楼二楼会议室召开《青海省最低生活保障审核确认办法》《青海省特困人员认定办法》政策解读培训会（市民政局供图）

2021年12月9日，州委涉粮问题专项巡察工作汇报会在市政府北楼三楼会议室召开（市发展和改革局供图）

2021年12月29日，同仁市在市委五楼会议室召开创建民族团结进步先进市表彰会（市委统战部供图）

2021 年 6 月 11 日，市委、市政府举办“传红色基因 扬时代新风”党史学习教育暨庆祝中国共产党成立 100 周年演讲比赛（市委宣传部供图）

2021 年 6 月 28 日，同仁市庆祝中国共产党成立 100 周年职工篮球赛现场（市文体旅游广电局供图）

2021 年 6 月 29 日，黄乃亥乡举办庆祝中国共产党成立 100 周年暨“倡孝扬善、构建和谐、感恩新时代”庆典活动（黄乃亥乡政府供图）

黄乃亥乡庆祝党的生日，分享生日蛋糕（黄乃亥乡政府供图）

2021年6月2日，年都乎乡机关党支部和虫草采挖点临时党支部联合开展“学党史、铸信念、保稳定、促和谐”主题党日活动（年都乎乡政府供图）

2021年4月25日，市委组织部党支部与市人社局党支部在循化县红光村联合开展“重温入党誓词、铭记初心使命”主题党日活动（市委组织部供图）

2021年6月9日，西宁干休所组织党员参观红色档案主题活动（市委组织部供图）

2021年7月12日，市委老干部局组织离退休干部在延安开展红色教育活动（市委组织部供图）

2021年10月14日，同仁市在曲库乎乡组织举办全省“两新”组织红色引领·助力乡村振兴黄南行活动（曲库乎乡政府供图）

2021 年 6 月 25 日，市妇联联合州妇联、市总工会、市文体旅游广电局、市残联在同仁市群众文化体育馆开展“百名绣娘绘初心 · 巾帼同心颂党恩”庆祝建党 100 周年主题活动（市总工会、市妇联供图）

同仁经济社会

2021 年，城北新区建设（市党史研究室供图）

2021 年 3 月 15 日，同仁市在城北新区举行重大项目开复工仪式（市发展和改革局供图）

2021 年 9 月 15 日，浪加水库面板衬砌完成（市水利局供图）

2021 年 7 月 23 日下午，在西宁市青海国际会展中心 B 馆举行黄南州专场签约仪式，市政府签约代表出席签约仪式（市工信局供图）

2021 年 7 月 22—25 日“青洽会”期间，青海高原之宝牦牛乳业有限公司工作人员正在向购买商品顾客介绍产品（市工信局供图）

2021 年 1 月 19 日，高原之宝——青海高原之宝牦牛乳业有限公司（市党史研究室供图）

2021 年 10 月 22 日，客都超市蔬菜专柜（市党史研究室供图）

2021 年 12 月 17 日，同仁市首届“学史崇德　感动同仁 ”道德模范启动仪式现场（市委宣传部供图）

全国助人为乐劳动模范、第 25 届青海五四奖章获得者完德尖措（中）（市委宣传部供图）

首届同仁市道德模范风采（市委宣传部供图）

2021年11月1日，市委副书记陈峻，市委常委、常务副市长王旭龄为“暖心早餐”揭牌，标志着同仁市“暖心早餐”工程全面展开（市党史研究室供图）

环卫工人正在“暖心早餐店”进餐（市党史研究室供图）

2021 年 12 月 17 日，同仁市教育发展暨教育教学工作表彰大会召开（市教育局供图）

2021 年 4 月 25 日，天津开发区慈善协会携手“瞳心公益”组织在同仁市第一幼儿园举行捐赠仪式（市党史研究室供图）

2021 年 6 月 25 日，州红十字会联合双朋西乡捐助困难儿童（市红十字会供图）

2021 年 10 月 12 日，天津“名医进黄南”大型义诊活动启动仪式在热贡文化广场举行（市卫健局供图）

2021 年 8 月 25 日，以“加强残疾预防，促进全民健康”为主题的第五次全国“残疾预防日”宣传活动在热贡文化广场举行（市残联供图）

2021 年 9 月 24—26 日，陕西医学院专家组在同仁市开展“彭年光明行动”白内障复明手术活动。图为专家接诊现场（市残联供图）

2021 年 9 月 23 日，包虫病筛查进校园（市卫健局供图）

2021 年，同仁市“三区”人才下乡服务活动（市文体旅游广电局供图）

2021 年，市水利局在市三完小进行普法宣传活动（市水利局供图）

2021 年 5 月 20 日，市人社局开展《保障农民工工资支付条例》集中宣传活动（市人社局供图）

2021 年 7 月 7 日，市司法局在多哇镇开展法治宣传（市司法局供图）

2021 年 12 月 22 日，市人民法院工作人员到隆务镇寄宿制完小开展关爱未成年送法进校园活动（市人民法院供图）

2021 年 12 月，市城市管理局表彰优秀环卫工人及城市管理人员（市城市管理局供图）

2021年6月21日，巡逻民辅警在虫草采挖点用无人机巡航（市公安局供图）

2021 年 10 月 27 日，同仁公安在高速路口疫情检测点查验进入同仁市的车辆（市公安局供图）

2021 年高考之际，市公安局交警大队对通往黄南州中学和黄南州新民师范学校两个考场的周边道路实施临时交通管制措施（市公安局供图）

2021 年 7 月 22 日，市“税务管家”走进“青洽会”宣传税收政策（市税务局供图）

2021 年 3 月 30 日，市税务局围绕“优化执法服务、办好惠民实事”主题，在辖区医疗企业开展专项服务，帮助企业理解掌握政策，解决涉税问题（市税务局供图）

2021年9月1日，同仁市第二民族中学建成投用（市教育局供图）

2021年，公共厕所提标升级改造项目（市城市管理局供图）

2021年10月，新建的疾控中心正式投入运行（市卫健局供图）

2021 年，同仁供电公司“三型一化”全能型营业厅全貌（同仁供电公司供图）

2021 年，“三型一化”全能型营业厅业务办理员向客户介绍智能家电（同仁供电公司供图）

2021 年，联通网络建设（中国联通同仁市分公司供图）

同仁文旅生态

2021年6月30日，同仁市庆祝中国共产党成立100周年暨“永远跟党走·奋进新征程”主题党日活动在影剧院举行（市委宣传部、市文体旅游广电局供图）

2021年7月29日，同仁市被中国舞蹈家协会认定为“中国藏族热贡神舞之乡”（市委宣传部、市文体旅游广电局供图）

2021年7月27日，“大美青海·神韵黄南”第三届青海热贡文化旅游节在热贡文化广场开幕（州党史研究室供图）

2021年7月7日，同仁市庆祝中国共产党成立100周年“民族团结杯”传统赛马大会在多哇镇大南曼草原举行（市文体旅游广电局、多哇镇政府供图）

2021 年 6 月 17 日，农历五月初八日，同仁地区“六月会”祭祀活动在四合吉社区揭开帷幕（市文体旅游广电局供图）

2021年12月23日，农历冬月二十，年都乎乡“於菟舞”表演现场（市文体旅游广电局供图）

热贡唐卡
在热贡等你
圣地藏阁

同仁市热贡晨旭全民健身志愿者服务队

同仁市桑杰唐卡画院预祝第二届青少年篮球夏令营圆满成功

①
②③④

①2021 年 5 月 19 日，同仁市举行中国旅游日暨唐卡小镇千人徒步游活动（市文体旅游广电局供图）

②2021 年，同仁市热贡晨旭全民健身志愿者服务队开展义务服务工作（市文体旅游广电局供图）

③2021 年 7 月 25 日，黄南地区 2021 年青少年篮球夏令营活动现场（市文体旅游广电局供图）

④2021 年 6 月 18 日，国家体育总局办公厅公布首批全国县域足球典型名单，四合吉社区榜上有名（市文体旅游广电局供图）

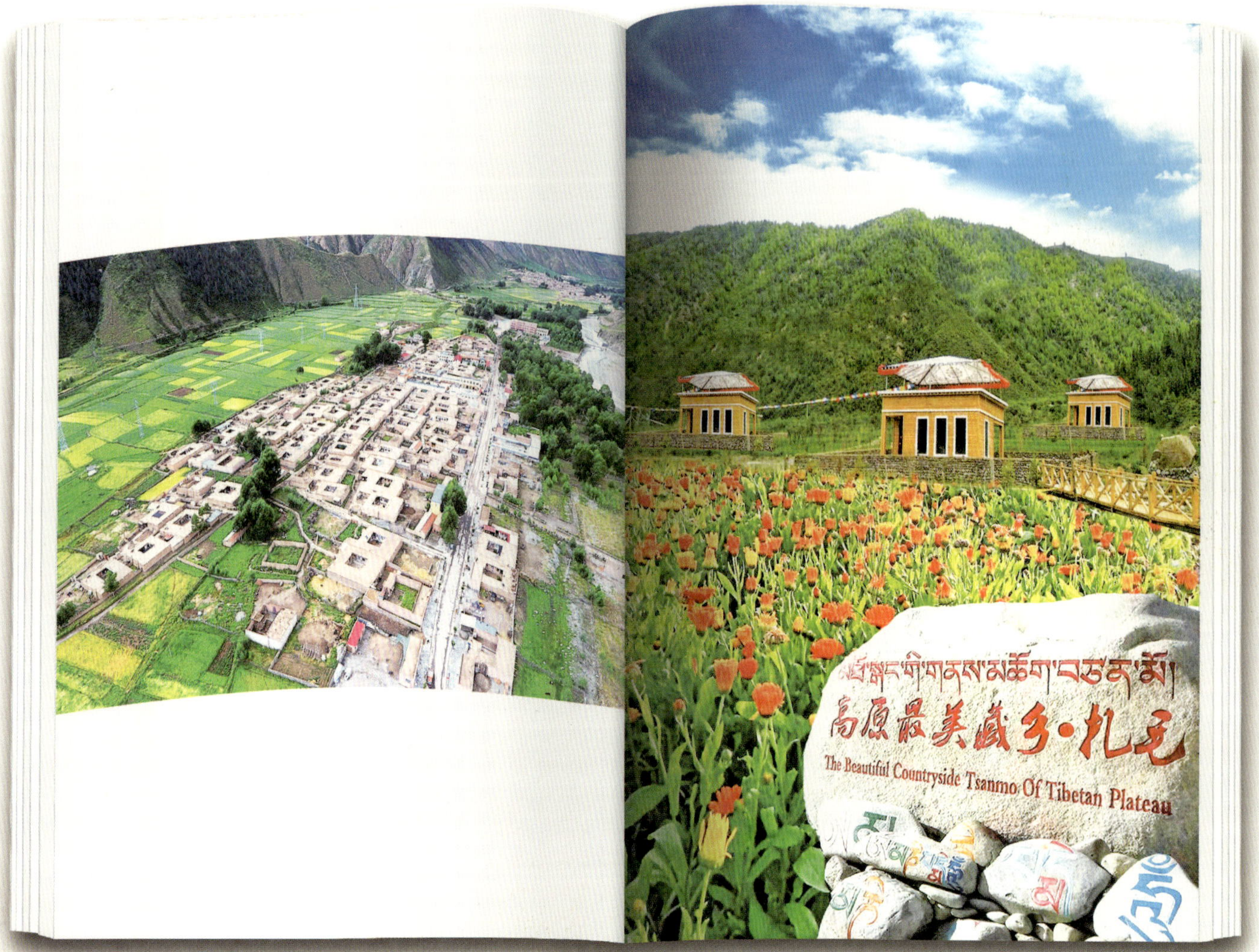

同仁市高原最美乡村扎毛乡（市文体旅游广电局供图）

中国历史文化名城——郭么日古城堡景区入口（市文体旅游广电局供图）

2021 年 7 月 6 日，市林业工作站在多哇镇开展草原病虫害防治工作（市林草局供图）

2021 年 4 月 13 日，同仁市及州直干部职工在曲库乎乡西卜沙地区开展植树造林活动（市林草局供图）

青山脚下的同仁城区（市政府办供图）

2021年，兰采乡组织党员、“两代表一委员”、公益性岗位人员开展清河行动（兰采乡政府供图）

2021年，隆务河两岸环境综合整治完工（市水利局供图）

2021年10月12日，扎毛河河道治理完工（市水利局供图）

目　录

中共同仁市委

同仁市人民代表大会

同仁市人民政府

政协同仁市委员会

中共同仁市纪委监委

群众团体

法治　军事

经济管理

农牧水利

工商业与贸易服务

城建 交通 通信

金融业

生态环境

科技　教育

文化　旅游

卫生和健康　体育

社会民生

社会事务

乡 镇

附 录

TONGREN

特 载

同仁年鉴 / 2022

YEARBOOK

聚力高品质转型　推动高质量发展
为建设富裕团结文明和谐美丽新同仁而努力奋斗

——在中国共产党同仁市第一次代表大会上的报告（摘录）

旦　增

（2021年7月7日）

中国共产党同仁市第一次代表大会，是在庆祝中国共产党成立100周年华诞的重要时刻，站在“两个一百年”奋斗目标历史交汇的关键节点，召开的一次十分重要的会议，时点特殊、意义重大。大会的主题是：高举中国特色社会主义伟大旗帜，坚持以习近平新时代中国特色社会主义思想为指导，深入贯彻落实中共十九大，十九届二中、三中、四中、五中全会精神和习近平总书记考察青海重要讲话指示精神，动员全市各级党组织和广大党员干部群众牢记嘱托、凝心聚力、奋勇拼搏，聚力高品质转型、推动高质量发展，为建设富裕团结文明和谐美丽新同仁而努力奋斗。

一、过去五年的工作回顾和经验启示

县第十四次党代会以来的五年，是同仁发展史上极不平凡的五年，是经受考验、负重前行的五年，是抢抓机遇、富有成效的五年。五年来，在以习近平同志为核心的党中央坚强领导下，在省委、省政府和州委、州政府关心支持下，市委团结带领全市各级党组织和广大党员干部群众，全面落实“四个扎扎实实”重大要求，奋力推动“一优两高”“三区建设”落地同仁，按照“以农牧为基础、生态为根本、文化为核心、民生为主线、城镇化为统领”的既定思路，保持定力、扎实工作，较好地完成了县第十四次党代会确定的目标任务，实现“十三五”收官。

这五年，我们坚持凝心铸魂、固本培元，政治自觉倍加坚定。坚持用伟大思想教育人、感召人，用科学理论指引航向、指导实践，确保各项工作始终沿着正确方向前进。提高政治判断力，深入学习贯彻习近平新时代中国特色社会主义思想，始终把党的政治建设摆在首位，加强政治锤炼和党性修养，提升各级干部识大势、顾大局的能力本领，不断增强“四个意识”、坚定“四个自信”、做到“两个维护”。提高政治领悟力，全面落实第一议题制度，扎实推进“不忘初心、牢记使命”主题教育和党史学习教育，推动学习教育常态化、制度化，努力在学懂弄通做实上下功夫，努力使同仁工作紧扣中央精神、紧跟省、州委要求，展现同仁的担当和作为。提高政治执行力，把政治标准和政治要求贯穿到各项事业中，紧紧围绕党中央决策和省委、州委工作要求察实情、出实招、求实效，奋力交好“一优两高”“三区建设”同仁答卷。五年的春风化雨，全市政治生态更加清明，干部群众感党恩、听党话、跟党走的意志更加坚定。

这五年，我们守护青山绿水、增绿治污，生态底色更加靓丽。坚决扛起生态保护“国之大者”，全面加强生态环境保护建设，筑牢国家生态安全屏障。坚持系统治理，探索出台生态环境保护责任追究办法、生态文明建设目标考核办法等，用制度构建全链条生态责任体系。统筹山水林田湖草沙一体化保护修复，扎实推进国土绿化、三江源二期、天然林保护等生态工程，

东西山、南当山及隆务河水生态综合治理成效明显，生态环境质量持续改善，隆务镇荣获“省级森林城镇”，吾屯下庄村被评为“国家森林乡村”。坚持底线思维，坚决打好污染防治攻坚战，大力实施散煤专项治理和城镇扬尘综合整治，完成扎毛水库水源地建设和市污水处理厂原址提标改造，高质量完成两轮中央环保督察及“回头看”交办问题整改销号，同仁入选“2020年中国百佳富氧县市”榜单。坚持生态惠民，加快推进以厕所革命、污水治理、垃圾处置为重点的农村牧区人居环境整治，扎毛乡卡苏乎村等5个村被评为全省第一批清洁村庄。五年的执着坚守，全市生态更优、底色更亮，扛起“三个最大”的信心决心更加坚实。

这五年，我们坚持项目带动、积蓄动能，经济发展稳中提质。大力实施城镇化带动战略，加快推进新型城镇化和城乡融合发展，成功实现撤县设市，顺利纳入兰西城市群发展规划和部、省共建高原美丽城镇试点。以重大项目建设为支撑，不断完善城市整体功能，推动城北新区建设上档提速，13条路网骨架基本成型，综合管廊一期全面完成，西成铁路同仁段、文化广场、第二生活垃圾填埋场等重点项目进展顺利，新区筋骨和脉络日渐清晰。加快旧城区改造步伐，先后实施道路环境整治、污水处理提标升级、河道防洪及生态整治、住房改造、供暖供水、绿化亮化等一批民生和基础设施建设项目，生态宜居老城旧貌换新颜。加快推进重大水利工程建设，浪加水库、扎毛水库灌溉项目全面开工建设。扎实做好乡村振兴文章，完成多哇涉藏社会治理示范镇建设，瓜什则小集镇建设进展顺利，完成48个高原美丽乡村建设任务，27个传统村落保护项目前期有序推进。五年的埋头苦干，全市发展基础持续改善，追求高质量发展的底气更加充盈。

这五年，我们紧盯转型提效、激发活力，农牧产业提档加速。紧紧围绕农业增效和农民增收，加快转变产业结构和发展方式，不断巩固农业基础地位。全力推进产业结构调整，集中连片种植小麦、油料作物、饲用玉米、马铃薯等农作物，实现产量稳中有增。大力培育特色产业，打造黄果梨，中药、藏药材“两个万亩”特色种植基地，黄果梨、蕨麻、豌豆等5种农产品荣获“国字号”地理标志称号。以创建生态有机畜牧业示范区为契机，在16个牧业村稳步推广“拉格日”模式。深入开展合作社质量提升行动，瓜什则乡吉祥牧家牦牛养殖合作社、绿源牦牛养殖合作社被认定为国家农民合作示范社，引进农牧业龙头企业高原之宝并建成运行，畜牧业发展步入新阶段。全力推进农牧区集体产权制度改革，完成村集体经济组织成员身份界定和清产核资，农村牧区集体产权制度改革通过省级考核验收被评为“优秀”等次。五年的默默耕耘，全市农牧产业从传统跨入现代，实现乡村振兴的愿景更加迫切。

这五年，我们厚植资源禀赋、丰富内涵，文旅融合硕果累累。以创建文化旅游融合发展示范区为契机，深入挖掘资源优势，积极探索产业发展新路子。不断完善旅游服务功能，建成热贡文化园区会展中心和游客集散中心，建成东干木旅游示范村和自驾车营地等文旅项目，完成8个村“六月会”基础设施建设，打造6个乡村旅游接待点和东干木乡村旅游示范村，保安镇花儿沟和东干木乡村旅游景区被认定为国家AAA级旅游景区，成功创建全省首批全域旅游示范区。打造特色文化旅游品牌，强力推进唐卡艺术小镇，注册“唐卡艺术之都”商标，启动“唐卡区块链”建设，着力打造文化旅游产业集群。全方位开展文化旅游宣传推介，精心举办首届民俗文化旅游节、热贡美食节等活动，成功创造“最多人同时画唐卡”“最大规模的唐卡展示”2项吉尼斯世界纪录，同仁在中央电视台《魅力中国城》节目中绽放光彩。全市文化产业收入、旅游总人次连续保持两位数增长。五年的持续培育，同仁正在成为令人向往的“诗和远方”，彰显文化自信、突显文化价值的前景更加广阔。

这五年，我们全力脱贫攻坚、改善民生，牢记嘱托不负众望。坚持把增进人民福祉作为一切工作的出发点和落脚点，着力解决群众急难愁盼问题，让发展成果更多更公平惠及全体人民。全力打赢脱贫攻坚战，全市29个贫困村全部出列，3092户13389名贫困人口稳定脱贫，实现了全面建成小康社会一个都不能少。真情办好民生福祉，教育布局不断优化，办学条件不断改善，学前教育走出了新模式、迈出了新步伐；“健康同仁”不断深化，组建市级医疗卫生集团，解决了无县级公立医院的历史难题；社会保障不断强化，养老、医疗、救助提标扩面，就业形势保持稳定，牢牢兜住了民生“保障网”。对口支援“十三五”规划圆满收官。市财政用于民生支出累计占 80% 以上，发展成果更多惠及于民。持续抓好深化改革，“放管服”、较大镇行政管理体制、群团协同化、“精神扶贫”等改革成果丰硕。五年的真情奉献，全市党员干部用辛苦指数换来了群众的幸福指数，实现共同富裕的路径更加清晰。

这五年，我们加强社会治理、创新模式，社会大局安定有序。深化对涉藏工作规律性认识，推进治理体系和治理能力现代化，打造了涉藏社会治理“同仁样板”。牢牢守住涉藏稳定底线，打好防范化解重大风险主动仗，保持社会大局持续稳定，历史性重塑同仁形象。深化涉藏宣传教育引导，“七五”普法圆满收官，成功创建全省民族团结进步示范市，爱国感恩、遵纪守法、民族团结意识深入人心。推进基层社会治理守正创新，建成运行市乡村三级综治中心，积极探索矛盾纠纷“三区”[1]动态管理模式，解决了兰采乡与贵德县常牧镇等一批历史遗留草山纠纷。健全寺庙依法管理长效机制，创新开展“两补两奖”[2]考核评比、“绿色寺庙”创建等工作，引导宗教界人士树牢国家意识、法律意识、公民意识。纵深推进扫黑除恶专项斗争，侦破“看郭瓦”恶势力犯罪集团案件受到公安部通报表扬。深化“一核三治”基层治理实践，多哇涉藏社会治理示范镇得到习近平总书记批示肯定。五年的综合施策，实现了同仁由乱到治的巨大飞跃，要稳定、要团结、要发展的呼声更加强劲。

这五年，我们从严管党治党、标本兼治，党的建设坚强有力。坚持和加强党的全面领导，推进管党责任具体化、作风建设常态化、阵地建设标准化、党建创新项目化、党群共建协同化，打造坚强有力战斗堡垒。建立健全党建工作责任制，常态化整顿软弱涣散党组织，推动基层党组织全面过硬。围绕“组织体系建设三年行动”，全面实施“一核三治”“抓乡促村”党建项目，推进“八有”[3]“暖心”阵地建设，基层组织实现全面达标。狠抓干部队伍建设，坚持严管厚爱，用好职级政策，激励干部担当作为。压紧压实管党治党政治责任，构建明责履责督责问责链条，形成倒逼责任落实鲜明导向。深化纪检监察体制改革，持续释放治理效能。健全完善巡察工作制度体系，实现本届任期内巡察全覆盖。五年的驰而不息，忠诚干净担当成为党员干部的价值追求，全市党员干部将更加奋发有为建功新时代。

看似寻常最奇崛，成如容易却艰辛。回首过去五年，奋斗的历程使人难忘。面对多种任务聚集、多重压力叠加、多条战线作战的复杂困难局面，全市各级党组织和广大党员干部以知重负重的决心、只争朝夕的劲头，推动经济在爬坡过坎中奋力前行，转型在夯基垒台中积厚成势，办成了许多过去想办而没有办成的大事。成绩来之不易，这是以习近平同志为核心的党中央坚强领导的结果，是省委省政府和州委州政府亲切关怀的结果，是历届县委、县政府接续奋斗的结果，更是全市广大党员干部群众同心同德的结果，大家过得很充实、走得很坚定、干得很有效，每个人都了不起！在此，我代表中共同仁县第十四届委员会，向全市广大党员和干部群众，向各人民团体和社会各界人士，向驻地部队和武警官兵，向对口支援单位和所有关心支持同仁发展的朋友们，致以崇高的敬意和衷心的感谢！

回首过去五年，积累的经验弥足珍贵。我们深深感到，干好同仁的事情，必须坚定正确的政治方向，始终把讲政治放在第一位，把做到“两个维护”作为最高政治原则来坚守。必须心怀生态环境保护“国之大者”，守护好同仁的蓝天白云、绿水青山，让良好生态成为高质量发展的有力支撑。必须立足社会发育滞后的基本市情，把发展作为解决所有问题的关键，不断筑牢人民幸福安康、社会和谐稳定的物质基础。

必须践行群众路线、加强社会治理，筑牢社会和谐稳定的人民长城。必须毫不动摇地把全面从严治党引向深入，驰而不息正风肃纪反腐，让想干事、能干事、干成事成为新时代最强音。必须保持战略定力、增强发展自信，不被一时的阵痛所困惑，不被暂时的困难所吓倒，团结带领广大党员干部群众一块干，一步一个脚印，凝聚起无往而不胜的磅礴力量。

回首过去五年，存在的问题更需直面。必须清醒看到，在前进的道路上，我们还面临不少困难和挑战。全市经济总量较小，第一、二产业体量不大，第三产业基础薄弱，缺乏高质量发展的产业集群；巩固脱贫成效任重道远，产业支撑还比较单薄，民生领域还有不少短板；自然条件严酷、生态环境脆弱问题依然严峻，统筹发展与保护任务艰巨；城镇精美建设、精细管理还有差距，城市理念、城市模式还需要进一步树立；文旅融合处在起步阶段，资源优势尚未完全转化为发展优势；反分裂反渗透斗争是长期、复杂、尖锐的，打好防范化解风险主动仗还要综合施策；基层党组织建设还有差距，干部的专业能力、专业素养还不能完全适应发展需要，全面从严治党还要久久为功。对于这些问题，我们必须高度重视、勇于面对，在今后工作中认真加以解决。

总结过去，是为了更好地出发。我们必须始终保持战略定力，扎扎实实把自己的事办好，不断开创各项事业发展新局面。

二、今后五年的形势任务和奋斗目标

“十四五”是开启全面建设社会主义现代化国家新征程、向第二个百年奋斗目标进军的第一个五年，也是我市发展基础巩固强化、动能转换加快推进、治理能力系统提升、后发优势持续彰显的重要阶段，同仁仍处于爬坡过坎的攻坚期、有利发展的机遇期、大有作为的窗口期。黄河流域生态保护和高质量发展、新一轮西部大开发、双循环新发展格局、兰西城市群建设等一批重大战略叠加推进，为我们借势发力提供了战略支撑。西成铁路、张汶高速等重大交通设施全面提速，同仁区位优势大幅提升。撤县设市开启了城市发展新纪元，呈现出同仁广阔的美好前景。特别是习近平总书记时隔五年再次亲临青海视察，以战略远见为青海发展精准把脉、指路领航，为我们抢抓机遇、聚势蓄能提供了科学指引。全市各级党组织要增强学深悟透的政治自觉、谋深虑远的思路举措、狠抓落实的过硬本领，保持战略定力、增强发展信心，切实抓住各种发展机遇和有利时机，积极应对各种风险挑战，努力把同仁的事情办得更好，以知责于心、担责于身、履责于行的实际成效回报总书记的深情厚望。

今后五年，全市工作的指导思想是：高举中国特色社会主义伟大旗帜，以习近平新时代中国特色社会主义思想为指导，紧密团结在以习近平同志为核心的党中央周围，紧紧围绕“五位一体”总体布局和“四个全面”战略布局，全面贯彻中共十九大和十九届二中、三中、四中、五中全会，省第十三次党代会和省委十三届历次全会，州第十二次党代会和州委十二届历次全会精神，坚决贯彻习近平总书记关于青海工作重要讲话精神和治国理政新理念新思想新战略，准确把握中央治藏方略和省州委决策部署，牢固树立“创新、协调、绿色、开放、共享”发展理念，以建设青甘川交界地区现代化区域中心城市为目标，紧扣“高原美丽生态人文城市”总体定位，按照“一核一带、两山一环”[4]发展布局，深入实施“十四五”规划，准确把握新发展阶段，深入贯彻新发展理念，加快构建新发展格局，巩固深化“一优两高”“三区建设”落实成效，贯彻落实省委“六富”要求，推动乡村全面振兴，全面打造“文化同仁”，奋力谱写富裕团结文明和谐美丽同仁新篇章。

今后五年，全市的主要奋斗目标是：

——发展成效更优。产业结构不断优化，农牧业基础夯实稳固，文化旅游深度融合，特色产业发展壮大，新兴产业培育激活，符合同仁实际的现代化经济体系不断完善，发展活力明显增强，地区生产总值年均增长6.5%以上，经济增长的质量、效益稳步提高。

——生态环境更美。国土空间开发保护格局得到优化，生态系统稳定性持续增强，环境治理能力明显提升，人居环境质量在全国排名靠前，全力创建国家卫生城市。资源集约利用水平有效提升，绿色发展方式及生产生活方式加快形成。万元地区生产总值能耗、碳排放和主要污染物排放总量控制在指标以内。

——人民生活更好。实现更加充分更有质量就业，农村居民人均可支配收入年均增长9%左右，全体居民人均可支配收入年均增长6.5%左右。社会事业全面发展，全民受教育程度明显提升，各项民生短板加快补齐，基本公共服务均等化水平不断提高，多层次社会保障体系更加健全，更好实现人民对美好生活的向往。

——城乡品质更高。城市建设框架全面展开，基础设施逐步加强，功能布局更趋合理，服务功能不断完善，管理体系更加健全。城乡发展协调性明显增强，小城镇建设富有特色，脱贫攻坚成果巩固拓展，乡村振兴全面推进，农村基础设施提档升级，高原美丽生态人文城市基本建成。

——治理效能更佳。全面依法治市实践不断深化，社会治理体系更加完善，基层基础更加稳固，全社会法治意识、诚信意识不断增强。防范化解重大风险工作机制不断完善。创建全国民族团结进步示范市，民族团结、宗教和顺、社会安定的局面进一步巩固。

——管党治党更严。全面从严治党向纵深推进更加有力，一体推进不敢腐不能腐不想腐综合效应凸显，党内政治生活严格规范，风清气正的政治生态建设全面加强。各级党组织的领导力、组织力、执行力不断增强，凝聚力战斗力进一步提升。

三、今后五年的主要任务和工作重点

新起点开启新征程，新目标赋予新任务。同仁发展的美好蓝图，要靠坚持不懈的奋斗来实现。我们要紧紧围绕“十四五”规划实施，把握主要任务，抓住关键环节，坚持精准施策，努力实现各领域各方面的工作突破，开创各项事业发展新局面。

（一）深化“生态立市”战略，让生态底色“亮”起来。牢记“生态是资源和财富，是我们的宝藏”殷殷嘱托，全方位全地域开展生态环境保护建设，做好“治山理水、显山露水”文章，让良好生态环境成为高质量发展的支撑点和高品质生活的落脚点。

构建全域保护体系。扎实推进国土空间规划编制，优化国土空间开发布局，科学划定生态保护红线、永久基本农田、城镇开发边界三条控制线，合理配置城镇体系、产业发展、公共设施等资源要素，形成生产空间集约高效、生活空间宜居适度、生态空间山清水秀的布局体系。落实最严格的耕地保护制度，坚守耕地保护红线，确保耕地保有量和基本农田面积不减少。

筑牢生态安全屏障。开展大规模国土绿化巩固提升行动，稳步推进省级生态文明建设示范市创建，扎实推进三江源三期建设，高标准实施天然林资源保护、生态经济林、重点生态公益林建设和森林抚育工程，高质量打造西山生态公园，让绿色发展“枝繁叶茂”。持续做好管水治水兴水文章，落实最严格的水资源管理制度，深入实施隆务河等重点流域生态修复治理工程，大力推进“河湖长制+”工作模式，高质量建设生态湿地公园，打造水清、堤固、岸绿、景美幸福河。

实施污染防治行动。全力做好碳达峰、碳中和工作，加大城市扬尘治理力度，实施煤炭消费控制、汽车尾气和餐饮油烟污染治理行动，推广清洁能源替代工程，让空气常新、蓝天常在。健全生态系统保护制度，建立企业环境信用评价和违法排污黑名单机制，完善生态环境保护信息化网格化监管平台，深化生态环境损害赔偿制度和综合行政执法改革，以严格制度、严密法治为生态环境“保驾护航”。巩固中央、省委环保督察反馈问题整改成效，加快矿山生态治理和修复，依法严控矿产资源开发活动，推动整改向更深层次迈进。

深化人居环境整治。持续抓好净河、净郊、净巷、净厕专项整治，积极推进“全域无废”建设和生活垃圾分类处置，梯次推进污水治理基础设施建设，大力倡导绿色低碳生活方式，真正让农村牧区净起来、美起来。逐步改善土壤环境质量，深入推进黑土滩、鼠虫害综合治理，巩固化

肥农药减量增效行动成效，加强秸秆、农膜废弃物资源化利用，打造绿色兴农兴牧样板。

（二）立足“乡村振兴”核心，让产业筋骨“壮”起来。顺应人民群众对美好生活的新期待，以实施乡村振兴战略为契机，聚焦产业高质高效、乡村宜居宜业、农民富裕富足精准施策、持续发力，推动“三农”工作提质增效，向实现共同富裕目标不断迈进。

夯实脱贫成效硬基础。建立健全巩固拓展脱贫攻坚成果长效机制，严格落实“四个不摘”要求，保持帮扶政策总体稳定，为乡村振兴注入不竭动力。健全防止返贫动态监测和帮扶机制，织密筑牢防返贫致贫防线，托起群众“稳稳的幸福”。加快补齐基础设施和公共服务短板，完善水、电、路、气、通信、物流等基础设施建设，持续改善教育、医疗、住房、饮水等保障水平，让人民群众获得感、幸福感、安全感更加充盈。加强易地扶贫搬迁后续扶持，完善安置区配套基础设施和公共服务设施，持续加大产业培育和就业帮扶，确保搬迁群众安居乐业。

唱响产业振兴重头戏。科学编制乡村发展总体规划、土地利用规划以及产业培育、结构调整等专业规划，坚持因地制宜、因村施策、彰显特色，着力打造“一村一品”“一乡一业”发展模式。优化农牧业产业结构和布局，农业区要大力发展特色高效现代农业，牧业区要坚定不移走生态有机畜牧业路子，半农半牧区要在种养结合、循环发展上突破推进，因地制宜、集聚融合、合理布局，让特色更特、优势更优、品牌更响。持续发展壮大村集体经济，通过资源开发、资产租赁、股份合作、项目带动、服务创收、完善承包等方式，有效盘活闲置资源，多渠道增加村集体经济收入，健全完善产业带贫益贫长效机制，促进群众持续增收、逐步致富。加强农村电商服务体系建设，推动农产品、乡村旅游及服务产品电商化、标准化、品牌化、特色化、规模化，助力农村发展、农民增收。

弘扬乡村文明新风尚。大力推进农村人居环境整治，推进农村改厕、生活垃圾和污水处理，开展“白色污染”专项治理，积极推行垃圾分类管理，打造生态宜居美丽乡村。推动精神文明建设落地生根，以社会主义核心价值观为引领，弘扬新风正气，推进移风易俗，培育文明乡风、良好家风、淳朴民风，焕发乡村文明新气象。夯实乡村治理这个根基，完善自治为基、法治为本、德治为魂的乡村治理体系，筑牢基层战斗堡垒，让乡村治理盛开和谐之花。强化乡村振兴人才支撑，既要“走出去”，也要“引进来”，以良好环境拴心留人，打造一支懂农业、爱农村、爱农民的人才队伍。

（三）践行“以人为本”理念，让民生福祉“厚”起来。让老百姓过上好日子，是我们一切工作的出发点和落脚点。要始终坚持以人民为中心的发展思想，着力补齐民生短板、破解民生难题、兜牢民生底线，切实把事关群众切身利益的好事办实、实事办好，让老百姓的日子越过越红火。

优化教育资源配置。完成市第二民族中学、城北九年一贯制学校、加吾乡中心寄宿制学校等项目建设及布局调整，推动教育资源优质均衡发展。完善联控联保和动态监测机制，巩固控辍保学成果。深化城乡学校结对帮扶、教师交流轮岗，开展区域教研、连片教研、送教下乡，着力推进教育资源均等化。健全完善教育支援合作机制，扩大异地办学办班规模，努力提高办学效益。稳步推进统编教材使用，2025 年实现统编教材全覆盖。加强学前教育标准化建设，逐步提高幼儿教师工资待遇，提升保教工作质量，保障幼儿健康成长。

完善医疗服务体系。深入推进“健康同仁”建设，深化公立医院体制机制改革，加快建立现代医院管理制度，提升医疗服务水平和运行效率。发挥市医疗集团作用，推进紧密型医共体建设，健全医疗卫生服务网络，实现医疗资源共建共享。健全市医疗集团运营机制，依托支援合作平台，积极发展远程医疗。实施基础医疗卫生机构投标升级工程，加强全科医生培养制度建设，全面提升基层医疗服务水平。大力推广中医、藏医适宜技术，加强基层中医、藏医馆建设，提升中医、藏医药诊疗技术水平。深化医保支付方式改革，推行以按病种收付费为主的多元复合式医保支付方式，落实异地就医直接结算制度。做好常态化疫情防控工作，确保人民群众生命安全和身体健康。

加快社会事业发展。健全多层次社会保障体系，全面落实各项就业创业扶持政策，突出做好高校毕业生、城镇失业人员等重点群体就业，培育壮大劳务经纪人队伍，合理分配公益性岗位安置，牢牢稳住就业“基本盘”。不断优化养老服务供给，着力完善医养结合、功能完善、布局合理、覆盖城乡的健康养老服务体系，让老年人老有所养、老有所乐。完善住房市场体系和住房保障体系，加快建立多主体供给、多渠道保障、租购并举的住房制度，有效增加保障性住房供给，在住有所居上持续取得新进展。构建兜底有力的社会救助体系，大力发展社会福利慈善事业，让发展更有温度。整合各类公共服务阵地资源，完善公共文体服务配送体系，打造基层综合文化服务中心达标升级版，丰富群众精神文化生活。推进全民健身中心建设，构建高水平全民健身服务体系。

（四）紧扣“高原美丽生态人文城市”定位，让发展后劲“强”起来。坚持以人为核心的新型城镇化，把城市工作放在全局重要位置，突出全域统筹、协同联动，健全城乡一体化发展体制机制，不断提升城市品位、环境质量、人民生活质量和城市竞争力。

持续强化项目支撑。抢抓“两新一重”、黄河流域生态保护和高质量发展、新一轮西部大开发等重大政策机遇，精心筛选、超前储备、积极申报，加快基础设施和公共服务资源配套建设，打造方便快捷的城市生活圈。协调保障重大项目落地实施，深入推进西成铁路、同赛公路、天然气入市、综合管廊二期、曲麻沟湿地生态修复治理、郭么日大桥、330千伏输变电等重大项目，积极争取落实“海绵城市”项目，为高质量发展提供硬核支撑。强化对口支援地区交流合作，开创支援合作升级加力新局面。

统筹城乡区域发展。完善城市空间布局，严格遵循城市总体规划和控制性详规，分区分级分类管控城市风貌和空间形态，保护好天际线、景观风和历史文脉，建设独具同仁特色的新型城市。做好旧城区转型优化文章，加快既有建筑风貌改造和市政设施提档升级，提升综合承载能力。稳步推进城区北扩，加快商业综合体、市政基础设施以及新型公共服务体系建设，引导人口有序转移，推动城北新区建设上档提速。深入实施新型城镇化战略，加快特色小镇建设步伐，高质量建设唐卡艺术小镇，有序推进瓜什则乡、兰采乡、年都乎乡撤乡建镇，隆务镇撤镇改办，构建更加开放、更具活力的新型城镇化格局。一体推进高原美丽乡村建设、传统村落保护和农牧民居住条件改善、“洁净美”专项行动、垃圾分类处置、厕所革命提标升级，统筹整合各方资金，坚持规划先行、因村制宜、分类推进，集中打造一批生态宜居、风景宜人、文化宜游的美丽乡村。

精准推进招商引资。全面提升招商引资“质效量”，着力引进关联度高、带动性强的新项目、好项目，持续壮大产业集群，为加快发展蓄势聚能。加快绿色轻工业园区发展，突出集约布局，延伸产业链条，激活“飞地经济”。全面优化营商环境，深化“放管服”改革，做好项目建设服务保障，做深做细前期工作，推动项目建设迈入“快车道”。激活消费内生动力，培育引进高端实体门店，促进线上线下融合发展，畅通双循环“主动脉”。

（五）构建“共建共治”格局，让治理效能“聚”起来。准确把握反分裂反渗透斗争的长期性、复杂性，树牢底线思维，发扬斗争精神，切实做好应对风险挑战的万全准备。

完善国家安全制度体系。深入贯彻落实总体国家安全观，加强国家安全体系和能力建设，筑牢多维度、宽领域国家安全人民防线，打好维护国家政治安全人民战争。分级分业分区建立健全重大风险联动防控体系和预案，加强基层应急队伍建设和实战演练，提升各领域安全防范和应急响应能力。加强网络安全保障体系和能力建设，切实筑牢网络安全屏障。

拓展“一核三治”治理效能。深化涉藏社会治理创建成效，进一步加强和创新社会治理，迸发全域联动治理效能，打造共建共治共享新格局。健全基层党组织堡垒功能，完善规范基本制度，创新创优基本活动，提质增效基本服务，驱动党组织引领基层社会治理“红色引擎”。健全基层党组织领导的群众自治机制，探索完善“支部进网、党员联户”等多网融合模式，推进社区服务社会化运作，构建人人有责、人人尽责的社会治理格局。全方位谋划推进“八五”普法，完善分业、分类、分众法治宣传教育机制，拓展“法律七进”活动，开展民主法治示范创建，提升三级公共法律服务站点服务效能，形成全民尊法、学法、守法、用法的良好氛围。大力培育践行社会主义核心价值观，与时俱进完善村（居）规民约，深入开展系列文明创建和实践志愿服务活动，积极创建省级文明城市，凝聚德治“向心力”。

建设更高水平“平安同仁”。完善矛盾纠纷常态化排查调处工作机制，切实将矛盾纠纷化解在源头。纵深推进扫黑除恶专项斗争，健全完善深挖根治和长效常治机制，严厉打击各类违法犯罪行为，让利剑高悬、震慑常在。发挥智治支撑作用，有效运行“综治中心+网格化管理+雪亮工程”模式，以点带面实施“智慧小区”项目，把科技“变量”转化为社会治理“增量”。

奏响民族团结和谐乐章。全力创建全国民族团结进步示范市，深入开展铸牢中华民族共同体意识教育，推进“民族团结进步+”融合发展，丰富拓展创建有效载体，让民族团结之花常开长盛。全面筑牢意识形态前沿阵地，坚持以文化人、以文育人，推动媒体深度融合发展，讲好民族团结、感恩奋进的同仁故事。全面贯彻党的宗教工作方针，坚持宗教中国化方向，加强宗教事务依法管理，在“导”字上谋深抓实，常态化开展民主法治寺庙和“绿色寺庙”创建，加强寺管干部队伍建设，引导宗教与社会主义社会相适应。扎实做好全民国防教育和双拥工作，加强国防动员和后备力量建设。

（六）擦靓“文化同仁”品牌，让城乡一体“美”起来。同仁大地钟灵毓秀、人杰地灵，在历史长河中孕育了灿烂的热贡文化，这是同仁儿女的独特精神标识。要立足生态资源、人文环境、区位优势、产业基础，进一步加大“统”的力度、做好“融”的文章、增强“聚”的效能，让“文化同仁”在传承发展中历久弥新。

以基础建设为保障。大力推进旅游基础设施、配套服务设施、市场营销、公共信息平台等项目建设，加快景区到交通干线的连接路、景区内市政设施及环境建设，完善智慧旅游配套设施，推进全市旅游集散体系建设，全面提升文化旅游综合服务水平。着眼融入“双循环”新发展格局，全力创建热贡历史文化名城国家AAAAA级景区。

以产业赋能为核心。强化顶层设计和总体布局，按照“一个核心，五大品牌，六大特色片区”[5]的文化旅游发展格局，打造集旅游观光、文化体验、康体养生、休闲度假于一体的乡村旅游服务功能区，满足游客多样化需求。全力创建国家级全域旅游示范区、全省文旅融合发展示范市，大力开发全域旅游精品线路，打造一批高品质景区景点，加快各景区景点串联共建，积极融入全省全州旅游线路大循环，推动景点旅游模式向全域旅游模式转变、过境游向目的地游转变。因地制宜发展乡村旅游、休闲农业等新产业新业态，贯通产加销，融合农文旅，大力发展特色精品民宿，让越来越多的群众背靠山水美景，忙起来、有事干，吃上旅游饭。

以传承发展为积淀。强化民俗文化和自然遗产、非物质文化遗产系统性保护，组织科研单位、专家和艺人整理各类文化遗产和历史人物古迹，实施“互联网+非遗”，推进文化遗产活态保护传承。全力推进“唐卡区块链”建设，拉长服务产业链条，做大做强热贡文化产业，让优秀文化资源活起来。

以品牌创建为引领。制定全市统一营销规划，加强文化旅游资源、产品、品牌整体策划包装，深度挖掘旅游文化内涵，开展多层次、全方位和高水平宣传推介，提升热贡文化旅游知名度和美誉度。积极参加省内外旅游品牌节会，办好文化旅游节庆活动，叫响热贡文化旅游节、藏乡“六月会”、土族“於菟”等一批有影响力的特色文化品牌，充分展示本土文化魅力，让人们循着故事来、带着故事走。

四、坚定不移推进全面从严治党

党的领导是做好各项工作的根本保证，是战胜一切困难和风险的“定海神针”，实现党在新时代的历史使命，必须以党的政治建设为统领，践行新时代党的组织路线，准确把握全面从严治党的引领保障作用，坚定政治方向、保持政治定力，以“永远在路上”的执着，重整行装再出发，为“十四五”发展提供坚强的政治保证。

（一）加强党的政治建设。党的政治建设是党的根本性建设，决定着党的建设方向和效果，必须充分发挥政治指南针作用，教育引导各级党员干部坚定理想信念，坚定不移沿着正确的政治方向前进。坚持用理论武装凝心铸魂，把学懂弄通做实习近平新时代中国特色社会主义思想作为首要政治任务，以贯彻落实总书记在考察青海时的重要讲话为思想指南、行动指引，推动“不忘初心、牢记使命”主题教育、党史学习教育常态化长效化，做到学思用贯通，知信行统一，不断提高政治判断力、政治领悟力、政治执行力。突出政治引领，毫不动摇坚持党的领导，紧跟习近平总书记步伐，紧扣党中央节拍，牢固树立“四个意识”、坚定“四个自信”、做到“两个维护”，围绕党中央决策和省州委要求做调研、细谋划、抓落实，确保各项决策部署落地生根。切实提高党内政治生活质量，从严执行“三会一课”、民主生活会、组织生活会等基本制度，将严肃党内政治生活的标尺立起来、严起来。加强党对宣传思想工作的全面领导，旗帜鲜明坚持党管宣传、党管意识形态，承担起举旗帜、聚民心、育新人、兴文化、展形象的使命任务，引导全市上下坚定信仰、信念、信心。

（二）加强组织体系建设。党的全部工作靠党的坚强组织体系去实现，团结带领各族群众在新起点书写同仁发展新篇章，必须加强党的全面领导，推动党的建设高质量发展。全要素提升政治功能，进一步强化基层党组织整体功能，全面提升基层组织力，夯实基层党组织工作基础，切实发挥党建政治引领和保障作用。全覆盖构建责任链条，细化机关党建条块责任和工作机制，构建党建责任闭环落实体系。盘活党建资源，坚持党建带群建、群建促党建，建立党群“五个共建”[6]工作机制，推动“六大领域”[7]党组织建设标准化规范化制度化。全领域织密组织体系，在抓实工作责任、基本制度、基层基础上下功夫，积极推行支部抱团发展等运转机制，开展党员分类管理试点，推动基层党建提质增效。研究制定抓党建促乡村振兴若干措施，建强党组织带头人队伍，把基层党组织的政治优势、组织优势转化为推动乡村振兴的发展优势。巩固深化“抓乡促村”“一核三治”等党建项目提标升级成果，大力实施“组织力提升工程”、阵地“增温”工程，推动基层党组织全面过硬。积极探索党建工作新思路，深化“党建联盟”等品牌内涵，增强品牌吸引力，建构长远规划，打造一批过得硬、叫得响、推得开的党建品牌，以高质量党建引领高质量发展。

（三）加强党风廉政建设。党风廉政建设永远在路上，要全面贯彻党要管党、从严治党要求，始终保持“赶考”的清醒，推动全面从严治党向基层延伸。坚持把严明政治纪律放在首位，不断深化纪律教育、严抓制度执行、强化监督检查、加强执纪审查，增强纪律刚性约束。把严的基调长期坚持下去，锲而不舍落实中央八项规定及其实施细则精神，常态化开展惩治涉黑涉恶腐败和“保护伞”，激浊扬清、扶正祛邪。保持正风肃纪反腐高压态势，精准运用监督执纪“四种形态”，抓早抓小、防微杜渐。持续向群众身边腐败和作风问题“亮剑”，紧盯重点领域、延伸监督触角，让群众在全面从严治党中有更多获得感。巩固拓展作风建设成效，坚决纠治形式主义、官僚主义，持续为基层松绑减负。深化纪检监察体制改革，扎实推进监督执纪执法一体化建设，实现力量整合、机制融合、效应聚合。深化政治巡察，强化整改落实和成果运用，做深做实“后半篇”文章。推进警示教育常态化制度化，深化以案示警、以案促改，筑牢拒腐防变思想堤坝，持续营造海晏河清政治生态。

（四）加强干部人才建设。党

员干部是党和国家事业的中坚力量，要坚持党管干部原则，配优建强领导班子、管好用活干部队伍、创新激发人才活力，以队伍高素质保证发展高质量。坚持德才兼备、以德为先，把政治过硬摆在第一位，加强领导班子综合分析研判，着力优化班子结构，增强整体功能。做深做实干部政治素质考察，把好政治表现这个首要之关，严格落实《党政领导干部选拔任用工作条例》，不断完善科学选人用人机制。着力提升干部队伍专业化水平，加强思想淬炼、政治历练、实践锻炼、专业训练，不断提高把握新发展阶段、贯彻新发展理念、构建新发展格局的政治能力、战略眼光、专业水平。坚持从严管理监督干部，把从严治党、从严治吏要求贯穿干部选拔任用全过程，不断完善管思想、管工作、管作风、管纪律的从严管理机制，推动干部能上能下成为常态，让新时代新担当新作为成为干部的坐标系。坚持严管厚爱并举，完善担当作为激励保护和考核评价机制，巩固职务与职级并行制度成果，完善干部待遇保障措施，正确运用容错纠错机制，理直气壮为担当者担当、为负责者负责、为干事者撑腰鼓劲。大力实施“人才强市”战略，优化人才发展环境，完善人才政策措施，健全人才工作机制，让人才成为强市之基、发展之本。

同志们，伟大的中国共产党迎来了百年华诞，在百年波澜壮阔的历史进程中，中国共产党始终牢记初心和使命，带领中国人民历经艰难险阻，取得了一个又一个胜利，深刻改变了近代以来中华民族发展的方向和进程，深刻改变了中国人民和中华民族的前途和命运，谱写了气吞山河的壮丽史诗。雄关漫道真如铁，而今迈步从头越。全面建设社会主义现代化国家新征程的画卷已经绘就，历史的接力棒交到了我们手中，我们重任在肩、责无旁贷。在新的伟大长征征途上，我们要传承好共产党人的光荣与梦想，永怀赤子之心，永葆奋斗激情，倍加珍惜时代为我们提供的机遇和舞台，倍加珍惜党和人民对我们的信任和期望，倍加珍惜来之不易的大好形势，更加紧密地团结在以习近平同志为核心的党中央周围，团结带领全市广大党员干部群众，不忘初心、牢记使命，振奋精神、奋发进取，在同仁大地描绘出政通人和、物阜民康、幸福涌流，在新的长征路上奋力谱写同仁高质量发展新篇章！

名词解释：

[1] 矛盾纠纷“三区”：稳定和谐区、稳控区、隐患区。

[2] “两补两奖”：“两补”指凡是考评良好的寺院，对已认定的经师和60岁以上僧侣给予每人每月100元的生活补助。“两奖”指考评优秀的寺院及其民管会班子成员给予年度工作经费和民管会班子成员年度报酬的100%表彰奖励。

[3] “八有”：有党校开展教育培训，有图书室阅览学习，有单间宿舍解决住宿，有服务中心方便群众办事，有食堂解决三餐，有健身场所开展活动，有畅通的通信网络方便办公交流，并实施庭院绿化、建设卫生厕所等8项乡镇基础设施为内容的改造工程。

[4] “一核一带、两山一环”：“一核”指坚持城市高品位发展，重点是赋予老城区文化旅游休闲功能、建成区绿色生态宜居功能、新城区行政商务办公功能。“两山”指打造隆务东山、西山生态特色休闲区。“一带”指坚持隆务河谷率先发展，重点是推进沿河乡镇高质量发展，统筹发展与生态，打造各具特色的文化产业生态带。“一环”指坚持城乡统筹发展，重点是打造环河谷连片生态农业区，发展生态旅游和有机特色产业。

[5] “一个核心，五大品牌，六大特色片区”：“一个核心”指以中国历史文化名城为核心。“五大品牌”指热贡艺术、唐卡风情小镇、热贡“六月会”、年都乎“於菟”、热贡马术。“六大特色片区”指民族风情休闲度假区、历史文化名城保护区、热贡艺术观光和热贡民俗体验区、“保安古镇、花儿之都”特色小镇、根敦群培特色小镇、原生态森林草原风情自驾游营地片区。

[6] “五个共建”：组织、阵地、队伍、治理、服务共建工作机制。

[7] “六大领域”：村、社区、机关事业、学校、两新、企业。

同仁市人民代表大会常务委员会工作报告

——在同仁市第二届人民代表大会第一次会议上（摘录）

蔡有年

（2021 年 7 月 15 日）

过去五年的主要工作

县十六届、市一届人大常委会履职的五年，是我市决胜脱贫攻坚、实现撤县设市、加强治理生态环境，综合实力显著增强、人民生活显著改善的五年，也是提升基层人大工作，规范乡镇人大建设卓有成效的五年。五年来，市人大常委会在市委的坚强领导下，在州人大常委会的精心指导下，坚持以习近平新时代中国特色社会主义思想为统领，贯彻落实中共十九大，十九届二中、三中、四中、五中全会精神，认真践行习近平总书记关于坚持和完善人民代表大会制度的重要思想，全面贯彻中央和省州市委决策部署，把建设“五个同仁”作为根本任务，以推进民主法治建设、保障人民当家作主为崇高使命，认真履行宪法和法律赋予的职权，为维护社会公平正义，促进社会和谐稳定，弘扬民主法制作出了积极贡献。

一、五年来，我们始终坚持党的领导、服务大局、依法履职的有机统一，体现了同仁人大锤炼过硬的政治定力

常委会始终把坚持党的领导、人民当家作主、依法治国有机统一作为根本政治原则，贯穿于行权履职的全过程，保证了人大工作始终沿着正确的方向不断推进。

（一）强化思想认识，提高政治本领。常委会认真学习贯彻习近平新时代中国特色社会主义思想，特别是习近平总书记关于坚持和完善人民代表大会制度的重要思想及依法治国思想，全面学习中央和省州市委重要会议精神、省州委人大工作会议精神。先后在党组会议、主任会议、常委会会议和机关学习会议上组织集中学习、交流研讨 200 多次，切实用新思想武装头脑、指导实践、推动工作，全市人大工作不断与时俱进、完善发展。

（二）强化党的领导，提高政治站位。常委会坚持把党的路线方针政策和各项决策部署在人大工作中的贯彻落实作为重大政治责任和根本要求，在行权履职中始终坚持和依靠党的领导，旗帜鲜明地维护党委权威，坚定不移地贯彻落实中央和省州市委的一系列决策部署，在人大监督、决定重大事项和选举任免的工作中不折不扣地贯彻执行市委对人大工作的指示精神，使常委会的各项工作始终服从、服务于市委中心工作和全市工作大局。坚持重大事项、重要工作、重大活动向市委请示汇报制度。围绕市委的中心工作，科学制定人大年度工作监督计划，切实做到人大工作计划与市委工作思路合拍，与“一府一委两院”工作合力。依靠党委的坚强领导和有力支持，尤其是近三年的市乡人大建设活动中，人大工作得到全面加强和有效提升。

（三）强化责任担当，提高政治自觉。充分发挥人民代表大会组织优势和制度优势，及时将市委的决策部署，通过法定程序转化为全市人民的共同意志。五年来，常委会根据市委的安排，紧扣脱贫攻坚、撤县设市、乡村振兴战略实施、民族团结进步创建活动、生态环境保护、城北新区建设、文旅融合发展、教育布局调整、多哇涉藏社会治理示范镇建设等事关全市经济社会发展和人民群众利益的重大事项，深入调查研究，广泛听取民意，献计献策，推动人大在促进中心工作中取得实效。始终坚持党管干部和人大依法任免干部相统一。五年来，依法任免国家机关工作人员304人次，并组织任免干部举行宪法宣誓仪式，显著提高广大干部的法律意识、责任意识和使命意识。认真开展人大任命的国家机关工作人员履职评议工作，督促任职人员牢记神圣职责，实现了任前监督向全程监督的转变。

二、五年来，我们始终坚持精准发力、乘势助力、持续给力的有机统一，推进了同仁人大监督与支持并重的工作实践

常委会恪守人大监督的政治定位和法律定位，围绕中心，服务大局，贴近民生，综合运用各种监督形式，依法加强对“一府一委两院”的监督，寓支持于监督、寓服务于监督之中。五年来，圆满召开县十六届人大一次至六次会议和市一届人大一次会议，听取和审议了“一府两院”工作报告15项，审查和批准了财政、发改工作报告10项。开展了专题调研45项，检查了26部法律法规的具体执行情况，提供了调研报告23篇。召开了常委会会议36次，听取和审议了“一府一委两院”专项报告68项，提供了审查报告55篇，提出了审议意见450余条。依法作出重大事项决议决定19项，配合省州人大开展调研视察20余次，有力地促进了同仁经济社会全面协调可持续发展和民主法治建设进程。

（一）聚焦经济高质量发展开展监督。常委会高度关注经济健康运行，依法履行预算决算审查监督职能，每年专题听取和审议计划、预算执行情况报告和审计报告，及时审查批准预算调整，跟踪监督年度财政审计查出问题整改情况报告，切实加强了对预算决算全口径、全领域、全过程审查监督。开展对国有资产管理、社会保险服务、《预算法》实施情况等工作的专项监督，并就做好产业发展、项目建设、财源培植等提出意见建议，助推经济稳中向好、提质增效。听取审议“十三五”规划实施中期评估报告和规划执行情况报告，审查和批准“十四五”规划和二〇三五年远景目标纲要，为同仁在更高起点上迈向未来积能蓄势。

（二）聚焦生态高颜值治理开展监督。常委会始终保持深入践行习近平生态文明思想的战略定力，牢固树立“绿水青山就是金山银山”的理念，持续不断地调研国土绿化、环境保护、河长制落实、保障饮用水安全、环境状况和环境目标完成情况等工作，执法检查《土壤污染防治法》《水土保持法》《环境保护法》《黄南藏族自治州城镇市容和环境卫生管理条例》等法律法规执行情况。组织人大代表、政协委员联合开展喜马拉雅市场综合整治及隆务河水生态和景观带建设等重点生态环保工程视察调研工作，并围绕基础设施、监管执法等短板，提出加强环保宣传、设施建设、执法力度等意见建议，助力打好生态文明建设持久战，以法治力量打造“山水黄南”、建设“美丽同仁”。

（三）聚焦人民高品质生活开展监督。常委会坚持人民至上，高度重视并着力推动解决重大民生问题，调研医疗卫生、有机畜牧业示范区建设，牛奶产业发展，教育发展、户籍管理、律师队伍建设和公共法律服务、农村“四好公路”[1]建设及“路长制”落实、自来水公司改制等重点工作，执法检查《动物防疫法》《就业促进法》《食品安全法》《传染病防治法》《青海省饮用水源保护条例》等法律法规执行情况，并听取审议专项工作报告，提出针对性强、操作性强、建设性强的意见建议，维护最广大人民群众的根本利益。护航精准扶贫，围绕脱贫攻坚这一中心任务，全力开展精准扶贫工作落实、教育扶贫和易地搬迁脱贫攻坚行动计划落实、脱贫攻坚后续巩固情况的专项监督检查，并就产业发展、人才培育等方面提出意见建议，扎实推进脱贫攻坚工作，奠定乡村振兴发展基础。把精心守护、永续传承同仁历史文脉作为重要履职责任，对热贡文化传承保护、文化旅游融合发展、历史文化名城和传统村落保护工作情况和《黄南藏族自治州藏语文条例》法律法规实施情况等工作进行监督，激发人民群众的创造活力，凝聚建设文化同仁的磅礴动力。审议通过《同仁县撤县设市有关事项的决定》，编发《同仁人大》撤县设市期刊，在同仁从“县”到“市”的华丽转身中，发挥作用，彰显作为。

（四）聚焦社会高效能治理开展监督。常委会坚持在“平安同仁”“和谐同仁”建设中持续发力，每年开展12.4宪法宣传周活动，增强《宪法》意识、培育法治文化，弘扬法治精神，为法治建设筑牢社会基础。调研法律进宗教活动场所、扫黑除恶专项斗争、农牧区“七五”普法依法治理和法治工作等重点工作，执法检查《黄南藏族自治州藏传佛教事务条例》《黄南藏族自治州民族团结进步条例》等法律法规实施情况，并提出建设公共法律服务体系、加强宗教工作队伍建设等意见建议，为社会大局和谐稳定做出人大应有的贡献。高度重视信访工作，始终坚持把办理群众来信来访作为维护社会和谐稳定的重要工作基础。五年来，共受理群众来信96件，来访450余人次，办复率100%，促进了社会和谐稳定，发挥了人大信访工作在推进社会治理创新中的职能作用。

三、五年来，我们始终坚持依靠代表、支持代表、保障代表依法履职的有机统一，激发了人大代表积极主动的履职热情

常委会尊重代表主体地位，搭建履职平台，创新活动载体，优化服务保障，深度挖掘人大代表凝心聚力的纽带作用，在弘扬主旋律、传播正能量中的先锋作用。

（一）服务代表提升履职水平，提高“能为”本领。在人大代表换届过程中，始终坚持党的领导、充分发扬民主、严格依法办事，进一步优化代表结构，突出“代表性、广泛性、先进性”，高票选举产生新一届市级人大代表159名，乡镇级人大代表522名，圆满完成市乡两级人大代表换届选举任务。聚焦提升代表政治意识、履职能力加强学习培训。五年来，多次邀请省州人大领导、市委党校讲师、纪检、司法等部门领导就党的路线方针政策、法律法规、代表履职、预防职务犯罪、《民法典》实施等进行专题辅导，共组织外出培训3次、委托培训7次，分片培训50余次，促进代表思想更有高度、为民更有温度、实干更有精度、工作更有力度。不断扩大代表对常委会及“一府一委两院”工作的参与度。五年来，共组织邀请各级人大代表80余人次列席常委会会议、300余人次参加视察调研和执法检查等活动，代表们参与监督工作提出诸多具有针对性、建设性的意见建议，使人大和政府的各项工作更好地接地气、察民情、聚民智、惠民生。

（二）激励代表激发履职热情，增强“想为”意识。坚持把代表建议办理作为保障代表依法履职的重要内容和落实代表监督职权的重要举措。严格执行“召开代表建议交办会、实地督导办理、常委会会议审议、考核落实情况”四个步骤，使县十六届人大期间代表提出的381件意见建议全部得到办理和答复，代表满意率不断提升，收到了良好的效果。扎实开展“乡镇人大建设年”活动及提升行动、“人大工作落实年”活动。注重规范化建设，共投入150多万元，建立11个乡镇“人大代表联络室”，45个村（社区）“人大代表活动室”，使代表履职平台覆盖村社、直达“神经末梢”，“代表常进、群众常来、联系常有、效果常见”成为了全市代表履职平台新常态。注重精细化管理，修订完善规章制度，建立“七表”“三册”“一情况”“一计划”“一总结”等台账资料，厚植“两室”底蕴内涵。注重常态化运用，创新开展各级代表各项履职活动，全省范围率先开展“乡镇人大建设年”提升行动暨人大代表意见建议现场交办活动，探索和完善闭会期间代表活动新途径，以点带面、上下联动，对全市乡镇人大建设工作再动员部署、再鼓劲加压，受到了省州人大领导的高度评价。充分认识宣传工作对推动人大代表工作的重要意义，加大代表宣传力度，讲好代表履职故事，展示人大工作，展现代表风采，动员全社会关心、尊重和支持代表，激发代表履职热情。

（三）监督代表强化履职责任，坚定“敢为”决心。常委会坚持制度先立先行，先后研究制定了《代表履职管理办法》《人大代表职责》《代表小组活动制度》《代表培训制度》等工作制度，推动代表履职意识不断提高，代表作用发挥更加充分。加强选民监督，组织五级人大代表开展述职活动，实现述职全覆盖，进一步督促代表想履职、能履职、会履职、善履职、履好职。围绕党委政府的重大战略部署，引导和鼓励代表在服务大局中充分发挥作用。五年来，全市各级人大代表积极投入新冠疫情防控、脱贫攻坚、民族团结、扫黑除恶等重大工作中，并在相关工作中累计捐款捐物150多万元，生动诠释了人大代表的内涵和本色，彰显了根本政治制度的特点、优势和功效。

四、五年来，我们始终坚持制度建设、作风建设、队伍建设的有机统一，留下了同仁人大加强自身建设的成长印迹

常委会主动适应新常态下人大工作的新特点，以制度建设为根本，以作风建设为关键，以队伍建设为保障，激发和调动人大工作的生命力、凝聚力和创造力。

（一）精益求精，制度建设不断完善。常委会坚持与时俱进、规范管理，先后修订完善《常委会决定重大事项的规定》《市人民政府重大决策前向本级人大及其常委会报告的制度》《常委会议事规则》《常委会工作规则》《常委会机关管理制度》等人大各项工作制度，使人大工作的制度体系更加完善，保证了各项工作的紧密衔接和顺畅运转，促进了常委会工作效率、服务质量和整体水平不断提高。

（二）实事求是，作风建设渐趋严实。扎实开展党的“两学一做”“不忘初心、牢记使命”“作风突出问题专项整治”“党史学习教育”等活动，始终保持昂扬向上、奋发进取的精神状态，在政治上、思想上、行动上同以习近平同志为总书记的党中央保持高度一致。充分发挥常委会党组在人大工作中把方向、谋大局、保落实的作用，完善党组工作机制，坚持重要问题、重大事项由常委会党组集体研究决定，以政治建设统领人大各项工作。认真召开民主生活会、全体党员大会、组织生活会，坚持党组成员参加双重组织生活会制度，使党内生活规范化、制度化、经常化。严格落实中央八项规定及其实施细则精神，强化主体责任，履行“一岗双责”，规范“三会一课”，完善“三重一大”决策机制，保持常委会正确政治导向，营造人大工作规范有序、务实高效、充满活力的良好局面。

（三）稳中求进，队伍建设逐步加强。始终把抓班子、带队伍作为首要任务，着眼于建设求真务实、作风优良、运转高效、充满活力的人大机关。五年来先后组织选派常委会组成人员、人大干部46人次，分别参加福建厦门、河南郑州、天津、西宁等地组织举办的培训，不断提高机关干部的政治素养、理论水平和业务能力。统筹规划官方网站和新媒体建设，编发《同仁人大》期刊，为反映情况、交流工作、代表履职搭建平台。助力全面打赢脱贫攻坚战，人大机关干部在联点乡、村深入宣传党的扶贫政策，认真开展调研走访，坚持开展帮扶共建，协调解决联点乡村存在的实际困难和问题，实现联点乡村脱贫摘帽。在全市脱贫攻坚工作表彰大会上，取得“市级定点扶贫先进单位”和“优秀第一书记”两项荣誉称号。

各位代表，大鹏之动，非一羽之轻；骐骥之速，非一足之力。过去五年常委会所取得的每一点成绩、获得的每一个进步，都浸润着市委的正确领导、亲切关怀，镌刻着州人大的精心指导、真诚帮助，凝结着“一府一委两院”和各乡镇人大的大力支持与密切配合，承载着历届市人大常委会班子奠定的坚实基础，倾注着全体人大代表的尽心履职、共同努力，记录着常委会组成人员和机关工作人员的辛勤付出、砥砺奋进，饱含着全市人民的充分信任、积极参与。在此，我谨代表市一届人大常委会，向所有关心、支持人大工作的各级领导和同志们，表示衷心的感谢并致以崇高的敬意！

成绩来之不易，经验弥足珍贵。回顾过去五年的工作，我们深深体会到：只有始终坚持党的领导、人民当家作主和依法治国的有机统一，才能保持人大工作正确的政治方向；只有始终坚持围绕中心、服务大局，才能找准人大工作依法履职的最佳切入点；只有始终坚持紧紧依靠代表、密切联系群众，充分发挥人大代表的主体作用，才能真正行使好人民赋予的权力；只有始终坚持抓好常委会自身建设，努力提高履职能力和水平，才能不断开创人大工作新局面。

同时，我们也清醒地看到，常委会工作还存在一些需要加强和改进的地方。主要是：刚性监督、跟踪监督和对国家机关工作人员履职监督有待进一步加强；代表建议督办力度有待进一步加大；代表联系群众渠道有待进一步拓宽等等，这些都需要我们在今后工作中加以改进和完善。

今后五年的工作建议

当前和今后一个时期，人大工作正面临着新的发展机遇。一是我们党更加注重发挥人大及其常委会的作用。二是人民群众更加期盼人大及其常委会行使好权力。三是“一府一委两院”更加理解和接受人大及其常委会的监督。这些，都为我们下一步做好人大工作创造了良好的条件。

今后五年，市人大常委会工作的总体要求是：高举中国特色社会主义伟大旗帜，深入贯彻中共十九大和十九届二中、三中、四中、五中全会以及省委十三届九次全会、州委十二届十一次全会、中共同仁市第一次代表大会精神，坚持以习近平新时代中国特色社会主义思想为指导，以习近平总书记关于坚持和完善人民代表大会制度的重要思想和在青海考察时的重要讲话精神为引领，统筹推进“五位一体”总体布局，协调推进“四个全面”战略布局，完整、准确、全面贯彻新发展理念，坚持党的领导、人民当家作主和依法治国的有机统一，以“一优两高”“三区建设”为牵引，贯彻落实省委“六富”要求，紧扣“高原美丽生态人文城市”总体定位，按照“一核一带、两山一环”发展布局，为奋力谱写富裕团结文明和谐美丽同仁新篇章，充分发挥地方国家权力机关的积极作用。

按照这一总体要求，要重点抓好以下几方面工作：

（一）坚定不移强化政治建设，进一步锤炼过硬政治品格。要始终坚持党对人大工作的全面领导，确保在任何情况下都能做到政治信仰不变、政治立场不移、政治方向不偏。要不断提高政治判断力、政治领悟力、政治执行力，自觉扛起肩负的政治责任。要在重大问题和关键环节上确保头脑特别清醒、立场特别坚定、行动特别坚决。要自觉做到“三个主动”，即重大活动、重要会议、重大决策主动向市委请示汇报；重点议题、难点问题主动调研，积极向市委建言；重要文件主动提请市委批准，切实保证党的路线方针政策和市委决策部署在人大工作中得到认真贯彻、充分体现和全面落实。

（二）始终锚定服务中心大局，进一步提升依法履职效能。要坚持把服务发展大局作为人大工作的第一要务，紧紧围绕市委决策和“十四五”规划，组织对乡村振兴发展、生态环境保护、文旅融合发展、民生实事保障、新型发展格局、治理效能提升等经济社会发展中的重大事项开展监督，有效推动贯彻新发展理念，形成新发展格局。要认真落实以人民为中心的思想，围绕人民群众关切开展工作，增强履职尽责的针对性、精准性和实效性，推进民生福祉达到新水平。要不断加强和改进监督工作，实现监督常态化、制度化、规范化。要充分用好执法检查“法律巡视”利剑作用，深入查找法律法规实施中存在的突出问题，推进法律法规得以有效贯彻落实。要更加全面地健全人大代表参与监督的工作机制，不断完善参与程序，加大参与力度，增强参与实效。要行使好重大事项决定权，遵循法定性、全局性、民主性、可行性原则，适时作出决议决定。要坚持党管干部与人大常委会依法任免的有机统一，为经济社会发展提供组织保障。

（三）持之以恒深化代表工作，进一步集聚开拓奋进合力。要牢牢把握“代表机关”定位，不断夯实基础、拓展平台、完善机制、创新举措，保障人大代表发挥作用。要进一步健全完善代表学习培训机制，着力提高代表的思想政治素质、法律政策水平和依法履职能力。要进一步健全完善代表建议督办机制，规范办理程序，强化重点督办、分工督办、现场督办、跟踪督办力度，不断提升办理工作质量和实效，提升代表满意率。要进一步健全完善联系代表机制，加强与代表的沟通联系，有效深化代表列席常委会会议、参加常委会重要活动等制度，不断拓宽代表知情参政渠道，支持代表依法履职。要进一步拓展代表履职平台建设，加强硬件配套、软件提升、拓展延伸、常态运行，密切代表与人民群众的联系，做实闭会期间代表履职活动，真正把“两室一平台”[2]打造成为学习教育的场地、履职行权的阵地、联系群众的基地。

（四）一如既往加强自身建设，进一步磨砺更优能力作风。要切实增强做好新时代人大工作的思想自觉和行动自觉，不断提升政治理论水平、依法治市水平和业务工作水平。要开展好党史学习教育活动，切实用党的奋斗历程和伟大成就鼓舞斗志、明确方向，用党的光荣传统和优良作风坚定信念、凝聚力量，用党的实践创造和历史经验启迪智慧、砥砺品格，为做好人大工作注入不懈动力、卓越能力。要加强党风廉政建设，始终把全面从严治党的各项要求贯穿于依法履职的全过程和人大工作的各方面。以深化拓展“四个机关”[3]为抓手，着力加强“书香支部”“智慧人大”建设，打造“旗帜鲜明讲政治、依法履职勇担当、群众利益我代言”人大机关政治文化品牌。突出强化指导乡镇人大工作，全面构建市乡人大上下联动、纵向协调、整体发力的新格局。

各位代表，潮起海天阔，扬帆正当时。让我们更加紧密地团结在以习近平同志为核心的党中央周围，在市委的坚强领导下，以时不我待的责任意识、勇于担当的为民情怀和奋发有为的工作激情，依法履职，开拓进取，不忘初心，继续前进，进一步开创人大工作的新局面。

名词解释：

[1] 农村“四好公路”：建好，管好、护好、运营好农村公路。

[2] “两室一平台”：乡镇人大代表联络室、村（社区）人大代表活动室、代表网络履职平台。

[3] “四个机关”：对党忠诚的政治机关、依法履职的权力机关、践行宗旨的代表机关、务实担当的模范机关。

同仁市第二届人民代表大会政府工作报告

——在同仁市第二届人民代表大会第一次会议上（摘录）

赵建国

（2021年7月14日）

一、过去五年政府工作回顾

“十三五”时期，同仁走过了极不平凡的历程。过去的五年，是同仁综合实力和区域竞争力明显提升的五年，是城乡面貌发生深刻变化的五年，是人民群众得实惠最多、生活水平提高最快的五年。五年来，面对错综复杂的外部环境和艰巨繁重的改革发展稳定任务，在州委、州政府和市委的坚强领导下，在市人大、市政协的监督支持下，市政府紧紧依靠和团结带领全市人民，聚焦聚力扩总量提质量，心无旁骛促脱贫奔小康，蹄疾步稳强改革扩开放，众志成城战疫情稳增长，妥善应对和化解各类风险，各项事业取得长足进步，圆满完成“十三五”规划确定的主要目标任务，为开启全面建设社会主义现代化新同仁奠定了坚实基础。

五年来，我们锚定高质量发展方向，全力以赴固底盘、稳增长，实现了综合实力新跨越。始终贯彻新发展理念，大力稳增长、调结构、提动能，综合实力大幅跃升，经济发展实现量的合理增长和质的稳步提升。全市地区生产总值较“十二五”末增加15.1亿元，年均增长5.7%。全体居民人均可支配收入较“十二五”末增加7209元，年均增长9.2%，其中：农村居民人均可支配收入增长54.9%，城镇居民人均可支配收入增长44.3%，分别年均增长9.2%、7.6%。工业增加值较“十二五”末增长3.78亿元，年均增长8.6%。地方一般公共预算收入较“十二五”末增加0.2亿元，年均增长4.9%。社会消费品零售总额较“十二五”末增加6.01亿元，年均增长35.4%。我市经济在爬坡过坎中走过了不平凡的发展历程，多项指标增速走在了全州前列，体现了小市也有大作为的拼搏精神。

五年来，我们贯彻习近平生态文明思想，攻坚克难抓治理、筑屏障，扮靓了山清水秀新画卷。始终坚持“绿水青山就是金山银山”的发展理念，持续开展蓝天碧水净土保卫战，生态环境更加美丽宜居。抓牢生态建设，稳步推进天然林保护、三江源二期等重大生态工程，累计完成国土绿化任务59.6万亩，森林有害生物防治43.5万亩，治理水土流失面积250.5平方千米，森林覆盖率由34.62%提高到35.37%，绿色版图由“浅绿”向“深绿”迈进。市政府被省委、省政府授予“全省国土绿化先进单位”，隆务镇被授予“省级森林城镇”，隆务镇吾屯下庄村被认定为“国家级森林乡村”。抓实污染防治，实施散煤综合治理和城镇扬尘专项整治，完成集中供暖一、二、三、四期除尘脱硫改造，同仁入选“2020年中国百佳富氧县市”榜单。在全州率先完成两轮中央环保督察反馈问题整改任务，空气、水、土壤环境质量持续向好。全面推进河（湖）长制工作，市乡村三级河长巡河履职常态化，市域内21条河流保洁常态化。抓常环境整治，深入开展城乡人居环境“洁净美”专项行动和爱国卫生运动，扎毛乡卡苏乎等5个村被评为全省第一批清洁村庄，城乡面貌焕然一新，山水同仁画卷越来越优美、越来越鲜亮！

五年来，我们扛牢脱贫攻坚政治责任，矢志不渝扶真贫、真扶贫，拼出了全面小康新图景。始终把打赢脱贫攻坚战作为最大的政治任务，在攻坚贫困堡垒中精准施策、尽锐出战，全市29个贫困村全部出列、3092户13389名贫困人口稳定脱贫，脱贫攻坚战取得全面胜利。累计投入财政专项扶贫资金21.31亿元，整合各类涉农资金13.25亿元，精准实施“十大工程”，稳定实现“两不愁三保障”。致力“造血”扶贫，累计实施产业项目199个、到户产业覆盖率达100%，发放扶贫小额信贷资金4466.6万元，认定就业扶贫基地4家、扶贫车间20个，500余名贫困人口实现稳岗就业。2020年全市贫困人口人均纯收入达11969元，贫困村集体经济经营性收入达2325万元。先后接受贫困市退出专项评估检查、第三方评估国家抽检、脱贫攻坚普查和脱贫攻坚成效省际间交叉考核等多轮国考、省考，得到了充分肯定和高度评价。我市被省委、省政府授予“青海省脱贫攻坚先进集体”。扎实开展与全州全省全国同步全面建成小康社会同仁行动，全面建成小康社会统计监测各项指标基本实现，决胜全面建成小康社会取得决定性成效。今天的同仁大地，历史性消除了绝对贫困，我们向党和人民如期交出了一份合格答卷！

五年来，我们聚焦供给侧结构性改革主线，多措并举调结构、促转型，闯出了绿色发展新天地。始终把培育壮大特色优势产业作为最主要任务，着力打好农牧和文旅两张“特色牌”，发展质量稳步提升。现代农业提档升级，以隆务河谷金黄果，中药、藏药材种植为主线，成功打造黄果梨，中药、藏药材“两个万亩”特色种植基地。生态畜牧业提速加力，扎实开展生态有机畜牧业示范区创建，深入推广“拉格日”模式，培育壮大以股份制为核心的合作经济组织，农畜产品加工能力持续提升，成功打造“同仁黄果梨”“牦牛乳制品”和中药、藏药材饮品等特色品牌。推行“三品一标”[1]认证，在认定“同仁黄果梨”地标农产品的基础上，“同仁豌豆”等4项农产品荣获“国字号”地理标志称号。深入推进农牧民专业合作社质量提升行动，瓜什则乡吉祥牦牛和绿源牦牛养殖合作社被认定为国家农民合作示范社。文化旅游加快融合，做大做强特色文旅产业，积极参加省内外大型文化活动，特色文创产品纷纷走进国内一线城市，成功创下“最多人同时画唐卡”和“最大规模的唐卡展示”2项吉尼斯世界纪录。成功创建全省首批全域旅游示范区，保安镇花儿沟和东干木乡村旅游景区认定为国家AAA级景区。强力推进唐卡艺术小镇，注册“唐卡艺术之都”商标，启动“唐卡区块链”建设，龙树画苑被评为全省优秀众创空间。文化产业收入、旅游总人数和综合收入连续保持两位数增长，文旅产业从业人数达2.43万人。新兴产业不断涌现，电子商务发展加快，建立市乡村三级电子商务服务体系，电商乡镇覆盖率达100%，村级覆盖率达98.2%，网上上行累计零售额258.15万元，成为社会消费增长的重要力量。

五年来，我们树立抓项目就是抓发展理念，持续用力扩投资、增后劲，开创了转型升级新局面。始终把补短板强弱项作为同仁发展的最强支撑，发挥投资的关键作用，一大批事关同仁长远发展的重大基础设施项目相继实施，有力支撑了经济社会发展，成为我市“十三五”时期高质量发展的强力引擎。五年来，全市累计完成固定资产投资116.5亿元，较“十二五”时期增加44.9亿元，围绕产业转型升级、重点基础设施等建设，累计实施重点项目195个，连续位居全省涉藏地区首位，基础设施薄弱的状况得到了有效改善。抓好土地要素供应保障，强化土地资源优化配置，争取跨省域增减挂钩指标1330亩，累计调入资金3.99亿元。全面落实惠企政策，深化政银企合作，引金融活水“精准滴灌”，累计解决金融贷款1.4亿元，落实产业扶持资金1.7亿元，减免企业各项税费1.6亿元，保障各类市场主体稳定运行，不断积聚经济发展动能，为全市可持续发展增添了后劲、奠定了基础。

五年来，我们着眼统筹一体发展，不遗余力夯基础、补短板，重塑了城乡互映新形象。同仁如期实现撤县设市，成功纳入国家兰西城市群发展规划，列入部省共建高原美丽城镇示范省建设试点地区。城北新区建设驶入“快车道”，13条路网骨架基本成型，地下管廊主体建设全面完成，北区新城初具雏形。交通网络内畅外联，西成铁路同仁段线路开工建设，城区公交线路优化延伸至保安镇和扎毛乡，率先在全州实现行政村道路通畅和通客车全覆盖。城乡面貌日新月异，多哇涉藏社会治理示范镇创建成效显著，扎毛乡扎毛村、立仓村被评为全国最美宜居村庄。累计完成43个高原美丽乡村建设、19个传统村落保护建设和39个、2807户老旧小区综合整治项目，实施农牧民居住条件改善工程1400户，建设各类厕所6309座。隆务河水生态综合治理及两岸环境综合治理工程（一期）基本建成，河畅、水清、岸绿、景美的山水同仁新画卷徐徐展开。

五年来，我们围绕激活经济社会发展动能，创新举措强服务、优环境，积蓄了加快发展新活力。始终把改革开放作为关键举措，以改革促发展，以开放拓空间，同仁正以更具活力、更加自信的姿态呈现在世人面前。三大“国字号”改革成效显著，政府机构、农村集体产权制度改革全面完成，政务公开、财税、供销社综合改革和行政审批制度等工作取得新进展。隆务镇经济发达镇行政管理体制改革进入实体化运行阶段，为全省经济发达镇改革贡献了“同仁智慧”。“放管服”改革、商事制度改革深入推进，累计调整行政审批事项406项，精简率达86.2%，实现“证照分离”[2]全覆盖。“一网一门一次”改革取得实效，政府服务网上可办率达94.5%。市场活力充分激发，市场主体总量达到8638户，较“十二五”末增加了3153户。招商引资获得新成果，实施产业招商、精准招商，累计签约落地项目27个，其中亿元以上项目15个，到位资金27.6亿元，年均增长11%。对口支援“十三五”规划圆满收官，累计争取各类援助资金突破1亿元，与天津经开区各领域合作不断升级加力。

五年来，我们践行以人民为中心的发展思想，坚持不懈惠民生、防风险，创造了各族群众新生活。始终坚持小财政办大民生理念，连年将80%以上的财政支出投入民生领域，办成了一系列群众期盼的急难愁事。持续优化中小学教育布局，投资3.62亿元实施教育建设项目97个，新建学校3所，扩建学校94所。全面完成13个乡镇学区撤销工作，建立乡镇中心寄校管理体制，推进乡镇中心寄校和教学点一体化办学、协同式发展。稳步推进统编“三科”教材工作，全市53所中小学完成“三科”教材推广使用。巩固和扩大学前教育“村办公助”[3]模式试点成果，打造了年都乎村幼儿园等一批“村办公助”示范点。顺利通过国家义务教育发展基本均衡县评估验收。市民族中学荣获“全国教育系统先进集体”和“全省依法治校示范校”，市第一完小荣获“全国优秀少先队集体”。加快完善医疗卫生服务体系，市中医院、妇幼保健院、疾控中心新建项目顺利竣工，标准化村级卫生室、乡镇卫生院中医、藏医馆改造项目实现全覆盖。坚决打好疫情防控阻击战，抓紧抓实抓细常态化疫情防控，筑牢联防联控、群防群控的坚固防线，以非常之策恢复经济运行、以非常之力保障基本民生，率先在全州实现复工复产复商复市复课，牢牢守住了疫情“零输入、零感染”的底线。医联体、医共体建设取得新进展，组建成立同仁市医疗集团，打造了区域诊疗特色品牌和区域诊疗模式。我市被命名为“2019—2020年度国家级健康促进县”和“2018—2020年全国计划生育优质服务先进单位”。就业规模持续扩大，累计新增城镇就业2479人，农村劳动力转移就业5.15万人次。社会保障体系日趋完善，城乡低保实现5次提标，城乡居民医保参保率达到98%。社会救助体系基本建立，城乡基本养老体系取得积极进展，累计发放社会救助资金4.3亿元，建成市社会福利中心等8家养老服务机构。圆满完成第七次全国人口普查，国防动员、双拥优抚、外事侨务、地方史志等工作取得新成绩，妇女儿童、老年人、残疾人权益得到更好保障。各族群众在全面小康进程中生活得更加殷实、更加美满、更加幸福！

五年来，我们加强和创新涉藏社会治理，坚定不移抓治理、保稳定，收获了协同发展新成果。坚持以创建涉藏社会治理示范区为目标，推进治理体系和治理能力建设，打造涉藏社会治理“同仁样板”。平安同仁、法治同仁建设深入推进，“七五”普法顺利通过省级终期考核验收，扫黑除恶专项斗争圆满收官。推进基层社会治理守正创新，建成运行市乡村三级综治中心，建立矛盾纠纷“三区”动态管理模式，社会治理实现从粗放到精细、应急到常态、治标到治本的根本转变。成功创建全省民族团结进步先进市，各族人民交往交流交融更加密切，各民族共同团结奋斗、共同繁荣发展的思想基础更加坚实。坚决扛起安全生产责任，强化重点领域、重点行业安全治理，安全生产形势稳定向好，“舌尖上的安全”保障更有效，各族群众安全感满意度与日俱增！

五年来，我们深化政府职能转变，持之以恒改作风、抓落实，实现了施政能力和服务水平新提升。坚持以政治建设为统领，把党的领导贯穿政府工作全过程各方面，政府执行力、落实力、公信力切实增强。深入开展“两学一做”学习教育和“不忘初心、牢记使命”主题教育，坚持把学习习近平新时代中国特色社会主义思想作为“第一议题”制度，切实增强“四个意识”、坚定“四个自信”、做到“两个维护”。累计高效高质办理人大代表建议443件、政协提案272件，提请市人大常委会审议事项37件。重大行政决策合法性审查、规范性文件审查等制度进一步完善。认真履行政府系统全面从严治党主体责任，严格落实“一岗双责”主体责任，狠抓作风突出问题集中整治，全面加强各重点领域和重点环节的监管，认真执行中央八项规定及其实施细则精神，驰而不息纠正“四风”，强化审计监督和督查落实，推动政府系统党风廉政建设和反腐败工作向纵深发展，风清气正的政治生态持续优化。

回顾五年的栉风沐雨、砥砺前行的奋斗历程，我们更加深切地感受到：党的领导是战胜困难的坚强保证。毫不动摇坚持党的全面领导，增强“四个意识”、坚定“四个自信”、做到“两个维护”，以习近平新时代中国特色社会主义思想指导同仁发展实践，确保同仁各项事业始终沿着正确道路阔步前行。加快发展是执政兴市的第一要务。把发展作为解决所有问题的关键，主动融入州委打造“山水黄南”，高质量推进“三区建设”[4]战略大局，在纵比中不断突破，在横比中努力超越，走出一条生态保护与绿色发展相得益彰的同仁发展新路子。生态保护是义不容辞的重大责任。始终心怀生态环境保护“国之大者”，坚定不移走生态优先、绿色发展之路，让生态资源优势转化为产业优势、经济优势，让各族群众在“绿水青山”的美景中享受“金山银山”的实惠。维护稳定是发展进步的重要基石。坚决扛起维护稳定的政治责任，以“一核三治”[5]不断强化社会治理，深入持久开展民族团结进步创建，凝聚起各族群众守望相助、手足相亲、携手奋进的强大合力。人民至上是一切工作的价值取向。坚持把改善民生作为一切工作的出发点和落脚点，推动政策向民生聚焦、财力向民生倾斜、服务向民生覆盖，让改革发展成果更多更公平地惠及全市各族人民，矢志不渝朝着共享发展砥砺奋进。

回首过去，同仁各族儿女在党的坚强领导下，走过了波澜壮阔的奋斗历程，谱写了不甘落后、奋勇前进的壮丽史诗。这些成绩的取得，归功于习近平新时代中国特色社会主义思想的科学指引，归功于州委、州政府坚强领导，归功于市委团结带领，归功于市人大、市政协监督帮助，归功于全市各族干部群众的艰苦奋斗。在此，我代表市人民政府，向全市各族干部群众，向人大代表、政协委员和离退休老干部，向各人民团体、工商联和省州驻市各单位、驻军部队、公安民警，向所有关心、支持同仁发展的各级领导和社会各界朋友，致以崇高的敬意和衷心的感谢！

在肯定成绩的同时，我们也清醒地认识到，全市经济社会发展还存在不少困难和问题，主要表现在：我市经济总量依然偏小，经济发展水平依然较低，发展不平衡不充分问题依然突出；产业结构不优、体系不全，转型升级步伐缓慢，缺乏新的增长点；运用新发展理念破解难题，优化布局、调整关系、提质增效、推动发展方面还有差距；财源培植不足，财政收入总量较小，对上依赖程度较高；脱贫攻坚成果巩固提升面临较大压力，各族群众生活品质有待进一步提高；社会治理、城市管理、教育医疗、文化体育等领域与群众需求还有差距。我们必须直面矛盾、正视问题，以坚决的态度、更大的决心、扎实的举措去推动解决，努力把政府工作做得更实更细，推动同仁发展行稳致远。

二、今后五年政府工作的发展目标和重点任务

今后五年，政府工作的总体要求是：高举中国特色社会主义伟大旗帜，以习近平新时代中国特色社会主义思想为指导，紧密团结在以习近平同志为核心的党中央周围，紧紧围绕“五位一体”总体布局和“四个全面”战略布局，全面贯彻中共十九大和十九届二中、三中、四中、五中全会，省第十三次党代会和省委十三届历次全会，州第十二次党代会和州委十二届历次全会精神，坚决贯彻习近平总书记关于青海工作重要讲话精神和治国理政新理念新思想新战略，准确把握中央治藏方略和省州委决策部署，牢固树立“创新、协调、绿色、开放、共享”发展理念，以建设青甘川交界地区现代化区域中心城市为目标，紧扣“高原美丽生态人文城市”总体定位，按照“一核一带、两山一环”[6]发展布局，深入实施“十四五”规划，准确把握新发展阶段，深入贯彻新发展理念，加快构建新发展格局，巩固深化“一优两高”“三区建设”落实成效，贯彻落实省委“六富”要求，推动乡村全面振兴，全面打造“文化同仁”，奋力谱写富裕团结文明和谐美丽同仁新篇章。

今后五年，全市经济社会发展的主要奋斗目标是：到2025年，全面完成“十四五”规划纲要提出的各项目标任务；地区生产总值年均增长6.5%左右，达到53.36亿元；工业增加值年均增长8%，社会消费品零售总额年均增长7%以上，全员劳动生产率年均增长5%，常住人口城市化率年均增长3%，全体居民人均可支配收入年均增长6.5%左右，城镇登记失业率、城镇调查失业率分别控制在4.2%和6.5%以内。节能降碳和主要污染物排放完成省州下达任务。“十四五”末，将同仁打造成全省文旅融合发展示范城市、生态文明建设示范城市、藏区社会智慧治理示范城市、高原美丽生态人文城市、涉藏地区宜居生活示范城市。

实现上述预期目标，我们必须坚持系统观念，树立正确的发展观，在战略上布好局、在关键处落好子，切实抓好以下重点工作：

（一）坚持生态绿色发展，开创生态文明建设新高地。我们要牢牢把握“三个最大”省情定位，坚持生态立市战略，扎实推进生态文明建设，走好清洁生产、绿色发展之路，让天空更蓝、河流更清、山川更绿。

抓好黄河流域生态保护。写好“水”的文章，全面融入以国家公园为主体的自然保护地体系示范省建设，优化各类管理机构，创新生态保护与发展机制，力争将我市打造成国家公园示范省建设先行区。强化“源头责任”和“干流担当”，推动黄河流域同仁段生态保护和高质量发展规划落实，实施水生态保护与修复重大工程，加强隆务河流域综合治理和扎毛水库等河湖生态保护治理。大力推进“河湖长制+”，抓好主要河流水质水量动态监测基础设施建设和能力提升，完善水生态空间保护管控力度，协力加强“中华水塔”的保护。

深化生态环境治理修复。画好“山”的画卷，巩固中央和省委环保督察反馈问题整改成效，加快矿山生态治理和修复，依法严控矿产资源开发活动，除保障建设用砂石料外，基本实现矿山类企业全面退出、探矿权全面取缔，建设绿色矿山，留住绿水青山。科学推进地质灾害等综合治理，实施隆务东西山地质灾害隐患区整体搬迁安置工程，继续开展国土绿化行动，建设麦秀林场至隆务峡和市乡村道路绿色长廊，完成林草有害生物防治250万亩，积极发展森林康养产业，计划建设森林人家50家、森林浴场2个，打造一批“森林城镇”和“森林乡村”，全力创建国家园林城市、

森林城市和省级生态文明示范市。完善国土空间基础信息平台，强化国土空间规划和用途管控，落实生态保护、基本农田、城镇开发等空间管控边界。深入开展新一轮生态功能提升行动，系统推进三江源生态保护和建设二期、天保工程、生物多样性保护重大工程，天然林资源保护等重点生态工程，打造东西山生态公园，推进兰采省级森林公园和双朋西林场、西卜沙林场原生植物保护基地及隆务河、曲麻河、多哇湿地公园建设，打造全州山水林田湖草沙冰综合治理样板区。深入开展城乡人居环境综合整治“洁净美”提升行动，抓好净河、净郊、净巷、净厕专项整治，真正让农牧区净起来、绿起来、美起来！

深入打好污染防治攻坚战。实施最严格的环境保护制度，持续打好蓝天碧水净土保卫战，实施大气、水、土壤污染治理项目，深入开展煤炭消费控制、汽车尾气和餐饮油烟污染治理行动，推行绿色低碳生产方式，全力做好碳达峰、碳中和工作。实施清洁能源替代和集中供热工程，推广新能源汽车，推动天然气、光伏等清洁能源安全高效利用，积极推进城镇污水管网、垃圾处理设施全覆盖。加强土壤污染治理，继续实施化肥农药减量增效行动，提高秸秆、农膜废弃物资源化利用率，加快“无废同仁”建设，推动垃圾分类和减量化、资源化，推进白色污染治理，打造全域无垃圾示范区。加大城市扬尘治理力度，确保城镇空气质量优良率总体保持99%以上。加强社会噪声管理，不断提升城市清洁静水平。健全生态系统保护制度，建立企业环境信用评价和违法排污黑名单机制，完善生态保护信息化网络化监管平台，深化生态环境损害赔偿制度和综合行政执法改革，坚决守住生态底线，让蓝天白云常驻、清水绿岸常存、鸟语花香常在！

（二）完善基础设施网络，厚植全域跨越发展新支撑。我们要抢抓当前国家加大新型基础设施建设投资的机遇，完善交通、水利、能源等基础设施建设，加快形成有效支撑地区高质量发展的基础设施网络体系。

构建综合立体交通体系。把交通建设作为全市高质量发展的突破口，加快推进同仁至赛尔龙、同仁至贵德、同仁至夏河等高等级公路建设，构建“一纵三横”高速公路网[7]骨架体系。以优化路网结构和提高服务水平为重点，加大G213同仁过境段改线、S307羊智沟至青海湖尖扎段等国省干线公路升级改造力度，实施一批市政道路、重大桥梁和同仁综合物流枢纽等区域性互联互通交通建设项目，促进与兰西城市群、泛共和盆地城镇区的便捷联通。加快西成铁路过境段建设，畅通对外大通道。推进“四好农村路”[8]建设，实施农村公路建设项目162项，争取有条件的乡镇实现农村道路“黑色化”。深化农村公路“路长制”，全面实现171条县乡村公路管理全覆盖。加快高铁新区客运站等场站枢纽建设，新建一批乡镇综合服务站，实施11个乡镇物流联营升级改造，推进城乡客运一体化建设。到“十四五”末，基本建成布局合理、功能完善、衔接顺畅、便捷高效的综合交通运输网络。

加强水利基础设施建设。把解决水利瓶颈问题作为全市可持续发展的重要保障，实施隆务河水生态二期治理、曲库乎乡古德沟等15条小流域综合治理、曲麻沟等河道生态综合治理、曲库乎乡木合沙沟和保安镇新城村等周边清洁型小流域建设，以及国土绿化配水等水生态保护与修复工程，进一步提高水源涵养能力。加快推进玉龙、石哈龙城乡供水小型水库工程，实施同仁城北新区、绿色产业园区供水工程建设，合理优化配置水资源，全面提升城乡供水安全保障能力。积极落实浪加水库灌溉工程及扎毛灌区沿线农田水利配套工程建设，开展水库、农村饮水安全提能达标补短板工程，提高民生水利保障能力。大力实施城北新区防洪治理、隆务河防洪减灾等工程，全面提升水旱灾害防御能力和水平。

完善清洁能源基础网络。把推进清洁能源建设作为全市绿色发展的重要基础，加快实施一批水电改造升级项目，推进新一轮农村电网升级改造，建成同仁330千伏变电站，进一步提高电网运行的安全稳定性。因地制宜开展光伏发电、风力发电，加强集中式光伏电站建设，发展分散式和分布式光伏发电。推进同仁天然气贯通工程建设，完善城市燃气输配管网，延伸城市输气管道至乡（镇）、村。加快开展集中供热煤改气项目，推进农牧区煤改清洁能源，确保高品质民生用气。

（三）建设现代产业体系，培育市域经济发展新动能。我们要围绕“五个示范省”[9]建设，坚持转型升级，加快发展符合自身实际的产业，推动经济体系优化升级，构建支撑高质量发展的现代产业体系。

培育现代农牧业新实体。聚焦打造绿色有机农畜产品输出地和绿色有机农畜产品示范省建设，坚持以“高原、有机、绿色”为主攻方向，发挥好全省最典型的半农半牧区优势条件，以示范带动全域，着力打造“拉格日”模式同仁新样板。加快有机农业转变，推动小块农业种植向精细化、规模化、集约化转变，打造以半农半牧重点乡村为核心的草畜联动产业区，以瓜什则为核心的草地生态畜牧业产业区和以保安为核心的现代农业产业区，做大做强黄果梨，中药、藏药，半舍饲牦牛藏羊产业，饲草产业，大力推进绿色兴农、品牌强农，做优做靓黄果梨，中药、藏药材，乳制品特色品牌，将同仁打造成全省“农畜互补、种养结合”生态农牧业示范市。积极培育新型经营主体，推动专业大户和家庭农场扩量提质。实施种养业品种改良、保护和培育同仁原生农畜品种、新品种引进示范等项目，持续推进“从产地至餐桌”的全程有机产品质量追溯体系建设，强化“三品一标”认证，运用好“同仁豌豆”等5项国字号地理标志称号，提升农牧产业竞争优势和市场优势。扎实推进农牧民合作社质量提升行动，深入开展“空壳社”专项清理，抓好农牧民合作社规范化建设和示范社创建，全面提升农牧民合作社发展质量。

绘就文旅融合发展新美景。以建设全省文化旅游融合发展示范区为抓手，依托藏羌彝文化走廊、黄河文化和热贡文化保护区建设，以热贡艺术为龙头，做好文化旅游与农牧业、教育、体育等其他领域的整合，培育发展影视动漫、演艺娱乐、研学教育等新兴业态，努力形成“一个核心、五大品牌、六大特色片区”[10]文化旅游发展格局。全面完成“唐卡区块链”建设，建立唐卡质量信息追溯体系，规范唐卡制作标准和市场销售行为，积极发展唐卡、堆绣、雕塑等特色文化产品，拉长服务产业链条，做大做强热贡文化产业，带动提升文创产品创意设计、生产销售产业链，让文化之魂融入旅游，用旅游之体弘扬文化。深入开展旅游资源大普查，加快国家热贡文化生态保护区、国家历史文化名城建设，争取以凸现雪山、牧场、森林、丹霞、溪流为自然生态特色的生态休闲、体验式旅游精品景区基础设施和配套设施建设，推进全域旅游发展和智慧景区建设，打造一批名人故居、爱国主义教育基地。因地制宜发展文化体验、文化观光、休闲度假等乡村旅游新业态，重点打造“非遗文旅路线”，让越来越多的群众背靠山水美景忙起来、有事干，吃上“旅游饭”。培育“热贡艺术节”“六月会”“於菟”等文化旅游节庆产业，打造一批乡村旅游示范点和文化旅游精品路线，丰富文化旅游产品供给，持续提升同仁知名度和美誉度。加强与省内外的区域旅游合作，共同开发一批精品旅游线路，力争建成藏羌彝文化产业走廊黄金旅游目的地。“十四五”时期，力争将同仁历史文化名城打造成国家AAAAA级景区，将我市打造成全省一流的自驾车旅游、生态文化和观光休闲旅游目的地。

发展“四种经济形态”[11]新动能。培育壮大生态经济，推动生态与农业、工业、文旅等产业深度融合，做强生态旅游，生态畜牧，中医、藏医药等产业，发展节能环保、清洁生产、清洁能源等产业，拓宽生态产品价值实现路径。持续推进循环经济，着力培育新材料、生物医学等新兴产业，全面提高牛羊肉，中药、藏药等传统产业的产品技术、工艺装备、效能环保等水平。加快以乳肉制品、热贡馍馍、黄果梨等为主的特色食品加工业发展，在省内及甘、川、藏地区鼓励扶持开设规范化标准化专营店，丰富和扩大同仁特色产品体系。培育发展园区经济，引进一批建链、补链、延链、强链的重大项目，促进工业产品创新升级。大力发展现代服务业，推进电子商务建设，拓展电商应用领域，在同仁高铁新区规划建设现代服务业集聚区，积极发展冷链等特色物流，完善高效、智能、安全的现代物流体系。全力发展健康、养老、家政等服务业，推动生活性服务业向高品质和多样化升级。着力发展数字经济[12]，扎实推进5G等数字化重点建设，围绕特色产业、政府管理、民生事业等推进大数据平台建设，推动区块链技术[13]在各领域的深度应用，努力将数字经济打造成为高质量发展的"引擎"，高品质生活的"载体"。

（四）大力推进乡村振兴，构建城乡融合发展新格局。我们要坚持"三农"重中之重地位不动摇，深入实施乡村全面振兴战略，加快提升农业农村现代化水平，绘就农村美、农业强、农民富的美好图景。

巩固拓展脱贫成果。严格落实"五年过渡期"[14]和"四个不摘"[15]要求，保持主要帮扶政策总体稳定。接续推进脱贫地区发展，推动农牧业、乡村旅游、民族手工等扶贫产业提标升级，实现产业扶贫向产业振兴转变。强化扶贫项目资产监督管理，确保稳定发挥效益。做好易地扶贫搬迁后续扶持工作，提升安置区社区管理服务水平。加大对脱贫地区基础设施建设的支持力度，进一步提升脱贫地区公共服务水平。健全防止返贫动态监测和帮扶机制，建立部门联动的返贫保障运行机制，发挥社会救助综合保障作用，防止游离在贫困线边缘的群体致贫。有针对性地开展农牧区劳动力素质培训、创业和就业服务，因人因需精准提供就业援助服务，不断提高自我发展能力。

促进农牧提质增效。深入实施"藏粮于地、藏粮于技"战略[16]，落实占补平衡，严守耕地红线，确保实有耕地数量基本稳定、质量提升。加大农牧业水利设施建设力度，实施高标准农田建设工程，从严治理农地"非农化""非粮化"，强化农牧业科技和装备支撑，健全动物防疫和农作物病虫害防治体系，提高农牧业良种化水平。建设智慧农牧业，强化绿色导向、标准引领和生态农牧业建设质量安全监管。推广绿色环保有机型土壤配肥技术，建设土壤肥力和土壤墒情监测网络。优化农牧业生产结构和区域布局，加强粮食生产功能区、重要农畜产品生产保护区和特色农畜产品优势区建设。保障重要农畜产品供给安全，加强粮食、肉类等物资储备库建设，提升物价调控和应急能力。推动农村牧区一、二、三产业融合发展，丰富乡村牧区经济业态，拓展农牧民增收空间。

实施乡村建设行动。因地制宜开展乡村规划工作，实现村庄规划管理全覆盖。统筹城镇规划建设，完善乡村水、电、路、通信等基础设施，有序推进农村改厕、生活垃圾处理和污水治理，实施河湖水系综合整治，改善农牧区人居环境，保护传统村落和乡村风貌，让乡村望得见青山绿水、留得住田园乡愁，打造高原美丽乡村升级版。强化城镇综合服务能力，明确各乡镇定位，统筹安排城乡道路建设、垃圾处理、供水供热等基础设施和公共服务设施，实现城乡规划、基础设施、公共服务一体化，把乡镇建成服务农牧民的区域中心。建立市场化多元化生态补偿机制，增加农牧业生态产品和服务供给，推动乡村自然资本加快增值，实现百姓富、生态美的统一，让群众收获更多的"生态福利"。加快乡村振兴产业规划编制，大力推动乡村旅游、畜禽养殖、民族手工业等乡村产业，建设一批农牧业产业强镇，打造"一村一品"[17]"一乡一业"示范乡村。培育一批家庭工厂、手工作坊、乡村车间，以产业兴旺为乡村振兴提供强有力支撑。弘扬和践行社会主义核心价值观，推进移风易俗，培育文明乡风，建设邻里守望、诚信重礼、勤俭节约的文明乡村。深入推进乡村振兴试点示范，着力打造一批高质量乡村振兴典型示范亮点，实现美一方环境、带一方产业、富一方百姓、促一方振兴。

激发农村经济活力。健全城乡融合发展机制，引导各类资金、人才、资源要素向乡村集聚，着力增强乡村发展内生动力，努力探索实现乡村振兴"同仁路径"。强化乡村振兴人才支撑，既要"走出去"，也要"引进来"，以良好环境拴心留人，打造一支懂农业、爱农村、爱农民的人才队伍。

落实第二轮土地承包到期后再延长三十年政策，落实好农村集体经营性建设用地入市制度，探索宅基地“三权分置”实现形式。加快培育家庭农场等新型农牧业经营主体，健全农牧业专业化社会化服务体系，发展多种形式适度规模经营，实现小农（牧）户和现代农牧业有机衔接。深化农村集体产权制度改革，扩大农牧区集体产权制度改革试点，鼓励通过资产租赁、农牧业开发、生产服务、乡村旅游、联合经营等形式发展新型农村集体经济，全面增强村集体经济实力。

（五）围绕区域协调发展，打造高原生态人文新城市。我们要统筹推进以人为核心的新型城镇化，开展城市功能与品质提升行动，建设核心带动、功能完善、宜居宜业的精品城镇，全力打造高原美丽人文生态城市和涉藏地区最宜居的新型城市。

统筹城乡发展空间。坚持“多规合一”，全面落实国土空间规划，推动土地利用规划、城乡规划、发展规划等专项规划相互融合，注重生态、农业、城镇三类空间和生态保护红线、永久基本农田、城镇开发边界三条主要控制线衔接协调，形成国土空间开发保护“一张图”，实现山水林田湖草沙冰一体化保护。立足资源环境承载能力，发挥各地比较优势，逐步形成城镇化地区、农畜产品主产区、生态功能区三大空间格局，优化重大基础设施、重大生产力和公共资源布局。统筹土地资源配置，实施城乡建设用地增减挂钩项目，落实增存挂钩机制，调整优化城乡用地结构和布局，促进土地节约集约利用。聚焦高原美丽生态人文城市建设目标，加快推进城北新区扩容提质、主城区改造提升、历史文化名城核心区保护升级、新老城区有机融合，支持基础条件较好的乡镇高质量建设特色小镇，形成梯次带动、优势互补、协同发展的新型城镇化格局。

加快完善城市功能。科学确定城镇开发强度，为未来城镇成长留白，提升城镇规划、建设、管理整体水平，走出一条具有同仁特色的新型城镇化道路。坚持先规划后建设、先地下后地上的原则，加强城镇老旧小区转型优化，加快既有建筑风貌改造和城中村、城乡接合部基础设施建设，实施市政道路、给排水、供热供气、污水垃圾处理、综合管廊等市政设施提档升级项目，实质性推进海绵城市[18]、人文城市建设，增强城市排洪排涝能力，解决好城镇供排水管网老化、供暖供给不力、公共停车场不足等事关百姓冷暖的事情，让旧城区焕发新生机。推进城北新区和保安高铁新区建设，加快商业综合体、市政基础设施以及新型公共服务体系建设，引导人口有序转移，提升城镇综合承载力和发展品质，让老城更有厚度、新城更有温度。严格按照修旧如旧的原则，实施同仁历史文化名城形象再提升工程，加强对历史文化名城名镇名村的保护，按规划推进唐卡艺术小镇，塑造“望得见山、看得见水、记得住乡愁”的城镇特色风貌。

推进城市精细管理。围绕建设精致城市，精心规划、精致建设、精细管理城市。创新城市治理机制，加快智慧城市建设，打造城市综合管理服务平台，加强综合管线、生态环境、垃圾分类等多领域智慧监管，推进城市管理“一网统管”。优先发展公共交通，加强充电设施和城市停车场建设，合理规划停车点，逐步建立公共停车收费机制。加快推进城区过街通道建设步伐，基本实现重要交通节点人车分流。全面推进公厕革命再提升工程，高标准建设一批、提质改造一批，彻底解决城区“如厕难”“难如厕”的城市顽疾问题，让小公厕见证同仁城市文明大进步。完善城市网格化管理机制，强化市容市貌监管，全力整治占道经营、乱搭乱建、乱停乱放等“城市病”，让城市运行更有序、环境更宜居。加强小区物业管理，打造一批物业管理示范小区。优化提升市政、供排水、供暖等城市十大基础板块服务[19]能力，创出符合同仁实际的城市管理新模式。全面启动全省文明城市和全国卫生城市创建，深化创建内涵，引领城市品质提升，让城市“颜值”更高、“气质”更佳、“特色”更显。

（六）全面推进改革开放，增创经济社会发展新优势。我们要始终把改革开放作为推动发展的第一动力，以改革求突破，以开放促提升，激发经济持续发展新活力。

深化重点领域改革。深化“放管服”改革，全面实行政府权责清单制度，最大限度减量提质、减时增效、减税降费。深化商事制度改革，全面实施“不见面审批”“最多跑一次”。深化预算管理制度改革，完善政府预算体系，建立跨年度预算平衡机制，推进预算管理一体化建设进程，打好预算安排、盘活存量资金的“组合拳”，优化财政支出结构，提高财政资金使用效率，增强基层公共服务保障能力。全面推行全市预算单位第三方代理记账，实现单位财务、项目工程业务全覆盖。深化税制改革工作，努力挖掘潜力，积极培植财源，强化税收征管，抓好非税管理，做到应缴尽缴，及时足额入库。持续深化医疗卫生、教育文化、社会保障等其他领域改革，充分激发内生动力。加快乡镇行政体制改革，着力推进扩权强镇、合村并镇，稳步推进隆务镇、年都乎乡和瓜什则乡、兰采乡等重点乡镇行政区划调整，建设标准化规范化社区，探索建立“一枚印章管审批”“一个平台优服务”的乡镇综合服务模式，形成以城带乡、城乡融合新格局。巩固提升多哇镇建设质量和水平，打造涉藏社会治理示范镇。

推动更高水平开放。紧抓国家实施兰西城市群、新一轮西部大开发等重大战略机遇，认真研究国家、省、州投资政策和投资导向，把争项目、跑项目、抓项目作为加快发展的“先手棋”，以项目促投资，以投资强建设，切实增强经济高质量发展支撑。实施高等级公路、铁路和高铁物流站等重大基础设施建设，打通对外交流“大动脉”，通过承东启西、南接北连的快速交通优势、枢纽节点地位，将我市打造成为全省区域性交通枢纽中心和商贸物流分拣中心。加强外向型企业的培育扶持，将特色农畜产品、民族手工艺品等打入国际国内市场，探索建立出口产品直销基地，提高境外经营能力和水平。以招商引资、承接产业转移为重点，大力开展专业化招商、精准招商，持续扩大同仁“朋友圈”，积极引进一批亿元重大产业项目和行业龙头企业，实现招商引资到位资金年均增长10%以上，努力打造经济增长新动能。继续加强与支援地区在民生、产业、人才等领域的交流和合作，实施完成瓜什则乡污水处理厂等援建项目，争取将我市更多的民生项目纳入援建体系，推动援建向长期互利合作共赢转变。

全面优化营商环境。认真落实促进民营经济健康发展优惠政策和激励措施，大力发展民营经济，培育引进一批优质中小型民营企业，鼓励支持向全域旅游、民族文化、有机农牧业等绿色产业投资，推动实施“百名优秀民营企业家”培训计划和中小微企业“育苗壮干”、工业企业“小升规”培育工程，加快培育发展创新企业，为经济社会高质量发展积蓄力量。有序推进政府和社会资本合作，运用市场化方式吸引民间资本有效参与重大项目投资。建立健全招商引资奖励政策，开展亲商暖商爱商护商活动，构建亲清新型政商关系。大力推进政务诚信、消费诚信、社会诚信和司法公信建设，建好小微企业信用融资服务平台，打好降税减负“组合拳”，依法保护各类市场主体权益，让民营企业放心投资、安心发展，让发展潜力充分释放，市场活力充分涌动。

（七）全力增进民生福祉，满足人民美好生活新期盼。我们要始终把人民对美好生活的向往作为奋斗目标，扎实做好普惠性、基础性、兜底性民生建设，努力使小财政办出大民生，切实让发展更有温度、幸福更有质感、服务更暖民心。

稳定就业创业态势。实施更加积极的就业政策，扩大就业容量，提升就业质量，促进充分就业，保障劳动者待遇和权益。健全就业公共服务体系，实施企业稳岗扶持政策，扩大热贡唐卡等劳务品牌效应，大力发展劳务经济，促进农牧区富余劳动力转移就业。精准落实各类创业扶持政策，建成运行创业孵化基地，争取实施实训基地建设，加大职业技能培训力度，加快提升劳动者技能素质。完善重点群体就业支持体系，健全公益性岗位动态管理机制，帮扶残疾人、零就业家庭成员就业。严格执行工资支付保障机制和最低工资标准增长机制，全面落实城镇居民多元化增收政策，根治拖欠农民工工资问题，以更加充分、更高质量的就业促进收入稳定增长，努力让老百姓的“钱袋子”鼓起来。到2025年，实现城镇新增就业2000人，高校毕业生就业率保持在85%以上，农牧区劳动力转移就业4万人次。

办好人民满意教育。深化教育综合改革，加强师德师风建设，推动教育内涵发展，实施教育质量提升行动。学习借鉴玉树等地成功经验，全面推行学校、教师绩效考评奖罚制度，让多劳多得、教育质量与考核严格挂钩，激发教育内生动力，推动教育高质量发展。健全学校家庭社会协同育人机制，重视青少年身体素质和心理健康教育，构建德智体美劳全面培养的教育体系。优化城乡学校布局、师资配置、经费保障、学校管理、教师考评和督导评估机制，实施现有寄校提标升级工程，投入运行城北幼儿园，完成市第二民族中学、城北九年一贯制学校、加吾乡中心寄宿制学校等项目建设及布局调整，推动教育资源优质均衡发展。稳步推进统编“三科”教材使用，全面普及小学英语课程，2025年前实现统编“三科”教材和小学英语课程全覆盖。推进教育信息化2.0行动计划，加快智慧校园建设，建立互联互通的数字教育资源服务体系。发展更加普惠优质的学前教育，加强学前教育标准化建设，开展国家通用语言文字保育教育，逐步提高幼儿教师工资待遇，保障幼儿健康成长。关心特殊教育，重视社区教育，全面落实15年资助教育等教育惠民政策，确保义务教育阶段巩固率达95%以上，努力让全市人民享受到公平而有质量的教育。

提升全民健康水平。深入实施“健康同仁2030”行动，统筹“五医”联动，加强市域医共体建设，为人民提供全方位全周期健康服务。加大医疗卫生项目建设和资源整合运行力度，同仁市中医院门诊医技楼、市急救中心等重点项目建成并发挥效益，提升市医院临床救治、特色专科、疫情防控能力，争取将市医院建成二级甲等医院。加强乡镇卫生院和村卫生室服务能力建设，实施中医、藏医药服务能力提升工程，加大中医、藏医药人才培养和引进力度，发挥中医、藏医“治未病”特色优势，着力创建国家中医、藏医示范市。完善提升市医院、市疾控P2核酸实验室[20]和瓜什则鼠疫固定实验室P2标准建设，提升突发公共卫生事件监测预警处置机制和应对突发公共卫生事件能力。建立稳定的公共卫生事业投入保障机制，加快建设分级诊疗体系，健全基层公共卫生服务体系。毫不放松抓好常态化疫情防控，完善疾病预防控制体系和平战结合的疫情防控救治体系，有序推进疫苗接种，筑牢全民免疫屏障。加快“互联网+医疗健康”发展，创新发展智慧医疗健康服务。依法加大卫生执法力度，加强个体诊所的监管。深入开展爱国卫生运动，提高公众健康素养和全民健康水平。

完善社会保障体系。建立省州市乡村五级社会保障网络，健全覆盖全民、统筹城乡、公平统一、可持续的多层次社会保障体系。加强社会保险基金监督体系建设，推进社保转移接续，健全基本养老、基本医疗保险筹资和待遇调整机制，建立老年人意外伤害保险、护理保险、失独老人保险制度，完善失业和工伤保险覆盖范围。健全进城务工、灵活就业人员社保制度。推进社会救助领域改革创新，完善社会救助对象动态管理机制。依法依规加强社会流浪乞讨人员的收容管控。健全重大疾病医疗保险和救助制度，落实异地就医结算。健全退役军人工作体系和保障制度。坚持男女平等基本国策，保障妇女儿童合法权益。健全老年人、残疾人关爱服务体系和设施，完善帮扶残疾人、孤儿等社会福利制度。健全基本养老服务体系，发展普惠型养老服务和互助性养老，构建居家社区机构相协调、医疗康养相结合的养老服务体系。加快完成殡仪馆建设，建立殡葬生态奖补和服务机制。完善住房市场体系和住房保障体系，加快建立多主体供给、多渠道保障、租购并举的住房制度，有效增加保障性住房供给，加强保障性住房规范管理，实现住房保障资源公平合理善用，让群众住有所居、居有所安。

努力打造文化强市。加强智慧广电工程建设，推进城乡公共文化服务一体化建设，创新实施文化惠民工程，广泛开展群众性文化活动，推动公共文化数字化建设。推进基层综合文化服务中心提档升级，实现乡村两级公共文化服务全覆盖。实施文化作品质量提升工程，繁荣民族文艺精品创作生产，推出一批精品力作，讲好同仁精彩故事。加强文化遗产和文物保护，加大申遗力度，建设市非遗综合馆，强化热贡文化和自然遗产、非物质文化遗产系统性保护，实施“互联网+非遗”，推进文化遗产活态保护传承，建设热贡国家文化公园。组织开展赛马、射箭、徒步和篮球等体育赛事，进一步丰富群众文化体育生活，将我市打造成全省少数民族体育赛事重要承办地。推进全民健身中心和健身场地设施建设，实现居民小区健身器材全覆盖，让全民健身与全民健康成为新时尚。

（八）筑牢安全稳定防线，汇聚同心同向发展新合力。我们要坚持人民至上、安全第一，推进依法治理常态化，加强基层治理制度创新和能力建设，牢牢守住安全发展底线，建设更高水平的平安同仁。

铸牢中华民族共同体意识。加强党对民族工作的领导，坚持和完善民族区域自治制度，全面贯彻党的民族政策，深入推进“民族团结进步+”融合发展，不断增进各族群众的“五个认同”[21]，让全市各族群众像石榴籽一样紧紧抱在一起。全力创建全国民族团结进步示范市，努力打造隆务古镇民族团结进步展示区，力争成为全省民族团结进步教育和教学基地。全面贯彻党的宗教工作基本方针，强化涉藏宣传教育，巩固深化“精神脱贫”成果，依法加强宗教事务管理，全面实施寺院敬老院和智慧消防项目，积极推进民主法治寺庙和“绿色寺院”创建工作，构建具有同仁特色的宗教事务治理体系。扎实做好全民国防教育和双拥工作，加强国防动员和后备力量建设。

加强和创新社会治理。不断创新治理理念、体制、机制、方式和手段，打造地方社会治理“一核三治”黄南模式升级版，全面提升地方治理现代化水平。扎实推进“八五”普法，拓展“法律七进”活动，开展民主法治示范建设，健全覆盖城乡、便捷高效、均等普惠的现代公共法律服务体系。加强基层社会治理队伍建设，构建网格化管理、精细化服务、信息化支撑、开放共享的基层管理服务平台。加强社会治安防控体系建设，打造“雪亮工程”升级版，完善社会治安防控网，构建矛盾纠纷多元化解机制，畅通和规范群众诉求表达、利益协调、权益保障通道，构建源头防控、排查梳理、纠纷化解、应急处置的社会矛盾综合治理机制，推动“枫桥经验”同仁化。促进人民调解健康发展，在化解矛盾和社会治理中充分发挥基础性作用。坚决防范和打击暴力恐怖、黑恶势力、新型网络犯罪等，保持社会和谐稳定。启动“智慧安防小区”“智慧（村）社区”工程，把科技“变量”转化为社会治理“增量”。

健全公共安全应急体系。坚持把保护人民群众生命财产安全摆在首位，全面提高公共安全保障能力，完善和落实安全生产责任制，持续加强危险化学品、道路交通、非煤矿山、建筑施工、人员密集场所等重点领域、重点行业的安全管理。加大安全生产监管执法，常态化开展各领域的安全生产排查整治活动，有效化解安全生产风险，坚决遏制重特大安全事故发生。完善应急管理体系，健全应急联动机制，修编总体应急预案。开展自然灾害风险普查，加强防汛抗旱、森林草原火灾、地质灾害、地震等自然灾害应急演练，抓好基层应急救援力量建设，强化应急物资储备，切实提升灾害风险防御能力。到2025年，建成建筑物地震坍塌紧急救援训练场，改扩建市级和2个乡（镇）应急储备库，实现智慧消防设施建设全覆盖。实施“互联网+明厨亮灶”智慧监管新模式，实现学校食堂和中小型餐饮单位全覆盖。加强食品药品、产品质量和特种设备安全监管，让群众吃得更放心、买得更舒心、用得更安心！

三、全面推进政府治理能力现代化

民之所望，政之所向。我们要始终把人民放在心中最高位置，真诚为人民服务、对人民负责、受人民监督，构建职责明确、依法行政的政府治理体系，努力建设人民满意的有为政府。

我们要把政治忠诚作为首要品质。坚持把习近平新时代中国特色社会主义思想内化于心、外化于行，始终胸怀“两个大局”[22]、心系“国之大者”，不断提高政治判断力、政治领悟力、政治执行力，始终沿着习近平总书记指引的方向坚定前行。全面加强政府系统党的建设，全面锻造对党绝对忠诚的政治品格，把党对一切工作的领导贯穿到政府工作各领域各方面各环节，把牢经济发展正确方向，不折不扣推动省州党委政府和市委的重大决策部署落地生根。

我们要把依法行政作为履职准则。认真学习贯彻习近平法治思想，忠实履行宪法法律赋予的职责，全面推进法治政府建设。自觉接受人大法律监督、工作监督，接受政协民主监督，接受社会各方面监督，高质量办理代表建议和委员提案，强化审计监督，深入推进政务公开，让权力在阳光下运行。坚持崇尚法治、敬畏法律，善于用法治思维和法治方式推动工作、解决问题，真正让厉行法治渗透进每一项具体行政行为，成为每一个政府工作人员的自觉习惯和主动追求。

我们要把真抓实干作为鲜明底色。始终知责于心、担责于身、履责于行，把人民群众满意作为衡量工作的标准，发扬“为民服务孺子牛、创新发展拓荒牛、艰苦奋斗老黄牛”精神，当事不推责、遇事不避难，尽心竭力为民谋利，锐意探索破解难题，脚踏实地埋头苦干。高度重视信访和“12345”民生热线办理工作，对人民群众关心关切的重大问题，敢于知难而进、破难而行，以大无畏的担当，开创新的工作局面。加强补课充电赋能，让干部走出去培训观摩成为必修课，既熟悉“公共课”，又精通“专业课”，不断提高应对复杂局面、防范化解风险、创造性抓落实的能力，以过硬本领育先机开新局。以实绩论英雄，坚持从严管理与正向激励、容错纠错相结合，旗帜鲜明为那些敢于担当、踏实做事、不谋私利的干部撑腰鼓劲，让干得好的“牛起来”，干得不好的“坐不住”。

我们要把廉洁从政作为永恒信条。深入贯彻全面从严治党要求，认真履行党风廉政建设“一岗双责”，守好重点领域、重要部门、关键岗位廉政底线，切实打造廉洁政府。坚持政府过紧日子，精打细算、厉行节约，强化支出管理，从严控制和压减一般性支出，建设节约型机关，将更多财力用在保民生、补短板、促发展上。锲而不舍落实中央八项规定及其实施细则精神，力戒形式主义、官僚主义，落实为基层减负要求，永葆为民、务实、清廉的政治本色。

各位代表，过去五年的发展成就让我们信心百倍，未来五年的宏伟蓝图令我们无比振奋。站在“两个一百年”奋斗目标的历史交汇点上，百年风雨，初心不改，我们无比自豪能够在新时代里坚毅奋进；天地辽阔，韶华珍贵，我们充满自信向伟大复兴的目标昂首迈进。新征程孕育新机遇，新使命期待新作为。“十四五”时期是开启全面建设社会主义现代化国家新征程的第一个五年，也是同仁贯彻新发展理念、融入新发展格局、推进高质量发展的关键性五年。让我们高举习近平新时代中国特色社会主义思想伟大旗帜，在市委的坚强领导下，以昂扬奋进的精神状态、只争朝夕的豪迈干劲、众志成城的强大合力，勇往直前，创造更加灿烂的辉煌，为实现“两个一百年”奋斗目标、谱写中华民族伟大复兴中国梦同仁新篇章而努力奋斗！

名词解释：

[1]“三品一标”：指无公害农产品、绿色食品、有机农产品和农产品地理标志统称“三品一标”。

[2]“证照分离”：“证”指各相关部门颁发的经营许可证，“照”指市场监管部门颁发的营业执照。以突出“照后减证”的原则，除涉及国家和社会安全等重大公共利益外，将许可类的“证”分别采用直接取消审批、审批改为备案等方式分离出来，厘清“证”“照”关系，理顺“证”“照”功能，从而减少审批发证。

[3]“村办公助”：指采取政府教育部门资金支持建学前幼儿园，由村“两委”自主经营的办园形式。

[4]“三区建设”：为深入贯彻落实中共十九大精神和省委“一优两高”战略部署，黄南州委州政府明确提出打造“全省生态有机畜牧业示范区、全省文化旅游融合发展示范区、全省涉藏社会治理示范区”的“三区”建设战略决策。

[5]“一核三治”：指以党组织为核心，自治、法治、德治相融合的基层治理体系。

[6]“一核一带、两山一环”：“一核”指坚持城市高品位发展，重点是赋予老城区文化旅游休闲功能、建成区绿色生态宜居功能、新城区行政商务办公功能。“两山”指打造隆务东山、西山生态特色休闲区。“一带”指坚持隆务河谷率先发展，重点是推进沿河乡镇高质量发展，统筹发展与生态，打造各具特色的文化产业生态带。“一环”指坚持城乡统筹发展，重点是打造环河谷连片生态农业区，发展生态旅游和有机特色产业。

[7]“一纵三横”高速公路网：一纵，即同赛高速；三横，即同循高速、同贵高速、同夏高速。

[8]“四好农村公路”：“建好、管好、护好、运营好”农村公路。

[9]“五个示范省”：即国家公园示范省、国家清洁能源示范省、绿色有机农畜产品示范省、高原美丽城镇示范省、民族团结进步示范省。

[10]“一个核心、五大品牌、六大特色片区”：“一个核心”指以中国历史文化名城为核心。“五大品牌”指热贡艺术、唐卡风情小镇、热贡“六月会”、年都乎“於菟”、热贡马术。“六大特色片区”指民族风情休闲度假区、历史文化名城保护区、热贡艺术观光和热贡民俗体验区、“保安古镇、花儿之都”特色小镇、根敦群培特色小镇、原生态森林草原风情自驾游营地片区。

[11]“四种经济形态”：生态经济、循环经济、数字经济、平台经济。

[12]数字经济：指以使用数字化的知识和信息作为关键生产要素、以现代信息网络作为重要载体、以信息网络技术的有效使用作为效率提升和经济结构优化的一系列经济活动。

[13]区块链技术：是分布式数据存储、点对点传输、共识机制、加密算法等计算机技术的新型应用模式。

[14]“五年过渡期”：指自脱贫县（市）脱贫之日起，设置五年的过渡期，进一步巩固脱贫成果。

[15]“四个不摘”：指摘帽不摘责任、摘帽不摘政策、摘帽不摘帮扶、摘帽不摘监管。

[16]“藏粮于地、藏粮于技”战略：“藏粮于地”是指在粮食供过于求时，采取轮作休耕使一部分土地来减少粮食生产数量，粮食紧缺时又将这些土地迅速用于生产粮食，通过耕地的增加或减少来维持粮食供求的大体平衡。“藏粮于技”是指依靠科技进步、提高单产的内涵式发展道路。通过研究开发粮食科技，用科技手段维持粮食供求平衡。

[17]“一村一品”：指在一定区域范围内，以村为基本单位，按照国内外市场需求，充分发挥本地资源优势，通过大力推进规模化、标准化、品牌化和市场化建设，使一个村（或几个村）拥有一个（或几个）市场潜力大、区域特色明显、附加值高的主导产品和产业。

[18]海绵城市：是新一代城市雨洪管理概念，是指城市能够像海绵一样，在适应环境变化和应对雨水带来的自然灾害等方面具有良好的弹性，也可称之为“水弹性城市”。国际通用术语为“低影响开发雨水系统构建”，下雨时吸水、蓄水、渗水、净水，需要时将蓄存的水释放并加以利用，实现雨水在城市中自由迁移。

[19]城市十大基础板块服务：指城市市政、公厕、绿化、供水、供暖、供气、公交、环卫、污水和垃圾处理服务。

[20]P2实验室：指生物实验室安全等级的一个分类。在各类实验室当中，P2实验室是使用最为广泛的生物安全等级实验室。

[21]“五个认同”：对伟大祖国、中华民族、中华文化、中国共产党、中国特色社会主义的认同。

[22]“两个大局”：中华民族伟大复兴的战略全局和世界百年未有之大变局。

中国人民政治协商会议第一届同仁市委员会常务委员会工作报告

——在政协第二届同仁市委员会第一次会议上（摘录）

尕藏卡

（2021年7月13日）

各位委员，同志们：

我受政协第一届同仁市委员会常务委员会的委托，向大会报告过去五年的工作，对二届同仁市政协的工作提出建议，请予审议，并请列席会议的同志提出意见。

一、回眸五年工作，过得充实、走得坚定

中共十九大以来，以习近平同志为核心的党中央团结带领全党全国各族人民，推动党和国家事业取得历史性成就、发生历史性变革，中国特色社会主义进入新时代。在这一伟大历史进程中，习近平总书记就如何发展社会主义协商民主、加强人民政协工作发表一系列重要讲话，科学回答了人民政协面临的实践问题和发展的重大理论，对做好政协工作作出全面部署，提出明确要求，构成了习近平新时代中国特色社会主义思想的政协篇，引领人民政协事业在新的历史起点上开拓奋进。

过去的五年，是建设中国特色社会主义、实现中华民族伟大复兴中国梦征程中极不平凡的五年，改革开放和社会主义现代化建设取得了历史性成就，全体中华儿女倍受鼓舞、倍感自信。处于改革振兴发展中的同仁，在中共同仁市委的带领下，全市干部群众奋力拼搏、乘势而上，社会大局持续稳定、城乡面貌变化翻天覆地、群众幸福指数迅速提升、城市生态底色更加靓丽、撤县设市开启发展新纪元、全面小康的伟大成就惠及千家万户，同仁各项建设取得显著成就。市政协既是这一系列成就的见证者，也是各项事业的参与者。

过去的五年，市政协及其常委会高举中国特色社会主义伟大旗帜，紧密团结在以习近平同志为核心的党中央周围，把习近平总书记关于加强和改进人民政协工作的重要思想作为统揽政协工作的总纲，在中共同仁市委的坚强领导下，在市人大、市政府的大力支持下，团结带领政协一班人和全体政协委员，牢牢把握团结和民主两大主题，切实履行政治协商、民主监督、参政议政职能，紧密围绕市委市政府中心工作履职尽责，为我市“十三五”规划圆满收官、同步全面建成小康社会，汇聚了正能量、作出了新贡献，政协工作发生了新的变化，政协事业开创了新的局面。

（一）坚决维护核心，把牢政治方向，思想引领呈现新高度

常委会始终把习近平新时代中国特色社会主义思想作为加强理论武装的灵魂，深入学习中共十九大、十九届历次全会精神，认真贯彻中央、省州委政协工作会议精神，努力把习近平新时代中国特色社会主义思想、党的主张转化为各党派团体和各族各界人士的思想共识和共同意志，始终在思想上政治上行动上同以习近平同志为核心的党中央保持高度一致。

一是强化思想引领，夯实团结奋斗的思想政治基础。思想政治建设是党工作的生命线，也是

人民政协工作的生命线。常委会始终坚持把思想政治引领作为贯穿政协工作全过程的政治任务、政治责任、政治担当，旗帜鲜明讲政治，坚定不移跟党走。结合委员视察、调研、培训活动，以参观视察、座谈交流、主题活动、理论讲坛、研讨交流等形式，多角度、多层次、多方面开展学习，引导广大政协委员准确把握习近平新时代中国特色社会主义思想的精神实质和核心要义，深刻认识中共十九大在中华民族复兴史上的重大里程碑意义，全面把握十九大及十九届历次全会作出的重大战略部署，树牢“四个意识”，坚定“四个自信”、做到“两个维护”、增进“四个认同”，全面贯彻党的基本理论、基本路线、基本方略，时刻保持与党政工作同轴共转、同向共进、同频共振。五年来，共召开带有学习性质的党组会议和主席会议150余次、常委会议20次，举办政协讲堂和专题讲座10余期、委员学习培训班7期。尤其在主题党日“+”上下功夫、出实招，联合省政协教科卫体委员会临时党支部、黄南州政协机关党组、市政协机关党组开展了三级政协主题党日活动；联合海晏县政协赴原子城开展红色爱国主题教育；联合循化县政协赴红光村开展党日活动；联合迭部县政协赴腊子口红色教育基地，瞻仰了俄界会议旧址、茨日那毛主席旧居，重温二万五千里长征故事，引导机关党员、干部、委员们更加热爱党、拥护党，以昂扬精神开展政协各项工作。

二是抓好主题教育，积极学习交流，开拓履职视野。结合“两学一做”学习教育常态化制度化、“不忘初心、牢记使命”主题教育及党史教育学习活动，在系统学习主题教育必学篇目的基础上，把政协章程作为入门课，把本行业本界别的知识作为必修课，深入学习了习近平总书记关于加强和改进人民政协工作的重要思想及总书记最新讲话精神，通过对机关党员、干部进行集中教育学习、深刻研讨交流、深挖问题根源等方式，深化了对共产党人初心使命的认识，提振了干事创业的精气神，使机关干部政治品格得到锤炼，理论学习有所收获。五年来，市政协代表青海省县级政协参加了全国各地方政协工作经验交流会议，作了“坚持建言资政与凝聚共识双向发力　助力同仁发展与社会稳定取得实效”的发言，汪洋主席表示：“同仁政协人不多、却干了不少实事”；参加了全省政协工作经验交流会，作了“发挥委员作用增强工作活力努力推进同仁政协工作提质增效”的发言，得到了省政协主席多杰热旦的高度评价和肯定；参加了“甘青川三省四州政协委员深入学习习近平总书记加强和创新社会治理重要论述　全力助推社会和谐稳定”协商议政会，作了《突出团结主题　凝聚思想共识　助力同仁社会和谐稳定》的发言，通过一系列对外交流活动，既体现出同仁社会发生的可喜变化，又展示了政协一班人提升创新思维能力、借鉴先进典型、提高自身发展水平的新风采。

（二）明晰职能定位，凝聚智慧力量，协商议政实现新突破

常委会充分发挥人民政协作为协商民主重要渠道和专门协商机构的作用，致力于把党的方针政策和市委决策部署落实下去、把社会各界的智慧和力量凝聚起来，聚焦市委中心工作、重点任务，汇聚民智、博采众谋，精心选题、精深调研、精准建言，做到议政建言有高度、接地气，剖析问题有精度、有深度。

一是贯彻最新理念，竭诚尽智献策同仁发展。突出“以农牧为基础、生态为根本、文化为核心、民生为主线、城镇化为统领”的这条主线，把助力同仁发展作为履职尽责的主攻方向，献计“十三五”良好开局，就“十三五”规划的编制深入调研协商，许多建议被纳入“十三五”规划纲要。以每年全体会议为抓手，组织委员听取和讨论市政府、市法院、市检察院工作报告，抓住事关全市建设的综合性、全局性、战略性课题，重点围绕贯彻脱贫攻坚、农牧业发展、城乡环境卫生治理、民族团结进步、旅游基础设施建设、民生保障等方面进行认真协商讨论，提出了众多意见和建议。五年来，向市政府提交了364件委员提案，向市委、市政府报送15余份建议案，为完善政策决策、深化有关工作提供了参考。

二是依章有序推进，不断丰富调研协商实践。把改进调查研究作为提升政协整体履职水平的切入点，以对标中央精神、围绕中心工作、呼应群众关切为重点选题立项，坚持市委工作部署到哪里、政协工作就跟进到哪里，市政府工作推进到哪里、政协力量就汇聚到哪里，做足调查研究这门履职功课。五年来，围绕市“城中村”基础设施建设、多哇镇环保工作、奶牛产业发展、传统村落保护发展、农牧区人居环境卫生整治、乡村基础设施建设、隆务镇8个社区专项整治、文物保护工作、市“十四五”规划情况等60个重大问题开展专题调研，召开不同层次的调研协商会议100余次，向市委市政府报送协商成果40余份，许多意见建议转化为同仁改革振兴的工作举措。组织政协委员赴海北州门源县、祁连县、刚察县、海晏县考察调研了乡村旅游发展、全域旅游示范、市政建设典型做法；赴海东平安区、乐都区、互助县开展文化旅游事业发展及传统村落建设的调研，尤其《同仁市“城中村”基础设施建设的对策建议》《关于加快同仁市农村人居环境卫生整治工作的调研报告》《关于加快同仁新型城镇化进程助推城乡一体化发展的对策建议》《同仁市传统村落发展的意见建议》等高质量调研报告得到市委领导好评，一部分对策建议被采纳。

三是恪守政协职责，凝心聚力助推民主监督。坚持把民主监督作为政协履职的重要方面，将民主监督贯穿于委员视察、提案办理、监督评议等履职全过程。每年重点围绕政府重点工作推进、民生问题改善、提案承办情况开展监督性视察活动，召开监督性专题常委会2次，不断增强了民主监督实效，有效促进了相关工作落实。首次赴市人民检察院、人民法院，就公益诉讼、审判执行、检察官和法官双语培养情况开展监督协商。联合市人大对喜马拉雅市场综合整治情况、教育布局调整、第二民族中学建设、城北九年一贯制寄宿制学校建设、“村办公助”幼儿园建设、市体育馆群团一体化建设、多哇镇撤乡建镇情况进行专项视察。通过视察监督，有力地推进了相关工作，视察监督工作取得良好成效。创新提案监督办法，推动党组成员领衔督办重点提案工作，组织重点提案相关涉及单位负责同志及提案人，开展面对面交流推进会，督促重点提案现场办理，不断推动全市提案质量、办理成效再上新台阶。

四是挖掘文史资料，注重外宣树立良好形象。坚持把出版文史资料作为政协文化建设的重要任务来抓，下大力气开展史料收集、挖掘和抢救工作。积极搜集整理和编辑完成了《同仁文史资料》（第二、三辑），积极向外界宣传介绍同仁的人文资源、生态环境、经济社会发展等；首创《同仁政协》杂志，至今出版发行5期，通过广泛宣传政策法规、展示委员参与发展的风采、歌颂助力脱贫攻坚先进事迹及市政协履职尽责情况，树立政协积极良好的社会形象。2019年出版了《我和我们的政协——庆祝人民政协成立70周年特刊》，通过回顾政协历程、历届委员履职事迹、70年同仁发展变化，充分展现同仁市政协自1950年成立以来，十一个届次、约800余名政协委员不忘初心、牢记使命、接续奋斗的精神风貌，进一步激励广大委员在建言资政和凝聚共识上“双向发力”。积极打造同仁市政协文史档案馆，收集全省各州、市、区、县政协文史资料、安多藏文化资料等，通过照片、图表、实物、书籍等各门类档案载体，立体化呈现同仁市发展的辙迹。

五是倾注脱贫攻坚，实际行动展示委员风采。坚持把不断满足人民群众日益增长的美好生活需要作为履行职能的出发点、落脚点，发挥政协优势助力脱贫攻坚，广大政协委员、干部们用心架好“连心桥”、用爱聚好“同心圆”、用情铺好“致富路”。政协党组率先垂范，积极协助市委开展国家第三方贫困县退出抽查、省际间扶贫开发成效交叉考核验收、脱贫攻坚中央专项巡视、国家脱贫攻坚普查等验收工作，经常性深入联系乡镇和帮扶村走访、调研，与联点村班子座谈交流，指导项目建设和产业发展，申报汇爱公益基金会扶贫救助资金11万元，及时协调解决扶贫工作中的困难和问题。五年来给予资金、物品帮扶约28万元，脱贫攻坚工作取得了实实在在的成效。委员们主动参与脱贫攻坚和奉献公益事业，既坚持“说得好”，更坚持“做得实”；既做到勤建言，更做到真帮忙，一件件实事好事体现了政协担当。五年来，委员们发挥自身优势，多形式开展捐资助学、奉献爱心、助力疫情等活动，累积捐款110多万元。委员们的实际行动不仅在社会上产生了积极影响，也充分展示了政协委员的时代风采。

六是把握两大主题，凝心聚力促进团结和谐。坚持把凝心聚力作为人民政协大团结大联合的重要任务，牢牢把握团结和民主两大主题，充分发挥党派团体作用，在各类视察、调研、监督活动中，积极反映广大群众的意见、建议和呼声。切实把政协的组织优势与界别优势、人才智力优势结合起来，有效发挥工商联、无党派人士、少数民族、宗教界代表人士在政协工作中的作用，主动助力民族团结进步先进区创建工作，协助党委政府开展维稳思想宣传教育，尤其在联系群众、凝聚人心、矛盾化解等方面发挥了积极作用。政协全体领导干部严格按照《同仁市重点联系对象帮教工作制度》要求，经常深入到联系乡村社，协调解决影响群众生产生活的突出问题，加强与民族宗教界人士的联系交流，积极促进民族团结、宗教和顺。2016年组织全体委员赴厦门开展提升履职能力专项培训，每年就扫黑除恶、生态环境保护、脱贫攻坚、民族团结等内容邀请相关领导进行专题讲座，引导委员们主动维护社会和谐稳定，委员宣传工作扎实有效，使政协联系群众的工作进一步得到拓展和深入。

（三）坚持改革创新，履行主体责任，自身建设迈出新步伐

政协党组主动适应新时代新要求，充分发挥把方向、管大局、保落实的领导核心作用，坚持在继承中创新，在创新中完善，持续抓好机关自身建设和效能建设，对标对表“四个一线”，认真开展提质增效三年行动活动，着力在提高工作效率和履职水平上下功夫，深入推进政协工作制度化、规范化、程序化。

一是以廉政建设为抓手不断强化自身能力提升。抓紧抓实党章、《关于新形势下党内政治生活的若干准则》、《中国共产党党内监督条例》等党纪党规的学习，通过经常性学习教育拧紧思想“总开关”。谈心谈话工作求实。认真落实“日常、节前”廉政谈话制度，利用每周学习会、季度集中谈心会、每月党员活动日等，查找党员干部思想上的问题、工作上的不足，动态掌握机关干部的工作、学习和生活状态，因人施策、加强引导，点对点解决存在的问题，理顺情绪、化解心结，让每位同志始终保持积极心态和饱满精神状态。纪律作风整改务实。认真落实中央八项规定及其实施细则精神，严格执行“三重一大”、公务接待、公务用车管理等制度，着力规范办文、办会、办事工作程序，开展反腐倡廉警示教育，增强廉政觉悟，支持单位纪检员和市纪委监委派驻组的工作，不断严明工作纪律要求，积极打造风清气正的政协工作氛围。

二是以机关建设为契机不断推动政协工作提质。以机构改革为契机，经市委同意增设了提案委员会，经济农牧和资源环境委员会，社会和民族宗教委员会，配齐了政协秘书长和各专委会主任；将原来的97名委员增补至129名，将10个委员界别增加至17个界别，拥有了独立办公楼，设立了同仁市政协机关党组，进一步规范了政协机关组织建设和机构设置，为政协更好地履职提供组织保障。按照新修订的政协章程要求，修订全体会议工作规则、常务委员会工作规则、年度协商计划办法等，制定《市政协委员参加全体会议和常委会议管理的规定》《市政协委员年度履职量化考核办法》，以制度完善促进工作质量提升。完善乡镇政协联络组制度，明确人员构成，明晰职能职责，有效发挥乡镇政协联络组的桥梁纽带作用，逐步探索形成了市、乡政协工作互通的工作格局，积极实践“大家的事情大家商量、众人的事情众人商量”的生动局面。

三是以探索职能优化为转机不断发挥专委会作用。为着力发挥专委会“专门中的专门”“机构中的机构”的职能作用，探索创

新开展了“专委会七个一+N”工作，把凝聚共识融入专委会视察考察、调查研究等履职活动中。政协党组班子成员积极参与督促各专委会开展了乡镇公共卫生发展现状、扶持人口较少民族（土族）项目建设情况、发挥地方特色产业及文化优势拓展文旅融合发展、文旅创意产品开发情况的调研，并召开“复工复产暨减税降费”、同仁江什加自来水厂运行情况、同仁市国家级重点文物保护（寺院）消防安全工作的专项协商座谈会，不断强化各专委会履职赋能。制定《政协同仁市委员会专门委员会通则》，从委员中选出3个专委员会副主任和各委员会的成员，确保了与委员们的经常性交流沟通，密切与对口部门的沟通联系，完善了联动协商、协同调研视察机制，政协职能不断向基层延伸。

过去五年的变化，委员们有感触，人民群众有印象，履职活动多了、协商层次高了、民主氛围浓了、建言落实快了，全体委员的荣誉感责任感使命感更强了；政协走近群众、群众走进政协，政协组织的社会影响力更大了、作用发挥更充分了。

这些工作的新变化，得益于市政协及其常委会迅速适应新时代新要求，不断开拓创新，始终坚持把创新作为激发政协履职活力的重要抓手，以创新思维、创新方式、创新举措推动工作，很多做法突破了以往的局限，比如：首次实行年度协商计划、首次创办内刊、首次由市领导领办督办协商议题、首次邀请市政府副市长在政协常委会议上作专题报告、首次召开协商征询座谈会、首次代表青海县级政协参加了全国政协会议、首次邀请委员和界别群众参加政协常委会议、首次邀请委员参加政协党组组织生活会等。协商民主重要渠道和专门协商机构作用得到充分发挥，在同仁新一轮振兴中书写了闪亮的政协篇章。

面对这些成绩，我们深深地感受到，这是以习近平同志为核心的党中央坚强领导的结果，是中共同仁市委、市政府重视支持的结果，是各级党政部门和社会各界鼎力相助的结果，也是人民政协各参加单位、各乡镇联络组和广大政协委员共同奋斗的结果。在这里，我代表一届市政协常委会表示崇高的敬意和衷心的感谢！

各位委员，在肯定成绩的同时我们也清醒地看到，过去五年的工作还存在一些需要改进和提高的地方，主要是委员作用发挥需要更均衡，每一位委员都应积极履职；界别代表性需要更突出，委员建言应多发出界别声音；民主监督工作需要不断加强，监督的形式、平台等需要继续探索；调查研究工作的深入性、实效性要不断提高；自身建设需要继续加强，更好地适应新时代人民政协工作要求等，以上这些都需要在今后的工作中加以改进。

二、总结五年实践，成果丰硕、经验丰富

各位委员！人民政协事业的发展是一届又一届政协委员、一代又一代政协工作者薪火相传的结果，是一个在继承中发展、在发展中创新的过程。历届市政协特别是一届市政协，在研究新情况、解决新问题的实践中形成了一些好经验好做法，值得我们认真总结、长期坚持、不断完善。这些经验包括：

——必须坚持中国共产党的领导，确保坚定正确的政治方向。人民政协是庄严的政治组织。坚持中国共产党的领导，是人民政协存在和发展的根本前提，也是人民政协履行职能、发挥作用的根本保证。坚持中国共产党的领导，就是要坚决维护以习近平同志为核心的党中央权威，确保党的集中统一领导更加坚强有力；以旗帜引领方向，毫不动摇地走中国特色社会主义道路；就是要加强政协党组对政协工作的领导，把党中央和省州市委的决策部署通过民主程序转化为政治协商、民主监督、参政议政的共识，转化为中国共产党领导的多党合作和政治协商的成果，转化为全体委员的政治立场。这五年，我们坚持在中国共产党领导下开展政协工作的政治理念，从政治和全局角度处理问题，通过党组会学习贯彻、党组把关定向、机关党组组织引导，确保了政协在履职中找准正确方向、发挥有效作用。

——必须紧紧围绕中心工作，确保在提升站位中献计出力。自觉围绕中心议大事、服务大局谋良策，协助党委政府增强决策的

科学性和施策的有效性，是人民政协履行职能的重要原则、彰显优势的努力方向。围绕中心出力就是要体现在紧跟大局不偏离、服务中心不游离、贴近实际不脱离，要求政协工作要聚焦当前转型升级的急难问题、全市改革发展的复杂问题、社会反映集中的热点问题、事关长远的前瞻问题，深入调研、广泛协商、跟踪监督，扭住问题不放松，助推落实不松懈。围绕中心、服务大局既要体现“干了多少”，更要体现“干得怎样”，这就要求我们坚持深入而不表面地联系实际、全面而不片面地掌握情况、深刻而不肤浅地分析问题，做到议政直达关键点、建言直击紧要处。这五年，我们坚持“党委想什么，政协议什么；政府干什么，政协帮什么；群众盼什么，政协呼什么”，努力在同仁振兴发展大局中谋事干事，使我们的意见建议取之能用，用之能成。

——必须恪守人民为中心，确保在满足群众美好生活需要中履职建言。人民性是人民政协的本质属性。“政协”二字的前面是“人民”，政协委员的心中要有“人民”。这就要求我们必须坚持人的全面发展价值取向，将实现好、维护好、发展好人民群众的根本利益作为履职的出发点、落脚点，把事关人民对美好生活向往的事情协商透、协商成，使建言更有温度；强调界别作用发挥，把界别当作联系服务群众的一座桥梁、一个纽带，深入界别群众、倾听界别诉求，汇集成一张服务民生的大网络；倡导政协工作重心下移、工作渠道延伸，让委员了解群众的现实需求，让群众感受政协的履职坚守。这五年，我们坚持履职为了人民、履职依靠人民，凭借更接地气的履职，一步步赢得了人民群众的关注和认可。

——必须努力推进协商专业性，确保协商民主广泛而准确。人民政协是社会主义协商民主的重要渠道和专门协商机构，也是协商民主最主要的实践平台。协商民主是共识民主，许多问题不可能一蹴而就，而要反复协商；不能一揽子协商，而要专题协商、对口协商；不能只在一个层次协商，而要多层次多渠道协商；政协开展协商，不是靠说了算，而是靠说得对，不是看说得好，而是看说得准。这就要求协商要找好切入点，讲别人没注意的问题，提别人虽已提出但还急需补充完善的建议，真正把各方面的真知灼见集中起来，把其他渠道不易听到的呼声反映上去；要求协商要体现专业性，力求观点鲜明而不刻薄、交锋交融而不偏执、分析深刻而不极端。这五年，我们通过大量有质量、有水平、有效率的协商，使政协协商民主逐步成为了党委决策的重要依据、政府处理问题的重要原则、协调群众利益的重要方法。

——必须发挥委员主体作用，确保高度体现委员的担当和智慧。如果说政协是“舞台”，那么委员就是“主角”，履职过程就是“唱戏”的过程，政协工作的质量高低，作用大小和工作的成效及在群众中的威望如何，很大程度上取决于委员主体作用的发挥。要充分发挥委员的担当和智慧，依赖于政协的组织引导，为委员提供丰富有效的履职载体、创造知情明政的履职条件、营造宽松民主的履职氛围，帮助委员树立履职的大局意识、责任意识，调动委员履职积极性、主动性。同时，还要依赖于委员的自我修炼，通过自我学习、自我观察、自我思考，努力做到政治上“守纪律、讲规矩、重品行”，能力上“懂政协、会协商、善议政”。这五年，我们一直利用“政协委员微信群”传送时政动态，不断使委员们“知情”，开拓委员视野；坚持重视委员、服务委员，激发了委员的履职热情，委员们以高度的智慧和担当，贡献出了丰硕的履职成果，兑现了初任时的庄严承诺。

——必须拥有共同的梦想和事业，确保广泛团结和凝聚社会各界共同奋进。人民政协是最广泛的爱国统一战线组织，有组织上的广泛代表性和政治上的巨大包容性。用伟大梦想和伟大事业凝聚正能量，就是要正确对待一致性和多样性，既坚持政治立场、政治方向、政治原则、政治道路的一致性，也发扬民主诚于求同、扩大包容善于存异，找出最大公约数，画出最大同心圆；就是要发挥政协联系广泛的优势，开展多层次、宽领域的联谊交友，协调各方面利益关系，切实做到以道相交同甘苦、以诚相交见肝胆、以志相交共奋斗。这五年，我们做了大量协调关系、汇聚力量的工作，从政协角度促进了与兄弟市县间的合作交流，密切了与全省各地政协间的交往、与社会各阶人士间的联谊，为同仁振兴发展拓展了舞台。

——必须加强和改进民主监督，确保发挥政协民主监督综合职能。政协民主监督是我国社会主义监督体系的重要组成部分，也是人民政协的重要职能。政协的民主监督不是一个被割裂开来的单独职能，而是与政治协商、参政议政相互渗透、相辅相成；是一种以协商为方式和原则、监督为手段和途径，在参与中支持、在支持中服务、在服务中监督的工作方法。政协的民主监督主要依靠政协的政治影响力而不是强制约束力，这就要求政协民主监督要彰显政治高度，把握方向，维护大局；要掌握监督的方式方法，发挥政协专业上的可靠性、视角中的独特性，以扎实的调查研究为基础，以翔实的实例数据做支撑，力求避免没有真凭实据就笼而统之地提出意见；要把握监督的尺度，守住协助党委政府解决问题、改进工作、增进团结、凝心聚力的初心，“出点子”而不是“找碴子”，真实反映问题，真诚提出建议。这五年，我们把民主监督作为本届政协的重要课题，不断探索研究，以务实的举措，进一步丰富了人民政协的履职实践。

——必须在改革创新中获得发展动力，确保营造干事创业的浓厚氛围。创新是人民政协事业发展的不竭动力。当前，人民政协事业发展正处在一个新的时代，很多事情没有先例可循，许多工作没有现成办法，需要我们直面难题、创新突破。也正因如此，政协工作可创新的空间大、内容广，可以因情而谋、按需而动。这就要求我们要把创新作为提升政协工作的“钥匙”、激发政协工作动力的“油门”，坚持目标导向和问题导向，打破僵化固化的思维，摒弃不合时宜的观念，敢为人先而不因循守旧，勇立潮头而不故步自封，在干中求进、在改中求新，总结已有实践经验，跳出套路、冲破桎梏，用创新的办法破解难题，实现跨越和突破。这五年，我们积极营造浓厚的改革创新氛围，在解放思想中理顺工作思路，在探索创造中丰富履职平台和载体，在大胆尝试中增强政协工作整体合力，持续推动各项履职工作出新出色出彩，使政协工作始终紧跟新时代步伐，踏准主旋律节拍，充满工作活力。

三、展望未来五年，使命崇高、道路清晰

各位委员！我们已经进入了中国特色社会主义新时代，同仁振兴发展也迈上了新征程，人民政协将承担起新的历史使命。新时代要有新思路、新作为。新思想引领照耀广阔天地，新时代中流击水正当其时。未来五年，市政协要坚持以习近平新时代中国特色社会主义思想和中共十九大及历次全会精神为指导，以习近平总书记在青海视察时的重要讲话精神为引领，全面贯彻习近平总书记关于加强和改进人民政协工作的重要思想及总书记最新重要讲话和批示精神，认真落实中央、省州委政协工作会议精神和市党代会部署要求，围绕“一优两高”和“三区建设”部署要求，紧扣“高原美丽生态人文城市”总体定位，在中共同仁市委的坚强领导下，自觉树牢新发展理念，坚持团结和民主两大主题，扎实履行政治协商、民主监督、参政议政职能，全面做好思想引导、汇聚力量、议政建言、服务大局各项工作，奋进新时代、展现新作为、凝聚新共识，为实现富裕团结文明和谐美丽同仁而不懈奋斗。

坚持党对政协工作的领导，推动政协事业沿着正确的政治方向前进。新一届常委会要系统学习和把握习近平新时代中国特色社会主义思想的精神实质和丰富内涵。推动政协各参加单位和广大政协委员自觉接受中国共产党的领导，坚持走中国特色社会主义道路。深刻领会习近平总书记关于人民政协的新要求，准确把握党中央对当前和今后一个时期各方面改革建设的部署，明确政协发挥作用的重点和方向。更好地发挥政协党组、机关党组作用，坚决维护以习近平同志为核心的党中央权威和集中统一领导，确保政协事业沿着正确的政治方向前进。

坚持聚焦中心服务大局，积极推动富裕团结文明和谐美丽同仁建设。新一届常委会要在市委领导下准确把握经济社会发展新的阶段特征，紧紧围绕“十四五”规划落地、新时代“三农”工作、加快建设现代产业体系、持续推进改革举措落地、深化生态“强市战略”、巩固拓展脱贫攻坚成果加快实施乡村振兴战略、持续保障和改善民生等重点工作，在组织好全会专题协商的同时，精心选择议题，深度调研、重点攻关、集中议政，建箴言、谋良策、出实招。充分利用好政协委员来自各行各业、日常工作中身处一线、联系群众密切的优势，把市委市政府部署的重大民生工作的推进落实情况，着重围绕教育事业、医疗服务、公共卫生、就业、社会治理创新、文旅融合发展、安全生产、民族团结进步等关乎民生发展重点工作，作为反映社情民意、建言献策的重点，结合“七个一”+N的专题协商议政活动，开展一系列视察、监督活动，力求把问题找准、把建议提实，切实增强调研、协商活动的针对性和实效性。

坚持发挥团结统战这一功能，为振兴发展凝心聚力。新一届常委会要充分发挥人民政协大团结大联合功能，牢牢把握大团结大联合这一主题，始终把维护稳定、增进团结、构建和谐、汇聚合力作为重要职责。注重加强与无党派人士、工商联的联系与合作，开展广泛的联谊交友活动，为同仁振兴发展汇聚力量。深入贯彻民族宗教工作方针政策，通过专题座谈交流、联合调研视察、反映社情民意等渠道，努力搭建更多更广的协商议政平台。加强民族间交往交流交融，引导宗教与社会主义社会相适应。协助党委、政府做好政策宣传，畅通社情民意反映渠道，利用工作之便广泛采集信息，排查化解矛盾，妥善处理各方利益关系，巩固我市和谐稳定的大好局面。

坚持面向政协事业未来发展，内塑形象加强自身建设。新一届常委会要按照新时代人民政协事业发展的要求，坚持用党建工作这根“线”，通过探索建立党组成员联系党员委员、党外委员，党员委员联系党外委员制度，积极发挥乡镇联络组作用，把委员和机关干部更好地凝聚在一起，把党员委员和党外委员串联起来，把市政协工作和乡镇联络组工作联系起来，拧成聚力工作、奋发有为的一股“绳”，打通政协服务基层群众“最后一公里”。充分发挥政协党组领导作用，用更高的标准要求、用可行的管理措施、用严格的纪律约束党员队伍，实现党的组织对所有党员委员的全覆盖，党的工作对政协委员的全覆盖，着力构建爱岗敬业的工作常态、饱满热情的精神状态、勤廉干事的机关生态。强化委员学习培训，教育和引导委员心系国事、遵章守法、拒奢尚俭，模范践行社会主义核心价值观，做优良家风的倡导者和实践者。着力加强专门委员会建设，完善专委会工作机制，发挥好专委会作为联系界别、联系委员的桥梁纽带作用，探索开展专委会专题协商会、双月协商座谈会等，使专委会协商议政工作更加灵活、更为经常。

各位委员、同志们！胸怀千秋伟业，恰是百年风华。今年是中国共产党百年华诞，我们正处于比历史上任何时候都更接近、更有信心和能力实现伟大梦想的新时代，新时代赋予新使命、新征程要有新作为，亲身参与在创造同仁幸福美好未来的新征程中，责任重大，使命光荣。立足开局起步之年，贡献同心同向、同心同行之力。我们相信，新一届市政协将更加紧密地团结在以习近平同志为核心的党中央周围，高举习近平新时代中国特色社会主义思想伟大旗帜，在中共同仁市委的正确领导下，弘扬团结民主的好传统，提振奋发有为的精气神，心往一处想、劲往一处使，永葆初心、牢记使命、锐意进取、真抓实干，共同谱写新时代人民政协事业发展新篇章，为同仁开创振兴发展新局面而接续奋斗！

TONGREN

>>>>> 大事记

同仁年鉴 / 2022

YEARBOOK

1月

2日　全市80个村（社区）党支部完成换届选举工作，党员参选率达99.9%，党委批复的80名党支部书记满票当选，176名党支部委员高票当选，256名党员进入新一届村党支部领导班子，实现全市村（社区）“两委”换届选举工作的“开门红”。

4日　同仁市委副书记、市长罗富贵主持召开省人大代表意见建议征集会议，广泛征求市人大、政协、住建、民政等相关部门负责人及市人大代表、政协代表的意见建议，为青海省第十三届人民代表大会第六次会议、青海省政协十二届四次会议做好前期准备工作。

同日　同仁市被国家卫生健康委命名为“2018—2020年全国计划生育优质服务先进单位”。

5日　黄南州副州长韩海宏在同仁市调研扶贫工作，副市长尕藏卡参加。

同日　在全省2020年度众创空间绩效评价中，龙树唐卡艺术众创空间被评定为“优秀”等次。

11日　市委副书记、市教育工委书记陈德伟参加全市教育系统党建、思政课、校园文化建设等工作观摩活动。

同日　由省农业广播电视学校同仁分校举办的2020年农牧民教育培训“农牧民合作社骨干培训班”开班，全市种养大户、家庭牧场经营者、农民合作社骨干、新农村建设试点村及合作组织服务大学生50人参加培训。

同日　市公安局举行迎接警旗暨向警旗敬礼、向警旗宣誓仪式，庆祝首个中国人民警察节。

13日　市委副书记、市长罗富贵与第三方企业负责人对接唐卡艺术小镇相关事宜，考察讨论唐卡艺术小镇发展前景、整体规划、品牌建设情况。

同日　市人大、市政协联合召开全省“两会”人大代表建议、政协委员提案意见征求会。市人大常委会主任薛吉明，市委常委、副市长胡伟东，市政协副主席雷登生，部分人大代表、政协委员以及各单位负责人参加会议。

同日　市委副书记陈德伟在保安镇召开村（居）民委员会选举工作推进会及“两节”期间疫情防控工作部署会。

同日　同仁市群团协同化建设基地揭牌。

14日　市委副书记夏吾闹日主持召开全市党政科级领导干部与隆务寺宗教界人士联谊交友工作安排部署会，总结回顾宗教领域、信教群众维护稳定、促进团结、服务发展工作成效，分析研判社会稳定形势，部署宗教界人士联谊交友工作。

15日　中国传统村落隆务镇吾屯下庄村、吾屯上庄村实施挂牌保护。

18日　市委副书记、市长罗富贵主持召开同仁市疫情防控工作安排部署会，对全市疫情防控重点工作进行部署。

20日　州委督查组马明生一行在年都乎乡督导近期重点工作，副市长、公安局局长仁增多杰参加。

同日　州委督导组一行在多哇镇、瓜什则乡、双朋西乡督导疫情防控、村（社区）“两委”换届、安全生产等重点工作，市委副书记陈德伟参加督导。

26—27日　州委常委、市委书记蒋树成在瓜什则乡、多哇镇、双朋西乡走访慰问宗教界人士以及新任村“两委”主要负责人。

同日　市政协委员开展节前慰问困难职工活动，市政协主席蔡有年参加活动。

同日　市委副书记李建强主持召开群团协同化基地建设专题会议，市委常委、宣传部部长、市总工会主席申丽玲和市总工会、团市委、市妇联、市残联相关负责人参加会议。

2月

1日　副市长尕藏卡主持召开同仁市黄果树种植移交工作会，市农牧和科技局将黄果树种植移交给市自然资源局，并签订移交手续。

同日　副市长王宏伟主持召开同仁市国土空间规划（2020—2035年）工作推进会、征占森林草原资源问题整改推进会、春节前期森林草原防灭火工作安排部署会。

2日　州委常委、市委书记蒋树成在黄乃亥乡慰问新任村"两委"负责人并召开座谈会，乡党政主要负责人和各村党支部书记参加座谈会。

同日　省水利厅副厅长马晓潮在同仁开展"节前"安全生产工作督导检查，副市长尕藏卡参加。

3日　市委常委、副市长胡伟东主持召开同仁市2021年应急管理工作会议，市安委会成员单位负责人参加会议。

同日　副市长王宏伟主持召开同仁市山水林田湖草生态修复项目对接会。

4日　市委副书记夏吾闹日参加市委政法委员会委员（扩大）会议，深入分析研判社会稳定形势，部署2021年全市政法工作。

同日　市委副书记夏吾闹日参加全市新任村（社区）"两委"班子主要负责人及村（居）务监督委员会主任培训班，围绕基层社会治理、实施乡村振兴战略等方面，对新任村（社区）"两委"班子主要负责人及村（居）务监督委员会主任进行授课。

同日　市人武部部长赵其虎、政委张辉一行在黄乃亥乡为现役军人完德加家属送去二等功喜报和慰问金。

7日　市委副书记夏吾闹日参加全市宗教领域冬春疫情防控和维稳工作会议，总结2020年宗教领域各项工作，通报寺庙冬春维稳督查情况，部署宗教领域今冬明春社会稳定工作。

8日　州委常委、市委书记蒋树成，市委副书记、市长罗富贵在隆务寺走访慰问宗教人士，并在社区调研。

9日　州委常委、市委书记蒋树成，市委副书记陈德伟，副市长、市公安局局长仁增多杰一行走访慰问市热贡敬老院，与老人们交谈，询问近况，送上油米面等生活必需品，带去党和政府的殷切关怀。

15日　州委副书记、政法委书记力本嘉，副市长、市公安局局长一行看望慰问市公安局曲库乎乡派出所民警，向他们致以诚挚的问候和节日的祝福。

22日　副市长尕藏卡主持召开种植业结构调整工作安排部署会。

24日　州委常委、市委书记蒋树成在保安镇群吾村检查指导春耕备播及有机化肥使用工作，在群吾村田间地头和群众面对面进行亲切交谈，询问种子购买来源和有机化肥使用情况，嘱咐群众要从正当渠道购买，确保农牧民合法权益得到有效保护。

25日　全国脱贫攻坚总结表彰大会在北京人民大会堂举行，多哇镇人民政府被党中央、国务院授予"全国脱贫攻坚先进集体"称号。

同日　省政协副主席、州委书记王振昌在保安镇银扎木村调研春耕备播及农业生产工作，州委一级巡视员马明生、市委副书记陈德伟、副市长尕藏卡参加调研。

同日　中共同仁市第一届纪律检查委员第一次全体会议在市委五楼会议室召开。会议全面总结2020年纪检监察工作，研究部署2021年工作任务。

同日　副市长王宏伟主持召开同仁市林草资源征占问题整改推进会。

26日　副州长、州公安局局长岳卫平一行在隆务寺督导检查寺院周边维稳及安全保卫工作，副市长、市公安局局长仁增多杰、隆务寺管理委员会主任才让东智参加督导。

同日　市委副书记、市委教育工委书记陈德伟出席2021年全市春季开学工作安排部署会暨教育系统"促百分百达标、迎党百年华诞"以评促建活动动员部署会，副市长华周主持会议。

同日　市委常委、副市长胡伟东主持召开元宵节防火安全专题会议，部署元宵节期间全市防火安全工作。副市长王旭龄，隆务镇人民政府、市自然资源局等相关乡镇和部门负责人参加会议。

是月　市人民检察院召开全省首起"以劳代偿"刑事附带民事公益诉讼案件公开听证会。

3月

2日　同仁市召开农村牧区工作领导小组会议，市委副书记、牧区工作领导小组组长陈德伟安排部署2021年全市百名干部下乡开展“巩固拓展脱贫攻坚成果全面推进乡村振兴落地见效”活动，市委副书记、市长罗富贵总结2020年农村牧区工作，部署2021年农村牧区工作，州委常委、市委书记蒋树成讲话。

同日 市委副书记、市长罗富贵主持召开市政府党组2021年第三次会议，安排部署2021年项目开复工、招商引资、植树造林、种植黄果树、街长制、规范小区物业管理、省部共建高原美丽城镇建设、唐卡小镇、农牧业结构调整工作。

同日 市委副书记陈德伟主持召开《中国共产党同仁历史（1949—1978）》编纂工作推进会，对党史资料收集等工作进行再安排再部署。

3日 市委副书记、市长罗富贵主持召开录合相村、加吾岗村等6个村城乡建设用地增减挂钩项目实施工作安排部署会和“十四五”规划和二〇三五半年远景目标纲要（草案）征求意见会。

5日 同仁市召开全市党史学习教育动员会，州委常委、市委书记、市委党史学习教育领导小组组长蒋树成出席会议并讲话，市委副书记、市长罗富贵主持会议。

7—10日 市委副书记、市长罗富贵在江西省参加省住房和城乡建设厅组织的美丽城市建设调研。

8日 省商务厅绩效评价专家组在同仁市对国家电子商务进农村综合示范项目进行终期验收复核工作。

9日 省公安厅副厅长王虎成一行在同仁督导检查维稳工作，副市长、公安局局长仁增多杰参加。

同日 副市长王宏伟主持召开同仁市电子商务进农村综合示范县建设项目中期绩效评价及验收工作推进会。

12日 市委第十轮巡察及巡察“回头看”工作暨村（社区）延伸巡察工作动员会召开。

13日 副市长尕藏卡主持召开扶贫省级反馈问题整改工作会议，副市长王宏伟、赛虎出席会议，市扶贫开发局、农牧和科技局以及各相关乡镇参加会议。

13—17日 同仁市第一届人民代表大会第一次会议召开。

14日 市委副书记、市长罗富贵主持召开全市新冠疫苗接种工作推进会，安排部署新冠疫苗接种工作。

15日 同仁市举行2021年项目集中开复工仪式。州委副书记、州长乔学智，副州长先巴，州政府副秘书长彭毛才让，州相关部门及市四大班子负责人以及市政府各副市长、市直各部门主要负责人，各施工企业、监理单位，项目所在地群众代表等1400余人参加仪式。州委副书记、州长乔学智宣布开工，市委副书记、市长罗富贵致辞，市委常委、副市长胡伟东通报项目开复工情况，市委副书记陈德伟主持仪式。

同日 同仁市被省食品安全委员会办公室命名为“省级食品安全示范市”。

15—17日 市政协召开第一届同仁市委员会第一次会议。

16日 教育部公布434所“全国第二批足球特色幼儿园示范园”名单，市第一幼儿园被评为全国第二批足球特色幼儿园。

17日 州委常委、市委书记蒋树成主持召开市委巡察领导小组会议，安排部署巡察工作。

同日 省住房和城乡建设厅召开省部共建高原美丽城镇示范省试点工作专家指导论证会，副市长王旭龄参加会议。

18日 州委常委、市委书记蒋树成在市法院调研督导政法队伍教育整顿工作。

19日 市委副书记、市长罗富贵与中青旅耀悦（北京）旅游有限公司负责人召开文旅资源（唐卡艺术小镇）投资合作座谈会，并签订战略合作框架协议。

同日 州生态环境局局长林占兴与副市长王宏伟带队督查隆务河污水直排问题整改工作，对隆务河污水管网跑漏、1号大桥排洪沟混入污水直排隆务河、市区内存在排污暗渠等6项问题进行反馈。

22日 省政协副主席马海瑛一行在同仁市就加快推进市域社会治理现代化进行调研，州政协主席林华旦，州委副书记、政法委书记力本嘉，市政协主席蔡有年，市委常委、市委政法委书记何万义参加调研。

同日 州委常委、市委书记蒋树成主持召开市委审计委员会第五次会议，市审计委员会全体成员参加会议，各市领导、市委各部门、市直各单位主要负责人列席会议。

同日 州政府调研组在双朋西乡调研乡村旅游发展工作，市委副书记陈德伟参加调研。

24日 省人大监察和司法委员会主任委员贾小煜一行在同仁调研公安机关执法规范化建设工作，副市长、公安局局长仁增多杰一同调研。

同日 省委党史学习教育第二巡回指导组组长周洋城一行在同仁市检查指导党史学习教育开展情况。

25日 市委副书记、市长罗富贵主持召开市重点项目工作推进会议。

29日 同仁市召开乡镇党政正职座谈会和第一季度党建例会暨以评促建及提标升级工作推进会。

31日 市人大常委会召开乡镇人大建设年”提升行动启动会。会议由市人大常委会副主任华泽先主持，市人大常委会各副主任，市人大专委会各主任委员，市人大常委会办公室负责人员，各乡镇人大主席参加会议。市人大常委会主任薛吉明出席会议并讲话。州人大常委会副主任徐卫方、市委副书记陈德伟列席会议并讲话。

4月

1日 同仁市防止返贫监测和帮扶工作安排部署会召开，强调要严格落实“四个不摘”要求，持续巩固“两不愁三保障”成果，健全防止返贫动态监测和帮扶机制，加强易地扶贫搬迁后续扶持，建立“一乡一业”“一村一品”产业体系，搭建乡村振兴战略“四梁八柱”。

8日 州委常委、市委书记蒋树成在兰采乡调研指导虫草采挖、乡镇换届等工作。

9日 同仁市获青海省第二批“法治文化建设示范点”称号。

12日 中央第十五巡视组青海省反馈意见涉及同仁市意见建议整改推进会召开，要求各部门各单位要高度重视整改工作，切实把思想和行动统一到中央巡视反馈问题整改上来，对标中央第十五巡视组反馈的涉及同仁市意见建议，把存在问题的整改落实作为必须完成的重大政治任务，按照省、州委工作要求，迅速行动，全力推进，坚决做到全面整改，系统整改。

15日 全市政法队伍教育整顿学习教育环节评估验收汇报会召开。会议指出，自教育整顿工作开展以来，全市政法系统深入贯彻落实习近平总书记关于政法队伍教育整顿重要指示精神和党中央决策部署，坚持把开展政法队伍教育整顿与学习贯彻习近平总书记青海考察重要讲话上精神结合起来，与党史学习教育结合起来，坚持高站位谋划、高标准推进，敢于动真碰硬、善于抓源治本，进一步展示忠诚履职、担当作为新风貌，进一步彰显执法司法为民新成效，人民群众切身感受到了教育整顿带来的新变化、新风貌、新气象。

22日 市委常委、副市长胡伟东督导市垃圾填埋场项目和海绵城市文化广场项目推进情况。

23日 州人大常委会副主任徐卫方带领州市人大联合调研组开展医保基金运行管理工作情况调研。调研组听取全市医保基金运行管理工作落实情况的汇报，并就城镇职工、城乡居民基本医疗、医保基金运行及医保基金监管、深化医保改革、服务群众等情况进行讨论。

25日 天津开发区慈善协会携手瞳心公益组织在同仁一幼举行捐赠仪式。

27日 州政协副主席拉结加一行在同仁开展关于发挥宗教在社会治理中的积极作用情况的座谈会，市政协主席蔡有年、副主席夏吾加，副市长王旭龄及市相关部门负责人参加座谈会。

27—28日 州委常委、市委书记旦增在各乡镇调研党史学习教育、换届选举、生态环保、社会稳定、乡村振兴、政法教育整顿和巩固拓展脱贫攻坚成果同乡村振兴有效衔接等重点工作。他强调，坚持以党史学习教育为引领，深入开展政法教育整顿，忠诚于党、立足于学、聚焦于谋、致力于干、落实于效，用心用情用力为群众办实事、解难题，用高质量工作推动同仁高质量发展。

29日 州委常委、市委书记旦增在仁俊画院、隆务老城走访慰问劳动模范和困难职工。

30日 市委常委、副市长胡伟东主持召开同仁市东西山地质灾害隐患地区避让搬迁工程工作安排部署会。会议就市东西山地质灾害隐患地区避让搬迁工程工作领导小组相关工作任务进行安排部署。

5月

6日　《小康》杂志社独家发布“2021中国最具诗意百佳县市”，青海三地榜上有名，其中同仁市位居第67位。

8日　由市卫健局选派的3名医护人员抵达天津滨海新区泰达医院，开展为期半年的跟岗研修。自2020年7月起，共有5名来自市卫健系统专业技术人员分两批在天津泰达医院接受技能提升培训。

同日　市人大常委会召开同仁市第一届人民代表大会第一次会议代表建议意见交办会。会议通报县十六届人大六次会议代表建议意见督办情况和市一届人大一次会议代表建议意见受理情况，市人大常委会与市人民政府签订代表建议意见交办清单。

同日　全市政法队伍教育整顿领导小组第二次会议暨全市政法队伍教育整顿查纠整改工作推进会议召开，州委常委、市委书记旦增主持并讲授专题党课。

11日　市人大常委会组织召开全市市乡人大换届选举工作联席会议第一次会议，传达学习全国县、乡两级人大换届选举工作部署会议，省、州县、乡两级人大换届选举工作联席会议精神以及省人大常委会党组安排意见和省人大常委会“四个决定”有关情况。通报换届工作联席会议制度。

12日　市人大常委会组织参加州十五届人大八次会议的70余名同仁代表团代表在同仁代表团会议室开展党史学习教育暨集中谈心谈话活动。活动中，市人大常委会主任薛吉明、副主任马祥成发言。

同日　同仁市参加系统化全域推进海绵城市建设示范城市省级竞争性评审，同仁在全省参评7市中，取得第一名的佳绩，获得国家部委参评资格。

18日　州人大常委会副主任韩福祥带领州市人大执法检查组检查《固体废物污染环境防治法》落实情况，市人大常委会副主任马祥成、副市长王宏伟及政府有关部门负责人参加调研。

19日　召开市委巡察“回头看”动员部署会，市委副书记陈峻参加。

19—20日　州委书记王耀春在保安镇、曲库乎乡、瓜什则乡、双朋西乡调研督导国土绿化工作开展情况。州委常委、市委书记旦增参加调研。

21日　同仁市召开2021年度招商引资工作会议。

22日　市委常委、副市长胡伟东主持召开“5·22”果洛州玛多县7.4级地震同仁工作安排部署会，就做好同仁市抗震救灾相关工作任务进行安排部署。

25日　州委常委、市委书记旦增带队，全市副县级以上领导干部在尖扎县红色教育基地学习考察，接受党性洗礼，推动党史学习教育走深走实。

27日　市委理论学习中心组围绕“社会主义和建设时期的历史”主要内容召开党史学习教育第二次专题研讨会，传达学习《中国共产党简史》，市委副书记陈德伟等4名领导围绕主题作交流发言。会议邀请州委党史学习教育第一巡回指导组徐新齐到会指导，州委常委、市委书记旦增主持会议。

31日　乡镇人大建设年提升行动暨人大代表意见建议现场交办活动在保安镇召开。省人大常委会党组副书记、副主任尼玛卓玛，省人代工委主任多杰群增，州人大常委会主任蒋树成及各副主任出席会议。全国人大代表夏吾卓玛、省人大代表仁青卓玛以及州、市、镇部分人大代表，州委常委、市委书记旦增，市委副书记、市长罗富贵等参加会议。活动邀请全国、省、州、市、镇五级人大代表参加。活动集现场视察、建议交办、观摩学习、交流分享、工作部署“五位一体”，以点带面、上下联动，对全市乡镇人大建设工作再动员部署、再鼓劲加压，受到省、州人大领导高度评价，全州三县人大一致好评。

同日　2021年全省乡村学校少年宫项目建设培训现场会暨第一届“新时代青海好少年”发布仪式在西宁市兴海路小学举行，

市第一完全小学学生马晓燕获“全省新时代好少年”称号。

6月

1日　州委书记王耀春在“六一”儿童节期间看望慰问市隆务寄宿制学校、州特殊教育学校、市第二幼儿园少年儿童，并向全州少年儿童致以节日的祝贺。州委常委、市委书记旦增参加慰问。

2日　市乡村振兴局举行挂牌仪式，标志着全市从打赢脱贫攻坚战战略转向推进乡村振兴战略。州委常委、市委书记旦增，市委副书记、市长罗富贵共同揭牌。

同日　州委书记王耀春在瓜什则寺、卧科寺调研藏传佛教寺庙管理工作，并看望慰问宗教界人士。州委常委、市委书记旦增参加。

3日　州委常委、市委书记旦增在牙浪、直格江地区虫草采挖点督导虫草采挖维稳工作，同时慰问驻点值守干部、公安干警和人民联防队员。

同日　州人大常委会副主任周加才让带领州市人大联合调研组开展检察机关适用认罪认罚从宽制度工作情况，市人大民族和监察法制委员会主任委员丁益民参加调研，市法院、检察院、公安局等相关单位负责人参加调研。调研组在市检察院通过听取工作汇报、座谈了解、查阅资料等方式，对市检察院适用认罪认罚从宽制度工作情况、存在的突出问题以及下一步工作思路等进行了解和交流。

4日　市委全面依法治市工作会议召开，会议传达学习中央、省委、州委关于全面依法治国、全面依法治省、全面依法治州工作会议精神，通报《中央全面依法治国办对我省开展党政主要负责人履行推进法治建设第一责任人职责及法治政府建设实地督察反馈问题整改方案》，说明《同仁市委关于落实〈中共青海省委贯彻落实法治中国建设规划（2020—2025年）的实施方案〉的贯彻措施》《中共同仁市委关于落实〈中国共产党青海省委贯彻落实法治社会建设纲要（2020—2025年）的实施方案〉的贯彻措施》的征求意见稿。州委常委、市委书记、市委全面依法治市委员会主任旦增出席会议并讲话，市委副书记、市长、市委全面依法治市委员会副主任罗富贵主持会议。

10日　全市全面推行河湖长制工作领导小组会议召开，听取河湖长制暨河湖管理保护工作汇报，审议相关议题。市委书记、市总河湖长旦增主持会议并提出贯彻要求。

11日　市委常委、宣传部部长刘莉丽主持召开全市党史学习教育第三次研讨会暨推进会。

15日　副市长华周主持召开《青海省自然资源“十四五”规划》《关于深化黄南州生态环境保护综合行政执法改革的实施方案》意见征求会。

17日　隆务镇召开2020年度五星级文明标兵户表彰大会，48人受到表彰。

17—20日　市委副书记夏吾闹日督导隆务西山地质灾害隐患点避让搬迁前期工作。。

18日　依照法律法规和相关规定，选举产生同仁市第二届人民代表大会代表159人、各乡镇新一届人民代表大会代表522人，并完成全市市乡人大代表换届选举工作。

19日　副市长人选才让东智调研万亩黄果种植季度及其产品生产加工线，了解全市黄果特色产业生产加工情况。

截至19日　全市完成11个乡镇领导班子换届选举工作，选举产生新一届乡镇领导班子成员113名。

21日　市人大常委会调研组对全市审计结果执行情况进行专题调研。

21—22日　州委副书记、州长扎西才让，州委常委、副州长肖顺琛在各乡镇调研督导乡村振兴、社会治理、生态环保、安全生产、项目建设、党史学习教育等工作开展情况。州委常委、市委书记旦增随同调研。

22日　副市长人选才让东智在瓜什则乡调研乡村振兴特色产业发展情况，听取瓜什则乡人民政府关于“812”示范工程推进工作汇报，并实地督导草原补奖政策核查核实工作开展情况。

同日　青海省人民政府食品药品安全委员会授予同仁市等8

个市（县）“青海省食品安全市县”称号。

同日　由市文体旅游广电局主办，市文化馆、市群众体育指导服务中心、市健身健美协会承办，市热贡晨旭全民健身志愿者服务队协办的“民心向党，接续奋进”为主题广场文体活动在热贡文化广场举办。

23 日　市武装部党委第一书记任职大会召开。州委常委、军分区政委余华勇出席会议宣读州委常委、市委书记旦增任中共青海省同仁市武装部委员会委员、第一书记。

24 日　市委副书记夏吾闹日召开同仁市隆务西山地质灾害隐患区避让搬迁工作推进会。

同日　副市长华周在市工业商务和信息化局召开专题会议研究郭么日加油站迁建工作，要求市工信局牵头安排专人对接相关单位做好搬迁选址等相关工作，确保项目顺利推进。

同日　副市长华周组织召开隆务西山地质灾害搬迁工作汇报会，确定一期搬迁户（42 户），每户安置费用 1200 元，并成立 5 个专项工作组，确保 7 月 5 日前所有人员搬离。

25 日　市人大常委会党组书记蔡有年，市人大一级调研员薛吉明，党组副书记、副主任华泽先，党组成员、副主任马祥成带领各专委会主任委员、机关全体干部职工在循化县红色教育基地开展主题党日活动。

28 日　市委理论学习中心组围绕习近平总书记在青海考察时的重要讲话精神，以“深学创新理论·感悟思想伟力”为主题召开专题研讨会。

同日　市委理论学习中心组学习会暨党史学习教育第四次专题研讨会召开。传达学习《中国共产党简史》，围绕中共十八大以来的历史为主要内容进行研讨。市委书记、党史学习教育领导小组组长旦增主持会议并提出要求。

同日　由市委、市政府主办，市委宣传部、市文体旅游广电局承办，市群众体育指导服务中心、市篮球协会协办的“庆祝中国共产党成立 100 周年职工篮球赛”开幕。

30 日　州委副书记、州长扎西才让在隆务镇对生活困难党员进行“七一”节前慰问。

同日　同仁市举行庆祝中国共产党成立 100 周年暨“永远跟党走·奋进新征程”主题党日活动。州委常委、市委书记旦增发表致辞代表市委向奋战在各条战线上的各级党组织和全体共产党员致以崇高的敬意和节日的问候。市委副书记陈峻宣读《中共同仁市委关于表彰全市优秀共产党员、优秀党务工作者和先进基层党组织的决定》，由市委、市政府主要领导为荣获“两优一先”代表颁发奖章。州委书记王耀春，州委常委、秘书长蒋明宽，州委一级巡视员马明生应邀出席活动。

是月　体育总局办公厅公布首批全国县域足球典型名单，同仁市四合吉社区榜上有名。

7 月

1 日　同仁市举行天津支援合作“十四五”项目建设启动仪式。

同日　市委副书记、市长人选赵建国在夏卜浪现场督导旅游景点设计规划。

同日　市委常委、副市长王旭龄主持召开同仁市固定资产投资调度会议，通报 2021 年上半年固定资产投资任务完成情况，并就推进全市固定资产投资工作进行安排部署。

2 日　副市长华周主持召开同仁市 2020 年度增减挂及农村宅基地复核工作安排部署会，会上汇报 2020 年跨省域城乡增减挂钩项目进展，要求各相关单位各负其责做好各项前期准备工作，确保完成增减挂任务。

同日　市疫情防控指挥部召开 2021 年下半年新冠病毒肺炎疫苗接种工作安排部署会议。

2—20 日　市委副书记夏吾闹日督导隆务西山地质灾害隐患点避让搬迁工作进展情况，强调要高标准完成隆务西山避让搬迁工作任务。

5 日　市委四次全体会议召开，投票选出同仁市出席中国共产党黄南藏族自治州第十三次代表大会候选人预备人选。

同日　省人大常委会党组书记、副主任张光荣一行在加吾乡调研指导“乡镇人大建设年”提升行动和“两室一平台”规范化建设工作，州委书记王耀春、州人大常委会主任蒋树成，州委常委、市委书记旦增、市人大常委会主任蔡有年等领导参加调研。张光荣一行通过实地查看、现场讲解、查阅资料、观看《一届人大代表，一生人大情怀》以及平台操作等形式，详细了解加吾乡人大建设暨“两室一平台”打造情况后给予高度评价。

同日　市委副书记、市长人选赵建国主持召开同仁市2021年庆祝中国共产党成立100周年暨首届民族团结杯传统赛马大会安排部署会。

同日　多哇镇曲日那村牧户仁青才让（网格员）在家门口发现国家一级保护动物梅花鹿受伤严重，第一时间向多哇镇党委、政府、森林公安部门汇报，邀请镇卫生院5名医生对梅花鹿伤口进行消毒医治。

6日　市委常委、副市长王旭龄主持召开同仁市绿色产业园区项目协调会，研究园区镍钴铝酸锂（NCA）正极材料生产项目和悦牧人家有机牛羊肉屠宰加工项目相关事项。

7日　同仁市庆祝中国共产党成立100周年“民族团结杯”传统赛马大会在多哇镇大南曼草原举行。

7—9日　中国共产党同仁市第一次代表大会召开。

10—12日　市委副书记、市长人选赵建国在玉树市学习调研。赵建国先后考察玉树市城市规划建设和城市运营管理、新寨村特色小镇建设、玉树市污水处理运营管理、甘达利众合作社运行情况、玉树市供水公司运营管理、玉树市第三民族中学教育教学工作、玉树市智慧城市服务管理、市区公园建设管理、市场监管、政务服务监管、玉树市团结社区。

12—17日　同仁市第二届人民代表大会第一次会议在隆务召开。赵建国当选同仁市人民政府市长。

13日　中国人民政治协商会议第二届同仁市委员会第一次会议召开。

同日　州委常委、市委书记旦增带领市四大班子成员在驻地看望出席市“两会”人大代表和政协委员。

同日　市委常委、副市长王旭龄主持召开海绵城市建设工作对接会，围绕海绵城市建设工作技术、体制机制等内容进行进一步对接。中国城市建设研究院专家组参加会议。

同日　副市长华周参加扎西多卡玛圣殿世界纪录认证仪式，见证“彩绘面积最大的单体藏传佛教”“最大的木结构单体藏传佛殿”2项世界纪录落地同仁。

14日　市委理论学习中心组召开党史学习教育第五次专题研讨会，传达学习习近平总书记在庆祝中国共产党成立100周年大会上的讲话精神并开展专题研讨。州委常委、市委书记旦增主持会议。

同日　市委副书记、市长赵建国主持召开同仁唐卡艺术小镇第三方运营企业对接会，审议唐卡艺术小镇规划方案。

16日　市委常委、副市长王旭龄主持召开《青海省高原美丽城市建设标准》编制调研座谈会，中国城市规划设计研究院，市财政局、住房和城乡建设局、发展和改革局等部门主要负责人参加会议。

19日　市委理论学习中心组（扩大）学习会暨深入学习贯彻习近平总书记建立以国家公园为主体的自然保护地体系建设重要指示批示精神专题学习会。

21日　同仁市召开新冠肺炎疫情防控处置工作指挥部第十六次会议，通报2021上半年疫情防控及疫苗接种工作，安排部署下半年疫情防控及疫苗接种工作。

同日　副市长才让东智会同市水利局主要负责人考察隆务河水生态拦砂堰工程及苗木征占相关情况。

22日　第二十二届中国·青海绿色发展投资贸易洽谈会在西宁市青海国际会展中心开幕。青洽会期间，同仁市设12个展位，10家企业参展，展示唐卡刺绣，传统藏靴，中药、藏药材，黄果饮品，牦牛酸奶等33种具有热贡特色的地方名优产品。23日，州委常委、市委书记旦增签约涉及文化旅游、新能源、特色农牧业与中药、藏药材等6个项目，总签约额达20.65亿元。

同日　新疆维吾尔自治区公安厅在青海协调处理工作。副市长、公安局局长仁增多杰参加。

26日　市委副书记、市长赵

建国调研城北新区郭么日大桥、城北职业学校、同赛高速、综合管廊建设等七大重点难点项目建设现场推进项目建设。市委常委、副市长王旭龄，副市长华周、朱晓龙参加。

同日　天津市滨海净化设施有限公司社会帮扶捐赠仪式在同仁市举行，市委常委、副市长王凯，副市长才旦卓玛，天津市滨海净化设施有限公司负责人、天津市爱心人士，市政府办公室、市教育局、市第二幼儿园、黄乃亥中心寄校负责人以及学生代表出席捐赠仪式。

26—30 日　市安委办牵头组织相关单位，重点对扎毛水库、浪加水库、客运公司、加油站（气）站、民爆公司、双朋西金矿、恰东铜矿、超市、宾馆、餐饮企业等 13 家进行安全隐患大排查。

27 日　市委组织部联合市委党校综合运用理论授课、研讨交流、实地观摩等方式为全市 46 名新任乡镇领导班子成员集中“充电”，上好履职“第一课”。

28 日　州委常委、市委书记旦增在市武装部、武警同仁中队、武警黄南支队慰问官兵，代表市委市政府向驻地武警部队官兵、民兵预备役人员和广大退役军人致以“八一”节日慰问。

同日　副市长朱晓龙主持召开同仁市上半年统计工作暨固定资产投资推进会，市委常委、副市长王旭龄出席并提出要求。

28 日至 8 月 3 日　第三届中国藏戏艺术展演周在同仁市举办。

29 日　同仁市被中国舞蹈家协会评为“中国藏族热贡神舞之乡”，中国舞蹈家协会主席冯双白向同仁市授牌，市长赵建国接牌。

同日　市司法局以黄南地区第二届青少年篮球夏令营活动为契机，组织律师在市群众文化体育馆为现场 120 余名青少年开展主题“关爱明天　普法先行”法治宣传教育活动。

是月　同仁市 2 处全国重点文物保护单位隆务寺、保安古屯田寨堡古建筑群 10 个保护维修工程经国家文物局专家组现场检查，顺利通过竣工验收。

8 月

2 日　市委、市项目办在群团党组二楼会议室举行 2021 届志愿者欢迎仪式，并开展为期 3 天的岗前培训。

3 日　州委常委、市委书记旦增协同州委常委班子看望参加中国共产党黄南藏族自治州第十三次代表大会全体代表。

同日　省疫情防控督导组一行 4 人对同仁市对疫情防控工作和疫苗接种情况进行督导检查。

4 日　市应急管理局组织开展第一次全国自然灾害综合风险普查业务培训，各乡镇、各安委会成员单位分管领导、安全应急干事参加培训。

5—6 日　州委常委、市委书记旦增出席中国共产党黄南藏族自治州第十三次代表大会。

6 日　同仁市召开疫情防控处置工作指挥部第十八次会议。传达学习省、州疫情防控指挥部相关文件精神，通报近期疫情防控工作开展情况，并对下一步疫情防控重点工作进行安排部署。

同日　隆务寺、保安古屯田寨堡古建筑群 2 处共 10 个全国重点文物保护单位保护维修工程通过国家文物局最终竣工验收。

同日　同仁市在市委党校召开“互联网+区块链+村级财务代理记账”智能平台初始化培训会。各乡镇财务主管领导、财会人员、各行政村负责财务的村干部等 90 多人参加培训。

10 日　同仁市“组织体系建设三年行动”通过“促百分百达标、迎党百年华诞”以评促建全覆盖考评检验，全市党的基层组织建设全领域整体提升，“组织体系建设三年行动”实现高质量收官。

同日　市纪委监委印发《同仁市持续深化整治群众身边腐败和不正之风突出问题工作方案》。

同日　同仁市召开全市基层司法所业务月考核工作启动会。

11 日　市委副书记、市长赵建国主持召开同仁市城市供暖评议会，会议决定黄南盛方能源科技有限公司入驻同仁市。

同日　召开考核领导小组及督查委员会会议，市委副书记陈峻参加会议，强调建立督考一体化工作机制是市委、市政府把握新发展阶段、贯彻新发展理念、构建新发展格局的重要举措，是运用改革手段破解发展难题的重大创新。

同日　市工业商务和信息化局参加由市委政法委牵头开展的成品油市场专项整治行动。

12 日　市委副书记、市长赵建国主持召开海绵城市推进会。副市长才让东智、朱晓龙，财政局、自然资源局、生态环境局、发改局、住建局等部门负责人和海绵城市专家组参加会议。

同日　2021 年天津经济技术开发区人社局与同仁市人社局签订对口支援劳务协作框架协议，争取资金 49 万元，落实巩固拓展脱贫攻坚成果同乡村振兴有效衔接。

13 日　市妇联、市卫生健康局在群团协同化建设基地组织开展“健康家庭　模范夫妻”评选表彰暨“幸福相遇　相伴一生”单亲家庭七夕联谊活动，30 多名基层家庭代表和单亲适婚青年参加此次活动。

14—16 日　市委副书记夏吾闹日督导隆务西山地质灾害隐患点避让搬迁工作协议签订进展情况。

16 日　州委副书记、州长扎西才让调研城区街景改造事宜。州委常委、市委书记旦增一同调研。

同日　副市长才让东智主持召开国家公职人员享受草原奖补资金整改及第一、二轮农牧民享受草原补助排查安排部署会，并安排厕所革命、河湖长、农牧区居民条件改善工程等相关工作。

同日　同仁市召开农牧民居住条件改善项目推进会。会上，市新农村建设服务中心负责人对全市开展的农牧民居住条件改善项目工作进度情况做通报。

16—17 日　州委副书记、州长扎西才让在同仁调研城区街景改造事宜和黄乃亥乡中药、藏药种植、垃圾分类等情况。市委副书记、市长赵建国参加。

18 日　省人大常委会法工委副主任袁玲等一行 6 人在同仁市开展非物质文化遗产保护立法工作，对同仁市非遗代表性项目的保护、传承和发展情况进行调研。州人大常委会副主任马进贤、市人大常委会相关负责人参加调研。

同日　市长赵建国、副市长华周调研全市各学校开学前准备情况，对市民族中学、市第一幼儿园、市第二幼儿园等学校环境卫生，食堂食品安全，学校及周边安保措施，教师、后勤人员、教材配备进行全面检查。

同日　市市场监督管理局开展冷链肉食品及从业人员核酸检测专项检查。

19 日　市委副书记、市长赵建国，市委常委、副市长王旭龄，副市长朱晓龙、才旦卓玛，以及卫健局、发改局、财政局主要负责人调研同仁市医疗机构疫情防控工作，并主持召开现场会议安排部署市妇幼保健等部门搬迁工作。

同日　召开市委教育工作领导小组会议。

同日　市委常委、副市长王旭龄主持召开海绵城市申报工作推进会，安排部署同仁市海绵城市示范市申报工作相关事宜。

同日　市人大办公室党支部围绕“学党史、悟思想、办实事、开新局”的主题，从严从实召开党史学习教育专题组织生活会。市人大常委会党组书记、主任蔡有年，市人大常委会副主任华泽先、马祥成以普通党员身份参加组织生活会，邀请巡回指导组成员卡毛措、夏吾增太，纪检组组长完德多杰到会指导。

20 日　市委副书记、市长赵建国暗访城区乱搭乱建、环境卫生等情况并安排部署相关工作。

23 日　州委常委、市委书记旦增在省委党校参观反腐倡廉警示教育基地，接受党性洗礼。

同日　副市长华周主持召开全市教育系统三年行动计划和教育质量提升座谈会，要求各相关单位要着力推进三年行动计划，发挥督导协调作用，强化责任落实，促进教师专业成长，提升全市教育工作水平。

24 日　省人大常委会办公厅宣传处副处长、《青海人大》编辑部主任、总编辑汪春风带队人大工作记者采访团 5 家媒体、10 余人在同仁市开展以推动“人大工作落实年”“乡镇人大建设年”为主题的采访活动。州人大专委会主任委员卓尕加和市人大常委会副主任马祥成等参加采访。采访团在保安镇城外村，隆务镇吾屯村、青年路社区，加吾乡等地，围绕同仁人大及常委会履职行权的经验做法和工作成就，以及开展“人大工作落实年”“乡镇人大建设年”活动的亮点特色，人大代表的履职事迹等进行采访。

同日 副州长王桂莲一行在同仁召开中小微企业座谈会。市委常委、副市长王旭龄、市工业商务和信息化局及部分企业代表参加会议。

同日 州客运站举行通村班车发车仪式，兰采乡始通班车。

24—25日 市委副书记夏吾闹日召开年都乎乡录合相村地质灾害滑坡区拆迁工作现场启动会。

25日 省应急管理厅副厅长、省普查办主任王跃荣一行在同仁督导调研自然灾害综合风险普查和救灾物资储备库管理情况。

同日 副市长朱晓龙主持召开同仁市城市体检工作会议，安排部署全市城市体检工作。

同日 青海红十字医院党委副书记、院长徐波一行在保安镇召开乡村振兴座谈会。会议强调，村内丰富的文化资源仍需进一步深挖细研，以便于今后乡村振兴项开发利用，村内资源保护修缮显得尤为重要。

26日 市委副书记、市长赵建国主持召开市委退役军人事务工作领导小组第三次全体会议。

27—30日 市委常委、副市长王凯在天津市参加同仁籍异地高中班开学相关活动，并与天津教育部门和学校积极对接洽谈异地办班具体事宜。

31日 省人大常委会副主任乌成云率调研组到同仁市调研“脱贫攻坚与乡村振兴有效衔接”工作情况，州、市两级人大常委会主要领导和相关部门负责人参加调研。调研组一行在同仁市圣地夏琼、农技合作社、桑杰画院、隆务镇乡镇站所等地，通过实地察看、听取汇报等形式，详细了解乡村振兴推进、动物防疫和农业机械化工作开展情况，围绕巩固拓展脱贫攻坚成果同乡村振兴有效衔接与市、乡、村负责人等探讨交流。

9月

1—2日 州人大常委会副主任索南达吉，州人大一级巡视员徐卫方、李学军一行在同仁市督导调研“乡镇人大建设”年提升行动暨“两室一平台”规范化建设工作。

1—5日 市委副书记夏吾闹日现场督导年都乎乡录合相村地质灾害拆迁工作情况，强调各位联点县科级领导干部要继续发扬工作精神、秉持工作作风，在后续的拆迁工作中要强化督导检查拆迁进度。

2日 市人大常委会副主任马祥成、社会建设委员会主任委员才让卓玛与省、州人大对同仁市开展《中华人民共和国消防法》执法检查。

3日 副省长刘涛在同仁南至西卜沙段公路段、年都乎乡夏卜浪铅锌矿、隆务镇西山林场以及隆务河两岸调研。

同日 市人大常委会与市政府联合召开市二届人大一次会议代表建议意见交办会。这次市人大常委会向市政府移交的市二届一次会议代表建议、意见72件，内容涉及民生、文化、建设、生态、经济等方面。

3—5日 副市长才让东智组织市农牧和科技局、乡村振兴局、各乡镇党委政府负责人及相关村社书记、乡村振兴第一书记等人员在海北、海南、大通等地开展乡村振兴农畜产业发展培训。

6日 全国政协副主席刘新成率调研组参观国家级生态热贡文化生态保护区郭么日古村落、热贡艺术博物馆、龙树画苑，通过实地察看、听取介绍等方式，详细了解同仁市历史的传承保护和未来发展情况。州委常委、市委书记旦增参加调研。

8日 州委常委、市委书记旦增与团中央书记在市民族中学、龙树画苑、电子商务中心考察调研工作。

同日 天津市发改委调研组一行在黄乃亥乡中药、藏药材种植基地、隆务镇热工桑杰唐卡扶贫车间考察调研。市委常委、副市长王凯参加。

9日 州委常委、市委书记旦增在扎毛乡、曲库乎乡、加吾乡、瓜什则乡调研乡村振兴工作。

同日 州大常委会副主任杜会峰带领调研组在同仁市开展突发公共卫生事件应急管理工作和传染病防治法律法规实施情况专项调研。

同日 副市长华周主持召开全市教育重点工作推进会，传达学习州教育系统“1+5”工作规划，会议决定在市教育局成立学前教育办公室、义务教育办公室，由市教育局负责明确职责分工，抽调业务骨干认真做好教育表彰大会各项筹备工作。

10日　天津市总工会副主席张秀强、办公室副主任李林涛，州总工会相关负责人在黄乃亥乡调研帮扶项目。

14日　州人大常委会举行“乡镇人大建设年”提升行动暨“两室一平台”规范化建设工作推进会，会前组织观摩加吾乡“人大建设年”提升行动工作成效及“两室一平台”建设情况。

同日　河南省退役军人事务厅一行在保安镇复核验收“退役军人之家”创建工作。

15日　副市长才让东智主持召开同仁市2013—2020年“厕所革命”问题摸排整改反馈会。

同日　副市长华周主持召开同仁市森林督查、防火、林草长制工作会议，与各乡镇签订《同仁市森林草原防灭火工作责任书》。

同日　副市长华周主持召开同仁市天然气建设项目征地工作会议，研究天然气项目征地赔偿费用标准认定等相关事宜。

同日　副市长才旦卓玛主持召开2021年全市医改工作会议，传达学习相关会议精神，安排部署2021年全市医改工作。

同日　浪加水库面板衬砌完成，进入蓄水阶段。

15—16日　市委常委、副市长王旭龄与清华大学环境学院刘翔教授为组长的海绵城市评审专家组，对城北新区地下管廊、迎宾大道生态治理、东西山绿化、隆务河水生态及两岸环境综合整治等项目进行现场指导，并召开规划评审会，对《同仁市海绵城市建设专项规划》《同仁市排水（雨水）防涝专项规划》《绿地系统专项规划》3个专项规划大纲进行评审。

16日　副州长更智才让在扎毛乡水库、加吾乡垃圾填埋场等地，采取明察暗访、走访询问方式，实地察看生态问题整改情况。

同日　副市长才让东智主持召开黄南州绿色有机农畜产品输出地示范产业园区征地拆迁工作推进会，市政协主席尕藏卡出席。

22日　市委副书记、市长赵建国对城区厕所改造提升项目、绿化建设项目工作安排部署。

22—24日　州委书记王耀春，州委副书记、州长扎西才让率黄南州党政代表团一行在天津参观考察，州委常委、市委书记旦增随团参加活动，就进一步深化对口支援工作进行深入交流。

22—24日　市政协举办全体政协委员及政协干部履职能力提升培训。市政协党组书记、主席尕藏卡，副主席崔生林、隆务贡·久美更登尖措出席培训活动，基层政协委员、乡镇政协联络组、市政协办公室干部120余人参加培训。

23日　市委副书记、市长赵建国带队督导调研绿色产业园区、第二垃圾填埋场、霍尔加北路延伸段、唐卡艺术小镇、郭么日大桥、休闲公园、市民族中学等项目建设点和羊智沟秋季造林点等全市重大项目进展情况及节前安全生产等工作。

同日　州人大常委会主任蒋树成一行在双朋西乡、保安镇调研指导基层人大工作。

24日　副市长、公安局局长仁增多杰主持召开打击治理跨境赌博工作推进会暨领导小组第一次会议。

同日　副市长才让东智主持召开开展防止耕地“非粮化”和撂荒地情况排查工作安排部署会。

24—26日　陕西医学院专家组在同仁市开展“彭年光明行动”白内障复明手术活动。

25日　市委副书记、市长赵建国带队在甘肃省合作市考察垃圾填埋场运行及污水处理等城市管理相关工作，学习借鉴合作市在城市管理方面的先进理念和典型经验做法。

同日　市委常委、副市长王旭龄主持召开同仁市秋冬季森林草原防灭火工作部署会议及秋冬季森林草原防灭火应急演练。

26日　市委副书记、市长赵建国在年都乎乡录合相村现场推进拆迁收尾工作。

27日　副市长华周带队在尖扎县尖扎滩乡考察学习光伏产业先进经验，为同仁光伏产业发展提供有力借鉴。

同日　由省交通控股集团有限公司建设的省道308线大角满（青甘界）至瓜什则段公路改建工程顺利通过交工验收，并实现通车。

27—29日　市人大常委会采

取理论培训和现场教学相结合的方式，举办市二届基层人大代表履职能力提升培训班，部分常委会委员、基层人大代表及市乡人大干部共计80人参加培训。

28日　副市长朱晓龙主持召开同仁市2022年项目申报工作推进会，安排部署项目申报工作。

28—29日　州委常委、市委书记旦增在省委党校参加全省新任州县党委书记涉藏政策学习班。

29日　市委副书记陈峻主持召开全市教育工作调研座谈会，了解教育系统实际情况。同时对全市教育高质量发展若干措施进行解读，强调实现全市教育高质量发展，要以贯彻落实全州教育高质量发展的意见及其配套文件各项要求为基础，以解决地区教育领域特殊性、关键性问题为重点，以实现争先进位、高质量发展为目标，重点实施好党建领航立德树人、学前教育普及普惠、义务教育优质均衡、高中教育优质特色等“八大工程”。

同日　副市长华周主持召开同仁市西成铁路建设项目征地拆迁问题评估研讨会，分项确定佛堂、文物等各项赔偿事宜，并安排市自然资源局牵头负责各项动产、不动产的评估并分解推进征地拆迁工作。

同日　组织同仁市第二届基层人大代表在乐都县柳湾彩陶博物馆观摩。

30日　市委副书记、市长赵建国与海南州共和县党政代表团下乡调研城市管理方法。

同日　市委副书记夏吾闹日督导隆务西山地质灾害隐患点避让搬迁工作进展情况。

10月

2日　市委副书记、市长赵建国主持召开同仁市瓜什则光伏项目征地工作推进会。副市长才让东智，瓜什则乡、文体旅游广电局、自然资源局、农牧科技局等单位负责人参加会议。

8日　市委副书记夏吾闹日督导年都乎乡录合相村拆迁和复垦工作进展情况。在年都乎乡录合相村安置地南当山考察苦难户多杰坎卓新房进展情况，并对4名联点领导心系群众、为群众送温暖办实事解民忧的表率行为，给予肯定认可。

9日　市人大常委会副主任马祥成带领市人大执法检查组对市政府贯彻实施《中华人民共和国未成年人保护法》情况进行执法检查。副市长、公安局局长仁增多杰及相关部门负责人参加检查。

12日　州委副书记、州长扎西才让调研同仁市城市公厕提升改造项目推进情况，市委副书记、市长赵建国参加。

同日　同仁市新冠疫苗接种工作推进会及省级卫生城市复审和“厕所革命”推进会召开。副市长、公安局局长仁增多杰作讲话并安排部署下一阶段疫苗接种工作。

同日　在热贡文化广场举办天津“名医进黄南”大型义诊活动启动仪式。

12—20日　市人大常委会副主任马祥成带领市人大督导组在全市11个乡镇督导检查城乡环境卫生整治情况，各乡镇开展“乡镇人大建设年”“人大工作落实年”“乡镇人大建设年”提升行动及规范化建设“两室一平台”情况。

13—15日　天津经开区管委会副主任徐斐率管委会相关部门、泰达街、区内企业、社会组织相关负责人和泰达医院、泰达国际心血管病医院医疗专家一行25人在同仁市考察调研，推动落实帮扶项目，开展“民族团结一家亲、百行百业交流行”“名医进黄南”“衣分爱心、衣分温暖”爱心捐衣等活动，引导区内企业在同仁市投资兴业。在同仁期间，天津援青指挥部总指挥、州委常委、副州长宋建会见代表团一行，天津援青指挥部副总指挥、州委组织部副部长崔德行和市委常委、副市长王凯等相关负责人参加调研。

14日　市委常委、副市长王旭龄主持召开历史文化名城保护工作座谈会，住建、文化旅游、交通等部门负责人参加会议。

同日　同仁市在曲库乎乡组织举办全省“两新”组织红色引领·助力乡村振兴黄南行活动。

17日　州委书记王耀春在同仁市调研造林绿化、冬季供暖、市政管理等工作。州委副书记李晓燕，州委常委、常务副州长肖顺琛，市委副书记、市长赵建国一同调研。

18 日　市委副书记、市长赵建国，市委常委、宣传部部长刘莉丽，副市长、市公安局局长仁增多杰一行到市交警大队慰问"勇救溺水男童"辅警张志毅。

同日　市委副书记、市长赵建国在隆务镇调研历史文化名城文物保护传承工作。副市长朱晓龙，市文体旅游广电局及住建部门负责人参加。

同日　天津援建单位滨海新区新港街道办事处党工委书记丁全海一行在兰采乡考察工作并验收援建项目，市委常委、副市长王凯参加。

20—22 日　州委书记王耀春在同仁市有关乡镇、村社，通过实地了解、听取汇报、查阅资料等方式，督导调研基层党建、乡村振兴及村"两委"班子运行情况。州委常委、组织部部长刘建昱，市委副书记、市长赵建国，副市长朱晓龙参加调研。

21 日　市委副书记、市长赵建国主持召开疫情防控紧急安排部署会议，传达学习省、州疫情防控指挥部相关文件精神，通报近期疫情防控工作开展情况，并对下一步疫情防控重点工作进行安排部署。副市长仁增多杰、才旦卓玛与市教育局、市监局、卫健局、市疾控、市医院及隆务镇负责人参会。

同日　天津市工商联二级巡视员、光彩办主任李雷一行在吾屯下寺考察文化项目，在龙树画苑了解热贡艺术发展情况。市委常委、副市长王凯参加。

同日　副市长华周主持召开第一批挂牌督办违法使用林草地问题整改工作推进会，要求市农牧和科技局、交通运输局直面问题，对接林草部门缴纳罚款，完善手续，尽快完成问题整改。

同日　市人大常委会召开会议专题传达学习中央人大工作会议精神及习近平总书记重要讲话精神，并对市人大机关、各乡镇人大和人大代表的学习贯彻工作做出具体要求。

22 日　州委书记王耀春，市委副书记、市长赵建国一行在多哇镇调研社会治理工作。

25 日　市委常委、副市长王旭龄主持召开同仁市 2021 年度第三季度安全生产工作会议暨冬季消防、森林草原防灭火工作安排部署会，各乡镇、各部门主要负责人参加会议。

同日　同仁隆务庄荣庆农畜产品购销专业合作社等 12 家被省农业农村厅评为第五批农牧民专业合作社省级示范社；同仁瓜什则索南达杰家庭牧场等 3 家被省农业农村厅评为第三批省级示范性家庭农牧场。

26 日　副市长华周主持召开同（仁）赛（尔龙）公路征地拆迁工作推进会、同仁市耕地保护工作推进会。

29 日　年都乎乡司法所被司法部授予"全国模范司法所"荣誉称号。

是月　新建的市疾控中心正式搬迁运行。

11 月

1 日　市委副书记陈峻，市委常委、常务副市长王旭龄为"暖心早餐"揭牌，标志着同仁市"暖心早餐"工程全面展开。

同日　省公安厅命名西宁市公安局城北分局等 8 个派出所为全省第二批"枫桥式公安派出所"，同仁市城南派出所榜上有名。

3 日　市委副书记、市长、市疫情防控处置工作指挥部指挥长赵建国看望慰问一线医护人员、工作人员和广大群众，对他们的辛勤付出和支持配合表示慰问和感谢。

同日　同仁市（热贡艺术）被文化和旅游部评为 2021—2023 年度"中国民间文化艺术之乡"。

5 日　市政协党组书记、主席尕藏卡一行 13 人向抗疫一线的警务人员和医护人员表达慰问，将慰问品送到双朋西、多哇、瓜什则、城北新区、峡口 5 个卡点，用实际行动为打赢疫情防控贡献政协委员力量和智慧，践行新时代政协人的使命担当。

6 日　第八届全国道德模范名单出炉，同仁市龙树画苑负责人完德尖措被评选为全国助人为乐模范。

8 日　州委常委、市委书记旦增，市委常委、组织部部长王文东调研市人大、市政协工作。

同日　市委副书记、市长赵建国在市公安小区召开现场办公会，研究解决物业管理、特种设备、安全生产等相关问题。副市长、市公安局局长仁增多杰，副市长朱晓龙参加会议，市住房和城乡建设局、市场监管局、公安局和隆务镇热贡路社区负责人参加会议。

同日　副市长华周主持召开年都乎乡录合相村拆迁工作碰头会，对年都乎乡录合相村拆迁工作进行再安排再部署，并同年都乎乡党政班子及市自然资源局研究拆迁工作。

9日　副市长才旦卓玛主持召开市社会救助工作联席会议，研究解决2户生活困难救助对象大额救助工作。

10日　市委常委、副市长王旭龄主持召开海绵城市建设专项规划专家线上评审会，对海绵城市建设专项规划进行评审并形成评审报告，市发展和改革局、财政局、住房和城乡建设局等部门主要负责人参加会议。

同日　副市长华周带队组织未完成搬迁任务的各包户责任人及联系领导在年都乎乡录合相村在年都乎乡地质灾害隐患点开展收尾强制搬迁。

10—11日　州人大常委会副主任索南达杰一行到同仁市部分乡镇及市人大机关对近期市乡（镇）人大工作开展情况以及学习宣传贯彻中央人大工作会议精神情况进行调研，肯定“乡镇人大建设年”和“两室一平台”规范建设工作成效，对存在问题提出加强和改进的意见建议。

11日　市委副书记陈峻主持召开市委教育工作领导小组及教育工作委员会会议，对标州委州政府“5+1”政策文件，围绕全市教育高质量发展“八大工程”，进一步明确各单位工作职责，确保重点任务落实有力有序有成效。

同日　州委常委、市委书记旦增在市公安局督导应急处突演练工作。

同日　副市长才旦卓玛主持召开市行政区划调整工作第三次会议。

12日　同仁市召开林草长制第一次工作会议，审议《同仁市林草长制市级会议制度》《同仁市林草长制市级督办制度》《同仁市林草长制信息通报制度》《同仁市林草长巡查制度》《同仁市林草长制工作考核办法》5项配套制度办法。州委常委、市委书记旦增参加会议并讲话，市委副书记、市长赵建国主持会议。

同日　副市长才让东智、华周调研黄南州绿色有机农畜产品输出地示范产业园区征地相关工作并召开现场办公会。

15日　市委副书记、市长赵建国在市发改局调研粮食储存工作。副市长朱晓龙及发改局负责人参加。

16日　州人大常委会主任蒋树成、副主任索南达杰一行在多哇镇、瓜什则乡调研指导基层人大工作。

18日　市委副书记、市长赵建国带队调研城区市政功能提升工作，市委常委、副市长王旭龄，市委常委、宣传部部长刘莉丽，以及在家副市长，各相关部门、乡镇主要负责人参加调研。

22日　副市长朱晓龙主持召开全市粮食工作会议暨配合做好州委涉粮问题专项巡察工作部署会，安排部署粮食安全及专项巡察工作。州委常委、市委书记旦增出席会议并讲话。

25日　副市长华周主召开黄南州天然气利用工程（一期）同仁市境内输气管道临时用地补偿方案论证会，要求天然气入同沿线各乡镇转变思想观念，配合做好征地工作，确保12月20日前完成工作任务。

同日　副市长华周主持召开基准地价更新及集体建设用地、农用地基准地价制定工作听证会，会上听取编制单位青海金地不动产评估咨询有限责任公司关于同仁城区各区片地价，要求各相关单位将意见建议于11月26日下午上班前报市自然资源局，规划编制单位要按意见尽快修改完善。

同日　副市长才旦卓玛主持召开《青海省最低生活保障审核确认办法》《青海省特困人员认定办法》政策解读培训会，邀请州民政局专业技术人才授课。各乡镇主要负责人及业务骨干参加会议。

是月　同仁市成功入选第九批全国民族团结进步示范市，实现榜上有名。

12月

1日　市人大机关党支部严格

开展考评工作，通过“三评一公示”程序评选出“先进支部”“先锋党员”各1个（名）、合格党员9名。

2日 市人大常委会党组书记、主任蔡有年组织带领全国、省、州、市、乡（镇）五级人大代表在隆务镇开展“进站入室”活动。

3日 市委常委、副市长王旭龄在保安镇主持召开天然气入同督导天然气入同征地工作。

6日 副州长王岐岳、州林草局局长拉却加、副市长华周在市自然资源局参加草原生态政策落实情况座谈会，并向省林草局督察组汇报林业有害生物防控，草原奖补等事宜。

同日 市委常委、副市长王旭龄主持召开同仁市省级生态环境保护督察工作推进会。

8日 青海省群团协同化建设工作推进会在同仁市举行，全省各市州总工会、团委、妇联、科协、残联、红十字会负责人及部分县（市）、乡镇、社区分管群团工作负责人等近百人就持续推动群团协同化建设向纵深发展、向基层延伸总结经验做法、查找问题短板。参会人员实地观摩黄南州群团服务中心、同仁市群团协同化基地、龙树画苑劳模创新工作室。

同日 同仁市召开新冠肺炎疫情防控第21次会议，安排部署全国“两会”“两节”及冬奥会期间全市疫情防控各项工作。

9日 市人大常委会党组书记、主任蔡有年组织带领辖区全国人大代表夏吾卓玛、省人大代表仁青卓玛，州人大代表、州人大常委会委员薛吉明，市人大代表、市委常委、组织部部长王文东等13名五级人大代表参加市检察院的“检察开放日”活动。

10日 市委常委、副市长王旭龄主持召开2021年同仁市人民政府工作通报会，通报全市社会经济发展情况及2022年工作思路，听取市人大、政协班子及部分省、州、市人大代表、政协委员意见建议。

同日 市委副书记陈峻主持召开市委教育工作领导小组及教育工作委员会会议，研究审议有关文件，听取重点工作进展情况汇报。

13日 同仁市未成年人保护工作领导小组第一次全体会议召开，安排部署同仁市未成年人保护工作，推动形成政府、家庭、社会共同保护未成年人的良好氛围。

14日 市委副书记、市长赵建国与州人大代表调研同仁市城市管理工作能力提升情况。

同日 州人大常委会组织五级人大代表在同仁市对城市管理工作能力和水平提升、卫生防疫等工作开展情况进行集中视察活动。

17日 同仁市召开教育发展暨教育教学工作表彰大会。

同日 市委副书记、市长赵建国主持召开市2021年度中央巩固拓展脱贫攻坚成果同乡村振兴有效衔接考核评估部署会议。

20日 市委副书记、市长赵建国主持召开同仁市乡村建设示范点工作推进会。

22日 同仁市举行创建国家卫生城市启动仪式。仪式解读《同仁市创建国家卫生城市工作实施方案》，宣读创建国家卫生城市倡议书。州政府、州卫生健康委相关领导及市四大班子相关负责人，医护、环卫、志愿者、群众代表等200余人参加启动仪式。

28日 市人大召开出席十六届人大代表述职评议大会，听取州级人大代表郭振海等22人作述职报告，从学习贯彻中央人大工作会议精神情况、参加党史学习教育活动的有关情况、贯彻执行党的路线方针政策和法律法规以及上级、本级人民代表大会及其常委会决议、决定的情况等8个方面进行述职。在听取22名州级人大代表的述职后，各常委会组成人员现场进行民主测评投票，满意度100%。

29日 全省新冠肺炎疫情防控工作和全州冬春季暨“两节”期间疫情防控工作电视电话会议结束后，市新冠肺炎疫情防控处置工作指挥部立即召开全市新冠肺炎疫情防控工作安排部署会议。会议分析近期江浙沪、满洲里及陕西西安疫情形势，通报同仁市近期疫情防控工作开展及疫苗接种情况。副市长才旦卓玛出席会议并做讲话。

是年 多哇镇、曲库乎乡、保安镇新城村党组织获青海省先进党组织称号。

TONGREN

市情概览

同仁年鉴 / 2022

YEARBOOK

建置区划

【政区境域】 同仁，藏语称为“热贡”，意为“梦想成真的金色谷地”，位于九曲黄河第一弯，青藏高原和黄土高原的交错地带，地处青海省东南部，北纬35°01′—35°47′、东经101°38′—102°27′，东西宽75千米，南北长85千米。东邻甘肃省夏河县，西连青海省贵德县，南接泽库县，北与循化县、尖扎县接壤，是甘、青、川三省交会的枢纽地带和黄南藏族自治州州府所在地，总面积3275平方千米。市政府驻地隆务镇，距省会西宁市160千米。

【建置沿革】 西汉元鼎五年（前112），同仁境域成为先零羌的居牧地。三国蜀汉延熙十七年（254）今同仁地区归属汉。北周建德五年（576），北周在今化隆县群科镇设廓州总管府，其辖区大致在今同仁地区。唐景龙三年（709），唐划九曲之地予吐蕃，今同仁境遂属吐蕃所辖。唐天宝十二载（753）五月，悉收九曲之地。天宝十三载（754）七月，置浇河郡，今同仁境属浇河郡辖地。咸通七年（866）十月，吐蕃对青海东南部地区的统治宣告结束。北宋元符二年（1099），今同仁县境归宋辖。金天会九年（1131）起，今同仁境归属金统治历九十年。南宋宝庆三年（1227，即蒙古成吉思汗二十二年）三月，成吉思汗所部攻占河湟地区，设治河州，今同仁境归属蒙古汗国。明洪武三年（1370）五月，河州以西藏族诸部悉数归降明朝。民国18年（1929）9月14日，同仁县正式成立。民国38年（1949）9月22日，同仁县人民政府成立。2020年6月，经国务院批准，民政部正式批复同意撤销青海省黄南州同仁县，设立县级同仁市，其隶属关系、管辖范围、政府驻地均不变。同仁县撤县设市后，黄南州行政区划由原来的四县变为一市三县。

【行政区划】 2021年底，同仁市辖隆务、保安、多哇3个镇，兰采、双朋西、扎毛、黄乃亥、曲库乎、年都乎、瓜什则、加吾8个乡，其中3个纯牧业乡，72个行政村，8个社区，362个生产合作社。

【人口民族】 同仁市是一个以藏族为主，汉族、土族、回族、撒拉族、保安族等多民族聚居区。2021年，全市总人口29782户102354人，其中城镇人口51611人、农村人口50743人。总人口中，藏族占74.33%，汉族占9.77%，土族占8.99%，回族占4.42%，撒拉族占1.27%，蒙古族占0.6%，其他民族占0.62%。

地理环境

【地质地貌】 同仁市地处青藏高原与黄土高原的过渡地带，有大小河流11条，其主要的黄河一级支流有隆务河、大南曼河和尕日加河，其中隆务河纵贯全境南北，形成东西部山区和中部河谷地区。境内山峦起伏，河谷相间，地貌复杂多样。地势南高北低，地形可分为河谷川地、低山丘陵、中高山脑山、高山4个区域。境内最高（尕玛日岗）海拔4971米，最低海拔（麻巴峡口）2160米，相对高差2811米。

【土地资源】 2021年，全市土地总面积319503.67公顷。其中，农用地309838.68公顷，占土地总面积的96.97%（耕地8667.88公顷，占农用地的2.80%；园地面积160.58公顷，林地109511.47公顷，草地188233.43万公顷），建设用地4065.28公顷，水域及水利设施用地1919.57公顷，其他土地3680.14公顷。全市基本农田面积7200公顷，保护率达100%。

【水利资源】 同仁市地处黄河一级支流隆务河中游，全市分布有大小河流21条、河沟12条，其中规模以上1条，即隆务河。库容达到10万立方米的水库1座，河段总长600.3千米。沿隆务河建成梯级水电站6座。

【矿产资源】 同仁市矿产资源较为丰富，是青海省十大矿产资源开发重点县之一。已发现的金属矿产有铜、铅、锌、金、银、钼、锡、钨、铌、铁等10余种，已开发利用的矿种为铜、铅、锌、金、银5种，其他矿种因规模小或资源量不明而尚未开发。现已开发利用的金属矿产有2个；矿产资源勘查项目有效期内申请延续的探矿权6家；颁发采矿许可证的砂石黏土矿9家，其中砂石料场8家、黏土矿1家。

【草地资源】 同仁市草场资源丰富，拥有天然草地31.8万公顷，占全市土地总面积的99.5%，草地可利用面积30万公顷，占天然草地总面积的94.34%。从草地质量综合评定来看，同仁市天然草地质量较好，其中Ⅱ等草地面积最大，占全市天然草地总面积的48.66%，Ⅲ等草地居第二位，占33.62%，Ⅰ等草地位居第三，占13.96%，劣等草地面积较小。平均亩产鲜草3109.05千克/平方千米，其中夏秋草地平均亩产草3156千克/平方千米，冬春草地平均亩产草3064.05千克/平方千米。

【气候状况】 2021年，同仁市年平均气温7.2℃，与历年同期平均值6.6℃相比偏高0.6℃。年极端最高气温为32.4℃，出现在7月24日，年极端最低气温为-17.3℃，出现在1月8日。年内平均气温4月、11月气温偏低外，其余月份不同程度偏高，偏高幅度在0.5℃—3.3℃之间。年总降水量432.8毫米，与历年同期平均值408.4毫米相比正常略偏多6%。年内一日最大降水量达31.4毫米，出现在7月25日。最长连续降水日数达6天，降水量为42.5毫米，起止日期为9月13—18日。最长连续无降水日数达82天，起止日期为2020年11月23日至2021年2月12日。年内降水2月、4月、8—10月均偏多，1月、3月、5—7月、11—12月偏少，年降水分布不均匀。年日照总时数2220.7小时，年日照百分率50%，光照适中。农业区生长季（4—9月），整体气温偏高，降水偏少，没有出现明显旱情，适宜土壤水分和热量条件，对同仁市农作物的生长发育较为有利。

2021年同仁市各月降水量、平均气温及气温极值情况表

表1

项目	1月	2月	3月	4月	5月	6月	7月	8月	9月	10月	11月	12月	年
降水量（毫米）	0.0	4.9	8.9	60.2	24.5	50.8	77.9	77.6	74.2	52.5	1.3	0.0	432.8
月平均气温（℃）	-6.0	0.0	5.0	7.3	12.9	16.3	19.2	16.6	13.8	6.9	-1.0	-4.5	7.2

旅游资源

【概况】 同仁市旅游资源主要是人文旅游资源。截至2021年年底，同仁境内有全国重点文物保护单位2处。曾涌现出宗喀巴大师的启蒙老师东智仁青、藏密宗师夏嘎巴、藏族奇僧根顿群培、佛学宗师夏日仓、中国花儿王朱仲禄等高僧大德和名人。先后有8名唐卡艺人被评为国家级工艺美术大师。热贡六月会、土族於菟、黄南藏戏于2006年被列入第一批国家级非物质文化遗产名录，热贡艺术2009年被列入世界人类非物质文化遗产名录。在这里，村村有寺庙、户户有佛堂，被誉为“安多藏文化源生地”。

【历史文化名城及古堡】 中国历史文化名城隆务古城建筑古朴、自然、协调，在不足1千米的古街上，有福音堂、清真寺、二郎庙、圆通寺、隆务寺“五教一条街”。全国重点文物保护单位保安古屯田寨堡古建筑群距今已有700多年历史，其中郭么日村是中国历史文化名村，郭么日古堡是同仁地区年代最早乃至国内保留最为完整的古堡之一。古堡内道路呈网状分布，游客若非导游带领，如进迷宫一般，很难走出来。

【非物质遗产文化】 同仁是世界人类非物质文化遗产——热贡艺术的发祥地。热贡艺术有“唐卡、

堆绣、泥塑”三绝，其中绘画作品画风古朴典雅，色彩华美厚重，线描功夫精深，造型生动传神，富于内涵。热贡艺人们在长期的实践中摸索出一套独特的绘画颜料配料方法，绘制唐卡所用的颜料，全部取自天然矿物和植物，具有经久不褪色的优点。由此，热贡艺术被誉为“中国民族艺术宝库中的一颗瑰丽明珠”“青藏高原上的一朵艺术奇葩”。2021年11月，同仁市（热贡艺术）被文化和旅游部评为2021—2023年度“中国民间文化艺术之乡”。

热贡唐卡　一种卷轴画（藏语音译为唐卡），是一种便于悬挂，易于收藏的画种，用彩缎装裱而成。这种画具有鲜明的民族特点，浓郁的宗教色彩和独特的艺术风格，历来被藏族人民视为珍宝。热贡地区唐卡题材极为广泛，常见的有释迦牟尼、无量寿、菩萨、文殊、观音、白度母、罗汉以及各时期有名的高僧等。唐卡艺术小镇由天津市人民政府援建，投资5000万元，后由同仁市政府追加2700万元，最终投入7700万元打造完成，有唐卡艺术博物馆、唐卡艺术体验点等。

年都乎堆绣　是一种别开生面的传统文化。从广义上讲，堆绣属于唐卡的一种。唐卡有卷轴唐卡、刺绣唐卡、提花唐卡、贴花唐卡（又称剪堆，即堆绣）和宝石唐卡几种。其中年都乎的堆绣最为著名。

黄南藏戏　安多藏戏的主要代表之一。主要剧目有《文成公主》《曲吉诺桑》《郎萨姑娘》《卓哇桑姆》《智美更登》《白玛文巴》《苏吉尼玛》《顿月顿珠》，流传至今已有400多年的历史。由于民族文化的融合及当地学者的努力，热贡藏戏不仅保留了西藏藏戏的传统风格，而且具有与众不同的地方特色，已列入第一批国家级非物质文化遗产名录。

藏乡六月会　热贡六月会，流行于同仁市的传统民俗活动，是藏族、土族群众中盛行的大型祭祀表演活动，每年农历六月十六日至六月二十五日之间举行，举办活动的有24个村庄，依次接力在村庙广场举办热贡六月会，藏语称其为“六月勒瑞”。2006年5月，热贡六月会经中华人民共和国国务院批准列入第一批国家级非物质文化遗产名录。

於菟舞　是同仁地区年都乎乡年都乎土族村庄每年农历十一月二十日举行的祭祀神灵、祛病避灾、求福纳祥的一种民俗活动，有着浓郁的原始宗教色彩。由7名青年脱去上衣，裤腿卷至大腿，赤胸袒背，先用煨桑香灰涂抹全身、面部，再用墨汁（以前用锅灰）从脸到脚画出虎豹斑纹。也可画豹头豹身虎腿，集两种凶兽于一体，更增加除魔、驱灾之法力。

保安社火　同仁地区的汉族是明代到此戍边移民的后裔，明末由内地拨来屯守的营兵把社火带到保安营后，一直承袭军营习武性质的传统表演形式，流传于同仁市保安古城。保安社火表演主要由灯官、舞狮、舞龙、旱船、霸王鞭、杨林夺牌、高跷、腰鼓等节目组成。动作表演主要以锣鼓为主，小唱小调则以民族弦乐为主，配以其他伴奏乐器。

郭么日木雕　雕塑的一种，在中国常被称为“民间工艺”。木雕可以分为立体圆雕、根雕、浮雕三大类。木雕是从木工中分离出来的一个工种，在中国的工种分类中为“精细木工”。

【民俗风情】　热贡六月会是流传于同仁市境内的一种具有独特风格的民间习俗活动，已有1400多年的历史，在每年农历六月十六日至二十五日举行，热贡群众广泛参与。它蕴含着宗教历史、民俗风情等丰富的文化内容，充满神奇与欢乐。主要活动有跳龙舞、神舞、军舞、上口扦、上背扦、法师开山等。“六月会”场面恢宏壮观，舞姿潇洒粗犷，成为世界民俗文化中的奇珍绝宝。“於菟”是同仁市年都乎村每年农历十一月二十日举行的祭祀活动，目的在于驱邪避灾、祈求平安。“土族於菟”已被列入国家级非物质文化遗产名录。

【旅游景点简介】　隆务寺　隆务寺属全国重点文物保护单位，位于青海省黄南藏族自治州府所在地隆务镇西山脚下，地处隆务河中游河畔，气候宜人。“隆务”系藏语，意为农业区。隆务寺，藏语全称“隆务德钦曲科尔朗”，意为“隆务大乐法轮洲”。元大德五年（1301）建寺，距今已有700

多年的历史，它的建寺年代早于青海的塔尔寺和甘肃的拉卜楞寺，是青海最大的格鲁派寺庙之一。寺内珍藏着各类艺术精品和珍贵文物，以及众多造型精美的佛像、壁画、堆绣、唐卡等艺术品，成为省内主要的佛教艺术博物馆。主要活动有：正月祈愿法会，于初七日至十六日举行，其间有十四日的晒佛、十五日的转弥勒佛、十六日的跳羌姆等活动；“晒大佛”是藏族人一年当中最隆重的法事活动，仅限在寺庙举办；转弥勒佛在每年的正月十五，寺庙僧人会请出弥勒佛像转寺，信徒们纷纷前去膜拜；“跳羌姆”俗称跳神，每年藏历元月十六日、藏历十月二十九日。隆务寺属黄教格鲁派寺庙，主要跳“六臂金刚舞”“法王舞”。表演者头戴面具，身着华丽戏剧服装，手持如意法宝表演护法、赞神、斩魔等内容，虔诚的藏传佛教信徒则会在此时朝拜和煨桑，驱逐来年可能带来灾难的妖魔鬼怪。

隆务古城区　隆务古城区是青海唯一的国家级历史文化名城，老街先建于隆务河边一级台地上，近几十年二级台地上又建起新城。处于青海农业区与南部牧业区，青藏高原与黄土高原接合部的中心点，是西藏文化、西域文化与中原文化的融会地，各种文化曾在这里冲突、渗透、交流、融合。

二郎庙　建于清同治二年（1863），由夏日仓六世活佛布施木料，当时的广大汉族信众出资修建。主殿供有二郎神，北殿供有财神，南殿供有观音菩萨。

清真寺　建于清光绪八年（1882），由当时的广大穆斯林信众集资修建，总面积1000余平方米，殿内有明朝时期的手抄牛皮《古兰经》4本。

圆通寺　民国35年（1946），根据夏日仓六世活佛的意愿，由曲库乎关秀村群众布施木料，广大汉族信众出资修建。主供佛为观世音菩萨。

年都乎寺　年都乎寺藏语称“年都乎噶尔扎西达吉林”，意为“年都乎吉祥兴旺洲”。位于同仁市治北1千米的年都乎乡政府所在地北山脚下。据《安多政教史》记载，年都乎寺由丹智钦初建，第三世夏日仓根敦赤列（1740—1794）时期成为隆务寺属寺。

郭么日古堡　郭么日古堡被誉为中国两千年屯垦戍边史活化石，是青海省唯一的国家级历史文化名村，也是同仁地区年代最早乃至国内保留最为完整的古堡之一。郭么日古城堡初建于公元7世纪，为夯土版筑，是一座镇守边关的军营城，距今有七百余年的历史。古堡呈长方形，东西长260米，南北宽96米，建筑面积2496平方米，有东、西、南3个城门，东门为正门，用红铜铸造。古堡内巷道星罗棋布，最宽2米，窄处仅容一人通过。

安多第一塔　郭么日寺时轮金刚塔是安多藏区最大的佛塔，有着安多藏区第一佛塔的美誉。时轮金刚塔高33米，塔基周长33米，占地面积约1156平方米，整座佛塔结构严谨、布局新颖别致。塔心藏有十世班禅大师的袈裟和生活用具，塔的外壁上塑有35座般若佛像。

吾屯寺　吾屯寺藏语称“森格雄麻昂贡巴”，法名“格丹彭措曲林”，意为“具善圆满法洲”。位于隆务镇东7千米的吾屯下庄东侧公路边，地处隆务谷川水地带，气候宜人。该寺系同仁市隆务大寺所属格鲁派寺庙。吾屯寺历史悠久。据传，明天启年间（1621—1627），在吾屯下庄就建有一宁玛派小寺庙，后人称为“玛贡娘哇”，意为“古老的母寺”。明崇祯年间（1628—1644），隆务寺第一世夏日仓噶丹嘉措的经师东科多居嘉措扩建吾屯下寺，并改宗为格鲁派寺庙。

保安古城　位于同仁市保安镇保安城内村内，古城呈长方形，墙体黄土夯筑，残高8米，基宽5米，夯层为10—15厘米，北城墙中部建有马面1座（长12米，宽9米，高8米），城四角建有碉堡。据《循化志》（二卷）记载，为明代修筑设保安操守所，清代沿用，设守备。城内现残存有明清时期驻军营房、保安营都司衙门、药王庙、关帝庙、古民居等古老建筑。古城南北二门，城隍庙、菩萨庙、北祖师殿、钟鼓楼、戏楼、拜殿等在“文化大革命”期间被毁。保安古城于2008年4月被省政府公布为第八批省级文物保护单位。

双朋西根顿群培故居　位于双朋西乡。根顿群培原名仁真朗吉，13岁被送进日贡寺剃度为僧，从师傅取名为根顿群培。佛学知识渊博，是一位善于雄辩的学者，曾在扎西奇寺经坛上舌战群僧，赢得人们的尊敬和赞扬，被认定为一位宁玛派喇嘛的化身，称之为“多扎仁波钦”。

江什加玛尼石堆 玛尼石堆藏语称“多本”，意为“10万经石”。由大小不等的石头垒集起来的，上面均镌刻着佛像或经文，最常见的是藏文六字真言。玛尼石堆多为白色石头的堆积，常常呈方形或圆形置于山顶、山口、路口、渡口、湖边或寺庙、墓地，用于祈福，成为当地人们的保护神。

扎毛水库 建于扎毛乡隆务河上游，是一个以灌溉、防洪、生态治理、发电为主，兼顾旅游业、养殖业的综合水利枢纽工程。

扎毛蝴蝶滩 位于扎毛乡么什当村。此处气候凉爽，树木蔽日，美景如画。每逢夏季，成千上万只蝴蝶汇聚于此，翩翩起舞，争相斗艳，场面蔚为壮观。是同仁市著名的自然景观之一。这里拥有最古老的藏乡传统乡土民居资源文化，蝴蝶山庄推出餐饮特色美食文化。

曲库乎温泉 位于同仁市以南18千米的麦秀山北端，隆务河上游东侧的西卜沙沟。交通便利，风景优美，树木葱茏，溪流淙淙。共有5口泉眼，泉水清澈透明，水温在65℃左右，年流量为2万吨，四季同温。水中含有大量锂、偏硅酸等多种人体有益的元素，对治疗风湿性关节炎、皮肤病、动脉硬化等疾病有显著疗效，被当地群众称为“神水”。是疗养、避暑、游览的胜地。

麻巴东干木乡村旅游点 东干木村位于保安镇西部，距离乡镇所在地3千米。村内有文昌庙、金色热浪庙（财神庙）、桑尕塘寺等传统资源。

保安镇花儿沟 位于保安古镇东北部。花儿沟因著名花儿王朱仲禄少年时期及20世纪60年代在此劳动生活、演唱花儿而得名。花儿沟北依“烟墩山”丹霞地貌，南屏“莲花山”，东临“格登”原始森林，西有唐代雕巢城“铁城山”。保安古城花儿沟是参观、游览、徒步、避暑的好去处。近年来，同仁市利用花儿王朱仲禄名人效应，探索“花儿传统文化传承+乡村旅游”的结合点，打造出以乡村避暑纳凉、文化传承、农事体验等“多业共生、多轮驱动”的乡村旅游扶贫特色接待点——保安镇花儿沟，推动“花儿”传统文化与乡村旅游并蒂发展。

双朋西丹霞地貌 位于同仁市东北部30千米处，属于红层地貌，是一种水平构造地貌，是红色砂岩经长期风化剥离和流水侵蚀后，形成孤立的山峰和陡峭的奇岩怪石，是巨厚红色砂、砾岩层中沿垂直节理发育的各种丹霞奇峰。双朋西丹霞地貌是同仁市境内最大的丹霞地貌区，也是同仁市著名的旅游避暑胜地之一。

瓜什则力吉滩 瓜什则乡位于市境东部，每年7—9月的力吉滩，草原风光独特，格桑花儿盛开，举办的格桑花节人文习俗独特。同时，结合藏族的传统节日、藏传佛教文化艺术等，发展民俗风情旅游、热贡艺术文化旅游和草原自然风光旅游等。近年来，按照“公司+农村经济合作组织+农户”的经营模式，延长产业链，提高农牧产品的组织化程度和社会化服务水平。

【景区景点旅游路线】 同仁市主要景区景点旅游线路有4条，分别是：西域胜境（隆务寺）—隆务古街—年都乎（於菟舞）—郭么日（历史文化名村）—龙树画苑—仁俊画院；唐卡艺术小镇—民族文化宫—吾屯上下寺—郭么日古堡—保安古城；博物馆—江什加（玛尼石堆、藏戏）—曲库乎温泉—扎毛村传统村落—麦秀国家森林公园；保安花儿沟（AAA级景区）—麻巴东干木乡村旅游点（AAA级景区）—双朋西丹霞地貌—双朋西（根顿群培故居）—瓜什则大草原。

2021年同仁市重要景区景点信息统计表

表2

路线主题	主要驻足参观点	最佳参观时间
古色参访路线	西域胜境隆务寺（国家AAAA级旅游景区）	正月
	隆务寺晒大佛	正月十四
	隆务寺转“弥勒佛”	正月十五
	隆务寺金刚舞	正月十六
	同仁历史文化名城（国家AAAA级旅游景区）	夏季
	圆通寺	全年
	清真寺	全年
	二郎庙	全年
	热贡八大休闲胜地	全年
	热贡艺术画院（89家）	全年
	年都乎寺	全年
	年都乎土族於菟	农历十一月二十
	年都乎堆绣	全年
	郭么日（历史文化名村）	夏季
	郭么日古堡	夏季
	郭么日木雕	全年
	热贡艺术之乡吾屯	全年
	热贡唐卡	全年
	吾屯上下寺庙	全年
	唐卡艺术小镇	全年
	保安古城	全年
	保安社火	正月十三至十五
	双朋西根顿群培故居	全年
	藏乡六月会	农历六月十六至二十五
	热贡藏戏	正月
	江什加玛尼石堆	全年
绿色参访路线	扎毛村传统村落（国家级旅游重点村）	夏季
	扎毛蝴蝶滩	夏季
	曲库乎古德村、曲库乎多哇村（省级旅游重点村）、曲库乎温泉	夏季
	保安镇东干木村（国家AAA级旅游景区、省级旅游重点村）	夏季
	保安镇花儿沟（国家AAA级旅游景区、旅游度假区）	夏季
	双朋西丹霞地貌	夏季
	瓜什则乡力吉滩	夏季

经济社会发展

【概况】 2021年，全市完成地区生产总值402643.78万元，同比增长3.1%。其中，第一产业增加值63543.50万元，同比增长4.6%；第二产业增加值48844.80万元，同比下降11.5%；第三产业增加值290255.48万元，同比增长5.5%。社会消费品零售总额101524.7万元，同比增长7.8%；市属固定资产投资同比增长6.9%；全体居民人均可支配收入22060元，同比增长8.8%。居民消费价格呈稳中略涨的态势，累计上涨1.3%，涨幅比上年缩小1.3个百分点，与全省平均水平持平。

【农牧业发展】 优化调整种植业结构，完成农作物播种面积7406.67公顷，重点种植"同仁青稞"666.67公顷，"同仁马铃薯"666.67公顷，中药、藏药材713.33公顷，"同仁黄果梨"62.87公顷。以规模养殖场、家庭牧场、养殖大户为重点，累计免疫牛24.7万头、羊64.29万只、猪0.25万头。累计调运有机肥1.33万吨，推行绿色防控代替化学防治行动，绿色防控面积2000公顷。推广"拉格日"模式，实施4个乡镇6个生态畜牧业合作社股份制提升改造，开展牦牛藏羊原产地质量可追溯体系建设和草原牲畜有机认证，完成藏羊佩戴耳标15.2万只、牦牛佩戴耳标0.73万头，多哇镇和瓜什则乡顺利通过草原牲畜有机认证。落实耕地保护制度，新建高标准农田272公顷。完成"非粮化"耕地666.67公顷、撂荒地533.33公顷摸排工作。以隆务河谷金黄果、汉藏药材种植为主线，高标准打造"同仁黄果梨"、汉藏药材"两个万亩"特色种植基地。成功申报"同仁青稞""同仁蕨麻""同仁胡麻""同仁豌豆"4个国字号品牌、12家省级示范性专业合作社、3家省级示范性家庭农牧场。举办第四届农业援青暨经验交流现场观摩会、同仁市首届"农民丰收节"，展示各类特色农畜产品70余种，集中体现全市农牧产业发展新成果。全年粮食产量持续稳定在1.6万吨以上，蔬菜产量达0.36万吨，各类牲畜存栏39万头（只）、出栏18万头（只），肉类产量0.6万吨，奶类产量1.2万吨。

【乡村振兴】 建立健全防止返贫动态监测和帮扶机制，完成130户491人风险消除标注工作，新识别监测对象2户11人。接续推进易地搬迁后续帮扶，投入扶贫资金330万元建立5个文化扶贫车间，扶持带动76名易地搬迁户在产业发展中受益。争取资金399.55万元，完成多哇镇尖德村161户同步搬迁户围墙、大门建设和62户易地搬迁户门前道路硬化。鼓励贫困群众就近就业和外出务工，脱贫人口累计就业5526人。利用光伏收益1228.8万元，合理开发保洁员、村务协助员等岗位，吸纳1024人就业，实现有劳动力脱贫家庭公益性岗位全覆盖。落实"雨露计划"短期技能培训及大学生资助政策，开办短期技能培训班27期，培训1350人，"雨露计划"大学生补助申报工作完成439人，落实资金392.5万元。实施乡村振兴项目库建设，储备项目68项，整合涉农资金2.1亿元。落实财政衔接资金1.89亿元，筹措乡村振兴二类费用500万元，实施各类项目46项，资金支付率达到93.42%。完成巩固脱贫攻坚成果第三方省级验收工作，推进脱贫攻坚档案收集归档移交和清产核资，进一步巩固脱贫攻坚成果。

【生态文明】 在东西山等5个国有林区、隆务河谷地带开展大规模春秋季造林等国土绿化行动，完成国土绿化7926.66公顷。推行"生态建设+乡村振兴"的模式，优先采购本地区23家合作社优质苗木322万株，为群众增收2254万元。推进秸秆综合利用、燃煤小锅炉整治等大气、水、土壤污染专项治理，空气质量持续改善，全市环境空气质量达标天数比例达96.3%。推进流域污染防治工作，全市水环境质量总体呈稳中向好趋势，境内主要流域监测断面水质均达到Ⅱ类水质标准，水功能区达标率、2个集中式饮用水水源地水质达标率、生活污水处理厂排放达标率均为100%。加快创建全域"无废"城市建设，在扎毛乡投入使用全州首个乡村垃圾环保焚烧炉，实现区域生活垃圾无害化处理。推进城乡垃圾集中处置、医疗废弃物分类处理工作，“三同时”执行率达到100%。统筹退耕还林和水土保持项目，构建山水林田路综合治理水土保持防护体系，投资3583万元实施保安镇银扎木沟、曲库乎乡古德沟、兰采乡羊智沟小流域水土保持综合治理工程，完成水土流失治理面积7200公顷。推进河湖长制，重点加大河道非法采砂等破坏水环境的违法行为查处力度，各级河湖长累计巡河3500余人次。推进河湖“清四乱”专项行动，开展“清河行动”90余次，发动人数达1.8万人次，清理河道520余千米，清除生活垃圾和建筑垃圾约280吨。

【项目建设】 全年全市在建项目233项，总投资83.51亿元。同仁330千伏输变电工程、城北新区地下综合管廊二期、瓜什则400兆瓦“光牧储”综合一体化发电项目、乡镇清洁能源供热、天然气入同等重大项目开工建设；郭么日大桥、五期集中供暖等困扰多年难开工、难落地项目实现破冰建设；同仁唐卡艺术小镇、污水处理厂提标升级、海绵城市文化广场、第二生活垃圾填埋场、城北新区防洪综合治理、迎宾大道两侧景观环境提升等项目有序推进。调整、补充、完善全市项目库，专项投入1000万元做好有意向投资项目前期工作，“十四五”项目库总储备项目890项，资金总量1000亿元。申报2022年各类项目130项，总投资37.65亿元。加大招商引资力度，参加“青洽会”等活动，签约项目7项、资金40.65亿元，落地7.88亿元。落地的瓜什则400兆瓦“光牧储”综合一体化发电项目完成投资7.75亿元，总投资23亿元，征占土地1014.07公顷。实施黄乃亥乡“村村通”、市民族中学校园安全通道设施、多哇民族团结运动场3个对口支援项目，总投资2610万元。

【文化旅游】 依托区域资源禀赋，发展乡村旅游、民俗文化游、节庆游等，谋划制定市域精品旅游线路5条，开发“草原风情+马鹿观赏+民俗体验”为一体的草原观赏休闲地——扎毛乡，为游客提供全方位、沉浸式文化体验，竖起同仁文旅融合新地标。打造集餐饮、休闲、娱乐、体验等为一体的旅游景区，龙树画苑、扎毛乡景区成功通过国家AAA级旅游景区初审，扎毛乡扎毛村被评为“国家级生态文化村”并入选“全国乡村旅游重点村镇”，年都乎乡郭么日村被评为“国家级历史文化名村”，隆务镇吾屯村入选“青海省第二批乡村旅游重点村”，隆务镇隆务老城区入选“青海省首批旅游休闲街区”，同仁市获“中国藏族热贡神舞之乡”称号。开展黄河流域非遗资源普查，做好非物质文化遗产综合传习中心和宣传展示点认定工作。新增非物质文化遗产综合传习中心12所、宣传展示点22家，同仁市（热贡艺术）成功入选2021—2023年度“中国民间文化艺术之乡”。组织开展“热贡文化旅游节”“热贡六月会”“‘5·19’中国旅游日世界唐卡艺术之都千人徒步文化体验游”等一系列丰富多彩的文旅活动，参加“西域胜境·神韵黄南”文化旅游资源上海专场推介会，不断提升“大美青海·文化同仁”品牌竞争力和影响力。全市文化旅游从业人员达到3.26万人，文化产业收入9.73亿元，同比增长8%；旅游收入达16亿元，同比下降5.3%；旅游人数达311万人次，同比下降4.3%。

【城乡改造】 启动撤县设市后城市功能提升工程和全省文明城市创建工作，实施城区公厕提标升级工程，升级改造新建城区公厕15座，安装移动式环保公厕20座，改造面积约1000平方米，投入使用11座；投资4120万元，实施同仁市体育场停车场建设项目前期工作。实施45个老旧小区2102户综合整治建设项目和8个乡镇29个村1990户农牧民居住条件改善工程。推进省部共建高原美丽城镇示范省试点建设，成功申报27个国家级传统村落集中连片保护利用项目，获中央补助资金1.35亿元；投资1210万元，实施完成4个乡镇7个村高原美丽乡村建设项目。海绵城市建设项目申报工作取得阶段性成果，同仁成为全省海绵城市建设项目申报唯一备选区。开展市域内违章建筑和交通秩序整治工作，拆除违章建筑100余平方米，查处无证驾驶、醉驾等79起，渣土车违规行为49起，行政处罚13起，现场警告违反交通规则行人2310人次。推进“街长制”工作，将全市城区划分为23个街区，明确市政府主要领导为总街长，23名副县级领导为街长，在街道醒目位置设立街长制标识牌，推进城市精细化管理工作落细落小落实。开展环境卫生综合整治，累计清运垃圾4.86万吨，处理4.62万吨，垃圾处理率95%。开展垃圾分类试点工作，推动实施厨余垃圾处理建设项目，逐步打造形成垃圾填埋场、餐厨垃圾处理厂并行的垃圾处理格局。

【民生保障】　投入资金864.9万元，建设疫情防控升级改造项目，购置核酸速测仪2台，核酸检测速度实现全州“最快”。稳步推进新冠疫苗接种工作，全市累计接种19.6万人次。实施健康同仁行动，加强医共体和医联体建设，推进优质医疗资源共享，累计门诊就诊4.57万人次，住院717人次，业务总收入554.26万元。加强基层卫生机构标准化建设，完成市疾病预防中心与市妇幼保健计划生育服务中心整体搬迁。开展爱国卫生运动，做好省级卫生城市复审，加快国家级卫生城市创建步伐。制定并落实教育高质量发展若干措施等“1+5”政策，每年增加投入2000万元支持教育高质量发展。持续优化教育布局调整，城北幼儿园、市第二民族中学全面建成投用，新增学位1200余个，补足配齐幼儿园后勤及保教人员285人，调拨429名临聘人员充实到各学校开展安保、后勤等非教学任务，基本实现“两教一保”。推进“异地办班”工作，在天津第100中学开办同仁籍高中班，40名学生获得优质教育。实施积极的就业政策，全市城镇新增就业452人，农村劳动力转移就业9600人次，全市离校未就业应往届高校毕业生就业率达93.7%。投入200万元，为1330名临聘人员缴纳住房公积金和工伤保险，解决211名辅警工资135万元，承担地方消防救援队伍工资255万元，并逐项列入2022年财政预算予以保障。城乡居民医疗保险参保73482人，年度目标完成率达100.73%。落实社会救助政策，累计发放临时救助资金740.6万元、城乡低保金8145.1万元。启动实施“暖心早餐”工程，每年投入120余万元，为526名环卫工人等劳动者提供免费早餐。

【社会治理】　围绕社会治理示范区建设，坚持“一核三治”社会治理模式，完成虫草采挖、中国共产党成立100周年庆祝活动等期间社会稳定工作。推进平安同仁建设，开展矛盾纠纷排查，排查调解各类矛盾纠纷326起，城南派出所被命名为省级“枫桥式公安派出所”。深化民族团结进步教育，成功创建全国民族团结进步示范市。推进法治同仁建设，市司法局被省委宣传部、省司法厅评为2016—2020年全省普法工作先进集体；同仁市被评为全省普法先进市，获青海省第二批“法治文化建设示范点”称号。常态化开展扫黑除恶专项斗争，建设智慧安防城市一期项目工作，提升市域社会治理科学化、精细化、智能化水平。加强司法所组织队伍、基础保障，年都乎乡司法所被授予“全国模范司法所”称号。全面做好社会面管控工作，累计受理各类治安案件288起，查处259起；立案各类刑事案件251起，破获97起。开展夜间清查整治活动，检查宾馆881家、娱乐场所386家、加油站413家、工地67处、寄递物流226家、客运站15家。

同仁市机构与负责人名录

中共同仁市委

市委书记：蒋树成（州委常委，4月止）
旦　增（藏族，6月任州委常委，4月任同仁市委委员、市委书记、一级调研员）
市委副书记：罗富贵（藏族，市长，1月任二级巡视员，6月止）
赵建国（6月任市委委员、常委、市委副书记、市长）
陈德伟（二级调研员，6月止）
陈　峻（6月任）
夏吾闹日（藏族）
李建强（挂职，4月止）
市委常委：
王岩海（市纪委书记、监委主任，6月止）
韩　俊（6月任市委委员、常委、纪律检查委员会书记、监察委员会主任）
胡伟东（副市长，6月止）
王旭龄（副市长，6月任市委委员、常委）
赵其虎（人武部部长）
李加东智（藏族，统战部部长）
李建强（援青，副市长）
王　凯（援青，副市长）
何万义（政法委书记，6月止）
李秀加（6月任市委委员、常委，8月任政法委书记）
申丽玲（女，宣传部部长、群团党组书记，6月止）
刘莉丽（6月任市委委员、常委，8月任宣传部部长、群团党组书记）
陈　峻（组织部部长、公务员局局长，6月止）
王文东（6月任市委委员、常委，组织部部长、8月任市公务员局局长）

中共同仁市委办公室

主　任：林业昭（藏族，8月止）
钱　鑫（藏族，12月任）
副主任：齐立茹（女，土族）
王世海（兼市机要保密局局长）
柳小军（兼市档案局局长）
李嘉才让（藏族，12月任）
市档案馆馆长：曹海霞（女）

中共同仁市委组织部

部　长：陈　峻（市委常委，6月免职）
王文东（市委常委，6月任职）
副部长、市直属机关工委副书记：黄万军（藏族）
副部长、市人力资源和社会保障局局长：
才　巴（藏族）
副部长、市委编制委员会办公室主任：
张庆生（12月任职）
副部长：敏　飞（回族，3月免职）
董　涛（3月任职）
于海龙（10月免职）
当增仁青（藏族，3月免职）
普化尖措（藏族，6月任职）

中共同仁市委宣传部

部　长：申丽玲（女，市委常委、总工会主席，6月离任）

刘莉丽（女，市委常委、总工会主席，6月任职）
副部长：马新国（精神文明办公室主任）
陈赟章（藏族，市文体旅游广电局局长，6月离任）
傲赛多杰（藏族，市文体旅游广电局局长，6月起）
何祥宇（女，藏，7月止）

中共同仁市委统战部

部　长：李加东智（藏族）
常务副部长：黄永刚（藏族）
副部长、市民族宗教事务局局长：李建本（藏族）
副部长：韩泽强（撒拉族）
尕玛当周（藏族，7月起）
扎西才让（藏族，6月止）

中共同仁市委政法委员会

书　记：何万义（藏族，6月止，市委常委）
李秀加（藏族，7月起，市委常委）
副书记：王洪英（保安族）
多杰措（藏族，12月止）

同仁市精神文明办公室

主　任：马新国

中共同仁市直属机关工作委员会

副书记：黄万军（藏族，市委组织部副部长）

中共同仁市委党校

常务副校长：多　周（藏族，4月起）
副校长：扎西东智（藏族）

中共同仁市委教育工作委员会

副书记：官却加（藏族）
专职副书记：王晓青

同仁市党史研究室（市地方志办公室）

主　任：李积燕（女，12月任）

同仁市档案局

局　长：柳小军（7月起）
馆　长：曹海霞（女）

同仁市人民代表大会常务委员会

主　任：薛吉明（藏族，6月止）
蔡有年（6月任市人大常委会主任、一级调研员）
副主任：华泽先（藏族）
马祥成（撒拉族）
血日然智（藏族，三级调研员）
委　员：丁益民（回族）
才毛吉（女，藏族）
才让卓玛（女，藏族）
王文东
王文娟（女）
公保才旦（藏族）
斗拉（藏族）
卡永刚（藏族）
尕么东智（藏族）
多杰措（女，藏族）
李加才让（藏族）
李燕玲（女）
杨玉奎（土族）
更智加（藏族）
冷本才让（土族）
改　毛（女，藏族）
吾毛友（女，藏族）
闹日本加（藏族）
桑　多（藏族）
桑杰才让（藏族）
梁晓华（女）
魏瑜婧（女）

市大办常委会公室

主　任：才让扎西（藏族，4月止）
　　　　桑　多（藏族，6月起）
副主任：才毛吉（藏族）

民族和监察法治委员会

主任委员：丁益明（回族）

社会建设委员会

主任委员：才让卓玛（藏族）

财政经济和农牧环境资源委员会

主任委员：更智加（藏族）

同仁市人民政府

市　长：罗富贵（藏族，市委副书记、1月任二级巡视员，6月止）
　　　　赵建国（6月任市委委员、常委、市委副书记，7月起）
副市长：胡伟东（6月止）
　　　　王旭龄（藏族，6月任市委委员、常委）
　　　　李建强（援青）
　　　　王　凯（援青）
　　　　尕藏卡（藏族，二级调研员，6月止）
　　　　王宏伟（6月止）
　　　　仁增多杰（藏族，市公安局局长）
　　　　华　周（藏族）
　　　　赛　虎（藏族，挂职，9月止）
　　　　才让东智（藏族，6月起）
　　　　朱晓龙（6月起）
　　　　才旦卓玛（藏族，6月起）
　　　　马忠海（回族，挂职，10月起）

同仁市人民政府办公室

主　任：辛作鲲
副主任：王珍文（女）
　　　　马晓芸（女，回族，6月任）
　　　　才　让（藏族，3月任）
　　　　完德才让（藏族）
　　　　郝长宁（土族）

同仁市信访局

局　长：完德才让（藏族，市政府办公室副主任）

同仁市机关事务管理局

局　长：才　让（藏族，3月任）

同仁市政务服务监督管理局

局　长：郝长宁

同仁市发展和改革局

局　长：史智华（藏族）
副局长：增太加（藏族）
　　　　马依莎（女，撒拉族）
　　　　文昌旦增（藏族，12月起）
　　　　吉合先加（藏族，6月止）

同仁市财政局

局　长：崔生林（藏族，6月止）
　　　　秦丽华（女，7月起）
副局长：马洪成（回族，6月起）
　　　　扎西加（藏族，6月起）
　　　　华　盖（藏族，6月止）
预算编制审核中心主任：王菊芳（女）
国库支付中心主任：卢晓荣（女，藏族）

同仁市金融办公室

主　任：崔生林（藏族，7月止）
　　　　秦丽华（女，7月起）

同仁市工业商务和信息化局

局　长：殷胜华（4月止）
　　　　敏　飞（回族，4月起）
副局长：秦红梅（女，土族）
　　　　杨永鹏

招商中心主任：完玛旦增（藏族）

同仁市公安局

局　长：仁增多杰（藏族）
政　委：马宏伟（回族）
副局长：才让东智（藏族）
　　　　南拉才让（藏族）
　　　　何承森
　　　　云尖措（藏族）
　　　　齐　凯
副局长、交警大队大队长：庆彭才让（藏族）
国保大队大队长：才　旦（藏族）

同仁市司法局

局　长：多杰南加（藏族，6月止）
　　　　汤海明（6月起）
副局长：祁兴慧（女，蒙古族，4月起）

同仁市审计局

局　长：赵　斌
副局长：王常清（女）
　　　　马　艳（女，撒拉族）

同仁市统计局

局　长：王　祥
副局长：高祥寅（土族）

同仁市人力资源和社会保障局

局　长：才　巴（藏族）
副局长：才　藏（藏族）
　　　　刘文丽
市劳动保障监察大队大队长：
　角巴太（藏族，5月止）
　完么才旦（藏族，5月起）
市社会保险服务局局长：申玉清
市就业服务局局长：刘创军

同仁市医疗保障局

局　长：李德林
副局长：李玉兰（2—8月）
　　　　夏吾措（8月起）

同仁市教育局

局　长：官却加（藏族）
副局长：王晓青
　　　　李本尖措（藏族）
　　　　张晓萍（藏族，6月起）

同仁市卫生健康局

局　长：张永华（女，土族）
副局长：夏吾周拉（藏族）
　　　　赵　顺（4月止）
　　　　南措吉（女，10月起）

同仁市乡村振兴局

局　长：田志国（藏族）
副局长：马　斌（撒拉族）
　　　　梁晓华（女，5月止）
　　　　羊　洛（藏族，6月起）
　　　　华　盖（藏族，挂职，5月止）
　　　　张晓萍（女，藏族，挂职，6月止）
　　　　卡毛措（女，藏族，挂职，6月止）
　　　　王青云（土族，挂职，12月起）
　　　　赵乐源（挂职，12月起）
　　　　卓玛措（女，藏族，挂职，12月起）

同仁市住房和城乡建设局

局　长：陈赟章（9月止）
副局长：林海军
　　　　董　军（藏族）

同仁市城市管理局

局　长：万代本（藏族）

同仁市交通运输局
局　长：韩志远
副局长：娘吉才让（藏族）
　　　　王　宁

同仁市市场监督管理局
局　长：才旦加（藏族，5月止）
　　　　才让东智（藏族，5月起）
副局长：李增明（藏族）
　　　　王志秉（藏族，6月起）
　　　　夏吾措（女，藏族）
　　　　王世清

同仁市文体旅游广电局
局　长：陈赟章（藏族，6月止）
　　　　傲赛多杰（藏族，6月起）
副局长：何创业（藏族，6月止）
　　　　周　璇（女，藏族）
　　　　夏吾加（藏族，7月起）

同仁市应急管理局
局　长：兰却加（藏族）
副局长：多　杰（藏族）
　　　　桑知措（女，藏族）

同仁市自然资源局
局　长：拉龙东智（藏族，4月止，市林业和草原局局长）
　　　　夏吾加（藏族，4月起，市林业和草原局局长）
副局长：才毛太（女，藏族，6月起）
　　　　曲　太（藏族）
　　　　郑　亮

同仁市生态环境局
局　长：严　沛（藏族）
副局长：索南才让（藏族）
　　　　才　让（藏族）
　　　　南措吉（女，土族）

同仁市林业和草原局
局　长：拉龙东智（藏族，4月止，市自然资源局局长）
　　　　夏吾加（藏族，4月起，市自然资源局局长）

同仁市农牧和科技局
局　长：吴永东（藏族，6月止）
　　　　卡本加（藏族，6月起）
副局长：尖措卡（藏族）
　　　　马建军（保安族）
　　　　辛　霞（女）

同仁市水利局
局　长：马承斌（撒拉族）
副局长：韩　斌（撒拉族）
　　　　徐新波

同仁市民政局
局　长：才让扎西（藏族）
副局长：李龙保（藏族）
　　　　才让措（女，6月起）

同仁市退役军人事务局
局　长：王亚峰（土族，6月止）
　　　　吉合先加（藏族，6月起）
副局长：才毛太（藏族，6月止）
　　　　夏吾更藏（藏族，6月起）
市退役军人服务中心主任：
　德吉卓玛（藏族，8月起）

同仁市供销合作社联合社
主　任：王生英（回族）
副主任：娘洛加（藏族，9月起）

同仁市民族语文工作中心
主　任：华卡加（藏族）

同仁市旅游服务中心

主　任：卓　玛（女，土族，9月起）

政协第二届同仁市委员会

主　席：蔡有年（一级调研员，6月止）
　　　　尕藏卡（藏族，6月起）
常务副主席：雷登生（6月止）
　　　　　　夏吾加（藏族，6月止）
　　　　　　崔生林（藏族，6月起）
副主席：隆务贡·久美更登尖措（藏族，三级调研员）
　　　　夏吾加（藏族，6月止）
常务委员：尕藏卡（藏族）
　　　　　崔生林（藏族）
　　　　　隆务贡·久美更登尖措（藏族）
　　　　　卡毛措（女，藏族）
　　　　　香则仓·久美成列尖措（藏族）
　　　　　桑杰加（土族）
　　　　　贾攀武
　　　　　何祥宇（女）
　　　　　张　红（女）
　　　　　周玉梅（女，回族）
　　　　　卢结武
　　　　　马新国
　　　　　王海英（女）
　　　　　严　沛（藏族）
　　　　　完德尖措（藏族）
　　　　　普华尖措（藏族）
　　　　　李加东智（藏族）
　　　　　韩海英（撒拉族）
　　　　　刘立功
　　　　　张　峰
　　　　　马忠文（回族）
　　　　　李小莉（女）
　　　　　刘成秀（女，土族）
　　　　　多杰南加（藏族）
　　　　　赵鸿生
秘书长：刘立功

办公室

主　任：刘立功
副主任：刘成秀（女，土族）

中共同仁市纪律检查委员会
同仁市监察委员会

书记、主任：韩　俊（市委常委，土族，7月起）
副书记、副主任：卡毛措（藏族，6月起）
　　　　　　　　张建新（1月止）
纪委常委、监委委员、信访案管室主任：
　力辛加（藏族）
纪委常委，党风政风、执纪监督室主任：
　角巴才让（藏族）
纪委常委、监委委员、审查调查二室主任：
　华本加（藏族）
监委委员、办公室主任：楼　岚（女，藏族）
监委委员、审查调查一室主任：洛桑旦增（藏族）

市委巡察办

主　任：祁延菊（女，土族）
副主任：却江太（藏族）

同仁市人民法院

院　长：郭振海
副院长：桑杰太（藏族）
　　　　张桂英（土族）

执行局

局　长：仁青三智（藏族）

政治部

主　任：高淑琴（女）

同仁市人民检察院

检察长：才旦加（藏，7月止）

刘慧泉（7 月起）
副检察长：满　仓（土族）
辛雨林（藏族）

政治部
主　任：鲍周杰（藏族）
副主任：陈秀花（女，撒拉族）

第一检察部
主　任：仁增昂毛（女，藏族）

第二检察部
主　任：韩　蔚（女，回族）

第三检察部
主　任：先　加（藏族，12 月止）
韩　勃（土族，12 月起）

检察委员会
专职委员：卡毛先（女，藏族）

驻所检察室
主　任：韩　勃（土族，12 月止）
卡着才让（土族，12 月起）

群众团体

同仁市总工会
主　席：刘莉丽（7 月起，市委常委、市委宣传部部长）
常务副主席：才让本（藏族）

共青团同仁市委员会
书　记：马　青（撒拉族，3 月止）
何祥宇（藏族，7 月起）

同仁市妇女联合会
主　席：梁晓华（女，4 月起）
兼职副主席：秦丽华（女）
楼　岚（女）

同仁市工商业联合会
市委统战部常务副部长、市工商联党组书记：
黄永刚（藏族）
市工商联执委：完玛才让（藏族）

同仁市残疾人联合会
理事长：多　周（藏族，3 月止）
华　盖（藏族，6 月起）
副理事长：高文山（撒拉族，6 月起）

同仁市红十字会
会　长：才旦卓玛（女，藏族，市政府副市长）
副会长：张永华（女，土族，市卫健局局长）

驻市单位　金融机构

中共同仁市委机构编制委员会办公室
主　任：张庆生

同仁市气象局
局　长：张世福
副局长：张增林

国家税务总局同仁市税务局
局　长：虞文林（10 月止）
马正龙（回族，10 月起）
副局长：郭晓莉（女，10 月起）
毛玉辉（10 月起）
马玉录（回族，10 月起）
冯　波（10 月止）
杨玉芳（女，10 月止）
廖　欣（10 月止）
纪检组组长：冯　波（10 月起）
陈世芳（女，10 月止）

国网同仁市供电公司

经　理：尹延麒
副经理：杨正孝（11 月起）
　　　　郭　欣

同仁市自来水有限公司

经　理：公保才让（藏族）

中国电信同仁分公司

总经理：苗　骞
总经理助理：杜宝鑫

中国联通同仁市分公司

总经理：姬学兰
副经理：刘爱玲

中国移动同仁分公司

经　理：鲁仲元

同仁农商银行

董事长：李海东
行　长：张宏发
监事长：韩　玲（1 月起）
副行长：仁青昂无（藏族）
董事会秘书：完玛本（土族）

中国邮政储蓄银行股份有限公司黄南藏族自治州支行

行　长：陈　洁
副行长：彭玉华
　　　　蒋永琴

中国人寿保险股份有限公司同仁支公司

经　理：熊登平

中国人民财产保险股份有限公司同仁支公司

经　理：张宗延
副经理：游俊龙
　　　　更太加（藏族）

乡　镇

中共隆务镇委员会　隆务镇人民政府

书　记：夏吾桑杰（藏族）
副书记、镇长：才让多杰（藏族）
副书记、人大主席：夏吾加（土族，4 月止）
　　　　桑杰才让（藏族，6 月起）
副书记：宋健良（藏族）
组织委员：马弘劼（女）
纪委书记：米振华（女，回族，4 月止）
　　　　更周加（藏族，4 月起）
副镇长：加华多杰（藏族）
　　　　卓玛措（女，藏族，6 月起）
　　　　尕藏卓玛（女，藏族，6 月起）
　　　　王增堂（土族，6 月起）
司法所所长：关吉加（女，藏族）

中共保安镇委员会　保安镇人民政府

书　记：华　太（藏族，4 月止）
　　　　赵菊萍（女，藏族，4 月起）
副书记、镇长：李本太（藏族）
副书记、人大主席：吴小青（女，藏族，4 月止）
　　　　项千端智（藏族，6 月起）
副书记：陈延平
组织委员：增他加（藏族）
纪委书记：更周加（土族，5 月止）
　　　　米振华（女，回族，5 月起）
副镇长：德却乎（藏族，6 月止）
　　　　许　勤（女，6 月止）
　　　　冷本尖措（藏族）
　　　　杨　艳（女，土族）
　　　　夏吾更藏（藏族，6 月起）
　　　　冶小龙（回族，6 月起）
司法所所长：尕桑当周（藏族，4 月止）
　　　　多杰措（女，藏族，7 月起）

中共多哇镇委员会　多哇镇人民政府

书　记：周加卡（3 月起）
副书记、镇长：赵　顺（藏族，6 月起）
副书记、人大主席：闹日本加（藏族，6 月起）
副书记：陈龙威（土族，4 月起）
纪委书记：措　姆（女，藏族）
组织委员：张占臻（藏族，4 月起）
副镇长：仁青三知（6 月起）
　　才旦卓玛（女，藏族）
　　杨本加（男，藏族）
司法所所长：王志秉（藏族）

中共年都乎乡委员会　年都乎乡人民政府

书　记：索南扎西（藏族，3 月起）
副书记、乡长：马　青（撒拉族，6 月起）
副书记、人大主席：卡本加（藏族，6 月起）
副书记：张　红（女，4 月起）
纪委书记：更藏吉（女，藏族）
组织委员：马晓明（蒙古族，4 月起）
副乡长：杨本尖措（藏族）
　　尕桑当周（藏族，6 月起）
　　夏吾卓玛（女，藏族，6 月起）

中共曲库乎乡委员会　曲库乎乡人民政府

书　记：李本扎西（藏族）
副书记、乡长：南太加（藏族，3 月止）
　　才让扎西（藏族，3 月起）
副书记、人大主席：尕玛当周（藏族，4 月止）
　　扎西才让（藏族，6 月起）
副书记：马晓芸（女，回族，4 月止）
　　王雪梅（女，藏族，4 月起）
组织委员：索南央宗（女，藏族，4 月止）
　　秦雅琳（女，藏族，4 月起）
纪委书记：华　谦（藏族，4 月起）
人武部部长：拉龙才让（藏族，5 月起）
副乡长：吴忠伟（蒙古族）
　　才让措（女，藏族，4 月止）
　　索南央宗（女，藏族，6 月起）
　　姜　文（女，4 月止）
　　赵乐源（6 月起）
司法所所长：娘吉合（藏族）

中共兰采乡委员会　兰采乡人民政府

书　记：夏吾加（藏族，3 月止）
　　南太加（藏族，3 月起）
副书记、乡长：卡本才让（藏族）
副书记、人大主席：当周尖措（藏族）
副书记：丹措卓玛（藏族）
纪委书记：端智卓玛（藏族）
组织委员：刁　超（4 月止）
　　朱明轩（4 月起）
副乡长：索南东知（藏族）
　　卡布加（藏族，6 月起）
　　杨　斌（藏族，6 月止）
　　增太吉（藏族，6 月起）
司法所所长：卡布加（藏族，4 月止）

中共扎毛乡委员会　扎毛乡人民政府

书　记：王俊安（3 月起）
副书记、乡长：当增仁青（藏族，6 月起）
副书记、人大主席：周先卡（土族）
副书记：张菊芳（藏族，4 月起）
纪委书记：夏吾吉合太（藏族）
组织委员：吴俊楠（4 月起）
副乡长：拉玛才让（藏族）
　　辛丽瑞（女，藏族，6 月起）
　　朗桑卓么（藏族，女，6 月起）

中共瓜什则乡委员会　瓜什则乡人民政府

书　记：祁　亮（土族）
副书记、乡长：先巴旦增（藏族）
副书记、人大主席：旦巴杰（藏族）
副书记：丰　晨（满族）
纪委书记：祁江加（藏族，4 月起）
组织委员：羊毛吉（女，藏族）
副乡长：娘先才让（藏族）

卓么才让（藏族）
张　平（6 月起）
司法所所长：多杰措（女，藏族，7 月止）
兰措吉（女，藏族，7 月起）

中共加吾乡委员会　加吾乡人民政府

书　记：刘　虎
副书记、乡长：关却项加（藏族）
副书记、人大主席：魏瑜婧（女）
副书记：王雪梅（女，藏族，4 月止）
尕　藏（藏族，4 月起）
纪委书记：韩　阳（回族）
组织委员：格桑卓玛（女，藏族）
副乡长：项　杰（藏族，6 月起）
铁生龙（藏族）
蒲拉姐（藏族，6 月起）
司法所所长：项　杰（藏族，6 月提任副乡长人选）

中共黄乃亥乡委员会　黄乃亥乡人民政府

书　记：斗拉太（藏族，3 月起）
副书记、人大主席：何君俊（藏族）
副书记、乡长：多杰措（女，藏族）
副书记：杨　斌（藏族）
纪委书记：姜　文（女，4 月起）
组织委员：才让扎西（藏族）
副乡长：辛雅茹（女，土族）
才让扎西（藏族）
杨本才让（藏族，6 月起）

中共双朋西乡委员会　双朋西乡人民政府

书　记：拉公加（藏族）
副书记、乡长：羊　洛（藏族，3 月止）
吴小青（女，6 月起）
副书记、人大主席：夏　江（藏族）
副书记：马成龙（回族）
纪委书记：陈龙威（4 月止）
当周才让（藏族，4 月起）
组织委员：魏丽君（女）
副乡长：罗藏华旦（藏族）
马　正（回族，4 月止）
达哇央宗（女，藏族，6 月起）
盛青云（回族，6 月起）
司法所所长：周改才让（藏族）

TONGREN

中共同仁市委

同仁年鉴 / 2022

YEARBOOK

工作综述

【概况】 2021年是中国共产党成立100周年，是实施“十四五”规划的开局之年，中共同仁市委贯彻落实党中央、省委、州委重大决策部署，年内由中共同仁市委牵头，组织开展中国共产党成立100周年系列活动，坚定广大党员干部群众听党话、感党恩、跟党走的信心和决心；开展党史学习教育，结合“我为群众办实事”实践活动，解决群众“急难愁盼”突出问题；学习宣传贯彻中共十九届六中全会精神，推动同仁工作紧跟中央要求；抓好市乡领导班子换届，激发干部干事创业内生动力。按照“高原美丽生态人文城市”总体定位，推动“一优两高”“三区建设”落地同仁，较好地完成全年各项目标任务，实现“十四五”良好开局。全年同仁市完成地区生产总值402643.78万元，同比增长3.1%。全体居民人均可支配收入22060元，同比增长8.8%。

【思想政治引领】 理论武装 制定《党委（党组）理论学习中心组学习指导方案》，推动政治理论学习规范化、常态化。全年市委理论学习中心组开展集中学习32次，专题辅导17次，参学率98%以上。

理论宣讲 组织市委红旗宣讲团和新时代基层宣讲队围绕唱响主旋律、讲清好政策，在乡镇、村（社区）、寺院、学校开展党史学习教育、中央一号文件、民族团结、生态环保形势政策大宣讲活动。截至年底，开展集中宣讲417场次，受众达8.2万人次，入户宣讲5000次，受众达6万人次，覆盖率100%。

舆论引导 建立意识形态安全搜集、研判、报告、处置机制，定期分析意识形态领域新动向和风险点，掌握网上网下、市内市外相关舆情动态，处置网上舆情20起。强化舆论阵地建设，市融媒体中心建成使用，成功构建广播、电视、新媒体、文化融创等领域的多位一体和一次采集、多次生成、多元发布、多平台互动的主流思想舆论阵地。建成新时代文明实践中心及乡镇、村（社区）新时代文明实践所（站），打造市级观摩点6个，打通宣传群众、引导群众、服务群众“最后一公里”。

精神文明 深化文明城市、文明单位、文明村镇、文明校园、文明家庭五大创建体系，丰富创建载体，抓好创建成效，提升群众文明素养和城市文明程度。开展首届同仁市道德模范评选表彰活动，推选出旦正加等10名道德模范，传递社会道德正能量。年内完德尖措被评为第八届全国道德模范。

【党的建设】 落实党建责任 巩固深化“不忘初心、牢记使命”主题教育成果，依托“黄南先锋”及党员干部现代远程教育等载体，激活“三会一课”制度功效，推动学习教育常态化、制度化。分层次建立党组织书记抓基层党建、抓支部建设工作责任清单，落实市、乡、村三级联述联评联考制度，确保党建责任纵向到底、横向到边。

党组织体系建设 开展“促百分百达标、迎党百年华诞”以评促建活动，全覆盖考评全市各领域党支部，保证全市各领域党支部全面过硬、全面达标。投资1148万元，提质扩容68个村（社区）现有村级“十有”党群服务中心，推动基层组织建设达标，“组织体系建设三年行动”顺利收官。开展农村牧区发展党员违规违纪问题排查整顿工作，排查2012—2020年农村牧区发展党员590人，初步认定存在违规违纪问题3个。统筹党委意图和干部群众意愿、班子职位要求和结构需要，完成市、乡、村三级换届任务，新当选领导班子整体呈现出年龄结构优化、知识层次明显提升、整体工作明显增强的特点。

党组织服务 制定《同仁市2021年度中央财政扶持壮大村集体经济实施方案》，增强村集体经济组织“造血”功能。坚持表彰宣传与挖掘打造相结合，组织实施“两优一先”“先锋党员”“学习身边榜样”等活动，开展“光荣在党50年”纪念章、“先锋党员”标牌、“党建大礼包”等发放工作，提高党员归属感和荣誉感。

党组织人才建设 重视干部教育培训，举办各类各级培训班4期，培训人员586人。落实《党政领导干部选拔任用工作条例》，注重从脱贫攻坚、疫情防控、社会治理等基层一线考察识别干部，年内调整干部122人。坚持党管人才原则，对接天津援建单位实施中药、藏药材种植、生态畜牧业等传统产业项目，每年坚持选派2名专家实地进行技术指导和培训，申请“京青专家服务活动”专家6名，申报黄南州热贡文化特殊贡献人才92人，为实施乡村振兴提供人才支撑。

【从严治党】 落实主体责任 落实全面从严治党主体责任，研究部署党风廉政建设工作13次，印发《同仁市2021年党风廉政建设和反腐败工作主要任务分工意见》，与各级党组织层层签订责任书。落实《关于党委（党组）运用监督执纪“第一种形态”的工作意见》，约谈提醒各级党员领导干部200余人次。

日常监督检查 进一步巩固中央八项规定精神成果，推进形式主义、官僚主义专项整治，围绕材料抄袭、指尖上的形式主义等，约谈提醒7人，纠“四风”、树新风形成常态。建立健全廉政档案，做好525名市乡党政领导班子候选人和“两代表一委员”资格审核，防止“带病上岗”。

执纪监督 整治生态环保、乡村振兴、民生保障等群众身边腐败和不正之风突出问题，持续深化约谈警告、问题反馈、督促整改。推进基层监督执纪执法一体化建设，推动监督与执纪执法上下贯通、左右联动、统分结合。全市各级党组织查找群众“急难愁盼”问题41个，解决违规套取医保基金、城市环境和公共秩序“脏乱差”、群众出行难和饮水难、公租房转租转借、空置、欠缴租金等问题7个，追回违规套取医保基金27.51万元，依法整治取缔占道经营商户970余万元，流动摊贩389户，追缴拖欠租金85万元，解决保安镇4个行政村2000余人饮水难问题。

体制机制改革 完善《派驻纪检监察组工作规则》等，强化“四项监督”融会贯通，开展监督检查234次，发现反馈问题268个，推动派驻监督从“有形覆盖”持续走向“有效覆盖”。配强村务监督委员会队伍，完善《村务监督委员会工作制度》等制度，落实人员报酬36万元，强化村务监督委员会作用。

巡察联动 选优配强巡察机构和巡察队伍，通过统筹运用常规巡察、专项巡察、延伸巡察等方式，完成对4个党组织常规巡察、1个党组织巡察“回头看”和6个村党支部延伸巡察，发现问题146个，移交问题线索2件，完成巡察全覆盖阶段性目标任务。

【党建引领社会建设】 “党建联盟+” 探索创建“服务型”社区党建新品牌，打造“红色驿站”“爱心厨房”等试点，形成融党群活动、便民服务、社会治理等一体的服务模式。

“两新党建+” 围绕以评促建活动，升级党群阵地，实行党组织标准化清单式考核，剔除空壳支部21个。成功协办全省“两新”组织红色引领乡村振兴黄南活动，成功洽谈并签订各类乡村振兴项目24项，藏香猪养殖项目、隆青饮品加工受到企业家好评。

“宣传特色+” 采用“县级领导干部带头讲+红旗宣讲团深入讲+新时代宣讲队入户讲+教育统战入校进寺重点讲+机关单位常态讲”模式，让新时代新思想深入群众、深入基层，感党恩、听党话、跟党走成为同仁十万各族群众共同意识、共同行动。

“社会治理+” 建成“一网贯通、五级联动”市乡村三级标准化综治信息中心在全省放样，推动网格化管理与综治信息系统建设、法律顾问全覆盖、基层社会治理“三结合”，依托综治信息系统，划分467个网格，配备241名网格长，调动998名网格员，第一时间获取情报信息和社情动态，实现大事联动、小事一格解决。

“民族团结+” 采用“政策宣传教育人+创建活动凝聚人+模范典型带动人”模式，从各领域、各层面筛选市司法局、教育局、隆务镇、青年路社区等20个具有一定代表性、标杆性的单位，重点打造推广，增强创建活动的广泛性、影响力和渗透力。巩固拓展“五教一条街”相互尊重、和谐共存、互通交流成果经验，推进打造一个文化底蕴深厚、民族宗教和顺的示范点。

【党史学习教育】 成立工作领导

小组，组建领导小组办公室，设立工作组4个、市委巡回指导组6个。召开全市党史学习教育动员和推进会，细化工作方案、健全工作机制、量化工作目标，确保党史学习教育组织到位、人员到位、责任到位、工作到位，为全市党史学习教育谋好篇、布好局。

党员领导干部带头谈体会、讲党课、作报告，深入疫情防控、社会治理、文明建设一线蹲点开展调研。组织党员干部群众在西路军纪念馆、州党群服务中心、循化县红光村、尖扎县昂拉千户府、市烈士陵园等地接受红色教育，追忆红色足迹、汲取奋进力量。开好党史学习教育专题民主生活会和组织生活会，开展专题研讨，查找工作漏洞，提升工作能力。发挥应急广播大喇叭和微信公众平台优势，播放汉语和藏语党内重大事件、党史故事、红色歌曲等音频内容，推动党史学习教育"同频共振"。全年各级党组织开展集中学习1500余次，党支部书记讲党课170余场。

开展庆祝中国共产党成立100周年暨"永远跟党走·奋进新征程"主题党日活动，重温红色记忆，接受精神洗礼。举办各类主题作品展、演讲比赛、体育活动、聆听革命故事等52场次，创新开展"党史知识问答""红色歌曲联唱""党员心声共谈"和重温入党誓词等系列主题活动，营造浓厚的党史学习氛围。

聚焦社会治理、乡村振兴、民生保障等重点，深入各行各业找问题、听民意、查实情、定举措，全面加强基础设施建设，实施教育提质工程，推动农业绿色发展，做好水利生态文章，梳理为民办实事项目1049项、市级重点项目44项，出台办实事制度73条，解决一批群众"急难愁盼"问题，受到全市各族群众广泛好评。

【经济发展】 项目建设 全年全市计划实施各类项目233项，总投资83.51亿元。年内开复工222项，开复工率94%。郭么日大桥、乡镇清洁能源供热等重大项目开工建设；同仁唐卡艺术小镇、污水处理厂提标升级等项目有序推进；开展城北新区防洪综合治理、市体育场地下停车场、同仁市集中式光伏电站项目等项目前期工作；稳步推进西成高铁用地、同赛高速临时用地征占工作。用好"青洽会"等招商平台，做好招商引资文章，截至10月底，招商引资项目落地资金达4.6亿元。深化对口援建，投资1500万元实施完成黄乃亥乡"村村通"对口支援项目。

农牧业生产 优化产业结构调整，提高耕地生产效益，完成农作物播种面积0.74万公顷，种植"同仁青稞"666.67公顷，"同仁马铃薯"666.67公顷，中药、藏药材713.33公顷，"同仁黄果梨"62.87公顷。推进化肥农药减量增效行动，累计调运有机肥1.33万吨，推行绿色防控替代化学防治行动，绿色防控面积2000公顷，推动农业绿色健康发展。统筹抓好秋季牲畜口蹄疫等动物疫病防控工作，累计免疫牛24.7万头、羊64.29万只、猪0.25万头。推进牦牛藏羊原产地质量可追溯体系建设，完成羔羊佩戴耳标15.2万只、犊牛佩戴耳标0.73万头。

【文化旅游】 全域旅游发展 申报国家AAA级旅游景区，龙树画苑、扎毛乡景区通过初审。扎毛乡扎毛村成功列入全国生态文化村。推进旅游基础设施项目建设，投资1500万元，实施隆务寺文物保护利用设施建设续建项目，完成建设总量的95%；投资6104万元，实施自驾车营地建设项目；投资1500万元，实施扎毛乡"云端热贡"原生态露营营地项目；投资1000万元，实施扎毛乡蝴蝶滩提标升级工程等。全市乡村旅游接待点33家，其中星级19家。先后投资1600万元，在四合吉、苏和日等8个村（社区）实施"热贡六月会"民俗体验旅游基础设施建设项目，提升特色文化旅游服务品质。

乡村旅游 推出以文化体验、文化观光、休闲度假和康养为主的乡村旅游服务，加强文化旅游营销力度，承办原生态民歌艺术节、热贡文化旅游节等一系列活动，同仁市热贡艺术被评为2021—2023年度"中国民间文化艺术之乡"。

文旅活动 成功举办"5·19"中国旅游日唐卡艺术之都千人徒步文化体验游活动，组织参加2021年"西域胜境·神韵黄南"黄南州文化旅游资源天津、上海专场推介会，提升"大美青海·文化同仁”品牌竞争力。举办“热贡六月会”等民俗文化节庆活动，推进热贡神舞等传统文化的保护传承和发展，在天津等地举办文旅推介会，运用融媒体、抖音等平台，多角度全方位宣传同仁特色文化，全面提升同仁知名度和美誉度。7 月，同仁市被中国舞蹈家协会认定为“中国藏族热贡神舞之乡”。截至年底，文化产业收入 8.95 亿元，同比增长 8.03%；旅游收入 14.9 亿元，同比增长 8.6%；旅游人数 291.6 万人次，同比增长 10.9%。

【乡村振兴】 巩固脱贫成果　继续实行包片督战、划区作战、结对帮扶，向 36 个重点村选派驻村第一书记 36 人和工作队员 72 人，分类管理脱贫人口，动态监测所有农牧户，随时掌握贫困情况。制定《同仁市关于开展巩固拓展脱贫攻坚成果“回头看”工作的通知》，从“两不愁三保障”、饮水安全、基础设施建设等 22 个方面进行全面排查，对标排查情况，落实有针对性的办法措施，有效解决影响脱贫攻坚成效的短板和不足。

健全防返贫监测机制　制定《同仁市防止返贫监测和帮扶机制实施方案》，从认定条件、认定程序、监测对象规模等方面进一步规范识别认定程序，完成 130 户 490 人风险消除标注工作，新排查低收入监测对象 1 户 6 人。

易地搬迁后续帮扶　持续开展易地扶贫搬迁后续帮扶工作，完善搬迁安置区基础设施建设，完成多哇镇尖德村 161 户同步搬迁户围墙、大门建设任务和 62 户易地搬迁户门前道路硬化。在集中安置区投入扶贫资金 236 万元，建立 5 个生态养殖扶贫车间，促进形成可持续发展就业路径。

就业服务　推进脱贫人口稳岗就业，强化动态管理，脱贫人口累计就业 5530 人，完成年度目标任务。落实“雨露计划”短期技能培训及大学生资助政策，开办短期技能培训班 27 期，培训 1350 人，完成“雨露计划”大学生补助申报 454 名，落实资金 408.5 万元。

【生态环境】 国土绿化与水生态治理　开展大规模国土绿化巩固提升行动，完成国土绿化 7800 公顷，义务植树 15.89 万株。推进河湖长制，开展河湖流域“清四乱”行动，常态化清理整治河道及沿岸垃圾，累计开展“清河行动”90 余次，清运生活垃圾和建筑垃圾 280 余吨。

污染防治　开展大气、水、土壤污染治理，推进城市扬尘综合治理、秸秆禁烧和综合利用、燃煤小锅炉整治等专项治理行动，提升环境空气质量，前三季度环境空气质量达标天数比例达 94.9%。推进流域污染防治，全市水环境质量总体呈稳中向好趋势，境内主要流域监测 2 个断面水质均达到或优于Ⅱ类水质标准，水功能区达标率 100%，2 个集中式饮用水水源地水质达标率 100%，生活污水处理厂达标排放率 100%。完成全国第二次污染源普查档案验收工作。

人居环境整治　统筹推进“厕所革命”，全市农牧区户用厕所普及率在 75% 以上，完成“厕所革命”三年行动任务。启动谋划市政基础设施功能提升工程，升级、改造、新建城区公厕 30 座，缓解城区“如厕难”“难如厕”问题。集中整治城区重点区域占道经营、违章停车等问题，改善市容市貌，提升城市精细化管理水平。推进城乡垃圾集中处置、医疗废弃物分类处理工作，“三同时”执行率达到 100%。推广农村垃圾分类工作，实行“户分类、组收集、村转运、乡处理”的农村垃圾分类处理模式。开展人居环境整治试点示范村创建活动，扎毛乡卡苏乎村、隆务镇措玉村、保安镇尕队村、城外村、黄乃亥日秀么村等 5 个村被评为全省第一批清洁村庄。

【社会民生】 普惠教育　落实教育优先发展战略，不断完善教育投入政策，发放各类补助资金 7098.66 万元。持续优化教育资源布局，通过集中规模办学，缩小城乡教育差距。实施学前教育薄弱县振兴行动计划，建立健全学前教育教师补充长效机制，补齐学前教育短板。开展统编“三科”教材推广工作，使用统编“三科”教材班级 170 个，教材配发率 100%。推进“双减”和“五项管理”，营造良好育人环境。用足用活异地办学教育帮扶政策，安排市民族中学 40 名高中生在天津市第一百中学就读。贯彻落实全州教育“1+5”文件要求，拟定《同仁市教育高质量发展若干措施》，助推全市教育事业高质量发展。

医疗服务　加强医联体建设，市妇计中心与省妇幼保健院建立妇科和儿科联盟，13 所乡镇卫生院与州人民医院开展以临床医疗为核心的医疗联合体，推进优质医疗资源共享。推进医药卫生体制改革，各乡镇卫生院“一站式”结算窗口达到全覆盖。开展中医、藏医特色专科建设，13 个乡镇卫生院与州藏医院建立以藏医为核心的专科医联体，提升乡镇卫生院中医、藏医药诊疗技术水平。加快补齐医疗卫生短板，市中医院感染性疾病科（病区）及附属设施建设项目于年底竣工。

常态化疫情防控　持续抓好常态化疫情防控，开展多轮次核酸检测，确保不漏掉一个接触者、感染者，全市累计核酸检测 5793 人次，结果均为阴性。推进疫苗接种工作，组建流动工作组加强边远乡镇群众疫苗接种，确保规范接种、应接尽接，全年接种 156495 人次，其中第一剂接种率 98.58%，第二剂接种率 87.19%，第三剂接种率 75.56%，无不良反应事件发生。

社会保障　优化提升全民医疗保障制度，全市城乡居民医疗保险参保 73482 人，参保率达 100.73%。落实社会救助制度，累计发放各类社会救助资金 642.4 万元、城乡低保金 7052.26 万元。全市城镇新增就业 426 人，离校未就业应往届高校毕业生就业率达 93.7%。投入 200 万元，为全市 1330 名临聘人员缴纳住房公积金和工伤保险，解决 164 名教师职工职称工资 63 万元、211 名辅警工资 135 万元、承担地方消防救援队伍工资 165 万元，并逐项列入 2022 年财政预算予以保障。

惠民工程建设　投资 9583 万元，实施老旧小区配套基础设施建设项目；投资 3980 万元，实施 8 个乡镇 1990 户农牧民居住条件改善工程。申报高原美丽乡村建设项目 7 个、黄南州第一至五批传统村落名录 27 个。研究制定海绵城市建设实施方案，推进海绵城市项目申报工作。

实施“暖心早餐”工程　每年投入近 120 万元，依据“便捷安全舒适”原则，在市区主次街道筛选设置 10 个服务优、质量高、信誉好的固定就餐点，悬挂“同仁市城市清洁工免费爱心早餐定点餐厅”牌匾并形成长效机制，为 526 名户外工作者提供全覆盖免费早餐。

【社会治理】　政治安全　聚焦社会稳定、矛盾纠纷化解、虫草采挖和民族宗教事务管理等方面统筹谋划、精准发力，完成“七一”建党节、“国庆节”虫草采挖等期间安保工作，保障社会大局持续稳定和长治久安。

平安同仁创建　加强矛盾纠纷排查化解，实行“三调联动”机制和问题责任“清单式”管理，把矛盾纠纷排查在先、化解在前。全年排查各类矛盾纠纷 283 起，调处率 100%。落实重点联系对象排查帮教“一人一策”，实现重点联系对象稳定有效转化。年内解除帮教 107 人，调整风险等级 34 人。

“五治”融合治理　持续推进涉藏社会治理示范区创建，巩固拓

2021 年 10 月 27 日，同仁市暖心早餐签约仪式在市市场监督管理局举行（市委办供图）

展政治引领、自治强基、法治保障、德治教化、智治支撑的“五治并举”治理成果。推行“综治中心+网格化管理+雪亮工程”模式，建设运行市乡村三级综治维稳信息中心。

民族宗教事务管理　执行活佛驻寺、寺庙定员、持证管理等制度，修订完善《藏传佛教寺院“两奖两补”考核细则》，推行寺庙财税常态化监管机制，确保宗教活动在法治化轨道上运行。

民族团结进步创建。建立县级领导联点包片督查制度，成立“一办六组”常态化创建工作机构，深化创建“九进”，重点打造隆务镇、市司法局、青年路社区等20个示范点，精心举办传统赛马会、藏乡“六月会”、保安“花儿会”等群众文化活动，年内成功创建全国民族团结进步示范市。

（撰稿人：才让卓玛）

重要会议

【党代会】　7月7—9日，中国共产党同仁市第一次代表大会在市委五楼会议室召开，市委书记旦增代表中国共产党同仁县第十四届委员会向大会作题为《聚力高品质转型　推动高质量发展　为建设富裕团结文明和谐美丽新同仁而努力奋斗》的报告。会议宣布中国共产党同仁市第一届委员会书记、副书记、常委，中国共产党同仁市第一届纪律检查委员会书记、副书记、常委；通过关于中国共产党同仁县第十四届委员会工作报告的决议、关于中国共产党同仁县第十四届纪律检查委员会工作报告的决议。市委副书记、市长赵建国主持会议。

【全体会议】　1月11至12日，中共同仁市委一届二次全体会议召开。会议学习贯彻中共十九大和十九届二中、三中、四中、五中全会，中央经济工作会议，中央农村工作会议，省委十三届九次全会，州委十二届十一次全会精神，讨论《同仁市国民经济和社会发展第十四个五年规划和二〇三五年远景目标纲要（草案）》，总结2020年工作，部署2021年工作。全会由市委常委会主持。州委常委、市委书记蒋树成代表市委常委会讲话。市委副书记、市长罗富贵总结2020年全市经济社会工作，安排部署2021年经济社会工作。市委常委陈德伟、夏吾闹日、李建强、王岩海、申丽玲、胡伟东、陈峻、王凯、何万义出席会议。

【常委会会议】　2021年，中共一届同仁市委召开30次常委会会议。

一届市委第1次常委会会议暨市委理论学习中心组（扩大）学习会　1月8日，州委常委、市委书记蒋树成主持召开一届市委2021年第1次（总第16次）常委会暨市委理论学习中心组（扩大）学习会。会议传达学习中央农村工作会议、《中共中央　国务院关于实现巩固拓展脱贫攻坚成果同乡村振兴有效衔接的意见》精神，习近平总书记二〇二一年新年贺词、习近平总书记在全国政协新年茶话会上的讲话、习近平总书记重要文章《构建人类命运共同体》精神，《习近平谈治国理政》第三卷，省委平安青海建设领导小组第二次会议精神，州委十二届十一次全体会议、2020年第28次、29次州委常委会会议精神；听取一届市委第4—8次常委会会议议定事项落实情况汇报；听取今冬明春疫情防控工作情况汇报、全市村（社区）党支部换届情况；进一步安排部署村（社区）委员会换届工作、中央巡视组反馈问题自查整改工作、2021年“两节”集中慰问工作；审议并原则同意市政府党组《关于〈同仁市老旧小区和既有建筑风貌品质提升改造项目实施方案〉的请示》，市委组织部《关于设立同仁市群团党组的请示》《关于建立同仁市县级领导干部党支部工作联系点制度的请示》，市政协党组《关于调整同仁市政协机关党组书记有关事项的请示》，市委统战部《同仁市县级领导干部联系党外人士制度》《关于调整同仁市党政科级干部与隆务寺宗教界人士联谊交友的请示》《市委一届二次全会常委会工作报告》《蒋树成同志在市委一届二次全会上的讲话》《罗富贵同志在市委一届二次全会上的讲话》《2020年度干部选拔任用工作报告》。

一届市委第2次常委会会议　1月18日，蒋树成主持召开一届市委第2次常委会会议，传达学习习近平总书记在省部级主要领导学习贯彻中共十九届五中全会精神专题研讨班开班式上的重要讲话精神、《中共青海省委办公厅〈关于开展向周永开、张桂梅等7名同志学习通知〉》、省疫情防控处置工作指挥部会议精神，安排部署有关工作；听取市委政法委全市冬春维稳工作督查情况的汇报、市委组织部村（居）委会换届选举准备工作情况的汇报；研究审议并原则通过市委办公室《市委常委会班子2020年度民主生活会对照检查材料（讨论稿）》，市委组织部《关于成立同仁市市乡领导班子换届工作领导小组及组成人员任职的请示》。

一届市委第3次常委会会议暨市委理论学习中心组（扩大）学习会 1月28日，蒋树成主持召开一届市委第3次常委会暨市委理论学习中心组（扩大）学习会，传达学习中国共产党第十九届中央纪委检查委员会第五次全体会议精神、中共中央政治局常务委员会会议精神、《求是》杂志发表习近平总书记重要文章《正确认识和把握中长期经济社会发展重大问题》精神、习近平总书记对政法工作作出重要指示、中央政法工作会议及省委政法工作会议精神、习近平总书记在北京河北考察并主持召开北京2022年冬奥会和冬残奥会筹办工作汇报会精神、中共中央《关于全面推进乡村振兴加快农业农村现代化的意见》精神、中共中央办公厅《印发〈关于加强巡视巡察上下联动的意见〉的通知》精神、省委常委会会议精神，2021年第2次、3次州委常委会会议精神，王建军在全省领导干部学习贯彻中共十九届五中全会精神专题研讨班开班式上的讲话精神，中共中央办公厅、国务院办公厅印发《关于做好人民群众就地过年服务保障工作的通知》精神；听取《同仁市国民经济和社会发展第十四个五年规划和二〇三五年远景目标纲要（草案）》编制情况的汇报、市委第九轮巡察常规巡察及巡察“回头看”工作、村（社区）延伸巡察情况的汇报；研究审议并原则同意市委组织部关于上报《同仁市新任村（社区）“两委”班子主要负责人及村（居）务监督委员会主任培训工作方案》的请示、市委统战部《关于上报〈同仁市藏传寺庙、村级传统民俗宗教活动统计汇总的目录清单〉的请示》《关于上报〈同仁市传统佛事活动报备办法〉的请示》《关于上报〈同仁市传统民俗宗教活动管理失职失责追究办法〉的请示》。

一届市委第4次常委会会议暨理论学习中心组（扩大）学习会 2月5日，蒋树成主持召开一届市委第4次常委会暨理论学习中心组（扩大）学习会，传达学习习近平总书记在中央政治局第二十七次集体学习时的重要讲话精神、在世界经济论坛“达沃斯议程”对话会上的特别致辞精神、同党外人士共迎新春时的讲话精神，《求是》杂志发表习近平总书记重要文章《全面加强知识产权保护工作，激发创新活力推动构建新发展格局》，1月28日中央政治局会议精神、省“两会”精神及王建军书记在黄南代表团审议时的讲话精神、省委常委会班子2020年度民主生活会精神《关于果洛州班玛县迦吉多卡宗教活动场所违法滥建问题整治情况的报告》《藏传佛教活佛转世的历史定制和原则》；听取全市疫情防控及安全生产大督查情况的汇报；安排部署春节值班备勤、市场供应管控、景区疫情防控等相关工作。

一届市委第5次常委会会议暨理论学习中心组（扩大）学习会 2月23日，蒋树成主持召开一届市委第5次常委会暨市委理论学习中心组（扩大）学习会，传达学习习近平总书记在党史学习教育动员大会上的讲话精神、春节前夕赴贵州看望慰问各族干部群众时的讲话精神、春节前夕视察看望空军航空兵某师时的讲话精神、在中国—中东欧国家领导人峰会上的主旨讲话精神、给上海新四军历史研究会百岁老战士们的回信精神、在中共中央国务院举行春节团拜会时发表的重要讲话精神，《求是》杂志发表习近平总书记重要文章《在河北省阜平县考察扶贫开发工作时的讲话》精神，中共中央纪委机关、中共中央组织部、国家监察委员会联合印发《关于严肃换届纪律加强换届风气监督的通知》精神，全省市、县、乡领导班子换届工作会议精神，中共青海省十三届纪委第五次全体会议精神，《习近平谈治国理政》第三卷，2月8日省委常委会会议、2月7日州委常委会会议精神，州委办、州政府办《关于开展贯彻省委主要领导讲话精神调研活动的通知》精神；研究审议并原则同意《关于召开中共同仁市一届纪律检查委员会第一次全体会议的请示》《在中共同仁市一届纪律检查委员会第一次全体会议上的工作报告（送审稿）》《在中共同仁市一届纪律检查委员会第一次全体会议上的讲话（送审稿）》、市委农村牧区工作领导小组办公室《关于上报2021年全市百名干部下乡开展“巩固拓展脱贫攻坚成果，全面推进乡村振兴落地见效”活动实施方案的请示》、市委组织部《关于上报在全市各级党组织中开展“促百分百达标、迎党百年华诞”以评促建活动实施方案的请示》；安排部署春季农牧业生产、“两会”筹备、项目推进争取及开复工、疫情防控、社会稳定等相关工作。

一届市委第7次常委会会议 3月8日，蒋树成主持召开一届市委第7次常委会会议，传达学习习近平总书记在中共中央政治局第二十八次集体学习上的重要讲话精神、在中央党校（国家行政学院）中青年干部培训班开班仪式上发表重要讲话精神，《中共中央转发〈中共全国人大常委会党组关于做好全国县乡两级人民代表大会换届选举工作的意见〉的通知》精神；研究审议并原则通过市人大党组《关于召开同仁市第一届人民代表大会第一次会议的请示》《同仁市第一届人民代表大会常务委员会工作报告（送审稿）》，市政府党组《同仁市第一届人民代表大会第一次会议政府工作报告（送审稿）》，市发展和改革局党组《关于同仁市2020年国民经济和社会发展计划执行情况与2021年国民经济和社会发展计划（草案）的报告（送审稿）》《同仁市国民经济和社会发展第十四个五年规划和二〇三五远景目标纲要（送审稿）》，市财政局党组《关于同仁市2020年财政预算执行情况和2021年财政预算（草案）的报告（送审稿）》，市人民法院党组《同仁市人民法院在同仁市第一届人民代表大会第一次会议上的工作报告（送审稿）》，市人民检察院党组《同仁市人民检察院在同仁市第一届人民代表大会第一次会议上的工作报告（送审稿）》，市政协党组《关于召开政协第一届同仁市委员会第一次会议的请示》《中国人民政治协商会议第一届同仁市委员会常务委员会工作报告（送审稿）》，市委办公室《2021年市委常委会工作要点（审议稿）》，市委宣传部《2021年同仁市党委（党组）理论学习中心组学习指导方案（审议稿）》《中共同仁市委关于开展党史学习教育的实施方案（审议稿）》，市委政法委《同仁市政法队伍教育整顿实施方案（审议稿）》，市委组织部《同仁市2021年乡镇领导班子换届工作实施方案（审议稿）》《各乡镇召开党代会的请示》；安排部署“两会”各项筹备、近期重点工作督查、党史学习教育、政法教育整顿相关工作。

一届市委第8次常委会会议暨市委理论学习中心组（扩大）学习会 3月18日，蒋树成主持召开一届市委第8次常委会暨市委理论学习中心组（扩大）学习会，传达学习习近平总书记在参加十三届全国人大四次会议青海代表团审议时的讲话精神、在参加十三届全国人大四次会议内蒙古代表团审议时的讲话精神、在出席十三届全国人大四次会议解放军和武警部队代表团全体会议时的讲话精神、在看望参加全国政协十三届四次会议的医药卫生界教育界委员时的讲话精神、在会见探月工程嫦娥五号任务参研参试人员代表并参观月球样品和探月工程成果展览时的讲话精神，州委书记王振昌在参加十五届州人大七次会议同仁代表团审议时的讲话精神，习近平总书记重要文章《坚定不移走中国特色社会主义法治道路，为全面建设社会主义现代化国家提供有力法治保障》（《求是》杂志2021年第5期）、《努力成为世界主要科学中心和创新高地》（《求是》杂志2021年第6期），2月26日中共中央政治局会议、2月27日省委常委会会议、2月22日和3月2日州委常委会会议精神，全国审计工作会议、省委审计委员会第五次会议、全省审计工作会议精神及信长星省长对全省审计工作提出的要求、州委审计委员会第五次会议精神；听取近期重点工作督导情况的汇报、2020年全市审计工作汇报；审议并原则同意

《关于调整市委审计委员会组成人员的请示》、2021年度审计项目计划和《同仁市推进审计发现问题整改落实工作制度（审议稿）》，安排部署2021年审计工作；会议审议并原则通过《关于成立同仁市重大项目工作领导小组的请示》《同仁市2020年度科级领导班子和领导干部目标考核结果的报告》《关于仁增多杰等同志晋升执法勤劳警员职务的请示》、市纪委监委《关于聘请电子设备专职管理人员的请示》；会议研究全市政法队伍教育整顿工作有关事宜。

一届市委第9次常委会会议暨市委理论学习中心组（扩大）学习会 3月26日，蒋树成主持召开一届市委第9次常委会暨市委理论学习中心组（扩大）学习会，传达学习中央财经委员会第九次会议精神、省委办公厅印发《关于做好文国栋严重违纪违法案以案促改工作方案的通知》精神、3月12日省委常委会会议精神、3月17日州委常委会会议精神、《论中国共产党历史》；听取市委2017—2021年巡察工作汇报；研究审议并原则通过市委巡察工作领导小组《关于中共同仁市委2021年巡察工作计划的请示》、市政府党组《关于同仁市防止返贫监测和帮扶机制实施方案的请示》；研究相关人事议题。

一届市委第10次常委会会议暨市委理论学习中心组（扩大）学习会 4月9日，蒋树成主持召开一届市委第10次常委会暨市委理论学习中心组（扩大）学习会，传达学习习近平总书记在福建考察时的重要讲话精神、在武警第二机动总队视察时的重要讲话精神、对革命文物工作作出的重要指示精神、在参加首都义务植树时的重要讲话精神，省推动黄河流域生态保护和高质量发展领导小组第三次全体会议和省委省政府国土绿化动员大会精神、《求是》杂志发表习近平总书记重要文章《在党史学习教育动员大会上的讲话》、3月30日中共中央政治局会议精神、3月26日省委常委会会议精神、《论中国共产党历史》《防范和惩治统计造假弄虚作假重要文件选编（上册）》、全国第一批政法队伍教育整顿工作推进会精神，安排部署政法队伍教育整顿工作；研究审议并原则同意市委组织部《关于中国共产党同仁市第一次代表大会筹备工作的报告》《关于成立中国共产党同仁市第一次代表大会筹备工作领导小组的请示》《关于召开中国共产党同仁市第一次代表大会决议草案的说明》。

一届市委第11次常委会（扩大）会议 4月23日，市委书记旦增主持召开一届市委第11次常委会（扩大）会议，传达学习《论中国共产党历史》，习近平总书记在清华大学考察时的重要讲话精神、在博鳌亚洲论坛2021年年会开幕式上发表主旨演讲精神、对打击治理电信网络诈骗犯罪工作作出重要指示精神、对职业教育工作作出重要指示精神、在庆祝中国共产党成立95周年大会上的讲话（《求是》杂志2021年第8期）、对深化东西部协作和定点帮扶工作作出重要指示精神，《中国共产党组织处理规定（试行）》《中共中央〈关于加强对"一把手"和领导班子监督的意见〉》《中共中央办公厅关于印发〈党委（党组）网络意识形态工作责任制实施细则〉的通知》，王建军、信长星在参加省级领导班子国家安全教育活动时提出的工作要求、信长星在黄南州调研时的重要讲话精神、《省纪委机关、省委组织部、省监察委关于印发〈青海省严肃市县乡换届纪律、加强换届风气监督工作实施方案〉的通知》、4月9日省委常委会会议，4月7日州委常委会会议精神；安排部署植树造林、虫草采挖换届纪律等相关工作；听取中央督导组关于同仁市政法队伍教育整顿督导反馈问题情况。

一届市委第12次常委会会议暨市委理论学习中心组（扩大）学习会 4月28日，旦增主持召开一届市委第12次常委会暨市委理论学习中心组（扩大）学习会，传达学习《中国共产党简史》，中共中央总书记、国家主席习近平出席领导人气候峰会发表的重要讲话精神，省委办公厅《关于海西州都兰县部分乡镇机关夜间值班情况的通报》精神，4月20日州委常委会精神，中央全面深化改革委员会第十七次、十八次会议精神，省委全面深化改革委员会第十一次、十二次会议精神，州委全面深化改革委员会第六次、七次会议精神，中共青海省委印发《青海省贯彻落实〈关于全面加强新时代大中小学劳动教育的意见〉的若干措施的通知》精神，《州委办公室、州政府办公室关于印发〈黄南州深化市场监管综合行政执法改革实施方案〉的通知》精神；听取市委全面深化改革委员会2020年工作汇报；审议《同仁市“十四五”时期全面深化改革重点任务（审议稿）》《中共同仁市委全面深化改革委员会2021年工作要点（审议稿）》《乡镇领导班子换届人事安排部署方案（审议稿）》；研究人事议题。

一届市委第13次常委会会议

5月11日，旦增主持召开一届市委第13次常委会会议，传达学习《中国共产党简史》第四章，习近平总书记在广西考察时的重要讲话精神、在中共中央政治局第二十九次集体学习时重要讲话精神、向全国广大劳动群众致以节日的祝贺和诚挚的慰问讲话精神、重要文章《把握新发展阶段，贯彻新发展理念，构建新发展格局》（《求是》2021年第9期）、致中国空间站天和核心舱发射任务成功的贺电精神，4月30日中共中央政治局会议精神、《中共中央办公厅 国务院办公厅关于坚决遏制“两高”项目盲目发展的通知》，省委办公厅、省政府办公厅《关于印发青海省贯彻落实〈关于常态化开展扫黑除恶斗争巩固专项斗争成果的意见〉的若干措施》的通知，4月29日省委常委会会议精神，4月20日州委常委会会议精神，省纪委机关、省委组织部《关于组织开展2018年以来年度民主生活会召开情况“回头看”工作的通知》，省委组织部、政协青海省委员会办公厅、省委统战部、省委机构编制委员会办公室《关于印发〈关于在市（州）、县（市、区）、乡（镇）领导班子换届中进一步加强基层政协工作的意见〉的通知》；听取中央第十五轮巡视组巡视反馈意见涉及同仁市意见建议整改落实情况，通报中央巡视整改工作督查情况；审议《同仁市人大2021年换届选举方案（建议）》《关于成立同仁市第二届人民代表大会换届选举委员会的请示（审议稿）》《关于中国共产党同仁市第一次代表大会代表选举工作方案的请示（审议稿）》《各乡镇委员会和纪律检查委员会候选人预备人选的请示（审议稿）》《关于中共同仁市委党的建设工作领导小组2021年工作要点的请示（审议稿）》，市人大常委会党组《关于〈同仁市人大常委会2021年度监督工作计划〉的请示（审议稿）》《关于上报〈市委理论学习中心组党史学习计划〉的请示（审议稿）》；听取乡镇党代会代表候选人预备人选资格审查情况的报告。

一届市委第14次常委会会议

5月27日，旦增主持召开一届市委第14次常委会会议，传达学习《中国共产党简史》第六章，习近平总书记在推进南水北调后续工程高质量发展座谈会上的重要讲话精神、给《文史哲》编辑部全体编辑人员的回信、重要文章《用好红色资源，传承好红色基因，把红色江山世世代代传下去》、在全球健康峰会上的重要讲话精神，《中共中央 国务院关于加强基层治理体系和治理能力现代化建设的意见》《中共中央 国务院关于新时代加强和改进思想政治工作的意见》《中共中央关于印发〈中国共产党机要密码工作条例〉的通知》《中共中央办公厅 国务院办公厅印发〈关于夯实筑牢农村基层党组织战斗堡垒防范和整治“村霸”问题的意见〉的通知》《中共青海省委 青海省人民政府印发〈关于全面贯彻落实习近平总书记参加十三届全国人大四次会议青海代表团审议时重要讲话精神的若干举措〉的通知》，书面传达学习5月10日、5月21日省委常委会会议精神，5月10日州委常委会会议精神；安排部署有关工作。

一届市委第15次常委会会议

6月10日，旦增主持召开一届市委第15次常委会会议，宣布州委关于人事调整的决定；传达学习习近平总书记在中共中央政治局第三十次集体学习时重要讲话精神，习近平总书记重要文章《学好“四史”，永葆初心、永担使命》，习近平总书记在两院院士大会中国科协第十次全国代表大会重要讲话精神和王建军，信长星致全省广大科技工作者的一封信、习近平总书记向世界马克思主义政党理论研讨会致贺信精神，习近平总书记致信祝贺中国日报创刊40周年精神，5月31日中共中央政治局会议精神，《中共中央关于加强对“一把手”和领导班子监督的意见》，中共中央印发《中国共产党组织工作条例》，5月27日州委常委会会议精神，省、州全面推行河湖长制工作领导小组会议暨河湖长制厅际联席会议精神；听取同仁市河湖长制暨河湖管理保护工作汇报、省委全面依法治省委员会第三次会议精神和州委全面依法治州委员会第三次会议精神、市委全面依法治市委员会各协调小组2020年工作总结报告；安排部署有关工作；审议《同仁市全面推行河湖长制2021年工作要点（审议稿）》《关于持续巩固治理成效深入推进河湖长制工作的决定（审议稿）》《同仁市关于落实中央依法治国办对我省开展党政主要负责人履行推进法治建设第一责任人职责及法治政府建设实地督察反馈问题整改方案（审议稿）》《中共同仁市委关于〈中共青海省委贯彻落实法治中国建设规划（2020—2025年）的实施方案〉的贯彻措施（审议稿）》《中共同仁市委关于〈中共青海省委贯彻落实法治社会建设实施纲要（2020—2025年）的实施意见〉的贯彻措施（审议稿）》《中共同仁市委全面依法治市委员会2020年度工作报告（审议稿）》《中共同仁市委全面依法治市委员会2021年工作要点（审议稿）》《关于呈报〈政协同仁市委员会换届选举方案〉的请示（审议稿）》《关于命名2018—2020年度县级文明单位、文明乡镇（村、社区）、文明校园的请示（审议稿）》《关于市人大、政协党组书记职务任免的请示》《关于中共同仁市扶贫开发局党组更名的请示（审议稿）》；会议研究人事议题。

一届市委第17次常委会会议 7月5日，旦增主持召开一届市委第17次常委会会议，传达学习《中共中央办公厅关于认真学习贯彻〈习近平总书记在庆祝中国共产党成立100周年大会上的讲话〉的通知》，习近平总书记在庆祝中国共产党成立100周年大会上的重要讲话精神、在参观“‘不忘初心、牢记使命’中国共产党历史展览”时的重要讲话精神、主持十九届中共中央政治局第三十一次集体学习时的重要讲话精神、致信祝贺金沙江白鹤滩水电站首批机组投产发电精神，《中共中央办公厅关于印发〈干部双重管理工作规定（试行）〉的通知》，全省脱贫攻坚总结表彰暨乡村振兴推进大会精神，《王建军同志在全省学习贯彻〈中国共产党统一战线工作条例〉研讨班上的讲话》精神，省委中心组学习会暨省级领导干部专题研讨会精神，6月10日、6月16日州委常委会会议精神，《中共青海省委办公厅印发〈关于构建一体推进不敢腐、不能腐、不想腐体制机制的意见〉的通知》《关于开展全省道路交通沿线生活垃圾排查整治工作的通知》、陈一新在全国政法队伍教育整顿西北片区调研座谈会上的讲话精神，中央第十五督导组向青海省反馈第一批政法队伍教育整顿督导意见，全省政法队伍教育整顿领导小组第四次会议精神，全州政法队伍教育整顿领导小组第三次会议精神，王耀春在全州政法队伍教育整顿领导小组第三次会议上的讲话精神，《关于开展“四个行动” 扎实推进查纠整改工作的通知》；听取《关于中国共产党同仁市第一次代表大会市直机关代表候选人预备人选资格审查情况的报告》、市党代会各筹备小组工作汇报、《关于中国共产党同仁市第一次代表大会筹备工作情况的报告》《关于全市党费收缴、使用和管理情况的报告》；审议《中国共产党同仁县第十四届委员会工作报告（送审稿）》《中国共产党同仁县第十四届纪律检查委员会工作报告（送审稿）》《中国共产党同仁市第一次代表大会议程（草案）》《中国共产党同仁市第一次代表大会列席人员名册》《关于中共同仁市委、纪委换届人事安排的请示》《关于同仁市人大、政府、政协领导班子及监察委员会主任、副主任、法检“两长”换届人事安排的请示》《关于同仁市出席中国共产党黄南藏族自治州第十三次代表大会代表候选人初步人选的请示》《关于成立同仁市第二届人民代表大会第一次会议筹备工作领导小组的请示》《关于呈报〈同仁市第二届人民代表大会第一次会议筹备工作方案〉的请示》《关于同仁市第二届人大常委会委员候选人建议名单的请示》《同仁市人大常委会工作报告（审议稿）》《同仁市人民政府工作报告（送审稿）》《同仁市人民法院工作报告（审议稿）》《同仁市人民检察院工作报告（送审稿）》《同仁市政协党组关于筹备中国人民政治协商会议同仁市第二届委员会第一次会议方案的请示》《关于中国人民政治协商会议同仁市第二届委员会委员候选人和常务委员候选人建议名单的请示》《中国人民政治协商会议第一届同仁市委员会常务委员会工作报告》《中共同仁市人民政府党组关于调整市人民政府党组成员的请示》《中共同仁市人民政府党组关于2021年市自然资源局上缴征地款用途的请示》《关于刘慧泉、才旦加同志职务任免的请示》《同仁市委巡察工作领导小组向市委常委会会议和书记专题会议报告巡察工作的规定》；听取市委第十轮常规巡察及巡察“回头看”，村（社区）延伸巡察情况综合报告。

一届市委第18次常委会会议 7月9日，旦增主持召开一届市委第18次常委会会议，审议《关于召开政协第二届同仁市委员会第一次会议的请示》《关于召开同仁市第二届人民代表大会第一次会议的请示》；听取市委组织部《关于同仁市出席黄南藏族自治州第十六届人民代表大会代表候选人的情况汇报》。

一届市委2021年第21次常委会会议 8月26日，旦增主持召开一届市委第21次常委会会议，传达学习中央财经委员会第十次会议精神，省财经金融风险防范化解工作领导小组第一次会议精神，习近平总书记重要文章《加强党史军史和光荣传统教育，确保官兵永远听党话、跟党走》《总结党的历史经验，加强党的政治建设》，习近平总书记向新冠疫苗合作国际论坛首次会议发表的书面致辞精神、向第44届世界遗产大会致贺电精神、在参观“友好往来 命运与共——党和国家领导人外交活动礼品展”时的讲话精神、给“国际青年领袖对话”项目外籍青年代表的回信精神、对深入推进农村厕所革命作出的重要指示精神，中共中央、国务院印发《法治政府建设实施纲要（2021—2025年）》《李克强总理在国务院西部地区开发领导小组第二次会议上的讲话》（新闻稿），省委《关于深入学习贯彻习近平总书记考察青海重要讲话精神 奋力谱写全面建设社会主义现代化国家青海篇章的决定》，党史学习教育中央第十指导组到青海调研指导时的精神，7月24日和8月12日省委常委会会议精神，省委务虚会暨中心组专题研讨会精神，省委议军会议精神，王建军在青海大学高原研究中心调研时的讲话精神，第22届中国·青海绿色发展投资贸易洽谈会精神，第二届“智汇三江源·助力新青海”人才项目洽谈会精神，山东青海对口支援工作座谈会精神，浙江省代表团到青海考察时的精神，王建军、信长星对海北州柴达尔煤矿发生冒顶事故作出的指挥救援要求和王建军在视频调度部署时的讲话精神，省安全生产委员会办公室《关于深刻汲取事故教训切实加强当前安全防范工作的紧急通知》，中央第十五督导组点穴式督导青海省第一批政法队伍教育整顿“回头看”意见反馈会精神，全省第二批政法队伍教育整顿动员部署会精神，全省扫黑除恶专项斗争领导小组第一次会议精神，《青海省宗教事务条例》《中国共产党领导国家安全工作条例》《关于印发〈国家标准化发展纲要〉的通知》。

一届市委2021年第22次常委会会议 9月10日，旦增主持召开一届市委第22次常委会会议，传达学习庆祝西藏和平解放70周年大会会议精神、在中央民族工作会议上的重要讲话精神、在河北省承德市考察时的重要讲话精神、在中央党校（国家行政学院）中青年干部培训班开班式上发表重要讲话精神、重要文章《党的伟大精神永远是党和国家的宝贵精神财富》、给云南省沧源县边境村老支书们的回信勉励精神、向中国—上海合作组织数字经济产业论坛、2021年中国国际智能产业博览会致贺信精神，8月31日中共中央政治局会议精神，中央统战部印发《关于深入推进新时代光彩事业创新发展的意见》《国家档案局关于认真学习贯彻习近平总书记重要批示的通知》，省委印发《关于加快把青藏高原打造成为全国乃至国际生态文明高地的行动方案》，省委办、省政府办《关于夯实筑牢农村基层党组织战斗堡垒防范和整治“村霸”问题的若干措施》的通知，省委办、省政府办关于转发省发展改革委《上半年全省经济形势和做好下半年经济工作的建议》的通知，8月31日省委常委会会议精神，省委办公厅《关于开展向张锦梅同志学习的通知》《青海省优化营商环境条例》，王耀春在十三届州委第1次常委会会议上的讲话精神，8月20日州委常委会会议精神，全国、省州扫黑除恶专项斗争领导小组第一次会议精神，中央全面深化改革委员会第二十一次会议精神，省委全面深化改革委员会第十四次会议，州委全面深化改革委员会第八次会议精神；安排部署近期重点工作；审议《关于推选加羊多杰等两名同志为考核聘用乡镇（街道）事业单位初选人员的请示》《同仁市残疾人联合会关于第六届主席团主席、副主席及执行理事会理事长、副理事长建议候选人的请示》《同仁市残疾人联合会关于第六届主席团委员候选人的请示》《关于调整同仁市乡村振兴领导小组成员及工作职责的请示》。

一届市委2021年第23次常委会会议　9月18日，旦增主持召开一届市委第23次常委会会议，传达学习习近平总书记在陕西榆林考察时重要讲话精神、李克强总理关于做好防汛抢险救灾工作的讲话精神，王建军在全省市县党政领导班子思想政治建设座谈会上的讲话精神、《中共青海省委　青海省人民政府关于进一步严肃财经纪律的意见》精神，腾佳材在省委反腐败协调小组会议上的讲话和王鸿津主任在金纪三期巡视巡察信息系统推广部署会议上的讲话精神》，王耀春、扎西才让、崔延辉在全州教育发展暨教育教学工作表彰大会上的讲话精神；听取同仁市督考一体信息化管理平台建设情况的汇报并征求意见；安排部署近期重点工作；审议市人民政府党组《关于实现巩固拓展脱贫攻坚成果同乡村振兴有效衔接实施方案》《关于暂借同仁市矿产开发利用资金的请示》《关于维修改造同仁市政府五楼会议室的请示》。

一届市委2021年第24次常委会会议　10月9日，旦增主持召开一届市委第24次常委会会议，传达学习习近平总书记向菌草援外20周年暨助力可持续发展国际合作论坛致贺信精神、在2021年中国国际服务贸易交易会全球服务贸易峰会上发表的视频致辞精神、在出席第六届东方经济论坛全会开幕式上的致辞精神、向第32届国际航空科学大会致贺信精神、向可持续发展大数据国际研究中心成立大会暨2021年可持续发展大数据国际论坛致贺信精神、向第18届中国—东盟博览会和中国—东盟商务与投资峰会致贺信精神、出席金砖国家领导人第十三次会晤时发表的重要讲话精神、向国际粮食减损大会致贺信精神、向2021“一带一路”·长城国际民间文化艺术节致贺信精神、向首届北斗规模应用国际峰会致贺信精神、向中国质量（杭州）大会致贺信精神、给全国高校黄大年式教师团队代表的回信勉励精神、给“高原戍边模范营”全体官兵的回信勉励精神、视察驻陕西部队某基地时的重要讲话精神、重要文章《毫不动摇坚持和加强党的全面领导》，中央办公厅、国务院办公厅印发《关于加强网络文明建设的意见》的精神、《青海省乡村振兴领导小组〈关于印发吴晓军同志在全省巩固拓展脱贫攻坚成果同乡村振兴有效衔接推进暨乡村振兴重点帮扶县工作视频会议上的讲话〉的通知》，王建军、信长星在全省林长制第一次工作会议上的讲话精神，王建军在省委党校建校70周年庆祝大会上的讲话精神，州委办、州政府办《关于认真学习贯彻习近平总书记重要批示精神　推动新发展理念全面贯彻落实的通知》，全国政法队伍教育整顿中央第十五督导组督导青海省工作座谈会精神，国家统计局2021年第5统计督察组进驻青海省开展统计督察对接沟通会精神，北京·青海对口支援工作座谈会精神，《王建军、信长星在海东市调研时的讲话精神》省委涉藏工作领导小组会议精神，省委、省政府专家学者座谈会精神，《中国共产党党徽党旗条例》，9月10日省委常委会会议，9月18日州委常委会会议精神；审议市人民政府党组《关于同仁市2021年新增地方政府债券资金的请示》《关于同仁市2021年县级基本财力保障机制奖补资金分配方案的请示》《关于同仁市综合行政执法改革实施方案的请示》《关于召开同仁市教育发展暨教育教学工作表彰大会的请示》《关于同仁市教育高质量发展若干措施的请示》，市委教育工作委员会《关于同仁市教育工作先进集体和先进个人的请示》。

一届市委2021年第26次常委会会议　11月15日，旦增主持召开一届市委第26次常委会会议，传达学习中国共产党第十九届中央委员会第六次全体会议精神，习近平总书记在深入推动黄河流域生态保护和高质量发展座谈会上的讲话精神，习近平、栗战书同志在中央人大工作会议上的讲话精神，省委办公厅《关于认真学习贯彻习近平总书记在中央人大工作会议上重要讲话精神的通知》，10月18日中共中央政治局会议精神，习近平总书记在中共中央政治局第三十四次集体学习时的讲话精神、在出席中华人民共和国恢复联合国合法席位50周年纪念会议时发表的重要讲话精神、在出席《生物多样性公约》第十五次缔约方大会领导人峰会时发表的主旨讲话精神、在出席第二届联合国全球可持续交通大会开幕式时发表的主旨讲话精神、向第130届中国进出口商品交易会致贺信精神、对老龄工作作出的重要指示精神、对全军装备工作会议作出的重要指示精神、在参观国家“十三五”科技创新成就展时的讲话精神、向仰韶文化发现和中国现代考古学诞生100周年致信祝贺精神、重要文章《扎实推动共同富裕》，中共中央、国务院《关于完整准确全面贯彻新发展理念做好碳达峰碳中和工作的意见》、中央办公厅关于印发《种业振兴行动方案》《关于党性教育培训机构规范管理和质量提升的意见》的通知、中央组织部关于查处四川省自贡市自流井区严重违反换届纪律问题的通报，中央组织部部长陈希在全国加强换届风气监督工作电视电话会议上的讲话精神，省委办公厅印发《青海省贯彻落实〈关于建立健全审计查出问题整改长效机制的意见〉的若干措施》的通知，10月15日、10月25日省委常委会会议精神，全省贯彻落实新发展理念研讨推进会精神，青海省党政代表团赴内蒙古自治区学习考察时的精神，新时代高原美丽城镇建设省部论坛精神，王建军、信长星向首届青海省科学成果奖颁奖大会致贺信精神，州委书记王耀春，州委副书记、州长扎西才让分别对全州“三农”工作作出批示精神，州委关于印发《十三届州委巡察工作规划（2021—2026）》的通知、10月28日州委常委会会议精神、《粮食流通管理条例》，省委、省政府《关于改革完善体制机制加强地方粮食储备安全管理的实施方案》，州委办关于印发《中共青海省委机构编制委员会印发〈关于构建简约高效基层管理体制的指导意见〉的通知》的通知，州委办、州政府办关于印发《黄南州机构改革和机构编制管理工作联席会议制度》等文件的通知，王建军在省疫情防控处置工作指挥部会议上的讲话精神、在海东市平安区督导检查疫情防控工作时的讲话精神，王建军、信长星在全省新冠肺炎疫情防控处置工作专题汇报会议上的讲话精神，信长星在省疫情防控处置工作指挥部专题会议上的讲话和在省疫情防控指挥部第三十二次（视频）会议上的讲话精神，省疫情防控指挥部工作专题（视频）会议精神，海东市第一时间传达学习省委书记王建军督导调研疫情防控工作时的讲话要求精神；安排部署近期重点工作；审议市政协党组《关于政协第二届同仁市委员会领导班子成员工作分工的请示》《关于调整市政协党组成员的请示》，市纪律检查委员会关于印发《中共同仁市委落实全面从严治党主体责任清单的请示》，市扫黑除恶专项斗争领导小组办公室关于印发《同仁市贯彻落实〈关于常态化开展扫黑除恶斗争巩固专项斗争成果的意见〉的若干措施》的请示，市委组织部关于批转《同仁市村集体经济收益资金管理使用暂行办法》的请示，市委巡察工作领导小组关于《一届市委巡察工作规划（2021—2026年）的请示》《关于双朋西乡人民政府干部刘长全违纪案处理意见的请示》《关于瓜什则乡卫生院院长华卡才让违纪案处理意见的请示》《关于扎毛乡人民政府干部何强业违纪案处理意见的请示》《关于市文体广电旅游局干部尕玛才让违纪案处理意见的请示》。

一届市委2021年第27次常委会会议　11月26日，旦增主持召开一届市委第27次常委会会议，传达学习《中共中央关于党的百年奋斗重大成就和历史经验的决议》及其说明、《中共中央办公厅 国务院办公厅印发关于强化反垄断深入推进公平竞争政策实施的意见》的通知精神、信长星在同仁市宣讲中共十九届六中全会时的讲话精神、《中共青海省委办公厅 青海省人民政府办公厅关于印发全省党政机关及事业单位办公用房专项整治方案》的通知精神、王耀春在州财政金融风险防范化解工作领导小组第一次会议上的讲话精神、11月12日州委常委会会议精神、王耀春在同仁指导推动领导班子思想政治建设上的讲话精神；审议《关于贯彻落实省政府主要领导在同仁调研时重要讲话精神分工方案的请示（审议稿）》《关于2019年藏传佛教寺院“两奖两补”考核结果的请示（审议稿）》《关于召开同仁市民族团结进步总结大会的请示（审议稿）》《关于同仁市2021年度科级领导班子及领导干部目标考核实施方案的请示（审议稿）》。

一届市委2021年第28次常委会会议 12月15日，旦增主持召开一届市委第28次常委会会议，传达学习中央经济工作会议精神，习近平总书记在出席全国宗教工作会议时的讲话精神、同美国总统拜登举行视频会议时的讲话精神、出席第三次“一带一路”建设座谈会时的讲话精神、在出席亚太经合组织第二十八次领导人非正式会议时的讲话精神、在出席并主持中国—东盟建立对话关系30周年纪念峰会时的讲话精神、在出席亚太经合组织工商领导人峰会发表的主旨演讲精神、向第四届世界媒体峰会致贺信精神、在主持中央全面深化改革委员会第二十二次会议时的讲话精神、在出席中央军委人才工作会议时的讲话精神、对全军后勤工作会议作出的重要指示精神、向首届中国网络文明大会致信祝贺精神、向第六届中非民间论坛致贺信精神、在主持召开中共中央党外人士座谈会时的讲话精神、重要文章《坚持用马克思主义及其中国化创新理论武装全党》，11月18日和12月6日中共中央政治局会议精神、省委全面深化改革委员会第十五次会议精神、11月13日和11月26日省委常委会会议精神，王耀春对年度目标责任考核工作的批示精神、《青海省委办公厅 青海省人民政府办公厅印发〈关于进一步减轻义务教育阶段学生作业负担和校外负担的若干措施〉的通知》《青海省委办公厅〈关于全省贯彻落实习近平总书记重要讲话指示批示精神和党中央重大决策部署情况的通报〉》；听取市纪委监委、市委组织部、市委宣传部、市委统战部、市委政法委、安全生产2021年工作汇报，书面听取市委党校、公安、老干部、机要和保密2021年工作汇报；审议市委宣传部《关于命名表彰首届同仁市道德模范及提名的请示》《关于举行首届同仁市道德模范启动仪式的请示》，市深化机构改革协调小组办公室《关于成立同仁市乡镇机构改革领导小组的请示》，市委编制机构委员会办公室《关于上报同仁市构建简约高效乡镇管理体制实施方案的请示》，市委组织部《关于选派卓玛措等同志到市乡村振兴局挂职任副局长的请示》《关于上报同仁市排查整顿农村牧区发展党员违规违纪问题认定处理意见的请示》；研究人事议题。

一届市委2021年第30次常委会会议 12月31日，旦增主持召开一届市委第30次常委会会议，传达学习中央农村工作会议精神、《中共中央办公厅印发〈关于加强和改进新时代市县政协工作的意见〉的通知》，省委十三届十一次全会会议精神，11月26日、12月10日州委常委会会议精神，王耀春《打造共同富裕黄南样板的几点思考》文件精神，在市县党政领导班子建设座谈会上的讲话精神，在同仁市、尖扎县、泽库县、河南县调研时的讲话精神，王耀春、刘强在全州巡察工作会议暨十三届州委首轮巡察动员部署会上的讲话精神，力本嘉在全州社会治理工作表彰大会上的讲话精神、在全州冬春维稳安保动员部署会上的讲话精神；安排部署全市重点工作；审议市人民政府党组关于《同仁市2021年地方政府债务限额的请示》《同仁市2021年度预算调整方案的请示》《同仁市2021年县级基本财力保障机制奖补资金使用分配方案的请示》《同仁市2021年阶段性财力补助资金使用分配方案的请示》《同仁市2021年省对下均衡性等转移支付资金使用分配方案的请示》《同仁市2021年特殊困难补助（抗疫特别国债）资金使用分配方案的请示》《关于修建民族团结主题展示馆的请示》《关于上报〈同仁市创建国家卫生城市工作实施方案（审议稿）〉的请示》，中共同仁市委组织部《关于柳小军等13名同志任职试用期满的请示》；研究人事议题。

【市委专题会议】 **市委全面深化改革委员会第六次会议** 4月28日，州委常委、市委书记、市委全面深化改革委员会主任旦增主持召开市委全面深化改革委员会第六次会议，传达学习中央全面深化改革委员会第十七次、十八次会议精神，省委全面深化改革委员会第十一次、十二次会议精神；州委全面深化改革委员会第六次、七次会议精神；省委印发《青海省贯彻落实〈关于全面加强新时代大中小学劳动教育的意见〉的若干措施的通知》精神、《州委办公室、州政府办公室关于印发〈黄南州深化市场监管综合行政执法改革实施方案〉的通知》精神；听取市委全面深化改革委员会2020年工作汇报；审议《同仁市"十四五"时期全面深化改革重点任务（审议稿）》《中共同仁市委全面深化改革委员会2021年工作要点（审议稿）》《乡镇领导班子换届人事安排部署方案（审议稿）》。

市委全面深化改革委员会第七次会议 9月10日，旦增主持召开市委全面深化改革委员会第七次会议，传达学习中央全面深化改革委员会第二十一次会议精神、省委全面深化改革委员会第十四次会议、州委全面深化改革委员会第八次会议精神；审议《关于推进同仁新发展阶段全面深化改革工作的若干措施（审议稿）》；安排部署相关工作。

群团协同化基地建设专题会议 1月29日，市委副书记李建强主持召开群团协同化基地建设专题会议，市委常委、宣传部部长、市总工会主席申丽玲和市总工会、团市委、市妇联、市残联相关负责人参加会议。

群团协同化基地建设工作领导小组会议 3月26日，受市委副书记、群团协同化基地建设工作领导小组组长李建强委托，市委常委、宣传部部长、市总工会主席、群团协同化基地建设工作领导小组副组长申丽玲主持召开群团协同化基地建设工作领导小组会议，市总工会、团市委、市妇联、市残联、市科协、市老干部服务中心主要负责人以及相关人员参加会议。会议听取群团协同化基地施工方青海创顺建设工程有限公司负责人对基地建设中产生的二类费用以及增加工程量预算情况所作的说明，并讨论研究项目实施中产生的二类费用资金来源等问题。

市委常委议军会议 9月18日，旦增主持召开市委常委议军会议。会议传达学习习近平强军思想论述摘编精神和省、州委议军会议精神，听取2020年市委议军会议议定事项办理情况以及市人民武装部、武警同仁中队、市消防救援大队工作情况的汇报，研究2021年驻市军警部队需解决的困难问题。各乡镇党委书记就落实党管武装工作进行专项述职，市委常委、人民武装部部长赵其虎作出点评。各市委常委、相关副市长、乡镇党委书记、市委、市政府有关部门和武警同仁中队、市消防救援大队主要负责人参加会议。

市巩固拓展脱贫攻坚成果同乡村振兴有效衔接推进会 10月27日，旦增主持召开同仁市巩固拓展脱贫攻坚成果同乡村振兴有效衔接推进会，听取全市乡村振兴项目推进情况，安排部署下一步工作。在家副县级以上领导干部，各乡镇党委书记，市委各部门、市直各机关单位负责人参加会议。

新冠肺炎疫情防控第二十次会议 10月27日，同仁市召开新冠肺炎疫情防控第二十次会议，听取同仁市疫情防控工作进展情况汇报，州委常委、市委书记、市疫情防控指挥部指挥长旦增主持会议并提出要求，市委副书记、市长、市疫情防控指挥部指挥长赵建国就当前疫情防控工作进行再安排、再部署。各在家县级领导、各乡镇党委书记、各部门各单位各人民团体负责人参加会议。

同仁市委教育工作领导小组及教育工作委员会会议 11月11日，市委副书记、教育工作领导小组组长、教育工作委员会书记陈峻主持召开同仁市委教育工作领导小组及教育工作委员会会议，研究部署教育高质量发展重点工作，市委教育工作领导小组、教育工作委员会各成员参加会议，相关地区和部门负责人列席会议。

市委教育工作领导小组及教育工作委员会会议 12月10日，市委副书记、教育工作领导小组组长、教育工作委员会书记陈峻主持召开同仁市委教育工作领导小组及教育工作委员会会议，研究审议有关文件，听取重点工作进展情况汇报，部署下一步教育发展工作，市委教育工作领导小组、教育工作委员会各成员参加会议，相关部门负责人列席会议。

（撰稿人：才让卓玛）

市委综合事务

【概况】 2021年，市委办公室突出抓好办文、办会、信息、调研、综合、督查、督办等方面工作，做到超前谋划、研究，建立务实高效的服务机制。加强全市不同时期各项工作调查研究，为市委研究制定重要文件和部署相关工作提供重要参考依据。强化与州委办公室及各乡镇、各部门沟通联系，做好下情上传、上情下达和统筹协调。搞好与四大班子办公室和市委政府部门之间的沟通衔接，努力形成各方联动、步调一致、互相配合的良好局面。规范完善周一例会、“第一议题”、考勤签到、研讨发言、督学反馈等制度；全年组织开展各类集体学习40次以上，人均读书笔记达2万字以上，撰写心得体会4篇以上；开展党员民主评议2次、评选优秀党员6人；组织学习党风廉政建设相关内容10次，召开专题会议4次，主要负责人讲廉政党课2次。选拔推荐2名干部走上副科级领导干部岗位，1名干部走上正科级领导干部岗位。6月3日，市委办公室被省委办公厅、省政府办公厅表彰为全省党政办公厅（室）系统先进集体。

【信息工作】 聚焦党委政府中心工作、经济社会发展热点难点重点以及群众普遍关心和反映的问题，及时选编上报高质量信息，为领导决策提供有效参考。强化信息队伍力量，制定完善《信息通讯奖励办法》，要求文秘人员每月编报信息不少于4期、全年不少于48期，人人争做“信息员”。全年编写《同仁信息》288期，前三季度编发信息被省、州办公系统采编率连续位居全州市县、部门首位，省、州采编48篇，年内被评为全省党政办公厅（室）系统先进集体。

【办文办会】 严把文件政策关、文字关、格式关、校对关，凡是重要文稿均采取个人起草、集体讨论、反复修改的方式，实现办文质量新突破。严格遵守来文签收、传阅、退送、存档等程序，确保安全高效。做到文件呈阅及时，下发上报及时，重要文件提前呈送相关领导，不断提高公文处理效率。抓好政务活动的服务工作，及早运筹、安排、落实市委召开的重要会议、重大调研观摩活动，从会场布置、人员通知、材料准备、手册制作、宣传报道等各方面制定详尽的筹备方案，确保会风会纪严肃有序，保障会议质量和效率。全年完成工作汇报、领导讲话等各类汇报、领导讲话等各类重要文稿400余篇，起草各类文件846篇，处理各类文件1498份，累计组织各类会议70余次。

【档案工作】 贯彻落实《中华人民共和国档案法》，督促指导乡镇、部门做好档案立卷、登记、管理工作，推动档案事业健康发展。加强档案业务培训指导及档案行政执法检查，对发现问题跟踪指导、限期整改。以“6·9”国际档案纪念日等节点为契机，通过实物展示、板报展示、现场咨询等方式开展宣传活动，增强全社会档案意识。开展档案业务实操和消防安全知识等培训，提高干部综合业务能力。挖掘档案资源，完成荣誉档案资料和红色档案征集活动，推动档案事业发展。推进脱贫攻坚和疫情防控两类专项档案收集整理，做好档案服务利用工作，提升服务保障能力。全年完成市委办、市政府办、团市委、卫健局等9家单位和隆务镇及所属8个村的村级档案整理立档工作，整理文书档案6064件，接收文书档案12483件，征收到15枚军功章、6枚20世纪50年代运动会纪念章、90枚撤县设市的作废印章、231张照片档案和10GB音像档案，全年开放到期档案1860件，接待查档人员239人次。

【机要保密】 调整市委办公室保密工作领导小组，组织召开保密委员会全体会议暨党政密码工作领导小组（扩大）会议，将机要保密工作与办公室日常工作同部署、同检查、同落实。班子成员执行领导干部保密工作责任制，明确岗位职责，推动保密工作落到实处。制定《2021年同仁市机要保密工作要点》《中共同仁市委保密委员会工作规则》等文件，签订保密工作承诺书和责任书，层层压实保密责任，严防失泄密事件发生。推进电子政务内网系统建设和安可替代工作，完成加密视频会议室升级改造工程，提升保密工作规范化水平。开展保密专项督查和保密法制宣传教育，增强全社会保密意识，堵塞安全漏洞。截至11月底，办理明密电报2592份。年内未发生泄密事件和工作责任事故。

【督查工作】 成立督考一体化办公室，发挥督查工作抓决策落实的“主力军”“左右臂”作用，紧盯市委重大决策部署、市委领导批办事项落实和群众关心的热点难点问题开展督查，特别是全委会、市委常委会等重要会议作出的决策部署，全程跟踪问效，为市委全面掌握重点工作推进情况、科学决策提供可靠依据。围绕中心抓督办，对中央、省委、州委、市委会全等重要会议确定事项分解任务和上级督办要求，及时下发督办通知，实行跟踪督办，推动工作落实。全年编发《督查专报》17期、《督办通知》32份、《督查通报》3份。

【深化改革】 制定《中共同仁市委全面深化改革委员会2021年工作要点》《新发展阶段全面深化改革工作的若干措施》，明晰“十四五”深化改革重点任务，压实工作职责，确保改革工作有章可循、有据可依。对标确定改革任务27项，制定《市委全面深化改革委员会2021年改革任务台账》，细化改革事项131项。探索推进“督考一体化”工作模式，推行“例会+学习”“例会+周报”“例会+通报”的“周一例会”制度，打造改革亮点，实现减负增效，促进工作水平整体提升。全年召开市委全面深化改革委员会议2次，结合“周一例会”制度对全市52家单位周一例会和制定任务清单确定工作落实情况累计督导100余次。

【应急值守】 在重要节点和节假日及时印发工作通知、值班安排，对值班备勤工作提明确要求，保障全市社会大局持续稳定。严格实行24小时值班制度、“每日情况零报告制度”和“三级带班制度”，做到应急不停歇、工作不间断。加强同市应急管理、公安、道路交通、气象、网信等部门沟通协商，及时办理网络舆情处置工作，分析研判交通事故、汛情灾情等信息，做到第一时间汇报和编报信息，为妥善处置紧急突发事件提供信息服务和参考依据。加强值班值守工作调度，联合纪检、组织等部门随机抽查各乡镇、各单位值班人员在岗情况、紧急突发事件处置流程，督促值班值守工作常态化。

（撰稿人：才让卓玛）

组织建设

【概况】 2021年，市委组织部践行新时代党的建设总要求和新时代党的组织路线，坚持以政治建设为统领，聚焦中心大局，加强基层党组织建设、党员干部队伍建设和人才队伍建设。截至年底，全市有基层党组织218个，其中党委12个、党总支14个、党支部192个；党员总人数5375人，其中女党员1408人，少数民族党员4656人，60岁以下党员4461人，大专以上学历党员2170人。

【党员干部队伍建设】 按照发展党员5个步骤25个流程抓好发展党员工作，进一步明确新发展党员政治审查程序、要求和近亲属报备工作，年内新发展党员166人。落实同仁市发展党员年审制度，围绕发展党员动机不端正、程序不规范、档案不健全等突出问题，以交叉互验的方式审查全市新培养的122名入党积极分子、新发展的184名预备党员、按期转正的168名党员，将不符合条件的“拒之门外”。结合农村牧区发展党员违规违纪问题排查整顿，常态化开展不合格党员处置工作，年内处置不合格党员5人。

【党员关怀与表彰】 党员关怀 结合“两节”“七一”等关键节点，由县级领导牵头，慰问全市

155名困难党员、146名老党员、9名老干部、2户烈士遗属、1户因公牺牲家庭，深化党史学习教育成效，激励广大党员干部守初心、强党性，更好地传承光辉历程，弘扬党的精神。按照中央、省委、州委要求，开展“光荣在党50年”纪念章颁发工作，经市委组织部、市退役军人事务局及各乡镇党委联合审查，确定全市169名达到50年党龄的老党员名目，通过主题党日、联点慰问、举办仪式等向老党员们颁发“光荣在党50年”纪念章。

党员表彰 将庆祝中国共产党成立100周年系列庆祝活动作为活动主线，开展“两优一先”评选工作，省、州、市三级层面表彰37名优秀共产党员、23名优秀党务工作者和29个先进基层党组织，激发党员干部干事创业热情；指导各领域基层党支部开展“迎党百年华诞”“党旗在基层一线高高飘扬”“我为群众办实事”等主题实践活动；组织实施“先锋党员”标牌、“党建大礼包”等发放工作，提高党员归属感和荣誉感。

【基层党组织建设】 **落实党建责任** 坚持党的全面领导，贯彻落实新时代党的组织路线，落实基层学习日要求，坚持以示范带动引领；坚持利用“新时代基层宣讲队”“新时代学习大讲堂”等载体常态化开展五项教育活动，把加强党的政治建设要求落到每一个基层党组织；建立《同仁市县级领导干部联乡进寺上讲台制度》，强化县级领导干部对重点村、寺院、党外人士和学校的具体工作指导；落实市、乡、村三级联述联评联考制度，倒逼各级党组织书记把抓党建责任放在心上，扛在肩上；利用“黄南先锋”“今日同仁”等新媒体优势，借助“党支部组织生活共享阵地”，开展“党课开讲啦”“学习身边榜样”活动，推动党史学习教育有声有色、入脑入心；持续强化全市103个远程教育站点规范化建设，为党员理论学习搭建快车道。

基层党组织体系建设 在全市各领域党支部开展“促百分百达标、迎党百年华诞”以评促建活动，细化百分制量化考评指标，考评全市213个党支部，形成“一支部一分值一清单”，将75分以下的党支部确定为薄弱党支部，成立督导组，联合纪委加强督促整改“回头看”力度，实现所有薄弱党支部整改达标；分类抓好重点任务，在村，深化党员志愿服务队建设，严格村“两委”坐班代办制度，推进“党建网”和“综治网”两网合一，畅通党员“任职关”。在社区，深化“党建联盟”“微心愿”等品牌内涵，打造热贡路社区“爱心厨房”“儿童之家”“红色驿家”特色品牌，量身制定工作方案，增强品牌吸引力和凝聚力，推动社区支部建设提质促优、服务群众高效高能。在机关，开展党支部承诺践诺、创建党员先锋岗等活动，持续推进“党员示范岗”“岗位大练兵”、在职党员进社区“双重管理、双向服务”活动，推动解决与群众生活密切相关的民生问题。在学校，坚持党组织领导下的校长负责制，完善学校党建工作制度体系和工作机制，稳妥推行党组织书记、校长“一肩挑”。在“两新”组织中，结合以评促建活动，升级阵地，剔除“空壳”党支部21个，整顿薄弱党支部11个，筹措全省“两新”组织红色引领·助力乡村振兴黄南行活动，签订合作协议24项。村级换届选举中选出432名村（社区）“两委”成员，激发村级队伍活力。

党建引领社会经济服务 聚焦乡村振兴战略部署，从省、州、市、乡四级精准选派108名干部向36个乡村振兴重点村开展帮扶工作，落实驻村工作队意外伤害保险、工作经费、提拔任用等后勤保障，促使驻村干部创事有劲头；细化村集体经济“产业链”措施，研究出台《关于推动同仁市村集体经济高质量发展的若干措施》《同仁市村集体经济收益资金分配暂行办法（试行）》，因地制宜打造“一村一品”特色产业，强化村级发展动力。收入超过5万元和10万元的村占比在2020年的基础上明显增长；制定落实《同仁市村“两委”班子及村干部绩效考评办法（试行）》，督导各乡镇开展季度考核工作。

【干部教育培训】 **思想政治教育培训** 坚持把习近平新时代中国特色社会主义思想作为干部学习教育培训的首课、主课、必修课，分级分类开展习近平新时代中国特色社会主义思想学习培训和习近平总书记在青海视察工作时的重要讲话精神、习近平总书记在庆祝中国共产党成立100周年大会上的重要讲话精神专题培训，实现全市科级及以上干部全覆盖。利用“学习强国”“黄南先锋”“今日同仁”“同仁融媒”等学习平台向领导干部推送学习内容，引导领导干部用党的最新理论武装头脑、指导实践、推动工作。

专业培训　坚持以干部内在需求为导向，举办党性教育、能力提升等方面专题培训10期，培训干部1254人次。选派64名党政业务骨干在北京、天津、杭州、成都等地参加省州举办的现代农牧业、金融产业、新能源技术、现代文化旅游、乡村振兴、应急管理能力提升、生态环保等专题研讨班，提升干部综合能力。发挥乡村振兴一线、疫情防控一线培养锻炼干部的“蓄水池”作用，选派73名干部到急难险重岗位砥砺品格，促使干部在最复杂、最困难的环境下接受考验、增长才干。选派6名科级领导干部参加黄南州中青年干部培训班，积累基层实践经验，增强干事创业能力。

【党员教育培训】　建立“第一议题”制度，统筹抓好主题党日、“三会一课”、组织生活会等制度的落实，针对不同领域、不同层次党员类型，分类分批次开展主题教育培训。持续抓好换届后续工作，举办2期新任村（社区）“两委”班子主要负责人及村（居）务监督委员会主任培训班，参训村干部达250余人次，实现培训全覆盖、零遗漏；针对46名新任乡镇领导班子成员，举办市级素质能力提升培训班，通过理论授课、研讨交流、实地观摩等方式上好履职“第一课”。开展11个乡镇农牧民党员冬春训工作，培训面达100%。举办36个重点村驻村工作队培训会2期，为开展好乡村振兴工作指明方向、点出路径；选派14名村党组织书记参加省级示范培训班，19名党员村干部参加学历素质提升培训班，提高各级党员政治担当、履职能力和工作水平。

【基层领导班子建设】　着眼市、乡领导班子换届，围绕推进国家治理体系和治理能力现代化建设，坚持让干部特别是年轻干部经受严格的思想淬炼、政治历练、实践锻炼，提高干部制度执行力和治理能力。落实《2019—2023年全国党政领导班子建设规划纲要》，围绕推进国家治理体系和治理能力现代化建设选优配强领导班子，坚持老中青相结合的梯次配备，合理配备女干部、少数民族干部和党外干部。2021年换届调整的乡镇党政正职平均年龄38.3岁；配备35岁及以下党政正职4名，占18.2%；党政正职中妇女干部3名，占13.6%。提拔任用14名优秀年轻干部进入乡镇领导班子，将8名市直部门优秀年轻干部充实到乡镇领导班子，将11名乡镇优秀干部交流至市直部门。

【干部考察任用】　把政治表现作为考察干部的首要标准，培养选拔忠诚干净担当的高素质干部队伍。通过一线考察、专项考核、谈心谈话等方式，全方位、多角度了解掌握干部的政治表现，提拔重用政治过硬、业绩突出、群众公认的干部。注重在乡村振兴、生态环保、维稳等急难任务和一线岗位识别选拔干部。年内调整选派108名驻村第一书记和工作队员，选派8名优秀选调生在省级和州级单位跟班学习，加强干部实践历练，丰富业务经验，并注重在实践中考察识别干部。把深入学习贯彻习近平新时代中国特色社会主义思想作为干部教育培训的“首课主课”。分层分类组织开展习

2021年7月26日，新任乡镇领导班子在州党群服务中心观摩学习（市委组织部供图）

近平总书记重要讲话精神，实现全市科级及以上干部全覆盖。发挥市委党校干部教育培训"主阵地"作用，实施"新时代干部大讲堂培训工程"，举办各类培训班3期，培训干部322人次，帮助干部丰富专业知识，提升专业能力。

2021年2月3日，同仁市组织全市新任村（社区）党支部书记、村（居）委员会主任、11名乡镇组织委员在市公安局二楼会议室举办新任村（社区）"两委"班子主要负责人及村（居）务监督委员会主任培训班（市委组织部供图）

【干部选派】　选派业务精、作风好、党性强的干部到乡村振兴、社会治理、生态环保、疫情防控等重点工作一线，鼓励各级干部投身急难险重岗位中干事创业，不断强化政治担当，增强斗争本领，实现推动事业发展和促进干部成长高度融合。对标乡镇领导班子换届新形势新要求，选拔11名政治素质高、勤政律己严、工作业绩实的事业单位干部进入乡镇领导班子，拓宽事业单位干部成长空间，调动事业单位干部投身全市改革稳定发展各项事业的主动性和积极性。选派77名优秀党政骨干参加省、州举办的现代农牧业、金融产业、新能源技术、现代文化旅游、乡村振兴、应急管理能力提升、生态环保等专题研讨班。选派5名优秀科级领导干部赴天津挂职锻炼，进一步拓宽干部视野，补齐短板不足。发挥乡村振兴一线、疫情防控一线培养锻炼干部的"蓄水池"作用，将新考录的12名选调生全部安排到村任职，在基层一线开展国情调研工作，了解村容村貌，提升实践工作能力。

【干部监督】　坚持管思想、管工作、管作风、管纪律的从严管理机制，综合发挥"12380"电话、短信，纪委监委、信访、审计、巡视等工作的作用，执行巡视巡察、经济责任审计、重大事项请示报告、"一报告两评议"等制度。

政治监督　坚持把政治纪律和政治规矩摆在首位，注重日常了解，结合党委（党组）推荐、考察谈话等途径，全方位考察干部，从多个层面画好干部"政治像"。将监督工作贯穿干部选拔任用工作全过程，落实党委（党组）书记、纪委书记"双签字"，始终做到干部档案"凡提必审"，个人有关事项报告"凡提必核"，纪检监察机关意见"凡提必听"，违纪违规信访举报"凡提必查"。

谈心谈话　全年组织部部长对提任的122名干部开展任前谈话，引导领导干部把心思放在"干成事"上，把作风转变到"能干事"上。市纪委、市委组织部每年至少与乡镇、部门党政"一把手"进行一轮廉政谈话。结合思想政治建设调研、领导班子年度考核等与党政"一把手"谈话20人次。市委书记采取"一对一、一对多、面对面"的方式对乡镇领导班子谈心谈话，体谅乡镇干部难处，解决任务落实难点，缓解心理压力，激发内生动力。

日常监督　完善领导干部离任责任审计、请销假、婚丧嫁娶报备等制度，全年考核47名任职试用期满的副科级领导干部，开展26名离任科级领导干部离任经济责任审计，科级领导干部请销假报备207人次，报告婚丧嫁娶事宜15人。

【干部考核】　坚持把严管和厚爱相结合，客观公正评价领导班子和各级干部的政绩，以实绩论英雄，凭实绩用干部。实施年终目标考核，实施公务员平时考核月报，及时统计考核月报表，做到年终目标考核有理有据。印发《关于2020年科级领导班子和领导干部目标考核结果的通报》《关于2020年科级非领导职务干部和一级科员考核结果的通报》，表彰考核优秀领导班子和干部，激励领导班子和各级干部在工作中保持顽强作风和拼劲闯劲，主动作为、自我加压。把考核结果与领导班子建设、评优评先、干部选拔使用挂钩，作为重要依据，坚持考用结合、以用促考，完善奖惩激励机制，提拔重用成绩突出者，诫勉约谈、及时调整排名靠后者，激发干事创业热情。

2021 年 4 月，同仁市召开人才工作领导小组会议（市委组织部供图）

【公务员管理】 年内完成公务员考录 32 人（其中选调生 12 人），考录力度为近 5 年之最。落实《同仁市公务员平时考核实施方案（试行）》，完善公务员考核评价机制，发挥平时考核的导向、激励和约束作用，更好地调动公务员在推动全市经济社会发展中的积极性、主动性和创造性。年内对 11 名连续 3 年度考评为优秀的公务员记三等功，对 163 名考评为优秀的公务员荣记嘉奖并通报表彰。执行职级晋升相关规定，明确审批程序，强化政策引导，发挥职级并行政策的撬动效应，在核定职数范围内，做到“择优晋升”，年内职级晋升 136 人。优先向基层一线、吃劲岗位付出多、贡献大的干部倾斜，树立面向基层、关爱基层的导向，鼓励干部担当作为。

【人才培养】 立足热贡艺术文化集聚、“非遗”资源底蕴深厚的优势，推进产业结构转型升级。推荐申报州级热贡文化人才培育示范户 30 户、热贡文化人才培育示范企业 8 家、热贡文化培育示范基地 12 个；发挥生态畜牧业人才在乡村振兴中的示范、引领和带动作用，组织 60 余名生态畜牧人才在西宁市大通县、海南州、海北州实地考察学习生态畜牧业发展先进经验。重点围绕教育、医疗、城市规划等短板领域，征求用人单位人才需求，加强与援建单位有效沟通，柔性引进医疗卫生方面专业技术人才 4 人。发挥天津援青资源优势推进联企兴村“1+1”行动计划，成功与天津荣程集团搭建合作平台，为本土生产经营性人才提供技术指导、订单生产、联系销售等服务。制定出台《同仁市关心关爱援建干部人才若干措施》，优先为援建干部人才提供本系统省内外培训、进修平台，推荐 7 名服务期满援青人才为黄南州优秀援青人才。落实《党政领导干部联系服务优秀人才暂行办法》，全市 28 名党政领导干部联系 56 名优秀人才，市委主要领导慰问 5 名具有突出贡献的优秀人才，形成爱才惜才的良好氛围。

【基础基层党建项目】 “抓乡促村”党建项目 在实施 2021 年 16 个村“六个基本”建设基础上，投入 1148 万元，新建 2 处（保安镇银扎木村、双朋西乡协智村）、改扩建 1 处（隆务镇热贡路社区），对 65 个村（社区）现有村级“十有”党群服务中心尚不达标的薄弱村（社区）进行提质扩容，补齐短板，促进基层党组织阵地标准化规范化建设，增强基层党组织凝聚力、战斗力。

“一核三治”党建项目 推进党建网和综治网“两网合一”，244 名党员任网格长，形成以党组织为“核心”，构建自治、法治、德治“三治”融合格局，打造宣传教育有特色、矛盾排解有方法、人员管控有措施、依法打击有力度、网格管理有体系“五有”方式的“135”社会治理新模式。执行村级党组织“四议两公开”工作法，发挥群众决策、执行、监督主体作用，完善落实村规民约，为基层治理奠定制度保障；虫草采挖期，实行“党组织+党旗+服务”模式，将民生服务做在群众需求之前，为基层社会治理提供保障。

【“两新”组织建设】 以“百分百达标、迎党百年华诞”为契机，调研“两新”党组织，掌握“两新”组织基本情况，做到党员数量清、组织架构清。“两新”组织以支部为单位，由支部书记带头、党员参与，采取线上+线下相结合方式，组织开展党史自学，并运用“学习强国”“黄南先锋”等平台做好延伸阅读。在全市范围开展“两新”组织排查摸底工作，通过系统查、电话访、实地看等形式，排查全市2000余家非公有制经济组织和社会与组织底数，准确掌握基本情况、党组织情况、党员情况等，进行登记造册，建立信息台账。疫情防控期间，“两新”党组织发挥模范带头作用，主动奋战在抗击疫情一线。热贡上德诚唐卡绘画有限公司党支部先后购买价值11210元的口罩，用于新型冠状病毒肺炎的疫情防控；万腾机动车驾驶员培训有限公司党支部向防疫卡点一线人员送去价值4000元的牦牛肉；热贡购物中心党支部向消防大队捐赠医用防护服50套，向坚守在一线疫情防控工作者送去饮用水、食品等慰问品折价5.73万元。

（撰稿人：阿瑛格、项青加、仁青扎西、扎西旦周、多杰坚赞、马慧敏、仁旦多杰、赵强、王艳梅、马忠良、申鑫）

思想政治宣传

【概况】 2021年，同仁市宣传思想文化工作聚力落实“举旗帜、聚民心、育新人、兴文化、展形象”使命任务，打造“宣”字号特色品牌，为建设富裕团结文明和谐美丽新同仁提供思想保证、精神动力、舆论支持。2021年，同仁市级主要媒体累计刊发各类新闻宣传稿件3840条（篇），其中新媒体类报道1626条（篇）、广播电视类报道652条，有效扩大正面宣传覆盖面和影响力。全年在中央、省、州级主流媒体上的新闻稿件量达到1200余条（篇）。截至年底，全市有记者6人，编审6人。

【理论武装】 严格“第一议题”制度，坚持把党的理论武装摆在突出位置，制定印发《党委（党组）理论学习中心组学习指导方案》，推动政治理论学习规范化、常态化。实行领导带学、党员互学、个人自学“三学联动”机制，第一时间学习习近平总书记最新讲话精神和指示批示要求，清单式管理学习内容，压茬式督导问效，不断提升学习质量和成效。党员干部认识跟进、学习跟进、行动跟进，全年市委理论学习中心组集中学习38次，专题研讨8次，专题辅导17场次，分众研讨420场次。

【意识形态工作】 以维护意识形态领域安全为目标，以净化出版物市场、清除网络有害信息等为主线，以强化日常管理为基础，开展“扫黄打非”集中行动和专项治理，把“扫黄打非”工作与整顿规范市场经济秩序和社会治安综合治理相结合，全年开展“护苗2021”“净网2021”“扫黄打非·新风”等专项行动，在完善部门联动机制等方面取得新进展。

【新闻宣传】 依托“今日同仁”“同仁融媒”微信公众号、视频号等，展示同仁发展成效和亮点。健全邀请中央和省级媒体到市采访报道工作机制，承接开展“中央媒体黄南行”“网络媒体看黄南”行动，中央、省级等20家媒体刊播同仁市新闻稿件1200余篇，同仁市获“中国藏族热贡神舞之乡”称号，扎毛乡扎毛村被评为国家级乡村旅游重点村。

【理论宣讲】 持续将学习宣传贯彻习近平新时代中国特色社会主义思想、中共十九大、十九届历次全会和省州市委全会精神引向深入，围绕习近平总书记两次视察青海时的讲话、“七一”讲话、中共十九届六中全会、党史学习教育等主题，采取市委示范、乡镇兜底模式，组建市红旗宣讲团、11支新时代基层宣讲队，在村社学校、企业军营、田间地头开展宣讲，让党的创新理论“飞入寻常百姓家”。全年开展集中宣讲436场次，受众达8.4万人次；入户宣讲5600场次，

2021年7月1日，同仁市举办“永远跟党走·奋进新征程”主题党日活动（市委宣传部供图）

受众6.2万人次，覆盖率100%。注重发挥“线学线讲”宣讲作用，创作刊播短视频235个。

【文化工作】 聚焦中国共产党成立100周年主题，策划开展庆祝中国共产党成立100周年系列活动，拍摄制作《百年恰似风华正茂》专题片，开设《奋斗百年路·启航新征程》专栏，展示全市各级党组织和干部群众心向党、跟党走的精神风貌。征集并制作《同仁飞歌》，唱出各族群众爱党爱国爱家乡的炙热之情。搭载“六下乡”活动平台，编排政策法规、乡村振兴、生态环保、安全生产等内容的弹唱、小品、歌舞，开展巡回演出216场次，受众2.6万人次。推进全民阅读工作，形成全民阅读新风尚。全市72个行政村全部建成农牧家书屋，设立36个寺庙书屋，安排专人管理，常态化开展多种形式的基层读书活动，累计赠送图书3万余册。

【新时代文明实践中心（所、站）建设】 整合现有基层公共服务阵地资源，组建理论宣讲、乡村振兴、生态保护等10支市级志愿服务队，以中心吹哨、志愿报到模式实现文明实践活动常态长效。市新时代文明实践中心、11个乡镇实践所、80个村（社区）新时代文明实践站全部挂牌运行。全年开展志愿服务1200余次。高标准推进融媒体中心建设，配齐领导班子，设置9个部室，明确分工，细化工作，确保融媒体中心建设工作有人抓、有人管。构建广播、电视、新媒体、安全播出、文化融创和广电节目传输等领域多位一体和一次采集、多次生成、多元发布、多平台互动的主流思想舆论阵地，《同仁新闻》实现线上投放并与“大美青海”“学习强国”等平台共通。

（撰稿人：蔡雪玲、李宏翔）

统一战线

【概况】 2021年，市委统战部以凝聚人心为根本，做好寺庙疫情防控、管理服务、稳定工作；坚持以铸牢中华民族共同体意识为主线，全面融入全国民族团结进步示范区建设大局，贯彻新时代党的治藏方略，持续推进涉藏工作；以提高治理能力建设为抓手，坚持宗教中国化方向，引导宗教与社会主义社会相适应；最大限度把全市统战对象的力量和智慧凝聚起来，推动同仁市统一战线各项工作上台阶、上水平，各项工作取得实效。截至年底，全市有依法登记寺庙38座，其中藏传佛教寺院36座、汉传佛教寺院1座、伊斯兰教清真寺1座。藏传佛教分格鲁派、宁玛派、苯教3个教派，有宗教教职人员2175人，其中活佛40人、经师123人，信教群众8.2万多人，占全市总人口的82%，分布在全市11个乡镇，是黄南州宗教工作重点市。获“2020年度全省藏传佛教寺庙社会管理工作专项考核优秀地区”称号。

【民族团结进步创建】 制定《同仁市创建全国民族团结示范市实施方案》《同仁市加快推进创建全国民族团结进步示范市实施方案》《同仁市民族团结进步宣传月活动实施方案》等文件，进一步细化

2021 年，同仁市宗教领域开展“两节”慰问活动（市委统战部供图）

目标任务、总体要求和具体措施，为创建工作顺利推进提供基本依据和具体指导。健全完善宣传教育、目标考核、督查指导、矛盾纠纷排查、奖惩激励等工作机制，建立市级领导联点包片督查工作制度，形成“一办六组”常态化创建工作机构，建立主要领导负总责、分管领导具体抓，一级抓一级，形成“党委统一领导、党政齐抓共管、创建办组织协调、各部门联动发力、全社会共同参与”的创建机制和工作格局。

落实习近平总书记要教育引导青海各族群众牢固树立“三个离不开”思想观念的要求，以意识形态主体责任落实推动民族团结进步教育，把“三个离不开”“五个认同”教育纳入国民、党员、法治等教育的全过程，注重发挥各基层创建单位的“主渠道主阵地”作用，搭建载体、丰富内涵，因地制宜开展一系列主题鲜明、独具特色的创建活动。以组织开展“民族团结杯”传统赛马大会、藏乡六月会、保安花儿会、热贡於菟非遗民俗文化旅游节、美食文化节和唐卡艺人精心创作《隆务镇民族团结进步唐卡长卷》等群众文化活动为有效载体，营造“月月有活动、处处有声音、时时讲团结”的创建氛围。发挥红旗宣讲团、政策宣讲团，上层宗教人士宣讲团作用，巡回入乡镇、学校、寺院，科级干部入村（社区），乡镇干部入村入寺方式，组织开展精准宣教活动。

制定《民族团结进步创建工作年度考核细则（试行）》，将创建考核评选作为“五好”基层党组织建设、文明单位、综合目标绩效管理、平安单位创建等工作前置条件。与时俱进推动民族文化传承保护和创新交融，打造新时代民族工作的“同仁文化样板”。依托悠久的历史文化、民族文化、生态文化、宗教文化优势，以热贡文化为核心，以国家级文化生态保护区建设为平台，优化特色文化布局，完善公共文化服务体系，打造热贡文化特色品牌，挖掘保护文化资源，打造“西域胜境 · 文化同仁”品牌，形成“围绕一个核心，打造五大品牌，培育五大特色片区”的文化发展格局。12 月初，市委、市政府召开全市第五次民族团结进步表彰大会，表彰近年来在全市民族团结进步战线涌现出的 90 个先进集体、60 名先进个人。

把同仁市的“五教一条街”（隆务古街中的藏传佛教、伊斯兰教、汉传佛教、道教、基督教）打造成一个文化底蕴深厚、民族宗教和顺的调研点，形成各宗教相互包容、兼收并蓄、共同进步、和睦共处的人文景观，共同见证隆务地区各族群众相互帮助、团结和睦的民族团结进步新篇章。11 月，同仁市获第九批全国民族团结进步示范区荣誉称号。

【支持民族经济发展】 推进乡村振兴战略发展，改善人口较少民族村生产生活条件，提升村容村貌，解决群众民生问题，共享改革发展成果。争取国家投资 1600 万元，用于同仁市人口较少村基础设施和产业扶持。寺庙基础设施建设项目资金 1900 万元，用于改善寺庙线路安全设施。截至年底，项目有序推进。与党委政府中心工作相结合，鼓励支持更多非公有制企业参与“百企帮百村、百企联百户”精准扶贫行动，为党委政府排忧解难。

【大统战格局构建】 将《中国共产党统一战线工作条例》（简称《条例》）作为构建大统战格局的政治保障、组织保障、法治保障，在全市上下掀起学习宣传《条例》的热潮。及时将《条例》学习列入各级党委（党组）中心组重要学习内容，市委领导干部带头，统战民宗、各行各业例会、统战各领域跟进学习，树立各级领导干部大统战使命意识。结合党史学习教育活动，围绕爱党爱国爱社会主义主题在全市统一战线各领域组织开展庆祝中国共产党成立 100 周年系列活动，引导统一战线广大成员树立正确的国家观、民族观、历史观、文化观，坚定统一战线广大成员永远跟党走的信心和决心；引导统一战线广大成员投身乡村振兴、生态保护、民族团结、绿色发展等重点工作。坚持宗教中国化，贯彻执行《宗教事务条例》，落实寺庙“三种管理模式”规范，突出“宗教场所、宗教活动，教职人员”三个关键环节，规范管理宗教事务。

【宗教领域统战】 宗教活动场所管理 建立健全统战委员和宗教事务联络员。推行寺庙与民间宗教“双轨并行”治理模式；加强新建、改扩建宗教活动场所和宗教设施审批管理，防范和依法处置私自修建、改扩建等违法问题；在巩固财税监管试点寺庙工作的

2021 年 3 月，市民宗局在寺庙举行安全生产宣讲会（市民宗局供图）

基础上，建立财务监管协调机制，制定工作方案，明确工作职责，在制度建设监管模式、宣传引导等方面加大力度。落实宗教活动场所疫情防控“两暂停一延迟”（暂停对外开放，暂停集体宗教活动；宗教院校延迟开学）工作要求，引导全市佛教界人士主动做到居舍闭关清修，守住宗教领域疫情零输入、零感染底线。

宗教活动管理 按照《同仁市藏传佛教寺庙传统法会目录》，落实“一年一审批”管理措施。执行《同仁市藏传佛教寺庙宗教活动管理制度》，做到“四个不批”（对跨地区的不批、属于贫困乡镇的不批、向信教群众摊派布施的不批、没有落实安全防范措施的不批）。

宗教教职人员管理 落实活佛驻寺、宗教教职人员请销假制度，加强宗教教职人员管理。加强僧俗群众政策法治宣传教育，结合百寺千讲、三月法治宣传月等主题活动，宣传中央第七次西藏工作座谈会和习近平总书记在青海视察时的重要讲话精神和中央民族工作会议精神，引导僧俗群众增强大活佛转世“国内寻访、金瓶掣签、中央政府批准”原则共识。摸底调研全市驻寺干部建设情况，完成调研报告；修改完善《同仁市驻寺干部管理办法（试行）》。

【党外人士统战】 党外人士政治素质和能力素质培养 召开党外代表人士座谈会，通报会，学习会，征求意见会、谈心谈话会，及时传达学习中共十九届六中全会精神、中央第七次西藏工作会议精神和贯彻落实省委、州委、市委冬春维稳工作部署要求和市委一届二次全会精神，统一党外人士思想、提高认识，并征求意见建议，为市委、市政府科学决策提供智力支持。

落实党外人士联系制度 为确保联谊交友工作的延续性，进一步抓好同仁市党外人士工作，调整全市县级领导干部联系党外人士及联点寺院，制定《同仁市市级领导干部联系党外人士制度》

《市级领导干部联系党外人士及联点寺院名单》，市级领导干部经常性深入寺院，掌握僧侣思想动态，向他们宣传党的方针政策，教育引导宗教人士看好自己的门、管好自己的人。

隆务寺联谊交友　将联谊交友贯穿于寺院管理各个环节，发挥联谊交友的沟通和纽带作用，调整充实230名干部与460名18—60岁僧人开展联谊交友活动。开展僧侣慰问活动，帮助寺院解决僧侣在养老、社会救助、残疾扶助、低保医保等方面的困难，为贫困僧人开展“送温暖”活动，使他们感受到党和政府的温暖，自觉维护社会稳定。

【新的社会阶层人士统战】　坚持走群众路线，广泛发扬民主，拓宽考察渠道，通过面对面谈话，与所在单位职工代表及部分群众进行个别座谈，详细了解提名人选基本情况，思想政治表现、社会表现和工作业绩等方面情况，汇总整理分别形成考察材料，在与市委组织部、市政协进行沟通了解的基础上，依法完成204人（其中州级44人、市级160人）新一届州市政协委员党外人选的推荐、提名、考察等工作，发挥他们在“政治协商、参政议政、民主监督”中的作用，为州、市改革、发展、稳定做贡献。参与州市政协工作，按照规定让宗教界代表人士阅读应该阅读的文件，并对人大、政协宗教界代表人士所提议案、提案予以采纳并落实反馈意见。

【侨务与藏胞工作】　加强全市侨务与藏胞工作，举办同仁市侨（藏）胞人士培训班1期，培训班采取集中辅导、组织讨论、外出考察相结合的方式进行，在学习中央民族工作会议、第七次西藏工作座谈会及习近平总书记在中国共产党成立100周年庆祝大会上的重要讲话精神的基础上，在海北州“两弹一星”爱国主义教育基地、尖扎市昂啦千户府等地进行现场观摩教学。组织30名华侨侨眷、藏胞参加州委统战部举办的座谈会，会上通报州第十三次党代会及“两会”精神、“十三五”时期黄南经济社会发展取得的成果及今后五年的总体要求和奋斗目标，解读华人华侨相关政策，增强华侨侨眷、藏胞的国家意识、法治意识、公民意识。集中对同仁市定居藏胞、侨属开展“两节”期间慰问活动，送去党委政府的关爱和节日最真诚的祝福，支出慰问金2万元。

【佛协与伊协工作】　开展“教风建设年”活动，整顿活佛、经师、僧尼及寺庙在教风方面存在的问题。推进寺庙财税监管工作，研究制定《寺庙财务监督管理制度》《寺院费用报销流程》《民管会财务管理制度》等一系列规章制度并张贴上墙，改变过去“谁当家谁说了算”、无章可循的粗放管理模式，为寺庙财务工作的开展提供科学遵循和基础。动员宗教界人士开展义务植树活动，春、秋季植树造林面积33.33公顷，种植油松、松树、杨树、丁香花等树苗14万株。参与“佛教论坛”，在第七届佛教论坛和第三届“民族团结杯”书法作品展览会议上，选送论文15篇，获二等奖1篇、三等奖5篇，书法二等奖1篇、优秀奖9篇。开展伊斯兰教领域清真食品餐饮企业食品安全专项检查。

【宗教领域新冠疫情防控】　在各寺院显著位置张贴疫情防控工作有关通知及倡议书，悬挂藏语和汉语防疫横幅，倡导僧众少出门、勤洗手、戴口罩，坚持做到公共场所、僧舍、经堂勤消毒，提高僧俗群众的防控意识。抓好新冠疫苗接种工作，把接种新冠疫苗作为当前一项政治任务来抓，做到应控尽控、应接尽接，确保宗教领域疫情防控工作平稳有序推进，全市可接种新冠疫苗僧人1783人，接种1719人。全市宗教界响应党委政府号召，落实省委“两暂停一延迟”措施，落实寺庙活佛驻寺制度和僧侣请销假制度。掌握寺庙僧人身体情况和前期旅居史，执行僧人在寺情况日报告制度和寺庙进出实行“双码双验”制度，确保寺庙安全有序，持续保持宗教领域“零传播”“零输入”“零感染”目标。黄南州水电开发有限公司、青海省峰安商贸有限公司等13家企业履行社会职责，对全市38座寺庙疫情防控给予支持，捐赠84消毒液、医用口罩、牛奶、黄果饮料、方便面、酸奶等物资折价约9.5万元。

（撰稿人：安有庆）

机关党建

【概况】 2021年，市直属机关工委加强机关党的思想政治建设、基层组织建设、机关党员管理和机关作风建设发展，提升机关党建质量水平，增强机关党组织和党员干部凝聚力、创造力和战斗力。截至年底，市直属机关工委辖1个直属党委、14个总支、52个党支部，党员总数859人。

【思想政治建设】 把学习贯彻领袖思想作为市直机关党员干部教育培训必修课，以“线上学理论，线下促实践”形式，利用“学习强国”、青海干部网络学院、“黄南先锋”等平台，分层分类组织开展中共十九届历次全会和习近平总书记在青海视察、中国共产党成立100周年讲话精神，提升党员思想理论水平，引导党员干部深刻领悟“两个确立”，不断增强“四个意识”、坚定“四个自信”、做到“两个维护”。

【基层组织建设】 开展“促百分百达标、迎党百年华诞”以评促建活动，实行“一支部一分值清单”制，对市直机关党支部进行政治“体检”，督促整改薄弱支部，实现全市52个市直机关党支部验收达标。规范整顿市直机关工委14个党总支、52个机关党支部，优化各党支部党员、支委会人员、党支部书记构成，按期完成支委会换届和改选任务。通过全市机关党支部开展“迎党百年华诞”系列主题党日活动，开展“七一”表彰，颁发“光荣在党50年”纪念章，评选“先锋党员”，发放“党建大礼包”等活动。全年全市市直机关评选优秀共产党员7人、优秀党务工作者6人、先进基层党组织5个、州级“两优一先”8人、省级“两优一先”1人。

【机关党员管理】 利用党建联盟平台功能，持续开展党员进社区“双重管理、双向服务”，进联点村联合开展“主题党日”“党建结对共建”等党内组织活动，落实党内关怀帮扶机制，不断延伸党建服务半径，落实党员干部带头调研经常调研，推动解决与群众生活密切相关的民生问题。以“控制总量、优化结构、提高质量、发挥作用”原则，有计划地做好党员发展工作，严把党员质量关、入口关，确保机关各党支部党员发展规范化管理走在前列。全年全市机关各党支部发展入党积极分子35人、培养发展对象17人、预备党员13人、转正党员27人，优化党员干部队伍结构。举办入党积极分子、发展对象培训班，培训人数达53人，为市直机关党组织注入“新血液”。

【机关党建制度化】 推行领办和包办机制、“两清单一例会”等制度，建立完善机关各党组织书记不同层面、不同主体抓基层党建工作责任清单，落实机关党建联述联评联考制度，签订年度党建工作目标责任书，将明确责任、落实责任和追究责任贯穿于机关党建工作的点线面上，构建制度化、标准化、规范化机关党建良好格局。

【机关纪律作风建设】 学习贯彻中央和省州市纪委全会精神和党风廉政建工作相关要求，执行《中国共产党党内监督条例》，突出政治监督，加强对党章党规党纪和党的路线方针政策贯彻执行情况的监督，推动市委重大决策部署得到有效落实。执行“三会一课”、谈心谈话、党员民主评议等党的组织生活基本制度，坚决防止组织生活形式化、娱乐化、庸俗化。

【机关党组织民生服务】 机关各党组织以“三联三促”联建单位工作为抓手，深入联建村帮助解决生产生活中的实际困难。全年各“三联三促”联建单位公开承诺各类服务事项340余件，开展民情分析会议391次，慰问贫困户3089户，发放各类慰问金和慰问品35万余元。

（撰稿人：仁旦多杰）

机构编制

【概况】 2021年，中共同仁市委编办重点围绕年初召开的省、州委编办主任会议提出的机构编制工作要点和方向，着眼服务地方经济发展，创新工作方法，改进工作作风，严格控制和优化配置机构编制资源。

【机构编制管理】 核增领导职数和编制 健全基层供销合作社监事会建设，核增市供销合作社联合社1名副科级领导职数；核增市纪委监委派驻纪检监察组2名机关用事业编制，实现市纪委监委对同级各部门、单位纪检监察综合派驻监督全覆盖；从同仁市周转编制中给同仁市群众体育指导服务中心核增1名全额拨款事业编制，保障新形势下群众体育指导服务工作。

体制机制调整 加强山水林田湖草沙系统一体化保护和系统治理职责，整合设立市自然资源和林业草原局；推进乡村振兴，将市扶贫开发局重组为市乡村振兴局；进一步规范政协机构设置，统一对市政协专门委员会进行更名；进一步规范管理动物检疫机构，给市畜牧兽医站加挂“动物检疫站”牌子。调整文化市场综合行政执法大队和农牧业综合服务中心主要职责及主要业务范围。

教育机构编制调整 为保障同仁市中小学教育事业高质量发展，市委编办按照“坚持优化结构、调整布局，坚持总量控制、统筹调剂，坚持统筹推进、标准配置”原则，根据“优化资源配置，促进均衡发展，提升发展内涵”工作思路，拟定《同仁市中小学机构编制调整方案》，科学调整学校布局，优化中小学设置。其中，整合19所中小学校为2所，规范中小学学校名称42所，保留中小学学校4所。

编制和职数审核 全年开具编制审核单62份，其中行政单位32份、事业单位30份；为确保换届期间提拔选用干部配合组织部门，核查领导职数6次。协同市委组织部、市人社局、市教育局、市卫健局等部门，完成同仁市上半年1名乡镇公务员、7名政法公务员、12名事业单位人员考录招聘、18名公费师范生的编制审核及8名定向医学生的纳编工作。

【乡镇机构改革】 10月，印发《关于构建简约高效基层管理体制的指导意见》；11月15日，召开乡镇机构改革工作部署会，安排部署乡镇机构改革工作，并成立同仁市乡镇机构改革领导小组，确保乡镇机构改革工作顺利开展；根据省委编办对于构建简约高效基层管理体制的指导意见，结合实际，草拟《同仁市关于构建简约高效基层管理体制的实施方案（意见征求稿）》（简称《实施方案》），向市直各相关部门及各乡镇党委政府进行意见征求。12月3日，州委编办调研组一行在同仁市就乡镇机构改革工作进展情况开展调研，通过座谈和实地走访，州委组织部副部长、州委编办主任姜乐兵就同仁市乡镇机构改革工作做出指导，市委编办再次就《实施方案》进行完善；根据《中共黄南州委办公室 黄南州人民政府办公室关于印发〈黄南州实施乡镇机构改革方案工作安排及任务分工〉的通知》要求，拟定《同仁市实施乡镇机构改革方案工作安排及任务分工》；12月31日，州委办公室、州政府办公室印发关于《同仁市构建简约高效乡镇管理体制实施方案的通知》。

【第二次机构编制核查】 单位自查及公示 市委编办研究拟订《第二次全市机构编制核查实施方案》，印发各机关单位、人民团体。在9月27日市委理论学习中心组（扩大）专题辅导会议上，市委编办主任就全市机构编制核查工作指明方向，各单位按照“机构清、编制清、领导职数清、实有人员清”要求，组织机关本级和所属事业单位整理机构编制审批文件、干部人事档案、工资发放人员花名册、人员参保信息等资料，进行单位自查；将自查结果在一定范围内以适当方式进行公示，接受群众监督，并做好答疑解惑工作；10月底，同仁市49家行政、群团单位及174家事业单位均完成单位自查及公示工作。

机构编制核查数据比对 将各单位上报的自查资料与实名制系统数据库进行比对，做到“账实相符、账账相符”，不存在“账外账”情况。加强与组织、财政、社保等部门密切配合，建立健全部门间协作配合机制，做到相互衔接、密切配合、共同推进，制定数据比对方案，明确比对内容，着重就有关干部配备情况、预算单位信息、人员参保信息等方面进行翔实核对。

实地走访　成立机构编制核查工作小组，着重就“账实相符、账账相符”情况，于11月底至12月初在市委各部门、市直各机关单位开展机构编制核查现场查验工作。按照实地核实的比例不低于核查单位总数40%的要求，实地核查20家行政单位和70家事业单位。

专项评估　通过研读《机构编制管理评估办法（试行）》精神，重点从机构编制申请事项评估、机构编制执行情况评估、机构编制使用效益评估等三方面细化评估事项，并制作出《第二次同仁市机构编制核查专项评估表》，12月底前完成重点领域相关部门专项评估工作。

【事业单位登记管理】　同仁市事业单位登记管理局在明确疫情特殊时期公示工作的要求下，采取有效措施，确保疫情防控期间登记赋码工作不断档、标准不下降。根据行业和部门特点，合理安排各类事业单位法人网上年检的日程，对确需现场办理的业务，通过电话预约时间，分批次、分时段控制好人流，开展“一对一”服务。完成2021年度事业单位年度报告公示工作，年度报告公示单位102家，公示率100%。按照3%比例对4家事业单位法人进行“双随机、一公开”实地抽查，并将抽查报告及时在网上公示并报送工作总结。完成权责清单通用目录的编制和公示工作。开展事业单位、机关群团统一社会信用代码赋码工作，年内注销机关1家，机关群团各类变更25家，新设立事业单位1家，事业单位各类变更23家，注销事业单位登记10家。完成事业单位法人登记档案整理工作。同仁市27个部门梳理权责事项2778项，并对其中需司法部门进行合法性审查的579项行政事项分批次完成合法性审查。

（撰稿人：夏吾项秀）

党　校

【概况】　2021年，中共同仁市委党校有教职工6人，全部为专业技术人员。在专业技术人员中，高级讲师1人、讲师3人、初级讲师2人。全年举办各类培训班20余期，培训党员干部3800余人，结业3800余人。开展宣讲工作220余场次，参加人数达3.81万余人。年内发表论文2篇。

【理论学习】　制订年初学习计划，建立“党史学习教育”领导小组，深入学习中共十九届四中、五中、六中全会精神，学习习近平总书记“七一”重要讲话精神、习近平总书记视察青海时的重要讲话精神、习近平新时代中国特色社会主义思想和党纪党规，学习市委理论学习中心组相关学习内容，始终坚持以党性教育、爱国主义教育、“四史”教育、国情教育、意识形态教育、党风廉政教育、民族团结及生态文明教育为重点，增强“四个意识”、坚定“四个自信”、做到“两个维护”。不断完善办学思路，深化教学改革，提升科研水平，发挥资政能力，加强队伍建设，改善办学条件，较好地发挥党员干部党性教育培训主阵地作用。

【教育教学】　教学基础工作　落实领导干部讲党课制度，每年邀请市委党政班子领导到党校给学员讲授党课；聘请上级党校教授和知名专家客座党校讲授党课，较好地满足党员教育培训需求。年内从市级领导、省州委党校、各部门优秀人才中聘请8名讲课人员，充实党校师资力量。实施全体教师集体备课和试讲制度，所有授课的教师必须经过试讲合格后才能进课堂，为提高理论教育和党性教育的党课提供保障。

党性教育　在各级各类教育培训中，坚持把党的理论和党性教育达75%以上。年内完成扎实推进基层党组织建设、辉煌的历程、全面从严治党抓好党风廉政建设、生态文明建设、铸牢中华民族共同体意识等9个课件和教案备课。

藏语和汉语教育　每年举办农牧民党员培训班，把党的政策理论用藏语和汉语授课，全年教师授党课20余次，参训学员2400余人，取得全市农牧民党员的好评，满意度测评达到95%以上，培训效果很好。

【教学科研】 党校教研室专门从事科研管理工作，分工明确，工作运转正常。年内教师围绕市委、市政府的中心工作要求和经济社会发展热点难点问题开展调研，发挥资政作用，每年撰写1篇以上的调研报告，每名教师每年撰写1篇论文，至少准备2篇以上的专题讲座课题。全体教师联合完成教育部“十三五”教育科研规划全国重点课题“营造良好创新环境研究”，经课题专家组鉴定，通过评审和验收获教研成果一等奖。党校2名教师在国家级核心刊物发表2篇论文。在教学方式上，不断创新教学手段，改进教学方法，要求教师在专题课教学中运用多媒体手段进行教学。重视学科建设，形成布局科学、富有特色、满足教学培训需要的学科体系。按照少而精和管用有效的原则，立足学科支撑，编印1本本土教材，成为完全适应各类培训需求的本地特色实用性教材。加大对党员干部、农牧民党员的教育培训力度，提高党员的政治思想，特别是农牧民党员的政策理论认识能力。

【干部培训】 按照市委组织部年度教育培训计划要求，协助组织部完成各级各类培训10余期，参加培训3220余人次；联办专题培训、以会代训8场次，参加培训3370余人次；市级领导上讲台专题辅导和以会代训5场次，参加培训850余人次；专职教师受邀进部门做专题辅导4场次，参加培训1630余人次。建立党性教育基地和校外教育培训基地，以理论与实践相结合的教育方式开展党员教育培训，提高党员整体素质。全年有3800余名党员群众接受教育，满足不同层次、不同类型培训教学需求。

【理论宣讲】 组织“红旗宣讲团”成员在基层开展中央一号文件，习近平总书记“七一”重要讲话、青海调研时的讲话精神，中共十九届六中全会精神，习近平总书记关于法治、生态环境保护、铸牢中华民族共同体意识等重要论述，省委、州委、市委全委会精神，以及党史学习教育等的宣讲活动，宣讲深入市直机关单位、各乡镇、村社、学校、寺院、企业等领域。截至年底，开展基层宣讲220场次，受教育人数达38100余人次，宣讲工作得到各乡镇村社党员群众的肯定和好评，宣讲实况由中央电视台播放1次，省电视台播放2次，省报社刊报1次，多次在州、市媒体播放。组织教师在12个乡镇开展民族团结宣讲活动，完成10个乡镇涉藏维稳思想教育宣讲20场次，参训群众达3700余人次。

【师资培养】 树立“人才资源是第一资源”意识，组织教研人员举行集体备课和党课试讲活动；组织教研人员深入学习习近平新时代中国特色社会主义思想，不断提高教研人员的理论水平；坚定党校实事求是的教学思路，结合市情民意，提升党课课件质量，使课件内容更加“接地气”，讲授技能更加“本地话”，提高基层群众的接受面、满意率。全年派出5名教师到中央党校、天津滨海新区党校、省委党校学习，不定期派人到州委党校跟班听课，选派2名优秀教师参加州委党校精品课宣讲人员，取得州委党校领导和教师的好评。

（撰稿人：扎西东智）

老干部管理

【概况】 2021年，市委老干部局持续加强离退休干部思想政治教育，落实离退休干部政治生活待遇，不断推进离退休干部党组织建设，助力同仁经济社会各项事业全面协调健康发展。截至年底，同仁市有离退休人员1439人。其中，离休人员10人、退休人员1429人；同仁居住1099人、西宁居住330人、易（异）地居住60人；驻西宁离退休党总支1个，下设党支部4个，党员235人（州级及其他党员33人，家属党员3人）。结合同仁市老干部党员居住分散的特点，将其余340名离退休党员分别编入11个乡镇的8个社区、72个村党支部及异地当地支部。

【落实老干部政治待遇】 不断完善定期通报工作情况、重大节日走访慰问、参加重要会议及活动等制度，落实《同仁市离退休干部走访慰问制度》，强化对离退休干部的政治引领和思想引导，做到离岗不离党、退休不褪色。全年为老干部征订《人民日报》《参政消息》《青海日报》《黄南报》《金秋》《火炬》等报纸杂志300余份；召开通报会1次、座谈会2次，参加人员200余人，上门发放学习资料100余份；在重要节日期间，走访慰问离退休干部1318人，发放慰问金30余万元，其中在“两节”期间全覆盖走访慰问离退休干部1284人，发放慰问金25万余元。在中国共产党成立100周年之际，在河北、浙江等13省（市）走访慰问38人70岁以上长期异地居住离退休干部，发放9万余元。以党史学习教育为契机，结合庆祝中国共产党成立100周年系列活动，通过集中学习、参观红色基地、开展主题党日等举措，推进党史学习教育在离退休干部中走深走实。各离退休党支部召开学习会23次，参加人数900余人次，组织50余名老党员在循化红光村及尕布龙纪念馆开展主题党日系列活动，组织30余名党员赴省自然资源博物馆与州档案馆参观学习红色档案，组织40余名老干部赴延安红色教育基地考察学习，组织50余名老党员观看爱国主义影片《长津湖》，组织50余名退休老党员在州党群服务中心开展“学党史、铸初心，鉴往知今、自信前行”主题党日活动。选派离退休党员代表参加全州离退休干部党史知识竞赛获一等奖。

2021年6月16日，同仁市驻西宁干休所党总支在循化红光村开展主题党日活动（市委老干部局供图）

【离退休干部党支部建设】 以“促百分百达标，迎党百年华诞”以评促建活动为契机，推进离退休干部党支部规范化标准化建设，打造同仁市离退休党总支示范支部，把讲政治、顾大局、党性强、威信高、讲奉献的老党员选进支部班子，落实支部“十有”要求，执行“三会一课”、组织生活会、主题党日等党内基本制度，有效推进支部建设全面进步、全面过硬。根据《关于进一步加强离退休干部学习活动阵地建设的指导意见》要求，以打造市群团协同化基地为契机，落实200平方米学习活动阵地、活动室及共享活动室4间，方便老干部就近学习活动。

【落实老干部生活待遇】 根据《青海省行政事业单位离退休经费管理暂行办法》，建立完善离退休干部党组织工作经费保障机制，落实离退休干部生活待遇政策及工作补贴。全年发放离休费176.4万元，报销离休干部住院费3.9万元，上门吊唁19人；向老干部遗属发放取暖费补助3人2400元，发放27名去世离退休人员抚恤金850余万元，发放住房和高原补贴87万元，看望慰问住院离退休干部35人，发放慰问品7000余元。协调市卫健局在驻西宁干休所设立接种点，解决住西宁老干部接种疫苗难问题，接种人数达2700余人。

【老干部服务】 落实离退休干部的信访办理工作，全年接到来电、来信、来访件30件，能办理或答复的及时予以办理，无法办理的详细说明原因，做到件件有回复、件件有成效。在定期召开座谈会、支部学习会等基础上，开通老干部反映意见热线，引导老同志建言献策，受理意见建议30余条。及时更新维护离退休干部信息管理平台，安排专人对全市离退休干部按人员性质、职级等进行分类，完成415名行政编制和974名事业编制人员分类录入工作。推广和普及离退休干部信息化服务管理系统，指导下载“青海老干部”App，为老同志提供更加精准、更加便捷的服务。对接相关部门争取资金5万余元，修缮殡仪馆内各类设施，不断改善办丧环境，殡仪馆全面开放。

【老干部精神文化活动】 以“政治思想好、知识储备好、讲解服务好、示范带头好、社会影响好”五项内容为基本标准，选出8名退休干部分别成立“霞映江源”老干部志愿服务队、银发人才库、老干部宣讲团，引导离退休干部继续发挥余热、传播正能量。全市老干部参加省委老干部局“百年颂歌·银发先锋”系列活动，报送参赛作品16个。离退休干部书法作品获全州老干部书画展优秀作品奖，同仁市退休党员赵淑贞被授予“同仁市优秀共产党员”称号，18名党龄达50年以上的老党员被授予“光荣在党50年”荣誉勋章。

【关工委工作】 健全关工委组织机构，全市11个乡（镇）、80个村（社区）、市直35个部门、市属9所中小学中成立关工委工作组织135个，专兼职人员700余人，实现关工委组织全覆盖。坚持把提升青少年思想道德素质作为根本任务，广泛开展形式多样的教育活动。推进“法治宣传进校园”“法治第一堂课”等青少年普法教育活动，开通“12355”青少年服务台，组建由未成年人保护委员会成员单位共同参与的维权网络，通过电话咨询、现场解答、网上交流等方式，帮助未成年人和青少年解决心理障碍、权益侵害等方面的问题。各成员单位依托自身资源开展“学雷锋”“重温党史守初心，青春筑梦正当时”“献礼百年华诞，红色领航青春”等系列主题实践活动。团市委关工委争取青海希望工程“心理咨询室”，帮扶资助贫困青少年28名，帮扶资金达2.8万元。加强与宣传部门、新闻媒体合作，宣传“五老”先进事迹，弘扬“五老”精神，建设一支素质较高、覆盖面广、数量稳定、有凝聚力、战斗力的“五老”队伍。注重挖掘“五老”潜能，发挥“五老”的政治优势、经验优势、威望优势，调动“五老”的积极性，让他们形成“为中有乐、乐中有为”的思想感受，达到奉献与收获双赢的效果。截至年底，同仁市“五老”志愿者总数达30余人。

（撰稿人：多杰坚赞）

党史研究

【概况】 2021年，同仁市党史研究室围绕服务经济社会发展和强化党史部门建设，以资政育人为根本任务，推进党史资料征编、宣传和队伍建设，为实现全市经济社会发展贡献智慧和力量。截至年底，《中国共产党同仁历史（1949—1978）》完成初审，即将进入复审阶段，编报完成《脱贫攻坚口述史》等专题编写和供稿工作。

【党史理论学习教育】 综合运用“学习强国”“青海党史网上陈列馆”“今日同仁”等线上学习平台，鼓励干部主动自学，推动理论学习持续深入。组织开展集中座谈交流、研讨发言、参观教育基地等活动。组织观看《建党伟业》《我和我的祖国》《古田军号》等红色影片，走进市委党校党性教育基地、烈士陵园、中国工农红军西路军纪念馆，追寻红色记忆，感悟革命精神。坚持以考促学、以会代训，参加相关业务知识培训和测试，形成政治理论和业务工作“双促进、双提升”氛围。选编党史知识应知应会100题、党史故事100讲等学习内容，引导全市广大党员干部传承红色基因，掀起学史热潮。

【党史编修】 召开会议研究部署史志鉴编修工作，解决编写、经费、人员配备等问题。围绕省、州关于史志鉴工作要求，研究制定时间表、流程图，确保编纂顺利推进。结合实际，科学设置编纂大纲，在资料收集、稿件撰写过程中不断充实完善，为编撰工作提供章循。印发《中国共产党同仁历史（1949—1978）资料收集任务分解表》等文件，邀请相关专家开展资料收集整理工作专题培训，开展调查、采访和征稿等活动，拓宽资料征集渠道，力求征编内容丰富翔实。按照“初审、复审、终审”三审环节，聘请专家、学者、退休干部审查《中国共产党同仁历史（1949—1978）》内容和质量，做好修改完善、查核校对等工作。

（撰稿人：才让卓玛）

档案工作

【概况】 2021年，同仁市档案馆坚持继承与创新相结合，开展档案执法检查，加强档案资源开发利用，做好档案服务工作，推进全市档案工作持续健康发展。全年档案馆整理接收5个全宗单位文书档案12483件、婚姻档案1460件；实物档案征收到15枚军功章、6枚20世纪50年代运动会纪念章，疫情防控用具33件、90枚撤县建市作废印章。接收照片档案231张、音像档案10GB。全年开放到期档案2860件，接待查档利用239人次。年内推进档案新馆修建搬迁工作，督促检查协调档案馆建设项目消防验收问题，新馆如期交付投入使用。

【档案执法】 联合市委办公室、市人大办公室、市政府法制办公室对市委办、市政府办、市委组织部、宣传部、政法委、团委、年都乎乡、加吾乡11家单位开展执法检查，围绕《中华人民共和国档案法》，实地查看国家档案局8、9、13号令档案执行情况，档案管理体制情况、档案安全情况，档案整理及档案工作条件保障状况等方面进行，并对检查中存在的问题跟踪指导，限期改整。做好精准扶贫档案、疫情防控档案等重点档案整理归档的指导工作。按照档案工作考核细则，组织人员检查考核全市50家立档单位档案管理工作，推进档案工作规范化。

“6·9”国际档案日期间，在省自然资源博物馆举办为期1周的“档案话百年”为主题的档案宣传展览系列活动，展出抗日、抗美援朝时期的军功章、保安兵营及相关文献资料等16件红色特色档案，51家州直机关党员干部和州市离退休老党员、老干部代表及青海省内其他单位党组织和公众等600余人观看展览。在9月5日《中华人民共和国档案法》颁布纪念日、12月4日全国法制宣传日期间，组织人员在热贡文化广场通过悬挂横幅、设立展位，发放《中华人民共和国档案法》册子、各类宣传资料1000余份及宣传品1000余份，接受现场咨询1000余人次。

【档案业务培训】 全年开展档案业务实操培训暨业务交流活动的培训班和“脱贫攻坚”“疫情防控”专项档案业务3期培训会，提高业务能力，助推同仁市脱贫攻坚和疫情防控档案收集归档移交工作。5月10—21日，邀请州档案局业务骨干在市委四楼会议室举办档案业务实操培训暨业务交流活动，各部门、各单位档案管理人员30余人参加会议。11月10—11日，州局安排业务骨干对全市两类专项档案整理人员分别进行两期“脱贫攻坚”“疫情防控”专项档案业务培训会，第一时间解答档案整理归档过程中出现的问题，协调对接市委、市政府相关工作事宜，召开全市脱贫攻坚专项档案工作推进会，助推同仁市脱贫攻坚档案收集归档移交工作。5月26日、9月18日，邀请青海政安防火中心教官到市档案馆进行2次关于消防安全知识的培训，普及消防安全知识，提高全体干部档案防火安全意识和自防自救能力。

【档案服务利用】 紧扣市委、市政府决策部署，进一步提高档案工作服务大局、服务经济、服务社会、服务民生的能力和水平，指定专人负责文件接收、保管、提供服务利用专项工作。全年共计开放到期档案2860件，其中永久2215件、长期645件；尤其2020年编制市志时提供档案资料800余卷、1200余件，复制档案资料8625张；接待查档利用239人次，持续做好档案服务利用工作。

【档案整理】 年初，制定印发《关于切实做好全市档案归档工作的通知》《同仁市关于进一步加强机构改革期间档案处置工作的通知》。完成市委办、市政府办、团市委、卫健局、纪检委、法院、市监局、政法委、扶贫局等部门和隆务镇及所属7个村村级档案整理立档工作，累计整理文书档案6064件、实物档案111件；整理脱贫攻坚科技档案92583件、照片档案1029张；整理疫情防控文书档案3067件、照片档案1160张、音像档案118个（光盘）、实物档案33件。

【档案征集】 结合庆祝中国共产党成立100周年系列活动，向全市广泛征集各类荣誉档案资料，征集466件，其中州级以上集体荣誉档案348件、省级以上个人荣誉档案118件，与州档案局合力编研出版《黄南藏族自治州荣誉档案》450册。在开展党史学习教育、喜迎中国共产党成立100周年之际，征集的实物档案有抗美援朝老兵王拉柱无偿捐赠给同仁市档案馆15枚军功章、20世纪50年代的6枚运动会纪念章，再现同仁市参加抗美援朝赴朝作战的光荣历史。

（撰稿人：曹海霄）

TONGREN

同仁市人民代表大会

同仁年鉴 / 2022

YEARBOOK

人大建设

【概况】 2021年，同仁市有全国人大代表1人、省人大代表2人；在市、乡人大换届选举中，选出市级人大代表159人、乡镇人大代表522人，召开同仁市第一届、第二届人民代表大会。同仁市二届人大常委会组成人员26人中，配备专职委员15人，专职比例57.7%，较上届提高20.2%，市二届人大专委会组成人员较上届增加15人。选出出席州十六届人大代表83人。全年市人大常委会召开党组及党组学习会议22次、主任会议10次、市一届人大常委会会议7次、市二届人大常委会会议3次，听取审议专项工作报告9个，提出审议意见80余条，开展执法检查2项、专项调研6项，配合省、州人大开展立法调研、视察等23次，依法任免地方国家机关工作人员38人次；围绕全市工作大局和经济建设各项工作任务，依法作出决定16项，保障市委决策部署落实到位。

同仁市第二届人民代表大会代表名单

市直机关：林业昭（藏族）、秦丽华（女）、辛芙蓉（女）、裴强、尕么东智（藏族）

隆务镇：任青加（土族）、王旭龄、刘莉丽（女）、刘慧泉、完玛才让（藏族）、林海军、李艳玲（女）、更智加（藏族）、梁晓华（女）、史智华（藏族）、李莲（女，土族）、辛作鲲（藏族）、田志国（藏族）、杨玉奎（土族）、周吉（女，藏族）、才巴（藏族）、马玉梅（女，回族）、韩志远（撒拉族）、才让多杰（藏族）、张永华（女，土族）、夏吾加（藏族）、多杰仁青（藏族）、吾毛友（女，藏族）、郭振海、乔旦扎西（藏族）、官却加（藏族）、丁益民（回族）、多杰措（女、藏族）、俄毛措（女、土族）、公保才让（藏族）、扬毛吉（女，藏族）、马祥成（撒拉族）、张宗延、陕真博（回族）、王晓明（回族）、改毛（女，藏族）、夏吾完德（土族）、更登（土族）、看本才让（藏族）、卡永刚（藏族）、兰本加（土族）、更桑措（女，土族）、才让太（藏族）、高雁（撒拉族）、普洛（藏族）、仁青昂无（藏族）、加样尖措（藏族）、夏吾完么（藏族）、桑杰才让（藏族）、冷知仁增（藏族）、谭买日则（女，回族）、冷本加（藏族）、娘吉合加（藏族）

保安镇：唐文莲（女，土族）、郝海（藏族）、徐红（女，土族）、李本太（藏族）、更它加（藏族）、桑杰吉（女，藏族）、夏吾多杰（藏族）、公巴才让（藏族）、拉毛措（女，藏族）、斗拉（藏族）、项千端智（藏族）、周先卡（藏族）、卡先木加（藏族）、才洛加（藏族）、李莲桂（女）、完玛扎西（藏族）、多杰太（藏族）、王文东

多哇镇：韩俊（土族）、加毛吉（女，藏族）、李秀加（藏族）、吉多（藏族）、斗尕日（藏族）、赵顺（藏族）、久血加（藏族）、拉毛措（女，藏族）、闹日本加（藏族）、吉太加（藏族）

年都乎乡：卡本加（藏族）、冷本才让（土族）、南措吉（女，土族）、才毛吉（女，藏族）、斗尕日（土族）、李加才让（藏族）、仁青卓玛（女，藏族）、仁青措（女，土族）、才让卓玛（女，藏族）、马青（撒拉族）、夏吾当周（藏族）、华泽先（藏族）、拉本加（藏族）、仁增多杰（藏族）、拉周才让（藏族）

曲库乎乡：血日然智（藏族）、才让扎西（藏族）、夏吾才让（藏族）、扎西才让（藏族）、吉合毛先（女，藏族）、华旦措（女，藏族）、赵其虎、夏吾仁增（藏族）、多杰拉旦（藏族）、当增加（藏族）、拉毛才让（藏族）、华泽加（藏族）

双朋西乡：夏江（藏族）、拉龙加布（藏族）、吴小青（女，藏族）、公保才旦（藏族）、卡毛加（女，藏族）、普化多杰（藏族）

加吾乡：仁青卓玛（女，藏族）、关却项加（藏族）、索南仁青（藏族）、卓么本（藏族）、更尕东周（藏族）、魏瑜婧（女）、才让南加（藏族）、才让多杰（藏族）

黄乃亥乡：陈峻、斗拉太（藏族）、何君俊（藏族）、周本才让（藏族）、华公才让（藏族）、南措吉（女，藏族）、多旦措（女，藏族）

瓜什则乡：先巴旦增（藏族）、智果（女，藏族）、才他加（藏族）、旦巴（藏族）、索南才让（藏族）、公保加布（藏族）、旦巴杰（藏族）、尕藏卓玛（女，藏族）

兰采乡：切旦多吉（藏族）、旦增（藏族）、华毛才让（女，藏族）、卓么才旦（藏族）、南太加（藏族）、先巴加（藏族）、当周尖措（藏族）、桑多（藏族）

扎毛乡：夏吾太（藏族）、赵建国、蔡有年、夏吾官却（藏族）、王俊安、周先卡（土族）、夏吾卓玛（女，藏族）、拉德措（女，藏族）、王文娟（女）

【坚持党的领导】 坚持把党的领导作为最高政治原则，深刻领悟“两个确立”的决定性意义，增强“四个意识”、坚定“四个自信”、做到“两个维护”，不断提高政治判断力、政治领悟力、政治执行力。突出习近平新时代中国特色社会主义思想总指引，落实“第一议题”制度，及时跟进学习习近平总书记重要讲话和指示批示精神，党组成员带头学、代表委员履职学、人大干部集体学，为更好履职尽责奠定坚实的思想理论基础。

履行常委会党组政治责任，始终坚持在市委领导下统筹安排和推进监督、调研讨论决定重大事项、人事任免、代表履职等各项工作。人大各项工作始终做到市委重要会议及时学习、重大决策坚决落实、重大问题及时请示、重大事项及时报告，经市委安排，常委会紧扣城乡环境卫生、医保、教育等事关全市经济社会发展和人民群众切身利益的大事、要事，深入调查研究，广泛听取民意，查找问题症结，提出思路对策，推动人大在促进中心工作中取得实效。

【人大常委会机关建设】 加强新时代机关党建工作合力，常委会和党组会议落实“第一议题”学习制度，夯实理论基础。强化建章立制，贯彻落实好党章和党内规章制度。推进党风廉政建设，巩固常委会及机关风清气正的政治生态。贯彻中央和省州市委关于意识形态工作的决策部署，坚持团结稳定鼓劲，全方位、深层次、多视角宣传全市民主法治建设和人大工作的新成就。注重加强干部队伍建设，新当选人大常委会主任在省委党校、上海财经大学参加全省人大干部培训学习，常委会副主任在深圳参加全省人大监察和司法工作培训，选派新当选乡镇人大主席参加省委党校履职培训。加强“书香支部”“智慧人大”建设，优化充实机关工作力量，激励机关干部担当作为、激情干事，提升人大干部精气神，机关面貌焕然一新，常委会办公

2021 年 9 月 29 日，组织市级代表到乐都柳湾彩陶博物馆观摩

室被评为市级文明单位、民族团结先进集体等荣誉称号。

【专委会建设】 同仁市人大设立社会建设委员会、民族和监察法制委员会、财政经济和农牧环境资源委员会，各专委会配备主任委员1人，委员8人。7月17日，表决通过同仁市第二届人民代表大会各专门委员会组成人员，更智加（藏族）任财政经济和农牧环境资源委员会主任委员，丁益民（回族）任民族和监察法制委员会主任委员，才让卓玛（女，藏族）任社会建设委员会主任委员。

【基层人大换届】 建立市、乡两级人大换届选举工作联席会议制度，设立12个市乡换届选举委员会，建立选区选举工作领导小组和选举工作小组，做到任务明确、责任到人。市、乡两级人大组织召开19次换届选举工作培训会。开展换届选举选区划分及选民登记、代表名额分配、代表候选人及正式代表候选人公示、投票选举、召开新一届市乡人代会等各阶段工作。依法选出同仁市第二届人民代表大会代表159人、乡镇人大代表522人，代表文化程度较上届高、年龄较上届低。各乡镇召开新一届乡级人代会，满票选出11名人大主席及47名政府班子成员。

【机关红色教育】 6月25日，市人大常委会党组书记蔡有年、市人大一级调研员薛吉明、党组副书记、副主任、党组成员、副主任马祥成带领各专委会主任委员、机关全体干部职工在循化县红色教育基地开展主题党日活动。全体人员参观循化县红光清真寺、红光小学和十八座红军宅院及西路红军纪念塔、爱国人士十世班禅故居等红色遗址。

2021年6月25日，市人大常委会机关全体干部职工在循化县红光村展览馆倾听基地史记内容（市人大办供图）

（撰稿人：王文娟）

履职尽责

【重要工作部署】 围绕同仁市社会经济发展实际，聚焦群众关心的热点，制订《同仁市人大常委会2021年监督工作计划》，年内听取和审议专项工作报告（9项），听取和审查计划、预算执行情况和审计工作报告（4项）、执法检查（2项）、专题调研（6项），规范性文件备案审查以及代表视察等工作。

【重大事项决定】 围绕全市工作大局和经济建设各项工作中心，依法作出决定16项。分别为：关于同意调整市政府2020年地方公共财政收入、政府性基金收入议案的决定，关于同仁市乡级人民代表大会代表名额的决定，关于同仁市市乡两级人民代表大会代表换届选举日的决定，关于批准同仁市2020年市级财政决算的决议，关于设立代表资格审查委员会的决定，关于开展第八个五年法治宣传教育的决议，关于批准同仁市2021年新增地方政府债券资金的决定，关于批准同仁市2021年新增地方政府专项债券资金的决定，关于同意同仁市2021年县级基本财力保障机制奖补资金分配方案的决定，关于接受辛芙蓉辞去同仁市第二届人民代表大会代表职务请求的决定，关于同意同仁市2021年预算调整方案的决定，关于批准同仁市2021年阶段性财力补助资金使用分配方案的决定，关于批准同仁市2021年特殊困难补助（抗疫特别国债）资金使用分配方案的决定，关于批准同仁市2021年省对下均衡性等转移支付资金使用分配方案的决定，关于同意同仁市2021年地方政府债务限额的决定，关于同意同仁市2021年县级基本财力保障机制奖补资金使用分配方案的决定。

【人事选举任免】 在同仁市第二届人民代表大会第一次会议上，选出同仁市第二届人民代表大会常务委员会组成人员26人，市长和副市长7人，市监察委员会主任、市人民法院院长、市人民检察院检察长各1人，选举产生出席黄南藏族自治州第十六届人民代表大会代表83人。表决通过同仁市第二届人民代表大会各专门委员会组成人员。在第二届人民代表大会常务委员会第一次会议上，任命市直各单位主要负责人27人，免去职务4人。在同仁市第二届人民代表大会常务委员会第二次会议上，任命马忠海为副市长（挂职），韩艳梅为市人民法院审判员，张清栋、苑娜为市人民法院审判员，卡着才让、赵雪松为市人民检察院检察员。

【监督工作】 全年听取审议专项工作报告9个，提出审议意见80余条，开展执法检查2项、专项调研6项，配合省、州人大开展立法调研、视察等23次。听取审议“十四五”规划纲要、计划、财政预决算、审计结果执行及审计查出问题整改落实情况等报告。审查批准计划、预算、决算草案及预算调整方案、新增地方政府专项债券资金、地方政府债务限额等报告。听取审议行政事业性国有资产管理和国有自然资源资产管理专项报告。调研全市医保基金运行管理、突发公共卫生事件应急管理工作及传染病防治法律法规实施、教育三项经费增长等情况。执法检查《中华人民共和国未成年人保护法》实施情况、《中华人民共和国固体废物污染环境防治法》实施情况，连续三年审议全市环境状况和环境目标完成情况报告。首次听取市监委开展扶贫领域腐败和作风问题专项治理工作报告。听取审议市检察院关于适用认罪认罚从宽制度实施情况报告。持续跟踪检查“七五”普法规划实施情况，审议“八五”普法规划并作出决议。

【代表工作】 代表活动开展 注重代表个性化、精准化需求，举办基层农牧民人大代表履职能力培训班，组织观摩民和县爱国主义教育基地喇家遗址博物馆、乐都区柳湾彩陶博物馆和民和县乡村旅游示范点七里寺花海、卯寨、古鄯镇山庄村人大代表活动室等地，并召开座谈会交流研讨。完成乡镇人大建设年提升行动工作任务，建成11个乡镇“人大代表联络室”、77个村（社区）“人大代表活动室”。成功把保安镇城外村代表活动室打造为全省示范点，录制的专题片获省人大表彰。在加吾乡举行全州“乡镇人大建设年”提升行动暨“两室一平台”规范化建设观摩会，同仁市乡镇人大建设工作被省州人大给予肯

2021年9月29日，同仁市组织市级人大代表到乐都卯寨村观摩学习（市人大办供图）

定和推介。持续深化“三联系”制度，推广进“两室”活动，探索创新代表活动，自换届起，有751名五级人大代表进“两室”1542次。州市人大代表陕真博慰问救助生活困难群众，60余名市人大代表给向阳村大病困难群众捐款救助，全年办理83件民生实事。

代表意见建议办理　在市一届人大一次会议上代表们提出的42件意见建议中，办结29件，占69%；正在解决或列入规划逐步解决的12件，占28.6%；暂时无法解决或暂缓解决的1件，占2.4%，同比降低3.3个百分点，所有建议交办率100%，答复率100%，收到很好效果。在闭会期间，进“两室”提出65条意见建议，相关部门及时办理落实。常委会注重闭会期间代表活动，在全省率先召开人大代表意见建议现场交办会，代表现场提出“改造电路、解决环保设施、加强绿化”的意见建议，向“进室”履职的人大代表中的党政领导干部交办，一批群众关切但往往“不好管”“声音小”的难题通过现场交办活动迎刃而解，得到省人大常委会副主任尼玛卓玛及州人大常委会领导肯定。

代表外出观摩学习　9月27—29日，市人大常委会采取理论培训和现场教学相结合的方式，举办市二届基层人大代表履职能力提升培训班，部分常委会委员、基层人大代表及市乡人大干部80人参加培训。邀请青海大学法学院副教授张晶、青海省审计学会秘书长马家平以及市人大常委会主任、副主任进行授课。培训班组织代表在民和县爱国主义教育基地喇家遗址博物馆、乡村旅游示范点七里寺花海、古鄯镇山庄村人大代表联络站、乐都区柳湾彩陶博物馆、乡村旅游示范点卯寨等地进行观摩学习。代表们在喇家遗址、柳湾彩陶博物馆详细了解甘青地区古代先民的生活习惯、审美、信仰等历史文化，普及青海历史文化知识；在七里寺花海、卯寨切身感受乡村旅游对区域经济的影响，代表们边看边对比、边走边思考，对党建引领、政府支持、能人带动、农户参与的乡村旅游发展模式进行学习取经；在山庄村人大代表联络站，考察基层人大代表履职平台建设情况，乡镇人大主席及专干们对标先进，取长补短，就村级代表活动室建设、开展闭会期间代表活动、建立完善代表履职制度等方面进行交流学习。

【重大议案和建议选介】　针对保安镇新城村周云全代表提出的关于保安镇提高村级造林绿化率的建议，市林业和草原局对该区域实施大苗造林51.06公顷、湿地造林5.76公顷，栽植各类苗木172265株，撒播山杏种子1532千克、拧条种子1532千克，加强后期苗木抚育管护。针对保安镇城内村贾有林代表提出的关于解决村庄环保实施的建议，市生态环境局在保安镇举行环卫设施发放仪式，发放电动保洁车8辆、240升聚乙烯垃圾桶100个，其他配套设施各20套，折合资金69620元。针对保安镇浪加村斗拉代表提出的关于改造升级保安镇四合夏寺老旧线路的建议，市民宗局争取寺庙老旧线路改造项目建设资金150万元，改造保安镇四合夏寺等寺院老旧线路，于10月底完工。

（撰稿人：王文娟）

重要会议

【人民代表大会】　同仁市第一届人民代表大会第一次会议　3月13—17日，同仁市第一届人民代表大会第一次会议召开。会议听取和审议市人民政府、人大常委会、人民法院、人民检察院工作报告；审查和批准同仁市国民经济和社会发展第十四个五年规划和二〇三五年远景目标纲要草案、2020年国民经济和社会发展计划执行情况及2021年国民经济和社会发展计划草案的报告、2020年财政预算执行情况和2021年财政预算草案的报告；批准同仁市2021年国民经济和社会发展计划、2021年市级财政预算；市委、市政府、市政协、市监察委、市法院、市检察院的有关领导，政协同仁市一届一次会议全体委员和市直机关各部门主要负责人，省、州驻市单位主要负责人，省人大代表仁青卓玛列席会议。

同仁市第二届人民代表大会第一次会议　7月12—17日，同仁市第二届人民代表大会第一次会议召开。会议听取和审议市人民政府、人大常委会、人民法院、人民检察院工作报告；通过同仁市第二届人民代表大会第一次会议关于设立同仁市第二届人民代表大会各专门委员会的决定；选举同仁市第二届人民代表大会常务委员会主任、副主任、委员，市人民政府市长、副市长，市监察委员会主任、市人民法院院长、人民检察院检察长，选举同仁市出席州第十六届人民代表大会代表；通过同仁市第二届人民代表大会各专门委员会主任委员和委员人选。市委、市政府、市政协、市监察委、市法院、市检察院的有关领导，参加政协同仁市二届一次会议的全体委员和市直机关各部门主要负责人，省、州驻市单位主要负责人，全国人大代表夏吾卓玛、省人大代表仁青卓玛列席会议。

【人大常委会会议】　市一届人大常委会第四次会议　2月26日，市人大常委会主任薛吉明主持召开同仁市第一届人民代表大会常务委员会第四次会议。市人大常委会副主任华泽先、马祥成、血日然智及常委会委员19人出席会议。市委组织部副部长敏飞列席会议。会议依法补选吴树荣、杨海云为同仁市出席黄南藏族自治州第十五届人大代表。

市一届人大常委会第六次会议　3月14日，薛吉明主持召开同仁市第一届人民代表大会常务委员会第六次会议。会议传达学习《习近平总书记参加十三届全国人大四次会议青海代表团时的讲话精神》；听取和审议市人民政府关于调整2020年地方公共预算收入、政府性基金收入的议案。

市一届人大常委会第七次会议　4月26日，薛吉明主持召开同仁市第一届人民代表大会常务委员会召开第七次会议，市人大常委会副主任华泽先、马祥成、血日然智及常委会委员18人出席会议。市委副书记陈德伟应邀列席会议。会议依法补选扎西才让、宋辉、王桂莲为同仁市出席黄南藏族自治州第十五届人大代表。

市一届人大常委会第八次会议　5月14日，薛吉明主持召开同仁市第一届人民代表大会常务委员会第八次会议。会议传达学习《青海省实施〈中华人民共和国全国人民代表大会和地方各级人民代表大会选举法〉细则》；通报《青海省人民代表大会常务委员会关于青海省市级人民代表大会代表名额的决定》《青海省人民代表大会常务委员会关于青海省市级人民代表大会常务委员会组成人员名额的决定》《青海省人民代表大会常务委员会关于全省市乡两级人民代表大会代表换届选举时间的决定》《中共同仁市委办公室关于转发〈同仁市人大常委会党组关于做好2021年市乡两级人民代表大会换届选举工作实施方案〉的通知》；听取和审议《关于同仁市乡级人民代表大会代表名额的决定（草案）》《关于成立同仁市人民代表大会换届选举委员会的决定（草案）》《关于成立同仁市各乡镇人民代表大会换届选举委员会的决定（草案）》的议案，并全体表决通过《关于同仁市乡级人民代表大会代表名额的决定（草案）》《关于成立同仁市人民代表大会换届选举委员会的决定（草案）》《关于成立同仁市各乡镇人民代表大会换届选举委员会的决定（草案）》。

市一届人大常委会第九次会议　6月1日，薛吉明主持召开同仁市第一届人民代表大会常务委员会第九次会议。会议听取和审议《关于同仁市市乡两级人民代表大会代表换届选举日的决定（草案）》的议案，并全体表决通过《关于同仁市市乡两级人民代表大会代表换届选举日的决定（草案）》。

市一届人大常委会第十次会议　7月12日，市人大常委会党组副书记、副主任华泽先主持召开市人大召开一届人大常委会第十次会议，人大常委会副主任马祥成、血日然智及各常委委员等20人参加会议。会议审议通过《同仁市第二届人民代表大会代表资格的审查报告》和关于召开同仁市第二届人民代表大会第一次会议的决定、会议议程、主席团和秘书长、常务主席、执行主席分组、议案审查委员会、副秘书长、列席人员名单等相关草案和同仁市人大常委会工作报告，审议通过《关于提请接受薛吉明辞去同仁市第一届人民代表大会常务委员会主任职务请求的议案》，并全体表决通过接受薛吉明辞去市第一届人民代表大会常务委员会主任职务请求的决定，任命刘慧泉为市人民检察院检委会委员、检察员。

市二届人大常委会第一次会议 9月8日，市人大常委会党组书记、主任蔡有年主持召开同仁市第二届人民代表大会常务委员会第一次会议。会议传达学习《同仁市人民代表大会常务委员会任免国家机关工作人员办法》。听取和审议市人民政府关于《中华人民共和国固体废物污染环境防治法》实施情况的报告、全市医保基金运行管理情况的报告、全市审计结果执行情况的报告、同仁市2021年上半年财政预算执行情况的报告、同仁市2021年上半年国民经济和社会发展计划执行情况的报告、同仁市2019年度本级预算执行和其他财政收支发现问题整改情况的报告和2020年度预算执行和其他财政收支的审计工作报告、同仁市2020年市级财政决算（草案）的报告。听取和审议市人民检察院关于适用认罪认罚从宽制度工作情况的报告、关于《中华人民共和国固体废物污染环境防治法》实施情况的执法检查报告，关于全市医保基金运行管理情况的调研报告、全市审计结果执行情况的调研报告、适用认罪认罚从宽制度工作情况的调研报告，关于同仁市2021年上半年财政预算执行情况报告的审查报告、同仁市2021年上半年国民经济和社会发展计划执行情况报告的审查报告、同仁市2019年度本级预算执行和其他财政收支发现问题整改情况的报告和2020年度预算执行和其他财政收支的审计工作报告的审查报告、同仁市2020年市级财政决算（草案）的审查报告。会议批准同仁市2020年市级财政决算。审议和表决通过《同仁市第二届人民代表大会常务委员会关于设立代表资格审查委员会的决定》。会议审议"一府一委两院"提请的人事任免议案，听取关于提请常委会人事事项情况的说明，拟任人选作任前发言，表决通过有关人事事项，向任职人员颁发任命书，并举行宪法宣誓仪式。

市二届人大常委会第二次会议 11月24日，蔡有年主持召开同仁市第二届人民代表大会常务委员会第二次会议。会议传达学习中共十九届六中全会精神、中央人大工作会议精神。听取和审议市人民政府关于全市突发公共卫生事件应急管理工作和传染病防治法律法规实施情况的专项报告、全市国有自然资源资产管理情况的专项报告、全市教育三项经费增长情况的报告、《中华人民共和国未成年人保护法》实施情况的报告、市一届人大一次会议代表建议办理情况的报告、"七五"普法决议贯彻落实情况的报告。听取市交通运输局、水利局、教育局关于市一届人大一次会议代表建议办理情况的报告。听取和审议市人大常委会关于市一届人大一次会议代表建议督办情况的报告，关于全市突发公共卫生事件应急管理工作和传染病防治法律法规实施情况的调研报告、全市教育三项经费增长情况的调研报告，关于《中华人民共和国未成年人保护法》实施情况的执法检查报告，关于全市国有自然资源资产管理情况专项报告的审查报告。审议和表决通过市人大常委会关于开展第八个五年法治宣传教育的决议、关于批准同仁市2021年新增地方政府债券资金的决定、关于批准同仁市2021年新增地方政府专项债券资金的决定、关于同意同仁市2021年县级基本财力保障机制奖补资金分配方案的决定。审议市人民政府、法院、检察院提请的人事任免议案，表决通过全部人事事项，拟任人选作任前发言，常委会向任职人员颁发任命书，并举行宪法宣誓仪式。听取保安镇、双朋西乡人大主席团关于乡镇人大工作及建设情况的汇报，其他乡镇提交书面汇报材料。

市二届人大常委会第三次会议 12月28日，蔡有年主持召开同仁市第二届人民代表大会常务委员会举行第三次会议，市人大常委会副主任华泽先、马祥成、血日然智及委员24人出席会议。会议传达学习中央经济工作会议精神、同仁市教育发展大会精神。听取和审议市人民政府关于全市行政事业性国有资产管理情况的综合报告、市监察委员会关于全市依法整治漠视群众利益问题工作情况的专项报告、全市2021年度环境状况和环境目标完成情况的报告。关于全市国有资产管理情况综合报告的审查报告、关于2021年度环境状况和环境目标完成情况的审查报告，关于《同仁市人民政府2021年度预算调整方案的议案》的审查意见。审议和表决通过市人大常委会关于批准2021年预算调整方案的决定（草案）、关于批准同仁市2021年阶段性财力补助资金使用分配方案的决定（草案）、关于批准同仁市2021年特殊困难补助（抗疫特别国债）资金使用分配方案的决定（草案）、关于批准同仁市2021年省对下均衡性等转移支付资金使用分配方案的决定（草案）、关于同意同仁市2021年地方政府债务限额的决定（草案）、关于同意同仁市2021年县级基本财力保障机制奖补资金使用分配方案的决定（草案）。

（撰稿人：王文娟）

重要活动

【执法检查活动】 5月18日，州、市人大组成联合执法检查组在同仁市医疗废物集中处置中心、生活垃圾填埋厂、建筑垃圾填埋厂、州医院医疗废物暂存点等地实地检查《固体废物污染环境防治法》落实情况。

9月2日，省、州人大开展同仁市《中华人民共和国消防法》执法检查。市人大常委会副主任马祥成、社会建设委员会主任委员才让卓玛，同仁市省、州、市人大代表参加会议执法检查活动。

10月8—9日，市人大常委会副主任马祥成带领市人大执法检查组对市政府贯彻实施《中华人民共和国未成年人保护法》情况进行执法检查。副市长、公安局局长仁增多杰及相关部门负责人参加检查。

【视察调研活动】 3月24日，省、州、市人大联合调研公安机关执法规范化建设情况。省人大监察和司法委员会主任委员贾小煜带队在市公安局、城南派出所、刑警大队等地开展实地调研。

4月23日，州、市人大调研组调研全市医保基金运行管理工作情况。州人大常委会副主任徐卫方带队在州人民医院等地开展实地调研。

6月3日，州人大常委会副主任周加才让带领州、市人大联合调研组开展检察机关适用认罪认罚从宽制度工作情况调研活动，市人大民族和监察法制委员会主任委员丁益民参加调研，市法院、检察院、公安局等相关单位负责人参加调研。

8月18日，省人大常委会法工委副主任袁玲等一行6人在同仁市开展非物质文化遗产保护立法工作，调研同仁市非遗代表性项目的保护、传承和发展情况。州人大常委会副主任马进贤、市人大常委会相关负责人参加调研。

9月1—2日，州人大常委会副主任索南达吉、州人大一级巡视员徐卫方、李学军一行在同仁市督导调研“乡镇人大建设”年提升行动暨“两室一平台”规范化建设工作。市人大常委会主任蔡有年、常委会副主任马祥成等参加督导调研。

9月9日，州大常委会副主任杜会峰带领调研组在同仁市开展突发公共卫生事件应急管理工作和传染病防治法律法规实施情况专项调研。市人大常委会副主任马祥成参加调研。

9月23日，州人大常委会主任蒋树成一行在双朋西乡、保安镇调研指导基层人大工作。市人大常委会主任蔡有年、办公室主任桑多参加调研。

11月10—11日，州人大常委会副主任索南达杰一行在同仁市部分乡镇及市人大机关对近期市乡（镇）人大工作开展情况以及学习宣传贯彻中央人大工作会议精神情况进行调研。由市人大常委会党组书记、主任蔡有年参加调研。

11月16日，州人大常委会主任蒋树成、副主任索南达杰一行在多哇镇、瓜什则乡调研指导基层人大工作。市人大常委会党组书记、主任蔡有年参加调研。

12月9日，市人大常委会党组书记、主任蔡有年组织带领辖区全国人大代表夏吾卓玛、省人大代表仁青卓玛，州人大代表、州人大常委会委员薛吉明，市人大代表、市委常委、组织部部长王文东等13名五级人大代表参加市检察院的“检察开放日”活动。

12月14日，州人大常委会组织五级人大代表在同仁市对城市管理工作能力和水平提升、卫生防疫等工作开展情况进行集中视察活动。市委副书记、市长赵建国、市委副书记陈峻等相关领导和同仁市30名州级人大代表参加视察活动。

（撰稿人：王文娟）

专门委员会工作

【民族和监察法治委员会】 市人大民族和监察法制委员会聚焦构建规范高效司法监督体系、促进社会治理法治化等重点，以开展扶贫领域腐败和作风问题专项治理为主题，首次听取市监委专项工作报告，助力监察机关依法行权、履职尽责。听取审议市检察院关于适用认罪认罚从宽制度实施情况报告，依法推动认罪认罚从宽制度在化解群众矛盾、保障社会稳定等方面的作用。年内听取审议专项工作报告3个，提出审议意见9条。持续跟踪检查"七五"普法规划实施情况，审议"八五"普法规划并作出决议。配合协助省、州、市人大开展8次执法检查。高标准完成依法治市工作任务，获"七五"普法全州先进单位。受理群众来信来访23件次，办复率100%。

【社会建设委员会】 市人大社会建设委员会会同市人大代表、政协委员开展联合视察，围绕全市经济社会发展，提出完善基础设施建设、提高教师素质、大力推行普通话教育、打造民族特色的饮食业品牌、合理开发利用现有旅游资源等20余条意见建议。配合省、州人大调研组执法检查全市贯彻实施《中华人民共和国慈善法》《中华人民共和国消防法》情况进行，专题调研《青海省非物质文化遗产保护条例（草案修改稿）》立法调研、中医药发展和农牧区公共卫生服务体系建设情况。配合州人大调研组专项调研全市开展突发公共卫生事件应急管理工作和传染病防治法律法规实施情况、全市医保基金运行管理工作情况，开展《中华人民共和国未成年人保护法》贯彻执行情况执法检查。组织社会建设委员会委员及部分人大代表专题调研全市教育"三项经费"增长情况。

【财政经济和农牧环境资源委员会】 市人大财政经济和农牧环境资源委员会审议2020年预算执行情况和2021年预算草案的报告、批准2021年市级预算草案、2020市级财政决算的报告、2021年预算调整以及常委会听取审议同仁市2021年1—6月财政预算执行情况的报告等服务工作。相继开展地方政府债券发行并相应调整收支预算和审计查出的问题整改情况跟踪监督，促进建立审计查出的问题整改长效机制。做好对市政府"十三五"规划纲要实施中期评估，开展相关调研，加强对全局性、战略性、前瞻性问题的思考研究，及时提出有关经济发展和推进规划实施的意见和建议。听取审议"十四五"规划纲要、计划、财政预决算、审计结果执行及审计查出问题整改落实情况等报告。听取审议行政事业性国有资产管理和国有自然资源资产管理专项报告，推进国有资产管理公开透明，促进自然资源保护与利用。执法检查《固体废物污染环境防治法》实施情况，连续3年审议全市环境状况和环境目标完成情况报告。

（撰稿人：王文娟）

TONGREN

同仁市人民政府

同仁年鉴 / 2022

YEARBOOK

工作综述

【概况】 2021年，市政府落实省委“一优两高”战略部署和州委“三区建设”发展新思路，经济发展稳步推进、社会大局保持稳定。全年全市完成地区生产总值402643.78万元，同比增长3.1%。社会消费品零售总额101524.7万元，同比增长7.8%；市属固定资产投资同比增长6.9%；全体居民人均可支配收入22060元，同比增长8.8%。居民消费价格呈稳中略涨的态势，累计上涨1.3%，涨幅比上年缩小1.3个百分点，与全省平均水平持平。

【重大项目建设】 西成铁路、同赛高速同仁段、天然气入州等重大项目进展顺利，成功通过省级卫生城市复审验收，启动国家级卫生城市创建。推进“街长制”，持续开展违章建筑、交通秩序综合整治行动，实施城区公厕提标升级工程，高标准建成11座并投入运行。省部共建高原美丽城镇建设取得实质性进展，同仁成为全省海绵城市建设项目申报唯一备选区。成功申报国家级传统村落集中连片保护利用项目，获中央财政补助资金1.35亿元。完成7个高原美丽乡村和45个老旧小区2102户基础设施改造，稳步实施1990户农牧民居住条件改善工程。

【项目扩投资】 全年实施新（续）建项目233项，总投资83.51亿元，郭么日大桥、丹霞路延伸段工程、五期集中供暖等多年难开工、难落地项目破冰建设，隆务河两岸环境综合治理一期等项目建成运行。完成隆务西山地质灾害避险搬迁40户和年都乎乡录合相村37户地质灾害避险搬迁工作，地质灾害综合防治项目纳入国家重点支持项目盘子。动态调整完善全市项目库，储备项目达682项，总投资规模1080亿元。专项投入1000万元，做好有意向投资项目的前期工作，主动对接申报2022年项目83项，总投资27.14亿元，城市核心区主要节点环境整治等9个项目列入涉藏地区专项和省级盘子，形成项目滚动接续、梯次推进良好局面。

【特色产业发展】 持续优化种植结构调整，种植特色“同仁青稞”、“同仁马铃薯”、中药材各666.67公顷，粮食产量持续稳定在1.6万吨以上，蔬菜产量0.36万吨。开展绿色农业增效行动，新建高标准农田4080亩，实施化肥农药减量增效8.3万亩。在一镇四乡16个牧业村推广“拉格日”模式，实施4个乡镇6个生态畜牧业合作社股份制改造，推进牦牛藏羊原产地质量可追溯体系建设和草原牲畜有机认证，多哇镇和瓜什则乡顺利通过草原牲畜有机认证。12家专业合作社等被评为农牧民专业合作社省级示范社，3家家庭牧场等被评为省级示范性家庭农牧场。成功举办全州首届“农民丰收节”，精心打造“晶黄果”“同仁青稞”等特色有机品牌。

【文旅融合发展】 推进全域旅游发展规划编制工作，加快乡村旅游发展，打造建设扎毛乡“草原风情+生态养殖+民俗体验”观赏休闲地。成功举办唐卡艺术之都千人徒步文化体验游等活动，参加“西域胜境·神韵黄南”文化旅游资源天津、上海专场推介会等活动，特色文创产品走进国内一线城市。龙树画苑被评为国家AAA级旅游景区，扎毛村被评为“国家级生态文化村”，并入选“全国乡村旅游重点村镇”，郭么日村被评为“国家级历史文化名村”，隆务老街入选“青海省首批旅游休闲街区”，同仁市（热贡艺术）获“中国民间文化艺术之乡”“中国藏族热贡神舞之乡”两项称号。

【开放合作】 参加“青洽会”及特色产业推介会等平台，签约项目7项、金额43.65亿元，实现到位资金9亿元。总投资23亿元的瓜什则400兆瓦“光牧储”综合一体化发电项目落地建设，完成投资8.8亿元。投资实施黄乃亥乡“村村通”等10个援建项目。在全州率先出台关爱援青干部人才6项举措，在天津第100中学首次开办同仁籍高中班，40名学生获得优质教育。成功与江苏省启东市签订东西部协作协议，开辟与东部发达地区合作交流的新通道。

【深化改革】 推进“放管服”改革，取消调整行政审批事项9项，梳理公布群众和企业到政府“网上办”事项734项、通办事项15项、高频事项100项，全部录入青海省政务服务网办理，市政务服务事项网上可办率达97.6%。落实项目投资并联审批等改革措施，健全完善“双随机、一公开”新型监管机制，推行“多证合一”“照后减证”，全年发放“多证合一”营业执照332份，“二证合一”营业执照981份，全程电子化登记系统自助申请营业执照895份。落实优化营商环境条例和减税降费政策，全年减免税费1109万元，新增各类市场主体926户，各类市场主体达到9293户。

【生态环保】 推进国土绿化巩固提升三年行动，推行“林草长制”，完成国土绿化0.79万公顷。开展扬尘综合整治行动，完成9台燃煤小锅炉淘汰改造，空气质量达标天数比例达95.9%。在黄乃亥等乡镇推行垃圾分类处理，扎毛乡投入使用全州首个乡村垃圾环保焚烧炉，实现区域生活垃圾无害化处理。持续推进“河湖长制”，实施保安镇银扎木沟等水土保持综合治理工程，完成水土流失治理面积0.72万公顷。实施同仁污水处理厂提标升级、矿山恢复治理，城镇污水和生活垃圾无害化处理率分别达90.7%、95%，境内主要流域监测断面水质均达到Ⅱ类水质标准，城镇集中式饮用水水源地水质达标率100%。

【脱贫攻坚同乡村振兴衔接】 投入资金236万元，建立5个生态养殖扶贫车间，扶持带动157名易地搬迁户实现稳定增收。推进脱贫人口稳岗就业，脱贫人口累计就业5454人。储备乡村振兴产业发展项目68项，整合使用涉农资金2.1亿元，落实财政衔接资金1.89亿元，市财政筹措解决乡村振兴项目二类费用500万元，衔接资金支出率达93.42%。顺利通过衔接推进乡村振兴补助资金绩效评价考核和巩固脱贫攻坚成果第三方省级验收。

【民生保障】 全年将81.8%以上的财政支出投入民生领域。为全市1330名临聘人员缴纳住房公积金和工伤保险200万元，解决164名教师职工职称工资63万元，222名人员学前教育保教岗位政府购买服务费用110万元，211名辅警工资135万元，承担地方消防救援队伍工资165万元，并逐项列入2022年财政预算予以保障。投入120余万元，在全州率先启动实施“暖心早餐”工程，为526名环卫工人等户外劳动者提供免费早餐。完成市疾控与市妇保院整体搬迁。安排财政资金864.9万元，购置应急核酸速测仪2台，核酸检测速度实现全州“最快”。新冠疫苗接种年度任务超额完成，全市累计接种19.27万人次。市第二民族中学、城北幼儿园建成运行，新增学位1200余个。推进市民族中学等4个过街天桥项目。补足配齐幼儿园后勤及保教人员345名，调配和新聘441名临聘人员充实到各学校紧缺课程教学、后勤等岗位。落实义务教育普惠政策，发放贫困生和寄宿生生活补助1365.1万元，营养餐补助773.4万元。实现城镇新增就业452人，农村劳动力转移就业9600人次，劳务收入达1.33亿元。落实社保提标和社会救助政策，城乡低保人均标准分别提高5%和8%。

【社会治理】 以创建涉藏社会治理示范区为目标，启动实施“八五”普法工作，完善市乡村公共法律服务体系建设。推进扫黑除恶专项斗争常态化，推进智慧安防城市一期项目建设，发挥“三调联动”机制，全年排查调处矛盾纠纷374起，化解率100%。制定全州首个《社区工作者管理办法》，创新开展藏传佛教寺院“两补两奖”考核评比、“绿色寺院”创建等活动，成功创建全国民族团结进步示范市。全年未发生重大安全生产事故，安全生产形势稳定向好。同仁市被命名为“省级食品安全示范市”，年都乎司法所和城南派出所分别被授予“全国模范司法所”和省级“枫桥式公安派出所”称号。

（撰稿人：辛作鲲）

重要会议与活动

【全体会议】 3月17日，市政府召开2021年第一次全体会议，市委副书记、市长罗富贵出席会议并讲话。各副市长，各乡镇人民政府、市政府各部门主要负责人参加会议。会议传达学习全国和省、州、市“两会”精神，印发省、州、市《政府工作报告》任务分工方案，并就抓好确定的目标任务落实工作提出具体要求。

7月17日，市政府召开新一届政府第一次全体会议，贯彻中国共产党同仁市第一次代表大会和全市“两会”精神，跟进落实《政府工作报告》提出的目标任务，安排部署落实工作。市政府班子成员，各乡镇政府、市政府各部门及所属事业单位和相关企业负责人参加会议，市纪委监委、市委组织部负责人和各乡镇党委书记列席会议。会议由市委常委、副市长王旭龄主持。市委副书记、市政府市长赵建国出席会议并讲话。

【常务会议】 市政府第1次常务会议 1月29日，受市长罗富贵委托，市委常委、副市长胡伟东主持召开市政府2021年第1次常务会议，研究解决同仁市旅游服务接待中心临聘工作人员工资等事宜。市政府党组成员、副市长王旭龄、尕藏卡、王宏伟、仁增多杰、华周、赛虎，市政府党组成员才让东智、拉龙东智、才巴、崔生林、辛作鲲参加会议，市扶贫开发局、应急管理局等部门主要负责人列席会议。

市政府第2次常务会议 2月7日，罗富贵主持召开市政府2021年第2次常务会议，研究出售隆务河景观带商业用房，安排部署春节期间疫情防控、安全生产、森林防火、农牧产业结构调整、有机肥料、备耕春播、农民工工资、社区管理等工作事宜。市政府党组成员、副市长胡伟东、王旭龄、王宏伟、仁增多杰、华周、赛虎，市政府党组成员才让东智、拉龙东智、辛作鲲、崔生林参加会议，市卫健局、住建局等部门主要负责人列席会议。

市政府第3次常务会议 3月25日，罗富贵主持召开市政府2021年第3次常务会议，研究解决同仁市妇计中心妇保院科室改造升级经费等事宜。市政府党组成员、副市长胡伟东、王凯、王旭龄、尕藏卡、王宏伟、仁增多杰、华周、赛虎，市政府党组成员拉龙东智、辛作鲲、才巴、崔生林参加会议，市卫健局、公安局等部门主要负责人列席会议。

市政府第4次常务会议 4月9日，罗富贵主持召开市政府2021年第4次常务会议，研究自然灾害救助物资分配方案、市财政局《关于上报2021年土地指标跨省域调剂资金使用分配方案的请示》等事宜。市政府党组成员、副市长胡伟东、王凯、王旭龄、尕藏卡、华周、赛虎，市政府党组成员才让东智、辛作鲲、才巴、崔生林参加会议，市住建局、应急管理局等部门主要负责人列席会议。

市政府第5次常务会议 5月10日，罗富贵主持召开市政府2021年第5次常务会议，研究解决虫草采挖期间工作经费、市住建局《关于上报〈同仁市海绵城市建设专项规划（2021—2030年）〉的请示》等事宜。市政府党组成员胡伟东、王旭龄、仁增多杰副市长，才让东智、辛作鲲、才巴、崔生林参加会议，市住建局、自然资源局等部门主要负责人列席会议。

市政府第6次常务会议 6月8日，罗富贵主持召开市政府2021年第6次常务会议，研究解决市法院新建办公用房土地征用款等事宜。市政府党组成员、副市长王凯、王旭龄、尕藏卡、仁增多杰、赛虎，市政府党组成员才让东智、辛作鲲、才巴、崔生林参加会议，市税务局、自然资源局等部门主要负责人列席会议。

市政府第7次常务会议 6月22日，市委副书记、市长人选赵建国主持召开市政府2021年第7次常务会议，研究解决市教育局2021年初中毕业暨升学考试经费等事宜。市政府党组成员、副市长王旭龄、仁增多杰、华周、赛虎，市政府党组成员才让东智、朱晓龙、才旦卓玛副市长人选，辛作鲲、才巴参加会议，市水利局、教育局等部门主要负责人列席会议。

市政府第8次常务会议 8月18日，市委副书记、市长赵建国主持召开市政府2021年第8次常务会议，研究解决市城市管理局关于拖欠市政建设工程有限公司款项等事宜。市政府党组成员王旭龄、王凯、才让东智、仁增多杰、华周、赛虎、朱晓龙、才旦卓玛副市长，辛作鲲、秦丽华、史智华参加会议，市交通运输局、乡村振兴局等部门主要负责人列席会议。

市政府第9次常务会议　9月17日，赵建国主持召开市政府2021年第9次常务会议，研究解决村庄规划编制费用等事宜。市政府党组成员王旭龄、王凯、华周、赛虎、朱晓龙副市长，辛作鲲、才巴、秦丽华、史智华、万代本参加会议，市自然资源局、乡村振兴局等部门主要负责人列席会议。

市政府第10次常务会议　10月12日，赵建国主持召开市政府2021年第10次常务会议，研究解决同仁市农牧综合大楼办公用房更换暖气片维修资金等事宜。市政府党组成员王旭龄、王凯、才让东智、仁增多杰、朱晓龙副市长，辛作鲲、才巴、秦丽华、史智华、万代本参加会议，市政府副市长人选马忠海，市住建局、应急管理局等部门主要负责人列席会议。

市政府第11次常务会议　11月5日，赵建国主持召开市政府2021年第11次常务会议，研究解决市残联2021年残疾人保障金使用方案等事宜。市委常委、副市长王旭龄、王凯，副市长才让东智、仁增多杰、华周、马忠海、朱晓龙、才旦卓玛参加会议，市政府办公室、财政局等部门主要负责人列席会议。

市政府第12次常务会议　12月27日，赵建国主持召开市政府2021年第12次常务会议，研究解决市委政法委办公楼楼顶维修资金等事宜。市委常委、副市长王旭龄、王凯，副市长仁增多杰、华周、朱晓龙、才旦卓玛参加会议，市政府办公室、财政局、自然资源局等部门主要负责人列席会议。

【政府专题会议】　3月15日，市委副书记、市长罗富贵在隆务河实地督导检查污水排放和河道清理整治工作，并主持召开现场办公会议，安排部署隆务河河道污水排放和清理整治等工作。副市长王旭龄、尕藏卡、王宏伟，市水利局、住建局等部门主要负责人参加会议。

3月18日，罗富贵在市自来水公司水处理厂召开生活饮用水水质提升工作会议。市人力资源和社会保障局、水利局、卫生健康局、自来水公司以及自来水公司水处理厂全体员工参加会议。

3月30日，为进一步贯彻落实国家和省州森林草原防灭火会议精神，受市政府主要领导委托，市委常委、副市长胡伟东主持召开专题会议，研究梳理全市森林草原防灭火和防汛抗旱智慧机构相关问题。尕藏卡、王宏伟出席会议，市自然资源局、水利局、应急管理局等部门主要负责人参加会议。

4月19日，罗富贵主持召开年都乎乡录合相村增减挂钩复垦工作专题会议，对年都乎乡录合相村增减挂钩复垦工作进行再安排、再部署、再推进。副市长王宏伟，副市长、公安局局长仁增多杰出席会议，市自然资源局等部门和年都乎乡党委政府主要负责人参加会议。

5月11日，罗富贵主持召开专题会议，研究清理有关部门资金欠款事宜。胡伟东、尕藏卡、仁增多杰，市委办公室、市政府办公室等部门主要负责人列席会议。

6月3日，罗富贵主持召开西山地区地质灾害隐患避让搬迁工作专题会议，安排部署西山地区地质灾害隐患地区群众避让搬迁工作。胡伟东、王旭龄、尕藏卡、王宏伟出席会议，市政府办公室、自然资源局、住建局等部门和隆务镇、年都乎乡政府主要负责人参加会议。

6月1日，罗富贵主持召开专题会议，安排部署同仁至赛尔龙公路项目建设工作。尕藏卡、王宏伟，市政府办公室、市交通运输局、自然资源局等部门，曲库乎乡、扎毛乡党委政府，麦秀林场，同仁至赛尔龙公路项目建设指挥部、各参建单位主要负责人参加会议。

7月1日，王旭龄主持召开同仁市固定资产投资调度会议，通报上半年固定资产投资任务完成情况，并就推进全市固定资产投资工作进行安排部署。市政府副市长人选朱晓龙出席会议，各乡镇政府及市发展和改革局、工业商务和信息化局、住房和城乡建设局等相关部门主要负责人参加会议。

7月2日，市委副书记、市长人选赵建国主持召开专题会议，研究推进2020年全市城市建设用地增减挂钩项目复垦任务和西山地质灾害隐患地区群众避让搬迁安置工作。州委常委、市委书记旦增，市政协党组书记、主席人选尕藏卡，市委副书记夏吾闹日出席会议，市委常委、副市长王旭龄，副市长人选才让东智，副市长华周，市自然资源局局长夏吾加参加会议。

7月6日，王旭龄主持召开同仁市绿色产业园区项目协调会，研究园区镍钴铝酸锂（NCA）正极材料生产项目和悦牧人家有机牛羊肉加工项目相关事宜。保安镇政府，市工业商务和信息化局等部门和企业负责人参加会议。

7月15日，市委副书记、市长人选赵建国主持召开专题会议，安排部署西山地质灾害隐患区域住户搬迁工作。市委副书记夏吾闹日，市委常委、副市长王旭龄、王凯，副市长华周、赛虎，副市长人选才让东智、才旦卓玛出席会议，市自然资源局、青海德鑫房地产评估有限公司负责人参加会议。

7月26日，市委副书记、市长赵建国主持召开专题会议，研究部署同仁市郭么日大桥建设项目、城北新区综合管廊建设项目（二期）、县城供水提质增效及城北新区供水管网改扩建工程建设项目、霍尔加北路延伸段环境整治项目、同仁市加查么桥建设项目相关事宜。市委常委、副市长王旭龄，副市长华周、朱晓龙出席会议，隆务镇政府、市发展和改革局、自然资源局等部门主要负责人参加会议。

8月3日，赵建国主持召开专题会议，研究部署市城市管理局和扎毛水库管理局调配临聘人员事宜。王旭龄、赛虎、才旦卓玛，市人力资源和社会保障局、文体旅游广电局、财政局等部门主要负责人参加会议。

8月19日，王旭龄主持召开海绵城市申报工作推进会，安排部署同仁市海绵城市示范市申报工作相关事宜。市委宣传部、目标考核办、编办，市政府办公室、财政局等部门主要负责人参加会议。

9月6日，王旭龄主持召开专题会议，安排部署隆务河水生态综合治理及两岸环境综合治理项目相关事宜。市住房和城乡建设局、水利局，项目设计单位、施工单位、监理单位主要负责人参加会议。

9月2日，王旭龄主持召开专题会议，研究部署同仁市干部周转房和保障性住房项目建设工作。市政府办公室、市住房和城乡建设局负责人参加会议。

9月28日，赵建国主持召开全市近期重点工作推进会暨国庆节前集中廉政谈话会。会议对全市近期安全工作进行安排部署，并开展节前集中廉政谈话。在家副县级以上领导干部，各乡镇、各部门主要负责人参加会议。

10月19日，王旭龄主持召开同仁市历史文化名城文物保护工作部署会议，通报当前同仁市历史文化名城保护工作开展情况，安排部署历史文化名城保护相关事宜。副市长、公安局局长仁增多杰出席会议，隆务镇政府和市文体旅游广电局、住房和城乡建设局等部门主要负责人参加会议。

10月26日，华周主持召开同赛公路建设项目征地拆迁工作推进会，传达学习《同仁市同赛公路建设项目征地拆迁工作方案》《同仁市征地拆迁法律法规宣传活动方案》，解读《青海省人民政府办公厅关于公布青海省征收农用地区片综合地价的通知》，并对同赛公路等重点项目征地拆迁工作进行安排部署，各乡（镇）长，市自然资源局、农牧和科技局、发展和改革局等部门主要负责人参加会议。

11月8日，赵建国在市公安小区召开现场办公会，贯彻落实州政府主要领导在同仁调研时指示精神，研究解决物业管理、特种设备、安全生产等相关问题。仁增多杰、朱晓龙出席会议，市市场监督管理局、住房和城乡建设局、公安局等部门主要负责人参加会议。

11月25日，华周主持召开专题会议，研究部署天然气入同项目征地工作。王旭龄、才让东智出席会议，各相关乡镇、部门及项目建设单位负责人参加会议。

11月24日，王旭龄主持召开同仁市教育领域建设工程消防验收工作领导小组第一次会议，安排部署教育领域建设工程消防验收整改等相关事宜。各乡镇政府，市教育局、市住房和城乡建设局等部门主要负责人参加会议。

【重要政务活动】 3月15日，同仁市举行2021年项目集中开复工仪式。州委副书记、州长乔学智，副州长先巴，州政府副秘书长彭毛才让，州相关部门及同仁市四大班子负责人，以及市政府各副市长、市直各部门主要负责人，各施工企业、监理单位，项目所在地群众代表等1400余人参加仪式。州委副书记、州政府州长乔学智宣布开工，市委副书记、市长罗富贵致辞，市委常委、副市长胡伟东通报项目开复工情况，市委副书记陈德伟主持仪式。

7月10—12日，市委副书记、市长人选赵建国带队在玉树市学习调研。先后考察玉树市城市规划建设和城市运营管理、新寨村特色小镇建设、玉树市污水处理运营管理、甘达利众合作社运行情况、玉树市供水公司运营管理、玉树市第三民族中学教育教学工作、玉树市智慧城市服务管理、市区公园建设管理、市场监管、政务服务监管、玉树市团结社区。副市长人选才让东智、朱晓龙、才旦卓玛以及政府办、发改、住建、教育、文体旅游、市监、城管、自然资源、隆务镇等部门负责人参加。

7月13日，副市长华周参加扎西多卡玛圣殿世界纪录认证仪式，见证“彩绘面积最大的单体藏传佛教”“最大的木结构单体藏传佛殿”2项世界纪录落地同仁。

9月25日，市委副书记、市长赵建国带队在甘肃省合作市考察垃圾填埋场运行及污水处理等城市管理相关工作，学习借鉴合作市在城市管理方面的先进理念和典型经验做法。他强调，要坚持把推进城市精细化管理摆在首位，坚持问题导向，对标先进找差距，学习先进经验做法，推动同仁城市管理工作实现新发展新突破。副市长朱晓龙，市发展和改革局、住房和城乡建设局、自然资源局、市场监督管理局、城市管理局主要负责人参加。

12月22日，同仁市举行创建国家卫生城市启动仪式。仪式解读《同仁市创建国家卫生城市工作实施方案》，宣读创建国家卫生城市倡议书。州政府、州卫生健康委相关领导及市四大班子相关负责人，医护、环卫、志愿者、群众代表等200余人参加启动仪式。

（撰稿人：辛作鲲）

政府综合事务

【概况】 同仁市政府办公室主要负责市政府综合服务工作，承担市政府及办公室公文办理、会务组织、事物保障服务职责；组织开展调查研究，发挥参谋助手作用；负责市政府与上级有关部门和市政府与市委、市人大、市人民政协的工作联系；督促检查人大代表议案、政协委员提案的办理；负责指导监督政务公开、政府信息公开和电子政务工作；承担对全市民族语言文字使用情况的监督检查和审核把关，负责市委、市政府交办的翻译工作等。2021年，制定《同仁市政府办公室日常管理细则（暂行）》，从公文起草、会务组织、协调办理、考勤管理、信息奖惩等方面定标准、细措施、强落实，加强干部工作纪律，改进工作作风，推进各项工作走深走实。全办行文质量逐步提高，会务组织井然有序，上报信息采编率高，多次受到州、市政府主要领导批示肯定。

【办文办会与信息服务】 推行收文预先审核制，明确凡是市属单位向市政府打请示，须“先汇报，后收文”，全年累计收文3074件。实行公文退回制，退回不合格公文50余件，按季度通报来文错情。健全公文传阅制度，涉密公文按规定分发，做到“日清周结”。完善文件、纪要“多级复核”签审流程，全年审查6个规范性文件，制发文件（纪要）506份。改进电子办公设备、打印耗材，购置打印机、复印机等，接受天津对口援建捐赠的价值7.8万元的全新高速复印机，改善办公条件，提高工作效率。做好办公室保密工作，年内更换计算机、多功能打印机、扫描仪和多功能复印机 71 台。

贯彻落实减轻基层负担提高工作效率的十条措施，有效减少会议数量。全年完成政府全体会议、市政府廉政会议、党组会议、常务会议 39 次。

坚持“全员编信息”工作理念，将信息量化细化到月和周。全年编发《同仁政务信息》298 期，信息工作政务信息采编率居全州四县（市）、各部门第一。

【政务督查督办】 坚持“聚焦重点”督要事、“关注民生”督实事、“紧扣问题”督难事的工作方向，完成中央第十五巡视组督查、政府工作报告、民生实事、改革重点项目、上级领导指示批示、环保督察、巩固拓展脱贫攻坚成果同乡村振兴有效衔接专项督查、人大建议政协提案督办等各项工作任务。全年发布督办通知 13 期、安排实地督查 5 次、完成 42 件人大建议、47 件政协提案的交办和督办工作，办复率 100%。按照“市政府中心工作开展到哪里，督查落实就跟进到哪里”要求，把省政府“710”政府督办系统作为促进各部门全面履行职责的重要手段，对市直各部门和各乡镇实行“清单式”管理、销号式督查，较好地完成州市党委、政府各项重点工作、“710”政府督办系统和“12345”民生服务热线的督办落实。

【电子政务】 政府网站信息公开。按照“公开为常态、不公开为例外”“涉密不上网、上网不涉密”原则，推进决策公开、执行公开、管理公开、服务公开、结果公开，并对各级各类信息的公开提出明确要求，确保信息公开规范有效。及时转载今日同仁和同仁融媒微信订阅号信息，强化政务公开力度，增强政务信息公开时效性。按照《中华人民共和国政府信息公开条例》要求，梳理整合全市政务信息资源，进一步明确政务信息公开范围、公开方式、公开程序及监督保障措施。全年度通过市政府网站发布信息 1941 条，公布市政府办公室文件 34 个、规范性文件 3 个，公开重点领域信息 93 条，发布重大政策解读文件 8 篇。

政府网站与政务新媒体管理。安排专人监管市政府门户网站及全市政务新媒体，实行实时监测管理，建立监管台账，强化督促各单位按照省、州政务公开工作要求，及时发布高质量信息，整改存在问题，确保市政府门户网站及全市政务新媒体更新及时，发布规范。年内市政府门户网站增加网站无障碍、数据搜索应用功能，共更新发布各类信息 1941 条，政府文件、专题类信息 536 条，公开重点领域类信息 194 条，民生保障类信息 16 条。开展全市政务新媒体检查，下发整改通知书 22 份。全面梳理基层政务公开目录，完成涉及 26 个领域 552 条目录。

【行政审批制度改革】 继续减少和调整行政审批项目，对现有行政审批项目进行新一轮清理。加强对非行政许可审批项目的调查研究，明确其范围、设定依据等，在摸清底数的基础上，提出分类改革的意见。严格审核论证新设行政审批项目，逐步建立健全新设行政审批项目审核论证机制，对涉及重大公共利益的审批项目通过专家咨询、民意征集等多种形式听取社会各界的意见，防止行政机关随意增设行政审批项目，避免出现多头审批、重复审批。对保留的行政审批项目，按照公开、公平、公正、高效原则，规范程序、简化环节，逐步把行政审批纳入规范化、制度化轨道。按照州政府公布保留的行政审批项目目录，逐项公开审批项目依据、申请条件、审批期限、收费标准，推动行政审批公开、透明。针对审批项目的性质、特点和复杂程度，科学设定审批流程，推行行政审批标准化和精细化。重点完善行政审批统一受理、集中办理、首问负责、限时办结等制度，推行网上审批，改进审批方式，提高审批效率。进一步深化“放管服”改革，提升“互联网+政务服务”水平。修改完善政务服务事项要素，提升政务服务事项数据质量，提升“一网通办”水平。

【积压档案整理归档】 将档案整理纳入年度工作计划，基于 2002—2006 年和 2011—2020 年档案管理乱、积压多等实际问题，在抓好日常工作同时，按照《机关档案管理规定》，抽调3名精干力量加班加点，对近15年文书档案进行整理。累计整理档案12705件，移交市档案馆，解决历届政府档案历史遗留问题，为建立完整、系统的电子档案数据库打下基础。

【拓展延伸“710”政府督办系统】 多方争取资金，联系省、州政府和软件开发公司，完善省政府“710”督办系统，率先在全州完成“710”政务督办系统由市政府向各乡镇、各部门的拓展延伸建设工作。截至年底，该系统涵盖11个乡镇、30个部门。通过建立工作任务电子台账，明确工作内容、责任人及完成时限，实行挂牌督办、办结销号，形成政府系统上下联动、齐抓落实的工作局面。全年办结省、州政府下达督办事项67项，向各乡镇、各部门下发督办任务20项，双双实现办结率100%。

（撰稿人：王珍文）

信访工作

【概况】 2021年，同仁市信访部门贯彻全国信访局长会议精神，依法及时就地解决群众合理诉求，不断提升信访工作信息化，增强防范风险能力，进一步强化基础建设、拓宽信访渠道，在“事要解决”、积案化解、节点稳控等方面严明工作纪律、落实责任，信访工作取得实效，被国家信访局授予“三无”县（市、区、旗）和2021年全年全省信访工作先进集体。全年受理群众来信来访44批件、373人次，办理网上信访案件51件，其中自办和网上投诉21件、国家信访局转办14件、省信访局转办9件、州信访局转办7件，与2020年同期相比，上访率下降3%。

【信访信息化】 严格规范工作人员行为，促进接访、办信工作标准化、规范化，按照规范和流程操作，确保信访问题能在规定时限内得到办理和答复。采取以会代训、参加省州培训等多种学习方法，使信访工作人员熟练掌握信访信息系统的基本操作程序，将信访信息系统应用培训作为一项长期任务来抓，构建规范高效的新型信访工作机制，实现由人工处理信访工作的传统模式向现代信息技术管理信访工作的新模式转变，建立网下办理、网上流转的群众信访事项办理程序，实现办理过程和结果可查询、可跟踪、可督办、可评价，增强透明度和公正性，提升群众参评意识，请群众参与，让群众监督，使群众满意，提高信访工作公信力。

【法治信访建设】 加大对《信访条例》《依法逐级走访办法》和处置涉访违法行为方面的法律法规宣传力度，明确信访过程中的权利和义务，树立违法违规必受惩处的理念，教育引导广大群众依法有序信访，合理表达利益诉求。对群众信访涉及的土地、债务、合同、民事纠纷等，引导他们通过仲裁、行政复议、法律诉讼等渠道解决，依法维护正常信访秩序。

【信访制度建设】 把落实市、乡信访联席会议制度作为做好信访工作的重要抓手，定期召开会议分析形势、研判信息，加强对社会矛盾纠纷和信访热点难点问题的排查、梳理及交办、督办工作，发挥部门联合接访、共同会商等整体联动开展工作的作用，有效化解一批社会热点难点问题和特殊疑难信访问题。建立矛盾纠纷和信访热点难点问题定期排查机制。做到乡镇和部门定期或不定期排查，乡不漏村、村不漏户，对排查出来的问题，建立台账，落实领导包案，市委、市政府定期听取办理情况，通过责任细化和落实，及时有效化解矛盾纠纷和信访隐患。

【信访矛盾化解】 高度重视群众初信初访的化解处理工作，坚持“首问责任制”，对群众的初信初访确定包案领导和责任人，由初信初访的首接责任人跟踪负责案件的交办、查处、结案等过程，督促责任单位和责任人在规定期限内认真办结信访事项，保证上访群众的诉求“事事有回音、件件有着落”，坚决杜绝小事拖大、简单问题拖复杂、初访拖成重访，初信变重信，避免信访问题扩大升级，把矛盾化解在萌芽状态，把问题处理在始发阶段。

（撰稿人：李文忠）

机关事务管理

【概况】　同仁市市直机关事务管理局是在2019年机构改革后才成立的，挂牌同仁市人民政府办公室。下设市直机关服务中心，现有工作人员3名。主要职能为公务用车管理、办公用房管理、公共机构节能和公务接待管理等工作。

【办公用房管理】　按照《青海省省直机关事务管理局关于开展市州党政机关及事业单位办公用房核查工作的通知》要求，开展同仁市党机关及事业单位办公用房核查、办公用房使用情况摸底排查工作，建立办公用房台账，测量各类办公用房2986间45026平方米，摸清市直党政机关办公用房底数，各单位办公用房地域分布、使用现状及人员安排情况。组织专人逐一核算市直机关办公、服务、设备及附属用房，按照《党政机关办公用房建设标准》规范整改市直机关各单位办公用房不规范面积112.5平方米，并制定工作台账，要求相关部门限期整改。

【公务用车监管】　建成“同仁市市直机关公务用车监督管理平台”并通过省、市验收，为35家市直党政机关用户分配平台登录账号，平台内51辆公车可实时调度。12月底，各乡镇、部门更换公务用车管理平台系统（中科美络），完成更新全市相关单位车辆安装设备45辆，培训各单位公务用车管理人员及司助人员，提高公务用车平台运行效率。按照市车改办工作部署，完成全市参改单位24辆报废公车交接工作。健全完善机关公车管理制度，组织专人专项检查全市公务用车使用情况，持续监控已安装车载定位终端情况的车辆，规范各单位保留车辆和车监管平台车辆使用申请，严把手续关，优化派车流程，确保申请、审批、调度车辆无缝对接。落实节假日期间公车管理制度，强调公车使用红线意识。在节假日期间，电话提醒个别单位无任务出行车辆31次。

【公务接待】　推进公务接待工作提升，按照“从简、从细、从严”六字方针，严格遵守公务接待制度和标准，规范接待行为，杜绝超标接待，不摆阔气，不讲排场。全年接待来宾约95批1989人次，其中国家级领导20人、省部级领导29人、外省客人208人、省内1732人。

【机关节能管理】　制定印发《同仁市节约型机关创建行动实施方案》，通过创建自评，创建申报，工作人员现场查看、查阅资料、随机问询调研，授予市委统战部、市农牧和科技局等7家单位全国“节约型机关”称号。开展公共机构能源资源消费统计和机关运行成本统计调查工作，不定期检查指导全市2021年10家公共机构能源资源消费单位，推进督查验收工作。开展“节能降碳，绿色发展”系列宣传活动，营造节能减排良好氛围。

（撰稿人：才　让）

政务服务监督管理

【概况】　2021年，市政务服务监督管理贯彻落实“放管服”改革各项决策部署，推进全市政务服务各项工作。年内结合同仁实际，参照借鉴民和县“一件事”套餐办理事项清单，开展“一件事”套餐办理事项清单梳理编制工作，梳理发布“一件事”套餐3个。把政务服务各项重点工作纳入年终绩效考核管理，促进各部门对政务服务各项工作关注度和重视度，促进各部门间的配合，未出现差评情况。全年受理各类政务服务事项104509件，办结率100%。

【政务服务事项“一网通办”】　围绕政务服务事项“一网通办”工作部署，按照“应上尽上，全程网办”原则，开展政务服务事项“一网通办”工作，加快线上线下深度融合，健全本级政务服务体系，按省州审改办工作要求，及时组织涉及全市行政许可、行政确认、公共服务等各类事项的各职能部门，开展政务服务事项梳理编制，继续修改完善问题事项各项要素，提升政务服务事项标准化，为推进“一网通办”工作提供数据保障。全年全市政务服务事项602项，网上可办575项，网办率95.6%；进驻政务服务大厅行政许可事项130项，网上可办118项，网办率90%；进驻政务服务大厅公共服务事项239项，网上可办222项，网办率92.9%。

【政务服务事项“跨省通办”】 根据省、州政府审改办关于“跨省通办”工作的部署要求，对标对表，组织涉及“跨省通办”事项各职能部门开展“跨省通办”事项梳理编制工作，完善事项要素，高质量推进事项梳理工作，提升“跨省通办”事项数据质量，提升全州、全市政务服务事项“跨省通办”水平。按时间节点完成“跨省通办”事项梳理、编制工作，梳理完成“跨省通办”事项第一批52项，第二、三批33项。

【隆务镇行政管理体制改革试点】 根据省委、省政府《关于印发青海省深入推进经济发达镇行政管理体制改革实施意见的通知》，隆务镇被定为经济发达镇行政体制改革试点地区，推进隆务镇行政管理体制改革工作。结合实际，研究制定具体方案，坚持围绕扩大隆务镇经济社会管理权限，完善政府功能等定位出发，赋予隆务镇改革后履行职能必要的事权，依法赋予部分市级经济社会管理权限，建立权责清单，按照“谁审批、谁负责”“谁主管、谁监管”原则，严格规范权力运行，组织市级各职能部门工作人员赴隆务镇开展业务指导，确保赋予的各项事权承接无误，派驻人员实行市管镇用。推行集中审批服务，将市政府各部门所有依法授权、委托的行政审批事项、公共服务事项等各类服务事项全部纳入隆务镇便民服务大厅办理，实行“一门式办理”“一站式服务”。全年下放行政许可事项22项、行政处罚78项、行政确认3项、其他事项1项。根据关于梳理基层乡镇、村（社区）级政务服务事项清单的要求，同仁市及时安排专人负责转发省政府办公厅相关通知，组织全市各乡镇负责梳理上报乡镇及各自所辖村（社区）相关政务服务事项，为下一步有序推进政务服务“网上办”向乡镇、村（社区）延伸推进打牢基础，提升全市政务服务水平，实现让数据多跑路，群众少跑腿。全年梳理乡镇事项286个、社区事项144个、村级事项1224个。

【政务服务评价】 根据省、州政务服务监管局相关要求，通过悬挂宣传横幅、微信公众号、开展专题宣传活动的方式在全市范围内广泛开展政务服务“好差评”宣传工作，运用藏语和汉语，发挥政务服务连心桥作用，营造浓郁氛围，保障政务服务“好差评”制度深入人心。截至年底，市政府未配齐配全政务服务“好差评”评价器，市政务服务大厅各窗口主要采取纸质版评价表开展政务服务好差评工作，年内未出现差评情况。

【政务“青松办”】 推行“互联网+政务服务”，宣传推广“青松办”App，利用政务服务大厅各窗口、LED电子屏、展板等方式在全市范围内广泛开展宣传推广，进一步提升“青松办”App下载使用率。发挥将政务服务体系建设纳入年终目标考核作用，促进全市各级干部职工下载使用“青松办”App，向身边人员进行推广，进一步提升广大干部职工群众的知晓率、下载率和使用率。

（撰稿人：王文斌）

外事工作

【概况】 2021年，中共同仁市委外事工作委员会统筹内事和外事，强化党对外事工作的集中统一领导，完善外事工作体制机制建设，发挥特色优势，扩大对外开放，推进“一带一路”建设，深化务实交流合作，铸牢安全底线，提升涉外治理能力水平，做好聚人脉、拓渠道、搭平台、促发展等工作，推进服务国家总体外交大局、服务全市高质量发展取得成效。

【外事工作体制机制建设】 在市委外事工作委员会领导下，市外事办深入学习贯彻习近平新时代中国特色社会主义思想和习近平外交思想，坚持党对外事工作的集中统一领导，牢牢把握外事工作正确方向，牢固树立总体国家安全观，确保党中央外事工作方针政策和省委、州委、市委外事决策部署在同仁落实落细。制定出台《中共同仁市委外事工作委员会2021年工作要点》，补充完善外事工作体制机制。

【出入境管理】 利用公民出入境动态管理监测系统，解决以往护照难以管理，管理后查询烦琐的困难，发挥在因私普通护照后续发放、回收、登记、查询等工作中的优势，加强相关数据监控和统计分析，确保公民再次申领普通护照签发安全，实现对全市公民出入境活动动态精准管理监测，为更好地开展护照后续管理工作奠定基础。全年全市公民申领护照6件，均为因私护照。护照二次申领1件，为因私护照。

【外国记者管理】 贯彻执行《青海省外国记者管理工作实施细则》，按照《黄南州外国记者管理办法》要求，本着“开放自信、内紧外松、疏堵结合、善加引导”原则，结合同仁市实际，研究制定具体工作举措，稳妥做好外国记者来市采访管理和引导工作，坚决防止发生负面舆情，化解隐患风险。全年无境外驻华媒体记者及驻华使领馆人员来访。

【对外交流合作】 围绕省委“一优两高”战略部署和州委打造文化旅游融合发展示范区建设要求，利用第二届青海热贡文化旅游节等活动，向外国友人宣传党的民族政策和同仁民俗文化、热贡艺术及同仁市改革发展成果，进一步提升热贡文化知名度，促进同仁文化旅游市场繁荣，打造同仁文化旅游品牌。

（撰稿人：苏维民）

TONGREN

政协同仁市委员会

同仁年鉴 / 2022

YEARBOOK

政协建设

【概况】 2021年，政协同仁市常委会坚持以习近平新时代中国特色社会主义思想为指导，把握人民政协的性质定位，突出团结和民主两大主题，围绕中心、服务大局，努力发挥优势、履职尽责，为推动同仁经济社会高质量发展、人民安居乐业、政协工作不断发展进步作出贡献。2021年7月，政协第二届同仁市委员会常务委员会第一次会议上，审议通过增加委员至160人，实有委员159人，其中主席1人、副主席2人、秘书长1人、常务委员25人。设置17个界别。

政协第二届同仁市委员会委员名单

尕藏卡（藏族）、崔生林（藏族）、隆务贡·久美更登尖措（藏族）、普华尖措（藏族）、刘立功、张峰、马忠文（回族）、李小莉（女）、张菊芳（女）、宋健良、香则仓·久美成列尖措（藏族）、陈龙威、旦措卓玛（女，藏族）、马成龙（回族）、张红（女）、丰晨、王雪梅（女，回族）、尕藏（藏族）、杨斌、陈延平、庆彭才让（藏族）、完玛东知（藏族）、旦巴达杰（藏族）、冶尔有布（回族）、元旦（藏族）、智干仓·次成尖措（藏族）、更登云旦（藏族）、俄尖才让（藏族）、加羊（藏族）、瓜什则仓·罗藏久美旦巴尖措（藏族）、罗藏成列（藏族）、丁慧民（回族）、李建本（土族）、完德尖措（藏族）、尕藏才让（藏族）、旦正项杰（藏族）、南他才让（藏族）、完么才让（藏族）、朱艳梅（女，土族）、马学良（回族）、傲赛多杰（藏族）、桑杰扎西（藏族）、夏吾尖措（藏族）、桑杰加（土族）、扎西当智（藏族）、银交加（土族）、李本太（藏族）、漫拉吉（女，藏族）、李金娟（女）、才让加（藏族）、娘加先（藏族）、下吾尖措（藏族）、扎西东智（藏族）、完玛南加（藏族）、桑杰卓玛（女，藏族）、马峰莲（女，回族）、杨仲加（藏族）、久美多杰（藏族）、华卡才让（藏族）、祁泉、拜玉秀（女，回族）、辛菊圆（女，藏族）、罗桑旦巴（藏族）、刘德（回族）、马军（回族）、肖宝刚、南太（土族）、褚祥秀（藏族）、马顺志（回族）、南杰才让（藏族）、赵鸿生、王世清（藏族）、土旦加（藏族）、李宁、马文同（撒拉族）、娘吉先（藏族）、秦红梅（女，土族）、多杰卡（藏族）、马建军（回族）、多杰加（藏族）、孙权智、王宁（藏族）、徐新波、夏吾加（藏族）、索南项加（藏族）、索南才让（藏族）、三旦多杰（藏族）、冯东风（藏族）、智华大吉（藏族）、韩海英（撒拉族）、罗藏土旦（土族）、李加东智（藏族）、扎西才让（藏族）、革日加（藏族）、多华（藏族）、多杰南加（藏族）、刘成秀（女，土族）、华卡加（藏族）、韩文海（撒拉族）、辛霞（女，藏族）、更尕东周（藏族）、桑杰先（藏族）、王辉成、樊咏梅（女，藏族）、王海英（女）、吉合松杰（藏族）、马进良（回族）、尼玛次木（女，藏族）、扎西（藏族）、刘祥、褚扎西业玛（藏族）、曹明安、马育林、完么项杰（藏族）、卢结武、格桑嘉措（土族）、杨延忠、白福成（藏族）、祁延菊（女）、更藏措（女，藏族）、华旦扎西（藏族）、完玛旦增（藏族）、张国庆、田万德、吉合他加（土族）、赵春广、斗合本（土族）、马天真（回族）、才让本（藏族）、李晓霞（女）、周则加（土族）、马秀清（女，回族）、海萍（女，回族）、李海霞（女）、卡毛措（女，藏族）、尕娘毛（女，土族）、张庆霞（女，藏族）、胡贵春（女）、周玉梅（女，回族）、华盖（藏族）、贾攀武、桑杰尖措（藏族）、索南东智（藏族）、申玉清（女）、马斌（回族）、仁增昂毛（女，藏族）、张桂英（女）、马新国、仁青东智（藏族）、千尔日加措（藏族）、张雪梅（女）、马晓军（回族）、严沛（藏族）、曲太（藏族）、万代本（藏族）、姚斌、才让他（藏族）、马福花（女，回族）、何祥宇（女）

【政协机关建设】 市政协领导班子始终贯彻新时代党的建设总要求，不断深化对政协组织抓好党建就是最大政治的认识，贯彻落实中国共产党党组工作条例、支部工作条例，理顺政协党组、机关党组之间关系。坚持党建工作与意识形态、精神文明、民族团结进步、依法治理等工作同谋划、同部署、同推进，实行党组会议决策落实督促反馈机制，结合年度重点履职工作，做到年初有安排、月月有清单、半年有小结、全年有报告，推动各项工作任务实现闭环运行。落实“一岗双责”，贯彻执行党的民主集中制，坚持重大问题集体研究，重大事项民主决策，执行中央八项规定及其实施细则，自觉接受市委巡察，整改巡察中发现的问题，建立台账，逐项销号。落实“日常、节前”廉政谈话制度，利用每周学习会、季度集中谈心会、每月党员活动日等，查找党员干部思想上的问题、工作上的不足，动态掌握机关干部的工作、学习和生活状态。注重机关建设，修订完善机关各项规章制度，全面规范机关办文办会、公务活动等各项规章制度，明确岗位职责和行为准则。

（撰稿人：张　炽）

履职尽责

【换届选举】 根据州委、市委安排，把好二届委员入口关，配合统战、组织部门按照政协委员的选任条件严格把关，对上届任期内不履行职责的委员及时给予调整，政协委员的界别设置和结构比例更趋于合理和优化。如期召开市政协二届一次全委会议，政协第二届委员会主席、副主席、常务委员均满票当选，完成换届选举任务。

【参政议政】 2021年，市政协发挥统一战线人才荟萃、智力密集优势，围绕市委、市政府提出的中心目标和重点任务，开展调查视察、专题协商、提案办理等工作，引导政协委员参与经济社会发展决策研究，助推全市经济社会高质量发展。

4月27日，州政协副主席拉结加一行在同仁召开关于发挥宗教在社会治理中的作用情况座谈会，市政协主席蔡有年、副主席夏吾加，副市长王旭龄及同仁市相关部门负责人参加座谈会。座谈会上，王旭龄从同仁市贯彻宗教信仰自由政策、坚持依法管理宗教事务、落实定员管理、宗教与社会主义社会相适应及取得的成效、存在的问题、下一步打算等方面进行详细的汇报；蔡有年就进一步围绕同仁市宗教界人士在维护社会稳定方面所做的工作进行说明。副主席拉结加对同仁市关于发挥宗教在社会治理中的工作成效予以肯定。座谈会后，拉结加一行先后赴青年路社区、吾屯上寺进行实地调研。

9月23日，市政协组织委员在海东平安区袁家村、互助县油嘴湾、卓扎滩村、纳顿庄园等地进行考察学习，进一步开阔委员眼界和视野，拓宽改革发展思路，提升履职能力。

11月23日，市政协副主席崔生林邀请市政协夏吾才让等3名委员开展提案办理现场答复活动，就夏吾才让委员在县政协十一届六次会议上提交的《关于修缮保安镇西科村耕地灌渠的提案》作出面对面答复。市政协提案委员会、市水利局、市农牧科技局、保安镇政府负责人及村“两委”班子和部分群众参加现场答复活动。

11月25日，市政协主席尕藏卡，副市长马忠海、市政协副主席崔生林，市相关部门单位负责人和部分市政协委员实地调研同仁市区内公厕建设和使用情况，听取相关情况介绍。随后召开“城市管理中如厕难、停车难”问题及涉及“三农”相关问题的提案办理现场会，会上提案委员介绍提案提出的背景和建议，市城管局负责人介绍全市公厕提标升级基本情况，市发改委、市水利局和部分委员对“如厕难、停车难”提案办理情况作回应，副市长马忠海作发言、市政协14名委员参加会议。

【提案办理】 贯彻落实《政协同仁市委员会创新提案及提案办理制度》，坚持把提案办理贯穿委员履职尽责的全过程，发挥提案在履行政协职能中的重要作用。通过举办培训班、以会代训、专题讲座、经验交流会、研讨会等多种形式，强化培训与引导，促进委员提高自身素质，提高委员撰写提案水平。在市政协一届一次会议和二届一次会议期间，全体委员认真履职，建言献策，提出提案 143 件，对提案进行归类、合并、内容核实，经市政协提案协商会议和提案委员会审查会议审查，立案 81 件，提案办复率达 85%，满意率和基本满意率在 98%以上。

【视察调研】 市政协发挥党派团体作用，在各类视察、调研、监督活动中，反映广大群众的意见、建议和呼声，把渠道优势、界别优势、人才智力优势相互结合起来，发挥工商联、无党派人士在政协工作中的作用。聚焦同仁市脱贫攻坚成果巩固与乡村振兴战略有效衔接情况、热贡馍馍产业发展情况、全市义务教育三科统编教材使用情况、市传统村落保护发展情况开展为期 2 个月的调研。调研组成员对存在的困难和问题认真研究、深入思考，撰写《同仁市脱贫攻坚巩固与乡村振兴战略实施有效衔接情况的专题调研报告》《同仁热贡馍馍产业化发展初步思路》《同仁市三科统编教材实行情况及相关问题思索》《关于同仁市传统村落保护发展几点思考》的调研报告上报市委参考，推动市政协调研视察成果在助力市委、市政府重大决策贯彻落实方面发挥重要作用。

（撰稿人：张　炽）

重要会议

【全体会议】 政协第一届同仁市委员会第一次会议 3 月 14—15 日，政协第一届同仁市委员会第一次会议在隆务开幕。大会执行主席蔡有年、雷登生、夏吾加、隆务贡·久美更登尖措出席会议。市委副书记、市长罗富贵，市人大常委会主任薛吉明，市委副书记陈德伟，市委各常委，市人大常委会各副主任，副县级以上领导干部应邀参加会议。会议由雷登生主持，蔡有年代表政协第一届同仁市委员会常务委员会向大会作工作报告。会议通过政协第一届同仁市委员会关于常务委员会工作报告的决议和政治决议。

政协第二届同仁市委员会第一次会议 7 月 12—15 日，政协第二届同仁市委员会第一次会议在隆务召开。13 日下午举行开幕大会。大会执行主席尕藏卡、李加东智、崔生林、隆务贡·久美更登尖措出席会议。州委常委、市委书记旦增，市委副书记、市长候选人赵建国，市人大常委会党组书记、主任候选人蔡有年，市政协党组书记、主席候选人尕藏卡，市委各常委，市人大、市政府、市政协相关县级领导，市法院、检察院主要领导应邀参加会议。会议由市政协党组副书记李加东智主持，尕藏卡代表政协第二届同仁市委员会常务委员会向大会作工作报告，大会选举尕藏卡为政协第二届同仁市委员会主席，崔生林、隆务贡·久美更登尖措为副主席，刘立功为秘书长，选出马忠文、马新国、王海英、卡毛措、卢结武、尕藏卡、刘立功、刘成秀、多杰南加、严沛、李小莉、李加东智、完德尖措、张红、张峰、周玉梅、赵鸿生、香则仓·久美成列尖措、贾

2021 年 7 月 13 日，中国人民政治协商会议第二届同仁市委员会第一次会议召开（市政协办供图）

攀武、桑杰加、崔生林、隆务贡·久美更登尖措、韩海英、普华尖措为政协第二届同仁市委员会常务委员会委员。会议审议通过政协第二届同仁市委员会第一次会议关于政协第一届同仁市委员会常务委员会工作报告的决议和政治决议。

【常委会会议】 2021 年，政协第一届同仁市委员会共召开 3 次常委会会议。

政协第一届市委第二次常务会议 3 月 5 日，市政协召开第一届同仁市委员会常务委员会第二次会议。蔡有年主持会议，市政协各常委、相关部门负责人及政协机关全体干部参加会议。会议传达学习同仁市委常委会 2020 年工作报告、省委平安青海建设领导小组第二次会议精神、黄南州委十二届十一次全体会议精神。会议审议通过《关于召开政协第一届同仁市委员会第一次会议决定（草案）》《政协第一届同仁市委员会第一次会议议程（草案）》《政协第一届同仁市委员会第一次会议日程（草案）》《政协第一届同仁市委员会常务委员会工作报告人建议名单（草案）》《政协第一届同仁市委员会第一次会议各次大会执行主席和主持人名单（草案）》《政协第一届同仁市委员会第一次会议委员提案提交截止日期（草案）》《政协第一届同仁市委员会第一次会议秘书长及副秘书长名单（草案）》《政协第一届同仁市委员会关于增补政协第一届同仁市委员会委员名单（草案）》《政协第十一届同仁市委员会常务委员会工作报告（讨论稿）》《政协第十一届同仁市委员会常务委员会关于十一届五次会议以来提案工作情况的报告》《社会和民族宗教委员会 2020 年工作总结及 2021 年工作计划的报告》《经济农牧和社会环境委员会 2020 年工作总结及 2021 年工作计划的报告》《提案委员会 2020 年工作总结及 2021 年工作计划的报告》。

政协第一届市委第三次常务会议 3 月 16 日，市政协召开政协第一届同仁市委员会常务委员会第三次会议。蔡有年主持会议，市政协各常委、各讨论组召集人参加会议。会上，审议通过《中国人民政治协商会议第一届同仁市委员会常务委员会工作报告决议》《中国人民政治协商会议第一届同仁市委员会常务委员会政治决议》。

政协第一届市委第四次常务会议 7 月 8 日，市政协召开政协第一届同仁市委员会常务委员会第四次会议。尕藏卡主持会议，市政协各常委、相关部门负责人及政协机关全体干部参加会议。会议审议通过《政协同仁市第一届委员会常务委员会工作报告（草案）》《政协同仁市关于市政协第一届一次会议以来提案工作情况的报告（草案）》《政协同仁市第二届委员会委员名单》《政协同仁市二届一次会议大会主席团名单（草案）》《政协第二届同仁市委员会主席、副主席、秘书长及常务委员候选人建议名单（草案）》《政协同仁市二届一次会议大会秘书长建议名单及副秘书长名单建议（草案）》《政协同仁市第二届委员会第一次会议总监票人、监票人建议名单（草案）》、关于召开政协同仁市第二届委员会第一次会议的决定及会议议程（草案）、政协同仁市第二届委员会常务委员会工作报告和提案工作报告报告人名单建议（草案）、政协第二届同仁市委员会第一次会议相关文件（会务册）等文件，通报《关于更换市政协各专委会名称的通知》。

（撰稿人：张　炽）

重要活动

【学习教育活动】 1 月 14 日，市政协召开集中学习暨工作安排部署会。会议由副主席雷登生主持，全体干部职工参加会议。会议传达学习《中共同仁市委常委会 2020 年工作报告》，州委常委、市委书记蒋树成在市委一届二次全体会议上作的题为《艰难方显勇毅　磨砺使得玉成　奋力谱写新时代同仁高质量发展新篇章》的讲话、市长罗富贵在市委一届二次全体会议上的讲话精神，并对近期工作进行安排部署。

3 月 5 日，市政协召开党史学习教育动员部署会，传达学习习近平总书记在党史学习教育动员大会上的重要讲话精神以及省、州、市委党史学习教育动员会精神，并对市政协机关开展党史学习教育进行安排部署。市政协党组书记、主席蔡有年讲话。

4月9日，市政协党组（机关党组）召开党史学习教育第四次集中学习暨党史知识测试会，副主席雷登生、夏吾加出席会议，政协机关全体党员干部参加会议。会上市政协党组书记、主席蔡有年为全体党员干部作“重温百年党史、汲取奋进力量”专题党课，开展党史专题测试。

5月8日，市政协党组（机关党组）召开党史学习教育第八次集中学习暨专题研讨会，市政协党组书记、主席蔡有年主持会议，副主席雷登生、夏吾加出席会议，政协机关全体党员干部参加会议。

5月25日，市政协开展党组（机关党组）党史学习教育第十次集中学习暨第二次专题研讨会，市政协党组书记、主席蔡有年主持会议，副主席雷登生、夏吾加，巡回指导组卓玛加出席会议，政协机关全体党员干部参加会议。会议传达学习《中国共产党简史》《中国共产党组织处理规定（试行）》《关于组织开展2018年以来年度民主生活会召开情况“回头看”工作的通知》等文件内容。会上蔡有年、夏吾加、雷登生、马忠文、李小莉围绕新民主主义时期内容，结合实际工作做研讨交流发言。

6月3—5日，市政协主席、党组书记蔡有年一行13人到甘肃省迭部县腊子口红色教育基地开展党史学习活动，瞻仰俄界会议旧址、茨日那毛主席旧居，参观腊子口战役纪念馆，通过缅怀革命先烈，讴歌党的丰功伟绩，引导广大政协干部、委员更加热爱党、拥护党，学史明理、学史增信、学史崇德、学史力行，以昂扬姿态开展政协各项工作。

6月25日，市政协召开党史学习教育第十五次集中学习暨第四次专题研讨会，市政协办公室主任刘立功主持会议，政协机关全体党员干部参加会议。会议传达学习《论中国共产党历史》《关于加强强降雨期间山丘区人员转移避险工作的指导意见》、关于转发《习近平总书记、李克强总理重要批示，信长星省长、李杰翔常务副省长对安全生产工作的强调要求及〈省政府办公厅关于做好安全生产工作的紧急通知〉》的通知等内容。会上，刘立功、张峰、马忠文、李小莉、李毛扎西围绕中共十八大以来的历史时期内容，结合实际工作作研讨交流发言，其他人员向会议递交书面研讨材料。

7月20日，市政协召开党史学习教育第十七次集中学习暨第五次专题研讨会，市政协党组书记、主席尕藏卡主持会议，副主席崔生林出席会议，政协机关全体党员干部参加会议。会议组织学习《论中国共产党历史》《关于学习宣传贯彻〈习近平关于网络强国论述摘编〉的通知》《关于认真做好学习贯彻习近平总书记在青海视察工作时重要讲话精神的通知》等内容。会上，刘立功、张峰、马忠文、李小莉、李毛扎西围绕习近平总书记在中国共产党成立100周年大会上的重要讲话精神内容，结合实际工作做研讨交流发言，其他人员向会议递交书面研讨材料。

11月29日，市政协开展党组（机关党组）党史学习教育第三十二次集中学习暨专题研讨会，市政协党组书记、主席尕藏卡主持会议，副主席崔生林出席会议，政协机关全体党员干部参加会议。会议传达学习中共中央《关于党的百年奋斗重大成就和历史经验的决议》、关于《中共中央关于党的百年奋斗重大成就和历史经验的决议》的说明、旦增、赵建国在全市林草长制第一次工作会议上的讲话等内容。刘立功、张峰、马忠文、李小莉、李毛扎西围绕中共十九届六中全会精神，结合实际工作做研讨交流发言，其他人向会议递交书面研讨材料。

【培训活动】 7月12日，市政协举办政协第二届委员会第一次会议会前委员培训。会议由市政协副主席人选崔生林主持，市委组织部常务副部长董涛，市委纪委副书记、监委副主任卡毛措，市政协提案委员会主任张峰分别就严肃换届纪律、会风会纪、提案撰写方面进行专题辅导培训，市政协第二届委员会的全体委员参加培训。

9月22—24日，市政协举办全体政协委员及政协干部履职能力提升培训。市政协党组书记、主席尕藏卡，副主席崔生林、隆务贡·久美更登尖措出席培训活动，基层政协委员、乡镇政协联络组、市政协办公室干部120余人参加培训。

【班子建设活动】 1月25日，市政协机关党组召开2020年度民主生活会。市政协党组副书记、副主席雷登生，机关党组书记、办公室主任刘立功，机关党组成员张峰、马忠文、李小莉参加会议。会议由刘立功主持，雷登生作点评讲话。会议在前期组织学习的基础上，传达学习《县以上党和国家机关党员领导干部民主生活会若干规定》、通报民主生活会会前准备情况以及民主生活会征求意见情况报告，刘立功代表班子作对照检查，随后班子成员聚焦民主生活会主题，逐一进行对照检查，认真查摆不足，分析问题原因，开展严肃认真的批评与自我批评。

2月2日，市政协召开述职测评大会，市政协机关党组书记、办公室主任刘立功主持会议，全体机关干部参加会议。会上，传达关于印发《同仁市党政领导班子和领导干部年度目标考核办法》的通知，与会人员对全体机关干部职工的述职进行现场测评投票。

4月28日，市政协组织开展“祭英烈　学党史”主题党日活动，政协主席蔡有年、副主席雷登生以普通党员的身份参加活动。全体党员列队在烈士纪念碑前敬献花篮，默哀鞠躬，并重温入党誓词，缅怀革命先烈，感悟革命精神，永葆初心使命。

6月21日，市政协召开乡镇联络室建设对接会，市政协党组书记尕藏卡、副书记崔生林、办公室主任及各专委会主任，各乡镇党委书记参加会议，会议由市政协党组书记尕藏卡主持。会议传达学习政协黄南藏族自治州委员会《全州政协开展提质增效三年行动2021年实施方案》，尕藏卡向大家详细讲解“三年提质增效”工作要求细则，并提出具体工作要求。

8月20日，市政协办公室党支部班子围绕“学党史、悟思想、办实事、开新局”专题组织生活会的主题和“学史明理、学史增信、学史崇德、学史力行”的目标要求，召开专题组织生活会。

10月20日，市政协以发挥委员主体作用和自身优势为出发点，以助力巩固全市脱贫攻坚成果和乡村振兴有效衔接工作为落脚点，探索开展“1+3”委员爱心平台建设工作，通过引导广大市政协委员关心关注贫困农牧民、帮助青年人拓宽就业渠道、倾听老百姓诉求需要，彰显委员为民情怀和社会担当，展现新时期委员良好风采。

11月8日，黄南州委常委、市委书记旦增，市委常委、组织部部长王文东一行调研市政协领导班子建设情况。市政协党组书记、主席尕藏卡，市政协领导班子各成员及机关全体干部参加调研座谈会。

12月20日，为进一步筑牢防腐拒变的思想道德防线，贯彻落实市直机关干部警示教育大会精神，推动党风廉政建设开展，市政协组织全体干部观看专题警示教育片《圣境草原·不容贪狼窃鼠》。

12月27日，市政协召开“两节”节前集体廉政提醒谈话会，会议中由马忠文传达学习市纪委关于做好元旦、春节期间廉洁自律工作的通知精神，市政协党组书记、主席尕藏卡提出具体要求，要求与会干部增强底线意识、筑牢思想防线、严守纪律规矩。

【参与经济社会建设活动】 10月20日，市政协以发挥委员主体作用和自身优势为出发点，以助力巩固全市脱贫攻坚成果和乡村振兴有效衔接工作为落脚点，探索开展“1+3”委员爱心平台建设工作，通过引导广大市政协委员关心关注贫困农牧民、帮助青年人拓宽就业渠道、倾听老百姓诉求需要，彰显委员为民情怀和社会担当，展现新时期委员良好风采。

11月3日，市政协召开新冠肺炎疫情防控工作安排部署会议。市政协党组书记、主席尕藏卡主持会议并讲话，政协机关全体干部参加会议。会议传达致全市各级党组织和广大党员干部的疫情防控倡议书、关于排查疫情防控重点人员的紧急通知、关于进一步加强外出人员摸排管控的紧急通知、11月1日同仁市新冠肺炎疫情防控处置工作紧急会议精神，并就当前疫情防控工作做了具体安排部署。

11 月 25 日下午，市政协组织召开“我为群众办实事”实践活动群众满意度测评会，会议由市政协党组书记、主席尕藏卡主持，“两代表一委员”、服务对象代表、重点项目受益群众代表、离退休老干部代表、各乡镇（居）民代表共 14 人参加会议。

【慰问活动】 1 月 27 日，市政协委员开展节前慰问困难职工活动，市政协主席蔡有年参加活动。在双朋西乡，市政协委员、青海利强建设工程有限公司董事长俞利群将慰问金送到双朋西乡政府困难职工手中，为他们送上节日的关心和祝福，希望他们脚踏实地，艰苦奋斗，用双手创造美好未来。随后，双朋西乡党委政府领导向市政协委员的捐款善举表示感谢。

2 月 8 日，在新春佳节即将来临之际，市政协委员在隆务镇隆务街社区开展“献爱心、送温暖”活动，市政协主席蔡有年参加活动。在慰问活动中，蔡有年与隆务街困难群众进行亲切交谈，详细了解家庭生活状况和存在的实际困难，鼓励他们保持乐观心态，勇敢面对逆境，早日脱贫致富，并向他们致以新春的问候，感谢他们为民族团结、社会稳定作出的贡献，祝福他们身体健康、家庭幸福。随后，青海格桑热贡艺术传播中心经理、市政协委员格桑嘉措为他们送上价值 5000 元的慰问品和慰问金。

6 月 1 日，市政协主席蔡有年，市政协委员、龙树画苑院长完德尖措一行赴双朋西乡还主小学开展“六一”慰问活动，给各民族儿童送去节日的问候和文体用品，并向农村一线工作的老师们致以崇高的敬意。

6 月 7 日，市政协主席蔡有年带领市财政局、市扶贫开发局、市应急管理局、市统计局、扎毛乡领导深入兰采乡虫草采挖点对一线干部职工、牧民群众、驻守民警进行慰问。

6 月 29 日，在中国共产党成立 100 周年即将到来之际，市政协党组书记尕藏卡、副主席人选崔生林赴西宁走访慰问市政协部分退休主席、副主席，为他们送去党的关怀及慰问金，并代表市委、市政府向他们致以崇高敬意和亲切问候。市政协经济农牧和资源主任李小莉进行陪同。

11 月 5 日，市政协党组书记、主席尕藏卡带领政协机关干部职工及政协委员曹明安、刘祥、赵鸿生、卢结武、马文同、马育林、马进良、完么才让、罗藏土旦、桑杰加、吉合他加、南太、扎西郎登等一行 13 人向抗疫一线的警务人员和医护人员表达慰问，将慰问品送到双朋西、多哇、瓜什则、城北新区、峡口五个卡点，用实际行动为打赢疫情防控贡献政协委员力量和智慧，践行新时代政协人的使命担当。此次慰问活动，共送去羊肉、方便面、饮料、水果、医药物品等慰问物资共计 3 万元，向他们为市疫情防控工作做出的努力与付出表示衷心感谢。

（撰稿人：张　炽）

TONGREN

中共同仁市纪委监委

同仁年鉴 / 2022

YEARBOOK

纪律建设

【概况】 2021年，同仁市纪委监委按照中央、省、州纪委全会工作部署，聚焦监督职责，发挥监督保障执行、促进完善发展作用，推进全市纪检监察工作，为开局“十四五”，建设“文化同仁”提供坚强的纪律保障。全年市纪委监委召开常委会会议10次、理论学习研讨会22次，全市纪检监察机关开展理论学习180余次。在省、州级媒体刊发文稿8篇，在《青海法制报》开设的《黄南纪检监察专刊》刊发专版7期。推进信访举报信息平台、视频会商系统建设，推进信访、案管一体办理，形成归口受理、精准办理、流转留痕、办结反馈的闭环管理制度。执行审查调查人员承诺书制度，执行谈话对象安全交接、办案安全预案等制度措施，年内未发生投诉及办案安全事故。

2021年7月22日，州纪委书记刘强（右一）在同仁市调研纪检监察工作（市纪委监委供图）

【政治思想建设】 落实“第一议题”制度，及时跟进学习习近平总书记重要讲话、指示批示精神和党中央、省州市重要会议文件精神，深化拓展“不忘初心、牢记使命”主题教育成果，把党史学习教育作为贯穿全年的重大政治任务，年内组织集中学习、交流研讨24次，撰写心得体会、交流研讨材料45篇，做到思想理论武装、树立正确党史观和理想信念教育融为一体，持续深入推进。坚持以党建统领纪检监察工作，打造“党建+”特色品牌，联合联点村党支部、党建联盟社区组织开展主题党日等活动，凝聚力、战斗力和向心力不断强化。

发挥党建引领作用，把意识形态、精神文明、民族团结进步创建等工作贯穿到纪检监察工作始终。落实“三会一课”、组织生活会、主题党日、民主评议党员等制度。以党史学习教育为契机，进一步深化“党建+”工作，围绕“党建+信访举报、党建+监督检查、党建+廉政宣传教育、党建+临时党支部建设、党建+能力提升、党建+基层减负”六个主题，增强党组织活力，形成以党建促主责主业落实的良好工作局面。协助市委、市政府主要负责人落实《关于党委（党组）运用监督执纪“第一种形态”的工作意见》；层层签订《同仁市2021年党风廉政建设责任制目标责任书》，下发《2021年同仁市党风廉政建设和反腐败工作主要任务分工意见》，提升各级党组织落实党风廉政建设主体责任和班子成员“一岗双责”的政治担当和行动自觉。

【廉政教育】 组织240名新提任领导干部和家属到市委党性教育基地接受廉政教育，召开全市副科级以上领导干部警示教育大会，通过开展廉政谈话、知识测试、观看警示教育片、签订廉洁从政承诺书、通报典型案例等方式，引导领导干部筑牢思想防线，增强“底线”“红线”意识。联合市妇联举办“传家训、立家规、扬家风”主题教育活动，发放“传家训立家规扬家风”倡议书600余份，营造人人崇尚文明礼仪、家家赞许好家风家训的浓厚氛围。

2021年11月30日，同仁市党员领导干部警示教育大会召开（市纪委监委供图）

组织全市180余名副科级以上党员领导干部召开警示教育大会，通过“当众宣读处分+剖析问题原因+提出想法意见”模式，引导全市党员领导干部现场接受教育，推进处分决定由单纯的“一张纸”深化为立体化的、触及灵魂的警示教育“一堂课”。组织全市各级党组织观看系列警示教育片《圣境草原·不容贪狼窃鼠》，受教育党员干部群众3000余人次，受教育党员干部560余人次。对60名新提任干部进行廉政谈话，签订廉洁从政承诺书和廉政谈话备案表。开展“警示+”活动，将任前廉政谈话与警示教育、亲属助廉活动以及“一报两刊”学习等有机结合。注重发挥宣布处分决定的警示教育作用，用身边人身边事强化思想教育，筑牢思想堤坝。

【纪检干部学习培训】 采取跟班学习、以案代训、集中培训等方式，拓宽培训学习渠道，选派9名纪检监察干部参加省州纪委跟班学习，促工作规范、提工作质效、强业务本领。举办新任村（居）务监督委员会业务培训班，对全市74名乡镇纪委委员、80名村务监督委员会成员进行业务工作专题培训，推动新一届村（居）务监督委员会成员更快适应新岗位。举办全市乡镇纪委书记能力提升专题培训班，通过“以老带新”传经验、“以案代训”强实战、“能力培训”固基础的有机衔接，提升乡镇纪委书记履职能力。

【基层纪委建设】 制定《基层建设提升年任务分工方案》，将全年工作任务细化为66项具体措施，逐项抓落实。推进乡镇纪委“两化”建设，发挥4个办案协作区和乡镇纪委标准化谈话室、信访接待室作用，受理信访举报11起，处置问题线索9件。规范使用乡镇纪委工作经费，配齐同步录音录像、照相机、录音笔、打印扫描一体机等设施设备。结合村级换届配强村务监督委员会队伍，落实村务监督委员会人员报酬36万元，完善《村务监督委员会工作制度》《村务监督委员会绩效考核办法》《村务监督委员会对农村“三资”的监督流程》等7项制度，为有效发挥村务监督委员会作用提供坚强保障。

（撰稿人：陈嘉惠）

执纪监督与审查

【党风政风监督】 日常监督　履行监督工作责任，围绕贯彻落实中央八项规定实施细则精神、省州市委若干措施、疫情防控值守、敏感节点值班和会纪会风等情况开展督导和抽查40余次，下发纪检监察通报2期。组织各级党组织开展节前廉政谈话180余人次。围绕重要节点，开展廉洁提示6次，受教育1700余人次。围绕执行财经制度、换届工作纪律开展专项监督检查6次，点名道姓通报16人，未收到违反换届纪律信访举报。

政治监督　强化对全市党风廉政建设责任考核成果运用，约谈2020年度考核排名靠后的4个地区部门主要负责人；围绕思想、责任、作风等方面，开展61名乡镇党政主要负责人和市直部门主要负责人谈心谈话；动态更新市管领导干部廉政档案，严把廉洁意见回复关，审核525名市、乡党政领导班子候选人和“两代表一委员”资格，防止“带病上岗”。

纠治“四风”问题　把整治形式主义、官僚主义作为重要政治任务，围绕形式主义官僚主义，抓好在党史学习教育中网络抄袭拼凑、秘书代写、搞“材料秀”等问题，约谈提醒7人。会同市委宣传部门开展规范移动互联网应用程序整治指尖上的形式主义工作，纠治移动互联网应用程序推广使用中加重干部负担的做法，逐步形成常态化监管。

【专项治理】　制定同仁市《扶贫领域腐败和作风问题三年专项治理工作方案》和年度监督执纪专项检查计划，对近年来全市扶贫领域问题线索进行大起底、“回头看”，复核12件查否件。严肃查处保安镇干部挪用扶贫资金、曲库乎乡多哇村私分低保金和双朋西林场截留扶贫公益性岗位资金私设“小金库”等案件，在全社会形成“不敢腐”的舆论氛围。坚持问题导向，压实监管责任，联动财政、民政、农牧等部门开展“一卡通”专项整治试点工作，建立11个乡镇2940户贫困户信息数据库，开展拉网式排查，实现43项惠农惠民政策补贴归集至1家银行1张社会保障卡，实现资金与信息同步到户，使“一卡通”真正成为群众的“明白卡”“幸福卡”。该项工作在全国扶贫领域腐败和作风问题专项治理工作推进会上，得到中央纪委副书记、国家监委主任杨晓渡的肯定。成立扫黑除恶专项斗争执纪监督组，强化与公检法机关的沟通协调，受理并核查问题线索9件，严肃查处隆务镇加查么村涉恶案件和公职人员参与赌博问题，给予党纪处分4人，组织处理8人。协同做好政法队伍教育整顿工作，围绕“四项任务”，抽调精干力量组建问题线索核查工作专班，准确把握“自查从宽、被查从严”政策，对105件政法队伍教育整顿问题线索处理意见进行回复，处理2名政法干警。聚焦生态环保，抓好中央、省、州环保督察反馈问题整改落实工作，推动落实党政领导干部生态环保损害责任追究沟通协作机制，严肃查处整改责任不落实、政策规定执行不力、部门监管不到位等问题16个，给予组织处理136人，通报相关单位11个。

【执纪审查】　落实市纪委书记督办、班子成员领办、乡镇纪委书记协办工作机制，强化问题线索定期集中研判、分类处置。全年市纪委监委受理问题线索54件，其中上级转交办14件、本级受理30件、巡察移交2件、其他职能部门移交8件。其中，办结42件，立案18件18人，给予党纪政务处分14人；给予组织处理23人；留置1人；下发《纪律检查建议书》《监察建议书》6份。运用“四种形态”处理37人，其中第一种形态23人次，占“四种形态”处理总人次的64%；第二种形态7人次，占18%；第三种形态7人次，占18%。对10名受处分人员开展回访教育工作。

联合市财政、审计部门组成2个督查组，通过实地察看、明察暗访等方式，督导检查全市各级党组织开展专项行动情况。其间，发现学习传达不及时、安排部署不到位、自查自纠不实不细、整改措施不具体等问题13个，对市文体广电旅游局等10个部门下发纪检监察建议书10份，责令限期整改。截至年底，全市各级党组织查找群众“急难愁盼”问题41个，解决违规套取医保基金、城市环境“脏乱差”、公共秩序混乱、群众出行难和饮水难、公租房转租转借、空置、欠缴租金等问题7个，追回违规套取医保基金27.51万元，依法整治取缔占道经营商户970余家、流动摊贩389户，追缴拖欠租金85万元，解决保安镇4个行政村2000余人饮水难问题。

持续推进基层监督执纪执法一体化建设，要求派驻、巡察人员每年参加监督检查工作2次以上；派驻和监督、审调人员每年参加1次巡察工作；乡镇纪委书记每年至少领办或参与1起问题线索核查；乡镇办案协作区每年至少领办2起问题线索；市纪委委员、乡镇监察专员每年人均参与2次日常监督检查工作；村务监督委员会成员每年人均参与监督村务12次，通过量化工作指标、完善考核考评机制、健全相关工作制度，推动监督与执纪执法上下贯通、左右联动，统一调度、统分结合。落实资金20.5万元，推进检举举报平台和视频会商系统建设，不断完善硬件设施。

【派驻纪检监察工作】　完善《派驻纪检监察组工作规则》等4项工作制度，将第一、第二派驻纪检监察组纳入委机关统一管理、集中办公，推动“四项监督”融会贯通，实现力量互补、良性互动。自改革起，市派驻机构开展监督检查234次，发现反馈各类问题268个。各单位纪检工作人员受市纪委监委派驻纪检监察组和所在单位党支部双重领导，由派驻机构统一进行管理，在派驻机构的领导和指导下开展板块区域内单位的纪检监督工作。派驻纪检监察组组长定期主持召开纪检工作小组成员会议。纪检工作小组至少每半年向派驻纪检监察组组长报告工作1次，重要事项随时报告，每年年底向派驻纪检监察组述责述廉。分析教育领域监督盲点，选取市教育局作为“一对一”循环式驻点监督试点单位，制定《同仁市纪委监委派驻机构关于对市教育局开展“一对一”循环式监督试点的工作方案》，召开同仁市纪委监委派驻机构关于对市教育局开展“一对一”循环式监督工作安排部署会，试点工作有序推进。其间，发现问题68个，问题线索2件。

2021年2月25日，中共同仁市第一届纪律检查委员会第一次全体会议（市纪委监委供图）

【纪检监察会议】　1月13日，召开2020年度纪检监察系统总结大会。2月25日，中共同仁市第一届纪律检查委员会第一次全体会议召开。5月27日，同仁市开展整治违规收送礼金问题和“小金库回头看”专项行动部署会。7月5日，中共同仁市第一届纪律检查委员会第二次全体会议召开。7月19日，同仁市村（社区）合作社财务专项整治工作推进会召开。9月24日，同仁市粮食购销领域腐败问题专项整治工作动员部署会召开。10月13日，同仁市各行业部门脱贫攻坚与乡村振兴有效衔接专项监督工作联席会议召开。10月13日，同仁市纪委监委派驻机构对市教育局开展“一对一”循环式监督试点工作安排部署会召开。11月25日，同仁市粮食购销领域腐败问题专项整治工作动员推进会召开。

（撰稿人：陈嘉惠）

巡察工作

【概况】　2021年，市委巡察办贯彻巡视工作方针，落实政治巡察要求，坚守政治监督基本职责，强化问题意识和效果导向，不断推进巡察工作向纵深发展，督促被巡察党组织增强“四个意识”、坚定“四个自信”、做到“两个维护”，为推进“一优两高”战略、全面建设“平安同仁、和谐同仁、文化同仁、美丽同仁、幸福同仁”提供政治保障。年内以常规巡察为主导，有针对性地开展专项巡察、巡察“回头看”和村（社区）延伸巡察，如期实现一届任期巡察全覆盖目标，启动市委新一届巡察工作。

【巡察机制建设】 引导各级党组织和党员领导干部始终坚持巡察工作政治定位，聚焦落实“两个维护”根本任务。2021年换届后，及时调整成立由市委书记担任组长，市纪委书记担任常务副组长，市委副书记、组织部部长担任副组长的市委巡察工作领导小组。全年召开9次市委常委会、书记专题会和巡察工作动员部署会，定期研究部署巡察工作、听取巡察情况汇报，特别是市委主要领导坚持做到点人点事点问题态度坚决、立场鲜明，整改要求和处置意见清晰明确、务实具体，以“书记抓、抓书记”引领带动全市各级党组织履行主体责任。

【巡察监督】 及时与中央、省委、州委对标对表，结合实际，研究制定巡察工作五年规划和2021年度计划，统筹推进届内巡察全覆盖。将村级党组织、基层站所纳入巡察范围，织牢织密巡察监督网，确保党的组织建立在哪里、巡察监督就跟进到哪里。截至6月，完成10轮对全市11个乡镇党委80个村委（社区）党支部和34个市直部门党组织的常规巡察、对9个地区单位的“回头看”和1个市直部门的专项巡察及1次教育领域的“机动式”巡察，覆盖面达100%。完成一届任期巡察全覆盖目标任务。

【巡察问题整改】 研究制定《党政主要领导及分管领导约谈被巡察党组织主要负责人暂行办法》《被巡察党组织配合州委巡察工作规定》《同仁市委巡察工作领导小组向市委书记专题会议报告巡察工作情况的规定》等，严格实行巡察工作领导小组副组长和县级领导参加分管部门单位和所联乡镇巡察工作反馈会议机制及集中约谈制度，增强巡察反馈整改的严肃性和权威性。落实巡察发现问题及整改“三张清单”制度，安排新一轮巡察组在开展巡察工作的同时对上一轮被巡察单位整改落实情况有重点地进行“回头看”，下功夫推动问题解决，以整改成效取信于民。通过前十轮巡察反馈1339个问题，截至年底，完成整改1231个，整改率92%。

【市委第十轮巡察】 3月12日，市委抽调12人组成2个巡察组，分别对市医疗保障局党组、市退役军人事务局党组、市应急管理局3个市直单位党组织开展常规巡察，对第二轮巡察过的市教育局党委开展巡察“回头看”工作；对兰采乡兰采村、土房村，黄乃亥乡日秀么村、羊智沟村，曲库乎乡多哇村、瓜什则村3个乡6个村开展延伸巡察。3月中旬，各巡察组全部进驻，6月上旬完成巡察任务。各巡察组巡察发现共性问题12个方面146条、个性问题11个方面121条，立行立改问题14条，向被巡察党组织和领导班子提出意见建议93条。巡察发现问题线索2件3人，移交市纪委监委2件，市纪委监委立案后给予党政纪处分2人，组织处理3人，下发检查建议书1份。

【村级延伸巡察】 落实省委巡视工作领导小组《关于市州县巡察向村（社区）延伸的指导意见》，通过摸准村情，明确巡察重点；分类施策，创新巡察方式；突出实效，推动问题解决三个方面对村级巡察工作开展调研和梳理，起底清仓，分类施策，对80个村（社区）党组织开展延伸巡察，高质量完成巡察全覆盖阶段性目标任务。

【巡察工作部署会】 3月12日，中共同仁市委十轮巡察工作动员部署会召开。会议传达学习市委书记蒋树成在听取第九轮巡察情况汇报时的讲话精神，市委组织部部长、市委巡察工作领导小组副组长陈峻宣布巡察组长授权任职及任务分工决定。州委巡察领导小组办公室副主任吴孝海到会指导并作重要讲话，市委副书记、市委巡察工作领导小组副组长陈德伟作动员讲话，巡察领导小组办公室主任祁延菊主持会议。州委巡察办副主任吴孝海结合同仁实际就开展好巡察工作巡前、巡中、巡后每个环节需准确把握的内容进行详细解读，要求巡察干部深入学习贯彻全国巡视工作会议、省委第九轮巡视工作动员部署会议精神和滕佳材书记讲话精神，坚持政治巡察定力，运用贯通好纪检监察、组织、审计、信访等部门单位信息共享机制，紧扣被巡察党组织职能职责，聚焦政治责任，发现在落实党的路线方针政策和中央及省州委重大决策部署方面存在的责任问题，查找和纠正政治偏差准确把握政治监督内涵，提升政治监督能力。对巡察组成员在依规依纪依法巡察方面提出要求。

【巡察监督“3+3+3”工作模式】

做到“三个第一” 市委始终把落实巡察主体责任作为增强“四个意识”、坚定“四个自信”、做到“两个维护”的具体行动，做到学习贯彻到位、工作责任到位、措施落实到位。

实行“三个不留” 坚持有形覆盖和有效覆盖相统一，巡察“生命线”和“落脚点”并重，做到“无禁区、全覆盖、零容忍”。做到巡察监督不留“死角”，问题整改不留“盲区”，执纪问责不留“情面”。

发挥“三个作用” 在抓好常规巡察的基础上，聚焦重点领域、重点工作和重点项目开展专项巡察、“机动式”巡察等，提高巡察监督的针对性和实效性，持续发挥巡察标本兼治作用，为全市各项事业高质量发展补齐短板、增添动力。

【州委交叉巡察“四强化”】 按照州委统一部署，通过沟通协调、部门联动、信访渠道、方法创新“四强化”做好十三届州委交叉巡察配合工作，推动全面从严治党向基层延伸。让巡察组成员尽快熟悉市情，增强归属感、认同感，做好后勤服务工作，消除巡察组到外县工作有所不便的后顾之忧，在后勤服务中加深友谊。市委巡察办向市纪委监委、组织部、信访局、审计局、编制办等部门发函，征询被巡察乡镇及领导班子成员的相关情况，收集信息进行汇总并移交交叉巡察组，做到进一步强化联动配合，实现信息互通、资源互补、成果共享，协力推动巡察工作。要求被巡察乡镇党委政府落实安全保密措施，妥善处置巡察舆情，防止发生重大舆情事故、引发大规模上访或群体性事件，重要情况要及时向巡察组通报；同时要求自觉配合巡察组落实好相关纪律要求，不突破纪律底线，不给巡察组“增添麻烦”，确保巡察风清气正、顺利完成。协助交叉巡察组进一步创新巡察方式，增强查找问题的主动性，在市新闻媒体、广播电视上加强对交叉巡察工作的宣传，协助转办群众信访问题，形成步调一致、同频共振的强大合力，全面打通基层干部群众反映问题渠道的“最后一公里”，在发现问题和解决问题中增强人民群众的获得感。

（撰稿人：祁延菊）

TONGREN

>>>>> 群众团体

同仁年鉴 / 2022

YEARBOOK

市总工会

【概况】 2021年，同仁市新组建美团等基层工会5家，新增会员237人。截至年底，全市普遍建立工会组织146家，拥有工会会员8580人。年内全面深化集体协商工作，推动构建和谐劳动关系；健全信息报送、突发事件报告、安全隐患报告、矛盾纠纷定期研判，应急处置等制度，建立工会维权维稳的快速反应和应急处置机制。

【基层工会组织建设】 制定《同仁市总工会2021年项目实施方案》，投资26万元，创建6家基层工会“职工之家”，并配备健身设备，为职工群众提供学习、娱乐、交流场所，方便工会联系职工群众，听取意见建议，掌握诉求困惑。投资8万元，创建市税务局等6家基层工会“职工书屋”，丰富职工精神文化生活，满足职工知识需求，提高职工队伍整体素质。投资48万元，创建“职工户外休息室”6个，其中多哇镇4个、瓜什则乡2个，保证户外劳动者“吃饭有桌椅、渴了能喝水、热了能乘凉、冷了能取暖、累了能休息、轻伤能处理”。

【职工思想宣教】 组织干部职工观看习近平总书记在会见青海代表团时的重要讲话精神，组织群团干部职工学习省委书记王建军在调研群团工作并召开座谈会时的讲话精神，组织学习同仁市历次代表大会会议精神；开展学雷锋，见行动，为“‘两个文明’作贡献”志愿服务主题活动；在全市营造知史爱党、知史爱国浓厚氛围，做到“学史明理、学史增信、学史崇德、学史力行”，在同仁市影剧院组织观看“观看红色电影，弘扬爱国精神”活动5场次，观看人数为906人；组织全体干部职工观看庆祝中国共产党成立100周年大会上的讲话；结合党史学习教育及中国共产党成立100周年的丰功伟绩组织开展群团女职工“书香三八”活动。通过丰富多彩的宣传教育形式，引导职工队伍保有健康积极的思想动态，团结群众，将思想政治工作落实到位，使基层职工队伍投身到新同仁的建设中。

【职工就业服务】 探索开展以就业服务、创业指导、技能培训、资金扶持为主要内容的创业带动就业工程，帮助和扶持一大批下岗失业人员和临聘人员提高就业技能和创业本领。由市总工会、市卫健局联合在州人民医院全科医师培训基地举办“‘5·12’国际护士节先进个人表彰会暨护理技能大比武”活动。邀请州人民医院急诊科、外科、感染科等6个科室的护士长担任评委工作。参加护理技能大比武的人员包括市中医院、市妇计中心及13个乡镇卫生院护理代表业务骨干等30余人。为吴健雄、王玲军和王滢等下岗职工争取2万元创业扶持资金。

【困难职工帮扶】 全市工会系统开展“我为群众办实事”实践活动。市总工会有解困户（在档）3人，均为大病户。全年走访慰问14户困难职工、20名劳模，发放慰问金每户2000元。走访慰问市融媒体中心、市疾病预防控制中心、城南社区、四合吉社区4个单位，每家单位发放慰问金3000元。开展“两节”期间送温暖活动，慰问11户大病救助及特困户，发给慰问金11万元（每户1万元）；慰问困难职工75户，发给慰问金7.5万元（每户1000元）。组织开展“情系职工·夏送清凉”活动，慰问3个乡镇、13家单位，送去价值约7万元的消暑品。

开展“金秋助学”活动，全市符合上报“金秋助学”的困难职工家庭仅有1户，为其资助助学金5000元。坚持服务职工，做到尊重职工、贴近职工特别是一线职工，组织210名女职工、农民工进行健康体检工作。开展“同仁市2020年度优秀环卫工人表彰大会暨‘爱心包’发放仪式”，向301名环卫工人发放“爱心包”，每份“爱心包”价值约700元。走访慰问8名退休干部，给每位退休干部送去价值600元的慰问品。在“迎七一，庆百年华诞”活动期间，到联点村赛加村慰问困难党员及贫困户，为困难党员和贫困户发放慰问金7000元。为526名户外工作者提供全覆盖免费早餐，每年将投入近120万元用于此项工程，并形成长效机制。

市委、市政府牵头组织，市总工会、市监局、城管局具体承办组织实施环卫工人“暖心早餐”工程，为526名户外工作者提供全覆盖免费早餐，可根据服务范围，“暖心早餐”按每人每天8元标准核算，每年将投入近120万元用于此项工程，所需费用由财政、工会和城管分比例承担，商户让利，形成长效机制。此项工作得到州委、州政府、州电视台、市委、市政府及相关网站等宣传及报道。

【职工保障】 生活保障 向全市基层工会宣传2021年青海省职工医疗和生活互助保障计划，全年有1681人参保，参保金额16.82万元。截至年底，互保结报人次211笔，结报金额16.23万元，有效缓解职工群众医疗负担，提高职工的幸福指数。保障疫情防护储备物资充足，购买口罩、消毒剂、洗手液、体温计等价值2.58万元的防控物资。

权益保障 在市自来水有限公司、建筑开发有限责任公司、城北新区建设施工地宣传《保障农民工工资支付条例》《中华人民共和国妇女权益保障法》等内容，深入了解企业劳动合同的签订和安全生产措施、劳保用品使用、职业病防治、农民工工资发放等

2021年8月24日，省委常委、省总工会主席马吉孝（中）在同仁市调研群团协同化工作（市总工会供图）

方面的情况并发放宣传册，解答农民工现场提出的工资支付及依法维权等方面问题，对可能引发群体性事件的劳动关系隐患，做到发现在早、防范在先。

【群团协同化建设】 成立市群团党组，市总工会、团市委、市妇联、市残联及市老干部服务中心集体入驻群团协同化基地办公，综合开展维权、帮扶、劳动合同咨询、法治宣传、妇女儿童权益维护、青年创业就业、志愿服务、残疾人保障及老干部服务等工作，服务中心和各功能室面向干部群众开放，做到“组织共建、阵地共用、资源共享、活动共办、服务共融、人才共享”群团协同化工作原则。贯彻落实省委常委、省总工会主席马吉孝讲话精神，坚持优化力量整合，搭建共享化平台，把“职工之家”“青年之家”“妇女之家”等阵地聚集起来，打造“群众之家”，形成大群团融合工作格局。同仁市群团协同化基地入选青海省群团组织观摩点，市总工会总投资45万元打造群团协同化基地，迎接来自全省的80多名观摩团。观摩团通过现场参观、听取相关介绍后对同仁市群团协同化建设工作取得的成绩给予肯定和好评。

（撰稿人：赵　佩）

团市委

【概况】 2021年，同仁市有16个团委、108个团支部，2947名团员；有32个少先队大队、325个中队、9091名少先队员，32名大队辅导员、325名中队辅导员。12月22日，召开中国少年先锋队同仁市第一次代表大会，选举并产生中国少年先锋队同仁市第一届工作委员会。12月30日，召开青年工作联席会议第二次全体会议，审议通过《同仁市青年发展工作述职评议制度（试行）》《同

2021 年 12 月 22 日，中国少年先锋队同仁市第一次代表大会全体代表合影（团市委供图）

仁市青年发展重点工作督查办法（试行）》《同仁市青年发展工作信息报送制度（试行）》。

【团组织建设】 基层组织建设 以加大“两新”组织团建力度为突破口，推进基层组织建设。全市非公有制企业团组织 9 个、社会组织团组织 3 个。协调教育部门搭建团教合作平台，成立共青团同仁市教育工作委员会，并在全市 4 所中学建立团校，利用学校多功能教室、图书室等资源作为团校工作的主阵地，组织开展团的基础教育、理想信念教育、社会主义核心价值观教育、形势与政策教育、社会实践和志愿服务实践教育等一系列丰富多彩的团课教育。

队伍建设 4 月 15 日，组织 50 名新任基层团干部参加 2021 年青海省团校“送培训到基层”活动。贯彻落实《关于进一步加强少先队工作和辅导员队伍建设的若干意见》精神，明确辅导员管理配备工作，6 月中旬，组织 11 名少先队辅导员参与州级少先队辅导员培训，提升少先队辅导员综合素质能力。开展第七届“TCL 希望工程烛光奖计划”“园丁奖”推荐评选工作，保安镇中心学校大队辅导员拉么才让老师被评为“TCL 希望工程奉献奖”，兰采乡中心寄宿制学校大队辅导员关却扎西获园丁奖。全市 32 个大队及各教学点完成智慧队建前期录入工作。年内新发展的 38 名团员均录入智慧团建。

团支部参与党史学习教育资料录入 推进党史学习教育录入工作，截至年底，101 个团支部开展新民主主义革命专题资料录入，参与人数 3131 人；101 个团支部开展社会主义革命专题和建设专题资料录入，参与人数 2874 人；35 个团支部开展改革开放专题资料录入，参与人数 891 人；41 个团支部开展中国特色社会主义新时代专题资料录入，参与人数 1204 人；101 个团支部开展习近平总书记“七一”重要讲话专题资料录入，参与人数 3079 人；80 个团支部开展主题团日活动，参与人数 2149 人。

【青少年思想建设】 针对团员青年，开展“重温党史守初心 青春筑梦正当时”“祭英烈·学党史”“青年大学习”“‘9·20’公民道德宣传日”等主题教育活动，引领团员青年“学党史、强信念、跟党走”，发挥党的助手和后备军作用，鼓起迈进新征程、奋进新时代的精气神。针对三项计划志愿者，开展“请党放心、强国有我”“献礼百年华诞·红色领航青春”“我们的节日·中秋节”暨“喜迎双节 奋斗青春”“中秋与爱同行 情暖特殊儿童”“学党史、强信念、跟党走”五个一等团日活动，动员广大青年志愿者在党史学习教育中坚定跟党走、感党恩的信念。针对少先队员，持续深入学习《中共中央关于全面加强新时代少先队工作的意见》，发动各学校持续开展学习宣传，结合学习习近平总书记“七一”重要讲话精神、“10·13”建队日等活动，利用周一课时少先队队课、主题队课等形式将《意见》传达到广大少先队队员中。开展“红领巾心向党·百年征程我来绘”“红领巾爱学习”“石榴籽一家亲”等各类少先队主题教育活动，同仁市第一完全小学学生和东北财经大学团委艺术中云合唱《我爱你中国》，共同祝愿祖国母亲繁荣昌盛、美丽富强。

【青年志愿服务】 围绕全国文明城市创建，组织志愿者开展党史学习教育“五个一”活动、学雷锋志愿服务活动、“请党放心、强国有我”“情暖冬日、志愿先行”等活动，推进生态环保建设，营造出青年志愿者参与环境卫生整治、保护生态环境的良好氛围。推进“美丽中国·青春行动”系列志愿服务活动，践行“绿水青山就是金山银山”的绿色理念，夯实新时代文明实践志愿服务，组织志愿者开展“河小青”巡河护河文明实践志愿服务活动。投身“生态立市”，启动“生态报国青年先行，志愿服务新高地建设”为主题的青年生态文明志愿服务主题实践活动，并为全市11个乡镇授旗，健全完善有效运转机制，提高志愿者的思想素质、服务水平使新时代文明实践志愿服务活动成为传播好声音、弘扬主旋律、凝聚正能量的重要载体。全年参与各类志愿服务活动1500余人次，服务时长约达220小时。推进疫情防控工作，通过“青春同仁”微信公众平台，发布健康卫生常识、预防疾病知识、温馨提示、疫区疫情、官方公告、倡议书等信息50余条，阅读量4000余人次，点赞、转发600余次。疫情防控期间，累计招募疫情防控青年志愿者110余人。

2021年11月12日，团市委组织青年企业家开展“我为群众办实事”疫情防控物资捐赠活动（团市委供图）

【青年就业创业】 开展农村青年就业创业培训，加大农牧区青年创业致富“领头雁”培训力度，深化“青创10万+”工作，举办“青春大讲堂”暨青年电商技能培训班，开展青春创业扶贫贷款和农牧民青年信用担保金融服务工作，鼓励返乡大学生创新创业，协调金融企业，开展支持青年创业工作。抓好“青年就业创业见习基地”建设，建见习基地5家，吸纳43名创业青年加入青年创业联盟，青海瓜仓乡村文化旅游专业合作社负责人获中国青年创业奖，同仁市胜境热贡艺术苑院长为市级青年创业导师，并申报“全国乡村振兴青年先锋”的评选。沟通上级团委，争取到黄南州新兴领域产业青年健康体检项目，全市免费体检30名青年。团市委动员市青创联盟会员、青年企业家、青年政协委员、爱心人士助力学校疫情防控工作，捐赠疫情防控物资3万余元。有效发挥青联委员作用，推荐39名青年成为州青年联合会第五届委员会委员。

【青少年帮扶】 推进“希望工程一对一助学”网络认捐、国酒茅台等帮扶工作，全面启动“心理咨询室”等活动，帮扶资助贫困青少年36名，帮扶资金达6.8万元。上海市商业投资（集团）有限公司在同仁市民族中学捐建青海希望工程，共争取到相关设备资金50946元，引导青少年尊重生命、热爱生活，促进青少年身心和谐发展。

【青少年法治建设】 推进青少年维权岗创建活动，加强“12355”青少年服务台建设，深化“青春与法同行”“未成年人保护宣传月”等青少年法治宣传系列品牌活动，同时，狠抓未成年人保护和预防青少年违法犯罪工作，联合公检法司等部门深入学校开展法治进校园、青春自护教育、青少年模拟法庭等各类宣传教育活动20场次。

【青少年建功立业】 “红领巾奖章”争章活动 聚焦少先队政治启蒙和价值观塑造主责主业，突出党团队血脉关系和红色基因传承，在全市各级少先队组织中开展“红领巾奖章”争章活动，经过评选，2280名少先队员获得校级个人一星章，106个中队获得校级集体一星章；645名少先队员获市级个人二星张章，32个中队获市级集体二星章。

申报州级“两红两优”评选工作 开展“五四奖章”“两红两优”等荣誉评选申报，全市涌现州五四红旗团委1个、五四红旗团支部2个，优秀共青团干部1名、优秀共青团员1人、优秀青年志愿者1人，优秀少先大队2个、优秀少先中队2个，优秀少先队辅导员3人、优秀少先队员3人，民族团结先进集体2个、民族团结先进个人1人，青年岗位能手2人、农牧区青年致富带头人2人、青年安全生产示范岗2个。

（撰稿人：薛桑杰卓玛）

市妇联

【概况】 2021年，同仁市妇联广泛宣传引领妇女群众，持续做好巩固拓展脱贫攻坚成果、有序衔接乡村振兴，维护妇女儿童合法权益、助力家庭文明建设等方面工作，全市妇女工作呈现新局面。截至年底，全市11个乡镇、72个行政村、8个社区配齐妇联主席和兼职副主席，村和社区有618个执委，全市创建妇女、儿童之家83个，其中72个行政村、8个社区、3个服务站点。党政机关、事业单位及企业组建妇委会27个。全市有女性人大代表44人，占全市人大代表总数的27.67%；女性政协委员33人，占全市政协委员总数的20.89%。全市有女干部323人，其中县处级1人、乡科级正职13人、乡科级副职58人、科员及试用期人员251人。

【妇女思想建设】 以庆祝中国共产党成立100周年为主线，通过政策宣讲、教育培训、主题活动等，持续开展“百千万巾帼大宣讲”12场次，“一讲堂四走进”12场次，“奋斗百年路，启航新征程”活动6场次，不断夯实广大妇女感党恩、听党话、跟党走的思想基础。以“学党史、悟思想、办实事、开新局”为重点，线上线下同频共振，深入学习贯彻领袖思想、新发展理念，开展集中学习会18次，参与人数180余人，撰写心得体会30余篇，为民办实事11件，走访慰问救助贫困母亲36人次，发放慰问物资3.24万元，将学习成效转化为解决实际问题的工作能力，不断增强“四个意识”、坚定“四个自信”、做到“两个维护”。

【妇女维权】 开展“建设法治同仁·巾帼在行动”主题活动，线上开展《中华人民共和国反家庭暴力法》知识培训，发布维权动漫微视频，以通俗易懂的形式普及妇女维权法律知识。线下开展法律服务“到基层、到家庭、到妇女身边”的法律宣传、举办女童保护防性侵知识公益讲座和民法典专题讲座，使广大妇女和儿童自觉知法、守法、用法。加强“12338”妇女维权热线建设，畅通家事服务诉求渠道，有效化解婚姻家庭矛盾纠纷，受理来信来电来访3件，办结率达100%。

【妇女儿童关心关爱】 争取省级

2021年5月8日，市妇联开展“浓情五月·感恩母亲”系列庆祝活动（市妇联供图）

“两癌”救助资金4万元，救助4名“两癌”患病贫困妇女；开展天津妇联对口援助“圆梦微心愿”活动，落实30名儿童“微心愿”；实施“春蕾计划”公益助学、天津滨海新区妇联“路千里，心不离”爱心助学、“情暖藏区·爱心助学”等关爱服务活动，为99名贫困学生落实救助资金13.94万元。持续开展母亲邮包、HELLO小孩、“关怀贫困母亲·99公益日”等活动。对接同仁农商行党支部在“两节”期间共同开展送温暖活动，走访慰问隆务地区37位大病母亲、残疾母亲、单亲贫困母亲和卸任村级妇联主席，发放价值3万元的慰问物资。携手爱心企业为牧区贫困母亲捐赠价值20余万元的洗护用品和孕妇奶粉，为妇女儿童做好事、办实事、解难事。

【妇女建功立业】　争取乡村振兴帮扶资金40万元，开展中式烹饪、手工刺绣、帐篷制作、凿剪纸技艺等妇女技能培训班6期，累计受训妇女450余人次。依托“热贡艺术”，组织基层绣娘赴循化县阿拉兄刺绣有限公司开展“青绣”技艺观摩学习，培树省级“青绣—江源巧姑”工坊2个。打造妇女乡村振兴重点帮扶车间4个，落实乡村振兴扶持资金200万元，逐步健全完善农牧区低收入人口就业帮扶长效机制，将“指尖技艺”转化为“指尖经济”，高质量推动乡村振兴战略落地落实。

深化“岗位建功”活动，全市单位（个人）获省、州、市

2021年8月25日，市妇联联合市司法局在群团协同化基地开展妇女维权法治讲座（市妇联供图）

“三八红旗手”“维权工作先进个人”“创业致富女能手”“好婆婆”“好媳妇”“最美家庭”“绿色家庭”“妇女工作先进个人”“群团优秀女职工”等23个。实施“家家幸福安康工程”，持续推动寻找“最美家庭”，做实“家”文章，创建省级“最美家庭”3户，弘扬中华民族传统美德。

【群团“协同化”建设】　依托群团协同化基地平台，成功举办“三八”国际妇女节、“母亲节”“百名绣娘绘初心·巾帼同心颂党恩”庆祝中国共产党成立100周年、单亲家庭“七夕联谊”等主题活动和“喜迎七一建党节·团结一心跟党走”徒步健走主题党日活动，融入“党群服务中心”建设，逐步形成与其他群团组织共同构建群团协同化发展的新格局。

【家庭文明建设】　实施“家家幸福安康工程”，持续推动寻找“最美家庭”，做实“家”文章，创建省级“最美家庭”3户，弘扬中华民族传统美德。贯彻落实习近平总书记关于“注重家庭、注重家教、注重家风”的重要指示精神，以“颂党恩·传家风”为主题，开展红色家风故事宣讲活动4场次，参加人员450余人。组织开展“童心向党·书香芬芳”亲子阅读公益活动，提升全民素质，开展家庭助廉，涵养家风社风，家庭文明素养提升成为品质同仁的源头活水。推进家庭教育指导服务工作，开展好家风宣讲活动5场次。

（撰稿人：杨娇娜）

市工商联

【概况】　2021年，同仁市工商业联合会坚持“巩固基础，创新服务”的发展理念，发挥工商联职能，参政议政，开展企业帮扶，

促进非公有制经济健康发展。到2021年底，全市工商联会员达到270个，其中企业会员44个。市工商联被评为2020—2021年度青海省“五好”县级工商联。

【工商联参政议政】 在州、市两级政协换届选举工作中，市工商联在优秀民营企业家代表中选出20名市政协委员、10名州政协委员，代表民营企业家建言献策。在“两会”上，市工商界人大代表、政协委员围绕发展、和谐两大主题，聚集全市城乡建设、生态建设、科技创新、改善民生、培育人才、维护稳定等重大问题建言献策，履职尽责，提交提案10余件。组织市工商联干部在20家企业宣讲民营企业做好“六稳”“六保”生力军；引导、倡议市内民营企业开展抗疫情献爱心活动，州水电开发有限责任公司、青海峰安商贸有限公司、青海亿博新型燃料有限公司、青海热贡上德诚唐卡绘画有限责任公司、青海顺兴和中药材开发有限公司、青海隆务庄农畜产品有限公司、同仁市胜境热贡艺术苑、青海高原之宝牦牛乳业有限公司、同仁市圣地夏琼奶牛养殖合作社、青藏牧场、青海同仁建筑开发有限公司、热贡购物中心、黄南州佳德农畜产品市场有限公司等13家公司捐赠医用口罩、84消毒液、消毒酒精、酸奶、金黄果梨汁、方便面等价值95090元的物资，用于慰问同仁市38座寺庙。

2021年11月15日，市工商联组织民营企业家为同仁各寺庙捐赠疫情防控物资（市工商联供图）

【会员服务】 制定实施方案，成立领导机构，按照州级标准，抓好会员队伍建设，培养会员代表，壮大会员队伍，优化会员结构，发展一批企业经济效益好、发展有潜力、对社会贡献大的企业会员。建立与会员企业联系制度，定期开展走访联系会员企业活动，了解会员企业生产经营情况和发展中存在的困难和问题，协助企业解决实际困难，增强工商联影响力。按照“分散、小型、不聚集”疫情防控工作要求，组织市工商联企业党组成员在20家规模企业宣讲党中央、省委、州委、市委关于疫情防控工作的相关文件精神。同市工商联党组成员企业负责人签订党风廉政建设目标责任书6份。

【商会组织建设】 定期主持召开工商联党组会议，研究解决重大事项，开展思想政治工作，负责党组企业干部队伍建设和制定理论学习计划。把工商联党建工作纳入重要议事日程，把管党治党工作与中心工作同部署、同落实、同检查、同考核。履行全面从严治党职责，健全落实党组书记抓党建工作责任制。把党建工作做到党员群众关心的热点上、放到作风的改进上、体现在各项工作的落实上。按照“谁主管、谁负责”“一岗双责”要求，细化反腐倡廉，层层落实全面从严治党主体责任，形成“一把手”负总责、分管领导“一岗双责”、上下齐抓共管的工作格局。全年开展党课活动2次，实现党员干部讲党课，干部职工全参与、全覆盖；在河东路社区开展走访调研8次、慰问3次，发放物资3万余元。

（撰稿人：尼玛次木）

市残联

【概况】 2021年，全市累计有

残疾人2318人。其中，一级残疾260人、二级残疾1012人、三级残疾536人、四级残疾510人；视力残疾514人、听力残疾283人、言语残疾66人、肢体残疾1353人、智力残疾214人、精神残疾143人，多重残疾45人。全区残疾人专职委员有27人。按照《中华人民共和国残疾人证管理办法》要求，做好残疾人证评定和发证工作。截至12月22日，新办证74人、到期换证115人。年内完成72个行政村、8个社区残疾人协会组建工作，全市成立80个村（社区）残疾人协会，覆盖率达100%。开展全市持证残疾人基本状况调查，按要求完成系统录入及上报工作，完成率100%，App采集率100%，入户调查率98.39%，电话调查率1.61%，采集80个村（社区）。

【残疾人帮扶救助】　走访慰问困难残疾人家庭，送去慰问资金约7.6万元，227户困难残疾人家庭得到不同程度的帮助和关怀；利用中残联专项补助资金给17名残疾人发放残疾人机动轮椅车燃油补贴6120元；为33名发放困难智力、精神和重度残疾人残疾评定补贴4950元；为巩固同仁市视力残疾人脱贫成果、防止返贫，对14户困难残疾家庭实施助盲脱贫产业项目，扶持总资金24万元；为实现巩固脱贫攻坚成果同乡村振兴有效衔接，做好残疾人防返贫动态监测帮扶工作，市残联在持续做好边缘易致贫户、脱贫不稳定户残疾人动态监测帮扶工作的基础上，组织开展残疾人因病致贫防范和救助工作，给予因患重病导致生活困难的3户困难残疾人家庭每户1万元大病救助补助金及残疾人辅助器具。12月28日，市残联向州特校94名学生送去价值2万元的热水器、棉校服、坐便器等慰问品。

【残疾人保障】　发放全市一、二级（重度）残疾人和三、四级残疾人两项补贴（残疾人生活补贴和重度残疾人护理补贴）334.29万元。做好巩固拓展残疾人脱贫攻坚成果，帮助残疾人稳定脱贫，防止出现规模性易返贫致贫情况发生，为459名脱贫户发放生活补贴19.55万元；实施41户困难残疾人家庭无障碍改造，投入资金24万元。

【残疾人康复】　为41名0—17岁残疾儿童实施康复救助，投入总资金32.2万元。其中，安装矫正器残疾儿童11人（假肢2人），投入资金5.28万元；做康复训练的残疾儿童30人，投入资金26.92万元。通过精准适配对各乡镇社区完成发放轮椅、坐便器、拐杖、助听器等各类辅助器具402件。邀请陕西医学院专家组在同仁市开展“彭年光明行动”白内障复明手术活动，组织100多名群众进行筛查，经过筛查后为符合条件的50名白内障患者做免费手术，使他们重获光明，减轻家庭负担。

【残疾人就业培训】　市残联与海东金水职业培训学校联合举办2021年度残疾人手工制作培训班暨扫盲培训班，全市210名残疾人参加培训，投入各类培训资金20.65万元。按照《青海省残疾人就业保障金征收使用管理实施办法》，完成残疾人就业保障金结算工作；全市行政企事业单位安排残疾人就业22人。根据残疾人按比例就业工作规定，奖励超比例安置残疾人的市审计局、就业服务局等8家单位，通过奖励扩展残疾人就业岗位，重视残疾人就业。

【残疾人法律维权】　通过与司法局沟通协调，加强法律救助工作站规范化建设，成立同仁市残疾人法律救助工作站，聘请律师开展残疾人维权工作。全年来访登记67人次，根据本人需求及政策规定全部予以解决，办结率100%，无重大案件发生。利用全国助残日、法制宣传日、爱耳日等重大节日，宣传残疾人政策法规和康复知识，发放宣传资料1000多份，强化残疾人法治宣传力度。

【残疾人托养服务】　全年集中托养25名重度困难残疾人，总投资60.3万元，人均年托养金24120元，日人均托养资金67元。市残联根据规定进行入户走访调查后，经筛选对符合条件的25名重度残疾人进行营养膳食供给、生活照料和护理、认知能力训练、生活自理能力训练等日间照料服务，让重度残疾人真正享受到党和政府的关心和关爱，减轻残疾人家庭的负担。

【残疾人教育救助】　发放40名

2021 年 5 月 18 日，以“巩固残疾人脱贫攻坚成果，提高残疾人生活质量”为主题的第三十一次“全国助残日”宣传活动在热贡文化广场举行（市残联供图）

大学生、高中中职阶段、学前教育阶段的残疾学生助学补助 10 万元，帮助残疾学生正常入学，顺利完成学业，减轻家庭负担。鼓舞残疾人就业创业热情，扶持有创业意愿和创业能力的残疾人和残疾人家庭创业，帮助有劳动能力的残疾人实现就业，助力残疾人及其家庭创业增收，对 20 名残疾人创办各类经济实体店进行创业扶持 23 万元。提高同仁市残疾人培训教育，加强残疾人融入社会能力，争取州残联为同仁市 3 名残疾人创办的企业发放就业培训补助资金 5 万元。

【残疾人竞赛】 9 月 23 日，选派 1 名选手参加由青海省残疾人就业服务指导中心主办，西宁市恒信职业培训学校承办的残疾人职业技能竞赛。9 月 28 日，以“庆百年华诞，创文明健康”为主题的黄南州第三届残疾人运动会在黄南州体育场举行。来自全州近 150 多名残疾人、家属、助残志愿者及工作人员参加此次运动会，市残联推荐 30 名残疾人参加运动会，参加项目涉及 7 大项。经过角逐，市残联获“团体一等奖”，11 名残疾人获个人奖。10 月 22—29 日，同仁市残疾人多杰南加参加中华人民共和国第十一届残疾人运动会暨第八届特殊奥林匹克运动会，获男子铁饼听障组第六名，被授予体育道德风尚奖。

【第三十一次“全国助残日”活动】 5 月 18 日，以“巩固残疾人脱贫攻坚成果，提高残疾人生活质量”为主题的第三十一次“全国助残日”活动在热贡文化广场举行。在助残日活动当天，慰问困难残疾人 5 人，为每名残疾人发放米和面各一袋；为残疾人发放轮椅、坐便器、拐杖、助听器等辅助器具 61 件，发放相关宣传资料 1000 余份。

【市残工委第六届主席团第四次暨第五次全体会议】 12 月 20 日，同仁市残工委第六届主席团第四次暨第五次全体会议在群团二楼会议室召开。会议审议通过《关于市残联执行理事会工作报告的决议（草案）》《关于提名主席团委员的决议（草案）》《同仁市残工委第六届主席团第五次全体会议关于调换主席团主席、副主席的决议（草案）》《同仁市残工委第六届主席团第五次会议关于通过执行理事会理事长、副理事长、理事的决议（草案）》。调换和增补同仁市残工委第六届主席团主席、副主席、委员，表决通过市残工委第六届执行理事会理事长、副理事长、理事人选。通过推举，才旦卓玛当选为市残工委第六届主席团主席，市总工会常务副主席才让本、市民政局局长才让扎西、市残联理事长华盖当选为主席团副主席；选举华盖为市残工委第六届主席团执行理事会理事长、高文山为执行理事会副理事长、娘洛加为执行理事会理事。

（撰稿人：马秀花）

市红十字会

【概况】 2021 年，同仁市红十字会通过“红十字博爱送万家”活动，落实党和国家扶危济困、救助关爱方针政策，把红十字“人道、博爱、奉献”精神传播到基层农牧区。年内上报全市 3 名特困户 5 岁以下唇腭裂患者到省级定点医院做治疗手术工作。

【世界红十字日宣传】 结合世界红十字日和党史学习教育工作，开展宣传红十字精神、应急救护、红十字博爱、先心病救治、唇腭裂治疗等工作。市卫生健康局坚持一把手负总责、分管领导具体抓的原则，成立以局长为组长，副局长为副组长，下属各站所和乡（镇）卫生院负责人为成员的红十字会各项活动领导小组。结合本地区、本单位结对帮扶工作，通过开展“两节”慰问活动、走访慰问社会弱势群体等形式，使党和政府的温暖关怀送到最基层，确保社会弱势群体过上一个温暖祥和的春节。

【博爱送万家活动】 1月20日，市红十字会在州体育馆红十字应急救护站开展2021年度红十字“博爱送万家”活动。州、市红十字会干部职工、新闻媒体以及社会弱势群体100余人参加活动。活动期间，发放价值8万余元的军用被棉被、棉衣或羽绒服、运动鞋、小药盒、面粉、清油等救助物资各110份。

4月23日，由州红十字会、州扶贫开发局主办，市卫生健康局、市红十字会、隆务镇党委政府承办的“博爱送万家”0—6月优博盖诺安婴儿配方奶粉捐赠及慰问卸任干部和困难党员活动在隆务镇政府举办。州、市、镇政府相关工作人员、卸任干部和困难党员及现场群众500余人到场参加。向受助的180户家庭发放总价值42.98万元的奶粉。

【红十字博爱周活动】 动员社会力量参与和支持红十字事业，庆祝中国共产党成立100周年，纪念第74个“世界红十字日”。5月8日，市红十字会在黄南州移动广场以“关爱生命、救在身边”为活动主题开展“红十字博爱周”主题宣传活动，此次宣传活动散发宣传资料500余份，为300余名群众进行咨询答疑和义诊。红十字会工作人员通过发放红十字运动基本知识、应急救护手册以及现场答疑、免费发放家庭急救包等形式，向过往行人宣传《中华人民共和国红十字会法》，应急救护、卫生健康、防震减灾、应急避险、人体器官捐献、造血干细胞捐献等有关业务知识。宣传引导广大群众针对突发事件特点，识别事件的危害因素，分析事件可能产生的直接后果，为有效处置各类突发事件提供保障。

（撰稿人：吉毛才让）

TONGREN

法治　军事

同仁年鉴 / 2022

YEARBOOK

政法委及综治

【概况】 2021年，同仁市委政法委围绕省、州政法工作会议和平安建设总体部署，以经济建设为中心，以社会稳定为重点，提升打击犯罪、治安防范、服务管理水平，推进“平安同仁、法治同仁”建设，实现社会和谐稳定和人民群众安居乐业，为同仁市社会经济发展创造有利条件。

【维护国家政治安全】 坚持信息主导原则，强化维稳预警防范，通过人、技结合方式获取信息，增强信息针对性、精准性、时效性。全年撰写分析研判报告20期。以“国家安全宣传日”为契机，利用农村大喇叭、电子屏、宣传展板等方式宣传国家安全知识，提高群众的法治观念，持续引导群众依法办事，为营造和谐稳定的社会环境夯实思想基础。

【社会治理】 “智慧小区”建设 投资170万元，在同仁地区集中打造霍尔加小区、教育小区、惠民小区为“智慧安防小区”，实施“人脸识别”安防小区试点，推进技防新装备在全市延伸，进一步创新完善风险防控机制，织密织牢风险防控网络。

大数据办案平台建设 通过建立跨部门大数据平台，破除政法各部门信息孤岛、数据壁垒、网络梗阻，实现案件卷宗线上传送，提高办案效率。通过部门大数据办案平台运用，强化公、检、法、司四部门对刑事案件办理相关事宜的相互监督协作，提高工作效率。

综治中心运行 市委政法委建立市、乡、村三级综治维稳信息中心92个，率先在全省建成“一网贯通、五级联动”的标准化各级综治维稳信息中心，录入基础数据141644条。市综治维稳信息中心每天不定时对各乡镇、社区综治维稳信息中心及网格员手持终端进行视频调度，特别是果洛州玛多县地震、近期疫情防控、防汛期间，利用指挥调度平台，第一时间了解一线情况。全市划分467个网格，配备241名网格长和998名网格员，配备网格员手持终端112部，实现大事全网联动、小事一格解决，做到矛盾纠纷化解在网格、基础服务满意在网格、风险隐患消除在网格。市综治中心在全州综治工作中4次通报均为第一名，得到州级领导肯定。

【平安同仁建设】 村规民约修订完善 修订完善38座寺庙《寺规僧约》、72个村《村规民约》并公布施行，形成“自我管理、自我教育、自我服务、自我监督”的自治氛围，在村民监督委员会监督下，村民遵守良好，矛盾纠纷减少，邻里关系和睦，社会和谐稳定。扎毛乡在村规民约完善过程中成立乡村振兴委员会，协助村“两委”参与乡风文明建设、环境卫生整治、矛盾纠纷化解、项目落地等重大事项，提高各村自治能力；隆务镇四合吉社区将群众“爱心慰问金”用于社区养老工作中纳入村规民约，弘扬核心价值

2021年8月16日，州委政法委领导一行在隆务镇督导村规民约修订工作（市委政法委供图）

观，传递社会“正能量”；年都乎乡将加强毗邻村社和谐共处纳入村规民约，减轻村民经济负担，尕沙日村取消60大寿活动。

矛盾纠纷排查化解　探索矛盾纠纷化解“三区”（封控区、管控区、防范区）动态管理模式，建立“三调联动”（人民调解、行政调解、司法调解）机制，推广“两法+特邀”矛盾纠纷调处，坚持抓早抓小抓苗头，确定村（社区）每月24—29日为民情汇报日，滚动排查存在的问题隐患，同步发挥116个市、乡、村三级人民调解组织和651名调解员调解作用，实现“小事不出村、大事不出乡、矛盾不上交”的“枫桥经验”。全年排查化解矛盾纠纷326起，化解率100%，尤其是解决周边地区长达十几年的地界纠纷。

扫黑除恶　坚持在重点行业领域常态化开展扫黑除恶斗争，持续摸排深挖乱象背后的涉黑涉恶线索。整合防控资源网络，建立点线面结合的社会治安防控体系，科学划分治安防控警力，加大社会面管控力度。把打击矛头始终指向人民群众反映强烈的违法犯罪活动，通过开展“防风险、除隐患、降发案、保平安”专项行动，严厉打击各类刑事犯罪，整治社会乱象突出问题。

2021年4月12日，州委常委、市委书记、市政法队伍教育整顿领导小组组长蒋树成（正面中）对全市副科级以上政法干警上政法队伍教育整顿专题党课（市委政法委供图）

【政法队伍教育整顿】　组织机制建设　成立教育整顿领导小组，制定印发《同仁市政法队伍教育整顿实施方案》，形成条块协同、运转高效、落地有力的工作格局。政法各部门围绕政治建设，坚持把学习教育作为先导并贯穿始终。全年累计集中学习217场次、交流研讨15次、专题党课15场、读书班3期、演讲比赛2场、知识测试12次，开展英模教育76次、警示教育84次、能力教育28次，参观警示教育基地84场次，撰写心得体会817篇，学习教育参与率达100%。成立由市委书记挂帅的督导组，在政法各单位调研督导16次，实现全市政法单位督导全覆盖。

问题查纠整改　组织开展谈心谈话、思想发动、自查自纠等工作，整治顽障痼疾。其间，各部门召开专题民主生活会5次、专题组织生活会10次，开展集体谈话32次，个别谈话76人次；依据“自查从宽、被查从严”政策处理干警40人，占干警总数的13.8%。

成果转化运用　政法各部门结合实际推动建章立制工作，完善制定79个制度、废止4个。把“我为群众办实事”作为政法队伍教育整顿的重要内容，政法各部门组织党员干部赴联点村为群众宣讲中央和省委1号文件等精神、便民利民活动、法治宣传等，为群众办实事114件，为群众排忧解难。

【政法队伍建设】　强化党管政法职能，以当好政法机关“排头兵”为引领，把牢政法工作政治属性，强化理论武装，加强队伍建设，把对党绝对忠诚落实到政法工作中，引导政法干警将“四个意识”“四个自信”“两个维护”内化于心、外化于行。贯彻执行《中国共产党政法工作条例》，第一时间传达学习习近平新时代中国特色社会主义思想“第一议题”制度，研究贯彻，推动落实。落实支部“三会一课”、民主生活会、组织生活会等党内基本制度。坚持人才培养工作，派出干部3人4批次参加各类培训学习，提高政法干部的政治素质和业务水平。邀请老干部观摩市综治中心1次，召开征求改进工作意见会1次，走访慰问老干部9人。引导干部职工树立廉洁从政观念，筑牢拒腐防变思想道德防线，营造浓厚的“学廉讲廉”氛围。召开党风廉政建设专题会，坚持做到党风廉政建设工作与社会治理、维护社会稳定、扫黑除恶专项斗争同研究、同部署、同检查、同落实。年内开展节前、日常廉政约谈8人次，开展执法执纪督查检查23次，观看警示教育片2次，参加廉政教育报告会1次，参观警示教育基地2次。始终坚持集体领导、团结干事，贯彻民主集中制原则，发挥班子成员集体领导作用，不断完善议事规则和决策程序。坚持推进正风肃纪，营造风清气正的良好政治生态。把党史学习教育作为一项政治任务，引导支部党员夯实理论学习成果，推动“我为群众办实事”活动提质增效。全年开展各类集中学习31次、主题党日12次，撰写心得体会5次，开展交流研讨7次，为民办实事8件。

（撰稿人：张海花）

依法治市与法治政府建设

【概况】 2021年，同仁市坚持以习近平法治思想统揽全面依法治市工作，落实《党政主要负责人履行推进法治建设第一责任人职责规定》和法治政府建设年度报告制度，列入市委、市政府重点工作内容，市委、市政府主要负责人审议相关事宜，安排重要任务，通过政府门户网站及时向社会公开法治建设相关信息，带头贯彻落实党中央和省州委关于法治建设重大决策部署。市委常委会会议5次研究法治建设相关工作，市政府常务会8次研究法治政府建设事宜。召开市委全面依法治市工作会议及委员会第四次会议，制定印发《全面依法治市委员会工作要点》《法治政府建设工作要点》等文件。

【行政决策程序规范】 修改完善并印发《同仁市人民政府重大行政决策程序制度》，明确制定公众参与、专家论证、风险评估、合法性审查和集体讨论决定5个关键环节，执行决策法定程序，增强公众参与实效。全年审核各类重大行政决策19件。落实《青海省行政规范性文件制定和备案办法》《青海省政府办公厅关于全面推行行政规范性文件合法性审核机制的实施意见》，执行行政规范性文件“三统一”（统一登记、统一编号、统一发布）制度，开展行政规范性文件清理，对有效期满及与现行法律法规不一致的行政规范性文件予以修改废止，保证法治统一，政令畅通。全年3件行政规范性文件均向上级司法行政部门报备，报备率100%。

【行政执法行为规范】 通过市政府门户网站、信息化平台或公共场所公开行政执法主体和人员资格清单、执法区域、执法类型、

2021年6月4日，同仁市委召开全面依法治市工作会议（市司法局供图）

执法情况，广泛接受社会监督。规范开展录音、录像、视频监控等全过程记录工作，确保每件行政执法案件有记录、有案卷，保障执法全过程文字记录完整，执法文书规范，案卷完整齐全。市公安、税务、市监、交通、文旅、卫健、城管等重要执法部门均配齐执法记录仪。执行重大执法决定法治审核制度，联合法律顾问在事实依据、认定事实、履行程序和使用法律等方面开展法治审核工作，并出具书面意见。推进市级综合执法和联合执法工作，加强疫情防控、食品安全、生态环保、安全生产、劳动保障等重点领域执法，改进创新执法方式，加强行政指导、行政奖励、说服教育、劝导示范等非强制执法手段的运用。联合市政府法律顾问组成专项行政执法案卷评查小组，评查指导重点执法部门已办结的行政执法案卷，并通报相关突出问题。评查组评查 90 件执法案卷，其中，良好 82 件，占评查案卷总量 91.1%；合格 6 件，占评查案卷总量 6.7%；不合格 2 件，占评查案卷总量 2.2%。组织各执法单位开展行政执法补考工作，对 14 名补考合格人员及时发放执法证，邀请执法监督平台专业老师现场指导各乡镇、各执法单位熟练平台运用和操作流程，利用青海省行政执法监督平台完成行政执法证件补录工作，严格审核管理对执法主体和人员信息。市司法局依托平台开展“双随机、一公开”行政执法监管工作，市场监管执行率 100%。组织全市 42 名业务骨干参加全省行政执法人员线上培训考试，均取得行政执法证件。

2021 年 12 月 2 日，黄南州和同仁市举行“12·4”宪法日暨宪法宣传周活动启动仪式（市党史研究室供图）

【行政复议体制改革】 制定印发《同仁市行政复议体制改革工作方案》，完善行政复议工作机制，畅通复议渠道，落实救济权利告知制度，发挥行政复议公正高效、便民为民的制度优势和化解行政争议的重要作用。审查行政复议应诉案件，落实行政机关负责人出庭应诉制度，支持法院受理行政案件，尊重并执行法院生效裁判，确保行政复议规范化、专业化和信息化建设。

【法律顾问制度建设】 与青海龙启律师事务所 2 名执业律师签订法律服务协议，为政府重大行政决策、经济合同、招商引资等提供法治保障。发挥司法行政部门统筹协调作用，加强日常监督和业务指导，对各乡镇、各部门聘请法律顾问工作提出明确要求。结合一村（社区）一法律顾问制度，全市 80 个行政村（社区）均配备法律顾问，市直 9 个项目部门、执法部门均聘请专业律师事务所执业律师担任法律顾问，签订服务协议，建立相关制度。

【政务服务改革】 贯彻落实《优化营商环境条例》，执行市场准入负面清单制度，推行“全国一张清单”模式，优化政务服务便民热线，优化公平公正、公开透明、精简高效、稳定可预期的法治化营商环境。市场主体准入门槛大幅降低，推动落实企业自主经营权。全年发放“多证合一”企业营业执照 257 份，注册资金 6.91 亿元；发放“二证合一”个体工商户营业执照 744 份，注册资金 1.1 亿元。企业开办时间大幅缩减，实行“一窗受理”，按照“前台受理，后台审核，限时办结”

的登记模式，实现个体工商户当天发照，企业在2个工作日内发照。推行“双随机、一公开”监管工作，调整抽查事项清单，动态调整执法人员名录库、企业名录库，更新“一单、两库、一细则”。依法对24户企业开展“双随机、一公开”抽查检查，检查结果通过企业信用信息公示系统（青海）记载于企业名下并向社会公示。重点针对制约企业生产经营、投资创业创新重点难点问题向市场和社会放权，推进“网上办”“马上办”“就近办”“一次办”，全面推行“一网通办”“一窗”分类综合受理。截至年底，80%以上事项可在网上办理。全年全市政务服务事项602项，其中梳理保留行政许可事项156项，“网上办”事项567项，网办率94.2%。

【矛盾纠纷多元化解机制建设】 完善矛盾纠纷多元化解机制，促进调解、信访、复议、诉讼等有机衔接，探索建立矛盾纠纷“三区”动态管理模式，实行问题责任“清单式”管理，发挥“三调联动”机制，提升矛盾纠纷排查化解质效，完善社会协同制，实行“民间小事”群众参与调解，基本确保“小事不出村（社区）、大事不出乡（镇）”的目标，建立人民调解组织115个，培养发展人民调解员576人，筛选其中54名优秀调解员，建立动态管理人民调解专家人才库。定期举办调解骨干培训班，邀请专家学者为90余名调解人员讲授理论基础和专业知识。打造年都乎乡郭么日村“才巴”个人品牌调解室1个，落实市级财政经费5万元。

【法律服务中心建设】 依托市司法局高标准高质量建设集法律援助、人民调解、法律咨询、公证服务、藏语和汉语服务、代书服务、其他服务等7项基本服务暨调解区、自助服务区为一体的法律服务中心，发挥区域服务综合枢纽和指挥协调作用，最大限度发挥法律服务效能，提高办事效率，提升服务水平，全方位“一站式”为各族群众提供优质高效的公共法律服务。

（撰稿人：祁兴慧）

公　安

【概况】 2021年，同仁市公安局围绕“对党忠诚、服务人民、执法公正、纪律严明”的总要求，以做好中国共产党成立100周年安保维稳工作为主线，开展公安队伍教育整顿、党史学习教育、作风突出问题集中整治专项行动，狠抓“防风险、除隐患、降发案、保平安”各项工作落实，常态化开展扫黑除恶专项斗争，严厉打击各类违法犯罪活动，持续做好疫情防控工作，做到“两个维护”，确保各项公安工作稳步推进，完成同仁社会经济发展、人民群众安居乐业、社会政治大局和谐稳定，治安秩序持续平稳的任务。全年立刑事案件258起，破刑事案件100起；受理治安案件306起，查处279起，排查矛盾纠纷38起，均已化解；组织实施警卫安保工作53次，其中二级警卫1次、三级警卫2次、其他各类安保50次。

【维护社会稳定】 强化情报信息搜集研判，落实重点地区、路段巡逻防控工作，做好情报引领，基础摸排、重点部位防范控制、危爆物品管理等工作，开展反恐、反邪教宣传教育。增强维稳防控各项任务和疫情防控工作，确保社会政治大局稳定，社会治安秩序持续平稳。按照“属地管理”原则，借鉴2020年同仁市采挖虫草“零事件”的成功经验，扎实做好同仁虫草采挖期间的社会稳定工作，严密防范可能发生的各类不稳定事件。抽调警力80余名，由主管治安工作的副局长任工作组组长，在兰采乡、曲库乎乡和牙浪乡等7个虫草采挖点开展宣传教育、治安巡逻、应急处突等社会稳定工作，确保2021年虫草采挖维稳安保工作取得成效。

【扫黑除恶】 以公安队伍教育整顿为契机，开展各类维稳安保宣传活动，发挥民（辅）警“人熟、地熟、情况熟”的优势，通过开展“法律宣讲进广场”“法律宣讲进社区”“法律宣讲进帐篷”等宣传活动，以悬挂横幅、发放宣传单、张贴藏语和汉语海报、现场讲解政策、以案释法等方式，在辖区街道社区、集贸市场、机关、学校、寺院等场所进行宣传。全年出动警力1420余人次、宣传车辆245辆，发放宣传手册1.2万余份，悬挂横幅117条。全年市公安局扫黑办收到上级交办线索1条，办结1条，经核查后发现该线索无违法犯罪嫌疑，并以回访的方式告知举报人；持续开展“昆仑行动”“打击长江非法采砂”等专项打击整治行动，打击非法采砂、非法采矿等犯罪活动。与自然资源局、森林公安、交通等部门联合整治摸排，安排部署5次，联合相关部门出动10次、车辆20台次，组织发动各所队室在辖区内开展相关线索摸排工作，确保及时发现、及时打击。摸排全市12家沙场、矿厂，开展宣传3次，张贴藏语和汉语《关于征集“沙霸”“矿霸”等自然资源领域违法犯罪线索的通告》300余份，发放宣传册230余册，其中2家沙场、矿场处于关闭状态，均有正规手续，未发现“沙霸”“矿霸”等自然资源领域黑恶犯罪。

【案件侦破】　全年受理刑事案件258起，其中盗窃126起、诈骗100起、经济犯罪5起、其他27起。抓获犯罪嫌疑人75人，刑拘59人，提请逮捕34人，起诉55人，取保候审32人，行政处罚8人；共破获刑事案件100起，盗窃48起、诈骗27起、故意毁坏财物1起、敲诈勒索1起、非法持有枪支弹药1起、拐卖儿童1起、强奸5起，危害珍贵濒临野生动物罪1起、侵犯公民信息案1起、其他14起，破案率39%，破案数比2020年同期增加38起，破案率上升64%。

2021年8月，市公安局反诈宣传进社区（市公安局供图）

打击经济犯罪与电信诈骗犯罪　把“昆仑2021”专项行动上升到全力防范风险型经济犯罪，全力保障经济安全和维护社会稳定。利用“云端系统”开展信息犯罪工作，强化信息采集和分析，做好经济案件群体、企业有效沟通联系和宣传教育工作，第一时间有效处置稳控工作，确保不发生因经济犯罪引发的重大涉稳事件。全年受理经侦案件6起，其中破案5起、不予立案1起。收到协查13条，查找当事人20人。联合州公安局经侦支队、州工商局等单位举办“3·15”守护平安、畅通消费、“4·26”全面加强知识产权、推动构建新发展格局、“5·15”打击和防范经济犯罪、风险型涉众经济犯罪防范等主题的宣传活动，其间制作典型案例展板11块，发放宣传册1000余份，制作横幅4条。推动对网络电信诈骗犯罪的防范宣传工作，每月办案民警走上街头，宣传防范电信诈骗知识，在繁华路段张贴警示语、防止电信网络诈骗宣传展板。

打击刑事犯罪与侵财犯罪　发挥刑侦、技侦、网安、治安加指挥中心的“4+1”命案及重大案件侦破工作机制优势，组织精兵强将负责侦破工作。年内同仁地区未发生涉命案件，非正常死亡案件19起，妥善处置非正常死亡案件。打击整治“涉枪涉爆”违法犯罪专项行动，受理非法持有、私藏枪支弹药案件2起，立案1起，抓获犯罪嫌疑人3人，其中1起不予立案。严厉打击多发性侵财犯罪，破获盗抢骗案件57起，抓获犯罪嫌疑人38人。

追逃工作　以扫黑除恶专项斗争和“云剑行动”两个战场为契机，刑警大队联合各辖区派出所采用发布悬赏公告发动亲友劝投、情报研判等多种方式开展追逃和抓捕工作，全方位组织开展云剑行动，协助其他单位抓获网逃人员1人，抓获网逃人员5人。

【治安管理】 基层治安管理 结合创建“枫桥式公安派出所”和“防风险、除隐患、降发案、保平安”专项行动，聚焦社会治安中黑恶性势力操纵经营“黄赌毒”等违法犯罪活动，暴力或软暴力讨债侵害利益，危害社会治安问题，聚焦乡村治理中黑恶势力、宗族势力干扰基层建设，把持基层政权，横行乡里称霸一方，欺压残害百姓，以威胁、恐吓、滋扰等手段垄断农村资源、侵吞集体财产的问题。组织民警、村警排查调解各类矛盾纠纷化解，实现“矛盾不上交、平安不出事、服务不缺位”目标。开展以“E智采”为重点的基础信息采集应用更新工作，采集录入164056条、地址业务66228条、房屋业务27299条、人员业务67368条、单位业务3161条。

重点场所管理 开展全市宾馆、加油站、娱乐场所、寄递业、客运站、工地等行业场所清查行动，清查重点行业4324家次，排查整改安全隐患20处。各派出所组织警力督促检查辖区各中小学、幼儿园开展校园“三防”建设等校园安全管理工作，要求各学校落实达到“4个100%”（专职保安人员配备达到100%、校园封闭化管理达到100%、一键式紧急报警达到100%、视频监控系统达标率达到100%）。并对辖区学校进行法治宣传62次，各项安全检查524次，校园周边巡逻1326次，出动警力762人次、警车146台次。

文化市场管理 联合文化、市场监督、文体等执法部门开展文化市场服务管理工作，净化文化市场环境，检查同仁市影像制品店，重点封堵查缴政治性非法出版物、违禁非法音像制品及有害信息，打击各类非法印刷、贩卖、传播涉及反动、淫秽内容的书刊、音视频资料和歌曲等违法行为。全年检查打字复印店45家次、音响店23家次、书店16家次、印刷店8家次，收缴各类非法出版物120张。

缉枪制爆 依法打击涉枪涉爆违法犯罪活动，组织民警进村入户开展摸排工作，整治涉枪违法行为，集中宣传25次，张贴通告1000余张，悬挂宣传横幅48条，发放宣传单9000余张。年内收缴各类枪支45支，子弹628发，火箭筒2枚，导火索20米，雷管65枚；查处违反危险物资管理规定案件3起，行政拘留4人，查处生物油16桶，液化气4罐；查处非法储存、销售烟花爆竹案件2起，行政拘留2人；检查烟花爆竹店94家次、各类商铺512家次，收缴非法烟花爆竹170余箱。

涉“黄赌毒”违法犯罪治理 开展打击整治“黄赌毒”专项行动，查处赌博案件18起，收缴赌资41070元，参赌人员96人，行政拘留22人，行政拘留并处罚款15人，行政罚款73人3.64万元，收缴赌具40件。查处涉黄案件1起，行政罚款3人。将6月设为禁毒宣传月，在学校、广场、社区、娱乐场所、乡村、寺院、重点单位进行形式多样的禁毒宣传活动。在“6·1”《中华人民共和国禁毒法》颁布实施纪念日、“6·3”虎门销烟纪念日、“6·4”《中华人民共和国禁毒条例》颁布实施纪念日开展禁毒宣传活动。全年出动警力90人次，核查吸毒人员18人，吸毒检测18人。

【交通管理】 开展春运、返校复学、春季、夏季国省道交通秩序整治、秋冬季道路交通秩序整治行动等28项各类专项整治行动；开展交通秩序集中整治行动、阳光大道乱点乱象整治行动、联合推进扫黑除恶打击“黑车”专项行动、集中整治非法改装及摩托赛车大噪声违法行动等专项整治行动。开展“严管示范街”创建工作，推进市区管理新模式。强化道路交通安全管理，完成80余次各类省部级领导调研及各类民俗活动交通安保任务。交警大队长期在城区三完小、州幼儿园、逸夫中学门口设立交警护学岗，保障中小学生交通安全，净化校园周边交通环境。全年查处各类交通违法行为17215起，其中道路交通事故633起、无证驾驶659起、酒驾41起、准驾不符19起、肇事逃逸15起、超员35起、超载49起；查扣非法营运车辆19辆，均移交运管部门处理；查扣非法改装及噪声超标摩托车12辆。深化交通安全宣传教育，开展“八进”宣传活动22次，其中进学校2次、社区4次、企业8次、家庭2次、寺院2次、驾校4次。

【户政管理】 对在推进户籍制度改革中存在未按规定收回农村家庭户口簿的现象以及形成的“隐形双户口”，要求各派出所开展摸清底数工作，依法依规收缴户籍制度改革以来转户农民持有的原农村家庭户口簿。其间，群众主动上交户口簿89本，收缴8本；注销双重户口60人。结合“民警入户宣传月”活动，制作问题清理整治工作通告，让群众主动配合公安机关开展此项工作。结合“放管服”便民利民措施，在中、高考期间，办证服务大厅开启考生居民身份证速办“绿色通道”，采取延时服务、错时服务、预约服务等措施，优先为2021年高考生办理居民身份证，实现考生居民身份证当时受理、当日审核、当日签发。设立临证快办窗口，对考试期间遗失居民身份证的考生快速办理临时居民身份证或开具户籍证明，确保考生及时参加高考，办理临时身份证8人次。提供送证上门服务，将办理的居民身份证第一时间送到考生手中，使考生顺利进入考场参加高考。启动户口迁移及开具户籍类证明“跨省通办”试点工作，推动“跨省通办”事项规范化运行，实现同一事项无差别受理、同标准办理。实行居民身份证（临时身份证）首次申领全省通办，破除首次申办门槛，取消居民身份证首次申领以及临时身份证必须在户籍所在地申领的要求，全省全面实行居民身份证（临时身份证）全省通办。

截至年底，同仁市常住总户数29801户，总人口数100250人，其中城镇人口36797人，城镇化率为36.7%。全年办理出生申报及补报往年出生1500人，死亡注销654人；省内（外）迁入1546人，省内（外）迁出1599人；办理身份证8248张，其中异地身份证552张、身份证藏文翻译8279人次、军人身份证153张、临时身份证464张，发证9417张；户籍证明及其他证明开具数1050余张、户口清理数104人；办理居住证160人、异常户籍信息核查2000人次、翻阅查找历史档案400人次、历史档案电子化录入4400条、政务服务外网录入3600条、无相片人员处理65人，双重户口注销81人。

【出入境与往来港澳管理】 全年办理公民普通护照6件（留学护照4件、探亲1件、做工1件）、港澳通行证7件（文化交流7件），回收护照326本。录入证件移交信息200余条。

重点人群排查 按照《同仁市公安局“防风险、除隐患、降发案、保平安”专项行动方案》及公安队伍教育整顿工作部署要求，在全市范围内开展“排查小问题，防止大隐患”活动。检查辖区旅店业对境外人员住宿登记工作，做到检查摸底全覆盖。全年检查涉外宾馆95家次，境外人员临时住宿登记340人，签订《涉外单位外国人管理责任书》32份，检查娱乐场所10家次，做到来同仁市外国人“底数清、管得住、服务好”。

护照后续管理 主动对2012年后办理同仁籍全部护照进行再梳理、再核实，核实因各种原因存在漏管的证件持有人，全年回收护照326本。强化涉外疫情防控工作。加强部门间联动、强化信息共享，及时掌握社情变化、疫情发展和出入境人员信息。守住“零输入、零感染”底线。

窗口服务建设 出入境办证大厅完善老年人综合服务设施，设置老年人窗口，摆放“老年人优先”标识，提升对老年人窗口服务水平。业务受理期间，人工窗口全程化引导老年人各项业务，帮助填写申请表，提供“家人式”服务。为老年人准备常用的辅助设备（放置饮水机、一次性纸杯、老花镜、放大镜、口罩、消毒液等便民物品），设药品箱（常置速效救心丸、丹参片、降压药），并为老年人宣传普及最新出入境政策和业务流程，解决老年人往返跑路的问题。

【信息化建设】 整合前端视频资源，将“雪亮工程”中的各类前端视频探头和交警卡口等前端视频探头图像数据接入系统，实现对前端图像的实时采集、自动比对、智能分析。整合内部警种信

2021 年 6 月 29 日，市公安局网安大队开展专项清查行动（市公安局供图）

息资源，针对公安机关内部警种信息资源分散不利于侦查工作快速开展的状况，将经侦、治安、刑侦、交管等各部门情报资源平台集中在信息化实战应用中心，供大数据实战专班集中使用。大数据中心为各类案件提供技术支持，提高案件侦破率，全年利用大数据手段协助破获案件 121 起，利用大数据手段协助打击、抓获违法犯罪人员 89 人，利用大数据手段破获案件数量占当地案件总量的 23.3%。

【公安队伍建设】 开展党史学习教育、政治教育、警示教育、英模教育、能力教育五项教育活动，以"我为群众办实事"活动为载体，通过悬挂横幅、张贴标语、现场讲解等形式，结合防范电信网络诈骗宣传"百日行动"，以及同仁市公安微信公众号、"黄南先锋"App 等开展线上、线下宣传，宣传党史学习教育和公安队伍教育整顿活动。全年举办党史学习教育专题研讨会 5 次。以"民警入户宣传月"活动为契机，组织 180 余名警力在同仁市 72 个行政村走访慰问群众 360 余户，发放慰问物资达 3.8 万元，解决困难群众的实际问题。贯彻落实《中共中央关于加强新时代公安工作的意见》，8 月，市政府召开常务会议，研究通过市公安局《关于解决辅警待遇的请示》，开展协警员转隶辅警工作，对协警员开展为期 10 天集中培训，经考核合格后，对全局协警员进行转隶辅警工作，激发辅警队伍工作热情。

（撰稿人：马玉玉）

检　察

【概况】 2021 年，同仁市人民检察院把增强"四个意识"、坚定"四个自信"、做到"两个维护"融入检察履职，以高度的政治自觉、法治自觉、检察自觉担当作为，各项检察工作取得新成效。年内抽调 214 人次完成疫情防控、虫草采挖期、全国两会、中国共产党成立 100 周年及中共十九届六中全会期间维稳安保工作，为同仁地区敏感节点社会和谐稳定贡献检察力量。建立科级以上干警廉政档案，对新任的 2 名检察官进行集体任前廉政谈话。推进"互联网+检察"工作模式，创新宣传载体，通过主流媒体刊发检察宣传信息 23 篇，发布检察新闻原创宣传作品 263 篇，提高检察宣传和检务公开力度。年内干警仁增昂毛在全省检察机关扫黑除恶专项斗争中荣立"个人二等功"，被州扫黑除恶专项斗争领导小组评为"全州扫黑除恶专项斗争先进个人"；干警卡着才让被同仁市委记"个人三等功"；副检察长辛雨林被省依法治省领导小组评为全省"优秀法治副校长"，副检察长满仓被黄南州依法治州领导小组评为全州"优秀法治副校长"。

【刑事检察与诉讼监督】 履行检察机关批捕起诉职责，常态化开展扫黑除恶斗争，依法严惩"两抢一盗"、黄赌毒等严重危害人民群众切身利益、生命财产安全的犯罪活动。依法受理审查逮捕案件 38 件 64 人，批准逮捕 21 件 30 人，不批准逮捕 17 件 34 人；受理移送起诉案件 65 件 90 人，提起公诉 47 件 65 人，不起诉 7 件 12 人，适用认罪认罚从宽制度 46 件 59

2021 年 2 月 25 日，市人民检察院召开全省首起“以劳代偿”刑事附带民事公益诉讼案件公开听证会（市人民检察院供图）

人，适用率 79.72%。强化刑事立案和侦查活动监督，依法监督纠正有案不立、有罪不究、违法立案等问题，办理立案监督案件 1 件，侦查监督案件 1 件。

【民事行政公益诉讼】　办理民事监督案件 2 件。开展“支持农民工讨薪，‘检察蓝’在行动”专项活动，联合劳动监察大队、法院、矛盾调解中心开展讨薪维权工作 3 次，帮助农民工成功讨回工资 151.6 万余元，有效保障农民工的合法权益。年内，在办理案件过程中依职权发现行政监督案件线索 1 件并终结审查。成功办理全省首例“以劳代偿”刑事附带民事公益诉讼案件，让“捕猎者”变成“护林员”，在《青海法治报》“庆百年华诞　看法治青海”大型采访栏目中刊登专版。办理行政公益诉讼案件 24 件，制发诉前检察建议 18 份，发出生态环境领域公告 3 件，发送疫情防控工作提醒函 3 份。推动现（退）役军人乘坐市内公交优待政策落实。联合农牧、国土部门对各乡镇违法占用耕地情况开展排查，为维护良好的土地开发利用秩序贡献检察力量。

【控告申诉检察与监所检察】　坚持群众信访件件有回复工作要求，接受群众信访 25 件 60 人，及时回应公众诉求，所有信访件均做到 7 日内程序回复、3 个月办理结果的回复。帮扶救助弱势群体，办理司法救助案件 2 件 15 人，发放司法救助金 11.3 万元，有效化解社会矛盾。驻所检察室加强看守所日常性巡视检查 100 余次，向法院、公安机关、司法行政机关发出纠正违法通知书 18 份，制发刑事检察建议 12 份，依法监督 55 名社区矫正人员。

【未成年人检察】　受理未成年人审查逮捕案件 7 件 14 人，批准逮捕 3 件 6 人，不批准逮捕 4 件 8 人。受理审查起诉案件 6 件 15 人，决定起诉 2 件 7 人，决定不起诉 1 件 2 人，移送单位撤回起诉 1 件 1 人。组织检察开放日、“反诈”进校园等法治宣讲活动 9 次，开展“扫黄打非护苗”专项行动，重点清查学校周边图书、音像制品，并通过微信公众平台编发“开学大礼包”和“暑期安全须知”，为未成年人健康成长提供法治保障。

【检察队伍建设】　落实司法责任制改革各项要求，院领导带头办理审查逮捕、审查起诉案件 85 件。年内 2 人通过全省检察机关第五批检察官遴选，成为入额检察官。年内公开法律文书 44 份，公开案件程序性信息 112 条，公开重要案件信息 11 条。全年选派 258 人次参加高检院、省院、州院及市委组织的 60 期培训，参训率达到 100%。

【检察机关参与政法队伍教育整顿】　开展自查自纠和组织核查，6 名干警主动说明问题，运用“第一种形态”问责 3 人。对 1448 件案件开展案件质量评查、涉法涉诉案件清查及法律监督案件专项检查，评查重点案件 55 件，查出瑕疵案件 2 件、不合格案件 3 件，均整改到位。围绕执法司法不规范等问题，出台制度机制 8 项，巩固拓展教育整顿成果。集中宣传以全省模范检察官满仓、全省扫黑除恶专项斗争先进个人仁增昂毛等为代表的身边典型，弘扬英模精神，树立新风正气。

2021 年 12 月 1 日，市人民检察院举行国家司法救助金发放仪式（市检察院供图）

【检察为民办实事】　协调解决西成铁路同仁境内建设项目工地垃圾乱堆问题；以“河长+检察长”工作模式，推进打造水清、堤固、岸绿、景美的隆务河；走访市域内面包房、蛋糕店，守护群众“舌尖上的安全”。落实高检院“三号检察建议”，会同公安机关、金融机构开展“断卡”“反洗钱”专项行动，以防电信诈骗、非法集资等为主题开展法治宣传 9 次，办理信用卡诈骗及电信诈骗案件 5 件，解决群众“急难愁盼”问题。

（撰稿人：侯丽莉）

法　院

【概况】　2021 年，同仁市人民法院总计收案 2160 件，其中旧存 10 件，结案 2099 件，未结 61 件，审、立、执各项指标达 97.18%，同比结案率达 99.32%，全省法院第十一名，诉服平台指标名列全省第 5 名。是年，市人民法院被评为全州优秀法院、全州扫黑除恶专项斗争先进集体、全州法院扫黑除恶专项斗争先进集体，综合审判庭被评为全省“集体三等功”，1 名干警获全国法院先进个人，2 名干警获省级荣誉，3 名干警获州级荣誉。年内将审判流程标准化作为重点工作来抓，全院干警熟练掌握审判流程标准化内容，遵守标准化规范，通过流程标准化避免重复工作，减少工作压力，提升审判质量。贯彻均衡结案目标，完善繁简分流机制。贯彻“简案快审，繁案精审”理念，成立速裁团队，选派审判经验丰富的法官、能力出众的助理、有责任心的书记员加入速裁团队，规范速裁团队审理案件范围，完善速裁案件审理流程规范。完善多元解纷机制，解决矛盾纠纷，提升“一站式”诉讼服务。加强诉讼服务建设，坚持以信息化为中心的智慧法院建设，全面深化智慧法院建设取得新进展。提升诉讼服务效能，推进律师服务平台，全面加强互联网与司法公开相结合，加强司法便民举措，开通网上立案、跨域立案、电子送达通道，深化运用道交一体化平台，不断加强多元化服务、智能化运用，法院送达取得快捷便民实效。

【立案工作】　截至年底，全院审查或登记立案 2150 件，其中刑事案件 48 件、民商事案件 1356 件、非诉财产保全 2 件、诉前保全 1 件、非诉行政 23 件、执行 719 件、审查监督 1 件。以上案件中，网上立案 421 件，其中成功立案 345 件、审查不合格 76 件，网上立案成功率 82%。申请网上交费 11 件，成功交费 11 件，跨域立案 27 件，诉前调解 76 件。是年起，实行所有立案案件文书电子送达，发送电子送达 1356 件，其中当事人成功签收数为 578 件。履行立案排期职责，依法排期分案 2015 件。按照《诉讼费用缴纳办法》规定收取诉讼费，对符合条件的当事人，经申请依法决定缓、减、免交诉讼费用。截至 12 月 30 日，依法缓交诉讼费 35698.8 元，免交诉讼费元 19863.5 元，减免案件 35 件 37570.54 元。

9 月 17 日，成立速裁团队，采用“1+3+3”模式（1 个中心，即指挥中心；侧重 3 个执行领域，即涉民生类执行案件、涉黑恶财产刑事执行案件、涉民营企业类执行案件；推进3条执行举措，即案款发放念好“快”字诀、终本案件管理念好“回”字诀、回应群众需求念好“心”字诀），审结案件108件，占全年立案数的20%左右。其中，办理民商事案件86件、非行政20件、诉前保全1件、刑事案件1件。民商事案件中调撤案件81件，调撤率95%。诉前调解案件调解成功率94.7%。速裁案件挽回经济损失65万余元。

【刑事审判】 坚持总体国家安全观，依法惩罚犯罪，保障人民安居乐业、社会安定有序，受理刑事案件48件，审结48件，结案率100%。践行习近平生态文明思想，贯彻生态发展保护理念，发挥环资案件集中管辖职能，公开开庭审理朝某某、南某、桑某某非法收购、运输、出售珍贵、濒危野生动物罪一案。分别判处被告人有期徒刑一年缓刑两年并处罚金各5000元。

【行政审判】 贯彻落实行政机关负责人出庭应诉制度，注重行政和解，主动与行政机关沟通协调；在各类案件中及时发现行政执法问题，并依法出具司法建议，督促行政机关按照法定权限和程序履行职责。全年受理行政案件23件，审结22件，未结1件，结案率96.65%。

【民商事审判】 倡导当事人在经济行为中诚实守信，审理合同类纠纷案件763件，占比达34.7%以上；维护家庭和睦，提倡良好家风，审理婚姻家庭纠纷类案件66件；审理侵权纠纷、物权纠纷、人格权纠纷37件；调、撤案件700件。推进线上办案，及时解决在疫情防控紧要关头无法到庭参加庭审的问题；10件积案按期办结；开展巡回审判14件；藏语和汉语案件办理与裁判文书公开率100%。全年受理民商事案件1324件，审结1310件。

【执行工作】 探索执行办案模式，将经验丰富的书记员擢升为执行员，发挥执行员作用。全年受理各类执行案件719件，结案672件，结案率93.7%，执行到位金额2627.64万元。严厉打击规避执行、抗拒执行等违法行为，发起网络查控案件614件，司法拘留拒不履行执行义务的被执行人13人次，限制高消费218人次，纳入失信被执行人名单176人次；发布《敦促党政机关、企事业单位职工为被执行人按时履行义务的通告》1次。探索执行集约化运行，开展集中执行行动1次3起，办理案件175件；开展执行案款发放大会3次，邀请市人大代表参加，对100余名案件申请执行人集中发放执行案款700余万元。

【审判监督与信访】 推行各项工作网上运行，就网上立案、网上缴费、电子送达和电子签章、重大敏感案件监管平台、审判流程静默式监管平台、案件质效数据平台、智能审务督察系统等操作应用，邀请有关专家对立案庭、诉前调解中心和各审判业务部门进行全员培训。完成审判管理工作通报42期，包括法官案件质效数据排名情况、“三评查一审核”工作、司法公开等内容。截至12月31日，在中国裁判文书上共公

2021年11月17日，市人民法院启动“冬季决战”执行攻坚行动（市人民法院供图）

2021年，州中级人民法院考核小组在市人民法院开展考核工作（市人民法院供图）

开裁判文书1575件。按照省法院《常态化开展案件“三评查一审核”工作的实施方案》通知要求，组织法官在网上完成全年重点评查17件、文书评查137件、庭审评查68件、专项评查123件，完成结案审核1425件。另外，监督检查全年案件信息录入情况，发现问题108起，督促书记员及时整改，提升案件信息准确率。

建立完善信访工作，规范规章制度，运用信息化平台，安排专人负责，打通信访渠道。在政法教育队伍整顿期间，收到关于案件办理的3条信访线索，及时转交院信访工作办公室处理，由同仁法院信访办工作人员联系当事人，并给予答复妥当化解办结。

【诉讼服务】 贯彻均衡结案目标，人均办案数143件，审判案件结收比始终保持在1∶1左右。贯彻“简案快审，繁案精审”理念，成立速裁团队，选派审判经验丰富的法官、能力出众的助理、有责任心的书记员加入速裁团队，规范速裁团队审理案件范围，完善速裁案件审理流程规范，全年办结各类案件131件。坚持以信息化为中心的智慧法院建设，不断向科技要生产力、要质效，全面深化智慧法院建设取得新进展。全年受理的2150件案件全部录入办案系统并同步生成电子卷宗。加强藏语和汉语裁判文书上网工作，上网藏语和汉语裁判文书231份。提升诉讼服务效能，推进律师服务平台，受理律师网上阅卷申请16件。加强互联网与司法公开相结合，庭审直播463件，总观看次数40.98万次。发展“普法+案例”的巡回审判工作，巡回审判典型案件12件，发放宣传册3000余册。及时发布法院工作动态151篇，被省级新闻媒体采纳6篇、州级新闻媒体采纳41篇。

截至12月31日，诉讼服务指标总得分67分，排名全省各级法院第五，全州排名第一。使用人民法院调解平台调解案件数164件，成功111件，调解成功率达到67.68%，其中诉前调解案件141件，占全院案件的13.5%，10件运用道交一体化平台进行调解，21件经司法确认。

【审判队伍建设】 结合法院工作实际，开展“我为群众办实事”活动31次，制定司法便民利民“八项措施”（设立“绿色窗口”、开通“绿色通道”；打造“线上+线下”一体化立案方式；以巡回审判为依托，推进诉源治理；深化司法救助、加强未成年人保护；统筹推进强边固防和疫情防控工作；巩固扩大基本解决执行难工作成果；提供司法公开服务，回应群众关切；广泛法治宣传，开展“六进”活动）。年内3名干警通过全省第五批初任法官遴选，任命为审判员；11名干警完成职级晋升。市法院被评为全州优秀法院、全州扫黑除恶专项斗争先进集体、全州法院扫黑除恶专项斗争先进集体，综合审判庭被评为全省“集体三等功”，1名干警获全国法院先进个人，2名干警获省级荣誉，3名干警获州级荣誉。邀请全国人大代表向全院干警传达全国两会精神和习近平总书记参加青海代表团审议时的讲话精神，组织党员干警在西宁市中国工农红军西路军纪念馆、循化县红光村接受红色教育，参加全州政法系统“庆祝建党百年华诞”主题党日活动，组织干警参加文艺会演，增强党性教育。参加全州政法系统“向人民报告”专题文艺会演活动；在以“赓续百年奋斗路，起航法院新征程”为题的全州法院运动会上综合成绩排全州第一。

（撰稿人：格宁罗加）

司法行政

【概况】　2021年，同仁市司法局以围绕中心服务大局、推进依法治市、维护安全稳定为主线，重点履行法治宣传、法律服务和法律保障职能，为建设富裕团结文明和谐美丽新同仁营造良好法治环境。全年举办法治宣传活动35场次，接待法律咨询2000余人，发放宣传手册及宣传用品3.5万余份。全市80个行政村（社）均配备法律顾问，提供法律援助144件，办理公证事项27件，参与调解纠纷15起。全市在册矫正对象29人，其中缓刑28人，暂予监外执行1人，在矫秩序良好。全市各级各类人民调解组织排查各类矛盾纠纷374起，调处率达100%，涉及金额820.3万元，同比下降18.7%。年内市司法局被省委全面依法治省委员会守法普法协调小组、省委宣传部、省司法厅评为2016—2020年全省普法工作先进集体，被州妇联评为黄南州2021年度妇女儿童维权先进集体，被市委、市政府评为同仁市民族团结进步工作先进集体和2020年度目标责任考核优秀班子。

【普法宣传】　完成“七五”普法考核验收，编制起草“八五”普法规划。召开守法普法协调小组工作会议，部署年度普法依法治理工作，总结回顾“七五”普法决议贯彻落实情况，审议“八五”普法规划。印发《关于在全市公民中开展法治宣传教育的第八个五年规划（2021—2025年）》《同仁市人民代表大会常务委员会关于开展第八个五年法治宣传教育的决议》《同仁市2021年度普法依法治理工作要点》等系列保障措施，确保普法工作有序开展。

创新法治服务新载体，利用“同仁普法”微信公众号、抖音号、微信服务群等网络平台，采用藏语和汉语形式推送各类常见民间纠纷典型案例及相关法律资讯1129条，制作藏语和汉语宣传资料《中华人民共和国民法典》《图说宪法》等3万余册，宣传用品抽纸、纸杯、折叠洗漱盆、雨伞、手提袋等2万余份，以直观的方式普及法律常识。

推进“法律七进+”活动，做到“线上线下”相结合普法。推进落实“谁执法谁普法”“谁管理谁普法”“谁服务谁普法”普法责任制，推动在执法中普法，在管理中普法，在服务中普法。开学季，抽调律师、司法行政干部在市域中小学校开展“新学期第一堂法治教育课”，宣讲与未成年人息息相关的法律知识，提高在校学生自我保护意识。邀请专家学者为全市120余名副科级以上领导干部作法治专题讲座，联合市委组织部对全市新提任95名领导干部举行法律知识任职资格考试，提升领导干部法治思维。在城北新区施工现场开展法治宣讲活动，发放藏语和汉语《中华人民共和国民法典》《法律援助手册》500余册，现场解答法律咨询20人次。邀请全市近50家企业代表参加法治讲座，向企业及个体工商户代表捐赠藏语和汉语《中华人民共和国民法典》《图说宪法》等书籍110份。结合“六下乡”“12·4”“4·15”“赛马会”“酸奶节”“六月会”等活动，在农牧区通过发放书籍、以案释法、集中宣讲、举办培训班等形式宣讲《中华人民共和国宪法》《中华人民共和国民法典》《中华人民共和国刑法》《中华人民共和国治安管理处罚法》《中华人民共和国乡村振兴促进法》《黄南藏族自治州民族团结进步条例》及扫黑除恶、疫情防控等知识，增强群众法律意识。

【基层司法所建设】　推进隆务镇、曲库乎、黄乃亥、扎毛司法所办公区域规范化建设。完成瓜什则、兰采“枫桥式”司法所项目建设，年都乎司法所被司法部命名为“全国模范司法所”。结合乡镇、村（社）换届选举，选优配强基层人民调解委员会成员，发展行业性、专业性调委会，支持建设个人品牌调解室，组建各级各类人民调解组织116个，配备调解人员576人；挖掘社会资

2021 年 8 月 10 日，市司法局召开基层司法所业务月评月考工作启动大会（市司法局供图）

源，筛选 54 名优秀调解员，建立调解专家人才库，实行动态化管理。采取以会代训、专家授课等形式，夯实调解队伍建设，提升依法调解能力。设立市司法局人民调解中心驻市法院人民调解室，推行“诉前调解+司法确认”，落实诉调对接。构建警司联调联动大格局，强化公调对接。在全州范围率先开展基层司法所月评月考工作试点，落实月考核制度，提升工作效能。深化“智慧调解”平台运行，落实矛盾纠纷日排查、日上报、周分析、月研判制度，按照属地管理原则，实现“大事不出乡（镇）、小事不出村（社）、矛盾不上交”工作目标。年内举办法治培训班 21 期，参加人数 378 人次，摸排走访 144 人次，见面谈话 137 人次，提醒约谈 197 人次。

【法律服务】 法律援助　组织藏语、汉语援助律师为全市 80 余名村（社）妇联主席开展法治讲座，重点围绕婚姻纠纷、财产分割、家庭暴力等多个领域法律问题进行细致解读，呼吁妇女群众运用法律武器维护自身合法权益。深化刑事案件律师辩护，在市人民检察院“12309”检察服务中心设立“同仁市法律援助中心驻市人民检察院法律援助工作站”，规范认罪认罚从宽法律援助值班律师工作，加强人权司法保障，继续将军人军属、低保户、单亲家庭、下岗失业等弱势群体纳入法律援助范围，开辟农民工、残疾人等特殊群体绿色通道，快速审批指派，提供便捷服务。全年办理各类法律援助案件 223 件，其中民事案件 169 件、刑事案件 54 件，分别涉及农民工讨薪 74 件、妇女 44 件、残疾人 5 件、未成年人 13 件、退役军人 3 件、其他案件 84 件。接待群众来电来访 900 余人次，代写法律文书 520 份，挽回经济损失 285.13 万元。

公证工作　完成同仁市西山地质灾害避险搬迁和拆迁复垦工作，公证处助力市委决策部署，历时 2 周协助相关部门在年都乎

2021 年 4 月 18 日，公证员进村为群众讲解公证法律（市司法局供图）

乡录合乡村开展地质灾害防治科普宣传教育，现场清点搬迁户个人财产，完成动员村民搬离地质灾害隐患点，保障人民生命财产安全。全年办理各类公证事项203件，其中委托书53件、继承权81件（小额继承权31件）、放弃继承权声明书50件、房产遗失声明书3件、无犯罪记录3件、其他声明8件，签名印鉴属实1件，解除劳动合同1件，亲属关系证明3件，收费7.3万元，解答公证咨询510人次。

基层服务　通过第三方购买方式聘用15名临时司法行政辅助人员，充实基层法律顾问队伍建设，每位法律顾问平均公益服务5—6个行政村（社），通过合理划分片区，实现资源优化配置。每月定期集中到分包村（社）采取法律咨询、法治讲座、集中宣讲、参与调解纠纷、重点联系对象走访排查等形式，打通为群众服务的“最后一公里”。

【司法队伍建设】　全年开展合法性审查、公证知识讲解、人民调解知识、社区矫正监督管理、公务卡使用管理制度等业务培训6期。采取岗位大练兵业务交叉培训方式，加强法律法规业务学习，达到以学促干。选派司法行政干部参加省州市各级各类培训班42人次，鼓励司法行政干部参加国家法律职业资格考试。向省厅争取4个政法专项编制，通过公务员招录形式，引进法律专业大学生充实司法行政工作岗位，更新干部队伍血液。投入党建工作经费2.2万余元，解决开展主题党日活动、设立党员示范岗、打造党建阵地、征订党建刊物等，发展党员3人。修订完善各项规章制度，实行指纹签到，公示每月考勤，形成以制度管人。理顺明确班子成员、各科室工作职责分工，签订《年度目标责任书》，实现规范化管理。持续深化“我为群众办实事”实践活动，为群众解决困难和诉求问题18件，制定8项便民服务措施，借助新媒体公众号对外进行公示，方便群众办事流程。

（撰稿人：祁兴慧）

人民武装

【概况】　2021年，同仁市人民武装部（以下简称市人武部）坚持以习近平新时代中国特色社会主义思想为指导，深入贯彻习近平强军思想，按照分区“三年规划”建设目标，践行“召之即来、来之能战、战之必胜”使命要求，聚焦中心练兵备战，全面加强党的建设，依法从严正风肃纪，中队官兵以保障同仁地区社会和谐稳定、经济繁荣昌盛、民族团结和睦、人民安居乐业为己任，坚决贯彻落实上级党委、市委、市政府的会议精神，完成各项工作任务。6月23日，召开同仁市人武部党委第一书记宣布任职大会，军分区政治委员宣布市委书记旦增任市人武部党委第一书记并颁发任命书。

【市委常委议军会议】　9月18日，市委组织召开议军（警）会议，市委常委、各部门、各局办主要负责人，各乡镇党委书记及各驻军单位参加会议。会议传达学习习近平强军思想论述摘编《坚定决心意志　埋头苦干实干　确保如期实现建军一百年奋斗目标》、7月28日省委议军会议精神、8月31日州委议军会议精神；听取2020年市委议军会议议定事项办理情况的通报和2021年驻市军警部队需解决困难问题的答复，市人武部、武警同仁中队、市消防救援大队工作汇报，多哇镇、瓜什则乡、曲库乎乡、加吾乡、双朋西乡、兰采乡党管武装工作述职（其他乡镇提交书面材料）；研究解决市人武部文体活动中心和青年民兵之家建设、规范和优化专职武装干部、新兵役前军训经费、民兵专业分队连部建设经费、乡镇武装部办公经费等事项。

【思想政治建设】　全年市人武部认真组织学习贯彻中共十九届五中、六中全会精神，坚持把贯彻习近平新时代中国特色社会主义思想和习近平强军思想凝神铸魂作为首要政治任务，深入学习习近平总书记“七一”重要讲话精神，每季度聚焦一个主题推进党委中心组带机关理论学习，各委员聚焦现实课题、深入调查研究，推动学思践悟走深走实。贯彻全军思想政治教育工作会议精神，巩固深化“不忘初心、牢记使命”主题教育成果，推进“传承红色基因、担当强军重任”主题教育；围绕庆祝中国共产党成立100周年抓好党史学习教育，从抗疫斗争实践中汲取营养，学习感悟大国领袖的政治勇气、政治智慧、政治担当、政治定力，凝聚强军胜战的精神力量；弘扬伟大抗美援朝精神和“老高原”精神，激励官兵昂扬奋进、勇挑重担、主动作为；党委正副书记带头上好党课，建强用好民兵宣传文化小分队，加强军营文化氛围营造，在学党史、悟思想、办实事、开新局上取得实效。围绕提升政治“三力”，突出政治训练，加强政治历练，善于从政治高度思谋工作、用政治眼光观察问题、以政治敏锐化解矛盾，持续深化政治整训；持续更新军营政治文化环境氛围；开展民兵政治教育，部队和民兵思想纯洁巩固；严守政治纪律，全面贯彻军委主席负责制，经常与习近平主席决策指示对标对表，不折不扣贯彻执行上级命令指示，确保坚决听党话、听习近平主席指挥。

2021年7月，同仁市基干民兵在州民兵训练基地训练（市人武部供图）

【规范化建设】　市委、市政府先后划拨专项经费近50万元，用于乡镇武装部规范化建设；市人武部筹措经费，购置储备抢险救灾、维稳处突等特殊装备器材配发至基层乡镇。截至年底，11个乡镇健全完善“三室一库”，配齐所有应急战备物资，武装部规范化建设全部实现达标。

【民兵训练】　完成市民兵应急连、特殊分队集中轮训和民兵专业分队在岗训练，民兵教练员和训练尖子参加军分区比武竞赛任务，取得综合成绩第二名。8月，与市应急管理局对接完善相关预案，组织专业分队紧急出动演练。9月，完善战时同仁市5种保障行动方案。

【兵役工作】　贯彻落实全省民兵调整改革工作会议精神，推进国防动员力量体系建设。完成基干民兵、普通民兵编整组任务，组织基干民兵体检、政治考核，基干民兵应急分队和专业分队均完成党组织预建。4月底，检查验收乡镇民兵整组工作，不间断地督导纠改、及时帮带，确保民兵分

2021年3月18日，同仁市上半年新兵入伍欢送仪式在热贡文化广场举行（市人武部供图）

队编得实、拉得出、用得上；组织民兵应急分队和专业分队进行任务行动训练，出动民兵参加支援地方疫情防控和各类演习，成效明显。做好兵役登记和征兵工作，在全州率先完成兵役登记，登记率100%。协调电视台、电影院、户外公共电子屏幕滚动播放征兵宣传片，在公交车、出租车、户外LED屏幕滚动播放征兵宣传标语，在全市4所高中开展征兵政策宣讲，群发应征宣传短信，在热贡文化广场举办征兵宣讲，全年征兵“五率”全部达标。

【国防教育与军地共建】 与瓜什则乡力吉村“两委”建立互帮互学对子，帮扶推进乡村振兴。全年20余次到该村开展工作，先后投入资金5万元，为村集体购买10头小牦牛，捐助3600元维修村委会院墙，捐资1.5万余元，资助慰问9户困难家庭、16名困难党员、3名困难学生、12名退伍老军人。

【部队管理】 年初，组织作风纪律整顿和“学条令、用条令、守条令”活动，较好地解决交班不及时、军容不严整等问题；依据条令条例严格管理，落实值班首长和干部24小时在岗制度，准确掌握辖区民社情动态，坚决防止误时误事问题的发生。紧盯“守住两个底线、不踩制度红线”总目标，把安全工作的10个方面，细化为57个内容。突出人、车、枪、弹、密、网重点，给在外人员建立安全跟踪卡；定期检测车辆安全性能，升级办公电脑保密系统，所有文件每天收缴归档；每周开展办公室、宿舍安全检查，确保安全检查不间断，安全督导不松懈，安全秩序不散乱。

【后勤保障】 完善保障为战预案，加大物资储备和保障综合配套整治，提高应急备战综合保障能力。健全完善军地联合指挥部，加强人武部基本指挥所能力建设，组织、领导、计划、协调全市作战支援保障工作；完善辖区宿营、油料、交通运输、热食供应等保障和民兵力量分布要图及部队过境支援保障方案。突出机关带民兵分队任务行动训练，确保指挥顺畅、闻令集结、迅速遂行任务要求。坚持党委理财和主官双签制度。完成营区路面黑化。投入资金19万元，规范升级民兵战备物资库、车库，粉刷门卫室、器材室、干部宿舍，优化营区环境。

（撰稿人：吴永乐）

TONGREN

经济管理

同仁年鉴 / 2022

YEARBOOK

宏观经济调控

【概况】 2021年，同仁市发展和改革局贯彻落实市委、市政府各项决策部署，坚持稳中求进工作总基调，贯彻新发展理念，融入新发展格局，统筹疫情防控和经济社会发展，全市经济稳步恢复、稳中向好，“十四五”开局良好。全年完成地区生产总值40.26亿元，同比增长3.1%。其中，第一产业增加值6.35亿元，同比增长4.6%；第二产业增加值4.88亿元，同比下降11.5%；第三产业增加值29.03亿元，同比增长5.5%。全市固定资产投资23.65亿元，同比增长6.9%，其中民间投资同比增长182.2%，占全部投资完成额60.1%。全年实现社会消费品零售总额10.15亿元，同比增长7.8%。全市地方一般公共预算收入完成1.18亿元，同比增长5.3%；地方一般公共预算支出完成28.49亿元，为调整预算的96%。全体居民人均可支配收入22060元，同比增长8.8%。其中，城镇人均可支配收入38270元，同比增长6%；农村人均可支配收入12169元，同比增长9%；居民消费价格指数涨幅控制在省定目标内并与全省平均水平持平。

【规划编制与执行】 编制完成同仁市“十四五”规划，于同仁市第一届人民代表大会第一次会议上审议通过。编制完成《同仁市光伏电力规划（初稿）》，启动《黄河同仁流域生态保护和高质量发展规划》《同仁市智慧城市（大数据）规划》《同仁市区地下管线现状数据库》《同仁市城市提标方案》《同仁市老城区地下管沟工程规划》以及8个《乡镇基础设施及公共服务设施专项规划》等规划编制工作，完成《同仁市城市提标方案》、总规修改审批及地下管网普查工作。编制完成《同仁市屋顶分布式光伏规模化开发试点实施方案》，成功列入全国屋顶分布式光伏示范县。

【项目投资】 全年谋划储备上报“十四五”重大项目628个，总投资1080亿元；申报2022年各类专项83项，总投资27.14亿元。3月15日，举行全市重大项目开复工仪式，实现同仁市项目建设逆势增长。年内全市实施各类项目233项，总投资83.51亿元，开复工222项，开复工率94%，实现固定资产投资23.65亿元。发改口争取落实项目51项，总投资8.1亿元。其中，中央预算内投资项目37项，总投资6.54亿元；省级预算内（平安与振兴工程）2项，总投资2100万元；少数民族专项6项，总投资3962万元；特色小镇专项3项，总投资5580万元；对口支援专项3项，总投资2610万元。

【重大项目建设】 落实20座寺院配套基础设施、老旧小区配套基础设施、城中村内涝整治、城中村市政基础设施配套、牧区道路、北区防洪工程、瓜什则市政基础设施、河东市政道路整治、较少民族村落环境整治、唐卡艺术小镇二期等一批重大项目。持续推进西成铁路、张汶高速、扎毛灌渠、浪加水库等重大项目，330千伏变电站工程开工实施，交通水利设施日趋完善，电力输配质量进一步提升，天然气输配工程征地工作全面完成，集中供热五期、集中式光伏工程全面启动，乡镇清洁能源供热覆盖率达100%。建成北区路网骨架，污水处理厂提标扩建及第二生活垃圾处理场项目进入尾声，城区公厕升级改造工程取得实质性进展。完成45个小区综合整治及10个小区基础设施提升改造工程，提升城镇居住品质，市民幸福指数不断提高。推进五岔路口小游园、迎宾大道两侧生态绿地建设项目，栽植各类乔木2859棵、灌木3500棵、宿根花卉1万平方米，草坪6003平方米，打造“花海”景观6万余平方米。

【天然气利用项目管道输气工程】 天然气利用项目管道输气工程是同仁市“十四五”能源发展规划中计划实施的重点能源利用项目工程，也是市委、市政府高度重视的重大民生实事项目。市发改局对接上级部门，争取3.3亿元同仁市天然气项目资金、1亿元集中供热（一、二、三、四期）煤改气资金，致力于打通同仁市天

2021年7月13日，省发改委副主任、省能源局局长赵冬（右二）调研同仁市重大项目（市发展和改革局供图）

然气“毛细血管”。通过争取、多方协调，2021年天然气入市进入实施阶段。天然气进同项目填补了同仁市管道天然气的空白，结束同仁市无管道天然气的历史，对优化能源结构，加快经济发展，推进节能减排，改善空气质量，完善城镇功能，保障改善民生，提升宜居水平具有重大意义。

【对口援建与合作】　聚焦乡镇主战场，做到“四个结合”（把项目编制与巩固脱贫成果与推进乡村振兴战略有效衔接结合起来，与天津援建以往工作亮点结合起来，与州委州政府关注点结合起来，与同仁市委、市政府重点工作结合起来），加强调查研究，集中使用资金，在改善民生、推动公共服务均等化等方面谋划项目，打造一批留得住、看得见、可持续的好项目，助力全市高质量发展。全年落实对口支援项目3项，总投资2610万元。其中，规划内项目1项，总投资1500万元；规划外落实项目2项，总投资1110万元。落实对口支援计划内1项，为同仁市黄乃亥乡“村村通”项目，总投资1500万元，10月初完工。在全州率先出台关爱援青干部人才6项举措，在天津第100中学首次开办同仁籍高中班，40名学生获得优质教育。与江苏省启东市建立协作关系，落实资金5000万元，助力同仁乡村振兴。加大招商引资力度，参加“青洽会”重大经贸活动。全年同仁市签约项目7项，金额43.65亿元，实现到位资金9亿元。签约项目涉及文化旅游，新能源，特色农牧业，中药、藏药材加工等领域。

【深化改革】　在工程建设项目审批制度改革的基础上，压缩审批时限，优化审批流程，提高审批效率，逐步实现项目“一窗受理”“一网通办”“平台之外无审批”。压缩项目审批办理时限，深化“30+X”工作日，做到项目网上申报、线上受理、并联审批、信息公开、协同监管。全年同仁市预审并赋码项目180项，其中审批类149项、备案类31项，赋码率达100%。

【物价管理】　继续以清费治乱减否、优化经济环境、保持市场物价稳定为重点，发挥价格杠杆职能，重点开展城镇供水、供电、供气、供暖行业收费等专项检查，规范市场价格行为。春节期间，从州、市政府价格调节基金准备金中争取元旦、春节期间平价商店保供稳价补助资金20万元，重点加强肉、禽、蛋、蔬菜及水果等货源组织调配，确保“两节”期间市场供应和价格平稳运行。坚持“客观、公正、合理、科学”原则，开展价格认证公正，全年受理涉案价格认定20件，价值达46500.5元，办结率100%。

【信用体系建设】　根据省、州2021年度社会信用体系建设要求，定制《同仁市2021年度社会信用体系建设考核任务清单》。在消费者权益保护日、法制宣传日、诚信宣传月等重要节点在人流密集区域开展宣传活动，协调市委宣传部、市电视台等在今日同仁微信公众号、热贡电视台滚动播放宣传片，构建立体化宣传格局。加强数据源头治理，年内多次在各职能部门实地指导、现场培训，基础信息和公示信息的完整性、提升合规性。年内全市乡镇、部门公职人员信用档案全面建立完善，信用中国（黄南同仁）网站上传数据3.4万条，数据量排全州四市县第一，网站累计访问量超过7000人次。

【粮油管理】　执行国家粮油政策，加强粮食政策宣传，完善信息公示制度，主动接受社会监督，落实储备粮油动用和轮换制度。6月15日，启动储备粮轮换计划，7月初完成粮食出库，11月底完成轮入工作，12月22日州发改、财政、农发行、市发改局完成验收，轮入原粮1000吨。落实资金880万元，完成粮食储备库建设项目。根据《国务院办公厅关于印发中央企业公司制改制工作实施方案的通知》《青海省深化国有企业改革工作领导小组办公室关于国有企业公司制改革工作进展情况的通报》等有关推进国有企业公司制改革工作要求，立足企业实际，9月底前完成同仁市粮食储备公司改制工作。

（撰稿人：马依莎）

自然资源管理

【概况】　2021年，同仁市土地总面积31.95万公顷，其中农用地面积30.98万公顷、建设用地面积4065.28公顷、未利用地面积5044.43公顷。耕地总面积8667.88公顷，平均耕地等级13等，人均耕地占有面积0.08公顷。草地承包经营权证书发放数量国有林权证发放数量225个，确权面积122089.72公顷；国有建设用地使用权证书发放数量539个，确权面积156.31公顷。全市国有建设用地供地总面积0.44公顷，总出让价款271.16万元。同仁市是青海省十大矿产资源开发重点县之一。已发现金属矿产十余种，已开发利用的金属矿产2个；矿产资源勘查项目有效期内申请延续的探矿权6家；颁发采矿许可证的砂石黏土矿9家，其中砂石料场8家、黏土矿1家。

【土地利用规划编制】　高标准推进国土空间总体规划编制工作，完成现状评估、底图底数梳理、现状“一张底图”、基数转换、7个专题研究等工作；城镇开发边界、国土空间规划初稿形成初步成果，基本实现“三条控制线”不交叉、不重叠、不冲突。同步启动12个行政村村庄规划编制工作，全力保障乡村振兴战略发展的落地实施。推进基准地价更新及城镇标定地价、集体建设用地、农用地基准地价制定工作，完成城镇基准地价、集体建设用地和农用地基准地价的文本及图件编制工作。开展土地征收成片开发方案编制工作，统筹2021—2022年拟落地项目及用地情况，按年度、项目类型落实到具体地块，省政府已批准实施。

【土地管理】　全年上报和正在组件上报的城市分批次和单独选址建设用地6个，占用耕地34.55公顷，均落实占补平衡，做到“占一补一、占优补优”，实现占补平衡。加强临时用地管理，办理临

2021年6月11日，同仁市召开第四次国土空间规划编制工作推进会（市自然资源管理局供图）

时用地手续11宗，面积224.80公顷。持续做好批而未供和闲置土地处置工作，批而未供处置任务4宗，面积4.74公顷，其中0.63公顷正在处置中；闲置土地处置任务13宗，面积5.12公顷，其中处置完成5宗，面积1.63公顷。落实土地“批、供、用、补、查”机制，土地利用动态巡查率80%，宗地坐标录入率90%，近五年平均供地率95.86%。开展设施农业用地上图入库工作，93宗设施农用地全部上图入库。执行经营性用地公开招拍挂出让制度，经市政府批准，挂牌出让国有土地使用权2宗，面积2.72公顷，成交价259.67万元。协议出让国有土地使用权2宗，面积1.2公顷，出让价421.2万元。按照规划用地“多审合一、多证合一”改革要求，对用地审批阶段同类事项合并办理，合并办理规划选址和用地预审54本，办理乡村规划许可证42本。稳步推进跨省域增减挂钩项目拆旧复垦工作，完成2018年度项目省级验收及部级核查，2019年度项目州级初验。

【耕地保护】　按照州政府与市政府签订的耕地保护责任书要求，将耕地和基本农田保护指标纳入乡镇年终目标考核内容，层层签订责任书，明确乡镇耕地保护范围、保护措施和保护责任，确保全市耕地保有量9216.07公顷和基本农田保护面积7200公顷面积不减少，用途不改变，质量有提高。为准确掌握市域范围内耕地“非农化”现状，组织开展耕地“非农化”摸底排查工作，全年下发耕地“非农化”图斑10982个，经内业分析拆分合并后图斑数22126个，完成外业举证及内业分析工作，上报省自然资源厅审查。完成永久基本农田核实整改补足工作，拟划入永久基本农田面积7976.80公顷，占“三调”耕地面积的91.96%。有序推进耕地占补平衡工作，根据国家储备补充耕地核查工作要求，核查补充耕地面积2.25公顷，在保安镇奴合加村、塞加村补充耕地3.2公顷。

【矿产资源管理】　结合矿山实际情况，与矿山企业签订2021年矿山地质环境治理恢复目标责任书，定期不定期在矿山企业开展监督检查，对相关矿山企业下发停工通知书14份，责令暂停企业生产采矿行为。编制《全市非煤矿山企业综合整治方案》，明确企业生态环境综合整治的重点、范围、内容、要求及工作任务，督促企业加快生态环境恢复治理力度，限期完成恢复治理任务。加快推进绿色矿山建设步伐，编制出台《同仁市（市级）绿色矿山建设标准》《同仁市绿色矿山（市级）建设实施方案》，按照“边开发、边治理、边恢复”原则，推进绿色矿山建设工作，确定西口沟1号黏土矿绿色矿山建设任务，实地核查全市其他矿山企业，逐一整改存在的问题，落实绿色矿山建设责任主体。创新矿山企业监管方式，对2家金属矿、1家黏土矿、2家砂石矿实行动态监测管理，实现电子监控全覆盖。确保西成铁路、同赛公路砂石料供应，新增2个砂石料矿点。

2021年9月3日，市委副书记、市长赵建国（中）在双朋西铜矿实地督导检查安全生产工作（市自然资源管理局供图）

2021 年，市自然资源确权登记中心登记办证现场（市自然资源管理局供图）

【不动产登记】　完成宅基地确权登记 13528 宗，完成率 99.6%。发放不动产权证书 2372 本、不动产登记证明 324 份，接受房屋查询 1480 余次。完成 1110 户易地扶贫搬迁确权登记工作，发证率 100%。推进互联网+不动产登记工作，启动首次及转移登记在线申办业务。建立以同仁市为试点的四市（县）统一登记平台，初步启动四市（县）异地办理不动产确权登记。妥善解决不动产历史遗留问题，按照“尊重历史、面对现实、维护权益、便民利民、先行登记、并行完善”原则，采用三级审批的办法，解决金矿家属院 20 户历史遗留问题，确保群众利益。

【执法监察】　按照“预防为主，事前防范与事后查处相结合”原则，坚持定期与不定期巡查相结合，一般巡查和重点巡查相结合，加强动态巡查工作力度。全年实施动态巡查 65 次，下达责令停止违法行为通知书 35 份，制作巡查工作台账 43 份。发现农村宅基地违法线索 71 宗，全部移交至农牧局处理；立案查处公服类、产业类违法用地行为 15 宗，结案 13 宗，结案率 87%。

【重点项目征地】　为确保省、州、市重点建设项目顺利落地，保障项目建设用地需要，通过强化组织领导、明确征地程序、加强沟通协作等措施，推进西成铁路、同赛高速、330 千伏变电站、污水处理厂、武警支队、郭么日大桥、天然气门站等重点项目征地拆迁工作，面积约 175.94 公顷。

【地质灾害防治】　制定《同仁市 2021 年地质灾害防治预案》，排查 113 处地质灾害隐患点，发放“明白卡”251 份。开展地质灾害宣传活动 10 余次、应急演练 2 次，发放宣传册 900 余本。对 15 处隐患点安装 72 台监测设备。完成隆务镇西山地质滑坡区第一期 40 户搬迁避离工作，复垦率 90%，解决困扰西山住户地质灾害威胁的“老大难”问题。实施投资 40 万元的同仁市委党校不稳定斜坡应急治理工程项目，完成初步验收。

【林草生态建设】　践行绿色发展理念，推进国土绿化。完成国土绿化面积 7924.76 公顷，义务植树 15.8 万株；探索“生态建设+乡村振兴”新模式，优先采购本地区 23 家苗木合作社苗木云杉、油松、山杏等造林苗木株数 34.41 万株，苗木收入 340 万元，群众劳务费 220 万元。

加强林草资源保护，制定印发《关于全面推行林草长制的意见》等 5 项林草长制度，建立市级林草长 6 人、乡镇级林草长 22 人、村（社、国有林场）级林草长 83 人、林草长暨林草资源网格化管理员 1889 人，在各国有林场和村（社）级森林草原资源管护面积重叠时，设立双林草长 144 人。对全市 3 个国有苗圃和 21 个私营苗圃进行产地检疫，检疫面积 185.6 公顷，调运检疫苗木 1.6 万株，检疫除害案例 6 起。完成林草有害生物防治面积 2666.66 公顷，完成率 100%。

加强森林草原防灭火工作，全市召开专题防火动员会 3 次，开展防火演练 7 次，签订防火合同 2000 余份，召开大小森林草原防火宣传会议 12 次，发放藏语和汉语宣传材料 1.5 万余份，张贴、新刷宣传标语4850余条，设立宣传标语牌135处，受教育群众达56500人次，排查重煨桑点139处、上坟点24处，排查森林草原火灾隐患168处，配电设施火灾隐患点11处。

【全民所有自然资源资产清查】 根据青海省自然资源厅《关于印发〈全民所有自然资源资产清查第二批试点实施方案〉的通知》文件要求，制定《同仁市全民所有自然资源资产清查第二批试点实施方案》，组织开展清查试点工作，完成第一阶段实物量清查工作，形成同仁市全民所有自然资源资产清查基础数据最终成果，上报至省调查监测院，为开展全市全民所有自然资源资产清查工作奠定基础。

（撰稿人：青　措）

财　政

【概况】 2021年，同仁市财政局统筹支持经济发展和安全稳定，强化财政收支调度，增强重大战略财力保障，深化预算管理改革，从严防范化解政府债务风险，进一步严肃财经纪律，为全市经济发展做出贡献。全市地方一般公共预算收入完成11898万元，为年度预算的100.25%。地方一般公共预算支出完成284952万元，为调整预算的96%；教育支出、社会保障和就业等民生支出累计完成232969万元，占一般公共预算支出的81.76%。

【财政监管】 开展全市2019年度、2020年度地方预决算公开情况专项检查，及时纠正发现问题，并按照省上要求规范全面公开。开展同仁市“小金库”专项治理“回头看”工作，进一步巩固2017—2019年“小金库”监督检查工作成效。开展扶贫资金专项检查，检查3个乡镇3个行政村2020年度村集体经济收益资金及互助资金等管理使用情况。开展财政资金检查工作，检查2020年全市疫情防控专项、孤儿生活补助、城市基础设施管护资金、学前教育地方配套资金、2020年人口普查经费、精准扶贫地方配套资金、气象防御灾害经费等资金使用情况。开展严肃财经纪律专项检查工作，省专项检查组重点抽查58个预算单位自查自纠工作。开展2021年度会计评估监督检查工作，通过抽查方式要求5家预算单位、1家代理记账公司进行重点检查，4家预算单位开展自查。开展严肃财经纪律专项检查工作，通过自查与重点抽查相结合的方式进行监督检查，各预算部门在规定时间内开展自查自纠并上报自查结果。根据重点检查不低于20%的原则重点检查12个单位。

【财政改革】 一体化改革　组织人员推进系统初始化配置及基础信息采集工作，举办全市预算单位财务人员预算一体化业务培训，指导全市财务人员做好基础信息采集、建立项目规范体系、开展系统配置等各项工作，确保全市预算管理一体化应用推广工作平稳有序开展。

会计核算模式创新　对全市11个乡镇及72个行政村、8个社区开展第三方代理记账工作。9月初，根据省、州工作安排，对全市72个行政村实施青海省“互联网+财务服务”智能平台记账工作，解决同仁市会计人员缺乏、核算水平和质量不高、资金管理不规范等问题。

【政府性债务监管】 将政府债务余额严格控制在批准的政府债务限额内。截至12月31日，同仁市地方政府债务限额161488万元，地方政府债务余额157022万元。安排4175万元，用于地方政府性债务付息。

【涉农资金统筹整合】 截至12月31日，下达财政专项扶贫资金（财政衔接推进乡村振兴补助资金）19748.1万元，其中中央资金11622万元、省级资金7279.6万元、市级配套资金846.5万元；支出18095.24万元，支出率91.63%。起草2021年度涉农资金整合方案，整合资金21530.4万元。截至12月31日，支出18469.50万元，支出率85.78%。

【绩效管理】 按照全面实施预算绩效管理要求，强化预算单位绩效意识，严格绩效运行监控。完成绩效目标管理部门项目212个，绩效目标管理金额1.71亿元，聘请第三方完成重点评价项目17个，绩效目标管理金额9333.38万元。完成2020年度全市行政事业单位部门预算绩效考评，安排奖励资金67万元。

【政府采购管理】 截至12月31日，全市实际采购规模17888.96万元，公开招投标采购额7848.3万元，竞争性谈判和竞争性磋商采购额9649.24万元，单一来源采购391.14万元，节约资金506.76万元，资金节约率12%；政采云电子卖场交易4067笔，成交金额5535.94万元。

【"三公"经费支出管理】 牢固树立"过紧日子"的思想，按照中央八项规定的要求，继续压减一般性、"三公"经费等支出，将有限财力集中用于民生等重点支出。全年全市公用经费支出定额标准在2020年基础上压减10%执行，"三公"经费预算数218万元，较2020年预算数减少23万元。

【会计管理与培训】 为顺利推进非税收入收缴电子化改革，按照《青海省关于全面推进市（州）县级非税收入收缴电子化管理改革指导意见的通知》要求，8月26日，市财政局举办全市行政事业单位开展非税收入收缴电子化改革培训，落实非税收入国库集中收缴管理，构建全程无纸化、渠道多元化的收缴管理体系。7月，市财政局联合州财政局举办为期20天的预算管理一体化系统培训班。全市各预算单位财务人员、市财政局各股室人员100余人参加培训。

（撰稿人：拉毛才让）

税　务

【概况】 2021年，国家税务总局同仁市税务局坚持组织收入原则，统筹处理好依法依规征收与完成收入预算目标之间的关系，守住不收"过头税费"的底线。全年累计组织各项税费收入5.99亿元。其中，入库税收收入1.72亿元，同比下降3.98%；征收社保费收入4.13亿元，同比增长6.95%；征收非税收入1482万元。截至年底，辖区内登记各类纳税户3100户，其中一般纳税人122户、小规模纳税人1154户、行政事业单位346户、个体户1478户。市税务局全年开展干部集中培训36期449人次，参加省内外专项培训17人次。9月，获"全省税务系统脱贫攻坚先进集体"称号。

【减税降费】 按照新出台的税费优惠政策，落实重大税费优惠政策"一政一讲、一措一谈"，确保税费红利直达快享。全年累计为各类市场主体减免税费4147万元。落实关于制造业行业税费缓缴政策，助力企业渡过难关，为辖区制造业中小微企业办理延缓缴纳第四季度"五税两费"17万元。

【税收征管改革】 贯彻落实中办、国办印发的《关于进一步深化税收征管改革的意见》，将6个方面24项重点内容细化分解，分阶段推进实施。有序推进财产行为税"十税"合并申报，纳税人选填报项目降幅12%，节约办税时间40%。进一步优化税务执法方式，落实"首违不罚"制度。稳妥推进个税汇算，436户扣缴单位6540人次办理年度汇算，清缴完成率100%。建立"政府统筹协调+社保（医保）核定+税务征收+银行代收代扣"的城乡居民"两险"征缴机制，完成水土保持补偿费等2项非税收入划转征收工作，做好国有土地使用权出让收入、矿产资源专项收入2项划转相关工作。

【纳税服务】 推进"放管服"改革和"最多跑一次""一次都不跑"改革，推广"简事易办"等线下服务，"最多跑一次"清单事项拓展至172项。巩固提升"非接触式"办税缴费，落实214项网上办理涉税事项。加强社会信用等级评定工作，推进多部门联合激励与惩戒。设立"注销专窗"，提供清税证明免办以及"承诺制"容缺受理服务，平均时长压缩至1天。与市监部门共同推进"即开即申"工作，新办企业套餐平均办结时限压缩至1.5个工作日以内。聚焦优化纳税服务，打造金牌导税服务团队和"税务管家"纳税服务团队，持续完善"速递式、滴灌式、管家式、套餐

2021年，市税务局干部上门为灵活就业人员辅导网上缴纳社保费操作（市税务局供图）

式”服务举措，2021年市局纳税人满意度排名全省第3位。

（撰稿人：黄　龙）

审　计

【概况】　2021年，同仁市审计局围绕全市中心工作和年初审计工作计划，依法履行审计监督职责，在护航经济发展、促进生态文明建设、保障和改善民生等方面持续发挥作用。年内根据中共市委审计委员第五次会议审议通过的审计项目计划，以及第六次会议审议通过的项目计划调整内容，安排审计项目19项，并全部完成，查出管理不规范资金4096.98元，违规资金804.04万元，应上缴财政资金804.04万元；非金额计量问题121项。审计促进整改落实有关问题资金598.32万元，提出审计建议69条。市审计局被授予州级文明单位。

【预算执行审计】　以加强财政资源统筹、增强国家重大战略任务为保障，提高财政资金使用绩效为目标，审计2020年度市本级预算执行情况和其他财政预算收支情况，重点关注政府预算体系建设、预算管理、财政财务收支的真实合法效益、专项资金统筹整合、财政存量资金分配使用绩效情况等，促进公共资金安全高效使用。关注落实厉行节约反对浪费条例、压减一般性支出、政府过“紧日子”情况，以及中央八项规定及其实施细则精神和国务院“约法三章”贯彻落实、“三公”经费、会议费等方面的问题，促进各部门厉行节约、过“紧日子”。本级预算执行审计查出管理不规范资金1417.82万元，查出问题73条，其中非金额计量问题68条；提出审计建议5条。

完成市应急管理局2019年9月至2020年12月、市医疗保障局2020年度、市退役军人事务局2019年8月至2020年12月、市财政局2021年度4个单位财政财务收支审计，查出管理不规范资金336.32万元，违规资金0.36万元，应上缴财政0.36万元，已上缴财政0.36万元；查出问题27条，其中非金额计量问题8条；提出审计建议14条。

【经济责任审计】　以“三区建设”政策落实为抓手，促进领导干部推动本单位科学发展，规范领导干部权力运行，推进党风廉政建设和反腐败工作为目标。重点关注领导干部贯彻执行党和国家有关经济方针政策和决策部署，履行本单位有关职责，推动本单位事业科学发展情况；执行有关法律法规和财经纪律情况；有关目标责任制完成、重大经济决策、财政财务收支、固定资产管理、重大项目建设情况；对下属单位有关经济活动的管理和监督情况；履行有关党风廉政建设第一责任人职责情况，以及本人遵守有关廉洁从政规定情况。完成9名领导干部经济责任审计工作，查出管理不规范资金1987.57万元，违规资金72.38万元，应上缴财政资金72.38万元，已上缴财政1.47万元；查出问题69条，其中非金额计量问题19条；提出审计建议37条。

【专项审计】 以促进提高公共投资绩效，推动完善政府投融资体制为目标，重点关注环境效益和生态效益、农村环境综合整治项目政策执行、制度完善、项目建设中资金管理使用等情况，开展同仁市2018—2020年农村环境综合整治项目审计。审计涉及金额1317万元，查出违规资金8.23万元，应上缴财政资金8.23万元，已上缴财政8.23万元；审计查出问题4条，其中非金额计量问题2条；提出审计建议3条。

按照“揭示问题、促进治理、服务发展、维护安全、精准高效”总体思路，通过对安居工程资金投入和使用绩效进行审计，反映安居工程资金筹集、管理、使用和相关政策执行中的突出问题，促进提高资金使用绩效，推动城镇老旧小区改造、棚户区改造等安居工程相关重大政策措施贯彻落实，更好地保障人民群众住有所居，审计同仁市2020年保障性安居工程资金分配和使用、安居工程任务完成、公租房分配和管理、城镇老旧小区改造情况，审计涉及资金13216.61万元，查出管理不规范资金355.27万元，违规资金383.91万元，应上缴财政资金383.91万元，已上缴财政383.91万元；审计发现安居工程在目标任务完成、资金筹集管理和使用、工程建设管理、住房分配运营等方面存在的问题23项，其中非金额计量问题18项；提出审计建议3条。

【自然资源资产审计】 围绕牢固树立国家重要生态安全屏障的生态环保目标，坚持尊重自然、顺应自然和保护自然的生态文明理念，推动领导干部守法守纪守规尽责，履行自然资源资产管理和生态环境保护责任。加强自然资源资产节约集约利用和生态环境保护。

【政策跟踪审计】 围绕各相关部门单位是否存在继续收取已明令取消、停征、免征的行政事业性收费，未经批准自立名目收费、自行提高收费标准、扩大收费范围等违规收费情况；是否存在违反规定将应由政府部门承担的费用转嫁给企业承担，已取消的不合理收费是否取消或者变相、捆绑收取，是否按政策要求制定相关制度及具体实施方案等方面，开展第一、第三季度重大政策跟踪审计，查出未及时上缴应缴财政资金、未及时上缴污水处理费等4项问题，促进问题整改3项，抽查23家机关事业单位和2家企业。审计涉及资金4283.72万元，查出违规资金339.16万元，应上缴财政339.16万元，已上缴财政204.35万元；查出问题4条，其中非金额计量问题2条；提出审计建议4条。

【第三方审计】 以促进提高公共投资绩效，推动完善政府投融资体制为目标，重点关注项目建设中征地拆迁、工程招投标、设备材料采购、资金管理使用等情况，反映投资结构不合理、重复建设、绩效低下等问题。通过政府采购第三方服务，开展省级扶贫产业试验示范园、保安古屯田寨堡古建筑群建设项目、同仁市德合隆路、夏琼路道路整治工程项目、同仁市2018年退牧还草工程项目、黄乃亥乡日秀麻村至热萨村公路工程项目5个竣工项目审计工作。审计涉及资金9040万元，查出管理不规范资金41万元、违规资金47.06万元；查出问题49项，其中非金额计量问题36项；提出审计建议49条。以盘活存量资金，提高资金使用绩效为目的，为市委、市政府在提高资金使用效益方面提供依据，市审计局聘请第三方对2017年后的全市55家行政单位存量资金开展清理核查工作，核查存量资金约38亿元。受市政府委托，市审计局聘请第三方对同仁市乡村振兴项目全过程、资金管理使用情况进行跟踪监督，截至年底，开展黄乃亥乡群吾村特色种植基地建设项目、兰采乡天然温泉等6个乡镇相关项目审计监督。

【基层专项资金审计】 6月，以覆盖率达50%以上为要求，开展乡（镇）村级扶贫互助资金管理使用情况专项审计检查，抽查部分乡（镇）村级扶贫互助资金，重点检查资金投放、运行情况、财务管理情况，对存在的问题逐条提出整改意见，督导各乡（镇）落实整改，促进村级扶贫互助资金管理使用规范。

6月下旬，配合市纪委开展乡

2021 年 3 月 8 日，市委审计委员会第五次会议召开（市审计局供图）

镇及市直机关执行财经纪律工作监督检查。9 月下旬，配合市纪委开展村级财务检查和合作社专项整治工作。10 月中旬，配合市纪委开展教育系统监督检查工作。配合市政府督查同仁市草原生态奖补政策执行情况与审计反馈问题整改落实情况。按照全市打击欺诈骗取医疗保障金部门联席会议制度工作安排，抽调人员开展门诊、药店、医院财务情况专项检查。

【审计委员会会议】 3 月 18 日，召开中共同仁市委审计委员会第五次会议，传达学习全国审计工作会议、省委审计委员会第五次会议、全省审计工作会议及信长星省长对全省审计工作提出要求、州委审计委员会第五次会议精神，听取 2020 年全市审计工作汇报，审议相关文件，安排部署 2021 年审计工作。

10 月 9 日，召开中共同仁市委审计委员会第六次会议，传达学习习近平总书记关于审计工作的重要讲话和重要指示批示精神、省委审计委员会第六次会议精神、州委审计委员会第六次会议精神，传达学习中办国办印发的《关于建立健全审计查出问题整改长效机制的意见》精神。会议听取 2021 年上半年全市审计工作汇报，审议相关文件，安排部署下半年全市审计工作并提出工作要求。

（撰稿人：蒲延军）

统　计

【概况】 2021 年，同仁市统计局坚持依法统计，强化服务质量，推进各项统计调查工作，不断提升统计服务水平，发挥统计在经济社会发展过程的监测、咨询和服务作用。年内编发《同仁市 2020 年国民经济主要统计指标》手册，包括基本情况、农业、工业、批发零售贸易业、财政、固定资产投资、建筑业、文教卫生、国民生产总值 9 个部分。

【依规统计】 根据批准进行统计调查，按统一制定的统计表式、填报范围、实施办法，以及统计标准、统计指标解释、计算方法，并有原始记录作依据，开展搜集整理汇总统计资料、综合分析工

2021 年 7 月 28 日，同仁市召开上半年统计工作暨固定资产投资推进会（市统计局供图）

作。年内按照年报、定期报表实施方案、各项专业报表制度要求，完成农业、工业、投资、社会消费品零售总额等各项常规月（季）度报表及联网直报平台的报表统计工作及调查任务。

【统计调查】 第七次全国人口普查 8月19日，同仁市第七次全国人口普查工作6期公报向全社会公布，并编发《同仁市2020年国民经济主要统计指标》手册，为后续开展相关工作提供坚实数据支撑。

人口变动抽样调查 11月1日，启动人口变动抽样工作，对全市范围内抽取的19个样本村、796户家庭，涉及9项户信息、34项个人信息指标开展入户调查工作。经调查统计，2021年同仁地区总人口数102354人，其中城镇人口51611人、农村人口50743人；人口出生率15.3‰、死亡率7.2‰、自然增长率8.02‰。全市总人口102354人，其中藏族76080人、汉族9996人、土族9199人、回族4524人、撒拉族1298人、蒙古族614人、其他民族643人。

【统计执法】 向随机抽中的23家统计调查对象下发《执法检查的通知书》，明确检查时间、地点、范围及重点内容，执法组主要对被检查对象的统计机构是否健全，上报数据的来源是否真实、准确，有无原始记录、统计台账及是否有违法行为等进行检查，执法检查组按照《中华人民共和国统计法》和统计执法检查程序进行，通过查阅有关资料、现场核对等方式，检查企业统计工作情况，做到执法规范、严谨、合法。对检查中部分调查对象存在的统计原始凭证和统计台账设置不完整、不规范等问题现场反馈，让其及时整改，并要求调查对象学习统计报表制度，保质保量上报统计数据。

2021年11月23日，州统计局检查组一行在同仁市开展2021年人口变动情况抽样调查质量验收工作（市统计局供图）

采取“双随机”方式，加大统计执法检查频次和力度，防范和惩治统计造假弄虚作假行为，并加强对数据采集、审核、报送、发布的整个流程进行“全程监督”，从源头上提高统计数据质量。

【统计培训】 9月10日，组织召开全市农业统计工作暨业务培训会，11个乡镇专、兼职统计员参训。培训主要内容是抓好全市基层农业统计工作，规范农业统计调查基层基础资料，防范统计造假、弄虚作假，确保农业统计数据质量。

12月14日，市统计局对全市“四下”抽样企业20余名统计人员进行创新和研发统计年报培训，局相关专业负责人向参训人员讲解统计专业年、定报表填报要点，逐一解答针对2021年“四下”企业创新和研发统计年报报告期别、统计范围、报送日期、单位基本情况及表内选项（回答项）填写方式等主要问题。通过加强与局内工业、建筑业、服务业等专业协调沟通、密切协作，提升全市“四下”抽样企业统计人员业务素质。

（撰稿人：拉毛措）

市场监督管理

【概况】 2021年，同仁市市场监督管理局坚持安全生产统领市场监督管理工作，坚持对标找差距，破解监管难题，市场监督管理领域治理能力进一步提升，食品安全、药品安全、特种设备安全等防线进一步筑牢，群众满意度得到进一步提高。截至年底，全市登记各类市场主体9293户。其中，企业1185户（其中内资、私营企业946户，农民专业合作社239户），注册资金29.1亿元，从业人员7193人；个体工商户8108户，注册资金14.2亿元，从业人员2.13万人。个体工商户，餐饮服务803户、住宿85户、小作坊加工88户、批发零售业5924户、制造业1011户、服务业589户、文化娱乐98户、其他行业695户。当年新增926户，其中企业186户、个体工商户740户，注册资金7.3亿元，从业人员2805人；变更364户。其中，企业134户、个体工商户230户；注销584户，其中企业22户、个体工商户562户。5月12日，同仁市被省食品药品安全委员会命名为省级食品安全示范市。同仁市3家企业被命名为“2019—2020年度全省文明诚信民营企业”，3名个体工商户被命名为“2019—2020年度全省文明诚信个体工商户”，2家企业被命名为“2019—2020年度全省文明诚信民营企业标兵”。

【企业登记管理】 推进企业登记全面实施“一照一码”，发放“多证合一”企业营业执照257份，注册资金6.91亿元；发放“二证合一”个体工商户营业执照744份，注册资金1.1亿元。

异常名录和严重违法失信企业名单管理 加强企业经营异常名录和严重违法失信企业名单管理工作。对被列入经营异常名录的市场主体，秉承为企业服务的原则，主动联系企业，督促其尽快履行年报，帮助被列入经营异常名录的企业履行公示义务，手续齐全后，按照相关法规、程序核实，移出经营异常名录库。

信用监管 同仁市2020年度企业年报公示率为94.8%。推进失信企业协同监管和联合惩戒，对被列为失信被执行人的企业主要负责人、股东、高级管理人员等信息及时纳入“失信被执行人黑名单”登记台账并在该类企业办理变更、注销登记手续时，给予一定限制。

疫情防控期间审批 疫情防控期间推行不见面审批，引导办事群众和企业通过电话咨询业务，通过互联网申报、审核业务，通过一网通办平台付款刻制公章，通过快递邮寄纸质材料并免费送达营业执照，市市监局窗口疫情防控期间颁发电子营业执照58份，寄递营业执照5份。按照3%的比例随机抽取全市24户市场主体作为对象开展2021年“双随机”抽查，并随机匹配执法人员，将抽查结果通过国家企业信用信息公示系统（青海）记载于企业名下并向社会公示。

商事制度改革 将“证照分离”改革与“多证合一”改革相结合，对于“证照分离”改革中涉及的由审批改为备案的事项，全部纳入“多证合一”范畴。将“证照分离”改革与压缩企业开办时间改革相结合，于2020年底将企业工商注册时间压缩至2个工作日以内；将“证照分离”改革与企业名称登记改革相结合，实施企业名称自主申报制度；将“证照分离”改革与“全程电子化登记”改革相结合，进一步深化企业登记便利化程度。

【经济合同管理】 围绕社会关注、群众关心的热点、难点问题，不断深化合同格式条款的整治。推进落实格式合同文本公示制度，将合同格式条款的公示工作和查处合同违法行为相结合，引导企业自觉履行法定义务。推进合同示范文本的推行使用工作，引导企业使用合同示范文本。通过同仁融媒、今日同仁等媒体开展宣传，增强消费者和经营者使用示范文本的自觉性，形成良性循环带动模式，推动社会信用体系建设。宣传《中华人民共和国民法典》等法律法规，使辖区企业、个体工商户和农牧业生产经营者学习相关法律法规。开展“合同帮农”，制定和推行与农牧民利益密切相关的涉农涉牧合同示范文本，助力畜牧业发展。依法严厉打击涉农涉牧合同违法行为，保护农牧民合法权益。

【商标管理】 商标地理标志品牌建设 围绕市委、市政府和州局的工作部署，加快商标战略实施工作，大幅提升商标注册量，培育知名品牌群体，创新机制，采取多项措施增强同仁市企业品牌创建和运营能力，全力服务同仁经济社会发展。把商标工作纳入重要工作日程加以安排、部署，层层落实工作目标，细化工作责任。开展商标法律知识培训，通过组织工作人员和学习向广大企业宣传《中华人民共和国商标法》《地理标志产品保护规定》等法律法规，使重视商标发展的意识融入基层一线和企业。要求企业树立品牌意识，带动产业发展。组织工作人员进农家、下企业、跑田头，开展商标注册咨询指导，动员广大企业和农户开展商标注册和地理标志保护工作。推进商标战略实施，通过宣传营造实施商标战略的社会氛围；引导未使用商标的企业注册商标，提升已经注册商标的企业走“品牌兴企”的发展道路；做到成熟一批、推荐一批、储备一批，打牢商标战略工作基础；保护商标权利人的合法权益和消费者的合法权益。截至年底，全市总计有效注册469件。其中，农畜食品5、29、30、31类有效商标137件；文化宣传、旅游、住宿35、39、41、43类有效商标106件；酒水饮料32、33类有效商标22件；纸质和纺织工艺品16、24类有效商标45件；服装25类有效商标25件。申请专利70件，其中外观专利23件、实用新型专利45件、发明专利2件。

打击侵权假冒和保护商标专用权专项整治行动　联合青海“互助”酒厂打假办工人员对同仁市辖区内大型超市和烟酒批发商店开展宣传保护商标专用权和严厉打击侵权假冒酒类市场专项整治行动。明确各大超市、城乡接合部的农贸市场和各类商品集散地为重点整治区域，检查辖区销售的各类经营户特别是经营户的主体资格、进销货台账等，重点检查侵权和仿冒的知名酒类商品以及“三无”“无中文标识”名优白酒、葡萄酒、啤酒等各类酒类商品，严厉查处销售侵权商品，仿冒知名商品特有的名称、包装、装潢等违法行为，加大对酒类商品投诉举报案件的查办力度，酒类商品及相关问题，向广大经营者和消费者宣传国家知识产权保护工作的政策法规，通过政策宣传，提高企业的商标注册意识创牌意识，消费者认牌消费意识和全社会的知识产权领域的维权意识。专项整治行动期间，出动执法人员16人次、车辆4次，检查各类经营户25家，对5户索证索票不规范的经营户当场予以整改，对2户未明码标价的经营户责令整改。通过检查未发现同仁地区市场上销售假冒酒类产品。

【广告监管】　公务员考试培训广告市场监管　专项检查辖区内公务员考试培训市场广告行为，清理整治未经登记、注册或备案从事公务员考试培训的机构，重点查处公务员考试培训机构利用实体门店、网站、自媒体等方式发布含有“官方指定”“保过”等内容的宣传广告等违法行为。出动检查人员4人次，检查教育咨询类企业1家，现场对负责人进行宣传，教育引导他们合法经营、守法经营，宣传严禁发布虚假、夸大的信息广告，严格依照核准登记的经营范围开展经营活动，严禁擅自开展公务员培训课程业务。清理街道张贴的公务员考试宣传图片。

检查幽门螺旋杆菌牙膏违法广告　安排执法人员在同仁辖区内检查化妆品、药店等经营户，检查中重点对店内的牙膏宣传单、牙膏盒外包开展集中检查，累计检查化妆品经营户15户、药店20户，检查中未发现幽门螺旋杆菌牙膏违法广告。

农村户外广告监管工作　检查辖区农村牧区、城乡接合部户外广告发布内容。经查，保安镇塔山墙体喷绘广告1处，保安互助滩墙体喷绘广告4处，隆务峡口大型立柱广告牌1处，保安麻巴大型立柱广告牌1处，曲库乎山体喷绘广告1处，排查出唯哇村墙体广告1处。此次专项检查，出动执法人员10人次，重点检查保安镇、隆务峡高速路口、扎毛乡等马路沿街村庄墙体，大型户外广告牌，未发现涉嫌“假乱俗”等违法广告乱象和违法广告行为。

“护苗助老”保健食品、药品虚假宣传、虚假广告专项整治　成立联合整治工作组，通过前期整体摸排，将社区周边、城乡接合地作为重点区域开展检查，重点整治以会议、讲座、健康咨询等方式对保健食品进行虚假宣传、发布虚假广告，特别是对所售产品夸大产品功效、宣称具有疾病治疗作用等行为。通过加大巡查频次、加强日常检查、全面排查、重点检查等形式聚焦虚假宣传等违法违规行为，动态掌握相关经营者经营、投诉举报、违法违规等信息，严把广告审查关并对化妆品、药品经营商店开展化妆品、保健食品、药品打假执法检查，维护良好的保健食品、药品市场秩序。畅通维权渠道，及时受理投诉举报，调查、深挖线索、依法处置，确保“件件有着落、事事有回音”，保障消费者的合法权益。加强与市公安、卫生健康等部门的协同配合，依法从严处罚违法行为，涉嫌犯罪的，将及时移交公安机关依法追究刑事责任。专项整治行动中，结合专题宣传、日常巡查，开展保健品监管法律法规面对面宣传，发放各类宣传资料，将保健品知识送进千家万户。主动接受媒体监督，利用政府网站、微信公众号等途径，及时公开整治动态，通过警示教育和消费引导，使广大市民能够正确认识、理性选购、科学食用保健食品、化妆品、药品等。此次检查，出动执法人员14人次，检查相关经营单位65家。

【质量监督管理】 电动车质量监管 根据《黄南州流通领域电动自行车消防安全综合治理工作实施方案》，重点摸底排查辖区内电动车商品经营户，清理规范经营主体资质，做到情况清、底数明，打击无照经营、超范围经营行为。加强日常监督检查，打击销售假冒伪劣和不合格商品违法行为、打击以次充好、以假充真、以不合格商品冒充合格商品、无厂名、厂址等来源不明商品、伪造或者冒用他人注册商标、厂名厂址、篡改生产日期的产品，伪造或者冒用认证证书等质量标志以及侵权仿冒的产品等违法行为。出动执法人员6人次，检查电动车经营户3户，并对所有电动车经营户进行宣传教育，要求电动车经营户承诺守法经营，严把商品进货关和质量关，严格要求标有3CCC认证产品，严禁销售不合格商品。

电灶质量管理 夯实电灶强制性产品认证监管，引导和督促企业加强对强制性认证产品管理，以电线电缆产品代理商、五金交电零售门市部等为重点区域，以电灶、电线电缆低压成套开关设备等产品为重点品种，重点检查电灶、电线电缆产品经营者的主体资格、产品质量、包装标识、检验报告以及电线电缆生产企业的3C认证证书和工业产品生产许可证情况，严厉查处无证照经营、生产销售不符合保障人身、财产安全的国家标准、行业标准的电线电缆产品等违法行为，确保群众生命财产安全。其间，组织执法人员对全市电线电缆经营户完成“工品查”系统，出动执法人员8人次，检查电线电缆产品经营户6户，没收存在销售裸露电炉丝灶台32台，开关26个，要求个体户不得销售。

【标准化与代码管理】 标准化与代码工作中，重点检查同仁地区学校23所，宾馆、医院9家使用单位是否履行检查验收记录义务、是否验明并留存产品出厂检验报告、是否按照《中小学生校服》国家标准（GB/T 31888—2015）要求，对学生校服进行甲醛含量、pH值、可分解致癌芳香胺染料等安全指标抽样送检。从检查情况看，少数学校未建立校服质量检查验收记录，无校服生产企业资质复印件和质检报告。对未建立检查验收记录，未进行“双送检”的学校，执法人员要求其限期整改，标准化检查中出动人员24人次，执法车辆12车次，检验率达30%。

【计量管理与检定】 重点检查新世纪华联超市、热贡超市、年都乎市场、虫草市场、中山市场等人口密集、交易量大的场所，检查各地正在使用中的计量器具，查看在用电子秤、电子天平等计量器具是否定期检定并在有效期内使用，使用计价秤是否存在违规行为，是否加贴检定合格标志，公平秤是否设立和按规定摆放便于消费者复核等情况；计量器具是否存在私自改装、增加作弊装置或作弊手段，是否存在使用非国家法定计量单位或者以计量单位转换等方式欺骗消费者，是否存在缺斤短两被消费者投诉举报现象等。宣传国家计量法规，普及计量常识，要求各个体工商户严格自律、守法经营，杜绝短斤少两等计量作弊违法行为，检查检定计量器具296台，现场没收16台作弊和计量不准的计量器具。

【网络监管】 规范网络市场交易行为 规范网络经营主体，落实网店实名制。落实“网站自行亮照”“平台为网店亮照”“平台为网店亮标”要求，集中开展非法主体网站专项整治。集中整治网络交易平台问题，督促平台经营者就履行法定义务和责任问题进行自查自纠。查处互联网虚假违法广告，尤其是加大对医疗、保健食品、房地产、金融等行业互联网广告监管力度；打击网上虚假宣传，销售仿冒知名商品特有的名称、包装、装潢的商品，不正当有奖销售，利用互联网侵害他人商誉，利用网络技术措施实施不正当竞争行为及滥用知识产权排除，限制竞争行为等不正当竞争行为，查处利用微信朋友圈等移动社交媒体从事传销或变相传销活动及利用互联网散布传销信息，为传销提供互联网信息服务案件；加大网络上销售仿冒高知名度商标查处力度，严惩网络商标侵权等违法行为，依法查处网络上滥用、冒用、伪造涉农产品地理标志证明商标的行为，维护权利人和消费者的合法权益。专项行动期间，出动执法人员4人次，实地检查网站2个、网店2个，未发现网络侵权违法行为。

打击网络侵权盗版“剑网2021”专项行动 开展知识产权宣传周和市场监督专项检查，在第21个世界知识产权日来临之际，在大型商场集中组织开展2021年知识产权宣传周活动，重点宣传习近平总书记关于知识产权工作的重要论述和知识产权法律法规和基本知识。活动围绕“全面加强知识产权保护，推动构建新发展格局”主题，通过悬挂宣传条幅，发放宣传册和法律小册子，现场接受公众咨询等形式开展宣传活动。活动现场，悬挂宣传条幅4条，发放有关宣传资料200份、知识产权政策解读手册200份。在市场经营户中宣传，检查服装专卖店、电器等商品，提高经营户对知识产权的保护宣传力度，提升全社会知识产权意识。开展保护知识产权专项检查工作，对多家商场、购物超市开展知识产权保护专项执法检查，重点检查侵权假冒违法行为易发的重点经营场所，大型超市、商场经营的食品、家用电器、化妆品等重点产品。累计检查大型超市4家、电器专卖店4家、化妆品店5家。

“净网”专项行动 以网络交易平台、购物网站、团购网站及商务信息、生活信息、旅游、专业服务等网络交易服务网站为整治重点，规范电子商务主体资格，指导电子商务经营者依法办理市场主体登记，并在其首页显著位置公示营业执照信息。以辖区网络交易平台、大型购物网站和团购网站为重点整治目标，以食品、药品、电子产品、唐卡、儿童用品、汽车配件、服装鞋帽、化妆品等商品为重点监管商品，以驰名商标、涉外商标、地理标志为重点保护对象，开展专项行动，严厉打击互联网销售假冒伪劣商品和侵犯商标专用权的违法违规行为，依法查处。严厉查处利用网络从事不正当竞争、传销、虚假广告等违法行为，规范网络商品交易秩序。加强流通销售餐饮环节食品等商品抽查、网络餐饮服务食品安全监管，检查辖区内“美团”“浩云”网络外卖用餐销售平台，重点查看平台运营营业执照，是否与线下餐饮经营户签订责任书并在其运营的平台上公示其经营资质。专项行动累计出动执法人员4人次，实地检查网站2个、网店2个，未发现网络违法行为。

【防范新型电信网络诈骗宣传活动】 组织执法人员在人员密集场所、大型超市、商业街、个体工商户，消费者，特别是中老年人，着重宣传提高广大群众识别新型电信网络诈骗能力，教育引导群众主动远离高利回报，冷静、理性的对待银行转账汇款，有效防范新型电信网络诈骗案件的发生。发动沿街商场、超市等企业、个体户利用悬挂横幅、LED显示屏滚动播放防范电信网络诈骗宣传标语，发放宣传资料等方式开展全民防范电信网络诈骗违法犯罪宣传。发挥“12315”热线作用，畅通投诉举报渠道，鼓励社会公众举报相关违法线索，营造社会共治的良好氛围。此次活动，悬挂宣传横幅和LED显示屏滚动播放防诈反诈宣传标语的20户，发放宣传材料200份。

【特种设备监管】 检查汽修厂高层、市检察院小区、市农牧小区、市公安小区、同仁军兰液化气充装站等特种设备使用单位 62 家、特种设备 210 台，检查过程中按照有关法律要求对电梯特种设备作业人员是否持证上岗、是否规范操作，安全警示标志是否齐备、是否按照《中华人民共和国特种设备安全法》的规定建立健全电梯安全技术档案、是否定期检验、设备运行记录和维护保养记录以及应急预案及演练是否落实等情况进行检查。重点检查 4 家气体充装站，是否取得气瓶充装许可资质，是否存在超范围充装行为；各液化石油气气瓶充装站内液化石油气储罐及压力管道及气瓶是否办理使用登记并在检验有效期内，安全阀、压力表等安全附件是否按期检测，各类特种设备作业人员是否持证上岗，充装站是否建立完整的充装前后安全检查和记录制度，要求各经营户严格建立气瓶台账，严格按规定加气，不得使用超期未检气瓶，充装单位技术人员履行向气瓶使用者宣传安全使用知识和危险性警示常识。检查中，对同仁市军兰液化气供应站因充装许可证过期，现场查封，责令限期整改完成；其他 3 家气体充装站未发现充装单位使用超期未检、错充、超压、超量充装和倒装等违规行为，完成其中 2 家液化气供应站安装气瓶追溯跟踪系统。

【消费维权】 “12315”消费维权网络建设 加强“12315”维权网络建设，将维权网络宣传到村组、学校、市场、社区，消保维权的人士作为专职或兼职的两站投诉举报站、全国“12315”联络站、青海省“12315”联络网站工作人员。整合黄南州民生热线资源，办公室电话举报、咨询，逐步把“12315”网络构建成一个综合执法网络。

消费维权宣传 开展“3·15”国际消费者权益保护日活动，活动首先围绕消协 2021 年“守护消费安全为主线、以改善消费环境、促进消费畅通”的年主题全面展开。在热贡文化广场悬挂横幅，开展广场宣传服务活动，现场受理消费者咨询投诉以及假冒伪劣商品对比。在热贡文化广场设立“3·15”国际消费者权益日宣传点，宣传《中华人民共和国消费者权益保护法》《中华人民共和国消费者权益保护法实施条例》《中华人民共和国食品安全法》《中华人民共和国特种设备检查知识》等消费维权法律法规知识，现场向群众讲解如何鉴别化肥、农药、食品、药品等假冒伪劣知识，接受“12315”消费投诉咨询。其间，累计发放食品药品安全、扫黑除恶、非法集资、反垄断、打击传销规范直销宣传手册 1000 份，现场受理群众咨询 20 多人次。在日常咨询、受理、调解工作中，注重消保维权宣传，开展送法下乡、送法进社区、送法进学校、送法进超市活动，张贴投诉网站及举报电话。

假冒伪劣商品集中销毁 3 月 15 日，在同仁市塔山垃圾填埋场集中销毁 2020 年在市场整治中查获的总价值 7.3 万元“三无”、过期食品和假劣商品，进一步提高对不法商户的威慑作用。

受理消费者投诉 坚持 24 小时受理制，做好周末及节假日期间的值班维权工作，坚持节假日和 24 小时值班工作，方便消费者投诉。截至 12 月底，受理消费者投诉 41 件（国家“12315”投诉受理 14 件，省局“12315”投诉受理 13 件，州民生热线投诉受理 8 件，州长信箱投诉受理 1 件，电话投诉 5 件），办结率 100%，挽回消费者损失 1.3 万元。加强消保维权调研，研究消费者投诉的新情况、新问题，重视和关注消费者投诉的热点及难点，坚持对投诉按月按季度进行分析清零。

【小微企业服务】 政策扶持 坚持“非禁即入”原则，除国家明令禁止的，所有投资领域一律对小微企业开放，在政策的把握上坚持“四放宽”（放宽企业名称使用限制，允许使用综合性用语；放宽企业经营范围核定条件，除许可经营项目，经营范围由企业自主决定；放宽住所使用证明限制，对不涉及前置审批事项或将城镇住宅改变为经营性用房的），由申请人自主申报经营场所，自行作出承诺，并对所申报经营场所及其信息的真实性和合法性负责。申请人填报《青海省企业住所（经营场所）登记申报承诺书》即视为提供合法有效的经营场所使用证明，全年办理经营场所自主申报承诺制市场主体 606 户。放宽企业出资条件审查，除国家规定的部分行业，其余行业注册资本均由实缴制改为认缴制。

企业融资与服务　围绕解决小微企业融资难，放宽企业出资方式，扩大非货币出资方式，通过股权出质、商标权质押、动产抵押等方式，搭建银企对接平台，拓宽融资渠道。完善首办责任制、一次告知、限时办结等登记制度，从“多人审核”“一审一核”到“一人审核”，不断改革审批制度，创新完善跟踪服务、预约服务、延时服务和上门服务等服务措施。强化行政指导力度，发挥行政执法“预防、警示、教育”的功能，提倡柔性执法，推行行政辅导、行政公示、行政示范、行政提醒、行政告诫、案件回访等制度。

【个体私营经济协会】　实施公民思想道德建设工程，深化拓展群众性精神文明创建活动，以诚实守信模范为主，在经济活动和社会生活中，坚持诚信为本、操守为重，以诚待人、以信取人，履约践诺、言行一致，具有较高的社会信誉和良好的守信形象，青海盛宇天伦酒店有限公司与同仁市格啦啦商贸有限公司被推选为道德模范商户。在省市场监督管理局、省个体私营经济协会开展的大美青海放心消费创建示范单位活动中，同仁市世纪华联商贸有限公司被评为大美青海放心消费创建示范企业；同仁隆务庄仁青农畜产品有限公司、同仁北家姓转转小火锅、同仁市新恒欣餐饮有限公司3家个体工商户被评为“大美青海、放心消费”创建示范商户。

【消费者协会】　开展打击传销宣传行动　通过联合社区在辖区内开展2次集中排查摸底工作，重点调查是否有假借“连锁销售”等名义形式的传销活动，是否有正当职业的外地人三五成群聚集开会、学习活动的情况。走访群众30人，走访学校、企业15家，调查出租房10家、宾馆10家。通过走访企业、学校、出租屋、车站，在醒目位置张贴打击传销宣传横幅和举报电话形式广泛宣传传销危害，出动执法检查人员20人次，悬挂横幅4条，发放宣传资料1000多份，接受群众、学生咨询100多人次，检查各类经营户200户。

开展打击消费领域侵害消费者个人信息行动　摸排案件线索，强化执法联动，查处美容院、大型商场、健身机构等重点行业侵害消费者个人信息，重点检查对办卡消费者的个人信息未妥善保管，导致消费者个人信息泄露或者非法向他人出售消费者个人信息的违法行为，对无照经营“预付卡”等预付款消费领域五个突出问题。打击对“预付卡”经营者未按照事先约定或承诺，履行相应义务，以关门歇业、易主、变更经营地址等为由不履行法定义务；办理“预付卡”时设置“霸王条款”，利用章程、协议、格式条款等方式加重消费者责任、排除消费者权利、减轻或免除经营者责任的违法行为；以虚假宣传、欺骗性的销售诱导等方式骗取消费者预付款的违法行为。在整治与查处期间，未发现在消费者不同意的情况下，收集、使用，泄露、出售或者非法向他人提供消费者个人信息等侵害消费者个人信息案件。现场教育宣传辖区内20家经营户，要求经营户如果以预付卡形式进行经营必须重视消费者权益保护，尊重消费者的意愿，在消费者提出退卡退费要求时，按照

2021年5月24日，市市场监督管理局、公安局、城管局、文体广局、消防救援大队等部门联合执法（市市场监督管理局供图）

规定为消费者退卡退费。

基层消费维权网络建设　开展重点领域专项执法行动，加强商业秘密保时测，建立健全反不正当竞争工作机制，严格规范直销企业经营活动，强化直销企业行政指导，通过组织直销企业开展约谈、行政提示、行政告诫、行政建议等多种方式，加强对直销企业、直销员及直销企业经销商、合作方、关联方的日常监管和宣传教育，提升直销企业自律水平。加大对直销企业的行政指导力度，督促直销企业落实主体责任、完善内部流程管和问题发现机制，引导企业积教履行社会责任，发挥直销业促进就业的作用。完善打击传销长效机制建设，加大打击传销执法力度，深化“无传销社区（村）”创建等基础性工作。加强基层消费维权网络建设，扩大“12315”进一步畅通农村牧区消费维权渠道。指导网络交易平台、电视购物平台等经营主体设立“消费维权服务站”，健全商品质量和服务规范承诺、不合格商品退市、消费纠纷和解与消费侵权赔偿等制度。规范“12315”投诉举报电话与投诉举报网络的操作，提升“12315”平台综合效能。

【食药安全监管】　冷链食品安全专项检查　开展进口冷链食品安全专项检查，全市45户（冷链肉经营户26户、餐饮单位19户）涉及进口冷链食品生产经营主体录入“青冷链”系统平台，系统录入率100%。做好疫情防控常态化监管，加强食品安全监管力度，出动执法人员46人次。经查，26家进口冷链食品经营户及冷链食品完成核酸检测，结果均为阴性。加大食品药品安全宣传培训力度，相继召开各行业食品药品安全知识宣传培训班16期。

节假日及中高考期间食品安全专项检查　开展节假日及中高考期间食品安全专项大检查，以节日期间消费量大的粮食制品、蔬菜、水果、畜禽产品、豆制品、乳制品、酒水饮料和中高考期间学校周边学生用品等为重点品种进行检查。累计出动执法人员238人次，检查农贸市场19个，大中型超市3个、食品经营户636户、药店35家、餐饮服务单位323家、食品加工小作坊45家，下架封存辣条（调味面制品）87箱，查扣过期小食品和饮料25箱。

药械市场监管　开展药品经营企业违法经营行为集中整治工作，加强药品零售企业及连锁门店日常监督管理。做好药品分类管理工作，消除安全隐患。与全市各药品经营户签订药品安全工作目标责任书，明确各药品经营户的责任。

【食品检验检测】　开展食品安全抽检工作，完成400批次抽检任务，完成11批次不合格核查处置，合格率达98.75%。开展疫情防控期间食用农产品专项监督抽检，抽检粮食加工品、食用油、制品、畜肉、蔬菜、水果、鲜蛋等21个细类食品以及对食用油、乳制品、畜肉、蔬菜、水产品、水果、鲜蛋等14个细类食品在疫情防控期间可能存在问题的农兽药残留、微生物污染等检验项目120批次，抽检结果均为合格。开展食品安全“你送我检、你点我检”活动。活动中，工作人员在辖区蔬菜经营店、冷鲜肉经营店、肉制品熟食店等地，现场抽取消费

2021年11月3日，市市场监督管理局和市疾控中心人员开展进口冷链食品检测（市市场监督管理局供图）

者关注度高的蔬菜、鲜肉、现场制售食品等，对短时间内显示检测结果的农药残留、兽药残留、黄曲霉毒素、甜蜜素、吊白块等项目进行检测。完成食品快检36批次，其中食用农产品农药残留快速检测20批次、兽药残留快速检测5批次、现制现售食品吊白块快速检测3批次、甜蜜素快速检测3批次、散装食品黄曲霉毒素快速检测3批次。由抽检工作人员介绍食品安全抽检监测工作，宣传普及食品安全科学知识，并向消费者公布其参与抽取的36个批次食品的检测结果，其中蔬菜类25批次、肉类6批次、现制现售食品5批次。

【行业市场监管】 农资市场监管 开展农资防假知识宣传活动。执法期间，在郭么日、麻巴、保安、扎毛等地区田间地头向农牧民主要宣传《中华人民共和国种子法》《中华人民共和国消费者权益保护法》《农药管理条例》等法律法规并推广使用有机肥，同时向农民讲解在购买农资商品时要及时了解产品的基本信息，在购买农资商品时做到“三看”（看商品标签、看商品价格、看商品包装）、如何区分农资商店是否合法、正规、有信誉、关于假冒农资的识别方法、购买种子注意事项及农牧、市场监督等部门投诉举报，维护自己的合法权益的途径和渠道等知识。此次活动，出动执法人员18人次、执法车辆5次。全面检查辖区农资经营户；落实《农业生产资料监督管理办法》，与农资经营户签订《农资商品经营目标责任书》，规范农资经营户经营活动；打击伪劣农资坑农害农行为，出动执法人员12人次、车辆5台次，检查农资经营户7户，主要检查进货渠道，抽查市种子管理站种子阿勃良种（麻巴）6.8万千克、阿勃良种（平安）3.2万千克、青杂5号（305）2500包、青杂7号400包，并留样封存。在对农资市场检查期间，责令2家农资经营户经营的农资进货单据不全，没有及时索票的行为当场整改，纠正1户经营户未亮照经营行为。

虫草市场监管 开展虫草市场综合整治行动，抽调执法人员牵头联合公安、城管等部门成立联合检查巡查小组，重点对德合隆南路、麦秀路周边虫草流动摊贩，虫草专营店等主体开展日常监管，严格检查掌握虫草市场动态，对占道经营、无照经营等违法行为进行整治，宣传教育引导流动经营户进入正规市场销售，严禁占道经营、无照经营。执法人员向虫草采挖人员和虫草收购人员宣传法律法规，通过在市场醒目位置悬挂横幅，张贴宣传公告、现场宣传等形式宣传市委、市政府关于加强冬虫夏草采挖期间维稳安保工作会议的精神和扫黑除恶专项斗争常态化的工作要求的有关事项，使广大经营者守法、合法的开展虫草交易活动。打击不正当竞争行为和垄断行为，督促经营者严格公平交易，遵纪守法，确保同仁地区销售的虫草货真价实。出动执法人员12人次，检查虫草经营户20余户，清理占道经营、流动摊贩30户。开展扫黑除恶治乱常态化宣传2次，悬挂横幅2条，张贴宣传虫草市场宣传公告300份。

成品油市场监管 组织执法人员对全市加油站重点是乡镇、社会加油站销售的车用汽、柴油销售企业和站点销售的车用乙醇汽油、车用柴油进行抽检。在取样抽检过程中，执法人员及第三方抽检人员按照法定抽检程序进行，抽检人员从被抽检单位加油机内抽出样品油，对样品油进行取样密封，并由专人记录油价、库存量、样品来源情况等油品信息，经由经营者在产品质量取样单上签字确认后，由相关检验机构进行检测。全年出动执法人员5人次，检查、抽查成品油经营企业、加油站（点）7家，抽检汽油7个批次、柴油5个批次。其间，省质量技术检验检测所利用快速抽检8个批次，严格依据有关程序和标准对样品进行抽检并作出检测结论，结果均为合格。

煤炭市场监管 根据常态化扫黑除恶斗争市场监管领域的工作要求，针对冬季煤炭价格上涨等因素，加大商品煤市场监管力度和煤炭价格质量管控，组织执法人员开展煤炭市场监督检查工作。出动执法人员4人次、车辆2台次，检查经营户13户，对抽检的8家不合格煤炭经营户处罚没款2.24万元。抽检8家煤炭经营户经营的煤炭32批次，抽检结果均为合格。

（撰稿人：张俊苓）

TONGREN

农牧水利

同仁年鉴 / 2022

YEARBOOK

农　业

【概况】　同仁市是一个农牧并重的半农半牧市，辖 11 个乡镇、72 个行政村，其中 5 个乡镇以农业为主、4 个乡半农半牧，农业村 56 个，有 362 个农牧业生产合作社。全市总人口 10.15 万人，其中农牧业人口 5.12 万人，占全市总人口的 50.44%。有耕地 8667.88 公顷，农作物播种面积稳定在 0.74 万公顷。2021 年，同仁市农牧和科技局以农牧业供给侧结构性改革为主线，坚持生态保护优先和特色发展，进一步夯实农牧业基础，全力发展特色农牧业，推动农牧业增效、农牧民增收。全年农业总产值 38892.28 万元，同比增长 4.25%。

【农作物播种】　全年播种粮食作物 3960 公顷，同比减少 66.67 公顷；油料作物播种 1466.67 公顷，同比增加 66.67 公顷；其他作物播种 1980 公顷（其中蔬菜 133.33 公顷、中药材 686.67 公顷、饲草料 1053.33 公顷、饲用玉米 66.67 公顷、“同仁蕨麻” 40 公顷），同比增加 20 公顷。农作物中，小麦 2000 公顷，平均亩产 298 千克，产量同比增长 9.96%，总产量 894 万千克；“同仁青稞” 1133.33 公顷，平均亩产 200.7 千克，产量同比减少 13.9%，总产量 341.3 万千克；油菜 1466.67 公顷，平均亩产 111 千克，产量同比减少 18.8%，总产量 286 万千克；“同仁马铃薯” 673.33 公顷，平均亩产 415.8 千克，产量同比减少 0.5%，总产量 420 万千克；“同仁豌豆” 160 公顷，平均亩产 98 千克，总产量达 23 万千克，产量与 2020 年持平。

【春耕农资调运储备】　市农牧部门备战春耕农资，按照播种计划和农牧民群众耕种实际需求，及时调运储备各类农作物种子，确保春播期间能及时足量供应。全年全市储备各类种子 12.3 万千克（其中本地收储小麦良种 6.77 万千克、省内调运小麦良种 5.53 万千克），杂交油菜 1240 千克。

2021 年 4 月，黄乃亥乡群众在金黄果种植基地劳作（市委组织部、市农业农村局供图）

【化肥农药双减行动】　全年全市各类农作物完成化肥农药减量增效 5533.33 公顷，完成率 100%。采取“政府扶持、地方配套、群众自筹”方式，投入资金 1830.15 万元，其中省级财政补贴资金 1282.35 万元，州、市地方配套 547.8 万元。采购有机肥 1.33 万吨，有机肥供应率 100%。开展小麦、油菜等农作统防统治绿色防控工作，全年完成 0.55 万公顷。其中 0.2 万公顷采取“植保无人机统防统治+绿色防控”相融的技术模式，科学配置农药用量，大范围集中喷施，有效降低成本，效预防和控制农作物重大病虫害危害发生，确保农业增产增效，保障农业生产安全。

科学合理使用有机肥，根据化肥农药减量增效行动要求，在全市安排肥效试验 5 个。其中，有机肥梯度试验 2 个［加吾乡吉仓村（同仁青稞）1 个、双朋西乡科才村（同仁青稞）1 个］；肥料利用率试验 3 个，分别安排在加吾乡吉仓村（同仁青稞）1 个、双朋西乡科才村（同仁青稞）1 个、黄乃亥乡东切村（同仁青稞）1 个。

【农产品质量安全监管监测】 完善同仁市农产品质量安全制度体系，提升食用农产品质量安全治理能力和水平，推动农业高质量发展。印制食用农产品合格证500份，使生产经营主体进一步意识到食用农产品合格证制度试行工作的重要性，提高生产经营主体质量安全意识。2020年10月至2021年5月，抽样速测蔬菜生产基地、农贸市场、超市等地500个。通过加大抽样检测范围和频率，实行不定期不定时抽样速测，一定程度上从源头杜绝超标使用农药农产品的上市，保障人民群众吃上放心农产品。

【农业供给侧结构性改革】 “农改饲”工作 贯彻落实农业供给侧结构性改革的决策部署，推进同仁市种养结合的步伐，加快构建“粮改饲”统筹、种养加一体、农牧绿色循环发展的产业体系。全年同仁市种植饲用玉米106.67公顷，其中川水地种植86.67公顷、旱地种植20公顷，完成收贮1.52万吨饲用玉米。通过实施粮改饲建设项目，转变农牧民群众的传统种植观念，提高种草和养畜的积极性，籽粒玉米改青贮、玉米改饲草的种植模式得到推广。

种植高产优质苜蓿 在同仁市3家种养殖合作社流转土地，种植优质苜蓿250.98公顷。每亩产1吨鲜草，年内产鲜草4210吨，折合青干草1403吨，按每吨青干草2500元市价计，收入350.75万元，除去投入252.6万元，净增98.15万元。

【农作物秸秆综合利用】 2021年省级下达同仁市农作物秸秆综合利用项目资金100万元。截至年底，用于机械设备购置96.88万元，购置机械设备12台（其中打捆机3台、收割机1台、播种机3台、拖拉机2台、翻转犁2台、联合整地机1台）；宣传资料和信息费3.12万元。在搞好技术培训的同时，专门成立服务小组，配合厂家搞好机具维修服务，为秸秆综合利用工作做好服务支撑。

【农业补贴】 全年财政累计下达补贴资金2985.8万元，地方财政配套资金132.99万元，共计3118.79万元，涉及草原补助奖励政策补贴、农机具购置补贴、耕地地力保护补贴、种粮补贴四项农业类补贴项目。

草原补助奖励政策补贴 年内下达第一批资金2069.3万元，根据《青海省人民政府办公厅关于下达第三批草原生态保护补助奖励政策第一批资金的通知》要求，通过“一卡通”将资金发放到户，共计发放资金2048.36万元，未发放资金20.94万元，为暂停发放的公职人员资金。

种粮补贴 省级下达同仁市粮食作物播种面积0.35万公顷、一次性补贴49万元。根据省级方案要求，将2020年及以前年度耕地地力保护补贴资金结余纳入，并综合确定补贴标准，历年耕地地力保护结余资金15.26万元纳入此次种粮一次性补贴当中，实际补贴总资金64.56万元，2021年同仁市实际粮食作物总面积5.90万亩，市域内补贴标准一致，每亩补贴10.94元。

农机具购置补贴 省级下达同仁市农机购置补贴资金107.77万元，其中中央补贴资金90万元（第一批农机购置中央补贴资金70万元、第二批农机购置中央补贴资金20万元）、2020年中央结余资金10.771万元、省级补贴资金7万元。截至年底，完成中央补贴资金9.348万元，受益户数9户，机具数量15台（其中轮式拖拉机7台、耕整机械7台、谷物施肥播种机1台）。资金通过财政直接支付给农户一卡通账号、合作社公账账号。

耕地地力保护补贴 省、州财政先后下拨资金770.5万元，编制《2021年同仁市耕地地力保护补贴项目实施方案》（简称《实施方案》），经市政府研究，同意《实施方案》并下达批复，全市农作物核定补贴面积6023.07公顷，同仁市按照实施方案执行每亩补贴资金85.28元。根据《财政部办公厅农村部办公厅关于进一步做好耕地地力保护补贴工作的通知》文件精神，明确要求耕地地力保护补贴标准不低于100元/亩，故市政府解决缺口资金132.99万元，达到100元/亩的补贴标准。年内通过一卡通方式发放到位。

【农牧民教育培训】 全年培训250人。其中，培训经营管理型人才100人（包括高素质女农民、新型经营主体经营者、村集体经济负责人、专业种养加能手、返乡入乡创新创业者或产业扶贫带头人）；通过自主培训，培训专业生产型、技能服务型、农民教师型人才150人，项目总投资74.5万元。通过培训，有效提升农牧民综合素质、职业技能和生产经营能力。

【新型经营主体培育与合作社发展】 年内认定省级示范性合作社11家、省级示范性家庭牧场3家，扶持13家家庭牧场，每家扶持资金5万元，共计65万元，用于购置农机具。举办产权录入信息培训和土地承包仲裁（调解）考评培训，参训120人，培训效果显著，达到预期目标。

【农作物种质资源普查】 2020年，制定实施方案，成立普查工作领导小组、普查工作组，在11个乡镇采集25份农作物样本，完成GPS定位、图像采集、样品取样、征集表填写等基础工作。2021年，继续开展种质资源普查工作，完善图像采集不全、样品取样量少、档案资料不完整等问题。全年采集15份农作物样本。

【人影防雹工作】 6月上旬，开始高炮进点前准备作业，检修保养高炮设备，保证高炮能够进点作业。全年配发炮弹600发，实际耗弹500发。在防雹期内，申请93次，实际批复作业14次。其中，“2321”作业点作业7次，耗弹量200发；“2315”作业点作业7次，耗弹量300发，剩余弹量100发。通过人工作业，全市未受到雹灾。

（撰稿人：看　措）

畜牧业

【概况】 2021年，同仁市农牧和科技局融入全域绿色有机农畜产品示范市创建工作，构建生态农牧业发展模式，探索以农促牧、以牧补农、农牧结合，种养互补的生态农牧业发展新路子。全市草原总面积31.80万公顷，其中可利用草场面积30.07万公顷。全年各类牲畜存栏45.8万头（只），能繁母畜23.77万头（只），母畜比例51.87%；出栏各类牲畜18.99万头（只），奶类产量10213.8吨，肉类产量5743.02吨。

【动物疫病防控】 全市累计春秋两季免疫口蹄疫双价疫苗牛24.70万头，应免密度100%；羊64.30万只，应免密度100%；猪口蹄疫0.2万头，应免密度100%。累计免疫猪蓝耳病、猪瘟0.2万头，应免密度100%；春秋布鲁氏菌病补免牛3.99万头、羊18.23万只；春秋小反刍兽疫补免羊10.30万只、春秋棘球蚴补免羊10.37万只。做好地方流行性动物疫病免疫，加大对牛出败、炭疽、羊痘、羊链球菌等危害较大的地方流行性动物疫病的免疫工作，确保有效控制疫病的发生和流行。强化疫情普查和监测，按照《青海省2021年动物疫病监测实施方案的通知》要求，监测样品3230份，其中各类动物疫病血清学样品2830余份、病原学监测样品400份，口蹄疫抗体合格率牛94.5%、羊91.5%，小反刍兽疫抗体合格率75.5%，布鲁氏菌病抗体合格率牛76%、羊为64%，犬粪感染率为0。加强全市动物疫情普查、动物免疫和消毒灭源工作。

【畜牧科技】 推广应用 依托基层农技推广体系改革与建设补助项目，按有关技术规范和科技示范基地遴选办法，确定试验示范基地2个（其中牦牛产业1个、藏羊产业1个）；按照技术指导员和科技示范户遴选要求，确定65个技术指导员和201个科技示范主体（包括养殖场、家庭牧场、养殖大户），从牦牛藏羊饲养技术、寄生虫综合防治等方面进行技术指导服务。

宣传培训 以“中央和省委1号文件宣讲”为重点，开展重大动物疫病防控宣传，畜间包虫病、布病知识宣传等；利用犬驱虫日和各类法制宣传日，累计参与农牧民0.62人，发放宣传抽纸0.4万个、宣传纸杯1.6万个、宣传手提袋0.3万个，提高农牧民科技文化知识和生产技能。

【品种改良】 开展以冷配为主的改良工作，在圣地夏琼标标准化奶牛养殖专业合作社和隆务清鲜奶牛养殖专业合作社定点开展畜种改良工作。辐射周边农区奶牛养殖户进一步提高奶牛品种和生产性能。全年授配牛 181 头，受胎 153 头，受胎率 84.5%；产犊 130 头，产犊率 85%。

【畜禽遗传资源普查】 2021 年，开展全国畜禽遗传资源普查工作，制定普查方案、健全工作机制、压实工作责任，在全市 11 个乡镇普查畜禽资源 6 个畜种 10 个品种，普通牛、牦牛、绵羊、山羊、马、驴等群体数量 138000 头（只），能繁母畜 56464 头（只），种公畜 5890 头（只）。新发现畜种资源 1 个畜种 2 个品种（同仁藏羊“热贡佳加哇娄”和“热贡尕玛顿丹”）。

【兽药经营】 做好兽药使用环节监管工作，“一对一”监管同仁市主要规模养殖场，监督指导规模养殖场（户）建立用药记录制度，完善兽药使用规范，执行休药期规定，建立健全兽药购进、用药记录。加大养殖场（户）兽药法律法规和科普知识宣传力度，普及安全用药知识，提高养殖场和农户识别假劣兽药的能力，做到科学合理用药，防止使用违禁药物、滥用药物、不按休药期停药的现象发生。畜牧兽医站与农牧业综合行政执法大队联合，加大执法和检查力度，查处直接使用原料药、来历不明、标签说明书内容不全的兽药，严查代购代销兽药与畜禽种苗搭配销售等行为。截至年底，77 家畜禽养殖场（户）全部纳入监管范围。

2021 年 8 月 26 日，州委相关领导考察饲草种植可行性项目（市农业农村局供图）

【饲料饲草生产及管理】 加大产业结构调整力度，发展饲用玉米、燕麦等饲草种植，推广粮改饲工作，带动种植业和养殖业融合发展，促进农民增收、产业增效。在川水地区种植饲用玉米 106.67 公顷，在黄乃亥乡阿吾乎村、年都乎乡录合相村种植燕麦、燕麦苜蓿套种面积约 333.33 公顷。实施粮改饲工作，以“先贮后补”的方式扶持种植、养殖合作社，落实补助资金 77.4 万元。全年完成种植饲用玉米 80.79 公顷，产量 4242 吨；燕麦 155.13 公顷，产量 3748 吨；苜蓿 220.13 公顷，产量 4953.9 吨。收储饲草产量达 1.29 万吨。

【生态畜牧业建设】 2010 年起同仁市实施生态畜牧业建设，按照“民办、民管、民受益”办社方针，组建 16 个牧业村、4 个半农半牧村的生态畜牧业专业合作社。2016 年起，确定 1 个（多哇交隆务）生态畜牧业合作社开展青海草地生态畜牧业试验区建设同仁市试点工作，开展股份合作制合作社改造升级、提质增效整合工作，提升合作社整合质量，成为全市草地生态畜牧业建设的领头羊。截至 2021 年，全村参加合作社的农牧户 201 户，入社社员 925 人，占全村总人口的 100%；整合草场面积 14173.33 公顷，占全村草场的 100%。

2019 年起，以全国草地生态畜牧业试验区建设为载体，学习借鉴泽库拉格日模式成功经验，在全市 16 个纯牧业村生态畜牧业合作社中推广“拉格日”模式，打破单门独户分散经营方式，建立“农牧民+生态畜牧业合作社+

企业”的利益联结机制。2021年，多哇交隆务村、直跃村、东维村，曲库乎江龙牧业村，扎毛乡卡苏乎村，瓜什则尕什加村、西合来村，兰采还曲乎村完成生态畜牧业合作社股份制改造工作。争取实施同仁市生态畜牧业建设项目，投资1000万元用于瓜什则乡（尕什加村、西合来村）、多哇镇（东维村、直跃村）、兰采乡（还曲乎村）、扎毛乡（卡苏乎村）4个乡镇6个生态畜牧业合作社推广“拉格日”模式。截至年底，该项目实施完成。

（撰稿人：王辉成）

2021年，同仁市扎毛水库灌溉工程（市水利局供图）

水 利

【概况】 2021年，同仁市水利局推进水利续建项目6项，总投资约11.29亿元；落实水利建设项目11项，总投资24184万元。任命县级责任河湖长8名、乡镇级河湖长29名、村级河湖长57名，聘用53名群众为各级河流河段的监督员，设立县级河长公示牌7块，湖长公示牌2块、乡（镇）村级河长公示牌46块。

【水利重点工程建设】 水利续建项目 水利续建项目6项，分别是扎毛水库灌渠、浪加水库、隆务河水生态（一期）、水保工程、防洪工程、国土绿化等，总投资约11.29亿元。截至年底，浪加水库、隆务河水生态（一期）、水保项目、防洪工程、国土绿化等工程基本建设完成，扎毛灌渠项目完成总工程量的56%以上。

水利新建项目 落实水利建设项目11项。其中，水旱灾害防治项目3项，总投资1724万元；小流域治理项目3项，总投资3583万元，治理水土流失面积72平方千米；重大项目落实1项，投资14217万元；农田水利设施建设维修项目1项，落实建设资金120万元；农村人饮维修项目1项，投资240万元；国土绿化项目总投资2500万元；乡村振兴农村牧区人饮提质增效项目1项，投资1800万元。合计投资24184万元。

水利项目规划 隆务河水生态综合治理工程（二期）项目投资36500万元，曲麻沟生态综合治理工程总投资37792.67万元，浪加水库灌溉工程总投资21620.31万元，浪加水库配套供水工程总投资980万元，所有项目完成可研审查工作，待资金落实。石哈龙水库项目总投资2.25亿元，上报州水利局待组织审查。完成浪加河（二期）、兰采河、木合沙河等中小河流治理工程前期可研、方案编制工作，等待资金落实。完成双朋西流域、牙浪流域等项目方案编制工作。

【农田水利建设】 实施同仁市20座涝池除险维修工程，落实建设资金120万元，项目新增网围栏1892米，更换围栏483米，新增各类标示牌100套，新增围栏门34处、镇墩2座、消力池1座，新增排水管160米、进水管80米，更换相应闸阀配件，硬化路拆毁恢复160米。项目实施后，禁止行人随意进入涝池，提醒过往行人止步于围栏外，禁止在涝池内戏水、垂钓，杜绝失足发生溺水事件。

【农村饮水工程】 实施同仁市加吾乡哈龙寄校饮水工程，投资230

万元，主要解决加吾乡哈龙寄校424名寄宿师生与俄毛村、哈龙村86户503人、大小牲畜6825只的饮水问题。实施人饮工程维修养护项目，投资283万元，解决三镇八乡29个贫困村的48个自然村、2个乡政府所在地、1所寺院共计51处7187户30556人、大牲畜45425头、小牲畜39235只的饮水安全问题，有效保障农村人饮供水率。

【节水改造项目】 推行县域节水型社会创建工作，开展公共领域节水，严控高耗水服务业用水，完成15家节水型机关、2家节水型学校、5家节水型小区计量设施安装和节水技术改造工作，并在9个乡（镇）60个村安装计量设施110个。巩固提升已建节水载体建设成效，总结、提炼建设中的突出亮点和成效，及时宣传成功经验和举措，发挥节水示范引领作用，带动全市节约用水。

【防汛抗旱】 拉网式排查城镇防洪工程、在建重点涉水工程和水闸（站）等防汛重点部位，排查险工险段28处，及时疏通城镇排洪渠道，完成同仁市山洪灾害防治非工程措施维修养护，修复43处雨量筒，总投资40万元。明确水利工程技术负责人、重点水利工程责任人，并进行公示，接受社会监督。编制完成2021年度超标准洪水防御预案，编制完成2个乡镇、10个行政村的山洪灾害防治预案工作，完成2021年度防汛演练任务，根据州气象局发布的降雨量预测数据，在汛期前安排24小时值班值守，并按照时序计划开展工作。

【河道管理】 河湖长工作 年内审议并印发《同仁市全面推行河湖长制2021年工作要点》《持续巩固治理成效，深入推进河长制工作的决定》，基本构建起横向到边、纵向到底的河长制网络体系。完成《同仁市河道确权划界实施方案》编制、审查和图上划界工作，在政府网发布河道管理范围确权划界公告，完成《同仁市河湖岸线保护与利用规划》《同仁市河道采砂管理规划》编制及审查工作。规范同仁市河流生态空间划定，改善侵占河道及水利工程管理范围现象。

河湖“清四乱”专项行动 整改完成省河湖中心巡查问题1处、州委第十二届第九轮生态环保巡查反馈问题6处、市河长办巡查问题7处；办结市人民检察院关于涉河环境问题2件；完成涉河建设项目补办防洪影响评价报告等审批手续3件；市水利局发现和举报河道非法采砂行为行政执法2次，违法乱建、乱倒行为行政执法25次，按相关法律法规下发责令停止、责令整改通知书，对情节严重的单位和个人进行处罚。

“清河行动”整治活动 州、市总河湖长带头巡河，督促要求各级河（湖）长利用河湖长通App开展巡河活动，履行河长职责。截至年底，全市各级河湖长累计巡河3500余人次，各乡镇累计开展“清河行动”90余次，累计发动人数达1.8万余人次，清理河道520余千米，清除生活垃圾和建筑垃圾280余吨，彻底对河道内、河库岸边、滩地垃圾、水面漂浮物、防洪坝铁丝网附着垃圾进行全方位、无死角清理，彻底清除河湖“四乱”问题。

河道治理及小流域治理项目 完成阿宁沟防洪续建工程，该工程投资880万元，治理河道长度3.5千米；投资899万元，建设完成扎毛乡防洪二期工程，治理河道2.9千米；投资400万元，实施保安镇城内村花儿沟防洪工程，治理河道2.3千米；投资944万元，实施同仁市保安镇银扎木沟小流域综合治理项目，完成水土流失治理面积16.38平方千米，形象进度87%；投资928万元，实施同仁市曲库乎乡古德沟小流域综合治理工程，完成水土流失治理面积15.86平方千米，形象进度83.53%；投资1710万元，实施同仁市羊智沟小流域综合治理工程，完成水土流失治理面积29.3平方千米。

【水政执法】 落实“一把手”负责制，排查和摸底各类案件线索，对发现和举报的河道非法采砂，违法乱建、乱倒行为行政执法25次，其中非法采砂违法案件3起、侵占河道及乱堆案件20起、违规修建案件2起。按相关法律法规下发责令停止、责令整改通知书，

2021 年，市水利局、市公安局在保安镇大河滩开展对河道非法采砂联合执法（市水利局供图）

对情节严重的单位和个人进行处罚，年内完成整改工作。

下达在建、已建生产建设项目缺少水土保持方案的单位督办通知 8 份、责令整改通知书 50 余份，与个别单位进行约谈，督促水保方案编制与补偿费缴纳。通过“3 · 22”世界水日、“4 · 15”全民国家安全教育日、“6 · 15”环境保护日开展水法规、河道管理等法律法规的宣传，累计宣传 5 次，发放宣传材料 500 余份，制作悬挂宣传横幅 5 条，散发宣传手册 200 册。

（撰稿人：康培龙、胡伟）

TONGREN

工商业与贸易服务

同仁年鉴 / 2022

YEARBOOK

工业经济

【概况】 2021年，同仁市工信局以发展市域经济为重点，推进工业领域各项工作。全年规模以上工业完成增加值2365.4万元，同比增长6%。为解决规模以上企业少的困境，成立规模以上企业培育工作组，负责企业上规入库培育工作，对符合条件企业，主动对接，协助完成申报工作，做到成熟一家、审核一家、入统一家。年内成功培育青海高原之宝牦牛乳业有限公司为规模以上企业。向青海顺兴和中药、藏药材种植开发有限公司黄南州中药、藏药材饮片加工建设项目下达工业转型升级专项资金40万元，用于支持企业项目建设。

【新能源产业发展】 全年签约新能源项目3个，分别为同仁市瓜什则乡400兆瓦“光牧储”综合一体化发电项目、同仁市1500兆瓦“牧光储”多能互补综合一体化项目一期200兆瓦光伏项目和同仁市屋顶分布式光伏项目。推进黄南州（甲醇）综合性新能源产业基地建设项目，11月初，市政府召开常务会，研究解决该项目建设用地问题。

【工业企业发展】 加快工业转型升级，申报青海省省级节能专项资金项目2个，分别是黄南州有机牛羊肉资源综合开发及水资源综合利用项目，中药、藏药饮片加工节水改造项目；申报省级重点企业技术创新项目2个，分别是黄南州有机牛羊肉资源综合开发项目，黄南州中药、藏药材饮片加工企业创新能力建设项目；申报2021年省级招商引资专项资金项目1个，为黄南州清洁能源供暖示范项目；申报2021年省级重点企业技术创新项目2个，为黄南州有机牛羊肉资源综合开发项目，黄南州中药、藏药材饮片加工企业创新能力建设项目。成立规模以上企业培育工作组，负责企业上规入库培育工作。对符合条件企业，主动对接，协助完成申报工作，做到成熟一家、审核一家、入统一家。截至年底，成功培育青海高原之宝牦牛乳业有限公司为规模以上企业。

【重大项目建设】 全年全市签约重点项目7个，签约总额40.65亿元，4个项目落地并开工建设（分别是瓜什则乡400兆瓦“光牧储”综合一体化发电项目，“云端热贡”旅游民宿营地项目，黄南州有机牛羊肉资源综合开发项目，黄南州野生中药、藏药材培育及饮片加工建设项目），到位资金7.88亿元（其中瓜什则乡400兆瓦“光牧储”综合一体化发电项目7.6亿元，“云端热贡”旅游民宿营地项目500万元，黄南州有机牛羊肉资源综合开发项目1201.92万元，黄南州野生中药、藏药材培育及饮片加工建设项目1100万元）。剩余3个项目完成项目方案、可研前期相关工作（分别是唐卡艺术小镇运营项目、同仁市1500兆瓦“牧光储”多能互补综合一体化项目一期200兆瓦光伏项目、同仁市屋顶分布式光伏项目）。结合同仁市实际，起草《同仁市招商引资项目管理办法（试行）》；完成固定资产任务10654万元。

【工业领域安全生产】 吸取青海省木里矿区非法采煤破坏生态、山东烟台笏山金矿“1·10”爆炸事故深刻教训，加强重点行业、重点企业安全生产隐患排查整治，落实动态巡查责任制，坚持常态化巡查，确保安全生产各类问题整改到位。会同安委会成员部门多次联合执法检查高原之宝、金马加油站、加气站、水电站、瓜什则乡恰冬铜矿、双朋西金矿、保安镇砖厂、民爆等重点企业，确保企业生产安全。全年开展工业、商贸企业、危险化学品、矿山、加油站、民爆行业、烟花爆竹等督导检查49次，排查一般隐患60处，整改60处，累计检查企业185家次。

【重点工业企业选介】 青海高原之宝牦牛乳业有限公司 公司位于保安镇，成立于2013年1月，注册资本9243万元，是央企、国企参股的混合所有制企业。公司占地面积5.87公顷，建设总投资3.8亿元，完成投资1.62亿元（一期），于2014年9月开工建设，2017 年 9 月试运营，2018 年 7 月正式投产，建设规模年产牦牛乳制品 2 万吨，日处理生牛乳 200 吨，液态奶生产线 8 条，1000 型乳粉生产线 1 条，有公司员工 80 人（其中本地员工 64 人）。公司产品主要有液态乳与乳制品的巴氏杀菌乳、灭菌纯牛奶、常温酸牛奶、低温酸牛乳、调制乳、乳饮料，固体乳制品的牦牛全脂乳粉、婴儿乳粉、中老年乳粉等系列产品。是同仁市农业产业化重点龙头企业、青海省科技型中小企业、青海省安全生产示范企业、青海省绿色工厂、扶贫企业。2021 年，产值超过 2000 万元，被培育为规模以上工业企业。

同仁市启鑫源生态综合开发有限公司 公司位于同仁市，成立于 2014 年 4 月 30 日，注册资金 160 万元，经营范围为牲畜、畜产品的收购、加工、运输、销售，牦牛藏羊肉制品开发、精深加工等。公司以青藏高原三江源核心产地优势资源为依托，致力于青藏高原三江源土特产品、牦牛肉、欧拉羊肉资源的开发，立足青藏高原三江源核心产地、面向全国，以研发、生产、销售青藏土特产品为主的特色品牌企业。首创开发生产出具有西北特色的系列牛羊肉深加工熟食产品，主要生产牦牛肉、欧拉羊的冷鲜产品及熟食产品，特色牦牛肉熟食制品，羊肉熟食制品，牛羊副产品熟食制品以及鲜冻牛羊肉分割部位产品等。黄南州有机牛羊肉资源综合开发项目总投资 1668.26 万元，总建筑面积 4780 平方米，包括肉食品加工车间、冷库、库房、办公区及展厅，购置滚揉机、蒸煮机、包装及杀菌设备等设备 22 台（套），配备公共基础设施、污水处理设施，达到年产 300 吨有机牛羊肉精深加工能力。产业初步形成养殖、购进、委托屠宰、冷藏、精深加工、冷链、物流等产业链，并通过线上线下双向销售，具备科研、化验、创新一体化管理经营能力。以“公司+基地+合作社”经营模式，在青海省黄南藏族自治州周边及三江源地区建立牦牛、藏羊收购网络，从产品源头上确保产品质量的稳定性，为农牧民脱贫致富起到推动作用，加快以牦牛和欧拉羊为主的草畜业的发展，满足大众对绿色有机健康产品的需求。2021 年，公司以代理、经销、直销的合作方式，在全国招商销售网络。

（撰稿人：豆亚兰、义法才仁卓玛）

商务经济

【概况】 2021 年，同仁市工信局以发展市域经济、服务商贸企业为重点，坚持绿色发展与创新驱动相协调、跟进发展与后发赶超相结合、商务发展与惠及民生相促进，推进商贸领域各项工作。成立限上企业培育工作组，年内成功培育黄南州新世佳餐饮有限公司、黄南州同仁市金马成品油销售有限公司、黄南客都商贸有限公司 3 家企业为限额以上企业。落实各类促消费、社会零售品、中小企业发展资金及补助 208.06 万元，受益企业 24 家。全年实现社会消费品零售总额 101524.7 万元，同比增长 7.8%。截至年底，全市涉及流通类型企业 445 家，其中百货零售类企业 139 家、绿色农畜产品批发类企业 34 家、涉

2021 年 5 月 21 日，同仁市召开 2021 年度招商引资工作会议（市工信局供图）

及住宿餐饮企业6家、畜牧渔业饲料批发类企业11家、建材批发类企业68家，土特产品其他综合零售类企业44家、五金产品销售类企业143家。在同仁市登记注册从事成品油零售经营的企业有13家，其中新建成品油零售企业1家（同仁市同循公路吾屯加油站）。从经济类型来看，中石化股份加油站2家、中石油加油站6家、民营加油站5家，所有成品油零售企业均签订“成品油市场主体信用承诺书”，并完成换证工作。

【流通体系建设】 协助企业申报2021年省级商贸流通服务业发展专项资金项目2个，分别是黄南州有机牛羊肉资源综合开发项目、黄南州报废汽车回收拆解与再生利用分拣中心建设项目。为优化现代流通企业硬件和软件建设，开展资金扶持，为10家企业下达黄南州2020年重点流通企业运行监测费2万元，为5家企业下达2020年第二批省级商贸流通服务业发展项目资金109万元，促进流通产业持续健康、稳定发展。

【商贸流通重点企业选介】 客都生活超市 超市位于黄南州同仁市德合隆北路鑫城国际广场地上一层，成立于2018年9月，总投资1000万元，建筑面积3667.1平方米，于2020年1月开业，员工32人。超市主营预包装食品、散装食品、乳制品、化妆品、洗浴用品、家杂百货、小家电、烟、酒、茶叶、蔬菜、水果等3万余种商品，品类齐全、品种丰富。所经营蔬菜水果在西宁集散中心统一采购，新鲜且质量有保障。从本地需求看，市场消费稳定，主要顾客为近两年的新老客户及周边小区消费群众，每天销售约500单，平均日营业额2.9万元。

同仁热贡购物中心 成立于2009年10月，属于个体工商户，跻身同仁地区龙头个体企业行列。2021年，公司营业总收入983万元，同比增长10.3%，营收稳定增长；利润同比增长5%，实际实现利润155万元。

【消费促进】 开展2021年消费促进月活动、下半年促销活动等消费促进活动。为开展促消费活动的企业下达2021年第一批州促消费资金10.26万元、第二批州促消费资金4万元、第三批州促消费资金12万元，鼓励企业全面促进消费，促进经济恢复性增长，优化市场环境。

【消费政策落实】 引导企业转变经营模式，做好消费促进工作，提升商贸企业发展水平。鼓励商贸企业丰富商品类型，增加有效供给，抓住传统节庆和民俗活动，开展形式多样的促销活动，引导更多的商贸企业参与扩销促旺行动，拉动传统商品消费，激发居民消费潜力。全年全市实现社会消费品零售总额10.15亿元，同比增长7.8%，消费市场总体呈现快速增长态势。

【重要商品展洽活动】 7月22日，第二十二届中国·青海绿色发展投资贸易洽谈会在西宁市青海国际会展中心开幕。“青洽会”前期，同仁市围绕文化旅游、工业商贸、基础设施、特色种养殖等五类产业，编制《同仁市2021年招商引资项目库》，将52个项目纳入项目库，其中文化旅游类18个、工业商贸类11个、基础设施类12个、特色种植类6个、特色养殖类5个。邀请专业团队拍摄制作招商引资专题宣传册和13分钟招商引资宣传片，从市情、资源、文化、政策、环境、经济等多视角加大对同仁优势资源和特色产品的宣传推介力度，利用线上线下媒体资源开展全方位、多层次、多渠道宣传。“青洽会”期间，同仁市设12个展位，10家企业参展，展示唐卡刺绣，传统藏靴，中药、藏药材，黄果饮品，牦牛酸奶等33种具有热贡特色的地方名优产品，并选定2家企业参加5G嗨购直播带货推广和1家企业参加贸易展销会。据统计，为期6天的“青洽会”，同仁市招商引资宣传片微信视频号点击量和转载量达4万次，发放招商引资宣传册300余册，接待流动参观人员2万余人次，售卖产品33种，销售量1760件，销售额超10万元。签约招商引资投资意向项目7个，签约总额达40.65亿元，签约项目涉及文化旅游，新能源，特色农牧业，中药、藏药材加工等领域，签约项目质量、种类与上届青洽会相比，实现新突破。

2021 年 7 月 22 日“青洽会”期间，市工信局负责人向市长赵建国（左二）介绍展品情况（市工信局供图）

10 月 19 日，同仁市组织青海高原之宝牦牛乳业有限公司、同仁市格啦啦商贸有限公司和同仁金黄果天然食品有限责任公司赴天津市津南区咸水沽镇天津国家会展中心参加第 105 届全国糖酒交易会，展示有同仁特色的农畜产品，推进同仁产品走进全国大市场。引导企业主动与各地客商对接洽谈，让全国各地客商了解同仁、了解同仁特色产品，提升扶贫产品产业效益和绿色优质农特产品市场知名度。此次糖酒会，青海高原之宝牦牛乳业有限公司与天津食品集团商贸有限公司、天津吉鑫百利商贸有限公司两家企业签订 1000 万元购销合同。11 月 4 日，一辆满载 430 箱亚可多吉牦牛纯牛奶的汽车启程发往天津。11 月 7 日，这些来自青藏高原的牦牛纯牛奶在天津部分农鲜生活超市和扶贫消费生活馆中上架销售，让天津百姓喝到产自黄南州同仁市的优质绿色牦牛纯奶产品。

【民营企业发展】 协助企业申报省级重点企业技术创新、“天路计划”等各类项目 21 项，已落实 3 项，落实资金 328.3 万元，受益企业 10 家。鼓励企业积极参与第二十二届“青洽会”，拨付 10 家参展企业“青洽会”参展补助 2 万元，提高了企业参展积极性，促进企业合作交流，拓宽企业促销渠道，促进了民营企业的发展。按项目建设进度，向青海措玉山山泉有限公司、黄南州牧源生态畜牧业养殖有限责任公司、同仁县启鑫源生态综合开发有限公司分别拨付 2021 年中小企业发展专项资金 44.8 万元、27.2 万元、77.6 万元。帮助企业优化设施设备，向青海同仁金黄果天然食品有限公司的同仁市黄果梨系列产品生产线建设项目先后拨付各类设备预付款和到付款 230 万元。向青海顺兴和中药、藏药材种植开发有限公司的黄南州中药、藏药材饮片加工建设项目下达工业转型升级专项资金 40 万元，用于

2021 年 5 月 25 日，州政协调研组一行在同仁市围绕“助力黄南州民营经济高质量发展”议题开展专题调研（市工信局供图）

支持企业项目建设。

【民营企业服务】 2021年，同仁市组织召开2021年招商引资工作会议、中小微企业座谈会、同仁市民营企业经济发展座谈会，研究讨论项目建设、企业发展中存在的问题，并进行问诊把脉，提出了务实有效的发展思路及建议，进一步营造了良好的营商环境。多次组织中国邮政储蓄银行股份有限责任公司、中国建设银行股份有限公司黄南州分行、中国农业银行同仁市支行、青海同仁农村商业银行股份有限公司召开政银企碰头会和推进会，通过搭建企业与金融机构对接交流平台，为银企共同发展架起互惠合作、互利共赢的桥梁，缓解企业融资难题，推动政银企紧密协作，实现全市经济社会健康有序发展。截至年底，3家企业已放款245万元（其中兴业建筑公司100万、大正建设公司100万、金谷地天然山泉水厂45万）。多次召开绿色产业园区项目协调会，研究解决园区镍钴铝酸锂（NCA）正极材料生产项目评估和审计有关事项。截至年底，已完成镍钴铝酸锂（NCA）正极材料生产建设项目合同解除、项目前期投入审计和评估工作，并已报市政府研究解决相关事宜。开展全市中小微企业电子档案建立工作，梳理并初步建立同仁属地1800家中小微企业电子档案。完成同仁市中小微企业协会前期各项工作，全市51家企业自愿加入中小微企业协会，通过成立企业协会帮助民营企业解难题、办实事，发挥协会桥梁纽带作用。

【国有资产清查】 制定《同仁市专项国有资产清查工作实施方案》，按照“统一政策、统一方法、统一步骤、统一要求、分级实施”原则开展全市各乡镇、各部门国有资产使用管理情况专项清查。通过专项清查，摸清全市国有资产现状，查找在资产管理运行中存在的问题，解决部分国有资产长期无人负责和机构改革涉及的资产清查、划转、接收等问题，确保资产有序调整，解决突出矛盾，加强规范管理，健全完善制度，提高国有资产使用效率，实现国有资产规范管理，确保国有资产保值增值，促进全市各项事业发展。

（撰稿人：豆亚兰、义法才仁卓玛）

同仁供电

【概况】 2021年，同仁市供电公司累计完成固定资产投资5591.65万元，其中电网投资5591.65万元；完成售电量1.90亿千瓦时，同比增长19.86%，综合线损率3.6%，低于计划值0.6个百分点，农村电网供电可靠率99.68%，综合电压合格率99.76%。公司有110千伏变电站3座、35千伏变电站4座，输配电线路长度488.09千米，变电站总容量217.25万千伏安。公司获青海省安全生产先进企业，省公司、黄化公司先进集体。全年完成保电任务55次，完成“两节”“两会”“中国共产党成立100周年”“中高考”等重要节日和重大活动保电任务，实现连续安全生产7443天。

【城乡电网建设】 全年下达综合计划18项，电网建设总投资5591.65万元，改造新建10千伏线路139.49千米，改造低压线路90.615千米，配电变压器68台，配变容量7295千伏安。大修技改项目投资137.62万元，完成10千伏同一路等4条分支线路跌落保险综合整治。编制完成《同仁市乡村配电网规划报告》《同仁市（县）城10千伏配电网目标网架研究报告》《同仁市保安镇互助滩绿色产业园区配电网专项规划报告》《同仁市“十四五”农村电网巩固提升规划报告》4个配电网规划及专项规划报告，完成同仁市城农网近远期地理接线图、拓扑图，同仁市（县）城10千伏配电网目标网架地理接线图、拓扑图以及产业园区供电规划图绘制，顺利通过评审并上报黄化公司存档。

【社会用电监管】 全年累计验收送电高压客户44户，容量2.74万千伏安，同比增长18.11%，通过开展定期线路巡视、客户侧安全用电检查等方式保障企业、居民用电需求。开展2018年后受电工程“三指定”问题专项排查，检查营销系统数据448条，查阅业扩纸质资料346份，发现问题135条，全部完成整改。联合黄南州市场监管局开展转供加价排查专项整治行动，检查一般工商业主体单位私自定价收费现象，发现存在转供加价用户7户，州市场监督局向7家单位下发整改通知书。

2021年，同仁供电公司“三型一化”全能型营业厅自助业务办理区（同仁供电公司供图）

【客户用电服务】 隆务营业厅对外开放　为适应售电侧市场竞争和“互联网+”能源服务新形式，12月31日，同仁市供电公司隆务营业厅正式对外开放营业。该营业厅建设面积136平方米，承担同仁地区3.9万客户的电费缴纳及业务办理工作。在满足各类办电需求的传统业务之外，新增设线上业务体验区、自助服务区、智能电气化生活体验区和物联网展示区等多功能服务区块，有效利用综合引导服务，将自助业务办理、“网上国网”App全面推广、电能替代产品体验、智能交互业务应用、电子账单推送、增值税发票邮寄、台区经理微信群推送停电信息等多业务融合，加深用户感知度和获得感。通过互联网思维和技术手段，优化营业厅功能设置，完善营业厅服务渠道，提高营业厅智能化管理水平，减少服务差错率。“三型一化”全能型营业厅首次亮相黄南地区。

战疫情保供电　10月，在省内疫情紧张形势下，第一时间完成6个疫情检测点的通电工作，检查重要场所用电16次，对4条供电线路设备开展全方位、无死角保供特巡。24小时监控检测点、医院等场所用电情况，维护调试应急发电车、应急发电机，确保关键时刻用得上、用得好。加强辖区内4家营业厅管理，要求营业场所实行早中晚消杀，做好测温、登记、双码检查及来往人员轨迹排查。要求窗口人员正确佩戴口罩、防护手套，引导客户通过“网上国网”“微信”等线上渠道开展电费缴纳、业务办理，降低感染风险。

（撰稿人：吴庆祥）

2021年同仁市用电量统计表

表4

项目	同仁市供电公司	
	数量（亿千瓦时）	同比增长（%）
用电总量	1.90	19.86
工业用电量	0.17	-4.2
农业用电量	0.003	20.08
城市居民生活用电量	0.38	7.22

续表4

项目	同仁市供电公司	
	数量（亿千瓦时）	同比增长（%）
农村用电总量	0.22	16.33
其中：机电排灌	<0.01	-11.99
农、副业加工	0.02	15.9
乡村办工业	—	—
农村居民生活	0.20	12.42

2021 年同仁市输配电线路、电缆长度统计表

表 5

项目	100—380 伏	2—13.2 千伏	22—35 千伏	110 千伏
	同仁市供电公司	同仁市供电公司	同仁市供电公司	同仁市供电公司
输配电线路长度（千米）	888.20	718.62	387.92	100.17
电缆长度（千米）	10.03	3.24	0.65	0.02
变配电站（座）	—	—	4	3
变压器（台）	—	1326	7	6
变电容量（千伏安）	—	—	19.75	197.5

（撰稿人：马　鑫）

供销合作

【概况】　2021 年，同仁市供销合作社联合社建有 6 个基层供销社组织，乡镇覆盖率 54.5%；建设村级综合服务社 36 个，覆盖率 50%；建设农牧民专业合作社 8 家，培育的农畜产品批发交易市场 1 个、流通及加工企业 9 家，发展流通及加工龙头企业 1 家、再生资源回收利用中心 1 个、回收网点 10 个、电商企业 2 家、经营门市部 20 家。当年吸纳 5 家企业入社，其中农牧民专业合作社 1 家、企业 4 家。年内申报项目 10 个，其中村级基层社建设项目 2 个、村级综合服务社建设项目 4 个、农牧民专业合作社建设项目 2 个、农副产品加工及冷链配送中心项目 1 个、供销联社新型商贸综合体建设项目 1 个。截至 12 月，全系统商品总购进完成 6691 万元，同比增长 125.2%，销售总额 8208 万元，同比增长 84.57%，其中消费品销售完成 8103 万元，同比增长 65.46%。平台交易额 966 万元，同比增长 519.2%，其中农产品批发市场交易额 343 万元，同比增长 125.65%。

【经营服务体系建设】　同仁市清鲜奶牛养殖专业合作社成立于 2015 年 3 月 10 日，主要从事奶养与鲜奶销售，是市、镇标准的奶牛养殖示范基地，饲养奶牛规模 72 头（黑白花进口奶牛），繁殖母羊 160 只，日产奶量 350 千克，年销售额达 100 万元，年利润达 30 万元。年内成功创办农牧民专业合作社，新建（改造）基层薄弱社 2 个、保安镇新城村村级综合服务社项目 1 项，财政支持资金 50 万元；推进扎毛乡立仓村村级综合服务社项目 1 项，财政支持资金 50 万元。截至年底，两个项目正常运营。

【农副产品供销】　同仁电商借助专业的京东平台、青海优品微商城

平台等优势资源，拓展当地特色优质农产品销售渠道，带动农牧民增加收入，助力精准扶贫工作的开展。中心上架特色商品有黄果梨果糕、酸奶、热贡烧馍、藏香、唐卡、手工艺品等19件。全年网上销售201583件，网下销售3583件，每月网点订货量平均达128792元。截至年底，农产品网销量176.52万元，销售额增长率48.5%。

【再生资源供销】 市再生资源分拣中心占地面积0.67公顷，总建筑面积2760平方米。该项目根据省供销联社《关于下达2019年供销改革发展资金切块方案的通知》、州工信局《关于抓紧实施2019年供销社改革发展切块资金项目的通知》、市工信局《关于同意实施2019年供销社改革发展资金项目的批复》组织实施。项目建成实施后，计划年回收废钢铁2500吨、废塑料及橡胶300吨、废纸300吨、废玻璃100吨、废旧家电30吨、其他70吨。截至年底，实现再生资源回收利用中心1个、回收网点10个，全部投入使用。

【落实安全生产责任制】 成立安全生产检查小组，负责全系统安全生产监管工作；层层落实安全生产目标责任，逐级明确责任分工。6月29日，市供销联社下乡入企业，对各企业干部职工、基层社、专业合作社、村级综合服务中心、电商服务点相关人员等32人进行预防和减少安全隐患和火灾事故的发生的培训，并签订《2021年度安全生产目标管理责任书》。在每个经营单位开展安全生产综合整治和安全生产大检查活动，悬挂横幅10余条，对所属8家基层供销社、20家村级综合服务社、8家专业合作社、5家企业、15家经营门市部等进行安全生产检查。

【首届“优力杯”电子商务创新创业大赛】 8月25日，由市供销合作社联合社（市农村电商服务中心）主办、青海优力农村电商服务有限公司承办的首届“优力杯”电子商务创新创业大赛成功举行。6家企业参加此次电商创业大赛，项目涵盖各产业及电商服务领域，比赛先由选手进行不超过15分钟的项目陈述和产品展示，然后由评委从创业者与创业团队、创业项目概述、经济效益及发展前景、市场描述、社会效益等方面进行点评和打分。经过4个多小时比拼，最后“互联网+乐乐玛手工”项目斩获一等奖，“南浪合作社商业计划项目”获二等奖，“特色农副（畜）产品展销一体化”获三等奖，“中国短视频直播行业用户规模项目”“牦牛肉西餐牛排的预处理项目”“互联网+伊丰有机农场项目”获鼓励奖。

（撰稿人：万玛看卓）

TONGREN

城建　交通　通信

同仁年鉴 / 2022

YEARBOOK

住房和城乡建设

【概况】 2021年，同仁市住房和城乡建设工作结合撤县设市、实施城北新区要求，围绕住房建设、市政建设和乡村振兴，深化行业改革，推进省、部共建高原美丽城镇示范省试点建设，做好城镇保障性住房建设和管理工作，推进农牧民居住条件改善工程、传统村落和高原美丽乡村建设；加大市政基础设施建设力度，提升城镇管理水平；落实绿色建筑和节能环保的要求，创新建筑市场监管方式方法，统筹推进建筑领域安全生产、环境督查问题整改等工作。全年全市住建系统实施各类续建、新建项目10个，总投资8.89亿元。截至年底，全市建成区面积达16.3平方千米。全年完成住建投资60827万元。

【市政建设】 市政续建项目 完成迎宾大道桥涵工程建设项目，总投资3310万元，新建桥梁2座、大桥1座，107米，扩建中桥1座82.54米。推进北城区综合管廊建设项目（一期），总投产4.25亿元，总长5.73千米，完成主体建设。推进北城区综合管廊建设项目（二期），总投资2.5亿元，新建3条综合管廊和4条混合型缆线管廊，总长3.3千米，4条缆线管廊开展管沟施工，3条综合管廊准备征地工作。隆务河两岸环境综合整治项目总投资2.6亿元，建设内容包括4个部分。第一部分为景观工程，包括河道两岸的绿化工程、景观节点、景观小品及户外家具、沿河堤的栈道以及部分区域的水面景观和4座桥梁的改造；第二部分为基础设施工程，包括给排水工程、电气工程、环境卫生工程；第三部分为隆务古城滨河建筑新建工程，总建筑面积13201.18平方米；第四部分为服务设施建设工程，主要分布在各个景观节点，总建筑面积2721.82平方米。9月底，完成工程初步验收。完成西环路南段道路建设工程，总投资3700万元，新建道路总长1.93千米及相关附属配套设施。

2021年9月30日，海南州委书记吕刚（右三）调研同仁城北新区建设（市住建局供图）

市政新建项目 郭么日大桥建设工程总投资18053万元，建设桥梁全长0.4千米及相关附属设施，处于桥梁桩基施工中。完成隆务镇夏琼中路环境综合整治项目，总投资400万元，主要建设夏琼中路东侧沿街外立面，涉及楼单体12栋，长445米，面积5286.63平方米，商铺门头508米，门窗更换32.4平方米。完成河东社区巷道整治建设项目，总投资1161万元，修建加仓麻村巷道24条，道路总长3760米；修建霍尔加村巷道23条，道路总长3779米；修建铁吾村巷道21条，道路总长6818米。实施霍尔加北路延伸段建设项目，总投资1379万元，新建道路总长1537.61米，道路红线宽度为18米，主要建设道路、排水、照明、绿化及交通附属设施。完成道路两侧林木评估工作，办理林木采伐手续。完成中山路至阳光大道延伸段道路环境整治建设项目，总投资2570万元，建设道路总长3926米，主要整治车行道、人行道及人行道亮化等。推进县城供水提质增效及城北新区供水管网改扩建工程，总投资2850万元，铺设供水管网

17.56 千米，新建处理间 1 座、消毒站 1 处及配套附属设施。截至年底，完成工程量的 65%。

【城乡环境综合整治】 执行环境卫生大扫除制度，坚持每周五全体干部职工出动，集中清扫处理卫生责任片区的“脏乱差”，保证街道秩序井然，片区干净整洁。加强建筑工地扬尘治理，抓好建筑工地环境污染工作，督促全市建筑企业落实“六个 100%”（工地周边 100% 围挡、物料堆放 100%覆盖、出入车辆 100%冲洗、施工现场地面 100%硬化、在建工地 100% 湿法作业、渣土车辆 100%密闭运输）制度，特别是沿街项目施工现场全天候进行洒水作业，抑止尘土飞扬。加大居民小区环境整治力度，联合物业公司，动员院内党员住户、义务志愿者每月开展卫生大扫除活动，清除卫生死角和生产生活垃圾。争取老旧小区改造项目，完善小区基础设施，改善小区人居环境，提升群众幸福指数。

【美丽乡村建设】 高原美丽乡村建设 实施 7 个高原美丽乡村，总投资 1330 万元，分别为隆务镇娘洛村、阿宁村，瓜什则乡西合来村，保安镇赛加村、双处村、全都村，兰采乡还却乎村，其中保安镇全都村、双处村于 2017 年启动实施。截至年底，完工并完成验收。

农牧民居住条件改善工程 同仁市农牧民居住条件改善工程涉及 8 个村 1990 户（包括 2020 年先行启动 602 户），项目总投资 3980 万元，每户补助资金 2 万元（其中省级补助每户 1.5 万元、每户自筹 0.5 万元）。截至年底，完工并完成验收。

传统村落保护项目 配合西安建筑科技大学城市规划设计研究院开展《黄南州总体规划集中连片保护利用示范州总体规划》《藏地牧歌详细规划》编制工作。实施第五批 8 个传统村落保护工程，完成投资约 2100 万元，年内全部完工。完成 27 个国家级传统村落挂牌保护工作，完成 27 个国家级村落测绘建档工作，为创建传统村落展示馆打好数据资料基础。年内申请将隆务镇依里村等 21 个村列入黄南州州级传统村落名录。

【省部共建高原美丽城镇示范省试点建设】 以同仁市 27 个中国传统村落、历史文化名城和历史文化街区为重点，推进省部共建高原美丽城镇示范省试点建设。成立高原美丽城镇示范省同仁试点工作领导小组，抽调住建、自然资源等部门精干力量建立工作专班，召开工作推进会，分解落实 2021 年黄南州高原美丽城镇示范省建设 14 项重大工程和提升行动工作任务。制定上报《省部共建高原美丽城镇示范省建设试点工作同仁市三年行动方案》，确定“一城、一街、一村”的同仁总体城市设计具体工作方案。针对近 5 年同仁市编制的主要规划，选取《同仁县城市总体规划（2014—2030 年）》《同仁历史文化名城保护规划（2017—2030）》《同仁县隆务河生态文化休闲景观带工程设计方案》《同仁县隆务河生态文化休闲带景观规划》等 9 项规划进行评估，完成初步评估工作，阶段成果提交同仁市、省住建厅供部省领导小组会议审查。编制《同仁市老旧小区和既有建筑风貌品质提升改造项目实施方案》《同仁市历史建筑保护试点方案》《同仁市 2020 年传统村落集中连片保护实施方案》等配套方案，丰富和完善工作路径和方法。重点围绕建设生态人文城市、文旅融合城市、交通便捷城市、绿色美丽城市、智能化管理城市目标，分“治乱、理序、提质”三个步骤，制定 14 个重点项目，进一步明确建设试点工作的“路线图”“时间表”“任务书”。

【海绵城市建设】 组建市海绵城市建设工作领导小组，落实建设责任主体，出台相关领域建设的指导意见，并建立专业化运营管理队伍。出台城市公共基础设施（资源）有偿使用的具体办法，将海绵城市、地下空间、城市防洪排涝设施等方面建设纳入竣工验收要求。将海绵城市、地下空间、城市防洪排涝设施建设及河湖管理范围划定等方面要求和关键指标纳入规划建设管控，制定统筹推进方案。结合职能和工作实际，研究起草《城市排水防涝设施建设中央预算内投资专项管理暂行办法》《同仁市海绵城市建设管理办法》《同仁市海绵城市建设管理细则》《同仁市城市防洪应急预案》《同仁市地下综合管廊管理办法》。

【绿色建材与建筑】 将绿色建筑行动纳入全市节能减排重要工作，开展建筑节能宣传，倡导绿色、节能、低碳的生产方式、消费模式和生活习惯，宣传普及绿色建筑知识。严把建设工程施工图设计文件审查备案关，所有新改扩建的公建或居住工程施工图设计必须有节能专项设计，做到建筑节能在设计阶段达到100%。重点针对建筑屋面隔热保温、墙体隔热保温、外门窗性能、遮阳等方面开展节能质量专项检查，要求现场监理单位对建筑节能工程进行专项验收，并实行备案制度和节能公示制度，把节能公示作为专项验收的一部分。对没有进行建筑节能专项验收，或建筑节能专项验收不合格的项目，建设单位不予组织进行工程竣工验收。自2020年1月1日起，开工建设项目136项，同仁地区新建房屋建筑总面积883842平方米，绿色建筑占100%。

【建筑市场及安全生产管理】 牢固树立安全红线意识，抓好建筑施工安全生产监管和建筑施工专项整治，建立健全安全生产工作机制，定期不定期督促检查全市建筑施工企业和工地，在工作中坚决做到“严管重罚”，预防各类安全事故发生，全市建筑工程安全生产形势总体保持平稳。截至12月底，省、州、市住建局联合质量安全执法检查3次，检查在建工程9项，州市联合检查4次，检查在建工程18个，日常监督巡查40余次，检查在建工程78项，查出安全隐患50余起，下发限期整改通知书38份，对其中质量安全问题突出的13家施工、监理单位当场下发停工整改通知书。

【城建档案管理】 安排专门档案室，配备相应的设施和兼职人员，科学分类和保管建设项目档案和文书档案，排架整齐。全年竣工验收项目档案30件，文书档案10件（其中党建1件、党风廉政建设1件、意识形态与精神文明建设1件、重点工作1件、疫情防控1件、民族团结进步1件、扫黑除恶1件、普法1件、保密1件、信访1件），新农村建设档案3件（其中高原美丽乡村建设1件、传统村落保护1件、农牧民居住条件改善工程1件）；保障性住房管理服务中心档案5件（其中公租房合同1件、廉租房合同1件、缴纳租金1件、小区物业1件、房屋转移登记1件）。

【污水与垃圾处理】 污水处理 截至10月，市污水处理厂总进水量177.6万吨，日均处理量5842吨，进水COD（化学需氧量）浓度均值256毫克/升，氨氮均值为33.4毫克/升。出水水量为161.3万吨，日均出水量5306吨，出水COD浓度均值为23.2毫克/升，氨氮均值为1.04毫克/升。污泥处理量为1549吨，日均出泥量5.09吨，全部卫生填埋。化学需氧量总消减量371吨，氨氮总消减量52.1吨。

生活垃圾处理 截至10月底，生活垃圾生产量48600万吨，转运至同仁市垃圾填埋处理量为46332.15万吨，城镇生活垃圾无害化处理率95%。

【城市居民住房保障】 全年城镇老旧住宅小区综合整治改造项目涉及45个小区2102户，总投资3153万元，完成对小区外墙保温、修整屋面、更换门窗等全面改造。下达39个老旧小区基础设施改造任务，投资9583万元，主要实施院落地坪、雨污水管网改造、供暖管网改造、改造门卫室、新建老年活动室等，年内改造完成10个小区，其余29个小区完工待验收。严厉整治保障性住房转借、转租、空置等行为，1月起，开展7个小区集中清查整治。全年清查70余次，整治所有1988套公租房，查出转租转借、长期空置、拖欠房租等75户，清退62户。

【房地产市场管理】 全市累计完成房屋转移登记办证238户，面积22610平方米；完成房屋初始登记481户，面积52910平方米；办理抵押登记79户，建筑面积8690平方米；注销登记35户，建筑面积3850平方米；商品房网签备案登记643户，建筑面积67515平方米；办理商品房预售许可证延期4件，建筑面积69756平方米。

【物业管理】 截至11月底，全市有159个居民小区，有物业管理居民小区53个，物业服务企业

17家，从业人员近300人。针对小区管理混乱、服务不到位等问题，会同市民政局、社区居委会协调成立业主委员会，引进信誉好的物业服务公司进行运营管理。强化宣传教育，保障性住房管理服务中心与全市霍尔加小区、铁吾小区、农牧小区、金色谷地等10个物业公司签订防火防控和电梯安全运行责任书，明确要求物业公司定期要对居民小区内的公共消防设施和消防通道进行检查和维护，对发现的安全运行隐患及时有效地进行处理，保障住户生命财产安全。协调矛盾纠纷，截至12月底，妥善处理各类民生问题64件，通过下发督办通知、整改通知书、现场督办等方式，全部协调解决。

（撰稿人：万么当智）

城市管理

【概况】 2021年，同仁市城市管理局以“街长制”“门前三包”为抓手，提升城市管理精细化水平；建立网格化管理体系作为城市精细化管理的支撑，提高城市精细化管理水平，全面加强市容管理、环卫保洁、市政设施养护、园林绿化管养等各项常态化工作，城乡环境面貌明显改善，城市形象和品位不断提升。

【城市管理执法】 结合“门前三包”“街长制”与网格化管理，解决城市管理中一些重点、难点、热点问题，城区内基本无马路市场及占道经营现象。全年开展专项整治店外经营30余次，累计整治占道经营商户3500余家，行政处罚118家，行政许可75件，签订门前“三包”责任书4000余家，对未落实“门前三包”及疫情防控不到位的商家停业整顿71家；累计抓捕流浪犬14次110余条，查处16起渣土车违法行为，拆除违章建筑100余平方米。联合公安交警、市监开展城区市容市貌综合整治攻坚行动14次。

【市政设施维护】 签订垃圾清运协议120余份，收取统管统运费130余万元；更换城区雨水箅子、井盖56个；维修道路隔离护栏820余米，绿化带围栏1600余米，维修人行道640余平方米，铺设沥青路面980余平方米；购置移动式太阳能红绿灯4台，维修城区红绿灯50余次、路灯线路1000余米，更换路灯灯泡5305盏，城区亮灯率达到98%；更换国旗灯箱24处，清理破损横幅200余条；“七一”、国庆期间，悬挂国旗、党旗2500余面；维修多年失修的体育场音乐喷泉并开放使用；拆除报刊亭16座；完成50余个光交箱美化工作。

【园林绿化】 梳理城区绿化带“秃斑”，在体育场、年都乎河畔及城北接待中心附近裸露地播种各色花卉，约6万余平方米，成为广大市民休闲娱乐“打卡地”。强化主干道绿化提质。投资6980余万元，实施迎宾大道两侧环境提升项目，完成部分基础建设，绿化部分已栽植各类乔木灌木6359棵（株），栽植宿根花卉面积约10005平方米，草坪约6003平方米，完成环境整治区89%工程量，完成总项目量的39.6%。改造完成城区五叉路口原停车场为群众活动广场，解决市民文体活动场所紧张问题。

【环卫基础设施建设】 实施城区公共厕所升级改造工程，升级改造尖扎路、夏琼路等11处公厕并

2021年10月29日，市城市管理局开展疫情防控城区消毒工作（市城管局供图）

投入使用；新建公厕6座，订购20座移动公厕安置于城区人员聚集处，解决城区“如厕难”问题。封闭改造体育场内室外篮球场，改造项目包括铺装、围网、篮球场地、羽毛球场地、公共道路维修及停车场等。

【环境卫生整治】 按照日产日清措施进行垃圾清扫清运工作，全年清运垃圾4.5万吨，垃圾处理4.35万吨，垃圾处理率达95%以上。累计清理“野广告”“牛皮癣”1500余处。开展“清城”行动，逐步实现城区清洗常态化。开展“洁净美”城乡接合部环境卫生综合整治10余次，累计清理城乡垃圾、河道垃圾等生活垃圾约81吨。在城南社区、热贡文化广场、学校开展垃圾分类宣传工作5次，累计发放宣传资料及手册2000余份，悬挂横幅10条。通过宣传活动，让市民形成垃圾分类及环保意识。

（撰稿人：刘庆宁）

城乡供水

【概况】 同仁市自来水有限公司担负着州府所在地隆务镇6.2万人的供水任务。城区供水主管网口径为150—500毫米，最大承受压力为12兆帕。城区水源库有2座，供水主水源是扎毛水库，备用水源为江龙水库，只在应急供水时启用。截至年底，城市供水主管网面积达到103平方千米，城区及周边村社，包括城中区供水普及率达100%，日供水量突破1.4万立方米，日进水量突破1.5万立方米。全年供水460.12万立方米。

【安全供水】 年初与各科室负责人签订《安全生产目标责任书》，落实安全管理体制。在净水处理厂配备监控设备，随时查看水厂沉淀池、虹吸滤池、机电房设备，全方位监控厂区安全，随时检查供水设备和查看水位、流量，做到对扎毛水库源头闸阀井一日一巡查，对江龙水源、扎毛水库机电设备、供水管道进行一月一巡查，发现问题一查到底并及时整改，不留任何安全隐患。全年公司未发生任何安全责任事故。

【管网维护】 组建一支能力强、业务精、服务好的抢修队伍，负责城区内主管道维修、爆管抢修、水表校检、维修等工作；定期、不定期检查输配水管道、管道排水阀、消防栓，杜绝供水主管道上的“跑、冒、滴、漏”等问题。成立安全生产应急救援领导小组，制定实施方案，确保及时处理应急救援和应急抢修任务，并规定在抢修期间，从夜间11时开始至凌晨6时完成抢修任务，保障城区正常供水。每月15日晚将错开用水高峰期，于凌晨0时左右对城区所有管网沉淀泥沙进行排水工作。将每月1日、8日、15日、25日定为清洗水池日，其中1日、8日、15日为小洗，25日为大规模清洗。截至12月，开展夜间抢修12次，更换部分供水主管道上的阀门。安装各种软密封闸阀113台、铁闸阀23台、PPR闸阀36台、自锁阀53台、水表237块、PE管1200米。管道维修21次，免费为用户清洗水表37次；新增用户48户，城区管网排水10次。

【水费收缴】 向用户提供优质服务，通过分区分片和建立群众监

2021年，市自来水公司检修城区网管（同仁市自来水有限公司供图）

督机制，设置行政事业抄表组、营业性质抄表组和私人用户抄表组，规定各营业室工作人员文明礼貌、耐心细致、热情周到，采用文明用语，抄表按时、到位、准确、收费及时；每月按时抄表、负责用户建档上户、销户及用户资料修改等工作。杜绝以往在抄表过程中出现读数不准等问题，全年水表抄见率和回收率达98%。投资6.5万元，进行系统新改造。自2021年9月起，公司开通支付宝、微信缴费功能，有效解决群众缴费困难问题。

【水质达标检测】　每季度对水源水、出厂水、管网水送青海谱测检测有限公司进行送检，水质报告送主管部门、卫生监督等部门备案，自2021年起每月检测1次，其中大检34项，全年检测4次；小检18项，全年检测8次。将水质检测结果定期在同仁市政府网站进行公开公示，同时报卫生监督部门及主管局备案。

【节约用水宣传】　利用“3·22”世界水日、“6·5”世界环境日，在同仁市热贡文化广场设立宣传点，通过发放宣传单、宣传物品（一次性纸杯、餐巾纸）及使用移动终端向3000名用水户发送节约用水短信，宣传供水法律法规、饮用水知识，发放宣传单600余份。

（撰稿人：马隆瑢）

交通运输

【概况】　2021年，全市等级公路通车里程1072.15千米，其中国道、省道、县道、乡道、村道公路里程分别为62.56千米、162.63千米、55.70千米、485.35千米、305.92千米。同仁市有等级客运站5个，其中二级站1个、三级以下站4个。开通道路客运线路24条，其中跨省线路2条、跨市线路2条；日发班次15个。同仁农村客运量、旅客周转量、货运量、货物周转量完成133.09万人、6708.76万人千米、27518.4万吨、6.03亿吨千米，分别比上年同期增长1%、1%、2%、2%。全年查处违规客车2台，分流旅客40人次；查处超载货车128台，卸货46吨；查处各类其他违规油品运输车辆和货运车辆3台。强化“双超”车辆追踪处理，追踪处理车辆及相关驾驶员1辆1人次。

2021年同仁市公共交通情况表

表6

项目	单位	数量	项目	单位	数量
公共汽车	公交线路条数（条）	6	出租汽车	运营单位（个）	1
	公交线路单程长度（千米）	100		运营车辆（辆）	380
	运营公交车辆数（辆）	46		其中：小客车（辆）	380
	客运总量（亿人次）	203.5		载客车次（万次）	752
				运营里程（万千米）	3420
				营业里程（千米）	2280
				运营收入（亿元）	0.36

【运输业发展】　全市有汽车综合性能检测站2家，全市一、二类汽车维修企业2家，汽车维修工作量1.53万辆次，维修工作量以年均2%以上速度增长。机动车驾驶员培训学校4家，2021年培训机动车驾驶员1620人、从业资格人员1520人。有1家公交公司使用纯电动公交车进行营运，有宇通纯电动公交车46辆（874客位），完成建设充电桩20个（位于公交公司院内）。农村客运市场

乡镇通班车率100%，行政村通班车率100%，自然村通班车率100%。全市有出租公司1家，出租车295辆，从业人员460余人。

【公路建设】 全年新建项目6项，建设总里程163.96千米、4座桥梁，总投资6567.47万元。其中，多哇镇交隆务村一队公路建设里程12.5千米，投资500万元，完成100%；兰采乡贡青砂路建设里程9.884千米，投资320万元，完成100%；多哇镇直跃村七队公路工程建设里程12.495千米，投资500万元，完成87%；黄乃亥乡4个行政村村道硬化工程建设里程43.491千米，投资1500万元，完成100%；浪加水库淹没区同夏公路改建工程建设里程1.49千米，投资1962万元，完成65%；兰采乡兰采村二队等14个自然村公路工程和农村公路危桥改造项目建设里程84.1千米、4座桥梁，投资1785.47万元，完成100%。全年国道、省道、县道、乡村道路通过里程1200千米，通过桥梁128座。配合上级交通运输部门推进同西高速、瓜多二级公路等交通项目建设。

实施4个重点项目。其中，兰采乡还却乎村贡青夏季牧场砂路项目工期3个月，总投资320万元，施工单位为青海卓鼎建设工程有限公司；多哇镇直跃村7队牧业点砂路工期3个月，总投资480万元，施工单位为青海卓鼎建设工程有限公司；多哇镇交隆务村1队公路项目工期3个月，总投资500万元，施工单位为青海华通路桥工程有限公司；同仁市自然村公路工程涉及兰采乡、年都乎乡、保安镇、多哇镇、双朋西乡，工期3个月，总投资151.46万元，施工单位为青海卓鼎建设工程有限公司。

【公路养护】 承担全市农村公路日常养护、水毁抢修等工作，养护公路总里程1072.15千米，其中国道1条62.56千米、省道1条162.63千米、县道10条55.70千米、乡道46条485.35千米、村道101条305.92千米。制定可行性养护方案，储备融雪剂12吨、防滑砂800立方米。全年完成G316同夏公路里程45千米，投资180万元。其中，修补沥青混凝土路面6800平方米/850米，水泥稳定基层6800平方米/850米，底基层3017立方米/304米，整平层4368平方米/546米；标志牌60个，里程碑45个。6月上旬开始，组织80名养护人员进行为期3个月的水毁抢修保通，清理泥石流12.65万立方米、塌方近2.86万立方米，修复水毁路基12340多米。完成路面清扫763千米，疏通涵洞242个，完成除草123446平方米，清理水沟16860米，修补坑槽2560平方米。

探索深化农村公路管养体制，推行农村公路网络化精准管养，市、乡级政府主要负责人和村委会主要负责人为县、乡、村三级路长；在全市各乡（镇、街道）设立“路长办公室”；全市公路实现“一路一长”，有效遏制公路红线范围内乱占乱建、随意损坏公路设施、个别公路弃养失养现象，做到有路必管的目标。加快推进养护常态化、规范化、路产路权得到有效保护，路域环境优美整洁；建立健全水毁整治，及时完成日常水毁工作。

【路政管理】 组织执法人员在热贡文化广场、客运站等重要路段开展车辆超限超载、渣土车治理、安全生产等为主题的法治宣传。利用标语横幅、宣传栏、宣传单、出租车LED显示屏等方式宣传《中华人民共和国公路法》《路政管理规定》《道路运输条例》等重点法律法规。全年制作横幅40余条、张贴标语55条、制作展板10块，发放宣传资料1500余份。加大路政巡查力度，出动执法人员475人次，巡查里程1076千米，清理路面堆积物190立方米，清除路面垃圾20立方米，查处违章建筑、打场晒粮等占用公路案件125件，说服教育群众22次；取缔非法加水洗车点2处，设置限高限宽23处；制止公路违法建筑3次，年内全市公路巡查里程3.6万千米，清理违章建筑386平方米，发生路政案件1起，查处1起，路赔回收5万元，路产回收100%。

【城市交通运输治理】 加强出租汽车和公交车道路运输行业运输安全管理，执法人员采取定点检查与流动巡查相结合等方式加强对重点时段、重点区域、重点企业的监管，严厉查处未取得经营许可从事出租汽车经营活动开展非法营运等行为，年度非法营运车辆专项整治行动出动执法人员756人次、执法车辆151辆次，检查车辆1364辆次。强化公交、出租车管理，对公交公司和出租车公司进行服务质量信誉考核，提升城市客运服务水平。整治客运班车站外揽客行为，将群众反映突出的路段、区域以及高速公路收费站作为整治营运客车违章行为的严管路段、区域，派出人员定点蹲守检查。全年出动执法人员384人次、执法车辆82辆次，检查车辆912辆次。

开展驾培行业专项治理，整治查处教练车异地教学、教练员“吃拿卡要”等违规行为。督促驾校推行“计时培训、按学时收费”的培训服务模式。重点整治驾培行业非法报名点、场外教学等违法行为。全年出动执法人员254人次、执法车辆47辆次，依法查处驾驶员培训机构违规从事机动车驾驶培训教学活动案件2起。严查严管各类运输车辆，特别是加强对公交班车、省际客车的监管力度，确保道路运输安全。执法大队执法人员加强公路巡逻，保证辖区范围内公路完好、安全、畅通。联合交警加强路面治超执法行动，与公安、国土等治超主要成员单位组成治超联合巡查队伍，依法检查货运源头企业。完成2021年度春运、“五一”、“十一”等客流高峰时段的旅客运输组织工作，赢得社会广泛点赞；强化对客运驾驶人员的教育培训，督促运输企业严格考核。

【交通安全生产】 制定行业企业安全生产责任制清单制管理，年初与各道路运输企业、源头企业签订安全管理目标责任书及承诺书，落实企业安全生产的主体责任。围绕“生命至上、安全发展”，结合春运、国庆等重点时段开展“道路运输安全隐患专项治理行动”“安全生产月”“防风险、保安全、迎大庆”“迎大庆、保平安”“道路交通安全百日整治行动”“安全生产大检查”等专项活动。落实“三关一监督”制度，推行月初制定安全工作重点，明确行业各单位安全监管任务。在春运、“五一”、“十一”等重要节点，加强营运客车车辆技术状况安全隐患排查和驾驶员从业资质排查。按照“双随机”“四不两直”原则，定期不定期开展运输企业安全检查和隐患排查工作，全年累计督察企业76家次，发现问题10余起，督促企业对发现的安全隐患限期整改。依法处理15名违章违规驾驶员，隐患整改率100%。推进交通运输部道路运输领域三项安全生产行动，成立行动领导小组，制定行动方案，督促企业开展营运客货车辆驾驶员安全文明教育培训，落实道路营运车辆主动安装安全智能防控系统等行动。

【交通行政执法】 推行重大案件集体讨论和查处分离、罚缴分离、错案追究制度，规范行政处罚行为。大队执法人员多次在热贡文化广场开展“珍爱生命·拒乘黑车”法治宣传活动，让广大群众增强法律意识。联合交警、公安等部门开展打非治违专项行动26次，重点整治非法营运重点区域，打击非法营运团伙。全年查扣非法运营车辆37辆，收缴违法所得及行政处罚46万元。

【交通基础工作】 加强交通运输行业安全生产监管队伍建设，重点充实基层一线监管和队伍专业化知识培训，严格安全生产监管执法人员管理，提升安全生产监督执法水平。实施从业人员安全素质提升工程，建立交通运输安全生产线教育培训，针对关键岗位从业人员开展安全素质继续教育。突出道路运输工程建设领域企业主要负责人、安全管理人员安全考核工作，督促企业强化一线从业人员的安全生产教育和培训，强化特种作业人员持证上岗，鼓励行业安全生产监管人员持证上岗。利用官方网站、微信微博、移动客户端、手机短信等平台，加强交通安全宣传和舆论引导。组织开展“安全生产月”和安全生产“五进”宣传教育活动，开展企业安全诚信建设，推动安全生产职业道德建设，广泛组织社会各方参与安全文化创建活动，营造良好安全文化氛围。

加强监管应急装备设施建设，优化公路突发事件应急处置、公众信息服务、数据研判分析等信息化功能模块，进一步提高突发事件应急处置能力和公众出行信息服务水平。健全应急工作体制机制，完善应急预案，加大专家咨询服务保障力度，加强应急处置工作和应急演练开展后评估工作，提升应急处置能力，加快推进应急救援队伍能力建设，加强大型化、专业化、多样化的应急装备配置，推动公路应急指挥平台间的互联互通。统筹推进交通运输安全生产和疫情常态化防控工作，提前部署做好春运、“两会”、“五一”、汛期、国庆等重大活动、重点时段安全保障工作，做好信息发布、新闻宣传、舆论引导和应急准备。紧盯重点区域、重点领域、重点环节，采取驻点督查、分片包干等方式，加强现场安全监管，抓实抓细各项安全保障措施。根据交通运输特点和工作实际，及时做好预警预防工作，加强重点领域安全监管，加强应急值守和应急处置，确保安全形势持续稳定。

【交通设卡助力疫情防控】 在隆务峡口、高速北出口服务区设置2个检测点，每班安排交通执法人员6名，保证每个卡点24小时值守不间断。督促指导各乡镇乡道出口防控点，交通执法人员配合公安交管、卫生监督人员，劝返前往外省和外省来同仁市方向的车辆、人员，对过往车辆、人员进行排查测温。负责做好对拦截的车辆、体温测量人员的登记及信息上报，发现疑似人员立即按防疫程序妥善处置，做到逢车必查，逢人必测。检测点执勤人员落实24小时值班制度，在交通监测点检查车辆1985辆，检查人员4629人次。

【交通运输企业简介】 **黄南州山峰公交有限公司** 公司成立于2013年，有5个科室、6个车队、1个保修厂，职工55人，营运车辆46台，生产用地1处，占地2公顷，固定资产原值1307.86万元，净值589.03万元。拥有营运线路6条，线路里程100千米，全市线路日运行班次38个，日运送乘客量0.54万人次，2021年公交公司完成营运里程270万千米。

黄南藏族自治州汽车客运总站 总站成立于2010年6月，由州交通部门直接管理，是州内最大的汽车客运总站。2021年，在职职工5人（男职工4人、女职工1人）、退休人员4人、临聘人员8人。有客运线路7条，其中省际2条、省内5条（经营班线有同仁至西宁、临夏、夏河、尖扎、循化、泽库、河南）。

同仁市出租车公司 拥有管理工作人员10人，出租车辆295辆，车主及租聘驾驶人员467人。载客车次531万次，运营里程2655万千米。公司建立一车一档、一人一档及电子台账工作，加强对本公司出租车辆以及驾驶员资料和个人信息，安排专人每天进行查看车载全球定位系统（GPS）动态实时监控，随时掌握了解出租车运行状况。

（撰稿人：马　媛）

通信建设

【概况】 2021年，同仁市工信局组织中国电信同仁分公司、中国移动同仁分公司、中国联通同仁分公司、中国铁塔黄南州分公司实施“宽带中国”战略和信息畅通工程，推进城市4G、5G基站建设和农牧区移动数据、宽带网络建设。截至年底，全市范围内修建和升级改造基站83座，其中修建5G基站64座、4G基站升级改造19座。

（撰稿人：豆亚兰、义法才仁卓玛）

【中国电信同仁分公司】 **基本情况** 中国电信同仁分公司设有1个农村支局、2个城镇支局、1个营业厅，建立农村以店包片10个。2021年8月前，同仁分公司工作由市场部统一调度管理，8月起财务报账由黄南分公司综合支撑服务中心管理，政企人员于2019年全部归属于黄南州政企部统一管理。全年完成业务收1967万元，发展移动用户10002户、宽带用1500户、天翼高清用户1053户、家庭信息化用户1008户。

业务经营 合理安排销售组织，每天晨会进行业务培训。激励各营销单元高效发展，提升移动市场份额、5G占比、融合占比，强化移动份额基础工作，将工作细分到人，考核到人。公司

2021 年 11 月 21 日，同仁中国电信营业厅给当地老人开展“爱心驿站”——防诈宣传，远离诈骗的活动（中国电信同仁分公司供图）

10 人参与以店包片经营。全年培训以店包片人员 60 多次，现场帮扶 50 多场。

客户服务 通过服务礼仪规范、用户信息安全、实名制、核心厅店建立“爱心翼站”专区等方案的实施，对服务问题早发现早解决，从源头上杜绝重大服务事件发生。全年组织全州 131 人开展全业务系列体验活动，通过“全方位、全过程”的业务体验实测，以用户的视角发现各类业务在全流程服务过程中存在的问题。将体验问题清单做出销项整改，提升客户感知。总经理与客户面对面倾听用户所反映的问题，收集问题 55 件，现场解决 52 件，后期解决 3 件。总经理接待日活动领导参与率 100%，回访用户满意率 100%。分公司中层及以上领导参与倾听活动，了解一线问题，收集问题 20 件，解决率 100%。

网络建设 宣传国家乡村振兴战略，发挥中国电信优势，按照“信息化赋能乡村振兴”帮扶思路，做好农村及偏远地区重点区域网络覆盖，稳步推进农村地区千兆光宽、5G 网络等新型基础设施建设。持续深化宽带网络覆盖、优化网络服务。完成新建基站 1.8G 基站 6 个、2.1G 基站 3 个、扩容小区 41 个、拆闲补忙小区 21 个；无线指标及拉网测试收集梳理问题 53 条、整理无线网络信号优化事项 287 条，共计 472 条问题，截至 11 月，优化无线网络信号 268 个。完成质差用户光衰整治 17446 户，光衰达标 17118 户，达标率 98.12%。

信息化建设 推动电信八大行业信息化应用规模，推进“云改数转”转型升级战略，通过打造泛在的智联能力、智能计算能力、数字平台能力、原生安全能力等加速云网融合成型工作，构建云网一体的新型信息基础设施。分公司立项建设完成 2 个重点项目。其中，同仁市智慧交通建设项目从 2019 年 3 月开始运行至 2021 年，属全州首例大范围交通监控项目；同仁市级融媒体中心建设项目被运用到同仁市级融媒体中心新闻信息采集、生产、传播、反馈各环节，推动同仁市主流媒体网络化、数字化发展，实现从单向式传播向互动式、服务式、体验式传播转变。

（撰稿人：赵莲玉）

【中国联通同仁分公司】 基本情况 2021 年，中国联通同仁分公司有员工 25 人，其中合同制员工 6 人、外包制员工 17 人、临聘员工 2 人，内设办公室、党支部、政企网格、农村网格、城区网格，下设德合隆北路营业厅和热贡路营业厅。全年公司主营业务收入同比增长 13%，移网发展同比提升 8%，宽带发展同比提升 17%；行业收入份额 23.72%，行业用户份额为 24.93%。

农牧区通信网络建设 完成第二、四、五、六、七批电信普遍服务及结余资金项目建设工作，同仁投资 2880.23 万元，全市乡镇以上地区 3G、4G 网络覆盖率达到 100%，提前完成国家“十三五”规划目标，解决同仁市 7 个行政村超 20 户以上无通信信号问题。宽带电普投资 338.88 万元，完成全市 21 个行政村宽带覆盖，新建端口 1140 个。落实《中国联通宽

2021年5月，曲库乎乡江龙牧区中国联通基站顺利开通（中国联通同仁分公司供图）

带及智慧家庭发展行动计划》，2021年同仁联通投资宽带建设资金176.3万元，建设宽带小区16个、农村宽带17个村，新建宽带端口3100个，其中城区端口2092个、农村端口1224个。推进信息基础设施数字化发展应用，加强智能化传输网络的基础建设，在全市搭建PE-OTN系统，完成同仁至尖扎、同仁至多哇、同仁至循化100G波分本地系统的成环工作。

网络基站共建共享 全年建设基站43座，共享率100%，初步实现市区5G重点区域覆盖，在多哇镇新建全州首个乡镇5G基站。全年联通、电信新增共享527个小区，联通站址增加95个，增长近33.82%，截至年底，4G、5G共建共享双方累计节约投资797.25万元，节约运营成本43.58万元/年；联通、移动累计共享机房12座、杆路176.72千米、纤芯4.2千米；联通、电信累计共享机房9座、杆路1043.74千米管道3.6千米；联通共享国家电网电力杆塔43.54千米，为公司节省投资1273.5万元、运营成本26.7万元/年。

信息基础建设 加强信息基础设施建设，促进互联网和经济社会融合发展。完成内网门户网站系统、业务信息与电子文件交换系统、安全增强电子邮件系统、信息报送服务系统、法规业务服务系统、督查督办服务系统、电子文件管理系统、OA系统建设工作等全部建设内容。成功中标市委发改委电子政务外网项目和黄南州机要局电子政务内网27条专线接入项目。

智慧信息化建设 持续加强同仁市“智慧城市”“智慧政务”信息化建设工作。与市乡村振兴局对接，开展对同仁市12个乡镇的数字乡镇推进工作，完成2个乡镇数字乡镇平台搭建。协助教育行业推进校园安全“一键报警”联网平台项目；协助同仁市市场监督管理局推进餐饮安全“明厨亮灶”监管平台项目；协助州市纪委推进“视讯会商”系统的建设。

数字网络建设 改造同仁固网通信数据机房，放入移动数据云舱作为补充，满足业务需求。重新装修，更换空调、电源、消防等配套，整合现网机架、数据网、BBU（室内基带处理单元）池等高热设备，推进新建和改造数据模式建设。服务同仁市数字政府政企专线客户，调研重点客户，识别出客户对带宽、时延、开通效率、动态调整、专线运行状态、故障定界等差异化需求，基于现网专线网络，引入PE-OTN系统，实现网络融合，使网络结构扁平化和智能化，核心汇聚节点以上具备全光调度能力，专线业务全程硬管道、高安全、大容量、超低时延和可调带宽灵活调度。完成同仁至尖扎、同仁至泽库、同仁至河南、同仁至多哇、同仁至循化100G波分本地系统的成环工作。

社会服务 以“三百工程”为切入点，全面梳理全市小区资源覆盖情况，免费开展“家庭网络检测为民服务行动”活动。借助大数据手段，免费提供沃填报的工具并解决曲库乎乡江龙牧区村及同仁瓜什则乡疫情防控站网络信号问题。持续开展防范打击通信网络诈骗工作，贯彻落实国务院联席办“断卡”行动有关要求，聚焦电话卡、物联网卡风险隐患，压紧压实主体责任，有效管控涉诈风险隐患。

（撰稿人：马 珍）

【中国移动同仁分公司】 基本情况 2021年，中国移动同仁分公司设立1个县城网格、1个农村网格、1个营业厅主厅，发展农村泛渠道10家。同仁移动分公司整体经营业绩运营由青海移动省公司及黄南移动分公司统一安排部署。全年分公司以提升CHBN（个人移动业务、家庭业务、政企业务、新兴业务）收入为主线，多措并举提升各项业务发展。截至年底，公司整体收入完成2395万元，5G客户累计到达5500户，累计新增发展宽带用户950户，魔百盒搭载率在70%以上，智能硬件融合搭载率50%以上。保有在网存量客户1.2万户，完成全市76个基站铁塔资源核查工作。4G网络优化（天线方位角调整、电信同频干扰等）23处；完成低流量RRU小区合并3个；新建扩容地区有古德、郭么日、年都乎、苏和日、西卜沙，完成热贡桥1个基站搬迁。

业务发展 根据公司指标任务情况，合理分配并安排销售督进，为提高一线人员营销技能，每天或每周在晨会进行业务培训指导。网格内派党建指导员随一线一起营销，对现场所发生问题，及时沟通解决，急一线之所急，坚持问题导向，提升业务办理效率。激励各营销人员高效发展，快速提升新增份额、5G全球通客户、宽带客户提升，制定劳动竞赛奖惩制度。对个别工作滞后的网格进行重点帮扶并对其提出具体要求和改进措施，做好效果评估。全年对市场线条人员进行集中培训达到80多次，现场帮扶60多场。

网络建设 根据国家乡村振兴战略规划，发挥移动通信优势，按照“数字乡村经济振兴”思路，做好农村及偏远地区重点区域网络覆盖，推进农村地区家宽覆盖，改善4G、5G网络型号优化等新型基础设施建设。持续深化宽带网络覆盖，优化网络服务。完成新建基站3个、宽带扩容小区56个、端口梳理释放96个、拆闲补忙小区10个；无线指标及拉网测试收集梳理问题32条，整理无线网络信号优化事项186条，共计218条问题。

客户服务 通过服务礼仪规范、用户信息安全、实名制和“九严禁、两严控、一严防”、核心厅店建立“爱心翼站”专区等方案的实施，对服务问题早发现早解决，从源头上杜绝重大服务事件发生。根据营业厅暗访检测标准，不定时暗访营业厅，定期整改暗访发现的问题和客户投诉问题，提升营业厅环境感知。高度关注营业厅环境卫生问题，忙时客户进厅引流、业务预处理、排队等候关怀、主动道别等问题；规范营业人员仪态和服务，强化客户满意度10分引导，对于办理业务的客户现场进行测评界面演示与引导，进行10分满意打分。

（撰稿人：赵 婷）

金融业

TONGREN

YEARBOOK

金融管理与监督

【概况】 同仁地区有保险公司1家（中国人寿同仁支公司）、担保公司1家（青海省财政厅全资农牧业信贷担保有限责任公司，无小额贷款公司、投资公司。有建设银行、农业银行、农商银行、邮政储蓄银行4家银行，设立营业网点22个，其中建设银行网点3个、农业银行网点3个、邮政储蓄银行网点6个、农商银行网点10个。承担同仁市各类贷款的发放工作。2021年，同仁支行各项存款余额为66.5亿元，各项贷款余额24.3亿元，其中对公类贷款69727.3万元，个人贷款余额71055.7万元。

【保险市场】 鼓励保险机构调动更多保险资源进入农业农村，建立健全涉农保险服务体系，提高涉农保险服务的可及性和便利性。鼓励保险公司规范农业保险投保、理赔程序，简化办事手续。因地制宜探索开展特色优势农产品保险以农产品产量保险，扩大畜牧业保险1009万元、森林保险282.56万元、农房保险29.8万元、农机具保险等的覆盖范围，满足不同层次农业保险需求。发展涉农小额贷款保证保险17.71万元，开展农险保单贷款业务13.61万元，缓解农业企业、农户等农业生产经营主体周转资金困难。鼓励保险机构将资源向贫困地区和贫困人群倾斜，开发扶贫农业保险产品，满足贫困户多样化、多层次的保险需求。建立健全贫困地区保险服务体系，依托村委会、居委会建设保险服务站，开展面向基层群众的保险惠民服务。以商业养老保险和医疗健康保险等为重点，鼓励商业保险机构提供与社会保险相衔接的产品和服务，发挥商业保险对社会保险的补充作用。发展环境污染、医疗执业、安全生产等与公众利益密切相关的责任保险，探索开展强制责任保险试点。发挥保险的风险管理技术优势，将保险纳入灾害事故防范救助体系。

【地方金融】 组织全市各银行业金融机构依开展金融宣传活动，通过张贴海报、摆放展板、印发扫黑除恶专项斗争宣传资料，采取制作宣传专栏、悬挂宣传横幅、LED集中宣传等形式，增强风险防范意识，普及金融知识，引导社会公众理性投资，合法理财，明确风险自担意识，并要求各银行每月上报工作总结。市财政局金融办联合市工信局召开“同仁市银企融资对接会”，搭建政府、企业与金融机构多维度交流平台，帮助企业与金融机构对接，扩展融资渠道。市金融办与同仁市农商银行召开乡村振兴对接会，巩固提升脱贫攻坚成果与乡村振兴有效衔接，规范惠农金融服务渠道管理，提高普惠金融服务质量和效率，提升农牧区金融服务便利化水平和满意度。开展“实干创新年”，农商银行与乡村振兴局、市农牧局和是文旅局签订“乡村振兴战略合作协议”，创新推出“乡村振兴·唐卡贷”“乡村振兴·小微易贷”“个体工商户信

2021年12月24日，市银企融资对接座谈会召开（市金融办供图）

用贷”“城镇居民信用贷”等贷款产品，满足融资需求。

【金融环境】 推进农牧区信用体系建设，加快推进同仁市贫困村、贫困户信用体系的创建工作，做好贫困户信用修复工作，拓展“信用创评+扶贫贷款”“信用贷款+金融扶贫风险防控资金”等扶贫信贷模式，解决贫困户融资难的问题。在推进信用体系建设的同时，与市委、市政府汇报沟通，对其他金融机构评定未发放乡村，安排所管辖的支行跟进信贷服务。截至年底，评定信用户 12244 户、信用村 57 个、信用乡 10 个，当年新增信用户 1004 户。累计发放农牧户小额信用贷款 3301 户 3.13 亿元、农牧户信用贷款余额 5067 户 3.99 亿元。

（撰稿人：张警宇）

银行业

【同仁农商银行】 概况 2021 年，同仁农商银行有 10 个部、2 个室、6 个中心，有营业网点 10 个，其中县城网点 6 个、乡镇网点 4 个。截至年底，全行各项存款余额 274384 万元，较年初增加 53450 万元，存款同仁市场占比 30.81%，居全市第一位。其中，对公存款 193602 万元，较年初增加 51418 万元；储蓄存款 80782 万元，较年初增加 2033 万元。各项贷款余额 160039 万元，纯贷款较年初增加 8953 万元，各项贷款同仁市场占比 49.72%，居全市第一位。储蓄存款总量较年初增长 9459 万元。不良贷款余额 6861 万元，不良贷款率 4.29%。全年实现各项营业收入 12092 万元，其中贷款利息收入 7746 万元、金融机构往来收入 3613 万元。

信贷支持经济发展 加大涉农和小微企业信贷投放，全年发放各类贷款 159761 万元，其中涉农贷款 46131 万元、小微企业贷款 8119 万元。截至 12 月末，小微企业贷款余额 27944 万元。践行绿色金融理念，明确绿色信贷重点投向和领域，加大对新兴绿色产业以及传统产业绿色改造领域的金融支持。至年末，全行绿色信贷余额 25373 万元，较年初增加 4549 万元。与州、市就业局签订业务合作协议，发放州本级和同仁市各类创业担保贷款，截至年末，创业贷款余额 1887 万元。解决包括下岗职工在内的一大批创业人员创业资金需求、就业压力。同时与黄南州住房公积金中心业务合作，全年办理州、市个人住房公积金贷款 39 笔 2271 万元。

信用体系建设 解决农牧民群众生产、生活中的贷款资金需求与群众贷款难、担保难的根本性矛盾，推进农牧户信用体系建设和信用修复工作，为信用户发放 1 万—20 万元的低利息无担保信用贷款。围绕“做普惠金融工匠”企业愿景，以“小而实、小而精、小而美”为发展目标，推动信用体系建设，巩固“三农”市场基础。推动信用体系建设，加大对信用户评定较低的行政村的评定授信工作，安排所管辖的支行跟进信贷服务。截至年底，评定信用乡 10 个、信用村 57 个、信用户 12244 户，信用贷款余额 39907 万元，信用贷款较年初增长 16035 万元。开展“党建共盟、守

2021 年 6 月 15 日，同仁农商银行到青海宏丰得建筑有限公司助力复产复工（同仁农商银行供图）

望信用”支部品牌创建活动，与同仁辖内村支委会签订党建联盟协议79份，构建“党建引领、合作共赢”工作新格局。

金融扶贫　加大精准扶贫贷款投入力度，扶贫小额贷款余额达1313万元；在全市72个行政村、8个社区开展“双基联动”合作贷款业务。全年累计发放“双基联动”贷款3686笔3.17亿元，年末贷款余额7.55亿元。为客户开通手机银行、电子社保卡、短信等业务。通过与市税务局合作，代征缴同仁市城乡居民基本医疗保险和基本养老保险，借助居民社保卡储蓄功能，向乡镇、社区、行政村推广应用社保卡缴费方式，营业部、康乐支行主动对接州、市工资代发单位，做好工资代发及三代社保卡转换工作，3月底前完成州、市36个单位三代社保卡转换。各支行加大社保卡应用，增强客户对农商行三代社保卡的依赖性和黏度。

（撰稿人：旦智项杰）

【邮政储蓄银行】　概况　2021年，中国邮政储蓄银行股份有限公司黄南藏族自治州支行有员工35人，内设综合管理部、公司金融部、零售金融部、风险合规部4个部门，下设二级支行（支行营业部，泽库县支行）2个。截至年底，支行各项存款余额13.23亿元，较年初新增4.63亿元，同比增长53.91%；个人存款方面，自营个人储蓄余额1.39亿元，代理个人储蓄余额4.59亿元；公司存款7.26亿元，较年初新增4.57亿元。各项贷款余额达1.04万元，较2020年增加1428.72万元，同比增长15.94%。不良贷款615.52万元，不良率5.47%，全年累计压降不良贷款178.19万元，不良率下降2.59个百分点。实现中间业务收入68.73万元，同比降低2.7%。

“三农”金融服务　落实“脱贫不脱政策、摘帽不摘帮扶”要求，把信贷服务“三农”中心从脱贫攻坚转移到乡村振兴工作上来，及时向州农牧局、乡村振兴局等“三农”主管部门汇报沟通，拓展服务“三农”新渠道，加大服务“三农”力度，加强科技赋能，优化流程。将“农贷通”作业方式由线下转为线上，运用移动互联网+VPN技术、活体人脸识别技术、场景双录技术等，把控小额业务风险，实现30万元以内小额“农贷、政贷”全流程数字化、线上化。客户经理人手配备一台移动展业设备，并熟练掌握操作流程，提高业务受理、现场调查、报告撰写效率。在业务方面，通过对接乡党委进行沟通宣传，引导客户选择邮储银行贷款。与农担公司合作，通过农担补贴降低客户实际利率水平，降低客户付息成本，提升同业竞争力。

信贷支持小微企业　针对小微企业传统抵押方式贷款融资难题，推出医院贷、税贷通、发票贷等线下信用贷款和线上产品小微易贷、工程信易贷产品，丰富民营企业信贷产品种类。工程信易贷产品依据企业的金融、经营、交易行为等，为客户发放总额不超过300万元的纯信用流动资金贷款，可通过企业网银循环支用随借随还，提升服务效率。全年支持企业客户37户，开办3家企业授信业务，办理授信业务3笔，金额216.3万元。

信用体系建设　多次走村串户，推进信用村建设。全年累计评定信用村11个，评定信用户180户，信用村累计放款92笔，金额1110万元。发展“村村贷”业务，服务乡村振兴。做到“小金额广覆盖”，有效解决农牧民群众贷款难问题，落实分散风险、控制风险的目的。

风险防控　实行违规积分管理，持续开展合规检查，重点加大对信贷领域以及信用卡套现等违规行为的问责力度；持续开展风险数据排查及反洗钱考核，严肃问责违规行为。截至12月31日，处置不良贷款591.03万元。开展安全生产和行风行貌专项整治，安排疫情防控、防洪、防火、防盗工作，开展档案室、营业场所、办公大楼等领域安全大检查，消除安全隐患。完善消保审查机制，履行消保审查义务，为保护消费者合法权益提供有效保障。上半年审查营销方案7项，消保审查完成率77.78%，审查办结率58.33%。

（撰稿人：张玉梅）

保险业

【中国人寿保险】 概况 中国人寿同仁支公司内部设经理室、营销发展部、机构业务部、健康保险部、综合部、客户服务中心6个部门，有员工49人。开办的业务主要是人身保险、意外保险、健康保险和城乡居民医疗保险4个板块，所售各类产品2000种以上，其中人身保险所售的产品以健康保障类业务为主，代表性产品有国寿福重大疾病保险、康悦百万医疗保险。2021年，同仁支公司各项保费累计收入2743.57万元，同比增长1.46%。赔款支出123.72万元，简单赔付率为43.46%。

2021年中国人寿保险股份有限公司同仁支公司业务经营统计表

表7

项目		计划（万元）	完成（万元）	完成比例（%）
总保费		—	2743.57	—
长期首年		409	264.24	64.61
其中：	10年以上期交首年	152	81.44	53.58
	5—9年期交首年	—	2.34	—
	5年期以下	257	180.47	70.22
短期险保费（不含大病保险）		355	284.66	80.19
其中：	短期意外险保费		187.56	
	短期健康险保费		116.04	
长险续期		—	2124.75	—

商业保险 营销发展部首年期交保费完成254万元，标保完成74.28万元，10年期以上完成81.43万元，短期险保费完成42.91万元；队伍季均有效10人、月均持证30人。机构业务部团险渠道全年完成短险业务268.67万元，完成代理年金保险158万元；达成有效人力4人，3S推广率在85%以上，人均产能达73.6万元。机构业务部银保渠道期交达成9.48万元，客户经理月均持证1人；运营渠道新契约（无纸化）496件，短险汇交、团单、建工险1374件。保全业务356件，平台处理332件，短线系统处理24件，线上E柜处理269件。

理赔和投诉服务 平台全年处理理赔321件，理赔调查36件。会办单及投诉方面，柜面及时处理95519件会办单，第一时间联系客户并解答客户疑问，及时做好客户安抚工作，避免客户投诉升级；在每次柜面例会中，提醒柜员提升服务技能，做好服务，坚决杜绝客户投诉。

政策性医疗保险 门诊业务方面，全年各项门诊业务累计审核结报26.55万人次，报付金额4647.68万元。其中，门诊特慢病报付30718人次1035.7万元，普通门诊报付213440人次2339.36万元，医疗救助报付21150人次1258.54人次，大病医保报付153人次14.02万元。特殊购药业务方面，累计审核结报373人次，总报付金额148.27万元，其中基本报付金额98.1万元、大病报付金额19.3万元、医疗救助报付金额30.87万元。各项住院业务方面，累计审核报付5.72万人次，报付金额22140.3万元，城乡居民住院率25.15%。其中，基本医保总费用41182人次31617.91万元，报付15365.05万元，报付比例48.6%；大病医保总费用3930人次12374.67万元，报付2299.71万元，报付比例18.58%；医疗救助总费用12130人次9325.13万元，报付4475.54万元，报付比例48%。城乡居民基本医保、大病医保及医疗救助个人中心零星报账方面，累计审核结报2588人次，医保基金报付1116.99万元。其中，基本医保报付1710人次765.71万元；大病医保报付290人次157.91万元；医疗救助报付588人次193.37万元。省外就诊报账方面，累计报付各项医保基金483.46万元，出省就诊患者704人次。省外就诊住院患者基本医保次均报付6128.87元，较所有住院患者基本医保次均报付金额高出2335.04元，是省内患者平均报付水平的1.62倍。其中，基本医保报付478人次292.96万元；大病医保报付88人次130.50万元；医疗救助报付138人次60万元。医保病案费用审核方面，全年审核170家次公立、私立医疗机构基本医保违规金额扣款情况（其中1—3月人工审核133家，9—12月智能审核37家），扣除违规医保基金67.97万元。“双调”工作方面，累计调查意外伤害病案335件，涉及总医疗费用金额630.49万元，发现3件不实案件，涉及医疗费用金额5.88万元；核查省外就诊病案102件，涉及总医疗费用金额477.25万元。

保险服务改革　大力发展保障类产品，加快基本医保商业补充保险的改革进程，针对市场需求相继推出一系列保费低廉、保障适中、条款简单的健康险产品，特别是针对高额医疗费用报销难的问题，投放保障较高的专属医疗费用报销产品，赢得市场高度认可。改革市场营销方式方法，结合黄南藏区实际情况，组建藏语和汉语营销团队，并就群众认可的产品翻译成藏语，解决保险条款生硬难懂的难题，为藏区群众更好地了解和掌握产品提供便利。按照案件等级，实行限时性赔付模式，对案情简单明了、赔付金额在万元以下的要求，赔付款项当天到位，其余案件赔款平均时限均控制在5天之内，有效缓解群众医疗费用报销和赔付的难题。

医保宣传　以医保宣传活动月为载体，在广泛开展医保政策宣传的同时，针对欺诈骗保时有发生的情况，宣传组向群众宣传医保基金监管相关法律法规，解读解答医保相关政策，让更多的老百姓懂法，让定点医疗机构自觉守法营造全社会参与打击欺诈骗取医疗保障基金、自觉维护医保基金安全的良好氛围。5月9日，在同仁市年都乎乡郭么日村开展“企业乡村互牵手　保障群众好生活”宣传活动，解决老年客户运用智能技术困难。3月30日，公司派驻黄南州人民医院、同仁市人民医院、尖扎县人民医院、泽库县人民医院、河南县人民医院医保专员6名。

（撰稿人：许秀玲）

【人民财产保险】　概况　中国人民财产保险股份有限公司同仁支公司作为人保财险驻同仁市机构，是同仁保险市场规模最大、知名度最高的财产险公司。公司设立机构2个、乡镇三农保险服务站6家，保险服务覆盖全市各乡镇。2021年，同仁支公司全险种实收保费4048.67万元。其中，车险实现保费收入1901.63万元，商业非车险实收保费822.22万元，政策性保费收入1324.83万元。全险种累计直接赔款1835.17万元，农业保险赔款达997.8万元，其中养殖险908.48万元、林木保险赔款80.8万元、种植险赔款8.52万元。上缴利税247.95万元，其中代缴车船税214.34万元。

农村农业保险服务　发展与人民群众生活息息相关的“三农”保险，推动中央惠农政策落地生根，不断扩大农业保险覆盖面，在重点地区推动农业保险的深度和广度，持续推进政策性农险扩面、提标、增品，为广大农牧民提供坚实的保险保障，助力乡村振兴战略实施，做到“政府满意、农户满意、社会满意”。全年公司开办的农险产品达到9个，农业保险参保农户达3400户次，赔付案件数量7400件，赔款金额1200万元，受益农户1.1万户次。引入互联网、空间信息技术和电子芯片等高科技手段，推进藏系牛羊电子耳标、种植保险按图承保按图理赔、无人机查勘、人保E农险等高新技术应用，构建“天、空、地”一体化的农业保险立体服务体系，持续提升成本控制和风险防范能力。

社会民生保险服务 针对后疫情时代地区群众需求实际，开展进社区、进企业、进寺庙等“五进”活动，主推健康类、家庭财产类及宗教人员意外保险、寺庙财产险等与人民生活息息相关的保险产品，全年为地区群众和寺院僧侣提供近10亿元的风险保障。发挥保险在校园安全风险转移的重要作用，做好校园类责任保险的承保工作。

社会治理保险服务 发挥保险功能作用，全面把握政府职能转变和服务民生建设需求，参与社会风险管理和社会保障体系建设，重点推进生态环境、食品安全、安全生产、医疗卫生、交通运输、旅游服务、校园安全、诉讼保全、职业责任、政府救助等与公众利益关系密切的责任保险，保障经济发展，促进社会和谐。加大普惠金融推进力度，高效推进助贷险机构队伍建设，为人民群众提供优质的普惠金融服务。

实体经济保险服务 立足风险保障功能，持续完善保险产品供给，与全州中、小企业的沟通对接，了解企业的风险保障需求，拓展雇主责任险、企业财产险等产品，为黄南宏丰得、水电公司等企业提供近2700万元的风险保障。

客户服务 坚持以客户为中心，在同仁实施“警保联动”服务模式，持续提升农村地区交通综合治理水平；推出并全面启动理赔午夜市场、行车路上有人保、车险“全程托付”等服务新举措，持续提升客户服务体验；整合公司内外部资源，开发安全管理、风险检验、安全预警等符合客户实际需求的线上“服务包”产品，建立以向俱乐部会员推送服务包为核心的增值服务体系；开展“车驾管”业务，实现公司理赔系统与公安交管系统的无缝对接；推广手机远程自助理赔系统和微信理赔，强化小额快赔、人伤事故全流程一站式处理，简化理赔流程，缩短结案周期，持续改善客户体验；建立高端客户授信理赔服务机制、扩大优质客户线上一站式理赔、实施差异化现场查勘政策，升级理赔服务供给，落实差异化服务；持续完善客户投诉管理机制，提升投诉处理及时率，提升客户满意度；落地客户服务记录仪，实现理赔过程全程记录全程监督，不断规范服务行为，提升服务质量，以卓越服务和强大品牌影响力赢得客户。

（撰稿人：周学斌）

TONGREN

生态环境

同仁年鉴 / 2022

YEARBOOK

生态环境保护

【概况】 2021年，根据青海省生态环境厅关于实行城镇环境空气质量状况通报，国控站点同仁市环境空气质量达标天数比例96.3%，同比下降1.6%；PM2.5平均浓度21微克/立方米，同比平稳；PM10平均浓度39微克/立方米，同比下降14.9%；主要污染物氮氧化物控制在264吨、挥发性有机物控制在14吨的减排目标任务落实到位；环境空气质量综合指数2.6，改善幅度同比下降-4.1%。扎毛水库和江龙2个集中式饮用水水源地水质达标率100%，境内主要流域监测的2个断面水质均达到或优于Ⅱ类水质标准，水功能区达标率100%。全年未发生特大、重大环境污染事件及辐射安全等事故，农用地土壤安全利用率达95%以上。

【生态环境管理】 大气污染防治 持续推进燃煤锅炉改造，开展施工扬尘、道路扬尘、秸秆焚烧、餐饮油烟等重点管控工作。严格要求施工企业落实“六个100%”（工地周边100%围挡、物料堆放100%覆盖、出入车辆100%冲洗、施工现场地面100%硬化、在建工地100%湿法作业、渣土车辆100%密闭运输）。全年发现扬尘问题4起，群众举报3件，并下发限期整改通知书。7月底，市环境综合执法大队、市场监管、城管及住建等相关部门责令关停国控站点周边的汽修厂及街边沿线22家汽修店、1家家具喷漆店铺、热贡宾馆项目进行整治，清理场地环境卫生，对站点周围重要地段沿线进行喷雾降尘，对站点周围浓密的树木枝叶进行修剪，空气环境质量明显改善。

水污染防治 落实《水污染防治法》《青海省饮用水水源地保护条例》等各项政策法规，开展全市水生态环境整治工作。持续整治巩固同仁市水源地治理，开展农村饮用水水源地整治，推进流域污染防治等工作。开展隆务河流域境内7个排污口的排查整治工作。

土壤污染防治 开展《中华人民共和国土壤污染防治法》等相关法律法规及土壤污染防治知识的宣传，营造全社会重视、参与土壤污染防治工作的良好社会氛围。结合危险废物、成品油专项整治等活动的开展，加大污染地块环境监管力度。

【生态环境监测】 委托第三方对重点生态功能区生态环境和农村环境质量（空气、水质）四个季度进行监测，委托省环境监测站对饮用水源地水质质量进行四个季度监测，检测数据与国家标准比对，各项指标均达到国家二级以上标准。按照省、州辐射事故应急预案要求，修改完善《同仁市辐射事故应急预案》，落实职责分工，完善工作机制，组织开展辐射环境监测和重点辐射源的监督性监测。

【污染治理】 抓好生态环境项目申报和实施工作，投入134万元，实施燃煤锅炉淘汰项目，拆除锅炉13家；投入469万元，实施2019年省级大气污染防治项目，拆除锅炉14台，实施重点区域内560户居民优质煤补贴；投入4200

2021年9月3日，副省长刘涛（左六）一行在夏卜楞铅锌矿矿区环境综合治理项目调研生态治理修复情况（市生态环境局供图）

万元，开工实施曲麻沟水环境整治项目；投入4218万元，实施尕让河赛加沟水环境整治项目；下达瓜什则采矿点堆渣区废弃渣处置项目资金912.6万元。

以改善民生和人居环境为抓手，以创建全域“无废”示范市为契机，为吾屯、加毛等村的560户居民实施优质煤补贴项目，补贴资金167.31万元，为保安镇发放电动垃圾车、垃圾桶等价值6万余元的环保设备，投入10万余元为隆务寺修建公厕2座。

【生态环境监察】 印发《同仁市有关部门及各乡镇生态环境保护责任清单》，要求各乡镇、各部门履行环境监管职责，形成《全市生态环境领域重点问题清单》，抓好问题督查整改，明确整改责任单位和整改时限，做到重点突出，提高整治效能。加强规模化畜禽养殖环境监管，按照畜禽养殖禁养区、限养区划分工作方案，科学规划畜禽养殖禁养区、限养区、适养区，对全市77家畜禽规模养殖场按照“一场一方案”建立整改台账，因地制宜分类进行指导整改，杜绝粪污乱排、乱堆、乱放等现象，提升畜禽粪便资源化利用率。开展各类督察巡察反馈问题、交办信访件整改，完成省级例行环保督察。

【生态环境法制】 落实生态损害赔偿制度，加大环境违法行为处罚力度，查处办结环境违法行为生态损害赔偿案件1起。畅通群众举报渠道，办理群众信访举报案件36件，污染事故、纠纷及信访案件查处率达100%，城镇污水和垃圾无害化处理率分别达90%、85%，“三同时”执行率达100%。

【生态环境宣传】 开展“六五”世界环境日主题宣传活动，让公众树立走进环保、体验环保、关心环保、支持环保、参与环保、践行环保的意识，形成崇尚生态文明、共建山水同仁的良好风尚。此次活动，累计发放农村环保宣传手册、新环保法、土壤污染防治法、公民生态环境行为规范等内容的藏语和汉语宣传手册资料2000余份，环保纸杯4800余个、环保抽纸2700余盒、环保手提袋1600余个、环保围裙2000个，悬挂横幅16条，展示宣传展板35张。

（撰稿人：冶建新）

2021年9月16日，市生态环境局在保安镇政府院内为各部门发放环保设备（市生态环境局供图）

林业和草原

【概况】 2021年，同仁市土地总面积327500公顷，其中林地面积213729.6公顷，占全市土地总面积的66.2%；非林地面积113770.4公顷，占全市土地总面积的33.8%。林地中有林地22407.39公顷，占林地面积的10.5%；疏林地1216.88公顷，占林地面积的0.6%；灌木林地100867.54公顷，占林地面积的47.2%；宜林地83253.44公顷，占林地总面积的39%；未成林地4722.45公顷，占林地面积的2.2%。苗圃地64.32公顷，占林地面积的0.03%，无立木林地1197.56公顷，占林地面积的0.6%。全市林木覆盖率35.37%，林木绿化率39.8%。

全市拥有天然草地31.8万公顷，占全市土地总面积的91.1%，草地可利用草地面积30万公顷，占天然草地总面积的94.54%。草地类型主要以高寒草甸类、山地草甸类、灌丛草甸类为主，分别占草地总面积的 51.2%、21% 和 8.2%。牧草以禾本科莎草科为主，豆科牧草较少，莎草科主要有中华羊茅、披碱草、草地早熟禾、小蒿草、矮蒿草、苔草，以及披碱草属、鹅冠草属、风毛菊属、委陵菜属等。从草地质量综合评定来看，同仁市天然草地质量较好，其中Ⅱ等草地面积最大，占全市天然草地总面积的 48.66%，Ⅲ等草地居第二位，占 33.62%，Ⅰ等草地位居第三，占 13.96%，劣等草地面积较小。平均产鲜草 3109.05 千克/平方千米，其中夏秋草地平均产草 3156 千克/平方千米，冬春草地平均亩产草 3064.05 千克/平方千米。

【国土绿化】 全年全市完成国土绿化 7920 公顷，其中西山地质灾害点植被恢复 4.23 公顷、高标准造林 506 公顷、低效林改造 2000 公顷、灌木造林 466.67 公顷、森林质量精准提升 1866.67 公顷、低效林改造 1866.67 公顷、森林抚育 733.33 公顷、退化林修复 366.67 公顷、黄果造林 62.87 公顷、义务植树 15.8 万株造林 51.67 公顷。推行“生态建设+乡村振兴”模式，通过生态建设项目，提高群众收入，助推乡村振兴，根据耕地“非粮化”政策逐步清除耕地上栽培苗木的要求，2021 年所有绿化项目优先使用当地苗木合作社树苗和当地劳务，大苗造林直接分配给 23 家苗木合作社进行造林，使用当地合作社苗木 322 万株，雇用当地劳务 1400 余人，直接收入达 3300 万元。

2021 年 4 月 13 日，黄南州、同仁市机关干部在曲库乎乡多哇村达江寺以西联合开展义务植树活动（市林草局供图）

【义务植树】 推动全民义务植树活动，4 月 16 日，在曲库乎乡达江寺前开展全州义务植树活动，植树活动造林 12.33 公顷。根据市委、市政府安排，全市政法系统干部职工在隆务峡口开展植树造林 48.33 公顷。动员各乡镇、寺院、庭院、校园、乡村进行绿化，发放绿化苗木 3 万余株、黄果苗木 3.3 万株，民宗、城建、教育等部门自行采购苗木 1 万余株进行义务植树，全市各乡镇完成义务植树 7.4 万株。

【种苗培育】 全市有 3 个国有苗圃、22 家苗木合作社，总面积 212.27 公顷，培育各类苗木 522.76 万株。25 家苗木合作社为同仁市 2021 年国土绿化造林各项目提供适合本地区种植的合格苗木 322 万余株。新开展“隆务河谷滩地冬瓜杨天然林修复技术研究”项目，解决冬瓜杨天然林衰退等问题。

【林草地征占用管理】 结合“绿盾行动”和“全州打击毁林专项行动”，开展违法出售贩卖柏香枝、林草征占、野生动物保护、野生动物疫源疫病等专项排查工作，查处违法占用林草地 26 项。针对 11 个乡镇涉及林草地征占的乡村振兴项目，配合同赛高速公路、西成铁路、文旅局、住建局、扎毛乡、交通局等单位，以最简单、最快速的方式引导其办理永久、临时占用林草地手续。

【林草资源保护管理】 根据同仁市的森林草原资源状况，结合天然林保护工程建设方案和公益林建设方案，执行天然林保护和公益林管理的相关政策，对全市 8.42 万公顷天然林、4.72 万公顷公益林和 31.8 万公顷天然草地合理划分管护区域，落实管护责任，加强天然林（公益林）和天然草地的保护管理，签订落实林场与站、站与护林员、乡镇与草管员等各级管护合同，明确管护界限、管护面积、管护责任、管护质量要求、管护年限、管护措施，以及管护报酬和奖惩措施等内容，把森林草原管护责任具体落实到人。

【森林草原防火】 防火机制建设 衔接林草长制，以“市包镇、镇包村、村包社、社包点”方式，任命市级林草长6人、乡（镇）级林草长22人、村级林草长83人、林草资源网格化管理员1889人。召开市级森林草原防灭火工作会议5次，各级林草长开展巡林巡草218次，各国有林场召开林草长制及森林草原防火工作安排部署会91次。与乡镇长签订防火责任书11份，与行政村签订防火协议书72份，与学校签订防火协议书45份，与管护人员签订防火责任书1806份，与坟主签订责任书385份，与寺院签订协议书30份，与农牧民签订防火责任书13476份。

火灾隐患排查 各林场对辖区重点区域进行拉网式火灾隐患排查，维修毁坏的防火道路，在林区周边开设防火隔离带62千米，重点排查煨桑170处、上坟点385处，优化煨桑台158处，取缔东、西山火灾隐患点26处，排查整改森林草原火灾隐患623处，设置“防火卡口码”42处、“防火宣教码”43处。

防火基础建设 市委、市政府主要领导重点解决防灭火资金短缺问题，将每年30万元防火巡查费纳入政府财政预算，投入100万元，购置急需森林草原防灭火物资（消防车2辆、单兵防火装备100套）；投入20万元，清理东西两山林下可燃物，制作防火铁皮箱，全市各国有林场185人组建成5支半专业森林草原灭火队伍。

防火宣传 利用短信、彩信等方式向广大群众发送森林草原防火警示短信10万余条，普及相关知识和法律法规，并通过美篇、微信公众号等形式广泛开展“线上”宣讲，启用5辆宣传车，开展防火宣传进机关、进企业、进校园、进寺院、进社区、进村社、进家庭、进景区、进市场，出动车辆1500余次，设立宣传标识牌150处、防火语音提示杆32处，张贴防火禁令通告1500份，粉刷设置宣传标语、横幅7600余条，发放藏语和汉语宣传单7万份、防火手册2500本，宣传画4600份，受教育人数达5万余人。

【野生动物保护】 同仁市林区、牧区面积大，野生动物资源丰富，已定名的野生动物150余种，分布在全市各地。针对可能出现的乱捕滥猎、非法捕食野生动物等一切破坏野生动物资源违法犯罪行为，全市7部门联合制定《同仁市“清风行动”方案》，利用广播、标语、宣传车等各种方式进行宣传，重点向公众宣传《中华人民共和国野生动物保护法》《陆生野生动物保护实施条例》《青海省野生动物资源保护管理条例》等保护野生动物及其栖息地的法律法规。剖析毫无科学根据的吃啥补啥的饮食观，累计印发野生动物保护法律法规宣传单4000余份，张贴标语36条，受教育群众6000人次，各成员单位出动检查各种车辆210余台次，救助马麝2只（已放生），查处盗猎野生动物案件2起。

【有害生物防控】 完成草原有害生物防控高原鼢鼠大面积防治2万公顷，成效巩固5000公顷；高原鼠兔大面积防治6666.67公顷，成效巩固1666.67公顷，防治草原毛虫13333.33公顷；修建3333.33公顷休牧围栏，3333.33公顷划区轮牧围栏；调查春季草原毛虫危害区多哇镇、瓜什则乡、兰采乡，发生面积15666.67公顷，其中危害面积13333.33公顷，危害区虫口密度最高60头/平方米，平均45.8头/平方米，虫龄普遍为1龄；24个苗圃种苗产地检疫工作，产地检疫面积18公顷；检疫调运苗木30.27万株，复检苗木22万株、花卉1.62万株、木材520立方米（樟子松615立方米、杉原木395立方米）；完成林业有害生物防控任务26666.67公顷。

【天然林（公益林）管护】 结合天然林保护工程建设方案和公益林建设方案，执行天然林保护和公益林管理的相关政策，对全市8.42万公顷天然林和4.72万公顷公益林合理划分管护区域，落实管护责任，加强天然林和公益林的保护管理，签订落实林场与站、站与人等各级管护合同，明确管护界限、管护面积、管护责任、管护质量要求、管护年限、管护措施，以及管护报酬和奖惩措施等内容，把森林管护责任具体落实到森林管护人员。

2021年11月12日，同仁市召开全面推行林草长制第一次工作会议（市林草局供图）

【林草长制】 成立由市党政领导干部组成的同仁市林草长制工作领导小组，研究制定印发《同仁市全面推行林草长制工作方案》，明确责任分工，形成一级抓一级、层层抓落实的工作格局。乡镇级林草长发挥自身作用，督促村级落实林草长制，各国有林场同辖区内各村、社协调沟通，在国有林场和村级森林草原资源管护面积重复时实施双林草长。落实市—乡—村—社（队）的林草资源保护体系，建立市级林草长6人、乡镇级林草长22人、村（社、国有林场）级林草长83人、林草长暨林草资源网格化管理员1889人，在各国有林场和村（社）级森林草原资源管护面积重叠时，设立双林草长144人；各级林草长巡林385次，召开林草长制工作会议39次，发布市级总林草长制令1条、森林草原防火令1条，解决森林草原防灭火、林草地征占、病虫害防治、国土绿化等问题80余次；解决森林草原防火经费100余万元。各乡镇在落实乡级林草长的基础上，按照林草管护面积大小分别分配全市林管员名510人、草管员1296人，构建以林管员、草管员为基础的林情、草情、疫情、火情网络化监测体系，做到“山有人看、林有人管、草有人护”。

（撰稿人：冶建新）

TONGREN

\> > > > > 科技　教育

同仁年鉴 / 2022

YEARBOOK

科学技术

【中央和省委1号文件精神宣讲】 根据《2021年全市百名干部下乡开展“巩固拓展脱贫攻坚成果推进乡村振兴落地见效”活动实施方案的通知》要求，宣传中央、省委1号文件精神，把乡村振兴、脱贫攻坚、农牧区人居环境整治、农牧业生产发展、农牧区改革等方面的政策举措宣传到村社，把党的惠农政策及时传递到农村牧区和千家万户。选派266名干部驻村入户开展宣讲工作，累计各乡镇召开动员部署会33次、村民大会141次、党员大会128次，组建宣讲工作组62个，召开政策集中宣讲村民大会299次，入户政策巡讲1695次，覆盖农牧民群众37740人。发放《中央和省委1号文件精神宣讲问答》200册、科普宣传册3000余册，悬挂横幅5条、展出展板15套。

【科普宣传】 3月31日—4月30日，州科技局（协）、州地震局、市农牧和科技局联合开展科普大篷车“万里行”活动，在11个乡镇、22个村、22所学校、3个社区、1家寺院开展科普宣传“五进”宣传活动。4月，开展全国科普日活动，以“百年回望——中国共产党领导科技发展”为主题，突出科技惠民及民生和科技支撑经济社会发展的两大主线，集中展现中国共产党成立100周年来的成就。5月24—30日，参加由州科技局、州科协牵头开展的黄南州科技活动周宣传工作。6月3日，在热贡文化广场组织开展世界环境日的科普宣传活动。通过现场咨询、展示展板、发放宣传资料等形式，面向基层群众，讲解山洪灾害预防、农业水价改革、水源地保护等水利、卫生健康知识领域方面的科技创新知识。全年累计悬挂横幅50条，展出展板85套，发放科普知识手册、宣传品等8500余册，让广大群众直观地了解相关的科普知识。

【科普宣传栏建设】 以“贴近实际、贴近生活、贴近群众”为宗旨，在热贡路社区建设科普宣传栏。在内容设置上，针对群众关心的一些热点问题，设置地震等灾害发生时的自救常识、如何辨别真假优劣食品、新型冠状病毒等方面的知识，受到群众的欢迎。采取图文并茂、通俗易懂的方式，向群众普及科学技术实用知识，营造人人讲科学、爱科学的氛围。

【全民科学素质行动纲要】 把科普工作纳入《全民科学素质行动计划纲要》框架内，列入部门和乡镇经济目标绩效考核指标，重点面向四大人群开展各类科普活动，使科普工作做到群众化、社会化和经常化。实施科学教育和培训基础工程，采取实体培训与网络培训相融合的方式，实现规模化培训；以创新人才激励机制等方法、引进学术水平提高教学和科普活动经验丰富的师资，提高教学与培训水平效果。加大科普资金在基础设施建设方面的投入，利用科普经费举办实用技术培训班、科普巡展，制作宣传栏，订制宣传品等，开展“科教进社区”活动。

（撰稿人：张献海）

气象科技服务

【概况】 截至2021年底，全市建有区域自动站、土壤水分站等各类天气监测站28个，建有区域自动气象站的乡镇数100%，气象观测自动化率达到100%。年内将黄乃亥乡政府、兰采乡林管站单雨量升级6要素自动气象站。地面观测设备稳定运行率99.87%；观测资料到报率100%，数据可用率99.96%。国家级自动站业务可用性达到99.96%，区域自动站业务可用性达到98.34%。开展重大气象灾害预警、网络安全和气象数据安全自查及网络视频应急演练、综合气象观测应急演练工作，完成综合观测质量内审核、天元系统信息录入、冻土平行观测及业务平台核查等工作。

【气象预报预警】 年内启动1次防震Ⅱ级应急响应命令，启动8次暴雨Ⅳ级应急响应命令；发布各类气象灾害预警信号58期，其中雷电黄色预警信号30期、雷电橙色预警信号4期、暴雪黄色预警信号3期、寒潮黄色预警信号3

期、道路结冰黄色预警信号3期、大风黄色预警信号9期、暴雨黄色预警信号3期、森林（草原）火险黄色预警信号1期；与市自然资源局发布地质灾害风险预警5期，与市水利局联合发布山洪灾害气象风险预警2期。

【气象服务】　制作《2020年生态监测公报》《同仁市2020年春耕春播气候评价》并报送地方党政领导及相关部门。通过青海省生态与农业监测预警一体化平台制作《生态监测信息》，利用人工监测点3个和自动土壤水分站3个，制作《土壤湿度监测信息》。全年为州委、州政府等党政机关提供决策服务产品有气候趋势预测专题服务、重要天气报告、决策服务信息等各类气象服务产品213期3834份，气象服务产品预测准确、针对性强、服务及时有效，气象服务材料得到相关领导批示5次。年内出现的每一次强降水天气过程和雨情影响，均通过纸质版、电子邮件、气象短信121发布平台、微信群等多种形式向决策部门及社会公众及时发布。

【气象防灾减灾】　健全基层防灾工作机构和基层防灾队伍建设，11个乡镇实现气象防灾减灾管理机构全覆盖，84个村（社区）实现气象信息员配置全覆盖，完成84名气象信息员培训。完成气象灾害防御作战图更新及上墙，地方部门换届后及时更新预警信息服务对象数据库，建立重大气象灾害“叫应”制度、气象灾害预警服务留痕管理制度、基层气象防灾减灾监督考核制度。参加全省自然灾害综合风险普查及基层防灾减灾业务培训，成立风险普查领导小组和4个技术小组，完成全国第一次自然灾害风险普查气象灾害数据汇交任务，形成气象灾害数据库。推荐霍尔加社区为2021年全国综合防灾减灾示范社区。利用世界气象日、防灾减灾日、科技活动周等开展“进学校、进社区、进乡村、进军营、进寺院”活动，通过科普展板、播放科普视频、现场答疑、手机短信平台、电视天气预报、LED显示屏、“两微一端”等方式开展气象科普宣传，制作宣传标语12条，发放科普宣传材料4500余份。

【人影作业管理】　加强人工影响天气作业工作组织和管理力度，完成辖区内全部固定和流动作业点安全等级评定工作。6月23日至7月7日，成立联合检查组，开展全市人影作业安全生产监督检查。9月初，组织开展人影作业安全事故处置应急演练，提升作业人员应急处置能力，确保作业期不发生重大安全事故。全市布设2个人工防雹作业点，新增景观燃烧炉4台。防雹期内，开展防雹作业14次，总耗弹量500发，作业期间炮控农耕区3000公顷未遭受冰雹灾害，无安全事故发生。

【主要气象灾害】　2021年，同仁市出现的主要气象灾害为洪涝。7月25日，同仁地区出现大到暴雨，部分乡镇在不同时段出现短时强降水引发的洪涝及泥石流、山体滑坡等次生灾害，隆务镇娘洛村农户才玛加家，因主外墙右侧山坡塌方，导致该户房屋安全受到影响，受灾面积36平方米；保安镇双处村、扎娘庄、全都村多处路段发生滑坡塌方和路面塌陷，总计长度在100米左右；年都乎拉卡村村内道路出现坍塌情况，长度30米；加吾乡加吾岗村完路乎社农户周毛措家，因右侧山坡塌方，导致该户房屋安全受到影响；曲么村村内硬化路部分坍塌，总长度为40米。此次灾害无人员伤亡报告。

（撰稿人：张增林）

教育工作

【概况】　2021年，同仁市教育局坚持教育优先发展战略，推进教学改革、素质教育、家校共建等教育事业，高中录取率名列全州前茅。截至年底，全市有中小学48所（完全中学1所、初级中学2所、九年一贯制学校1所、小学28所，教学点16所），在校中小学生15515人（高中生1038人、初中生3826人、小学生10651人）；有各级各类幼儿园89所（公办78所、民办11所），在园幼儿5542人。全市在编正式中小学教职工951人、地方特岗教师30人、同工同酬教师135人、幼儿园教职工529人（在编教师44人）。

【学前教育】 制定《同仁市学前教育薄弱县振兴行动计划工作方案》，促进全市学前教育事业进一步科学发展。建立健全学前教育教师补充的长效机制，按照青海省学前教育 1∶15 的师生比和“两教一保”标准，核定公办幼儿园保教岗位，通过政府购买服务方式，补足配齐幼儿园后勤及保教人员 345 人。

【义务教育】 稳步推进“双减”和“五项管理”，制定《关于加强中小学“五项管理”督导工作实施方案》，落实中小学生减负行动，营造良好的育人环境。全市学前三年毛入园率达到 105.24%，九年义务教育巩固率达到 97.02%，初中毕业生升学率达到 97.34%，高中阶段毛入学率达到 85.51%，资助教育覆盖率和贫困家庭大学生、中高职学生资助比例均达 100%，无因贫辍学现象。

【高中教育】 构建以质量为主导的评价激励机制，完善学科抽查和监测办法，开展城乡结盟帮扶、教师多层次培训和丰富多彩的教研教改活动，形成“全力以赴抓质量，你追我赶提成绩”良好局面。全年全市高三籍学生 382 人，一本（含预科）上线 215 人，上线率 56.28%。开展统编“三科”教材推广工作，秋季开学后，全市使用统编“三科”教材班级 170 个，接受统编教材中小学学生 6250 人，教材配发率达 100%。

【心理健康教育】 把心理健康教育纳入教学活动的重要环节，坚持以人为本，全市教育系统结合实际，根据学生的心理特点及发展规律，运用心理健康的理论和方法，开展丰富多彩的活动，保证心理健康的实践性和实效性，进一步培育学生良好的心理素质，促进他们的身心全面和谐地发展。

【教育优化布局】 制定《同仁市中小学优化教育布局实施方案》《同仁市优化教育布局项目实施方案》，通过集团化办学，缩小城乡教育差距，促进区域间教育公平，使城乡教育均衡发展。市委、市政府针对教育布局调整后学校后勤人员紧缺问题，多次召开会议专题研究聘用公益性岗位工作人员 110 人，进一步提高全市教育资源的使用效益。

【教师队伍建设】 抓好教职工队伍建设，完成市域交流教师 12 人，州域 6 人。组织 20 名教师参加省级 2021 年师范生顶岗支教实习置换“三科”及数学教师教学基础素养和技能提升培训；组织 47 名基层教师赴天津开展教育教学培训；组织 137 名中小学幼儿园教师开展业务能力提升培训。通过事业单位招聘、青南计划等方式，将 92 名教师选派到各级各类学校，推进全市教育教学改革。召开“赓续百年初心，担当育人使命”为主题的教育发展暨教育教学工作表彰大会，授予市第三完全小学等 16 所学校“同仁市教育教学工作先进集体”称号；授予才让加等 10 人“优秀校长”称号、卡先优等 80 人“优秀教师”称号、更他吉等 35 人“优秀班主任”称号、韩秀萍等 10 人“优秀教育工作者”称号、夏吾先等 6 人“育人楷模”称号、久血加布等 10 人“师德标兵”称号、夏吾

2021 年 7 月 31 日，2021 年青海省学前教育阶段教师普通话水平提升专项培训项目开班仪式在同仁市举行（市教育局供图）

卓玛等6人“最美幼师”称号、吕桂萍等5人“优秀支教教师”称号、俞敏洪等5人“捐资助学先进个人”称号。

【教学科研】 聚焦三科教材推进过程中困难与问题，调动教研员及“三科”骨干教师11人开展《“三科”课程开设现状、问题及对策研究》课题，于9月立项为重点课题，10月召开开题报告，填补同仁市民族教学科研空白。开展统编“三科”教材推广工作，组织全市251名“三科”教师成功举办2021年义务教育阶段统编“三科”教材课堂教学展示开班典礼暨培训会。秋季开学后，全市使用统编“三科”教材班级170个，接受统编教材中小学学生6250人，教材配发率达100%。

【招生考试】 按照“谁主管、谁负责”原则，建立完善招生考试工作责任体系，成立同仁考区组织机构，加大招生信息公开力度，确保录取工作公平、公正、公开。全完成体考、中考、高考、普通高中学业水平考试等5项招生考试工作，参加招生考务人员300余人，考生5200余人。

【教育基础设施建设】 实施“三区三州”脱贫攻坚教育3项，投资2073万元，完成率100%。主要建设附属设施备购置，已完工，设备均完成采购安装。推进现代化工程建设项目6项，投资1788万元，完成率83%。实施义务教育薄弱环节改善与能力提升项目1项（同仁市年都乎乡寄宿制完小），投资2250万元，完成主体建设，完成率80%。2020年第三批义务教育薄弱环节改善与能力提升补助项目3项，总投资860万元，完成率80%。推进教育强国建设项目6个，总投资1653万元，总建筑面积5990平方米。6个项目完成招投标工作。

【教育资助】 落实教育优先发展战略，不断完善教育投入政策，实施15年教育资助政策，构建从学前教育到高等教育的贫困学生资助政策体系。全年发放各类补助资金7183.35万元，享受人数35182人次。

【普通话培训】 开展全市中小学及幼儿园普通话能力提升线上线下分期分类培训5次，培训794人。截至年底，全市在编教师普通话一级乙等达标17人，二级甲等达标189人，二级乙等达标507人，三级甲等达标238人。汉语授课不达标教师81人。同工同酬教师普通话一级乙等达标1人，二级甲等达标28人，二级乙等达标84人，三级甲等达标22人。汉语授课不达标教师29人。地方特岗教师普通话二级甲等达标8人，二级乙等达标19人，三级甲等达标3人。汉语授课不达标教师6人。

【校园安全】 制定印发《同仁市教育系统新型冠状病毒感染的肺炎疫情防控工作应急预案》，对外出师生进行全面摸排和动态监测，从源头保障师生生命安全。注重强化隐患排查，密切关注校园周边食品、交通、消防安全和校园欺凌等重点，在安全教育日等重点时段，定期开展应急疏散演练和安全教育，提高师生安全防范和应急处置的能力。制定全市教育系统消防验收“两未”项目整改台账，聘请青海速阳消防工程有限公司为第三方重点做好消防检测。

（撰稿人：才让卡）

TONGREN

文化　旅游

同仁年鉴 / 2022

YEARBOOK

文化综述

【概况】 2021年，同仁市不断丰富城乡群众文化旅游活动内容，开展文化下乡活动，推进文化服务体系建设；加强文化市场管理，持续“打黄扫非”“疫情防控”；加强文物管理、“非遗”保护，推进文化体制改革和人才队伍建设。截至年底，全市文化产业收入达101223万元，同比增长2%；各类文化旅游从业人员达32600余人。

【社会公共文化活动开展】 市文化馆在12个乡镇举办农牧民喜爱的舞蹈、篮球、藏棋等比赛，开展“三区”人才服务对象基层下乡活动、文艺轻骑兵、送戏下乡等演出活动100余场次，观看6万余人次。活动期间，宣传和落实党各项路线、方针、政策。结合本地实际，以文艺搭台、宣传为主的形式，把党的惠民政策家喻户晓，为社会稳定和谐、经济发展创造良好氛围。组织和参与喜迎新年暨庆祝中国共产党成立100周年书法摄影展、送文艺进军营、轻骑兵团送戏下乡、赛马会、夏日广场锅庄舞，藏棋比赛、市委、市政府安排文体旅游广电局举办市文化馆组织文艺演出、庆祝中国共产党成立100周年文艺会演、挖掘民间人才资源搜集、“七一”中国共产党成立100周年书法摄影展、全州性文化系列活动等文化活动，弘扬民族文化，推动同仁文化旅游业的发展。

【文物保护】 全年市古城省级、县级保护研究中心检查小组检查全国重点文物保护单位60余次，巡查文物点23次，督查30余次，出勤人员160余人次，限期整改6项，现场整改10项。召开全市文物安全工作会议，签订各级文物保护单位文物安全管理责任书24份。宣传《中华人民共和国文物保护法》。实施全国重点文物单位隆务寺及保安古屯田寨堡古建筑群等10个文物保护维修工程项目，顺利通过国家文物局最终验收。8月，邀请省文物局文物专家现场勘察黄乃亥乡群吾村现存的两座烽火台（群吾旦烽火台、四合兰烽火台），通过初步观察夯层、形制、规模及采集遗物，推测出其始建年代为宋代。编制完成《同仁市群吾旦烽火台、四合兰烽火台文物保护设施建设项目设计方案》。

【文化市场监督管理】 市文化市场行政执法大队开展文化市场稽查工作。全年出动执法人员1793人次，检查文化市场经营单位421家次，其中游艺娱乐场所11家次、歌舞娱乐场所70家次、互联网上网服务经营场所72家次、电影院10家次、广播电视、地面卫星接收设施单位5家次、出版物经营单位56家次、印刷经营单位68家次、文旅市场和其他经营单位49家次。处罚宜博电竞、伯汇娱乐等10家文化市场违法经营单位，警告5家次，责令整改4家次，没收非法出版物217本。检查全市文旅市场疫情防控工作，出动执法人员983人次，检查市场217家次。在各大中小学开展“护苗”行动，检查学校图书室，发现影响青少年身心健康的书籍35册，建议下架处理，并发放绿

2021年4月，同仁市在热贡文化广场举办隆务地区夏日广场文化活动（市文体旅游广电局供图）

书签200多份。办理娱乐场所经营许可证2家、出版物经营许可证4家。为执法人员配置3套执法服装，组织执法人员参加全国文化市场技术监管与服务平台的业务学习和州文化市场监督局组织的培训。结合日常工作，开展案例分析和法规研讨，提高执法人员政治素养、业务素质，提高办案质量。检查全市文旅市场疫情防控工作，出动执法人员983人次，检查市场217家次。

【图书馆管理】 市图书馆是州府所在地的地市级公共图书馆，成立于1982年11月，隶属市文体旅游广电局。馆址位于城北新区迎宾大道，建筑面积约1100平方米，有馆藏图书52510余册，其中纸质图书3万册，电子图书2万册，期刊、报刊610种（电子期刊报刊530余种、地方文献1500余册）；有阅览席位110多个，可供读者使用的计算机22台，接入2条100兆光纤宽带、1条20兆专线电路，磁盘阵列存储容量达20TB。读者服务区无线网覆盖范围达到100%，图书馆新增电子图书借阅览机，现代化技术设备达到标准要求。在功能布局上，新馆主要体现以“用”为主，以读者为中心，以开架借阅为主要服务方式，实现藏、借、阅、咨询管理的一体化。按县级图书馆“三级馆”评估标准落实免费开放工作，每周免费开放超过56小时，全年接待阅览、外借、咨询读者超1万人次，借阅图书、期刊和其他文献资料1.2万余册。全年接待读者6400人次，书刊文献外借4400册次。11月，曲库乎乡江什加村农家书屋评为“青海省示范农家书屋”。

【全民阅读推广】 开展全民阅读推广活动，送书7.5万余册，实现72个行政村农家书屋全覆盖，建成36个寺庙书屋。投入50万元，实施图书馆总分馆工程建设项目，建成1个总馆、6个分馆。为72个行政村农家书屋、36个寺庙书屋发放图书1.5万余册，价值约27.3万元，并安排工作人员在各乡镇开展图书分类、整理、上架指导及管理员培训等工作。在部队、学校、社区、机关、工地建立15个图书流通点。

开展以“书香浸润童年，阅读点亮人生——童心向党，诵读中华”诗歌朗诵活动、我们的节日——情暖农民工图书进工地、“五一劳动节”全民阅读推广送温暖活动。在第26个“4·23”世界读书日在热贡文化广场举办“以阅百年历程，传精神力量”“4·23”世界读书日暨全民阅读·中国共产党成立100周年系列宣传活动；举办以“浓情五月、畅享阅读”为主题的庆祝中国共产党成立100周年暨图书馆服务宣传周等活动，发放图书820余册，发放宣传资料740余册；“六一”儿童节期间，向州特殊学校残疾儿童送书110余册，学习用品及食品80余份，价值3000元；开展“弘扬传统文化，绘制美丽脸谱”为主题的亲子手工绘制京剧脸谱活动，学生、家长40余人参加；组织开展“传递正能量奋进新征程——讲述身边党员故事主题演讲”“我的书屋·我的梦”农村少年儿童阅读实践活动。

【广播电视】 全年全市11个乡镇72个行政村实施安装“户户通”设备19035套、“村村通”设备10550套，“广播电视进寺院”工程中为2365户寺院僧舍安装“户户通”接收设备，并配发2365套电视机，自2016年7月开始“户户通”“村村通”维护及发放任务移交网络公司管理。全年安全播出广播节目5920多小时，播出电视节目5920多小时，播出转播电视节目240多小时，转播无线化数字覆盖5200多小时，卫星地面数字5200多小时。应急广播方面完全覆盖11个乡镇、8个社区，设121个点，每天播出时段为12：00—12：30和18：00—18：30，播放时长每日10分钟左右，累计播放达360多小时，内容涉及疫情防控、党史学习教育、乡村振兴、中共十九届六中全会精神宣讲等，全市应急广播在线率在85%以上。

（撰稿人：周婷婷）

民族语文工作

【概况】 2021年，同仁市民族语文工作中心贯彻党的民族政策，进一步落实《黄南藏族自治州藏

2021 年，市民语中心工作人员为个体工商户提供翻译服务（市民族语文工作中心供图）

语文工作条例》《黄南藏族自治州民族团结进步条例》等有关法律法规，通过集中学习和自学不断提高政治理论和翻译能力等业务水平，在农牧区宣传党的路线方针、惠民政策、法律法规，做好全市藏汉文翻译审核工作，确保市域各企事业单位民族语言使用标准化、规范化，加强市面用文日常管理、抢救搜集藏文古籍等工作。

【藏语、汉语翻译】 根据全市重大活动、重要工作、重要会议需要，做好中央、省委、州委、市委重大决策部署、实施方案、惠民政策、宣传提纲、会议材料及法律法规等文件资料的翻译工作。全年翻译党代会、“两会”等相关材料 33 份 45 万字；翻译市政府及各部门重大决策性文件以及各部门、各单位通告、通知、横幅、标语、文头、公章、门牌等材料 236 份 14 万字；翻译校对各单位各部门代表、委员提出的意见建议材料 32 份 13 万字；翻译惠民政策、法律法规、新冠肺炎疫情等材料 21 份 13 万字；各企业、个体工商户日常翻译各类牌匾 315 块、公章 270 枚；负责党代会、“两会”、换届选举各种会议及培训现场口头翻译 9 次，审核校对的材料 42 份 15 万字。

【市面用文检查规范】 按照“藏汉并用、规范用文、整洁美观”要求，全年开展大型社会用文检查 2 次，联合市监、城关等部门查出公文、公章使用藏文出错或不规范的 38 份（枚），其中使用藏语、汉语有问题的宣传栏和展板 27 块（使用藏文出错的 18 块、未使用藏文的 9 块），临街未使用藏文或使用藏文不规范的门牌 57 块，未使用少数民族文字的横幅标语 32 幅。不定期检查 7 次，现场翻译督促整改各类门牌、横幅、广告等 43 次，字数达 2 万字，对发现的市面用文不正确的单位发出整改通知 16 份。

【藏语文学习】 建立干部学习藏语文微信群，每周三组织全市 45 周岁以下不懂藏语文的干部职工 240 多人在微信群学习藏语文，开展教学交流。全年授课 50 次，有效提高干部职工藏语水平，为机关单位、干部职工服务基层提供方便，各部门、各单位在政务大厅、服务窗口都基本安排懂藏语和汉语的工作人员面向群众提供服务。

【语文政策法规宣传】 结合各类宣传活动，在农牧区宣传党的路线方针、惠民政策、法律法规。利用市电视台、同仁民语微信公众平台，以及“一对一”宣传指导等多种形式宣传党的惠民政策、民族政策、法律法规等知识。通过宣传，全社会贯彻落实民族语文工作条例的意识和自觉性明显提高。

（撰稿人：多杰卡）

志鉴编修

【概况】 2021 年，同仁市党史研究室（市地方志办公室）推进志鉴资料征编、宣传和队伍建设工作。截至年底，《同仁县志（1991—2015）》《同仁年鉴（2021）》进入出版印刷环节。编报完成《黄河故事》《季志》等专题编写和供稿工作。年内参与黄南州和尖扎、泽库、河南三县综合年鉴交叉互评工作，扩大交流力度，补齐工作短板，提升年鉴整体质量和水平。

【年鉴编纂】 科学设置编纂大纲，在资料收集、稿件纂写过程中不断充实完善，为编纂工作提供章循。印发《〈同仁年鉴（2021）〉组稿方案》，邀请相关专家开展资料收集整理工作专题培训，开展调查、采访和征稿等活动，拓宽资料征集渠道。按照“初审、复审、终审”三审环节，聘请专家、学者、退休干部审查《同仁县志（1991—2015）》《同仁年鉴（2021）》内容，做好修改完善、查核校对等工作。

【史志宣传】 组织开展学习吴志宏先进事迹等活动，弘扬“修志问道、直笔著史”的方志精神，筑牢“方志人干方志事”信念。在同仁市志鉴编纂工作交流群及时推送有关内容，确保各部门各单位史志鉴负责人、撰稿人等全面了解掌握最新工作要求和任务，推动各项任务落到实处。通过“今日同仁”“同仁融媒”微信公众号、电视广播等平台，集合“12·4”宪法宣传日，通过开设专栏、悬挂横幅等方式，加强史志宣传工作，提升史志影响力。

（撰稿人：才让卓玛）

旅游工作

【概况】 同仁市旅游工作由市文体旅游广电局负责，同仁市旅游服务中心具体实施，承担全市旅游资源的宣传和推介工作，旅游信息数据的统计、整理、上报和信息发布工作，受理全市旅游服务质量投诉、举报，依据相关规定转办，承担全市旅游资源利用的技术支撑和服务工作。2021年，全市旅游收入达170469万元，同比增长0.17%；旅游人数为335.6万人次，同比增长0.18%。各类文化旅游从业人员32600余人。

【旅游推介】 3月26日，由黄南州人民政府主办的2021年“西域胜境·神韵黄南”文化旅游资源专场推介会在西宁召开，讲解并宣传同仁文化的魅力。6月18日，“大美青海·神韵黄南”2021年黄南州文化旅游资源专场推介会在天津召开，组织11家文旅企业讲解人员等在天津、上海等地参加旅游推介，讲解并宣传同仁文化的魅力，做好创建国家级全域旅游示范区营造创建氛围。

【文化旅游申报】 推进对全市国家级、省级旅游重点村、星级乡村旅游接待点、星级景区、国家级休闲街区、国家级文旅融合示范点、星级酒店等申报工作。全年申报国家级旅游重点村1家、第二批省级乡村旅游重点村2家、全国生态文化村1家，申报国家AAA级旅游景区2家并通过初审，申报省级旅游休闲街区1家、省级乡村旅游点（接待户）2家、省级文化产业和旅游产业融合发展示范区8家、第一批国家级夜间文化和旅游消费集聚区1家，

2021年3月19日，同仁市人民政府与中青旅耀悦（北京）旅游有限公司签订战略合作框架协议（市发展和改革局供图）

启动创建AAAAA级旅游景区（国家级历史文化名城）工作。旅游服务中心对全市19家星级乡村旅游接待点（三星级8家、四星级11家）进行乡村旅游接待点复核工作。截至年底，正常营业的星级乡村旅游接待点有8家，其余的属季节性或已停业转租。

【旅游资源开发利用】 依托全国重点文物保护单位隆务寺、唐卡艺术小镇、郭么日古堡等制定同仁市精品旅游线路4条，其中3条线路上报州文体旅游广电局，并分别作为同仁市民俗“六月神会”一日游、二日游、三日游线路。

挖掘同仁旅游资源，制定旅游资源分布图及节庆活动时间表，完善省级非遗“六月盛会”阴阳历时间对照表，出台各个景区景点导游词。年内完成《关于征集乡村旅游宣传资料的通知》《2021年度乡村旅游发展补助资金的通知》申报工作，完成游客服务中心建设情况调研工作。

【旅游市场管理】 4—6月，旅游服务中心完成对隆务寺景区所有导游及讲解员的培训工作，完成率100%。统一指导、检查、管理旅游市场，推进行政效能建设，建立健全旅游市场综合治理、质量监督、行业自律、工作联动和奖惩机制。对同仁市所有文化旅游企业进行综合评估及考核评定，对优秀企业、优秀团体等进行奖励机制并且给予企业认可和肯定。为黄南州梦土文化旅游产业有限公司、同仁市热贡藏家、同仁市花儿沟农业生态发展有限公司3家四星级乡村旅游接待点发放乡村振兴旅游发展资金20万元。

【旅游行业疫情防控】 7月26日，结合旅游系统实际，市文体旅游广电局、市旅游服务中心排查全市A级景区、旅游接待点、文旅融合示范点、星级酒店、民宿67家，并对以上67家旅游企业进行建档立卡、归类统计、排查整理，至9月15日完成。累计排查旅游经营企业265家次，检查落实各企业、各部门是否双码双验、体温登记物资储备、核酸检验等57次，发放通知和温馨提示367份，签订安全责任书123份。其中，市旅游服务中心排查150家次，出动工作人员57人次，发放通知150份、温馨提示120次，和重点旅游企业签订疫情防控责任书11份。传达宣讲省、州、市疫情防控会议精神180余次。每日下午4点统一将工作落实情况、接待游客人数（实数）按“疫情专报”的形式上报。旅游服务中心2021年各项安全工作做到有部署、有计划（安排）、有行动（检查）、有总结。为构建全市旅游安全管理长效机制奠定基础，形成旅游安全工作齐抓共管的美好局面。

【开展讲解员岗位大练兵】 服务中心制定方案，落实每周四以分段落的实地讲解方式进行考核。讲解过程中每个人都发挥自己的专业知识，运用科学的语言表达了藏传佛教的博大精深，热贡艺术的文化精髓。

【“5·19”旅游主题日活动】 结合同仁市深厚的多元历史文化特点，利用旅游日发挥品牌效应，推出“文明旅游、快乐徒步”为主题，邀请16家旅行社、2家新闻媒体机构共计1100人参加“5·19”千人徒步游。通过市委、市政府支持和媒体宣传，提高、提升同仁市热贡文化的美誉度和知名度，带动周边村庄画院、餐饮行业，得到人民群众和各大画院一致好评。

（撰稿人：卓　玛）

TONGREN

卫生和健康　体育

同仁年鉴 / 2022

YEARBOOK

卫生健康工作

【概况】 2021年，同仁市推进健康同仁建设，推进深化医改工作，开展传染病防控、妇幼保健、计划生育、爱国卫生、卫生健康综合行政执法及卫生民生工程项目等工作，持续提高公共卫生和医疗服务质量水平，推动中医、藏医药建设，医疗卫生服务能力明显增强，群众健康水平得到不断提高，卫生健康事业发展迈上新台阶。截至年底，全市有公立医疗机构17个（市中医院、市卫健综合行政执法大队、市疾控中心、市妇计中心和13个乡镇卫生院），医疗机构核定编制210人，有卫生专业技术人员191人。其中，大学学历128人、专科53人、中专10人；副高职称43人、中级职称41人、初级职称74人。医疗机构拥有病床115张，设有村卫生室97所，配备乡村医生101个，均取得乡村医生从业资格证，其中35名村医已取得执业（助理）医师。平均每千人拥有执业（助理）医师1.8人，每千人拥有注册护士1.2人。年内实施同仁市中医院感染性疾病科（病区）建设项目1个，总投资1100万元，于2021年3月动工建设，12月底竣工验收。是年，市卫健局被省卫健委评为2021年度全省卫生健康妇幼工作成绩突出单位、2021年度全省卫生健康妇幼工作成绩突出单位，同仁医疗卫生代表队获2021年全省鼠疫防控技能竞赛团体二等奖。

【公共卫生】 同仁市基本公共卫生服务项目执行《青海省基本公共卫生服务规范（第三版）》，把基本公共卫生服务项目、65岁以上老年人健康体检项目、基本药物工作项目作为重点工作纳入全市卫生目标考核中，年初制定相关工作实施方案和绩效考核方案，与13个乡镇卫生院签订《2021年度购买服务项目合同》。市级专业公共卫生机构每季度督导乡镇卫生院1次，乡镇卫生院每月督导村卫生室1次。

年初，市卫健局制定宣传工作计划，按计划组织疾控、妇计、卫健执法大队和乡镇卫生院、卫生室在市域主要街道、广场及辖区内悬挂横幅、标语进行宣传活动及义诊活动，提高居民健康意识，提高城乡居民对项目的知晓率。举办各类健康教育讲座120次，参加人数达3.2万余人，健康教育咨询活动102次，参加人数达2.5万余人，设置健康宣传栏44个，宣传栏更新次数112次，发放各类宣传资料6万余份、宣传品4万余个，免费提供健康咨询、测量血压、血糖等服务5万余人。邀请省级、州级项目负责老师开设各乡镇卫生院妇幼专干及村医举办基本公共卫生服务项目妇幼专题培训班，就省、州专家就国家基本公共卫生服务规范、基本药物等方面进行集中授课，参加人数达200余人。

加强财务管理，全年收到中央、省级财政拨付基本公卫项目补助资金682万元、市级配套资金28.63万元，按人均70元进行分配，实际拨付乡村两级经费691.73万元，其中拨付至村级金额占乡村两级总经费的比例40%。65岁及以上老年人健康体检项目资金收到省级财政实际拨付补助资金80万元，市级配套资金20.28万元，按体检人数下拨。收到基本药物补助资金乡级46万元、村级25万元，按服务人口下拨。所有项目资金均实行“先预付后结算”的方式，局财务室收到项目资金30日内全额下拨至乡级。

截至12月31日，全市累计建立电子健康档案94596人，建档率93%，规范化电子健康档案覆盖92320人，覆盖率91%，健康档案使用率78%。2型糖尿病患者720人，健康管理服务608人，规范管理84%，血糖控制率64%。高血压患者3475人，规范健康管理服务2849人，规范管理服务率82%，血压控制率65%。65岁及以上常住居民数7787人，规范健康管理服务5929人，规范健康管理服务率76%。严重精神障碍患者277人，规范管理277人，规范管理率100%。65岁及以上老年人7787人，接受健康免费体检7184人，体检完成率92%。

【社区卫生】 推进城乡社区卫生服务，构建城乡社区卫生服务体系，优化同仁市卫生服务结构，方便群众就医，减轻费用负担，建立和谐医患关系。全市有社区卫生服务站（中心）18家，全年累计监督检查80余户次。规范预检分诊，填写《同仁市传染病防控监督检查表》，下达监督意见书32份，落实“口罩必戴、体温必测、健康码必查、行程码必看”，分诊台（点）配备口罩、体温计、消毒产品等，并做好病人实名制登记（登记身份证号、联系方式）。被检查社区卫生服务站（中心）资质均符合要求，有相关的管理制度和责任追究制度、应急预案，药品和医疗器械管理符合要求。卫生监督执法人员对存在问题的社区卫生服务站（中心）当场下达《监督意见书》责令整改，要求限期提供整改报告。通过监督检查，强化社区卫生服务站（中心）从业人员执业资质和执业行为管理，规范社区卫生服务站诊疗行为。

【农村卫生】 选派6名村医分别在省卫生职业技术学校、玉树州八一职业技术学校进行订单定向免费村医培训，提高乡村医生服务能力。选派3名乡镇医务骨干在省级医院参加儿科、精神科、全科转岗培训1年，4名乡镇医务人员在省级医院参加住院医师及藏医住院医师全科转岗培训3年，3名市中医院业务人员在天津学习口腔护理、中医药调剂等专业知识培训，并邀请天津滨海新区4名援青医疗专家团到隆务镇卫生院开展为期1年的医疗帮扶，联合西宁爱尔眼科医疗队在全市各乡镇开展“眼健康行”义诊活动13场，181人完成青海省2021年国家基本公共卫生服务能力提升在线培训学习。举办卫健系统“岗位大练兵、技术大比武暨乡镇（村）医务人员业务培训活动”，通过进修、培养、在线学习、对口帮扶、规范化转岗培训及邀请省内外专家到乡镇坐诊、授课，提高乡镇卫生院诊疗水平。全市医疗卫生机构加快“互联网+医疗健康”发展，13个乡镇卫生院与州人民医院开展远程会诊业务13例。隆务镇、瓜什则乡、保安镇等6个乡镇卫生院实施乡镇卫生院临床服务能力提升建设项目，推进区域平台建设，加快推动州、市、乡三级卫生健康信息互联互通、数据共享和业务协同各项前期工作。

全年全市城乡居民参保73482人，城乡居民参保率100.73%。城乡居民医保筹资标准人均达940元，支付医药费用7264.6万元。截至12月31日，全市医疗机构省级集中平台中标，挂网药品和医用耗材采购率达到100%，执行药品“两票制”医疗机构为100%。采购基药品种179种，网上药品采购金额169.6万元，配送金额150.3万元，网上采购率100%，配送率95%，基本药物及时回款率95.3%。乡镇卫生院销售基本药物98.84万元，药品零差率销售直接让利群众14.82万元。

【卫生应急管理】 调整成立以市委书记、市长为组长的同仁市新冠肺炎疫情防控处置应急工作领导小组，印发《同仁市2021年突发公共卫生事件应急预案的通知》《同仁市新型冠状病毒肺炎疫情防控应急预案》《关于切实做好疫情防控处置工作的紧急通知》等文件，与各成员单位签订《同仁市新冠肺炎疫情防控工作责任书》，针对新冠肺炎疫情形势，启动应急指挥体系和新冠病毒肺炎疫情防控应急预案，召开全市疫情防控处置工作专题会议进行安排部署，明晰任务分工，为筑牢疫情防控“安全网”提供坚强组织保障。

2021年2月4日，市卫生健康局在热贡文化广场开展新冠肺炎疫情防控演练（市卫健局供图）

全市13所卫生院均建立预检分诊室，隆务镇卫生院建立发热门诊，启用隆务镇卫生院、市妇计中心、隆务峡口等3个核酸采样点。全年举办核酸采样技能、流行病学调查、规范消毒等培训班11次，开展“新冠肺炎疫情常态化防控及全员核酸检测实战演练”“突发公共卫生事件鼠疫疫情应急演练”等活动6次，排查重点地区来同返同5094人，集中隔离147个，居家隔离99人，居家健康监测814人，流调659人次，新冠核酸采样及检测11186人，冷冻食品新冠核酸采样628份，检测结果均为阴性。海东疫情发生后，及时启动隆务峡口、郭么日高速出口、瓜什则、双朋西、多哇、兰采等6个疫情监测点，县科级领导干部及公安、卫生、交通等200余人排查中高风险地区及涉疫地区来同仁返同仁人员，重点加强对多哇镇、瓜什则乡、兰采乡等乡镇周边地区的排查工作，做到“不漏一车、不漏一人”，并对同仁北匝道收费站实施24小时查控、检测、登记、消毒、扫码等工作。

市政府在市人民医院、市疾控中心、市妇幼保健院疫情防控体系中投入资金864.9万元，用于建设升级隔离病区、发热门诊、核酸实验室，改造规范化疫苗接种中心及采购新冠病毒核酸快速检测仪等，进一步提高同仁市核酸检测能力水平。做好疫情防控物资储备工作，强化疫情防控物资的管理使用，保障疫情防控期间物资供应工作。组织执法人员对各医疗机构防护设施，消毒隔离，医废处置、外来人员筛查等开展情况及学校、大型商超、宾馆住宿、影剧院等公共场所重点区域、重点环节人员防护进行督查15次。

印发《同仁市新冠病毒疫苗加强免疫接种实施方案的通知》，多次召开新冠病毒疫苗接种工作推进会，与各单位签订新冠病毒疫苗接种工作责任书。采取“固定点+流动点”接种方式，开展新冠疫苗接种到乡镇、村、社区，并组织疫苗接种组到西宁驻宁老干部服务所提供为上门接种服务，做到应接尽接、应接快接，全面筑牢疫情防控免疫屏障。截至12月31日，累计接种195931人次，第一剂接种率94.99%、第二剂接种率83.55%、第三剂接种率75.56%，全市无不良反应事件发生。

【卫生专项监督】 **综合监督执法** 以新冠肺炎疫情常态化防控为重点，监督检查3家集中隔离点、3家核酸采样点，检查大型商场超市、宾馆疫情防控措施落实情况。开展全市公共场所“春节”“两会”“国庆”等重大活动及节假日期间监督检查，中、高考前检查学校周边住宿单位，累计监督检查130余户次，填写《公共场所日常卫生监督检查表》，下达指导监督意见书67份。监督指导全市各类医疗机构“双码双验”、体温检测、预检分诊、消毒隔离制度、医废处置，外来人员筛查等工作，填写《同仁市传染病防控监督检查表》，制作监督意见书69份，停业整顿9家，限期整改15家。督导排查全市生活饮用水、学校及托幼机构新冠肺炎疫情防控落实情况，下达传染病防控监督意见书。开展13家职业用人单位新冠肺炎疫情防控工作检查指导工作，加强同仁市疫情防控工作。

“健康青海蓝盾护航”专项行动 监督检查住宿业24家、美容美发30家、超市2家，下达36份卫生监督意见书并给予指导性意见；开展生活饮用水卫生监督64户次，制作责令整改意见书43份；开展春秋季学校风险隐患排查，检查托幼机构9所、中小学62所，下达48份卫生监督意见书；监督检查53家医疗机构传染病疫情控制情况，均建立预检分诊，按规定进行场所、物品消毒，医废处置，在发现传染病疫情时，均依法采取传染病控制措施并及时上报。监督检查医疗机构68家，存在卫生院、个体诊所执业医师、执业护士人数不足、“一人多用”跨专业执业现象，部分民营医院、个体诊所处方、门诊日志等管理不到位，登记不全面。卫生监督执法人员当场下达《监督意见书》46份责令整改，要求限期提供整改报告。监督检查母婴保健机构16家，均按照规范开展母婴保健技术服务工作；开展非法医疗美容集中整治“回头看”专项行动，经查，全市120家医疗机构无医疗美容科室，检查生活美容美发场馆29家，未发现违法开展创伤性或侵入性的医疗美容服务项目的行为。

医疗废物管理　全市各医疗机构医疗废物由州医疗废物集中处置中心处置，在日常诊疗工作中使用专用包装物及容器所有医疗废物交接、运送、暂存及集中处置情况均符合相关规定和要求。国家“双随机”监督抽检抽取同仁市辖区被监督单位34家涉及6个专业，完成“双随机”监督任务，并在同仁市政府网站上公示。全年办理行政处罚案件5件，其中一般程序2件、简易程序3件，罚款2.3万元。

【医政管理】　加强医德医风建设，落实医疗卫生行风建设“九不准”“十六禁”《医疗机构从业人员行为规范》，执行行风建设目标责任管理，实行政务、院务公开，坚持办事程序、规章制度公开，接受群众监督，将群众关心的药品、检查及服务收费价格予以公示，重点强化医疗卫生综合监管，开展以打击非法行医、传染病疫情报告、医疗感染管理、处方管理等为主要内容的综合执法检查工作。市卫健局组织卫生健康综合行政执法大队督导全市各医疗卫生单位医院管理、医疗服务质量、医疗质量安全及医疗技术服务，有效控制乱用抗生素、激素及不合理用药现象，规范医疗行为，年内未发生医疗质量和重大安全事故。

【妇幼保健】　实施母婴安全保障工作，完善妇幼卫生服务，开展院内危重症孕产妇急救模拟演练，提高妇女儿童健康水平。全年全市活产数1345人，孕产妇1345人，孕产妇死亡1人，孕产妇死亡率孕产妇系统管理1345人，管理率92%；住院分娩率99.9%。0—6岁儿童管理9344人，儿童管理率91.9%，新生儿死亡11人，死亡率8.2‰，婴儿死亡15人，死亡率11.15‰，5岁以下儿童死亡17人，死亡率12.6‰。办理《母子保健手册》，孕妇发放1464人，儿童发放1250人，使用率均为100%；营养包发放2662人，发放率100%，有效服用率87%。开展“三网”监测，其中监测5岁以下儿童死亡17人，按时完成网络直报工作，出生缺陷监测937人，出生缺陷发生10人；孕产妇艾滋病、梅毒、乙肝检测1785人，其中梅毒阳性81人，梅毒干预81人，发现乙肝表面抗原阳性产妇130人，新生儿乙肝免疫球蛋白注射130人；新生儿疾病筛查血片采集1711份，新生儿听力筛查389人，转诊2人；0—6岁儿童眼保健和视力检查人数9168人，覆盖率90.2%，6岁儿童视力检查1889人，视力不良检出7人，视力不良检出率0.4%；完成“两癌”检查3000人，其中宫颈癌筛查1500人，发现宫颈CINⅢ级1例、宫颈细胞学检查不典型增生17例、细胞学检查低度病变3人、高度病变1人；乳腺癌筛查1500人，其中乳腺癌1例、乳腺彩超检查异常5人；完成孕前优生健康检查730对，婚前医学检查502对。加强中医药特色专科建设，推广中医药适宜技术，使中医药融入妇幼保健工作。全年门诊接诊648人次，其中督脉熏蒸91人次，针灸治疗15人次，中药离子导入28人次，温灸罐疗254人次，三伏贴56人次，扁桃体炎、疱疹性咽炎紫外线短波治疗62人，儿童穴位贴敷77人。11月，市妇幼保健计划生育服务中心整体搬迁至妇幼保健计划生育服务中心新址，位于市城北新区郭么日东路北侧，建设面积3464平方米。新建办公楼设有门诊预检分诊、输液大厅、产房、新生儿ICU室、中医馆、婴儿洗浴中心等科室。

【爱国卫生】　年初，召开同仁市爱国卫生运动工作会议，安排部署2021年爱国卫生及环境卫生综合整治重点工作，综合整治划分责任区域城乡环境卫生，利用多种渠道宣传动员，开展爱国卫生月宣传活动，提高居民的健康素养水平及防病意识。制定印发《关于开展第33个爱国卫生月活动的通知》《防疫有我，爱卫同行》《人人动手创建美好家园，摒弃陋习共享健康生活》《同仁市开展全民控烟禁烟行动》等2万余份，下发督查通报12期。制定印发《同仁市省级卫生城市复审工作实施方案》《关于上报同仁市省级卫生城市复审资料的通知》，召开同仁市省级卫生城市复审工作安排部署及推进会议，通过省级卫生城市复审验收。加快同仁市国家卫生城市创建步伐，制定印发《同仁市创建国家卫生城市工作实施方案》，举行创建国家卫生

2021 年 12 月 15 日，同仁市创建省级卫生城市通过复审验收（市卫健局供图）

城市启动仪式，进行同仁市创建国家卫生城市千人签名活动。

【中国传统医学】 推动中国传统医学藏医特色专科建设，选派 7 名中国传统医学业务骨干到省上参加学习藏医岐黄针新型疗法，隆务镇和年都乎乡卫生院分别邀请省外汉族医药专家到卫生院坐诊、授课。瓜什则寺藏医院与青海伟一投资管理集团有限公司沟通，协调捐赠藏药制药颗粒机、粉碎机、喷塑检查床等价值 5.4 万余元。在隆务镇卫生院开设中医皮肤科，开展银质针治痛疗法，成为全州首家开展“银质针疗法”的乡镇卫生院，并邀请 4 名天津援青专家医疗帮扶为期 1 年。在兰采乡、双朋西乡、瓜什则乡卫生院持续与西藏奇正、彰颂藏医药医院实施特色诊疗合作项目，推出针刺、全身药浴、青鹏涂剂等藏医适宜技术诊疗项目，受到当地群众的认可和好评。每个乡镇中医、藏医馆至少能提供针刺、艾灸、推拿、药浴、足浴、全身药浴、青鹏涂剂等 6 类以上中国传统医学医药适宜技术。瓜什则卫生院藏医科医疗团队首次开展“岐黄针”疗法，接诊多名“颈椎病”“坐骨神经痛”“膝关节炎”“肩周炎”等患者，中国传统医学医科特色专科受到当地群众的认可和好评。成立由市长为组长、副市长为副组长的创建全国基层中医药工作先进单位工作领导小组，起草《同仁市创建全国基层中医药工作先进单位实施方案》，召开全市卫生健康系统进行专题安排部署。组织天津援青医疗专家及市乡医疗单位中医、藏医药专家集中进行免费义诊及创建全国藏医药工作先进单位宣传服务活动，就诊群众 1523 人次，免费发放藏药 1000 余盒，宣传材料 8000 余份。

【医疗改革】 及时调整成立市委书记为组长，市长为副组长，相关部门主要负责人为成员的同仁市深化医药卫生体制改革领导小组、同仁市医疗行业综合监管制度领导小组。召开综合医改工作安排部署会议，与各医改责任单位签订目标责任书。市妇计中心与省妇幼保健院建立妇科和儿科联盟。13 所乡镇卫生院持续与州人民医院开展以临床医疗为核心的医疗联合体，与州藏医院开展以藏医为核心的专科医联体建设，全市各乡镇卫生院“一站式”结算窗口均达到全覆盖。医疗集团发挥隆务卫生院优质医疗资源软件优势和州妇幼保健院基础设施硬件优势，以基层医疗服务能力建设为基础，以发挥集团优势为切入点，建立健全辖区州、市、乡、村联动的区域医疗服务体系，加快推进优质医疗资源共享，形成以中医、妇科、儿科共同发展的特色专科医院，实现以州人民医院西医为主、州藏医院藏医为主、医疗集团中医为主的局面，打造区域诊疗特色品牌和区域诊疗模式，解决群众“看病难”“看病贵”问题。截至 12 月 31 日，门诊就诊 45741 人次，住院 717 人次，乡镇卫生院向州级以上医疗机构转诊 2960 人次，全市转诊率为 6.5%，业务总收入为 554.26 万元。其中，市医疗集团门诊诊疗 16148 人，住院 415 人次，医疗收入 243 万元，市域内就诊率在 85%以上。

【市人民医院】 同仁市人民医院（隆务镇卫生院）业务用房面积 7000 余平方米，有职工 102 人。

2021 年 12 月 15 日，开展卫生健康系统医务人员岗位大练兵活动（市卫健局供图）

其中，在编职工 48 人（含中医院 12 人）、临聘 54 人；各类专业技术人员 97 人、工勤类人员 5 人；正高职称 1 人、副高职称 13 人、中级职称 10 人。设有内、外、妇、儿科、中医科、皮肤科、功能科（检验室、B 超室、心电图室）、中西医药房、公共卫生科、妇幼保健科、计划免疫科、财务科、信息科等；拥有 GE 悬吊智能数字 X 线机（DR）、GE 彩色多普勒超声波诊断系统、日本富士能胃肠机、希森美康全自动凝血分析仪、迈瑞 600S 全自动生化分析仪、迈瑞五分类全血细胞分析仪等设备。综合内科高薪聘请主任医师 1 名作为学科带头人，带动所有临床及医技科室的快速发展，起到良好的"传、帮、带"作用。中西医结合的皮肤病专科在天津帮扶专家指导下，针对高原地区多发的皮肤疾病进行中西医结合治疗，对银屑病、疱疹性疾病、日光性皮炎、色素障碍性皮肤病等具有明显疗效，并率先在全州开展过敏源检测项目，方便群众就近诊疗，皮肤科诊疗水平得到省医学会皮肤病学分会肯定。2021 年"走基层皮肤健康管理公益活动"首次在市人民医院（隆务镇卫生院）举办，所有省级三甲医院皮肤科知名专家到场进行大型义诊和现场操作。截至 12 月 31 日，市人民医院门诊诊疗 23865 人次，住院患者 582 人，转诊 503 人次，业务总收入 580.2 万元。

（撰稿人：吉毛才让）

疾病预防控制

【概况】 2021 年，同仁市疾病预防控制中心坚持预防为主、防治结合的工作方针，进一步完善疾病预防控制体系，落实重大疾病预防、疾病控制措施，加强队伍建设，不断提高疾病预防控制能力和水平。全市报告法定传染病 1143 例，无死亡病例，报告发病率 1129.97/10 万元，发病前三位为乙肝 488 例、肺结核 204 例、梅毒 163 例，报告发病率分别为 482.44/10 万、204.49/10 万、161.14/10 万。无甲类传染病、新冠肺炎、传染性非典、人禽流感、人感染 H7N9 禽流感、不明原因肺炎确诊和疑似病例报告。

【计划免疫】 全市常规免疫报告接种应报告数 144 次，累积实报告数 144 次，各接种点报告率 100%。报告接种率分别为卡介苗 99.85%、脊髓灰质炎疫苗第三剂 99.04%、百白破三联第三剂 99.86%、麻疹风疹疫苗 99.65%、麻腮风疫苗 99.89%、乙肝第一针 99.48%、首针及时率 56.99%、乙肝疫苗第三针 99.87%、A 群疫苗第二剂 99.60%、A + C 群疫苗第二剂 99.00%、甲肝疫苗 98.94%、白破疫苗 99.95%。未监测到确诊麻疹病例及 AFP 患者。托幼机构和学校查验覆盖率 100%，入托入学儿童查验率为 99.75%，补种 879 针次，补证 132 人次，补种率 ≥ 96.5%。全市 18 岁及以上人群累计接种新冠疫苗 150491 剂次（第一剂 71960 人、接种率 100.40%，第二剂 63855 人、接种率 89.09%，第三剂 14676 人；60 岁以上人群累计接种第一剂 5918 人、接种率 62.00%，第二剂 3825 人、接种率 40.07%）。3—11 岁人群累计接种 26419 剂次（第一剂 14901 人、接种率 96.83%，第二剂 11518 人、接种率 74.85%）。12—14 岁人群累计接种 10400 剂次（第一剂 5313 人、接种率 117.52%，第二剂 5087 人、接种率 112.52%）。15—17 岁人群累计接种 8621 剂次（第一剂 4262 人、接种率 84.31%，第二剂 4359

人、完成率 86.23%)。

【手足口病防控】 重点加强监测，规范报告，提高传染病预警预测能力。强化培训，规范诊疗，提高传染病救治水平。加强部门协调，实行联防联控，形成传染病和职业病防控合力，完善联防联控机制，确保防控工作信息互通、资源共享、措施联动，及时通报疫情信息，协同做好联防联控工作。全年发病 116 例，无死亡病例发生，手足口病例明显下降。

【包虫病防治】 全市包虫病确诊患者库有 175 人，治愈 38 人，死亡 19 人，管理包虫病患者 118 例，总患病率 0.12%。免费药物治疗 12 人，发放阿苯达唑片剂 11800 片，阿苯达唑乳剂 1.5 万毫升。包虫病防治项目基本实现既定目标。

【鼠疫防控】 组织召开市重大传染病和地方病防治各成员单位鼠疫防控专题会议 3 次，成立鼠疫流动监测队和固定监测队，实行 24 小时鼠疫疫情应急值班制度。与尖扎、泽库、贵德、循化、夏河五县及同仁市各相关成员单位签订鼠疫联防联控协议书，为有效防止鼠疫疫情的发生奠定基础。瓜什则鼠疫固定监测点完成喜马拉雅旱獭血清检验 265 份、人血清 6 份，结果均为阴性；动物细菌培养 129 份，结果均为阴性。开展小型鼠类调查，布夹 1200 盘，捕获高原鼠兔 6 只，捕获率 0.5%。探旱獭洞 213 个，捕获率为 0。张贴《青海省人民政府关于禁止猎捕贩运销售旱獭的通告》100 余张，发放藏语和汉语宣传册 1 万余份、保护性灭獭 2.1 万余公顷、堵洞约 11500 个，使用氯化苦 780 千克。

【结核病防治】 开展全市所有学校及托幼机构的学生及教职工结核症状筛查工作，筛查师生 20628 人。开展同仁市 4 所学校 2654 名新生结核病筛查工作，全市总发病 204 例，发病率 204/10 万元，与 2020 年基本持平。学生病例 29 例均已休学规范管理，全年确诊耐药患者 5 例，在省第四人民医院统一管理。

【慢病及死因监测】 监测辖区内 35 岁以上首诊患者 6979 例，测血压 6402 例，监测率 91.99%，筛查出高血压患者 207 例，基层医疗机构均做了相应的健康教育、干预指导。收集辖区医疗机构、乡镇卫生院上报死亡病例 483 例，死亡报告率 4.83‰，同比下降 14.66%。全市管理严重患者 275 人，检出率 2.75‰，其中精神分裂症患者 114 例、癫痫所致精神障碍患者 60 例、精神发育迟滞所致精神障碍患者 79 例、双相障碍患者 13 例、其他 9 例。危险分级 3 级以上患者 222 人。建立健康档案 275 份，患者管理率 99.63%。开展恶性肿瘤患者登记随访工作，全市登记在册肿瘤患者 481 例，及时开展患者随访，其中存活 311 例，死亡 170 例。全年新发肿瘤患者 129 例，其中男性 67 例、女性 62 例，肿瘤发病前五位的分别为肝癌 27 例，胃癌 25 例，宫颈癌 16 例，甲状腺癌 7 例，胆囊癌、胰腺癌、乳腺癌各 6 例。

【新冠肺炎疫情实验室建设】 加强生物安全二级实验室设备的招标采购、校验调试、质控，P2 实验室的达标验收等工作，年内二级实验室设备投入使用。市疾控中心整体搬迁至同仁市城北区，位于同仁市城北区郭么日东路北侧，建设面积 1464 平方米，卫生应急储备库装修改造及供暖设备

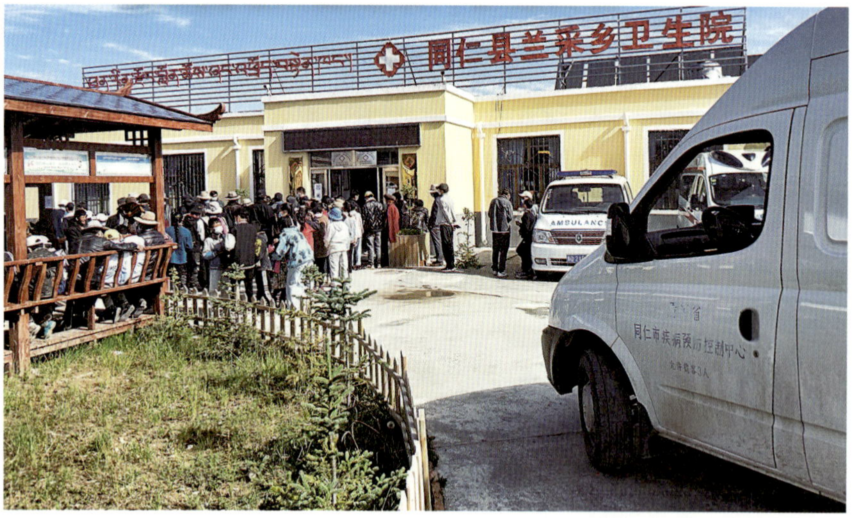

2021 年 8 月 23 日，兰采乡流动点配送接种新冠疫苗（市卫健局供图）

安装完成并投入使用，疾病预防控制业务用房及核酸检测实验室各项业务工作提标升级。

（撰稿人：杨志刚）

人口与计划生育

【概况】 同仁市辖3镇8乡、72个行政村、8个社区、11个乡镇卫计办。全市总人口10.7万人，其中已婚育龄妇女2.13万人，年内出生新生儿1270人，其中男孩666人、女孩604人。全面三孩政策实施后，通过分析研究人口监测数据，调整完善现有奖励扶助相关政策措施，探索建立《3岁以下婴幼儿托育服务体系的实施方案》，在“幼有所育”上取得进展。8月1日起，全面取消社会抚养费征收工作，11个乡镇卫计办均开展三孩生育登记服务工作，发放三孩生育服务登记表60份。

【人口计生优惠政策落实】 健全家庭基本信息档案，建立乡镇计生专干和村（居）委会计生宣传员帮扶“双岗”联系人制度，与特殊家庭成员每年保持经常性联系不少于15次。各乡镇家庭医生服务团队将特殊家庭成员作为家庭医生签约服务重点对象，不定期开展入户宣传政策，重点关注特殊家庭成员生理和心理健康状况，提供有针对性的医疗卫生服务。13个乡镇卫生院将辖内49—64周岁的5个计生特殊家庭扶助对象纳入免费体检范围，每年进行一次免费体检。隆务镇卫生院作为计生特殊家庭优先便利医疗服务定点医疗机构，为全市计生特殊家庭成员开通优先便利就医“绿色通道”。

全市2021年享受奖励扶助制度对象459人（其中新增25人），退出10人，特别扶助制度对象10人，“少生快富工程”放弃三孩对象15户，发放资金78.4万元。养老保险费补贴对象1176人，医疗保险补贴对象33人，高中生、大专生优惠政策对象94人，若干政策享受对象1人，共计资金28.1万元。提高全市奖励扶助对象扶助金，在原1160元的基础上每人提高200元，共计9.18万元，并列入财政每年度预算。各乡镇政府对51户独生子女、双女户在民政临时救助和大学生补助等政策方面给予倾斜，共计18.5万元。

【基层人口计生工作】 调整完善以市委书记为组长，市长及党政分管副市长为副组长的计划生育工作领导小组，将计划生育工作纳入改善民生的工作范畴，列入党委、政府重要议事日程，同安排、同部署、同检查。建立计划生育工作联席会议制度，7月，在市政府召开《青海省计划生育条例》修改征求意见座谈会，制定并落实有利于人口计生工作的具体办法、措施，形成多位一体、优势互补、各负其责、综合治理人口问题的良好局面。市政府与各乡镇政府签订2021年计划生育目标责任书，明确乡镇政府和各乡镇卫生院、乡镇卫计办目标任务考评细则。把计划生育手术减免费、计生经费72万元全部纳入财政预算。加强数据质量控制，发放生育登记服务表1207份，及时对接人口监测系统中妇幼数据核对工作。利用全员人口基础数据与共享机制监测数据，定期分析同仁市及各乡镇人口与家庭发展变动趋势。全年全市全员人口数据库常住人口覆盖率和数据准确率均在95%以上。

【流动人口计生管理】 加强流动人口计划生育信息管理系统建设，强化区域协作，流动人口信息平台县、乡应用率100%。强化部门、异地互通协作和信息通报等综合治理流动人口管理机制，免费为外出务工人员办理《婚育证明》4件。开展辖区内流动人口育龄妇女组织清查验证工作，详细登记基本情况，开展“三查”和免费孕前优生健康检查优质服务活动。明确流动人口卫生健康基本公共服务均等化工作目标及职责，建立和完善流动人口服务工作机制。截至年底，全市建立流动人口基本档案4214人。

【人口计生宣传教育】 实施“康福家行动新家庭计划”项目工作，制定印发“康福家行动新家庭计划”项目实施方案和项目活动计划，在市、乡两级通过集中培训、入户宣传、个别交流等方式开展“家庭保健”“科学育儿”“关怀扶助”“青少年健康发展”“关爱女孩”等专题培训活动，举办培训20

余期。组织各乡镇卫计办在“三八”妇女节、“5·15”国际家庭日、“六一”儿童节、“7·11”世界人口日、“10·11”国际女童日等为契机，开展长期性广泛宣传全面三孩政策等计划生育有关生育法规、奖励扶助政策、生殖保健等方面的知识和维护妇女儿童权益的宣传理念。全年开展宣传活动80余期，发放《青海省人口与计划生育条例》《奖励扶助政策》及健康知识宣传手册等2.5万余份，开展生殖健康咨询服务0.4万余人次、免费义诊0.2万人次，群众对计划生育法律法规、奖励扶助政策、健康知识等知晓率达93%以上。

【计生协会】 调整完善全市计生协会网络组织，全市有协会组织90个，其中市级协会1个、乡村两级协会88个、会员之家12个，协会会员4158人。开展协会会员“一对一”帮扶计生特殊对象，组织开展“5·29”协会日、“10·28”国际男性健康日等宣传活动，在元旦、春节、端午、中秋节期间开展计生特殊家庭慰问活动，发放慰问金1万余元。在全市范围内开展老年人生活抽样调查工作，主要以入户走访、扫描二维码、电子问卷等形式收集数据，调查全市老年人家庭179户。市、乡计划生育技术服务机构免费开展“三查”服务4.3万人次，免费发放避孕药具5.6万人份，开展“两癌”筛查3000人，其中宫颈癌筛查1500人、乳腺癌筛查1500人。

（撰稿人：吉毛才让）

体育工作

【概况】 2021年，同仁市有体育馆2个，分别是同仁市群众文化体育馆、同仁市全民健身中心；有足球场14个，其中11人制笼式足球场4个、5人制笼式足球场项目10个，全部交付投入使用。全民健身方面，有11个乡镇全民健身广场、72个行政村全民健身站、6个社区全民健身点、36个寺院健身点，覆盖率达到100%，学校体育场地设施与器材配置达标率达到100%，人均体育场地面积1.8平方米以上；有国民体质监测点1个、健身广场5处（热贡文化广场、三角花园广场、同仁市群众活动广场、四合吉健身广场、圣雪莲健身广场）；有青少年体育组织2个、俱乐部2家、体育协会7个，协会长期会员400余人。年内开展同仁市体育场地普查工作，完成12个乡镇72个行政村340个体育场地、健身场馆的普查工作普查。全年组织开展“庆祝中国共产党成立100周年职工篮球赛”、“同仁市庆祝中国共产党成立100周年民族团结杯传统赛马大会”、“5·19”中国旅游日世界唐卡艺术之都千人徒步文化体验游活动，推动“一县一品”全民健身活动，每年各乡镇举办具有地方特色的全民健身活动。

【青少年体育培训】 开展“体教融合”培养青少年体育锻炼兴趣，组织黄南地区第二届青少年篮球夏令营，为120名学员免费发放篮球服120套。组织开展“青少年篮球训练营”“暑期篮球夏令营”“第二届同仁市青少年篮球冬令营”“中考体育培训班”“寒假足球冬令营”等系列活动，累计培训1600余名青少年。

【竞技体育】 组织参加黄南州民族团结杯篮球赛，带领同仁市15名运动员参加青海省第七届少数民族传统体育运动会马术、藏旗两项体育项目，并取得团体第二、个人第二、团体体育道德风尚奖。组织同仁市高中篮球队参加中国农业银行杯2021“奔跑吧·少年”青海省青少年篮球锦标赛暨高中生篮球联赛，取得全省高中生篮球联赛高中组第5名，获得3个国家二级运动员资格。

【全民健身】 对同仁市11个乡镇72个行政村可供居民体育锻炼的场地进行统计。开展2021年体育锻炼标准达标测验工作，针对同仁市6—8岁、9—11岁、12—14岁、15—17岁、18—24岁、25—44岁、45—59岁、60—69岁群众进行体育锻炼标准达标测验，完成同仁市中、老、青年240人的体质检测工作。每周六、周日组织开展篮球培训，每天培训50余人，丰富同仁市群众的文化生活，增强群众体质。争取全民健身设施补短板工程项目，下达3个乡镇篮球场、1个射箭场提升改造项目，下达100万元项目资金。

（撰稿人：周婷婷）

TONGREN

>>>>> 社会民生

同仁年鉴 / 2022

YEARBOOK

劳动就业

【概况】 2021年，同仁市城镇新增就业452人，城镇失业人员再就业552人，就业困难人员就业56人；城镇登记失业率1.02%；全市离校未就业应往届高校毕业生301人，就业282人，就业率93.7%；全年举办农牧民技能培训班61期，培训总人数3264人次，组织引导农牧民外出务工9600人次。全年督促各类企业签订农民工劳动合同3200份，合同签订率96%；受理投诉欠薪案件156起，立案解决1起，协调解决154起，结案率99%，为652名农民工追回劳动所得794万元，拖欠农民工工资举报投诉案件结案率在98%以上。

【劳动执法监察】 成立同仁市根治欠薪工作领导小组，集中开展拖欠农民工工资专项治理和根治欠薪冬季攻坚行动。全市被检查企业劳动合同签订率在96%以上。累计检查38家用工单位，涉及劳动者1027人。

【劳务输出】 全年组织引导农牧区劳动力转移就业9600人次。认定劳务经纪人12人，带动同仁市280余人在浙江、安徽等地务工。组织劳务经纪人在海西州参加2021年全省枸杞采摘劳务对接座谈会，拓宽农牧区群众增收渠道，促进劳动力转移就业工作，发展同仁市贫困户内生动力。

【创业就业培训】 与天津经开区对接，组织10名优秀创业大学生在天津参加创业培训，吸引和带动更多贫困对象参与创业项目；带领优秀创业者在天津参加创业培训。全年完成农牧民技能培训61期，培训总人数3264人。突出抓好高校毕业生能力提升培训。携手中公教育开展“圆梦青春 公益助考”为主题的免费公益培训讲座活动。在隆务举办2期能力提升培训培训班，培训高校毕业生150人。在12个乡镇开展城乡劳动力技能培训，提升贫困劳动力技能。

2021年5月20日，市人社局开展《保障农民工工资支付条例》一周年集中宣传活动（市人社局供图）

【就业扶持】 按照中央和天津、青海两省扶贫协作总体部署以及滨海新区对口帮扶的要求，认定就业扶贫车间17家，按照标准发放奖补资金85万元，带动劳动力就近就地就业365人，其中建档立卡贫困户（已脱贫）266人。完成创业孵化基地建设，入驻10家企业，解决同仁市大学生就业创业难等问题。全年安置公益性岗位833人，发放公益性岗位补贴890.59万元，发放三江源生活补贴246.23万元，发放职业技能培训补贴86.11万元。

【就业服务】 组织开展“就业援助月”“春风行动”等在内的“10+N”就业服务系列专项活动，举办“金秋招聘会”“复工复产洽谈会”“天津市滨海新区·黄南州东西部劳务协作现场招聘会”等多场专场招聘会，活动期间，省内外18家企业为求职者提供900多个岗位。活动中，发放宣传资料8000余份，接受政策咨询320多人次，达成意向性协议

50余人。有效利用微信网络社交平台，让农牧群众直接获取就业信息，通过“同仁就业”微信服务号和“同仁就业”微信账号两个服务平台，以藏语和汉语的形式免费帮助各类用工单位发布用工信息，为务工人员免费发布个人求职信息，实时发布就业创业相关政策。自2019年注册起至2021年底，累计关注公众号2463人次，日浏览量150次。结合“百日千网”活动，发布、更新各类就业岗位信息2800余条，及时向农牧民群众推送政策服务、就业援助200余次。

【再就业工作】 通过开展再就业信息发布，解决同仁市失业人员就业问题，帮助更多失业人员找到适合自己的工作，利用多种渠道搜集用工信息，为失业人员提供就业机会。全年采集各类招聘信息2000余条，解决失业人员再就业困难与用工单位雇工难的问题，促使企业更好的发展，带动同仁再就业工作。

（撰稿人：文 莲）

社会保险

【概况】 2021年，同仁市企业职工基本养老保险参保人数5004人，城乡居民基本养老保险参保人数40001人，机关事业单位基本养老保险参保人数4293人（其中在职人数2744人、退休人数1549人），工伤保险参保人数11884人，失业保险参保人数3185人（含临聘人员、事业单位正式在职人员）。

【养老保险缴费】 引导、分类宣传、创新养老保险缴费方式，及时组织人员开展养老保险政策“进企业、进乡镇、进社区”宣传活动，通过同仁人社微信公众号、市人社服务大厅大屏幕、宣传海报等线上线下相结合方式，分类宣传不同参保群体，引导未参保人员纳入参保范畴，不断提高养老保险政策知晓率。率先在全州开展城乡居民养老保险银行代征缴费工作，推出柜员、微信等多元化缴费方式，保留柜台缴费兜底服务、自主完成缴费事宜，方便全市各族群众对缴费便捷服务的需求，实现养老保险参保群体全覆盖。截至年底，全市养老保险参保人员达6.5万余人。

【社保服务】 组织开展社保基金资格认证工作，依托手机App开展资格认证工作，对年龄大、身体差，行动不便的人员，由社保局工作人员主动上门办理认证工作。加强社会保险网上经办宣传力度、推行线上、不见面服务，取消工亡职工配偶健在证明、参保人员户籍转移证明等30余项证明材料。企业职工、城乡居民、机关事业单位养老保险等五大险种5.8万参保缴费人员均由网上申报。完善窗口设置，对老年人、特殊缴费人群设立绿色通道，实现社会保险服务公共事项“一窗受理”“一网通办”。

（撰稿人：文 莲）

人力资源管理

【概况】 截至2021年底，同仁市有事业单位132个。其中，教育系统48个，有教职工970人，其中专业技术人员969人（副高167人、中级544人、初级258人）；卫生系统16个（其中公共卫生机构5个、基层医疗事业单位11个），有职工192人，其中管理岗位人员2人、专业技术人员190人（副高37人、中级30人、初级123人）；其他事业单位68个，有职工571人，均为全额拨款事业单位。同仁市机关事业单位有各类工勤人员39人，临聘433人。

【人才交流】 全市累计登记报到大中专毕业生468人，其中研究生10人、本科学历129人、大专学历287人、中专学历42人。截至12月，安置人才287人，占72.6%；公益性岗位安置就业847人，“三支一扶”人才60人，灵活就业207人。

【人事考试】 全年全市新招录事业单位工作人员10人；招募2021年高校毕业生“三支一扶”60人，其中支农10人、支医13人、支教13人、乡村振兴11人、公共就业和社会保障9人、生态修复3

2021 年 11 月 17 日，市就业服务局在市人社局楼前举办 2021 年人力资源市场高校毕业生就业服务周活动（市人力资源管理局供图）

人、林草资源管理 1 人；招募“雏鹰计划”14 人；招聘免费师范生 18 人；定向医学生 8 人。

【人才队伍建设】 落实基层职称“定向评价、定向使用”机制，持续推进专业技术人员知识更新工程，完成专业技术人员培训 602 人次。开展全市事业单位工作人员职称晋升工作，有 66 名晋档，7 名转岗，70 名岗位聘任，并签订聘用合同变更书及青海省事业单位工作人员岗位变更审核表。

【工资福利待遇调整】 全年企业职工退休 65 人，机关事业单位退休人员 80 人，发放遗属生活费 6 人，管理人员职务变动 23 人，转岗人员 20 人，专业技术晋档 74 人，职称晋升 110 人，取得较高学历 8 人，调整警衔津贴 53 人，行政职务变动 255 人，转正定级 81 人，重新计算工龄 49 人，工人职称变动 5 人。学历浮动调整 95 人，在青 20 年、40 年浮动调整 98 人。

（撰稿人：文　莲）

民政救助服务

【最低生活保障】 完成全市城镇低保家庭核查工作后，纳入困难家庭 34 户 73 人，户籍迁出、人户分离、经济状况达标等 41 户 69 人取消停止城市低保救助，享受城镇低保对象 1629 户 2376 人，累计发放城保金、取暖补贴、物价补贴等生活补助 1971.2 万元。完成全市农村低保家庭核查工作后，纳入困难家庭人口 303 户 1104 人，死亡、户籍迁出等取消停止 94 户 504 人，享受农村低保对象 3589 户 14069 人，累计发放农保金、取暖补贴、物价补贴等生活补助 6823.2 万元；为全市 26104 人次困难群众发放临时救助资金 2186.3 万元；疫情防控期间，为城乡低保对象、特困分散供养人员等困难群众发放临时救助 1003.1 万元。全年全市累计发放困难群众救助资金 1.27 亿元。年内运用新闻媒体、微信、移动客户端等载体，宣传低保动态管理工作，做到鼓励群众申报、基层干部入户走访、各个部门及时对接及动态实施监测相结合的方式有序推进。

【特困人员供养】 全市特困供养对象 300 人，其中集中供养对象 59 人、分散供养对象 241 人。按照集中供养每人每月 1122 元、分散供养每人每月 1020 元的供养标准，1—12 月，为全市 300 名特困供养人员发放特困供养资金 549.7 万元。当年特困供养对象新增 15 人，核减 17 人。

【流浪乞讨人员救助】 印发《进一步加强流浪乞讨人员救助管理工作实施意见》，成立由市政府分管负责人任组长，市政府办公室、教育、公安、民政、司法等部门负责人为成员的市流浪乞讨人员救助管理工作领导小组，根据工作需要，不定期召开领导小组会议，研究和解决救助管理工作中的新情况和新问题，保证全市救助管理工作正常运行。市民政局从临时生活用品、医疗、遣送等方面进行及时救助，为生活困难的流浪乞讨人员分类提供人性化帮助。截至 12 月底，救助 140 人次，发放救助金及救助物资9.6万元。

【社会福利和慈善事业】　全年为14名孤儿、180名困境儿童、3名事实上无人抚养儿童发放生活补助金59.8万元。6月，对接相关部门筛查符合条件的8名先心病儿童在天津做免费手术。为全市5203名70岁以上高龄老人发放高龄补贴733.1万元。落实重度残疾人生活和护理补贴制度，为2212名符合一至四级困难残疾人和重度残疾人发放两项补贴333.1万元。落实《中华人民共和国收养法》，全年办理儿童收养登记7件，合格率100%。

（撰稿人：华毛卡）

老龄工作

【概况】　2021年，同仁市落实应对人口老龄化国家战略，以完善老年健康服务体系为重点，丰富老年健康服务内容，提高老年人健康获得感和健康水平。截至12月31日，全市辖区内65岁及以上老年人常住居民7575人，家庭医生签约7441人，签约率达98%以上；接受老年人健康管理7046人，健康管理率93%，体检率达94%。

【养老保障】　以需求为导向，开展全市居家和社区养老服务改革试点，推动适老、爱老、养老服务融合发展，满足多层次、多元化需求。坚持城乡结合，健全社会保障体系。按照属地化管理原则，以乡镇卫生院为主体，与辖区各类养老机构建立合作关系，由医疗单位向入住养老机构的老年人提供医疗和公共卫生服务，开展入住老人定期巡诊、康复护理指导、突发疾病转送等服务。隆务镇卫生院与热贡敬老院建立合作关系，养老机构负责老人的生活护理，乡镇卫生院负责老年人健康管理签约服务，提供健康检查、疾病诊治、大病康复等医疗康复保健服务。截至年底，全市有医养结合专业机构1所，总设床位数52张，现住老人52人，其中重度失能老人9人、中轻度失能老人21人、自理老人19人，藏医师1名、护理1名。

【基层老龄工作】　全市医疗卫生单位均开通老年人就绿色通道，为老年人特别是高龄、重病、失能及部分失能老年人提供挂号、就医、取药、住院等便利服务的绿色通道，老年人就医绿色通道标识醒目、易辨识，就医分诊台及服务台主动为老年患者作好导诊，帮助老年人及时就医、享受便捷的服务。各乡镇卫生院（村卫生室）与居家养老的老年人家庭建立服务协议，实行家庭医生签约服务。与居家养老老人建立健康养老服务关系，与分级诊疗和家庭医生签约服务相结合，为居家养老老人建立健康档案，提供健康教育、定期体检、上门巡诊、家庭病床、社区护理等基本医疗卫生服务，并利用各种形式宣传健康知识，宣传健康扶贫政策，倡导健康科学的生活方式。

【养老服务】　利用“两节”、重阳节等传统节日，开展退休老年人走访慰问活动。春节前慰问退休干部、贫困老乡医及党龄满20年的老乡医，并提供相关心理咨

2021年12月29日，市卫生健康局在移动广场组织开展老年人中医、藏医药免费义诊活动（市卫健局供图）

询、心理疏导干预服务，帮助老乡村医生及家庭成员减轻心理压力，给予精神抚慰。组织开展“敬老月”主题活动，鼓励动员各级党政机关、企事业单位、社会组织通过走访慰问老年人、宣传涉老政策、组织文体活动、提供维权服务等方式，开展敬老爱老助老系列活动。重阳节期间，市卫生健康局组织医疗团队到同仁市热贡敬老院开展免费义诊活动，为敬老院老人进行免费提供健康咨询等服务，“一对一”用药指导平时用药的老人，向老人们宣传疫情防控的各项措施及注意事项。活动期间，发放健康宣传资料及宣传品保温杯、抽纸等500余份，测血糖、血压60余人次。

（撰稿人：吉毛才让）

医疗保障

【概况】　2021年，同仁市城乡居民医疗保险参保73482人，职工医疗保险参保6527人，参保率100%。城镇职工累计征缴8200.07万元，累计支5214.37万元；城乡居民医疗保险累计征缴基金4486.35万元，支出7264.6万元。年内完成门诊特殊病慢性病审批工作，符合条件的445名参加城乡居民医疗保险和66名参加职工医疗保险人员纳入待遇保障范围，享受门诊特殊病慢性病待遇。加强对药品医用耗材采购和使用工作的监督管理，对辖区内的公立医院开展药品医用耗材采购、使用情况检查工作，对公立医疗机构负责人进行约谈，检查覆盖率达100%。

【商保经办医疗保险】　按照政策规定依法结报、依规审核，推进基本医保费用补偿工作，严把医疗费用补偿审核关，及时支付医疗费用，发挥商业保险优势，抓好商保经办医疗保险工作，规范经办服务流程，提高办事效率，保障政策执行不偏差。抓实医疗行为管控，严防医保基金风险，加大定点医疗机构审核监督力度，不定期组织督查，控制医疗费用不合理增长，严把基金支出关，防止医保基金损失。

【跨省异地就医】　全市城镇职工和城乡居民跨省异地直接结算220人次，医疗总费用432.22万元，统筹支付325.54万元，个人账户基金支付6.79万元；异地就医手工报销162人次，全市异地就医总人数382人次，异地就医直接结算率57.6%。

【医疗机构协议管理】　组织全市92家定点医疗机构法人召开全市定点医疗机构医保服务协议签订暨医保政策学习专题会议，与各定点医疗机构签订医保服务协议，实行协议管理，维护参保人员个人权益。截至年底，全市协议管理定点医疗机构92家，其中医院22家、药店33家、诊所37家；当年新增4家，其中药店1家、诊所3家。年内92家定点医疗机构完成青海省医疗保障信息平台升级工作，标志着医保信息化工作迈入新阶段。

【打击欺诈骗保】　在辖区内开展所属定点医药机构现场检查工作，监督检查率达100%。重点检查各定点医药机构是否执行医保政策、履行医保服务协议，对存在问题

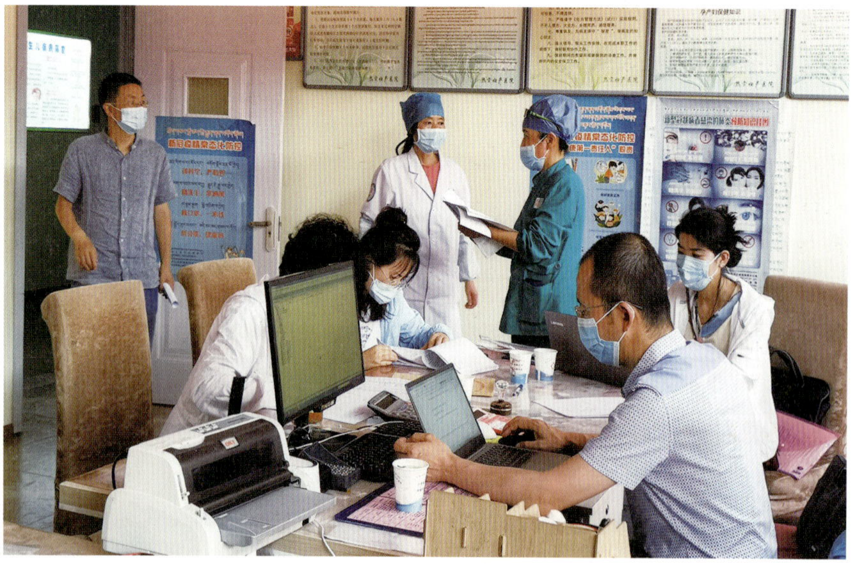

2021年8月，市医疗保障局干部职工检查定点医疗机构（市医保局供图）

的定点医药机构要求限期整改，暂缓续签协议。安排医疗保障、社会保险服务、人寿保险公司等对辖区内定点医药机构进行常规稽核和现场监督检查，做到横到边、纵到底全覆盖。全年拒付违规费用23.85万元，约谈警告违规定点医药机构39家，暂停医保服务协议23家，通报批评27家，集体约谈32家，要求43家存在违规问题的定点医疗机构限时整改。国家医疗保障局检查中发现州人民医院存在多计费、分解住院、加价收费、降低住院标准等违规行为，共计追回违规医保基金92.59万元，其中涉及城镇职工医保基金23.14万元、城乡居民医保基金69.45万元。10月，在开展“打击欺诈骗保专项整治行动”中拒付违规费用3.03万元，对2家定点医药机构分别给予停机3个月、6个月的处罚，对1家定点医药机构处以1.29万元罚款。

【巩固医保脱贫成果】　贯彻落实中共中央“四不摘”重大指示精神，核查全市特困人员、农村低保对象、易返贫致贫人口参加2021年度城乡居民基本医疗保险情况，对17751名重点人群个人缴费部分557.38万元进行全额资助代缴；全市1.3万名建档立卡脱贫人口全部纳入基本医保，大病保险和医疗救助范围实现100%资助参保，患者100%享受医疗保险待遇，住院实际报付比例稳定在90%以上。

【医保宣传】　开展“医疗保障宣传月”活动，宣传活动期间义诊群众近500人次，免费发放近2万余元的医药品，发放宣传册（单）2000份，悬挂横幅116条，展出展板180个，各定点医药机构制作悬挂横幅93条。4月20—23日，在12个乡镇开展主题为“宣传贯彻条例加强基金监管”的定点医疗机构进乡镇、进社区义务巡诊服务活动，义诊群众近1500人次，免费发放2.6万余元的医药品，发放宣传册（单）3000份，悬挂横幅20条，展出展板20个。

（撰稿人：李延军）

社会事务

TONGREN

同仁年鉴 / 2022

YEARBOOK

社会管理

【社会组织管理】　全面实施社会组织登记管理系统网上审查、审核、审批、办结等程序。2021 年，同仁市有社会组织 100 家，其中社会团体 64 家、民办非企业单位 36 家（其中新增社会组织 8 家）。12 月中旬排查摸底 36 家社会组织服务机构，通过实地督查、重点抽查等方式，对资料、办公设备、办公地点等详细检查并要求及时补短板、强弱项。开展全市非法社会组织摸底排查专项行动和“僵尸行”社会组织专项整治行动，排查上报 6 家违规社会组织。年内新注册登记社会组织 10 家，注销 2 家，年检 72 家。

【行政区划调整与边界事务管理】　成立市级区划调整领导小组，分管领导亲自带队在省民政厅协调，并指导相关工作。年内召开 3 次区划调整领导小组会议，完成瓜什则乡撤乡建镇请示、社会风险评估报告，隆务镇、年都乎乡撤镇设办的方案编制前期准备工作。如期完成年度市（州）界线联检工作，做好界桩及其标志物的管理工作。

【地名管理】　推进地名命名更名标准化、规范化管理、引导社会各界规范使用地名。2020 年 6 月底民政部批准同仁县撤县设市后，同仁市委、市政府周密部署区划调整工作，市民政局专门组织工作人员修改和完善《国家地名信息库系统》内 20 条存在问题的地名信息。

2021 年 7 月 27 日，副市长才旦卓玛（正面右）主持召开同仁市行政区划调整工作会议（市民政局供图）

【居家养老服务】　根据同仁市实际情况，探索适合本地经济社会发展的居家养老服务模式，主要采取“走进去”，即上门服务的模式进行服务，对生活不能自理的空巢老人、孤寡老人，并且确定是由政府买单的服务对象，由居家养老服务指派专职养老护理人员上门为老年人服务。以老年人生活需求为重点，鼓励和引进社会力量参与全市养老服务工作，通过政府购买服务招标程序与 3 家服务公司签订养老服务合同，为全市 11 个乡镇 2082 名居家养老服务对象（其中 A 类 1337 人、B 类 745 人）分类提供生活照料等服务，强化检查、督促、整改。年内拨付居家养老服务资金 94.64 万元。

【婚姻登记与殡葬服务】　深化“放管服”改革决策部署，推进婚姻登记集中办理，完成乡镇婚姻登记机构撤销工作，确保全市婚姻登记工作规范有序。实行婚姻登记信息化网上录入机制，配置人脸识别、身份证指纹扫描设施，完善登记窗口规范化管理。推进乡镇撤销婚姻登记职责工作，规范婚姻登记业务，提升婚姻登记工作管理和服务水平，全年办理结婚登记 1113 对，离婚登记 97 对，补发结婚证 159 对，补发离婚证 8 对。做好惠民殡葬工作，利用微信朋友圈、宣传栏等开展文明祭祀倡议活动；治理散埋乱葬现象，落实殡葬救助惠民政策。

（撰稿人：华毛卡）

退役军人事务管理

2021 年 2 月 4 日，市退役军人事务局联合市武装部、黄乃亥乡政府成立慰问组，到卧毛村为现役军人完德加家属送去二等功喜报和 5000 元慰问金（市退役军人事务局供图）

【概况】 2021 年，同仁市退役军人事务局围绕“满腔热忱为退役军人服务，激励他们为改革发展和社会稳定作出贡献”这一主线，以“维护军人军属合法权益、让军人成为全社会尊崇的职业”为目标，持续完善“三级”退役军人服务保障体系、政策制度体系、工作运行体系，全市退役军人服务保障工作取得新进步、新成效。年内召开市委退役军人事务工作领导小组第三次全体（扩大）会议，听取 2020 年工作汇报，审议通过《中共同仁市委退役军人事务工作领导小组 2021 年工作要点及任务分工》；召开同仁市双拥工作领导小组第三次全体会议，通过《同仁市 2021 年双拥工作要点及任务分工》；完成同仁市、隆务镇“退役军人之家”星级评定工作和保安镇、热贡路社区“退役军人之家”创建工作，保安镇“退役军人之家”创建工作通过国家级交叉复核验收。

【优抚安置】 3 月，收集和申报 17 名伤残人员的换证资料，完成新版残疾军人证换发工作。7 月 27 日，省优抚医院到同仁市为重点优抚对象提供上门、便捷的“零距离”医疗巡诊服务，开展测血压、B 超、心电图、C14、CT 等项目检查，建立体检档案并进行常见病、慢性病的咨询和初步筛查，50 名重点优抚对象接受医疗巡诊，每人体检标准为 760 元。10 月 8 日，选派符合疗养条件的 19 名重点优抚对象在青海省慈善医院进行为期 15 天的疗养。年内对优抚对象补助资金 80 万余元，对无军籍退休退职干部补助资金 79 万余元，对自主择业军转干部补助资金 76 万余元。

【双拥工作】 1 月 26 日、7 月 29 日，市退役军人事务局在市武装部院子内开展“两节”“八一”集中慰问，慰问困难退役军人、优抚对象、现役军人家属，发放慰问金 6.7 万元。2 月 4 日，市退役军人事务局联合市武装部、黄乃亥乡政府成立慰问组为现役军人完德加家属送去二等功喜报和 5000 元慰问金。3 月 18 日、9 月 21 日，分别举行 2021 年度春季、秋季新兵入伍欢送仪式，为每名新兵发放慰问金 1000 元，并悬挂“光荣之家”牌子。4 月 15 日，市退役军人事务局工作人员一行到武警同仁中队开展国家安全教育日宣传进军营活动，跟武警战士们一起学习《中华人民共和国国家安全法》《中华人民共和国反间谍法》。7 月 30 日，同仁市四大班子慰问市人武部、武警同仁中队、市消防救援大队等驻地部队，送去“八一”慰问金 5.5 万元。

【烈士公祭】 9 月 30 日，州、市党政主要领导干部、公安代表、退役军人代表、消防队员代表、学生代表共 420 余人在同仁市烈士陵园举行 2021 年烈士纪念日公祭仪式，深切缅怀革命烈士丰功伟绩，弘扬先烈的崇高精神。此次公祭活动由市委副书记陈峻主持，州委常委、市委书记旦增宣读祭文。

【退役军人政策法规宣传】 加强退役军人政策法规宣传，依法维护退役军人合法权益，提高退役军人服务工作水平，翻译并制作3000本藏语和汉语《中华人民共和国退役军人保障法》宣传本。利用“世界读书日”“退役军人射箭比赛”“民族团结进步宣传月”“八一”建军节集中慰问等有利时间开展《中华人民共和国退役军人保障法》宣传活动8次，到乡镇、驻地部队开展专题宣讲活动5次，宣传活动覆盖500余人次。

【“退役军人之家”建设】 以2020年打造的同仁市、隆务镇、青年路“退役军人之家”示范点为模板，贯彻落实上级部门《关于持续开展“退役军人之家”创建工作的通知》的目标任务和工作要求，开展保安镇、隆务镇热贡路社区创建“退役军人之家”工作。9月14日，保安镇“退役军人之家”创建工作通过国家级交叉复核验收。

【退役军人就业创业】 逐一摸底调查全市范围内20—40岁的退役军人就业情况，就业率达80%。建立未就业人员就业意向台账，及时推送就业招聘信息，并拓宽同仁消防、青海河泽燃气公司等政府部门和企业就业渠道，提高招录退役军人的比例。建立健全就业需求台账，动态掌握就业情况，形成长效机制。

（撰稿人：完德卡）

安全应急管理

【概况】 2021年，同仁市以“努力防范一般事故，有效遏制较大事故，坚决杜绝重特大事故”为目标，推进安全生产专项整治三年行动，抓好隐患排查治理，强化行业监督检查，推进安全生产各项工作。年内组织召开年度全市安全生产工作会，分析研究和安排部署安全生产、防灾减灾工作，与各成员单位签订年度安全生产、防汛抗旱、森林草原防火目标责任。在庆祝中国共产党成立100周年、中秋、国庆、“两节”“两会”等重要时段组织各乡镇、安委会各成员单位开展安全生产大检查，推进重点时段、重大节日、重点行业领域落实隐患排查整治工作，督促落实整改发现的问题。每季度组织召开全市应急管理暨安全生产工作会议，总结前一阶段安全生产工作，分析安排下一阶段安全生产工作。全年召开季度安全生产会议4场次，形成季度安全生产分析研判报告4篇。每季度召开全市危化领域及非煤矿山企业负责人安全生产工作会议，学习传达省、州、市安全生产工作会议精神，企业交流安全生产工作经验和做法，总结前一季安全生产工作，分析安排下一阶段安全生产工作，实现安全生产形势持续向好。完善应急动员机制，安委会、减灾委将民兵应急力量纳入政府管理体系，推动民兵应急力量参与防灾减灾救灾工作，发挥民兵应急力量在抢险救灾、应急处理中的突击队作用。在安全生产违法案件办理上，立案查办危化证过期违法经营行为1起，处罚17万余元。全年市应急管理局起草下发安委会文件2期、安委办文件23期、应急管理局文件101期、简报信息205期。是年7月，市应急管理局党组改设党委。

1—9月，全市发生各类事故40起，死亡5人，伤14人。其中，道路交通事故8起，死亡5人，伤14人，造成财产损失11.65万元，与2020年相比事故起数增加1起，上升14.29%，死亡人数减少3人，下降37.5%，受伤人数增加4人，上升40%，财产损失增加3.48万元，上升42.59%；消防火灾事故32起，无人员伤亡，直接财产损失47.37万元，火灾起数同比下降11.1%，伤亡与2020年持平，财产损失同比下降83.68%。全市非煤矿山、工矿商贸、危化品、烟花爆竹、特种设备、建筑施工、教育等行业领域无安全生产事故发生。

【安全隐患排查与专项整治】 全年全市各行业领域开展安全生产专项整治排查一般隐患732处，整改724处，整改率98.9%，行政处罚17万余元，收缴非法运输、违规存储烟花爆竹240余箱，行政拘留1人。通过微信、短信等方式，发布雨情、低温、寒潮、防火等预警信息10余期，开展汛期联合检查4次，排查汛期隐患14起，完成整改14起。汛期内，接到各乡镇上报灾情9起，核查灾情9起，系统上报符合洪涝灾情4起。开展今冬明春火灾防控、安全生产整治、危化品行业隐患排查，组织全市各行业、各单位、宗教活动场所开展火灾隐患排查和安全防范工作。抓实重点行业领域消防安全工作，针对电梯安全、成品油市场、烟花爆竹领域、高层建筑、危化品领域、宗教活动场所和文物保护单位，组织开展安全隐患排查整治行动，通过一系列有效手段，进一步强化责任单位、企业、寺院和文物保护单位的消防安全责任担当。开展安全生产大检查工作，强化部门协调联动，在“两节”、清明、端午、“五一”、中秋、国庆等重要节点和复工复产、百日攻坚、会战黄金季、夏秋季攻势、汛期、森林草原防火期、今冬明春等重点时段，组织相关部门开展各行业领域的安全检查。组织开展城镇市政公用基础设施安全生产大排查大治理，打通“生命通道”集中攻坚行动，推进隐患排查整治，及时消除安全隐患，防止事故发生。

【安全宣传教育培训】　以“5·12”防灾减灾日、6月安全生产月、“6·16”安全宣传咨询日等活动为依托，组织减灾委、安委办成员单位开展防震减灾、安全生产、应急知识宣传。组织举办全市科级领导干部安全生产和应急管理知识培训讲座1期、全市灾害信息员防震减灾知识讲座1期。通过宣传，加强农村牧区安全生产宣传教育，提升农牧民群众安全意识和安全素质，提高预防、避险、自救、减灾技能，提升全民安全意识。督促各乡镇及教育、民宗部门以安全生产法、防震减灾知识、应急救援知识及相关法律为宣传教育内容，在农牧区群众、中小学生、寺院僧侣中普及安全知识，提高全社会安全意识。建立和完善市、乡、村三级灾害信息网。全年开展安全生产培训暨安全生产和应急管理知识培训讲座4次、全国自然灾害风险普查业务培训班2次、参与培训人数109人次。

【事故应急处理】　完善应急管理机制，编修《同仁市事发公共事件总体应急预案》《同仁市地震灾害专项应急预案》《同仁市自然灾害救助专项应急预案》《同仁市危险化学品安全事故应急预案》《同仁市非煤矿山生产安全事故应急预案》《同仁市生产安全事故专项预案》《同仁市工贸行业生产安全事故应急预案》《同仁市防汛应急预案》1个总体预案、7个专项预案。结合行业特点，组织林场、学校、宾馆、水利施工段、人员密集场所等开展各类应急演练9次，其中森林火灾应急演练1次、超市消防应急疏散演练1次、危化消防应急演练2次、隧道崩塌应急演练1次、电梯安全应急救援演练1次、防汛应急安全疏散演练1次、多哇镇突发性事件应急演练1次、寺院消防应急演练1次。坚持领导干部带班带岗，安排每日24小时值班值守，实行班子成员带班制和值班制，按时接受应急管理部、省应急管理厅节假日、重点时段及常规视频调度工作，保证应急信息畅通，确保汛情、险情及调度指令及时上传下达。

【新冠肺炎疫情防控】　10月青海省疫情防控期间，市应急管理局按照市委、市政府部署，及时为疫情监测卡点调拨防寒服15件、折叠床16张、棉被褥子26条等应急物资，保障联防联控点值班需求；为年都乎乡录合相村地质灾害搬迁调拨所需应急帐篷60余顶。

（撰稿人：王　窈）

乡村振兴

【概况】　2021年，同仁市乡村振兴局通过合理安排衔接资金，建立健全防返监测帮扶机制，推进易地搬迁后续扶持，加强项目库建设，开展稳岗就业、消费帮扶，落实培训补助政策，强化扶贫项目资产管理等各项措施，持续巩固脱贫攻坚成果，制定下发《同仁市关于开展巩固拓展脱贫攻坚成果“回头看”工作的通知》，从“两不愁三保障”、饮水安全、医疗保障、基础设施建设等22个方面进行全面排查，分析查找原因，拿出有针对性和可操作性的办法措施，解决一些影响脱贫攻坚成效的短板和不足，推进衔接工作开好局、起好步，获省级脱贫攻坚先进集体。年内制定《同仁市脱贫攻坚档案收集归档和移交工作的实施方案》，如期完成脱贫攻坚档案工作。

【巩固脱贫攻坚成果】 成立以市委、市政府主要领导为“双组长”的乡村振兴工作领导小组，设立产业、组织、人才振兴等8个工作组，逐级明确责任、推动工作落实。制定出台《同仁市关于实现巩固拓展脱贫攻坚成果同乡村振兴有效衔接实施方案》，明确符合同仁实际的巩固拓展脱贫攻坚成果、推进乡村稳步振兴的行动路径。按照“新政策不出、旧政策不退”的要求，继续落实产业帮扶、健康帮扶、教育帮扶、就业帮扶、兜底保障等政策到户到人，保持政策的稳定性。继续实行包片督战、划区作战、结对帮扶、选派第一书记和驻村工作队等强化帮扶工作，向35个重点村选派驻村第一书记35人和工作队员70人。围绕“两不愁三保障”标准，分类管理脱贫人口，强化监管责任，对所有农牧户实施动态监测，随时掌握贫困情况，持续跟进各项帮扶措施，预防返贫致贫风险，防止贫困反弹。

【返贫监测】 立足同仁实际，制定并下发《同仁市防止返贫动态监测和帮扶机制实施方案》，从监测对象范围和内容、监测方式和程序、帮扶措施等方面完善规范动态监测和响应机制。针对脱贫不稳定户、边缘易致贫户、严重困难户致贫返贫风险原因，综合考虑分析监测对象帮扶需求、发展能力水平等制定针对性帮扶措施，激发监测对象内生动力，增强发展能力；对无劳动能力的监测对象发挥最低生活保障、特困供养等制度的兜底保障作用，及时提供帮助，解决其生活困难。通过帮扶，消除返贫致贫风险监测对象130户491人，新识别监测对象2户11人。

2021年12月15日，同仁市召开重点帮扶县工作部署会（市乡村振兴局供图）

【项目资产管理】 投入资金7315.6万元，主要实施少数民族发展、道路、水利、农牧产业、生态管护等项目13项，改善生产生活条件。加强扶贫项目资产管理，聘请第三方评估2013—2020年投入形成的扶贫项目，分层分类进行等级评定和项目资产的确权工作，完成县、乡、村三级扶贫资产清产核资、登记台账。

【乡村治理】 投入资金1590万元，主要实施瓜什则四村人居环境整治雨污水管网项目，解决阿旦、尕什加、郭进、西合来4个村雨污水排放问题。开展乡村环境整治行动，清理乱堆乱放垃圾，营造干净整洁的乡村环境。强化乡村自治建设，完善村民自治制度，优化村规民约，加大指导监督力度。加强村组干部管理，规范村务公开。发挥党组织的领导核心作用，推进依法治村，强化矛盾纠纷化解。强化农村精神文明建设，倡导文明乡风，弘扬社会主义核心价值观，抓好农村移风易俗，建设和谐家园。

【易地搬迁后续扶持】 围绕“稳得住、有就业、逐步能致富”的总目标，推进易地搬迁后续扶持。

制定《同仁市光伏扶贫项目收益分配管理办法》，在全市建档立卡贫困户中开发卫生保洁、治安巡逻、道路维护、山林（草场）防护、孤寡老人和留守儿童看护等公益性岗位311人，做到有劳动能力的搬迁户公益性岗位全覆盖。投资330万元，新建5个易地搬迁后续文化扶贫车间，通过产业扶持+转移就业+发展后续产业等举措，扶持带动易地搬迁户在产业发展中收益，促进形成可持续发展的就业路径。强化后续扶持，安排衔接资金1530万元，分别用于多哇镇有机生态畜牧业产业示范园建设项目，扎毛乡卡苏乎村鹿场鹿产品初加工、马鹿幼崽繁育建设项目，兰采乡兰采村天然温泉产业项目。

【稳岗就业】 掌握脱贫人口、边缘易致贫人口就业动态，强化动态管理，鼓励贫困群众就近就业增收、外出务工增收，全年脱贫人口就业5461人。利用光伏收益1228.8万元，在原有生态、就业、易地搬迁公益性岗位基础上，进一步健全按需设岗、以岗聘用、在岗领补、有序退岗管理机制，合理开发保洁员、村务协助员等岗位，吸纳1024名有劳动能力且有意愿的脱贫人口就近就地就业，实现有劳动力且有意愿的脱贫家庭每户设立一个公益性岗位的目标。截至年底，全市设置公益性岗位2827个。

【消费扶贫】 按照“市场主体申请，县级扶贫部门初审，州、省逐级复审，国家审定公示”的程序，将认定核准后的扶贫产品纳入《全国扶贫产品目录》。年内3家企业通过审核成功入驻“832”平台。推进对口援青和定点帮扶单位消费，参加各类消费扶贫活动，先后参加青海省消费扶贫月启动仪式、苏青一家亲消费助扶会、东西协作·消费扶贫青海优质农特产品展销会暨青海消费扶贫展销馆（江苏）开馆仪式、庆祝中国农民丰收节暨青海（河湟）第六届农产品展交会，依托展销会、交流会，围绕产品外销、贸易洽谈、宣传推介三大方面，强化宣传，扩大同仁市扶贫企业知名度。发掘企业自身优势，利用现有营销渠道，创新营销模式，提高销售业绩。全年全市完成销售额8150万元。

2021年9月18日，同仁市在多哇镇举行2021年度“雨露计划”短期技能“挖掘机”培训班开班典礼（市乡村振兴局供图）

【项目资金管理】 储备项目方面，全年储备项目68项，涉及资金21101.6万元。其中，产业发展类24项，涉及资金6199万元；基础设施类30项，涉及资金10324万元；社会保障类1项，涉及资金15万元；教育扶贫类1项，涉及资金484.2万元；就业扶贫类6项，涉及资金2847.4万元；乡村旅游类4项，涉及资金1000万元；金融扶贫类1项，涉及资金147万元；项目管理类1项，涉及资金85万元。按照《青海省完善扶贫资金项目公示公告制度实施细则》，落实市、乡、村三级公示公告制度，确保资金项目公开透明，接受群众监督。

衔接资金项目方面，中央、省级财政专项衔接资金到位18901.6万元，根据《青海省财政衔接推进乡村振兴补助资金管理办法》要求，合理进行资金分配，实施项目46项，其中，基本支出类项目9项，投入资金1253万元，主要实施防贫监测帮扶、“雨露计划”技能培训、单亲妇女技能培训、贫困学生补助、产业贴息等项目；产业发展类23项，投入资金9033万元，主要实施乡村振兴产业园及兰采乡兰采村天然温泉产业、曲库乎乡古德村乡村矿泉水产业开发建设等产业项目；基础设施类1项，投入资金1300万元，实施瓜什则四村污水管网建设项目；行业部门类13项，投入资金7315.6万元，主要实施少数民族发展、道路、水利、农牧产业、生态管护等项目。

培训补助项目方面，投入资金392.5万元，助学补助贫困家庭子女439名。投入资金270万元，实施短期技能培训，举办维修、装饰装潢等27个培训班，培训1350人。

（撰稿人：韩福真）

精神文明建设

【概况】 2021年，同仁市精神文明建设工作以创建“文明同仁”为总载体，以培育和践行社会主义核心价值观为主抓手，全面实施《新时代公民道德建设实施纲要》《新时代爱国主义教育实施纲要》、典型示范引领、未成年人思想道德养成行动计划等，培育和践行社会主义核心价值观，持续深化群众性精神文明创建活动，引导全市广大干部群众树立文明观念、提高文明程度、形成文明风尚。年内命名2018—2020年度县级文明村镇54个、文明单位35家、文明校园5所，创建评选五星级文明户1568户，五星级文明户标兵77户；12个村镇、20家单位、4所学校被评为2019—2021年度州级文明单位。全市80个村（社区）规范调整“一约四会”，突出整治婚丧嫁娶大操大办、薄养厚葬、封建迷信、酗酒赌博等问题，约束不良风气。

【精神文明思想引领】 运用“今日同仁”“同仁融媒”微信公众号、同仁市电视台等，宣传阐释社会主义核心价值观的丰富内涵和实践要求，在热贡文化广场及各大超市、宾馆、出租车、公交车显示屏滚动播放社会主义核心价值观，加大公益广告宣传力度；依托广场、主要街道、社区小区等场所，设立公益广告牌，在公交车站、灯箱广告牌、建筑墙体、楼道院内张贴文明礼仪广告，制作社会主义核心价值观及同仁文明公约为主要内容的灯箱广告，春节期间在市城主要路段制作以社会主义核心价值观为内容的大型迎春彩灯。让社会主义核心价值观走进机关企业、学校家庭、社区乡镇，走进各族干部群众的心里；结合“讲文明树新风”、道德行为规范、生态文明建设、文明旅游等内容，发挥各级各类宣传文明阵地的作用，开展社会主义核心价值观和法律法规知识宣传活动；打造一批培育和践行社会主义核心价值观示范机关、示范学校、示范村（社区）和示范企业。

【移风易俗】 推动全市各村（社区）规范“四会”（红白理事会、村民议事会、道德评议会、禁毒禁赌会），修订完善《村规民约》《居民公约》《寺规僧约》，倡导喜事新办、丧事俭办，反对铺张浪费，破除封建迷信。在疫情防控期间，落实疫情防控相关要求，组织“四会”成员、乡镇干部、志愿者等挨家逐户上门宣传，了解婚丧嫁娶及生日宴计划办理情况，围绕疫情防控开展移风易俗宣传引导。

【志愿服务】 开展“学雷锋志愿服务活动”，引导群众参与志愿服务活动，开展“弘扬雷锋精神、深化服务同仁”主题实践活动。组织全市干部及学校师生开展“学雷锋、见行动”城区街道环保活动；组织200余名青年志愿者开展以“清洁家园·美化环境”为主题的“青年志愿服务日”系列活动，开展“贴心保姆”“阳光行动”助老、助残志愿服务和“暖冬行动”活动；11个乡镇、80个村（社区）组织干部职工打扫乡镇村（社区）环境卫生，开展慰问孤寡老人、单亲家庭等活动，营造“我为人人、人人为我”的良好社会氛围。在“今日同仁”“同仁融媒”等平台设置专栏刊播“学雷锋、树新风、见行动”倡议书和公益广告。其间，在主要街道悬挂横幅100余条，发放“学雷锋、树新风、见行动”倡议书及各类宣传资料1万余份，清除“牛皮癣”小广告1000多处，清理不规范公益广告40个，集中清理大街小巷、街头巷道垃圾30余吨，出动干部职工及志愿者1000余人，慰问孤寡老人等200余人，办实事50余件。

【新时代文明实践中心建设】 按照新时代文明实践中心场所“八有”建设标准，整合乡镇综合文化站、党员活动室、村级文化活动室，突出文明实践功能，有序规范场所建设。建立起1个新时代文明实践中心、11个新时代文明实践所、80个新时代文明实践站，全市新时代文明实践中心（所、站）均挂牌、文明实践工作制度、规范均上墙。打造隆务镇青年路社区、保安镇新城村等新时代文明实践示范点。以政治过硬、素质优良、结构合理为原则，动员和运用社会力量，成立同仁市新时代文明实践志愿服务总队1支，统一指导全市志愿服务活动有序开展，服务站设在市委宣传部。市直部门成立理论宣讲、关爱行动、科学普及、乡村振兴、生态保护、医疗保健、文明创建、法律维权、文化建设、网上先锋等10支志愿服务分队，11个乡镇成立11支志愿服务分队、80支志愿服务支队，招募志愿服务者5000余人。

【道德模范评选表彰】 开展首届同仁市道德模范评选表彰活动，同仁市各行各业采取自下而上的推荐方式，推选出旦正加等10人为同仁市首届道德模范，樊咏梅等10人为同仁市首届道德模范提名；推荐选树全省新时代好少年马晓燕、第八届全国道德模范完德尖措等。

【文明主题活动开展】 *“弘扬革命精神·传承红色基因”烈士纪念活动* 清明节期间，到烈士陵园开展以祭扫烈士墓，敬献花束、鞠躬默哀、诵读祭词、瞻仰烈士纪念碑等形式的“我们的节日——清明节”系列公祭活动，重温爱国主义和革命传统教育，引导党员干部、群众、青少年更好地崇尚英雄，追思先烈事迹，传承红色基因，缅怀英烈崇高精神，赓续精神血脉，凝聚迈进新征程、奋进新时代的强大力量。

“童心向党”铸根基系列主题活动 围绕庆祝中国共产党成立100周年，落实立德树人根本任务，组织青少年开展“童心向党·我向党旗敬个礼”“童心向党·唱支红歌给党听”等一系列活动，展现新时代青少年爱党爱国、奋发向上的精神风貌，结合青少年成长规律和身心特点，营造青少年礼赞中国共产党成立100周年的浓厚氛围，确保“童心向党”教育实践活动接地气、有活力、见成效，引导青少年传承红色基因，赓续党的精神血脉。

“永远跟党走·奋进新征程”主题党日活动 6月30日晚，同仁市举办庆祝中国共产党成立100周年暨“永远跟党走·奋进新征程”主题党日活动，开通网络直播，全市党员干部、农牧民群众在场外、在家同步观看、参与互动，欢聚一堂，共同唱响主旋律，热情讴歌伟大的党，引导广大党员传承红色基因、牢记初心使命、坚持正确的方向，为谱写富裕团结文明和谐美丽新同仁不懈奋斗。

“知史爱党，学史崇德”公民道德宣传日活动 9月18日，组织各部门各单位在热贡文化广场设立宣传点，发放《新时代公民道德建设实施纲要》《公民道德规范》等各类宣传资料1700余份（册）；在乡镇围绕社会主义核心价值观、党史学习教育、村规民约等内容开展讲座、道德讲堂、便民利民资讯志愿服务等活动，宣传公民基本道德规范；在中小学开展“做一个有道德的人”“童心向党　崇德向善”等主题活动，让未成年人在活动中理解道德规范，增强公民意识，促进学生行为习惯、个性品质和思想道德素质的提高，倡导文明新风，营造新时代公民道德建设的浓厚氛围。

【文明创建】 *文明城市创建* 开展文明餐桌行动，协调市监等部门，组织餐饮行业设置文明餐桌提示牌，持续推进“光盘”行动，倡导剩饭剩菜打包行为；开展文明环境行动，引导市民整治市容市貌的专项行动，共同维护环境整洁卫生；开展文明交通行动，在车站、街道路口等交通枢纽开展文明交通劝导并提醒自觉抵制交通陋习，推动文明交通行动常态化；开展违章车辆曝光行动，及时消除道路交通安全隐患，营造安全畅通交通环境；开展文明旅游等公共文明引导工程，在各景点张贴文明旅游标识，引导干部群众强化文明意识、践行文明理念，进一步贯彻落实《关于进一步加强文明旅游工作的意见》，做好正反面宣传，打造彰显地域文化特色城市。

文明村镇创建　围绕实施乡村振兴战略和"一核三治"（以党组织为核心，自治、法治、德治"三治融合"）工程，注重农牧区精神文明建设，突出抓好"最美乡村"创建活动，推动移风易俗、提升乡风文明行动，以"三个提升"（提升宣传教育引导实效、提升红白理事会工作成效、提升村规民约制度约束力）为目标，加强移风易俗示范点建设，推动建立"一约四会"（村规民约、红白理事会、村民议事会、道德评议会、禁毒禁赌会），开展村规民约大讨论，利用会议、公示栏等形式加强宣传制订修订村规民约的意义和作用，发动农牧民参与，体现全体村民意愿，突出文明村镇在倡导文明理念、普及健康生活方式方面的积极作用，形成文明村镇创评活动与当前乡村振兴、民族团结等工作深度融合的良好局面。年内命名2018—2020年度县级文明村镇54个。

文明单位创建　宣传公民基本道德规范、社会主义核心价值观、社会诚信建设等，引导干部树立正确的世界观、人生观和价值观，加大文明单位创建工作宣传力度，提高干部群众的知晓率和参与率，推动创建活动顺利开展。截至年底，全市有县级文明单位35家。

文明校园创建　开展中华优秀传统文化进校园活动，深化未成年人思想道德教育和心理健康辅导工作，开展形式多样、健康向上、格调高雅的校园文化活动，推进"扣好人生第一粒扣子"主题教育实践活动，打造校园文化特色品牌。落实县级领导干部"上讲台"工作，指导和帮助学校加强党建引领学校思想政治工作，推进师德师风建设，将思想政治工作嵌入教育教学各环节。申报乡村学校少年宫项目，建成12所乡村学校少年宫。市文明办按时拨付中央及省建项目资金，并组成工作组，对少年宫学校开展活动及专项资金管理进行督查和指导。发挥乡村少年宫优势，各学校少年宫先后组织开展中华经典诗文诵读、舞蹈、体育和美术等文化活动，引导未成年人在参与中深化理解，自觉践行。开展生态环境保护教育主题班会，倡议从身边做起、从小事做起，自觉保持环境整洁，人人争做环保志愿者，加强学生环境保护教育，提高环保意识，培养学生环保理念，弘扬生态文明。开展"护苗"专项行动，集中整治中小学周边网吧市场，为未成年提供良好的社会文化环境。年内命名2018—2020年度县级文明校园5所。

文明家庭创建　持续开展"五星级文明户"创建工作，制定印发《关于做好同仁市2021年"五星级文明户"创建工作的通知》，要求各乡镇把此项工作作为重中之重，把好程序关、审核关、汇总关。有序推进五星级文明户评选活动，五星级文明市创建率在50%以上。

（撰稿人：蔡雪玲、卓玛三措）

乡 镇

TONGREN

同仁年鉴 / 2022

YEARBOOK

隆务镇

【概况】 隆务镇是州、市政府所在地，镇政府驻地建成区面积7.5平方千米。位于州境东北部，市域中部、隆务河畔，处于青海农业区与南部牧业区，地理坐标北纬35°51′、东经102°01′。是一个多民族聚居区，居住着藏族、汉族、土族、回族、撒拉族、保安族等10余个民族。总面积221.6平方千米，其中耕地734.50公顷，人均占有耕地面积0.02公顷；草场9341.98公顷，人均占有草场面积0.20公顷。有主河流1条（隆务河），最高海拔4767米，最低海拔113米，平均海拔2440米。年平均气温5.2℃，年均降水425.7毫米，年均日照2413.1—2634.9小时，属冷温干旱气候区。截至2021年底，全镇辖11个行政村、7个社区，20个自然村，总人口19053户46204人，其中农村人口1996户8895人、居民人口17057户37309人，流动人口4927人。全年粮食作物播种面积182.29公顷，总产量677吨。年末牲畜存栏17558头（只、匹），其中羊13239只、牛3848头、猪471只。药材种植面积12.48公顷，其中中药、藏药材一年生0.22公顷、多年生12.26公顷。农村用电量198万千瓦时。农民人均收入13760元，同比增加961元。镇内有单位168家，学校24所（其中职业学校1所、中学6所、小学9所、幼儿园8所），医疗机构4个，贸易市场7座，寺庙5座（其中藏传佛教寺庙4座、清真寺1座）。适龄儿童入学率达100%，被评为青海省民族团结进步示范乡镇、消防工作先进单位、民兵工作先进单位，黄南州“七五”普法先进乡镇、文明乡镇，同仁市妇联工作“优秀单位”。

【农牧业生产与劳务经济】 集中培育玉米、“同仁马铃薯”、大田蔬菜等，农作物种植面积734.13公顷。争取7285株黄果树幼苗，在四合吉村、措玉村、隆务庄村等7个村实现绿化6.67公顷。结合巩固拓展脱贫攻坚成果与乡村振兴有效衔接，协调就业等相关部门，有针对性地开展农民工使用技能培训，提高农村劳动力质量和素质，加大以餐饮、商贸、泥瓦工等为主的劳务输出工作力度，增加群众收入。全年全镇农牧民劳务输出总人数1500人次，实现劳务收入2104.36万元。其中，贫困劳动力转移就业232人次，实现收入417.6万元；贫困户人均实现劳务收入10843元；完成农牧民技能培训850人。按输出地划分本地务工1445人，外地务工55人。

【重点项目建设】 争取项目资金860余万元，升级打造隆务镇政府；有效利用组织部项目化党建资金254万元，升级改造全镇9个村、7个社区党群服务中心；争取20万元，打造热贡路社区；自行解决13万元，打造河东路社区；运用50万元民族团结项目资金，打造市自来水公司和青年路社区；解决资金近20万元，改善7个社区软件设施，提升各村、社区办公环境。高标准打造隆务镇武装部、人大“两室一平台”；整合各类投资450万元，改善民居300户；争取项目资金300万元，实施娘洛、阿宁两村“美丽乡村”项目；争取535万元乡村振兴项目资金，投入隆务庄农畜产品有限公司；争取资金30万元，打造隆务村、铁吾村“六月会”场地；争取村道硬化项目，完成2个村、2个社村道背街改造项目；协调推进29个老旧小区改造项目；出资4.7万元，解决隆务中心学校屋顶漏水问题；加大同仁第二垃圾填埋厂推进力度；推动唐卡特色小镇、同赛高速、郭么日大桥、滨河路及卡土沟旅游路建设项目，有序推进征地事宜。全年累计各类资金支出1386.47万元。

【生态环保】 贯彻落实习近平生态文明思想，以“洁净美”行动为抓手，在社区层面发挥党建联盟作用，集中攻坚老旧小区、无人管理小区垃圾死角，破解“老破小”小区垃圾管理难问题。结合“一核三治”村级治理体系，把落实环境卫生整治工作作为重点，将其纳入自治管理体系，写入各村（社区）村规民约、居民公约，引导群众把环境卫生整治

2021 年 4 月 21 日，隆务镇党委、镇政府带领全镇干部在四合吉社区开展全民义务植树活动（隆务镇政府供图）

成为行动自觉；镇党委及时安排部署，通过微信平台转发藏语和汉语禁止秸秆焚烧工作通告，提出禁烧工作要求；制定《隆务镇改善城乡人居环境卫生专项工作实施方案》，探索建立乡村、社区“户长制”“楼长制”卫生常态化管控制度，完善“卫生监督员”“环卫指导员”监督体系，结合“两榜”（光荣榜和失信榜）完善奖惩机制，发挥人民群众主体作用，解决卫生治理难问题。

【社会事业】　将控辍保学工作纳入重要议事日程，制定控辍保学规章制度，明确学生家长或法定监护人的保学责任，做好辍学生劝返工作。做好“二查三核对”程序，开展计划生育奖励优惠资金发放工作及审核工作。全镇出生人口 321 人，其中男性 143 人、女性 178 人，“三查”对象 10238 人，已查 9350 人，“三查”率达 91%。

【民生保障】　年内累计受理通过低保申请 108 户 184 人、特困供养人员 6 户 6 人、困境儿童 2 户 2 人。审核通过临时救助 189 户 508 人，发放临时救助金 74 万元。发放草原奖补资金 2073 户 66.48 万元，发放 1585 户农田耕地补贴 110.13 万元。针对急难型大额支出和临时急需解决的民生问题，通过“一事一议”开辟“绿色通道”10 次，落实乡镇一级低保审核制度流程，做到困难群体“应纳尽纳”。自城乡低收入家庭和支出型家庭精准认定工作开展起，累计录入 1942 户 7263 人。结合全镇失地农民较多的实际，将培训就业、劳务输出相结合，从“输血式”帮扶逐步向“造血式”方向引导，年内组织 21 场劳动技能培训，组织 1100 余名群众学习烹饪、青绣等实用劳动技能，提高劳动就业转化率。

【乡村振兴】　以提升城市发展质量，破解城乡发展难题为工作思路，争取 535 万元建设资金，投入隆务庄农畜产品有限公司，为特色产业发展带来新展望。在四合吉社区结合老旧小区改造及棚户区改造项目，统一规划、逐步实施，打造隆务寺综合旅游商圈，打响特色旅游品牌；在隆务街社区、加毛村、隆务村建立“文旅融合发展区”，运用历史文化名城资源，凸显“五教一街”人文景观，结合隆务寺旅游商圈，构建独特的旅游体系；以唐卡小镇为核心，建立“唐卡经济辐射区”，发展传统唐卡、唐卡轻工业、唐卡衍生品，构建完善产业链，强化市场竞争力，通过产业带动为乡村振兴战略赋能。

【精神文明建设】　整合多方力量，采用通俗的语言、鲜活的事例，加强党的政策、惠民政策、涉藏维稳思想教育等宣讲工作，转变群众思想观念，筑牢群众思想教育基础。开展“五星级文明户”“文明单位”“道德模范”“最美志愿服务社区”“好婆婆好媳妇”等各类评选活动，挖掘一批群众身边模范践行核心价值观的先进典型，用群众身边的实例感染人、引导人。加大对全镇社会经济发展、创新亮点工作等方面的对外宣传，提高隆务镇知名度和美誉度，全年编辑简报信息 248 篇，在央广网刊登报道 2 篇，“学习强国”学习平台刊登报道 2 篇，《黄南报》刊登报道 6 篇。在中国共产党成立100周年之际，先后举办“梦回古镇，向党献礼”表彰大会暨文艺会演、隆务镇首届“民族团结杯”锅庄大赛，展示民族团结进步唐卡长卷，邀请辖区特色企业开展扶贫消费线下销售活动，以群众喜闻乐见的形式向党献礼。制定《隆务镇新时代文明实践所活动方案》，年内开展志愿服务活动50余场次，慰问困难群众、微心愿认领等各项活动160余场次，利用重大节庆纪念日开展“我们的节日”主题活动20余场次。

【民族团结进步创建】 将民族团结进步创建工作纳入镇党委议事日程，组织干部集中学习《青海省促进民族团结进步条例》《民族平等政策》《宗教事务条例》等民族团结各项政策，依法管理民间信仰活动场所事务，维护民族宗教领域和谐稳定。召开年度总结述职暨民族团结表彰大会，对寺管会及民管会关于民族团结做出的贡献给予肯定，表彰丹仓、次成旦增等8名“创建民族团结进步先进个人”，激励全镇上下为开创经济发展、社会进步、民族团结、宗教和顺、社会和谐、各民族安居乐业新局面继续奋斗。按照单位最小化、服务最优化原则，科学划分原有网格，重新划定全镇109个网格，配备19名网格长分管全镇网格，下设167名网格员。提高服务覆盖面，减少服务管理的盲点，实现网格管理“精耕细作”。

【普法工作】 制定、完善普法工作制度，制订年初计划，及时参加法治培训，按要求征订普法教材，继续开展“法律七进”活动。镇村（社区）举办各类法治培训42期，宣传与人民群众生产生活紧密相关的法律法规，重点培训村、社区“两委”干部、新任村干部和宗教人士。为困难群众办理非诉法律援助案件25件。健全村民自治组织，每个村都成立村务监督委员会和村民调解委员会，提高村级组织民主决策和民主监督的水平。

【安全生产】 贯彻中央、省委、州委、市委安全生产会议精神，对照存在问题，开展安全生产规范和专项整治活动，建立规范化管理长效机制，持续优化市场环境，提升软实力、竞争力。及时召开安全生产、消防工作、冬春季草原森林防火工作专题部署会以及多次防汛工作相关会议，成立相关领导机构，层层签订责任书，广泛开展宣传教育。开展安全隐患排查和整治工作，推动道路交通、消防、烟花爆竹、食品药品等领域未发生重大安全事故。

【社会综治维稳】 整合基层综治维稳力量，规范化打造隆务镇村、社区基层综治中心，确保组织到位、工作推进有力。持续推进市域社会治理示范区创建工作，签订目标责任书，合理划分网格，层层传导压力、级级压实责任，确保工作责任落实。持续完善“雪亮工程”工作综治平台底层数据，录入实有房屋14502座、户籍人口41045人、特殊人群112人、非公有制经济组织1421个、学校18所。落实日督查、周巡察工作制度，22部手持终端不定时、不定次调度11个行政村、7个社区综治中心平台，全年累计参加调度872次，在线率保持在96%。手持终端参加调度204次，在线率达92%。同步落实7个视频监控探头点位，辖区内有视频监控探头50个，实现重点区域技防设备全覆盖。修订《隆务镇应急处突方案》及12个应急子方案。落实出境登记制度，加大护照年审力度，做好境外风险人员的劝返工作。加强人民联防队伍，落实重点联系对象帮教管控及社区矫正工作，加大矛盾纠纷排查化解力度，全年排查化解矛盾纠纷21起，调解21起，调处率100%；按照宗教活动的有关要求和审批程序，落实六月会、隆务寺夏季出关供饭活动等佛事和民俗活动报备审批和风险评估工作，确保活动期间的社会稳定。

【疫情防控】 年初下发工作方案，全镇18个党组织坚持“外防输入、内防反弹、人物同防”策略，持续加大群众宣传、教育、引导力度，多渠道、广范围宣传新冠肺炎的危害、接种新冠疫苗的意义、日常防护知识等内容，设计并发放藏语和汉语版二维码组合宣传页、海报、告知群众的一封信等1000余张，内容涉及社区报备流程、疫情防控相关要求、指挥部联系电话等；在青海省内出现核酸检测阳性人员之后，社区工作人员对辖区内来同仁返同仁人员名单进行核实和上门追踪。利用当下大数据与互联网，在社区管辖范围内生成“信用青海”场所管理健康码，形成“一人一码，科学管控”机制，做到底数清、情况明。推进适宜人群接种疫苗，通过网格式、地毯式开展辖区人员摸底排查工作，排查登记辖区内适龄人员接种疫苗情况，完成每户疫苗接种台账。做好特需人员后勤保障工作，以成立社区爱心车队为契机，发挥党建联盟支部作用，通过爱心车队，及时为居家健康检测人员提供消毒物资和生活用品。协助各社区打造疫情防控物资储备库，辖区内爱心人士给各社区送去防疫物资，至年底，储备物资价值 12 万余元，物资储备量满足 30 天负荷运转的需要。截至年底，全镇累计接种新冠肺炎疫苗 78674 剂次，其中 3—11 岁人群 6213 人次，12—14 岁人群 2031 人次，15—17 岁人群 3487 人次，18 岁以上人群 66943 人次。

【基层党建】 树立党委书记抓党建主业主责意识，牵头制定《隆务镇 2021 年党建工作要点》，按照分工为村、社区配备党建指导员，层层签订党建工作责任书，压实党建工作责任，推进党建任务落实。结合州委“促百分百达标、迎党百年华诞”活动，对全镇上下组织生活开展情况进行政治体检，19 个党支部均通过省委、州委、市委检查验收。执行“周一例会”“第一议题”制度，坚持“逢会必学”，采取个人自学、集体研讨、轮流宣讲、通过微信公众平台“隆务之窗”发布政策咨询等形式，组织班子成员及全体干部学习习近平新时代中国特色社会主义重要思想，中共十九大精神，中共十九届历次全会精神，中央、省、州、市相关政策规定及习近平总书记在青海考察时的重要讲话精神相关内容。全年开展周一例会学习 17 次，印发学习资料 45 册。

依托“党建联盟”工作品牌，新建社区爱心厨房、爱心车队服务平台，引入“两新”红色驿站，建立起社区爱心服务品牌，将党建工作与各项中心工作融合，构建起党建引领、统筹推进的工作格局。开展农村牧区发展党员违规违纪问题自查工作，规范党员发展程序，做到台账齐全、程序规范，年内处理 6 名发展程序不规范、涉嫌“带病”入党的“问题党员”。年内发展预备党员 28 人，按期转正 26 人，储备积极分子 38 人。把推进“一核三治”工作作为重点，第六轮修订“村规民约”“居民公约”，将强化党员示范引领、治理村风民风、治理婚俗陋习纳入村规民约当中，建立正向引导和反向激励相结合的“两榜”工作机制，让村规民约成为群众约定俗成的“小宪法”。年内创作《隆务赋》一稿，全面总结隆务 70 年发展历程。

【党史学习教育】 以党史学习教育为契机，结合工作实际，开展“十个一”（阅读“一本党史书籍”、上好“一堂专题党课”、过好“一次主题党日”、观看“一部党史影片”、讲好“一个党史故

2021 年 7 月 13 日，2021 年“梦回古镇，向党献礼”隆务镇首届“民族团结杯”锅庄大赛在热贡文化广场举办（隆务镇政府供图）

2021 年 6 月 30 日，隆务镇在黄南州雪莲演艺中心举办“梦回古镇　向党献礼”表彰大会暨文艺会演（隆务镇政府供图）

事”、开展“一次走访慰问”、组织“一次征文活动”、办理“一件好事实事”、开展“一次警示教育”、举行“一次集中表彰）特色主题活动，为所有机关党员干部制作党史专题笔记本 200 本，督促党员们将读书笔记、学习心得撰写至规定记录本上，并开展不定期检查指导，将学习贯彻于日常工作当中。全年召开集中党史学习集中会议 27 次、专题研讨会 7 次，印发学习资料 27 册、党史知识测试 2 次。并在中国共产党成立 100 周年来临之际，开展“梦回古镇　向党献礼”隆务镇首届“民族团结杯”锅庄大赛、“梦回古镇　向党献礼”庆祝“七一”中国共产党成立 100 周年文艺会演暨表彰大会两项大型主题活动。把党史学习教育与为民办实事有机结合，围绕群众“急难愁苦盼”问题，化解团结渠供水难、牙浪基础设施差等 16 项群众反应强烈的难点问题，彻底解决苏合日村拦沙坝淹没区征地事宜、加毛村休闲广场建设资金等 20 余桩历史“欠账”。

【党风廉政建设】　贯彻落实中纪委五次全会和省、州、市全会精神，把党风廉政建设列入重要议事日程，与重点工作同部署、同细化、同检查，明确由一把手负总责，分管领导分工落实，定期检查考核，形成齐抓共管的工作格局。研究制定《隆务镇 2021 年度党风廉政建设与反腐败工作计划》，层层监督落实责任，党委政府主要领导与领导班子成员、社区书记、村“两委”签订《党风廉政建设目标责任书》。在新一届村（社区）“两委”换届期间落实审计制度，加强会风会纪监督力度，针对无故缺席会议人员在全镇范围内进行通报，累计通报 3 起会风会纪问题。对四合吉社区“两委”负责人和 1 名网格员违规领取草补事宜履职不到位问题进行谈话提醒。进一步完善公车管理、财务管理、办公用品采买等各项规章制度。以“违规收送礼金专项整治行动”为契机，开展副科级以上领导干部自查自纠，对自身存在问题进行查摆，改进工作作风。落实婚丧红白事宜报备制度，2 名干部举行婚礼进行婚前婚后收支情况报备并建立台账。健全完善副科级以上领导干部廉政档案，时刻掌握领导干部家庭资产收入。落实《同仁市廉政谈话制度》要求，分层次开展任前、节前、日常廉政谈话，对党员干部的日常教育和监督管理方面起到早提醒、早纠正效果。累计开展廉政谈话 7 次，累计参与人数 350 余人，其中任前谈话 2 次 52 人次、节前谈话 3 次 150 余人次、日常谈话 2 次 148 人次。对 2012 年至 2020 年间涉及违规问题的 10 名时任村“两委”负责人和相关分管领导进行诫勉谈话。

【村（社区）“两委”换届】　多次组织召开专题会议研究部署换届选举各项工作，组织开展工作人员培训，及时督促指导各村（社区）工作进展情况，在“两委”换届工作正式启动后，结合前期调研工作，按照“一村一策”原则，逐村制定换届“时间表”和“任务图”。隆务镇党委组织考察组考察 18 个村（社区）64 名村（社区）党组织和 96 名村

2021年10月12—14日，隆务镇组织人大代表、政协委员赴民和县、互助县、海晏县观摩学习（隆务镇政府供图）

（居）委会候选人预备人选，并报上级组织部门进行资格联审。按期完成18个村级组织“两委”换届任务。年内完成隆务镇乡镇班子换届各项工作任务，所有候选人均实现满票当选。

【人大工作】　落实省、州、市“乡镇人大建设年”“乡镇人大落实年”“乡镇人大提升年”部署要求，开展隆务镇人大建设“五项提升行动”和“两室一平台”规范化建设，及时组织召开党委人大专题会议，制定印发《隆务镇关于开展“乡镇人大建设年”提升行动的实施方案》《隆务镇开展“乡镇人大建设年”提升行动工作领导小组的通知》《隆务镇“乡镇人大建设年”提升行动重点工作任务清单》，确定责任人和完成时限，确保高效有序推进人大重点工作。

根据“一年打基础、两年抓规范、三年促提升”目标要求，推进“两室一平台”规范化建设工作，重点打造青年路社区人大代表活动室省级示范点、霍尔加社区人大代表活动室州级示范点、加毛村人大代表活动室市级示范点，建立市级、镇级人大代表微信联络群，进一步密切与代表的联系，增强代表履职积极性。10月12—14日，组织人大代表在民和县、互助县、海晏县观摩学习乡村旅游建设、人居环境整治、特色产业发展等方面的先进经验和创新做法。通过定期组织外出学习考察，进一步开阔视野，不断在实践中培养、提高代表的履职能力，在学习中增长见识、启发思路、提升工作。

及时配备人大干事1人，村、社区人大工作联络员18人，保证镇、村（社区）人大工作做到有人管事、有人做事。通过“我为群众办实事”活动，帮助群众解决一批急事、难事、烦心事，全年镇人大代表“联络室”代表进站22场次；在镇二届一次会议期间和闭会期间收集代表意见建议23件，及时召开代表意见建议交办会，把办实事、求实效、抓落实作为建议办理工作的出发点和落脚点，推动代表建议从“答复满意”向“结果满意”转变，代表意见建议办结率达100%。在代表进站入室时，同步掌握乡镇社情民意和群众反映强烈的突出问题，问计于民、问需于民，解决民忧、民需、民盼。

（撰稿人：昝玉英）

保安镇

【概况】　保安镇位于市境北部，距市政府驻地15千米。最高海拔3778米，最低海拔2100米，平均海拔2939米。以藏族为主，汉族、土族等多民族聚居。总面积324.9平方千米，其中耕地1528.3公顷，人均占有耕地面积0.11公顷；草场面积3.05万公顷，可利用草场面积2.93万公顷，人均占有草场面积2.5万公顷。辖1个社区、14个行政村，38个自然村。总人口3272户11638人。其中，女5863人，藏族10383人，非农业人口2720人，人口自然增长率6.6‰。2021年，全镇实现生产总值12500亿元，粮食作物播种面积993.33公顷，总产357.75万吨。年末牲畜存栏80626头（只、匹），其中羊26667只、牛7420头、马11匹。有水库5座，总蓄水能力1000万立方米。农业机械总动力5600千瓦。农村用电量818.33万千瓦时。农民人均收入12044.3元，同比增长7%。有中学1处、小学3处、幼儿园11所，在校学生1143人，适龄儿童入学率100%。有卫生院2所、村级卫生室14所。有14个村达到小康水平，小康水平值89%。被评为州级文明乡镇、青年民族团结进步先进集体，同仁市民族团结进步乡镇、文明乡镇、先进基层党组织、征兵先进单位。

【农牧业发展】 全镇总耕地面积1262.67公顷、草山面积30476.73公顷，是同仁市主要的产粮区和良种繁育基地。年内完成粮食播种面积10054亩和化肥农药减量增效面积977.73公顷，完成春秋两季防疫工作及重大动物疫情防控，牲畜免疫密度100%，免疫抗体合格率保持在70%以上，15个农村电商公共服务站点正常运营。根据草补、粮补、林补等相关文件要求，成立工作组核查核实第一批公职人员享受草补的96户、第二批草补29户、粮补1871户、林补157户、退耕还林399户，实现资金发放对象和发放金额零误差，均符合政策。完成耕地非粮化和撂荒地排查工作，并上报非粮化632户161.6公顷和撂荒地577户137.07公顷。

【项目建设】 协调相关行业部门争取实施各类项目16个，总投资6582万元。其中，投资200万元实施浪加、卡加、银扎木3个村党群服务中心的“六有”建设项目和11个村（社区）的提标项目；投资450万元完成镇政府及5个村的清洁能源供热项目；投资600万元完成浪加村、银扎木村的传统村落建设项目；投资190万元实施赛加村美丽乡村建设项目；投资50万元实施下庄村整村环境卫生整治项目；投资550万元实施新城村农牧口乡村振兴示范项目；投资105万元连通双处村扎娘庄至同夏公路4.3千米的村道建设项目；投资400万元完成城内村“花儿沟”AAA级旅游景区防洪石笼坝建设项目；投资597万元完成2021年度397户的农房提升项目的建设任务；投资948万元实施银扎木沟水土流失治理项目；投资405万元建设保安镇中心寄宿制学校生活用房及学校运动场；投资28万元建设浪加小学基础设施项目；投资115万元实施浪加村四合夏寺老旧线路改造项目；建设投资1444万元的保安古屯田寨堡群防雷项目；投资500万元实施城内村农牧口乡村振兴示范村项目；协调配合交通局完成卡加村至尕队村的滨河路建设项目。完成黄南州绿色农畜产品输出地园区建设项目征地调查核实和政策宣传等前期工作；协调完成同仁市绿色轻工业园区污水处理厂征地工作（黄南州农畜产品输出基地）病开工建设；完成黄南州殡仪馆项目的建设用地；配合自然资源局完成西成铁路征地拆迁前期入户评估及丈量（群吾村57户、浪加村71户、宗教活动场所3个）工作；协调完成西成铁路双朋西隧道建设单位施工用沙和料厂用地工作。协调完成天然气管道途经东干木村段约2.7千米（占地2.13公顷）征地工作。

2021年2月25日，省政协副主席、州委书记王振昌（中）一行在保安镇银扎木村调研春耕备播及农业生产工作（保安镇政府供图）

【乡村振兴】 7月，18名乡村振

2021年10月13日，“全省‘两新’组织红色引领·助力乡村振兴黄南行”观摩团120余人在保安镇城内村观摩花儿沟乡村旅游（保安镇政府供图）

兴（驻村）工作队成员选派至城内村、东干木村、下庄村、全都村、双处村、赛加村开展工作，其中6名驻村第一书记（2名省选派、1名州选派、2名市选派）、12名驻村工作队员（2名省选派、1名州选派、9名市选派）。支持3个贫困村、11个非贫困村集体产业资金590万元。其中，第一批贫困村各50万元，非贫困村各40万元。全都村、双处村50万元均投入塔湘滩光伏电站，每村每年收益5万元；赛加村50万元投入赛加村奶牛养殖场，每年收益2.5万元；11个非贫困村各40万元投入分布式屋顶光伏项目，每年收益1.1万—1.6万元。第二批中3个贫困村全都村、双处村、赛加村各50万元投入11兆瓦光伏电站，每年每村收益7.13万元，11个非贫困村产业资金除东干木村60万元投入东干木旅游度假村，其余10村的资金投入“悦牧人家”项目，每年各村收益4.2万元。14个村实现集体经济破零。

【生态文明】 完成国土绿化杨树等各类树苗种植25.37万株，双处村秋季造林33.33公顷。完成农牧民居住条件改善工程397户。年内辖区未发生重大安全生产、食品药品、文物安全事故。完成农牧区887座户厕排查，上报需整改厕所40座。保安镇建立27名镇村级河长和71名路长，每月开展App巡河，每周对各分管区域路段开展巡路，“河长制”巡河和“路长制”工作形成常态。推进无害化处理和资源化利用及种养循环发展，规模养殖合作社和养殖场畜禽粪污综合利用率在75%以上，无害化处理及资源化利用率在85%以上，粪污处理设施装备配套率在95%以上。开展人居环境整治“春秋季”战役和村庄清洁行动，全镇出动生态文明志愿服务活动113次，持续开展防火、防汛及禁止秸秆焚烧、严禁占道晒粮等工作，完成年度农牧区人居环境整治工作任务。

【文化旅游】 发掘保安古城、都司衙门、明清兵营、花儿王朱仲禄故居等人文旅游潜质，让旅游业与乡村、文化融合，借助民俗活动和民间饮食发展农家乐和农家旅馆，打造出特色文化旅游产业。在发展文化旅游的基础上，探索以对外出售剪纸、刺绣、手工艺品为主的文化旅游销售产业链。每年举行“藏乡六月会”“花儿会”、保安社火等民间传统文化活动，做好“以节为媒，文化搭台”，突出各村地域、文化、产业特色，打造“一村一品”“一村一景”。城内村“花儿沟”和东干木乡村旅游景区被认定为国家AAA级旅游景区。

【生态环保】 推进生态文明思想，完成国土绿化杨树等各类树苗种植25.37万株，双处村秋季造林33.33公顷。完成农牧民居住条件改善工程397户。年内辖区未发生重大安全生产、食品药品、文物安全事故。完成农牧区887座户厕排查，上报需整改厕所40座。设立27名镇村级河长和71名路长，每月开展App巡河，每周对各分管区域路段开展巡路，“河长制”巡河和“路长制”工作形成常态。推进无害化处理和资源化利用及种养循环发展，规模养殖合作社和养殖场畜禽粪污综合利用率在75%以上，无害化处理及资源化利用率在85%以上，粪污处理设施装备配套率在95%以上。开展人居环境整治“春秋季”战役和村庄清洁行动，全镇出动生态文明志愿服务活动113次，持续开展防火、防汛及禁止秸秆焚烧、严禁占道晒粮等工作，完成年度农牧区人居环境整治工作任务。

【社会事业】 持续做好贫困户脱贫巩固后续保障，做好10户28人边缘户和农村住房安全动态监测，强化及时帮扶救助。对有意愿的劳动力及时开展就业培训，完成劳动力转移就业人次1200人，拓展就地就近就业渠道，全年劳务输出3740人，其中采挖虫草2201人、其他领域1539人，涉及的行业包括唐卡绘画、建筑、石雕石刻、交通运输、餐饮住宿、批发零售等。市政府分配保安镇公益性岗位281人，其中林业生态管护岗位15人、草原管护岗位130人、公路养护岗位6人、光伏公益性岗位130人。开展技能培训班12批500人次，累计发放培训补助金35万余元，累计促进就业434人，实现长期就业241人，短期就业193人，其中包括跨地区输出就业45人。全镇就业率达87%。采取“企业+贫困户+边缘户”方式，10户边缘户与企业签订劳务协议。通过分类管理公益性岗位，持续促进脱贫人口稳岗就业。

教育布局调整。落实市委、市政府教育布局调整工作，落实中小学适龄人口入学率达100%，无辍学失学适龄儿童，学前三年毛入园率达到90%。根据市委、市政府教育发展“八大工程”要求，完成教育布局调整任务，解决并落实学校后勤公益性岗位18人。年度申报落实43名大学生“雨露计划”补助项目，解决65名新考录大学生困难家庭救助资金26.5万元。

【社会保障】 推进养老、医疗保险缴费宣传和收缴工作，提高群众参保意识。青海人社通、青海医保App广泛应用，完成60岁以上老年人养老待遇资格认证。截至年底，保安镇脱贫户养老保险和医疗保险实现全覆盖，建立健全留守老年人、留守儿童、残疾人、单亲家庭等弱势群体关爱服务体系，城乡最低生活保障、高龄老人生活补贴、孤儿基本生活费标准继续调高。全年落实特困供养28户30人，兑现特困供养资金40.82万元；落实农村低保414户1506人，兑现农村低保金645.11万元；落实临时救助431户1956人，发放临时救助资金164.21万元；落实高龄补贴977人，发放高龄补贴资金106.58万元；落实残疾人生活补贴322人，发放生活补贴资金29.69万元；发放残疾人护理补贴168人，发放护理补贴资金20.16万元。14个行政村养老保险参保3678余人，占全镇总人口的54.7%，参保率达73.6%。

【精神文明建设】 开展中共十九届六中全会、习近平新时代中国特色社会主义思想和省委、州委、市委全会精神等宣传教育活动，开展“我们的节日”等一系列活动，培育践行社会主义核心价值观。继续推进“五星级文明户”、文明村镇评选创建活动；结合乡村振兴战略，倡导移风易俗、树文明新风活动，组织开展各类新时代文明志愿服务活动，推动学雷锋活动常态化，推进未成年人思想道德建设工作。继续开展乡风文明六项主题评选创建活动，在活动中评选出全国文明村1个、市级文明村7个、市级文明社区1个、市级文明镇1个、五星级文明户138户（五星级标兵户10户），保安镇被评为市级文明乡镇。

【安全生产】 多次召开安全生产工作会议，学习省、州、市有关文件会议精神，做好镇域内安全生产的各项工作。配合市消防中队组织开展消防应急演练和安全知识培训，利用展板、宣传栏等载体普及安全知识，增强干部职工和村（社区）“两委”的防范和应对安全事故能力。不定期开展安全隐患排查，坚持“谁排查、谁签字”“谁验收、谁签字”，做到隐患排查有记录、有签字、有档案、有台账。坚持整改零容忍，对排查出的安全隐患，立即进行台账登记，并销号整改，做到措施、资金、人员、责任、时限“五落实”，确保安全隐患及时解决。

【基层党建】 基层组织建设 制定《党建工作计划》，签订目标责任书，经常性召开会议专题安排部署党建工作，通过以评促建活动，检验各党支部标准化规范化建设成效。开展“我们的节日”系列活动，用传统节日文化为纽带，架起干部与群众之间的连心桥。开展集中学习，评选“两优一先”选树典型，传播正能量。每月定期召开主题党日、“三会一课”等营造“比学赶超”浓厚氛围。保安镇党委被评为同仁市先进基层党组织。结合实际，通过制定完善“抓乡促村”和“一核三治”方案和任务责任清单，实施浪加、卡加、银扎木3个村党群服务中心的“十有”建设项目和11个村（社区）的提标升级项目。

干部队伍建设 组织新任支部书记培训1次、新任村（社区）“两委”成员培训1次，参加市级新任村“两委”班子主要负责人及村（居）务监督委员会主任培训1次，参加州委党校村党支部书记培训1次、党支部书记能力提升培训党员教育省级示范班（华西）培训1次。把村干部素质提升工作作为发展先进性教育、储备村（社区）干部的重要举措，7名村“两委”干部报读村干部学历提升春秋季培训班。落实组织生活、民主评议党员等制度，开展“一表一册一规范”、不合格党员处置、党员公开承诺、无职党员设岗定责等工作。严把党员入口关，年内培养入党积极分子27人，吸收预备党员14人，转正正式党员18人。组织开展各村党员先锋指数考评、先锋党员评选、党员教育培训工作，增强党员履职能力。开展违规违纪问题线索自查，根据摸底排查情况建立基础台账，自查整改95名排查对象。在各村调查了解是否存在软弱涣散及“村霸”情况，进一步完善村级党组织运行机制并建立防范整治“村霸”问题的长效机制。经排查，保安镇14个行政村零“村霸”。

【乡村“换届”】 村级换届。1月1—2日，保安镇15个村（社区）完成村（社区）党组织换届选举工作；1月21—23日，15个村（社区）完成村（居）民委员会换届选举，15个村（社区）组织书记、主任全票当选，村“两委”委员满票或高票当选，其中11个村实现“一肩挑”。村“两委”委员平均年龄45岁，比上届下降6岁；村“两委”负责人平均年龄48岁，比上届下降5岁。村“两委”委员中大专及以上文化程度6名，占12.77%，比上届提高7.77个百分点。15个村党支部书记中致富能手有6人，占40%，比上届提高33个百分点。镇级换届方面。5月26日，中共保安镇第五次代表大会召开，选举产生新一届的党委班子、纪委班子。6月19日，保安镇第二届人民代表大会第一次会议召开，选举产生新一届人大主席团主席、人民政府镇长和4名副镇长。通过选举，保安镇领导班子成员平均年龄37岁，其中镇党委委员平均年龄37.5岁。换届后，镇领导班子中女性干部3人；本科及以上学历9人，占82%；大专学历2人，占18%；新进班子成员5人，占56%。

（撰稿人：曲杨拉毛）

多哇镇

【概况】 多哇镇位于市境东南部，距市政府驻地91千米。最高海拔4767米，最低海拔2160米，平均海拔3200米。属冷温干旱气候，草地植被覆盖面积达90%以上。全镇总面积935平方千米；草场面积9.6万公顷，可利用草场面积8.9万公顷，人均占有草场面积12公顷。辖6个行政村，27个自然村；总人口1546户7035人。其中，女3472人，藏族7035人，人口自然增长率1‰。2021年，全镇实现生产总值8080.5万元，同比增长7%。全年粮食作物播种面积4450公顷，造林4公顷，森林覆盖率25%，年末牲畜存栏93877头（只、匹），其中羊58100只、牛35016头、马761匹，出栏牲畜11265头（只），出栏率12%，畜牧业总产值574万元。农村用电量39.51万千瓦时。农民人均收入12546.82元，同比增加820.82元。有幼儿园1所，在校学生1062人，适龄儿童入学率100%；医院1所。6个村达到

2021年7月7日，同仁市庆祝中国共产党成立100周年“民族团结杯”传统赛马大会在多哇镇大南曼草原举行（多哇镇政府供图）

小康水平，小康水平值100%。被评为全国脱贫攻坚先进集体、青海省先进基层党组织、省级卫生乡镇。

【农牧生产与农村经济】 2021年全镇农村经济总收入8080.57万元，其中农业收入1373.70万元、林业收入1289.06万元、牧业收入5141.60万元、建筑业收入28.29万元、运输业收入38.78万元、商饮业收入88.85万元、农民外出劳务收入737.64万元、服务业收入19.91万元、其他收入1008.38万元、净收入7918.42万元，农民所得总额8686.06万元，农民人均收入12546.82元。

开展农村集体产权制度改革，6个行政村完成清产核资，成立村集体股份经济合作社，制定和开创脱贫致富新模式，核实资产总额2875万元，核实集体土地9.83万公顷。确定集体经济组织成员身份6801人。

【劳务经济】 拓宽牧民增收渠道，在加强宣传教育的同时结合“雨露计划”，协调就业等部门，有针对性地开展牧民技能培训。截至年底，多哇镇劳动力人口3451人，争取各类公益性岗位301个，举办培训班10期，851人参加，向附近餐饮等相关行业输送大量的劳动力。年内转移劳动力504人次，其中市内乡外302人、省内市外202人。全镇劳务经济达689.38万元。

【项目建设】 全年完成固定资产投资（包括民间投资）4572万元；多哇镇乡村振兴项目资金800万元，其中活畜交易市场通过招投标签订合同并开工建设，有机生态产业园及设备购置正在招投标阶段；多哇镇民族团结运动场建设项目620万元，年内完成征地任务，进行项目规划；天津援建项目60万元（其中幼儿园提升改造20万元、多哇镇应急仓库40万元），完成竣工验收；尖德村50万元村集体经济发展壮大资金，用于储备牛羊饲草；多哇镇易地搬迁集中安置点基础设施建设项目646.5万元，修建围墙大门431户；卫生改厕排查有问题厕所623座，维修完工248座；自然村牧业点公路项目1706.8万元，修建道路68.95千米；直跃村和东维村畜棚改造提升项目各162万元，正在实施建设中。

【脱贫攻坚巩固与乡村振兴】 多哇镇党委政府于2020年向市水利局申请270万元，完成直跃村、东维村、卡什加村、交隆务村、尖德村易地搬迁非贫困户416户自来水入户项目；向市住房和城乡建设局申请746万元，用于直跃村、东维村、卡什加村、曲日那村易地搬迁区配套污水给水管网工程，至2021年底完成直跃村和卡什加村地下管廊铺设。通过“补针点睛”新纳入民政低保7户。市扶贫局下达贫困村集体产业发展资金100万元（每村50万元），投入同仁市赛加光伏扶贫项目。2021年度收益14.62万元，2个贫困村每村7.31万元。

落实贫困学生“雨露计划”助学贷款教育扶贫政策，12名贫困学生享受“雨露计划大学生补助”项目，补助资金12.5万元。每季度召开控辍保学工作推进会、控辍保学工作再安排再部署会、

2021年10月22日，州委书记王耀春（前左二）在多哇镇调研指导工作（多哇镇政府供图）

有辍学隐患学生家长集体约谈会，由各村联点领导多次前往有辍学隐患学生家中多次开展劝返工作。截至12月底，全镇贫困户适龄子女无因贫辍学现象。

按照“四不摘”要求，巩固脱贫攻坚成果，做好脱贫攻坚和乡村振兴有效衔接，开展边缘户排查，确定上报8户29人，其中7户纳入民政低保，5月完成风险消除；以党建为统领，通过“盘活资源、因势利导、村社合作、政策扶助”等方式，发展“一村一品”特色产业，破解多哇镇村集体经济发展难题，推进“拉格日”模式，在东维村和卡什加村完成推广；依托得天独厚的地理优势和畜牧业产业优势，6个村联合打造有机生态产业园，整合资源，探索“园区+合作社+牧户”模式，培育品牌、扶持龙头企业。

【生态环保】 成立镇、村两级工作领导小组，明确责任人和工作任务；成立环境卫生整治工作领导小组与督查小组，全年召开4次专题会议进行安排部署。每周五开展“环境卫生工作日”工作，清扫卫生死角。贯彻“河长制”部署要求，建立健全河长制工作领导小组，不定期督查各村各河段工作开展情况。结合“下基层、进农户；话政策、听民意；解民忧、帮脱贫、精准扶贫月”活动，通过悬挂横幅、发放宣传册、张贴彩色环卫宣传标语、发放倡议书及开展集中宣讲等方式宣讲关于环境保护的基本国策、农牧区环境保护、水源地保护等相关内容，提高群众环保意识。开展“八大集中整治活动”，实行每周五村级环境卫生整治日，组织全镇牧民党员群众及公益性岗位人员清理塔哇地区、村头村尾、房前屋后、河道等卫生死角、垃圾堆集点、积存垃圾，并运至固定地点予以处理。推进全域无垃圾及垃圾分类工作。采取户分类、流动车分类、集中分类+规范处理的模式，通过划分20个网格、60名网格员，实现全镇660户生活垃圾分类收集，制定垃圾分类奖惩制度。落实每月25日环境卫生集中整治日工作，镇党委政府统一部署，召集全镇各村党员、草原管护员、人民联防及全体干部职工200余人，集中清扫、打捞塔哇地区附近公路沿线、40多千米的大南曼河流域（尖德村至夏河县桑科乡）垃圾25次，清理生活、河道垃圾40余吨。全年开展宣讲活动30场次，6500人次参加，悬挂横幅40条，发放宣传单页2000张。

【社会事业】 教育方面，选派32名公益性岗位人员，配齐3所学校食堂厨师、清洁工、门卫等岗位；成立多哇镇支持教育委员会，筹集5.8万元奖励表彰优秀教师、学生；组织3名有教师资格证干部到中心寄校助教。推进全镇“控辍保学”工作，对全镇7—15周岁辍学生开展核查劝返工作，入学率达100%。文化方面，镇党委、政府组织各村牧民举办篮球、藏棋、民歌、种公羊称重选种、小品等各种文体活动。卫生方面，完善公共卫生服务体系，健全突发公共卫生事件应急指挥决策系统。全年开展健康教育活动7场，以“三八”妇女节为契机，组织全镇妇女接受妇科疾病预防知识学习，实施扩大国家免疫规划，适龄儿童扩大免疫疫苗接种率达98%。结合“我为群众办实事”行动，以每年20万元，聘用青海康润环保科技有限公司技术人员，将2019年修建的供水厂正常投入运转，彻底解决群众饮水安全问题。乡村教育事业发展。

【社会保障】 规范申请审查程序，严格依法办事，实行长期公示制度，接受群众监督。全年确定特困供养人员（救助对象）10人，其中分散供养9人，救助标准为每人每月972元，集中供养1人，救助标准为每人每月1069.2元，发放117806.4元；发放低保户保证金103.97万元；临时救助金309228元；疫情防控期间，低保户临时救助每户3000元，特困供养户每户2000元；为25名困境儿童发放保救助标准为每人每月150元，发放保障金1.5万元；为一级、二级残疾68人，发放保障金16.32万元，三级、四级残疾55人，发放保障金3.3万元；为241名高龄老人（70—79岁老人152人、80—89岁87人、90—99岁2人），发放保障金32.93万元。

【精神文明创建】 成立以各村联点领导为成员的镇级宣讲组，以包村干部、扶贫工作队、村“两委”班子为成员的村级宣讲小分队，在6个行政村、学校、吐辉寺开展“两讲四促”活动。全年开展各类宣讲48场次，参加人数超过5000人次，发放各类宣讲资料500余册。开展寺院法治宣传活动，通过举办法律咨询活动和政策法规专题讲座及宣讲大会，针对僧俗群众关心的热点难点问题，现场答疑解惑，印制发放普法宣传资料，举办法治宣讲大会8场，参加人数1500余人次，发放宣传单页1200余份，宣传教育覆盖面在90%以上。在重要路口和各村设立大型宣传牌，镇政府楼道立新增民族团结宣传牌30多个，制作民族团结进步展板8块，并利用LED屏重复播放民族团结进步创建知识。

【民族团结进步创建】 在各村、学校、寺院以《自治州民族团结进步条例》《自治区宗教事务条例》以及民族团结进步典型人物事迹、民族风俗习惯等为主要内容，邀请隆务寺寺管会人员在多哇镇进行党的民族宗教政策理论的专题辅导，讲透党和政府的关心关怀和带来的巨大变化，讲明多哇镇干部群众发挥主体作用取得的成绩，讲准党的民族宗教政策及《自治州民族团结进步条例》等法律法规，讲清极端宗教思想危害。

镇党委政府同夏河县甘加镇、桑科镇等邻镇，各睦邻行政村之间签订《民族团结友好镇镇协议书》，并召开以“加强睦邻友好关系共同创建民族团结进步”为主题的联席会议，围绕“团结、进步、发展、繁荣”主题达成协议，建立定期互访、召开联席会议等制度，推进创建活动，实现边界地区和谐稳定。

【意识形态建设】 投入20余万元，在各村建立固定的群众工作宣传栏、优秀典型宣传栏，在镇区、政府院内设立大型不锈钢宣传廊，宣传中国共产党成立100周年党史、基层党建、社会主义核心价值观、廉政法治文化建设、党风廉政建设、社会治理等内容，强化宣传载体建设。以中共十九大精神、社会主义核心价值观、经济社会发展成就宣传教育活动为抓手，以网络安全宣传周为切入点，在行政村、寺院、学校开展网络安全宣传，提升全镇各族干部群众网络安全意识。全年开展集中宣讲6次，参与人数400余人次，在各村开展入户宣讲3次，覆盖面达到80%。

【普法工作】 全年举办各类法律讲座20多次、法律咨询33场，发放各类法律宣传册子4000余份，悬挂张贴各类普法横幅、标语、彩旗50余幅。结合“三八”妇女节、“3·15”消费者权益日、“6·26”禁毒宣传日、“12·4”法治宣传日等主题日，举办各种活动，加深牧民群众的法治印象；在6个行政村、吐辉寺、多哇寄校举办法治教育讲座20场，受教育群众6000余人，覆盖面达100%。健全牧民自治组织，每个行政村成立村务监督委员会，提高村级组织民主决策和民主监督水平。建立健全法律顾问制度，协调联系县司法局在镇、村聘请专业的法律顾问，并向群众公开法律顾问的联系方式，方便干部群众进行法律咨询，必要时引导群众通过司法途径解决问题。

【武装工作】 镇人武部根据上级部署，以“强素质、求发展、上台阶”工作思路，开展武装工作。配齐配强机干民兵、普通民兵。全年召开专题武装工作会议5次，集中宣传征兵工作4次，覆盖面达到80%。组织民兵完成抢险救灾训练1次。

【社会治理】 为新农合、新农保、婚姻登记、计生、就业、信访接待、民政等部门配备工作干事，并设置AB岗，实现无缺位服务，确保为民办事服务的连续性和及时性。并至少配备一名藏族干部，实现办事过程零障碍、零距离。政府大厅设立干部形象栏，公开工作人员职责、联系方式及出勤情况，快速推动政府职能由管理型向服务型的转变。根据《黄南州重点人员帮教管理工作实施方案》要求，及时制定相关实施方案和制度并按照重点帮教管理人员在全镇范围内进行排查工作。截至年底，排查出重点联系对象21人，其中中风险1人、低风险20人。根据风险等级，实行中高风险人员“五帮一”风险人员“三管一”、低风险“二帮一”帮教措施，通过定期、不定期电话联系和入户谈心，掌握其思想动态，并建立详细的档案。开展虫草采挖期间、赛马会期间社会稳定、安全生产等一系列工作。全年开展维稳集中宣讲5次，参加人数800余人。结合“三区稳控”，排查化解各类矛盾32起，排查化解率达100%，无地界纠纷及遗留问题。全镇社会治安稳定，未出现重大治安、刑事案件，未发生群体性事件。

镇、村两级人民调委会人员全面配备，镇司法所配备调委会人员7人，其中专职1人；各村配备调委会人员5—9人。挂牌成立镇、村两级综治中心，建立健全镇综治中心“五室一平台”、村综治中心“三室一平台”，落实综治中心工作人员。按照城镇、牧区两种类型和“任务相当、方便管理、便于服务、责任明确”原则，结合居民、群众居住分布情况，在社区、行政村、自然村合理划分四级网格，其中一级网格1个、二级网格8个、3级网格35个、四级网格75个，其中四级网格按20—50户要求具体到户，覆盖到全镇每个角落。多哇镇行政区域划分为稳定区、可控区、隐患区三大区，针对不同的区域靶向施策，三区稳控措施初见成效。开展“致富能手、作风标兵、和谐家庭”“好公婆”“好媳妇”“文明家庭”“五星级文明户”等评选表彰活动，将优秀典型事迹在镇、村级宣传栏内进行公示，发挥典型示范引领作用，弘扬真善美、传播正能量，营造全镇崇德尚善、见贤思齐的良好氛围。多哇镇社会治理成果获青海电视台、《青海日报》、《青海法治报》等多家媒体采访报道。

【安全生产】 健全安全生产制度，落实安全生产责任制，按期组织应急演练13次，提高安全防范水平；完善和落实政府的领导责任，狠抓防汛、建筑施工、虫草采挖期安保维稳、食品安全、森林防火、交通隐患安全等工作。组织各村储备抢险物资，落实抢险队伍；建立健全外出虫草采挖人员定期联系机制，做到责任到人、落实到位；对烟花爆竹售卖点、加油站等重点场所进行安全隐患排查；加大寺院消防安全检查，规范电路电线及酥油灯、煨桑点设置；定期开展交通安全隐患警示教育大会，每周组织牧民观看警示教育视频。

抓好食品药品安全工作，对塔哇地区40多家商铺进无证生产经营、无证上岗，制售假冒伪劣食品，隐瞒和涂改生产日期，销售过期变质和“三无”食品、麻辣食品、“三精水”饮料等危害中小学生身体健康和生命安全的违法行为进行查处，对餐馆的整体卫生水平、餐具清洗消毒保洁及餐饮服务人员健康证持证情况及个人卫生等多项工作进行检查。

【疫情防控】 按照“疫情就是命令、防控就是责任”要求，调整多哇镇新型冠状病毒感染的肺炎疫情防控领导小组，修订完善疫情防控应急预案，整合公益性岗位人员、村“两委”成员、包村干部、村警、村民调解员、村医等，统一纳入网格员管理，划定管理工作职责，强化队伍建设与管理。制定多哇镇疫情防控顺口溜，在微信群宣传疫情防控知识，提高群众防控意识。镇政府引导村“两委”自发组织人员在多哇镇出入口设疫情防控登记点，累计出入登记6300余人次。推进新冠疫苗接种工作，全镇18—59周岁人员接种新冠疫苗达4550人次，接种率98%。

（撰稿人：索南东周）

年都乎乡

【概况】 年都乎乡位于市境北部，距市政府驻地15千米。最高海拔4100米，最低海拔2540米，平均海拔3320米。总面积120.8平方千米，其中耕地667.2公顷，人均占有耕地面积0.07公顷；草场1.09万公顷，可利用草场面积1.09万公顷，人均占有草场面积1公顷。辖6个行政村，15个自然村。总人口2377户10132人。其中，女5169人，非农业人口3035人，人口自然增长率8‰。2021年，全乡实现地区生产总值4480.32万元，同比增长15%。全年粮食作物播种面积667.2公顷，总产3162.5万吨，种植业产值820.17万元。全年造林1000公顷。年末牲畜存栏18289头（只、匹），其中羊11946只、牛6343头，出栏牲畜5486头（只），出栏率30%，畜牧业总产值3157.6万元。农村用电量3.15万千瓦时。农民人均收入12063元，同比增加789元。有小学6处，在校学生1145人，适龄儿童入学率100%。有医院1处。

2021年6月22日，州委常委、宣传部部长宋辉（正面左二），州人大常委会副主任韩福祥（正面左三），副州长人选哇多（正面左一）一行在年都乎乡调研近期重点工作开展情况（年都乎乡政府供图）

【农牧业发展】 持续调整优化种植结构，完成农作物播种面积672.07公顷，依托地理条件和气候优势，引导群众转变发展思路、调整产业结构，种植“同仁青稞”66.67公顷，提升黄果林种植产业66.67公顷。抓好畜牧业生产，各类牲畜存栏10856头（只）。统筹抓好动物疫病防治工作，完成96户6215头（只）牲畜保险，缴纳保费8.62万元，累计赔偿9.87万元。发放种粮补贴11.3万元，林补3.7万元。把劳务输转工作作为发展农村经济、增加农民收入的重要产业来抓，劳务输出的组织化、规模化、技能化程度进一步提升，全年劳务输出人数达1400人次，开展民族歌舞、焊工、挖掘机、唐卡、堆秀等技能培训10次502人。

【项目建设】 全年完成固定资产民间投资4200万元。完成录合相增减挂拆迁任务。完成郭么日大桥、天然气门站、330千伏变电所基站塔基、武警同仁支队、污水处理厂扩建、同赛高速等重大项目征地工作任务。

【乡村振兴】 落实防止返贫监测和帮扶机制，持续做好脱贫户人口自然变更及边缘户动态监测管理。落实大学生“雨露计划”项目44人，发放补助40.5万元。落实“四不摘”要求，缴纳完成建档立卡脱贫户医疗保险金44.2万元。探索脱贫攻坚与乡村振兴有机衔接模式，梳理各村基础设施建设和产业项目，健全完善项目库，明确发展方向，壮大集体经济，按照“一村一品”发展思路，挖掘各村特色产业，因地制宜推进乡村振兴。

【易地搬迁拆迁】　年都乎乡以改善农村生产和生活条件为目标，按照阶段性目标，实现录合相村161户易地搬迁。通过拆除危旧房、拆旧复垦、土地平整等措施，同步实施环境整治、解决村庄布局散乱、基础设施落后和脏、乱、差等问题，提升村民生活质量。通过实施城乡建设用地增减挂钩工作，建设用地供需紧张的局面得到有效缓解，实现城乡土地指标的互动、耕地动态与建设用地动态的互补平衡。围绕城市建设“南沿、中提、北扩”发展思路，推进郭么日大桥征地拆迁工作。经过多次交流沟通，耕地征地价格由以往的145000元降到57500元。

【生态环保】　持续推进农牧区人居环境整治工作，开展“洁净美”“春夏季战役”“爱国卫生运动”等专项行动，累计清扫200余次，开展专项行动8次，宣传活动18次。做好秸秆禁烧和综合利用宣传，加强值守巡查，打好大气污染防治攻坚战，行政处置3人。健全完善河湖长制组织体系，坚持常态化巡河，持续开展河湖“清四乱”“清河行动”专项行动，整改、销号反馈问题7个，下达整改通知单7张。抓好省、州生态环境督查组反馈问题整改，完成5条涉及问题整改。在村庄醒目位置设置警示牌9个，开展专项督查14次，查处随意倾倒建筑垃圾行为10次，杜绝乱扔、乱倒垃圾现象。

【文化旅游】　抓住年都乎村、郭么日村、尕沙日村传统文化村落优势，以手工艺品展销和观光旅游产业发展为导向，以热贡艺术积淀为资源基础，引导群众开展传统“六月会”等民俗节庆活动，开发建设地方特色文化旅游景点和热贡艺术品产业化，打好热贡文化艺术牌，打造景点游览、艺术品制作、民俗观赏“三位一体”的热贡文化名乡，吸引更多游客旅游观赏，丰富全市旅游产品，延伸产业，拓宽群众增收渠道。

【社会民生】　实现合作医疗和社会养老保险等民生事业覆盖率98%，实现低保、临时救助和扶贫政策衔接，做到应保尽保。完成年都乎辖区学校后勤公岗人员补充工作，支持教育事业全面发展。持续巩固“控辍保学”成果，全面细致核查适龄学生，全年未发生入学适龄儿童辍学现象。高度重视教育事业，全面加强未成年人保护工作，在中心寄校开展“迎国庆，庆中秋，普天同贺，‘益’起团圆”暨“化身知心天使，关爱留守儿童”主题活动。完成辖区学校12名后勤公岗人员补充工作，全力支持教育事业全面发展。推进卫生事业，开展重大疾病健康教育活动10次，累计发放宣传资料3600余份，接受咨询达80人次，为310名65岁以上老年人开展免费健康体检服务活动，常规性开展血压、血糖测量，血、尿常规，血脂等项目检查，宣传普及健康知识，解答常见病、多发病、慢性病的预防诊治等健康问题。落实农牧区最低生活保障政策，做好困难群众救助工作，纳入临时救助127人，低保21户49人，累计发放低保金和临时救助49.9万元，发放救灾面粉2225千克。

【精神文明建设】　把移风易俗作为精神文明建设工作的重要任务，年初召开精神文明专题会议，成立领导小组，制定实施方案，明确工作责任，形成一级抓一级、层层抓落实的工作格局。健全完善村规民约，把邻里和睦、环境卫生和移风易俗等内容纳入其中，坚持照章理事，用制度管人，提高村民自我管理、自我教育、自我约束能力。发挥基层宣传文化阵地作用，把拒绝高价彩礼、拒绝红白喜事大操大办等内容纳入群众思想教育中，广泛传播现代文明社会的新思想、新观念。坚持团结稳定鼓劲，正面宣传为主，传播凝聚正能量，表彰“五星级文明户”281户、标兵户14户，评选“健康家庭、模范夫妻”3户。将志愿服务与“我为群众办实事”实践活动结合起来，以新时代文明实践中心为依托，成立乡级党员志愿服务队伍1支、村级志愿服务队伍6支，组织开展

2021 年，年都乎乡开展庆祝中国共产党成立 100 周年活动（年都乎乡政府供图）

义务植树、义务巡逻、义务清扫等志愿活动 30 余次。

【意识形态建设】 牢牢掌握意识形态的领导权和主动权，落实意识形态工作责任制，建立健全研判机制，完善重大舆情事件应急处置工作机制和应急处置预案，提高风险防范能力和研判处置能力，年内分析意识形态领域情况 4 次。指定专人负责微信公众号运营，宣传党政工作动态，累计发布各类信息 261 条。

【武装工作】 将武装工作纳入党委重要工作日程，定期召开党委会研究部署。规范建设基层武装部“三室一库”和民兵连“部、室、家”。开展民兵组织整顿，劝退年龄偏大、违纪违规人员，及时补充民兵基干力量。发挥民兵预备役人员在维护社会稳定中的特殊作用，动员参与防汛抗洪和自然灾害救援、社会维稳等任务。组织民兵到直格江虫草采挖区进行实地训练，为虫草采挖期间的维稳工作和应急工作提供保证。在全市民兵轮训中获一等奖、三等奖，其中 1 人被评为全市优秀民兵。做好义务兵征兵工作，通过悬挂横幅、张贴标语等方式加强宣传引导。

【社会综治维稳】 以创建社会治理示范区为目标，推进“一核三治”社会治理模式，推进扫黑除恶专项斗争常态化，健全完善综治信息平台“九大类”数据，采集各类信息 13399 条。推进综治中心、“雪亮工程”、网格化服务管理一体化建设，构建共建共治共享的社会治理格局。健全完善建档、分类、评估、报告和责任查究等制度。严把宗教活动审批关，强化应急处置能力和风险评估工作，确保佛事活动内容健康、程序合法、安全有序，对传统佛事活动及民俗活动进行登记造册，确保宗教活动法治化、规范化运行。加强寺院僧舍消防安全隐患排查整治，健全寺庙财务会计管理制度，不断推进和谐寺院建设。

【社会治理创建】 妥善处理群众信访工作，解决征地拆迁、地界纠纷等引起的社会问题及矛盾纠纷，明确重点案件领导包办、乡村干部分级负责的工作责任制。做好虫草采挖期间社会和谐稳定，组织人民联防队伍在虫草采挖期间开展巡山值守工作，确保社会大局和谐稳定。其间，处置群众私自上山采挖事件 2 次，劝返采挖点放牧人员 7 户，教育惩戒 4 名群众，调处化解各类矛盾纠纷 25 起，受理群众来访 17 次。落实安全生产责任，与全乡各村、寺院、站所签订目标责任书，召开工作会议 5 次。坚持以“预防为主，消防结合”的工作方针，在各类重要节点对辖区交通道路、森林防火、消防安全、食品药品、动物防疫等重点领域开展大排查大整治。截至年底，辖区内未发生重特大安全生产事故，实现安全生产“零事故”。落实防汛责任，密切关注气象预警信息，执行领导带班和 24 小时值班制度，畅通信息报送渠道，确保人民群众生命财产安全。加强宣传工作力度，转发气象风险预警提醒和防灾减灾宣传短片，及时排查自然灾害隐患点，排查隐患点 5 个，并全部整改完毕。

【疫情防控】 落实“四方”责

任，常态化开展高中风险区返乡人员登记、督促核酸检测、重点场所双码登记等工作，筑牢疫情防控安全屏障。通过微信群转发和入户宣讲等方式，发动群众接种疫苗。排查境外及重点地区来同仁返乡人员，守住守牢疫情防控底线。在村级换届选举、乡党代会、人代会等聚集性会议期间，落实疫情防控措施，排查参会人员重点地区旅居史，对会场全面消毒杀菌，并由医护人员驻点进行体温检测、分发口罩。加强储备医用外科口罩、消毒液等防疫物资，健全完善疫情防控应急处置体系和应急预案，提升应急处置能力。截至年底，排查风险地区来同仁返乡人员 229 人，居家医学隔离 17 人，居家医学观察 3 人，集中隔离 1 人，动员群众接种两剂次疫苗 8553 人次，3—11 周岁人群疫苗接种工作有序推进。

【基层党建】 贯彻落实“第一议题”制度，第一时间传达学习、研究贯彻。以党史学习教育为主线，通过“领导班子带、送教上门讲、现场教学看、专题培训听、主题党日悟、每日推送学”等形式，推动学习教育走深、走实、走心。全年开展集中学习 38 次、党史专题学习 38 次，人均撰写学习心得 3 篇，集中知识测试 4 次，接受红色教育 4 次，开展党委书记讲党课 2 次、各党支部书记讲党课 32 次、专题交流研讨 7 次。落实民主集中制、“三重一大”和“五个不直接分管”制度，按照集体领导、民主集中、个别酝酿、会议决策的原则，健全完善党委议事和决策机制，做到重要情况在班子会上通报，重要文件和重要会议精神及时在党委会上传达，重大事项集体讨论、研究决定，形成领导班子团结共事的良好氛围。严把发展党员“入口关”，落实“双推双选”“年审”制度和违规发展党员排查工作，把整体素质良好的优秀分子纳入视野培养，不断补充新鲜血液，年内发展党员 8 人，培养入党积极分子 14 人。落实“三会一课”、民主生活会以及组织生活会等党内政治生活制度，执行“一表一册一规范”，用好“黄南先锋”智慧党建云平台，实现政策“一本通”，工作“一本清”，推动基层党组织建设全面进步。持续开展党员政治“体检”、党员“先锋”指数考评，加强党员干部日常监督，执行党纪党规，不断培育良好政治文化，评选“先锋党员” 65 人。组织开展“七个一”（百人入党宣誓、百人共升国旗、百人庆党生日、百人志愿服务、百人文艺表演、百人学习党史、百人齐唱红歌）庆祝中国共产党成立 100 周年系列活动，紧密结合“党旗在一线高高飘扬”，以“为民办实事在一线、化解民忧零距离”为载体，开展党支部承诺践诺活动。截至年底，乡机关支部全体党员承诺践诺事项累计 90 余件，支部承诺践诺事项 10 件，完成率 100%。

【党风廉政建设】 强化乡、村两级干部党性党风党纪教育，开展集中约谈、日常谈话、节前谈话。坚持用制度管人管事，修订完善规章制度。严明政治纪律和政治规矩，规范党内政治生活，检察机关、村党内政治生活情况，推进各级党组织执行新形势下党内政治生活若干准则，落实“三会一课”、组织生活会、民主评议党员等制度，开展违规收送礼金问题和小金库“回头看”工作，党政领导班子均书面提交自查自纠报告，党员干部签订《整治违规收送礼金承诺书》《严格落实中央八项规定精神及其实施细则承诺书》，领导干部均不存在收送礼金等现象，年内累计开展节前廉政谈话 4 次、日常廉政谈话 3 次，开展教育活动 4 次，对乡党政班子成员、驻村工作队、驻村“第一书记”和村“两委”进行廉政提醒和集体约谈 5 次。强化中央、省委、州委、市委重要决策部署贯彻落实情况监督检查，保障上级重大部署、重大行动推进落实，确保政令畅通、政策落地。加强换届选举、民生领域、项目建设、疫情防控和干部职工履职情况等工作的监督检查力度。落实《关于党委（党组）运用监督执纪“第一种形态”的工作意见》，持之以恒查纠“四风”，紧盯重要岗位、重要时间节点，抓好中央八项规定及其实施细则精神落实，严格监督执纪“四种形态”，对发现的苗头性问题，及时指出，督促改正，营造风清气正的工作氛围。全年开展监督检查 88 次，约谈干部3人次，下发通报5次。

【乡村“换届”】 严格履行规定程序不走样、遵循步骤不减少，执行法规不变通，完成村级换届选举、人大代表和党代表换届选举，产生新一届村支部书记6人，村“两委”成员22人，所有候选人高票当选，均实现“一肩挑”。选举产生市第二届人大代表15人、乡第二届人大代表45人，选举产生党代表40人。规范召开党代会、人代会，选举产生乡党委委员8人、纪委委员5人，出席市一次党员代表大会代表6人。选举产生乡人大主席团成员9人、人大主席1人、乡长1人、副乡长3人，所有候选人均全票当选。

（撰稿人：游肖肖）

曲库乎乡

【概况】 曲库乎乡位于市境南部，距市政府驻地14千米。最高海拔3600米，最低海拔1896米，平均海拔2748米。总面积233.1平方千米。有耕地872.42公顷，人均占有耕地面积0.10公顷；草场2.32万公顷，可利用草场面积2.10万公顷，人均占有草场面积2.52公顷。辖8个行政村，13个自然村。总人口1761户8321人。其中，女3650人，藏族、蒙古族、土族等民族8321人，非农业人口97人，人口自然增长率2.30‰。2021年，全乡实现地区生产总值9061.89万元，同比增长8.27%，全年粮食作物播种面积722.57公顷，总产416.49万吨，种植业产值309.31万元。全年造林366.67公顷。年末牲畜存栏22705头（只、匹），其中羊18433只、牛4244头、马28匹，出栏牲畜1544头（只），出栏率6%，畜牧业总产值300.5万元。农村用电量195千瓦时。农民人均收入10890.38元，同比增加600元。小学12处，在校学生766人，适龄儿童入学率100%。有卫生院1所、村级医务室8个。8个村达到小康水平，小康水平值100%。被评为全省先进基层党组织、县级文明乡镇。

【农牧业生产】 按照“稳粮、优经、扩蔬、增饲”思路，以农牧业专业合作社为引领，以扶贫产业项目为依托，分片规划种植“同仁青稞”、油菜、“同仁马铃薯”、传统药材等特色经济作物，构建“一村一品”产业格局。全乡农作物播种面积990.6公顷，完成异地种植“同仁青稞”233.33公顷，小麦种植207.73公顷，油菜种植229.4公顷亩，马铃薯种植135.07公顷，饲草料种植156.4公顷，传统药材28.67公顷。全乡牛存栏数达到4244头，羊存栏数达18433只。

【项目建设】 年内实施7个项目，项目总投资3861.54万元。实施曲库乎乡生态美丽乡镇建设项目投资1140万元，建设内容包括村内道路硬化、亮化，环卫设备等，年内竣工验收。曲库乎乡政府、卫生院、派出所清洁能源供热项目投资252.54万元，已投入使用。曲库乎乡瓜什则村农房居住条件改善工程项目投资217.5万元，实施农户145户，年内全部完成。曲库乎乡江龙牧业村实施退牧还草工程项目投资310万元，架设网围栏193.6千米，年内实施完成。曲库乎乡古德沟小流域综合治理工程项目投资928.5万元，年内实施完成。曲库乎乡木合沙村实施种草养畜建设项目投资513万元，其中藏羊产业项目资金100万元、乡村振兴项目投资413万元，完成工程前期方案及土方工程，签约施工合同。曲库乎乡古德村乡村振兴项目总投资500万元。

【乡村振兴】 聚焦“党建+特色产业”，探索“党支部+合作社”模式，推进“一村一品”建设，创新优化产业结构，促进产业转型升级。将村集体经济作为农村产业升级的“助推器”，加强农村基层组织建设的重要举措，发挥村党支部产业发展的领导者、推动者和服务者作用，各行政村依托全面实施乡村振兴战略契机，发展生态畜牧业养殖、共享耕地、草畜联动、特色农产品深加工、高端乡村旅游等优势产业，实现“支部有作为、群众得实惠、集体有收益”，村集体经济与村民收入“双增收”，持续巩固脱贫攻坚成果，全面实施乡村振兴战略。

【文化旅游】　多哇村结合实际情况，利用交通便利，周边风景秀美、林木环抱、空气清新，旅游环线周边景点可以吸引大量游客的天然优势，发展村集体经济产业。分年内多哇村温泉实现收益52万元；多哇村农家乐，每年稳定收益7万元，其中多哇丹霞生态休闲园餐厅4万元、温路乎合作农家院3万元。

【生态文明】　做好乡村环境整治工作，针对各村“六乱”（乱打、乱占、乱堆、乱圈、乱放、乱扔）问题，强化责任意识，形成负面清单，成立专项工作组，加大综合整治力度。多哇村集体收回和整治“乱占”土地2.53公顷、整治村内“乱堆”7处、拆除“乱建”2处。木合沙村集体收回和拆除“乱圈”网围栏3800米，整合公共草场3.73公顷，村内集体土地均被收回；其他村通过《村规民约》整治村内“六乱”问题。8个行政村重新调整公益性岗位人员的责任区，建立“日清扫、周检查、月通报、季互评、年总结”的工作长效机制，将环境卫生整治工作与支部书记的评先评优工作相挂钩，不断提升村容村貌的整体水平。年内按照市委、市政府总体部署要求，结合实际，重点推进隆务河两岸、木合沙沟、古德沟国土绿化工程，完成植树造林366.67公顷。

【社会事业】　坚持教育优先战略，继续加强义务教育阶段教育工作，力推“控辍保学”清零工作，按照精准扶贫控辍保学工作要求，义务教育阶段入学率100%。强化就业保障，年内组织引导农牧民转移就业800余人。加大农牧民技能培训力度，在各村分别开展中式烹饪、歌舞演艺、唐卡制作等技能培训6期，培训人次达到300余人，完成任务的100%。在建档立卡贫困户实现公益性岗位就业162户162人的基础上，新增133个扶贫公益岗，提高贫困劳动力就业率。推进文化体系建设，打造乡级文化站“四室一窗口”、新时代文明实践中心，文化设施得到较大改善，基本实现乡有文化站、村有农家书屋的目标。全乡8个行政村、9座寺院完成“户户通”“村村通”安装工作，广播电视覆盖率分别达100%；年初举办各类形式多样的文化活动105次。

【民生改善】　完成8个村345户1462人脱贫。到户产业方面，实施到户产业项目308户1394人，投入892万元，年实现收益170万元；易地搬迁脱贫方面，完成36户147人（项目实施人数），易地搬迁户全部完成项目建设并高质量入住；社会救助方面，临时救助发放3批86户30.35万元；特困供养人员22户26人31.98万元；特困供养发放大米26袋、清油26桶。提升医疗卫生保障水平，全年全乡完成医疗金缴纳6438人，其中建档立卡脱贫人员1280人、城乡低保348人、特困供养25人、重度残疾人91人、孤儿4人。

【精神文明建设】　组织召开2021年精神文明建设安排部署会，传达2021年精神文明建设工作要点，与8个行政村签订工作责任书，始终把学习贯彻习近平新时代中国特色社会主义思想作为首

2021年，曲库乎乡2021年新考录困难大学生临时救助审核审批会（曲库乎乡政府供图）

要政治任务，学习理论读本，在学懂弄通做实上下功夫。用好青海干部网络学院、“法宣在线”“学习强国”等网络学习平台，在学用结合、落地实效上下功夫，引导全乡广大农牧民群众把思想和行动统一到会议精神上来。开展法治宣传活动，进一步推动党员、群众忠诚核心、拥戴核心、维护核心、紧跟核心。通过宣传有关乡村振兴战略实施、脱贫攻坚巩固提升、村集体经济发展、基层组织建设等方面的各项政策方针，使党的惠民利民政策不断深入人心。为树立典型，全乡累计创建“五星级文明户”示范户户105户，标兵户6户致富带头人1名，进一步发挥榜样力量，弘扬正能量。

【社会治理】　推进“支部进网、党员联户”模式，推进党建网格与综治网格“两网合一”，在虫草采挖点成立临时党支部，将服务群众活动延伸拓展到蹲点一线。抓好法治宣传教育引导，进一步增强群众守法意识，使党的惠民利民政策不断深入人心。抓好矛盾纠纷排查化解，利用村级人民调解员中坚力量，开展影响社会稳定矛盾问题的摸排、研判、化解工作，坚持矛盾不上交，就地解决。推进自治，搭建村民自我管理平台，开展村规民约体系建设，形成“一村一策”，探索推行“一定两议三监督”村级民主议事工作法，提升社会自治能力；推进法治，完善一村一法律顾问制度，开展“民主法治示范村、寺院”等创建活动，以常态化举行法律法规宣传教育活动，强化农牧民法治意识；推进德治，培育和践行社会主义核心价值观，广泛开展道德评议、乡风评议活动，制定红白理事会工作制度，推进好家风好家训和“五星级文明户”建设，塑造乡村德治秩序，推进德治、自治、法治“三治”融合。

【疫情防控】　乡党委政府多次召开专题会议对当前的疫情防控工作进行安排部署，成立领导小组、签订责任书，特别是将同赛高速项目部、扎毛灌渠项目部、多哇温泉等地列为重点区域，加强管理，进一步落实疫情防控“四方责任”措施。强化宣传教育引导工作，利用微信群转发健康提示和就医指南，通过在村内张贴通知、通告、大喇叭讲读等方式。有针对性地开展新型冠状病毒感染等传染病防控知识宣传，科学指导群众、僧侣做好个人防护措施。落实对寺院和各行政村的佛事活动和传统民俗活动的审批制度，按照省州市关于疫情防控期间，坚持“非必要不举办”原则，引导群众、僧侣自觉停止或简化婚丧嫁娶活动，寺庙暂停举办法会等一切聚集性活动。组织全乡干部群众、僧侣、施工人员分批次开展新冠疫苗接种工作，曲库乎乡全面完成第一剂、第二剂新冠疫苗接种任务。人数达5088人。

【基层党建】　年初召开党建工作专题会议，制定下发《曲库乎乡党建工作要点》，签订《党建工作责任书》，安排部署党建工作目标任务，进一步明确工作职责，压实工作责任，细化目标任务。紧盯省委“推进支部百分百达标创建工作”目标要求，以“抓乡促村”“一核三治”党建项目为抓手，在“六化”建设和村级“六个基本”的基础上，进一步抓实“一表一册一规范”，推进党组织标准化建设。在虫草采挖季节成立临时党支部，开展“阵地飘红旗、党员亮身份”活动，发挥先锋堡垒和战斗堡垒作用，强化矛盾纠纷排查化解，实现虫草采挖点“零事件”目标。按照文件要求推进农牧民党员排查工作，召开党委会研究讨论实施方案，及时安排部署、成立领导小组，明确排查整顿主要问题及阶段时限，明确责任分工，细化工作任务，组织开展前期培训，各排查小组成员通过查找党员档案资料、向村党支部了解情况、对本人进行谈心谈话等方式进行逐一排查。

【党史学习教育】　开展“支部党员讲党史”活动，每日录制党史学习教育藏语领学视频，制作党建日签宣传彩页，全年组织召开党史学习教育专题学习会44次、专题研讨会8次、专题组织生活会1次，组织观看专题教育片10余部，组织外出到烈士陵园、市委党校、州党群服务中心等红色教育基地进行党性教育3次，邀

2021年，曲库乎乡机关党支部"学习红色精神　汲取奋进力量"主题党日活动（曲库乎乡政府供图）

请市委党校老师开展专题宣讲4次。在庆祝中国共产党成立100周年之际，相继开展表彰先进、知识竞赛、演讲比赛、专题党课活动、老干部座谈会、睦邻友好会议、走访慰问活动、支部工作大检查活动、主题党日活动、清河行动，十项庆"七一"活动，庆祝中国共产党成立100周年，讴歌党的光辉历程和丰功伟绩，引导全乡广大党员干部群众共抒爱党情怀、激发干事创业热情。

【乡村"换届"】　根据省委、州委、市委对2021年换届选举工作的总体安排，完成8个行政村党支部、村委会换届选举工作，以全票当选产生新一届村"两委"班子，"一肩挑"支部书记8人，支部委员24人，村委会委员24人，党员参选率100%。通过召开中国共产党同仁市曲库乎乡第十七次代表大会，选举产生新一届党委委员8人、纪委委员5人和出席中国共产党同仁市第一次代表大会代表4人。

（撰稿人：赵丽君）

兰采乡

【概况】　兰采乡位于市境西部，距市政府驻地68千米。最高海拔4767米，最低海拔2200米。总面积452.52平方千米。有耕地87.33公顷，人均占有耕地面积0.08公顷；草场38400公顷，可利用草场面积38000公顷，人均占有草场面积8.39公顷。辖3个行政村，8个自然村；总人口1258户5722人，为纯藏族村落，非农业人口4577人。2021年，全乡实现地区生产总值7160.6万元，同比增长16.9%。全年粮食作物面积75.4公顷、油料作物面积43.6公顷，种植"同仁青稞"25.4公顷、小麦44.93公顷、"同仁马铃薯"5.07公顷、油菜43.6公顷，产"同仁青稞"32吨、"同仁马铃薯"8吨、小麦36吨余、油菜6吨。年末牛存栏24061头，出栏3007头，出栏率12.5%；羊存栏39968只，出栏5675只，出栏率14.2%。畜牧业总产值382.43万元。农民人均收入12000元，同比增加1540元。有小学4处，在校学生661人，适龄儿童入学率100%。有卫生院1处。3个村达到小康水平。被州委、市委评为先进基层党组织，被市创建办评为民族团结先进集体，被市妇联评为优秀乡镇。

【农牧业生产】　全年全乡牛存栏24061头，羊存栏39968只，牛羊注射疫苗49375株支，注射密度达99%。全乡农作物播种面积达119公顷，其中粮食作物面积75.4公顷、油料作物面积43.6公顷，种植"同仁青稞"25.4公顷、小麦44.93公顷、"同仁马铃薯"5.07公顷、油菜43.6公顷，收获"同仁青稞"32吨、"同仁马铃薯"8吨、小麦36吨、油菜6吨。推进化肥农药减量增效行动，发放有机化肥221吨。全乡有合作社12个，其中3个苗木合作社、8个牛羊养殖合作社、1个加工合作社，发展牛乳、酥油、曲拉、蕨玛等畜产品加工业，构建蓄暖棚、规模养殖场。

【项目建设】　实施"一项目一研究"制度，推动项目建设步伐。获得市交通运输局投资320万元，实施兰采乡环却乎村至贡青虫草采挖点9千米道路修建工程。落实省财政厅50万元，用于扩建乡卫生院业务用房。为解决地处偏远、群众看病就医不便、看病就医成本高等问题，乡政府争取天津援青资金100万元，用于修建卫生院综合楼一栋。同年10月中旬，天津援建单位考察团到兰采乡验收援建项目建成情况，考察团全体成员对兰采乡党委、政府实施援建项目的工作成绩给予肯定，并对下一步援建工作进行交流研讨。落实市水利局50万元，修建土房村5千米自来水管道。落实资金421万元，为全乡281户群众实施农牧民居住条件改善工程。落实市教育局100万元，完成兰采乡唐拉卡寄校塑胶操场修建。落实市住建局190万元，完成环却乎村高原美丽乡村建设。落实市水利局资金343万元，种植花椒13.5公顷。落实215万元，完成乡政府、卫生院、派出所清洁能源供热项目。投资8.2万元，购置电脑、办公桌等办公设备。全年累计投资1808.7万元。

【脱贫攻坚】　成立防返贫监测工作帮扶领导小组，制定实施方案。经农牧户自主申报、干部排查、村级评议、乡镇初审、县级审定等程序，认定全乡监测户12户62人。乡党委政府动态监测现有监测户和脱贫户，整理完善户级、村级、乡级监测对象相关资料和台账。

全年兰采村村集体经济收益22.3万元；土房村村集体经济收益22.8万元；环却乎村村集体经济收益7.7万元。3月，全乡新增公益性岗位61人（兰采村47人、土房村14人），每人每月发放公益性岗位工资1000元。

2021年，兰采村、土房村扶贫互助资金总额达到168万元，其中财政资金100万元、会员入会费6.8万元，发放贷款95%以上，还款率达到100%。互助协会理事会按照章程以及管理办法，根据会员的家庭实际情况以及发展产业需求，向协会借款，资金均用于发展产业，资金运行情况良好。

全乡举办烹饪、泥瓦工、挖掘机操作、摩托车修理、民族舞蹈等技能培训班，参加技能培训800人次。公益性岗位250户全覆盖，其中兰采村149户（草管员47人、林管员13人、光伏公益性岗位87人）、环却乎村45户（草管员19人、林管员5人、光伏公益性岗位21人）、土房村56户（其中草管员29人、林管员8人、光伏公益性岗位19人）。草管员、林管员月工资1800元，光伏公益性岗位月工资1000元。

【乡村振兴】　打造温泉品牌产业　争取乡村振兴项目资金1000万元，在开发泉眼、基础设施建设、热水引入等方面下功夫。年内完成项目可研报告、可研批复、报建、土地预审、乡村规划许可证、申报环境影响评价表、招标备案、公开招标、签订合同并完成年度施工任务。

开发特色产业　成立兰采村、环却乎村生态畜牧业合作社，环却乎村生态畜牧业合作社项目投资152.78万元，完成基础框架工作。通过成立集体经济合作社推进集约化、专业化、规模化、标准化生产，促进畜牧产业做大做强。将50万元村集体经济发展资金投入黄南美宝皮革制品有限公司，每年收取投资金额10%的利润用于村集体经济，该公司可解决25个就业岗位。

人才振兴　完成村级、乡级换届选举工作，选举产生新一届村“两委”班子和乡党委班子，调整乡村振兴工作领导小组，选派新一届驻村工作队成员，为乡村振兴提供了组织保障。申请“雨露计划”短期技能培训需求，举办烹饪、泥瓦工、挖掘机等培训班300人次。

生态振兴　开展植树造林、环境卫生整治、河湖环境卫生整治、禁止焚烧秸秆等工作。排查整改厕所革命，开展垃圾分类，完成巡查整改工作，营造山清水秀的乡容乡貌。

【党史学习教育】　开展党史学习教育。始终把加强思想政治建设作为第一任务，持续巩固“两学一做”学习教育和“不忘初心、牢记使命”主题教育成果，扎实推动“党史学习教育”走深走实。全年组织党员干部集中学习40余次，讲授专题党课5次，开展专题研讨7次，撰写学习心得体会130余篇。稳步推进“我为群众办实事”实践活动。各党支部完成承诺践诺17件，发挥新时代文明实践所（站）作用开展志愿服务40余件次，实施惠民工程项目9项，发放临时救助款27万余元。注重把学习成果转为抓党建工作的第一切入点，把学懂、弄通、做实贯穿党建始终，学以致用，加快推动兰采各项工作高质量发展。

【基层党建】 履行党委书记第一责任人职责，召开党支部书记抓基层党建工作述职评议考核大会，通过“年初相约话党建”活动展现支部年度工作成效，规划目标任务，做到述职述党建、考核考党建，促使全乡党员领导干部把党建扛在肩上，放在心上，落实在行动上。推进“组织体系三年建设”，按照村级“六个基本创建”要求，完成环却乎村党群服务中心建设；推进“一核三治”社会治理模式，落实“四议两公开”“一约四会”工作机制。组织各支部开展“庆七一、迎党百年华诞”主题系列活动；完成“百分百达标创建活动”“五项教育”工作。圆满完成村“两委”换届选举工作，全面实现“一肩挑”，并组织15名新任村“两委”成员参加素质能力提升培训；发展党员3人，转正党员5人。开展农村牧区发展党员违规违纪问题排查，排查党员23人，对1例违规异地入党问题形成处理意见。开展村干部绩效考核工作，累计发放村“两委”报酬36万余元；落实驻村“第一书记”及驻村工作队管理制度。谋划、实施兰采温泉产业项目，以有机生态畜牧业产业为支点，开设集体股份分红型村集体经济2家，全年各项收益达到53万元。

2021年7月1日，在兰采乡举行的庆祝中国共产党成立100周年活动中为老党员佩戴党徽（兰采乡政府供图）

【乡村换届】 2021年，顺利选举产生第十七届乡党委委员8人，书记1人、副书记2人、乡纪委委员5人、乡纪委书记1人。第二届人民代表大会选举产生市级人大代表8人，乡级代表45人，代表选举出政府乡长1人、人大主席1人、副乡长3人。通过开展新任村“两委”培训，班子成员轮训，培养高素质干部队伍。

【生态环境建设】 乡党委政府始终将环境卫生整治和生态环保作为全年重点工作，学习贯彻习近平总书记在青海视察时对生态环保的重要讲话精神。建立“政府推动、各村协作、群众主体、分级管理、社会参与”模式，改善村容村貌和河湖环境。实施生态环境综合整治、“厕所革命”、村道硬化亮化工程，治理乡村“六乱”，开展环境卫生大扫除，并对全乡河流、道路、草场进行巡查整治，做到及时发现及时处理，改善乡村人居环境。强化环卫队伍建设，将全乡辖区范围划分为13个分片包干责任区，配置公益性岗位人员251人。通过“定格、定区、定人、定责”方式，由点及面，形成区域环境卫生整治“网格定人、区内有责、干群结合、多方联动、无缝覆盖”的工作格局，落实每月26日环境整治行动。推进国土绿化工程，年内完成土房村南雄滩地区植树造林，种植油松、松树苗木9万余棵；投资1.2万元，修建土房村垃圾分类点；投资215万元，实施清洁能源供热项目；

完成16666.67公顷草原鼠虫害治理工作。年内全乡接到生态环保专项巡察组反馈问题1项，乡政府立行立改全面整改到位。全年开展环境整治70余次，出动大小清运车辆50辆次，清理垃圾50余吨，发动各村公益性岗位、党员、僧人、贫困户、群众6000余人次。各村组织公益性岗位人员定期对乡域范围内的公路、村级主干道进行清扫和维护，确保交通畅通、乡容乡貌整洁。

【社会事业】 教育 坚持教育优先战略，继续加强义务阶段教育工作，力推“控辍保学”工作，全乡在校学生661人，无因贫辍学人员，各学校“三科教材”工作推进有序有效。学生每年可享受100元的三江源补助资金、“雨露计划”等教育扶贫项目，全年享受103人次，发放资金90余万元。落实市教育局100万元，完成兰采乡唐拉卡寄校塑胶操场修建；投资7.3万元，购置2台电脑、380套校服、1台打印机，有效改善教育教学环境。制定卫生安全，食品安全、交通安全、学校维稳等一系列安全制度和实施方案及计划，加强校舍、学校财物管理。

文化 乡党委政府组织开展端午、中秋、“七一”、国庆等节日活动，春节期间走访慰问生活困难党员和老党员，“六一”慰问儿童，“七一”开展庆祝中国共产党成立100周年系列活动，“七夕”组织开展文明家风活动，重阳节慰问高龄老人等丰富多彩的活动，充实农牧民群众文化生活。

卫生 乡卫生院推进医药卫生体制改革，规范医疗行为，院内可筛查乙肝、艾滋病、梅毒、血常规、尿常规等常规检查。全年乡卫生院住院人数193人，医疗收入43万元。完成居民健康档案5200余份。卫生院工作人员深入各村，对35岁以上人群进行逐一筛查。经筛查，全乡高血压患者47人，精神病人16例，糖尿病患者10人。完成孕产妇建档管理85人，住院分娩85人，住院分娩率达100%，其中高危孕产妇有1人，实际管理1人，高危管理率100%。完成免疫规划运转11次，新生儿应建卡85人，实建卡85人，建卡率100%。乙肝应接种人数87人，实接种81人，接种率93%。脊髓灰质疫苗应种184人、实种173人、接种率94%。麻疹类疫苗应种人数96人、实种人数91人、接种率94%。现管理结核病人4人，管理率100%。

【社会保障】 加大社会救助力度，全年发放低保327户1147人448.5万元；残疾人困难补贴97人次17.22万元；发放临时救助7批59户234人，累计发放补助金额27.5万元；特困供养人员6户8人，补助金额达7776万元；为全乡24名大学生发放救助资金9.9万元。投资991万元，用于改善基础设施。发挥社会保险救助综合保障作用，完成全乡房屋保险全员参保，牛羊参保率达到51%。卫生院全年接收住院病人199人次，住院分娩85人，完成“两癌”筛查156人，建成居民健康档案5200份，建立慢病管理档案73份，全面完成免疫规划、家庭医生签约、老年人免费体检等公共卫生健康工作。

【精神文明创建】 群众性精神文明建设 开展“移风易俗，弘扬时代新风”主题宣传教育活动，完善乡规民约，健全红白理事会、道德评议会、禁赌禁毒协会等群众组织。开展网络安全警示教育，提升网络安全意识，讲解网络安全环境明确网络安全职责，开展集中培训增强网络安全技能。

文明家庭创建 各村开展形式多样的精神文明创建活动，在全乡范围内开展“五星级文明户”评选活动，经过宣传引导、群众推荐支部申报共评选出“五星级文明户”275户，并进行张榜公布。开展“好婆婆 好媳妇”“最美庭院”等道德模范评选活动，评选表彰15户。

宣传教育 组织各支部以主题党日、专题研讨、党员大会等多种宣传形式，围绕安全生产、脱贫攻坚、民族团结、社会维稳等中心工作，开展专题学习、讨论交流，号召全体党员带头在新任务、新考验、新挑战面前坚守共产党人初心发挥党员带头模范作用。

【普法工作】 把普法和依法治理作为维护稳定的重要手段，推进普法依法治理工作。制订年度普法依法治理工作计划，不断创新，以科学发展观统领普法工作全局，以人为本，普法为民，创新普法工作机制与方法。开展普法培训工作，践行干部职工学法用法，全面加强人民调解员、普法骨干的业务能力。抓实法律“七进”推动学法用法。

【武装工作】　组建基干民兵反恐维稳分队。组织全体民兵干部进行整组工作业务培训，采取多种形式宣传《中华人民共和国国防法》《中华人民共和国兵役法》等法律法规，提高广大群众的国防观念。突出抓好干部配备和党组织预建，确保民兵队伍领导力量充实、组织力量健全；突出抓好集合点验、政治教育、新入队训练、参建带建等落实，按照基层武装部“三室一库”和民兵连“部、室、家”规范化建设的要求，抓好民兵基层建设，促进基层规范化建设质量提升。

【社会治理】　推进自治、法治、德治“三治融合”治理模式，健全完善党建引领、统筹推进、服务群众、风险防控、政策保障“五大体系”，打造共建共享的涉藏社会治理黄南模式。围绕“完善党委领导、政府主导、社会协同、公众参与、法治保障的社会治理体制”理念，推进社会治理创新。推进网格化管理，设立 19 个网格，依托“网格化”管理模式，不断创新综治工作。累计开展书记谈话 16 人次。无重大矛盾纠纷案件。排查登记矛盾纠纷 6 件，化解 6 件，化解率 100%。开展非法整治专项行动 9 次。年初与贵德县常牧镇、泽库县麦秀镇、尖扎县尖扎滩乡、年都乎乡等相邻乡镇签订睦邻友好协议书并与各村责任人层层开展约谈，逐级落实责任。通过采取分片包干的方式，从法律法规、民族团结政策等各方面开展入户宣讲。在虫草采挖、秋季转场放牧期间，乡党委政府组织干部干警驻点值守、出动人民联防、党员干部巡逻等方式，安全平稳完成边界维稳工作。研究制定《同仁市兰采乡治安乱象整顿实施方案》，结合市社会治安整治专项行动，阻拦项目实施、寻衅滋事、乱搭乱建等社会乱象进行综合整治。

【社会综治维稳】　履行党委书记第一责任人职责，贯彻落实中共十九届历次全会和相关文件精神，分析研究当前面临的形势，加强社会治安和社会稳定工作的指导，增强政治责任感。在各村、寺院等重点区域开展矛盾纠纷排查化解工作，维稳巡逻做到全覆盖，在排查化解矛盾纠纷时，各工作组负责人落实“零报告”制度，实现矛盾纠纷“小事不出村、大事不出乡”的良好局面。开展农牧民党员培训、形势政策宣讲等活动，围绕扫黑除恶专项斗争、涉藏依法治理相关法律法规等内容学习宣讲，开展宣讲活动 40 余次，发放宣传资料 700 余份，受教育干部群众达 4000 余人次。注重发挥网格员、村警、人民联防、基层组织、驻寺干部的作用。

【安全生产】　年初召开安全生产工作部署会议，与各村、各站所签订安全生产目标责任书，组织干部职工、工地施工人员、寺庙管委会人员等参加安全生产教育、培训 12 场次，参加人数达 5000 人次；开展辖区内餐馆、商店、加油站、寺院、学校食堂安全生产大检查 40

2021 年，兰采乡党政干部、公安干警、人民联防队、驻守干部在虫草采挖点开展巡逻工作（兰采乡政府供图）

余次，杜绝过期、垃圾食品的销售和零散汽油售卖以及道路交通违法违规行为。开展安全生产月宣讲活动，通过宣讲交通、消防、食品安全、防汛等自然灾害的应对防范措施，进一步增强广大农牧民的安全意识，营造浓厚的氛围。召开森林草原防火工作安排部署会，开展使用消防器材培训和应急疏散演练等消防知识宣传活动，各村及各站所自行组织干部和草原管护员就消防知识及有关森林草原防火的法律法规进行宣传。

【疫情防控】 在兰采隘口设立疫情防控监测点，实行24小时轮班值守及“双码、双验”工作制度，做到“外防输入、内防反弹、人物同防”。坚持每日摸底排查，重点关注中高风险地区外来人员，查出省外返同65人。落实公共场所体温检测和消毒措施，排查冷链食品、商品货源。确保口罩、手套、消毒液等防疫物资充足。采取多种形式开展疫情防控知识宣传教育，引导群众自觉养成遵守防疫措施，主动配合做好核酸检测、隔离医学观察、疫苗接种等健康管理措施。

【作风突出问题集中整治专项行动】 对2名农牧民党员因涉嫌违纪违法问题给予开除党籍处分决定。加强作风建设，持之以恒纠正“四风”，重点围绕损害群众切身利益不正之风的“断根”整治，坚持整改责任定岗、定时、定员，全力攻坚、全面整治、推动垃圾填埋场问题整治收尾，对全乡3个行政村、9个合作社账务问题开展全面检查、整改巩固。

（撰稿人：夏吾措毛）

扎毛乡

【概况】 扎毛乡位于市境西南部，距市政府驻地32千米。最高海拔3400米，最低海拔2700米，平均海拔3000米，总面积216平方千米。属冷温气候，浅山地区属凉温半干旱气候。终年高寒少雨，长年最高气温22℃，最低气温-10℃。有耕地153.73公顷，人均占有耕地面积0.03公顷；草场31.84万公顷，可利用草场面积29.9万公顷，人均占有草场面积591万公顷。辖卡苏乎、扎毛、立仓、和日4个行政村，9个自然村。总人口1091户5150人。其中，女2632人，藏族、蒙古族、土族等民族5150人，非农业人口12人，人口自然增长率6.6‰。2021年，全乡实现地区生产总值470万元，同比增长0.9%。全年粮食作物播种面积2306公顷，种植业产值450万元。年末牲畜存栏3.07万头（只、匹），其中羊20057只、牛10548头、马88匹，出栏牲畜3250头（只），出栏率12.74%。有水库1座，农业机械总动力0.69千瓦。农村用电量79.25万千瓦时。农民人均收入11070元，同比增加1108元。小学1所，在校学生295人，适龄儿童入学率100%。有医院1所，有党支部5个，党员181人。2021年获省级卫生乡镇。

【产业发展】 采取特色种植业、畜牧业、养殖业的经济体合作社

2021年，扎毛乡“云端热贡”项目开工仪式（扎毛乡政府供图）

的发展模式，围绕“一村一特”发展目标，推进苗木种植、“同仁蕨麻”、药材、牛羊育肥、鹿养殖、乡村旅游等产业发展。总投资1300余万元，建成300平方米的游客中心、36栋高规格游客集自助、餐饮和住宿的木屋、扎毛村旅游集镇的提标升级、环山徒步、骑行栈道、标志性景观大门、花海景观、环湖观景平台、景区导游图、指示牌等乡村旅游基础设施。常年接待游客1万余人次，实现收入达40万元以上。以“公司+合作社+农户”新型经营模式，建立村民自愿入股成立林木育苗专业合作社、药材种植合作社和蕨麻种植合作社5家，其中有林木育苗专业合作社3家，种植云杉、油松等苗木75万株，种植面积25公顷，收入达85万元。抓好草原生态保护，完成黑土滩治理1333.33公顷，同步完成网围栏拉设，草场灭鼠6666.67公顷，新建畜棚98栋，实施建设高标准畜棚38栋。在斗合言、果盖、立仓、卡吉、哇让、邦扎6个自然村成立以羔羊繁育、牛羊养殖的生态畜牧业合作社6家，全乡牲畜存栏3.07万头（只），母畜比例57%。利用以卡苏乎自然草场丰富优势，投资500万元，发展特色产业马鹿养殖。累计举办藏式餐饮、创业培训、十字绣、钢筋工、歌舞演艺、泥瓦工、木工、缝纫工、乡村旅游服务、藏家乐等技能培训班28个，培训劳动力1400人，每年稳定实现劳动力转移就业1600人左右。

【基础设施建设】　路网与水利建设　建设完成扎毛村，立仓村，卡苏乎村，和日村约28千米的窄路加宽项目，解决群众出行难的问题。修缮主街道排水渠道和配套修建自来水管道36千米；实施扎毛河流治理工程，治理河道3千米，修建堤防长度6千米；卡苏乎村山洪沟治理工程治理河道6千米，堤防长度12千米；建设扎毛乡两村水源地保护及环境综合整治工程，建成网围栏4千米、防洪坝3千米、水质监测站1座、扎毛乡卡苏乎村人饮巩固提升项目、扎毛乡立仓村人饮巩固提升项目。

乡村建设　2021年农房提升109户，每户1.5万元，总投资163.5万元。拆除违章乱搭建筑等2600平方米，修建文体休闲广场3处，面积10986平方米，村外停车场4所，总面积4000平方米；新建村级综合服务中心4处，总面积1730平方米；安装太阳能路灯178盏、太阳能热水器90台；主要地段安装固定垃圾桶120个，修建环保公厕3处，四村三寺设垃圾填埋场13处；种植树木花卉8.5万棵，绿化面积66.67公顷；新建卫生室4处，总面积240平方米，新建校舍6处，总面积2600平方米。修建标准足球场1个、小型足球场2个。

【生态环保】　落实“河长制”，组织乡村两级开展巡河护河工作，保护水源地生态环境，累计巡河204次，查处问题20起、已处理20起，出动人员3548人次；乡村两级环境卫生整治常态化，出动人员17500人次、出动垃圾运输车辆278辆；持续开展“洁净美”专项整治行动；推进生态环保督察反馈问题整改。

【民生保障】　完善教育设施，完

2021年，州委政法委督导扎毛乡“村规民约”、应急处突工作开展情况（扎毛乡政府供图）

成学校供暖项目；优化教育资源，落实教育均衡、"三科"统编教育；适龄儿童入学率均达到100%。落实基本药物配备和使用制度，实施基本药物零差率制度，缓解"看病难、看病贵"难题；促进基本公共卫生服务均等化，为5057人建立电子档案，电子建档率100%；累计发放各类健康教育资料60种，41600张；为1468名0—3岁儿童建立健康档案；为1965名60岁以上老年人进行健康体检；为335名儿童提供计免服务6830人次，测量35岁以上人群血压4940余人，确诊高血压670人，管理高血压670人，免费测血糖2770人，管理糖尿病34人，且高血压、糖尿病病人全部随访到位；为405名准备怀孕的妇女提供叶酸，为400人筛查宫颈癌；为400人筛查乳腺癌，传染病网络直报率达到100%。"11苗"接种率达95%以上，6岁以下儿童2670人，3岁以下儿童1835人。疫情防控期间，居家隔离97人。累计完成门诊诊疗16390人次，诊治各种急诊病人12例；加强质量考核，提高医疗质量，处方合格率98%，合理用药率95%；完成辅助检查1810人次，业务收入12万元。执行最低生活保障制度和救助政策，累计特困供养人员48人，发放救济资金44856元，救济困境儿童68人109800元，救助残疾人30人25万元。落实低保户1345户发放低保金1343万元，临时救助1169户3284人发放资金213万元，累计养老收缴2956人25万元、60岁以上享受人员835人188万元、医疗收缴17100人746万元。深化"放管服"改革，简化办事审批环节、程序和时限；按时完成第七次人口普查工作；完成农村集体产权制度改革和新一轮农村土地确权颁证工作；成立乡（村）退役军人服务站，挂牌成立综治中心、人大联络站和政协联络站。

【乡村综合治理】 乡村综治中心规范运行，"雪亮工程"顺利启用实施；加强维稳工作，对不确定因素和矛盾纠纷及时排查、及时调处，开展禁毒、反邪教、国安及"八五"普法宣传等工作；开展扫黑除恶专项斗争，依法打击各类违法犯罪行为，累计宣传教育培训35场次，发放宣传彩页2000余份，参与群众达3000余人。

【安全生产】 落实安全生产责任制，加强安全生产宣传教育工作和排查整治，严厉打击各类安全生产非法违法和违规违章行为，森林草原防火、消防、交通道路安全、食品安全等方面开展全方位无死角排查工作，在学校、寺院、"嘛呢康"等人员聚集开展集中宣传教育，重大节日、关键节点、活动期间开展安全检查，确保全乡安全生产形势的稳定。全年累计开展安全生产宣传培训35次、安全生产大检查52次，受教育群众7586人次，全乡未发生重大安全生产事故。按照疫情防控要求，排查外省返乡人员75人；列支资金7万元，保障疫情防物资储备，全乡未出现疑似病例。

【基层党建】 调整规范党委议事规则，明确议事流程，进一步严肃党内政治生活。全年根据工作需要，召开党委会40余次、党委扩大会议50余次、党政班子联席会议20余次。树立"解难题就是担当、善攻坚就是作为"理念，成立由党政领导班子牵头的20余个工作专班。经过上百次上门走访、上百次多次电话沟通、上百次协调有关部门，完成以评促建、同赛高速公路征地用地、巩固脱贫攻坚成果有效衔接乡村振兴项目建设、市域社会治理现代化、扎毛乡全域发展规划等重点难点工作。重视自身作风建设，通过学习实践，逐渐形成"作风连着人心、作风连着民心、作风连着战斗力"的共识。在此推动下，年内党政领导班子成员分5个轮换组，全年分4个批次根据个人分工开展5大方面8项专题调研，并结合党史学习教育"为群众办实事"等工作，解决涉及群众住房、交通、饮水、生活等现实困难260余件。将党风廉政建设与中心工作同研究、同部署、同落实、同检查，研究制定权力运行监控机制"五个清单"，签订党风廉政建设责任书，进一步强化落实"一岗双责"责任。建立乡、村两级干部廉政档案，夯实干部监督基础，支持纪委聚焦主业，落实"三转"要求，配强乡纪检干部队伍，保障发挥监督职能作用，先后6次听取乡纪委工作汇报，执行廉政意见回复制度，对新任班子的调整任免主动征求纪委意见，年度指导部署乡纪委核查问题线索3件，其中初核了结1件，立案审查2件2人。

（撰稿人：吴俊楠）

瓜什则乡

【概况】　瓜什则乡属纯牧业乡，位于市境东部，距市政府所在地48千米，乡域平均海拔3500米。全乡草场面积40020公顷，可利用草场面积31800公顷。全乡辖阿旦、郭进、尕什加、西合来、力吉、赛庆6个行政村、42个自然村。总人口1189户5106人，其中脱贫户239户1040人，监测户18户74人。6个行政村发展牦牛养殖、屋顶光伏等村集体产业，村集体经济收益达95.05万元。农牧民人均可支配收入12866.23元，同比增长7%。有学校2所、卫生院1所、村级医务室6个。乡政府驻地有藏传佛教（格鲁派）寺庙瓜什则寺，移建于清雍正四年(1726)，具有300多年的历史，为同仁市第二大寺庙，有活佛2人、僧侣153人，僧舍116院。

【项目建设】　乡党委、政府与发改、住建、交通等部门衔接，多方争取项目资金支持，实施道路建设、环境整治、污水处理等工程项目，解决水电、交通、环卫等基础设施缺陷，提升城乡综合能力。投资1400万元实施污水管网项目，投资1300万元实施黄南州同仁市瓜什则生态美丽乡镇建设项目，投资340.5万元为227户牧户房屋进行升级改造，投资600万元实施瓜什则乡酸奶联盟提档升级加工建设项目，投资1000万元实施瓜什则乡力吉村集体产业及基础设施建设项目，打造良种繁育基地。高度重视重大项目服务保障工作，保障西成高铁和总投资19.59亿元的瓜什则乡400兆瓦光牧储一体化项目等重大项目落地实施。

【脱贫攻坚】　制定工作方案，细化明确防返贫监测工作步骤、要求和行业责任分工。把脱贫攻坚同乡村振兴有效衔接，完善驻村帮扶工作机制，3个行政村9名驻村工作队员进村开展工作。坚持常态化开展访贫问扶大走访，定期排查检测，全乡监测户18户74人，其中脱贫不稳定户1户1人、边缘易致贫户17户73人，主要致贫返贫风险类型为家庭成员患病、残疾，劳动力较弱等。针对主要致贫返贫风险，分类落实帮扶措施。通过帮扶，18户74人监测户全部消除风险，并将每户的动态信息录入全国扶贫开发系统。全乡有就业公益性岗位236人，其中草原管护员99人、林业管护员26人、环卫工89人、易地扶贫（保洁员）22人，所有建档立卡贫困户均参加短期技能培训，实现有劳动力脱贫家庭每户设立一个公益性岗位的目标。建立健全乡级扶贫资金管理制度，落实乡、村后续监管责任，建立项目台账，完善资产管理、收益分配、风险防控等制度机制。按照“应保尽保、

2021年10月15日，瓜什则乡光伏项目征地工作完成。图为合同签订现场（瓜什则乡政府供图）

应退尽退”原则，临时救助85户468人，发放救助资金472360元；高龄补贴357人，发放资金30.24万元；低保贫困户281户1117人，发放低保金4454016元；总投资3998万元，完善基础设施、提升农牧民人居环境条件、修建畜棚等，全面推进“小集镇”建设，不断提升牧民群众幸福指数。

【生态环保】 落实省委、州委、市委生态环境保护相关决策部署，紧盯人居环境卫生“垃圾问题”源头，以打造瓜什则乡“无垃圾示范点”“垃圾分类回收示范乡”建设为中心，对症下药、有的放矢，持续引领全乡牧民群众改变固化的思想观念，从小问题入手，营造大格局，推进全乡环境卫生改善走向常态化、标准化、制度化，形成全民参与、共建美好家园的良好氛围。年内组织公益性岗位开展环境卫生集中活动200余次，组织巡河员开展“清河行动”20余次，出动人员1000余人次，清理河道垃圾8吨。

【精神文明创建】 健全完善村规民约，加强村域社会治理，结合“一村一法律顾问”法治举措，修订形成藏语和汉语《瓜什则乡村规民约惩处手册》《村规民约》。推进新时代文明实践站（所）建设，组建志愿者服务队7支，加快核心价值观融入法治建设，教育引导人民群众认同、遵守和践行社会主义核心价值观，年内开展各类志愿服务65次。对照各时间节点，开展宣传活动，完成中国共产党成立100周年、国庆等重大节日宣传活动。通过开展“雷锋志愿服务日”“我们的节日”等活动，深入弘扬社会主义核心价值观、“新青海精神”。全年评选出“五星级文明户”86户、标兵户4户，并在全乡范围内广泛宣传。发挥“红白理事会”“禁毒禁赌协会”导向作用，用制度规范村民言行举止。

【民族团结创建】 举办民族团结进步宣传月活动，引导干部群众、僧侣铸牢中华民族共同体意识。进站所、进合作社、进家庭、进寺院、进学校开展宣传讲解15场次，召开专题宣传培训会4期，发放各类宣传资料、手册2000余份，现场接受群众咨询500余人次，悬挂横幅12条，制作展板5块，使民族团结理念深入人心。

【意识形态建设】 贯彻《青海省党委（党组）意识形态工作责任制实施细则》，将意识形态工作作为重要政治责任，按照“谁主管，谁负责”原则，层层落实。把意识形态纳入理论学习重点内容，党委学习组开展理论学习6次，传达各级党委意识形态工作文件、会议精神，召开季度分析研判会4次。注重“学习强国”学习平台的下载、注册及使用，平台内创建7个学习组织，乡机关干部30人全部纳入。抓好每周学习会议制度，学习全国、省、州、市宣传思想工作和网信工作会议精神，加强党员干部思想建设工作力度。乡党委制定意识形态每季度研判制度，掌控意识形态主导权。对照各时间节点开展宣传活动，完成中国共产党成立100周年、国庆等重大节日宣传活动。通过开展“雷锋志愿服务日”“我们的节日”等活动，弘扬社会主义核心价值观、“新青海精神”。

【武装工作】 落实武装工作责任，乡党委书记负总责，分管领导具体实施，班子成员齐抓共管。配备专职武装干事，为工作开展提供坚实组织保障。执行“党委议武”会议制度，召开2次以上党委专题研究武装工作会议，定期督促检察机关、各村、各站所武装工作推进情况。举办1次民兵培训，加强武装干部业务、军政理论知识、民兵管理方法等教育。整体优化民兵组织机构，及时将年龄、身体情况不达标人员调整出民兵队伍，吸收符合条件的群众入队；将民兵编排为安全警戒、森林草原防火、防汛应急分队，各司其职。邀请派出所民警现场指导，有计划、有步骤地开展队列练习，防汛救灾实战化训练2次、“红蓝对抗”演练2场次。

【社会综治维稳】 全年入户、入寺宣讲法律法规、民族宗教政策，层层签订综治、维稳目标责任书，提高群众、僧侣维稳意识。启动人民联防，联合乡派出所开展巡逻，排查梳理登记外来人员、境外回流人员。每周召开一次维稳形势分析研判会，各工作小组汇报维稳突出问题，共同研究商定解决办法。加大矛盾纠纷调处力度，人民调解员主动上门服务，妥善处理群众矛盾6起。在敏感时期，人民联防队佩戴“红袖标”，对全乡重点区域开展巡防工作，24小时值班备勤。全年全乡未发生影响社会稳定的事件。

开展扫黑除恶专项斗争，运用新兴媒体，拓展宣传渠道；在乡机关、各村、各站所及寺院设置10个扫黑除恶问题线索举报箱，双重梳理摸排各村、各领域“问题”“苗头”，动态研判涉黑涉恶情况。协调毗邻乡镇、乡属各毗邻村之间签订《睦邻友好协议》，创造平安和谐外部和内部环境。召开群众、寺院僧侣座谈会10余次，群众大会50余次，发放各类宣讲资料3000余份（册），群众受教育面达100%。

利用村“两委”、老党员、村警、网格员等人群采取分期、分片、分领域的方式，开展线索摸排，集中力量重点排查村社、校园、寺院周边，做到村不漏户、户不漏人、寺不漏僧。各村按照摸排情况建立排查台账，争取矛盾纠纷发现早、处理早。组织乡领导班子成员对各类重点人员进行常态走访，帮助解决实际困难，建立感情联系。对行为反常、有明显重新违法犯罪嫌疑的刑满释放人员，逐人登记在案，加大管控力度，防止个人极端暴力犯罪的发生。

【疫情防控】　成立瓜什则乡新型冠状病毒感染肺炎疫情防控工作领导小组，形成全面联控机制，实行全天候保障防控，所有人员在岗在位，听从指挥，服从调度。通过网上宣传、发放宣传册等方式向群众和僧人及时宣传疫情防控有关知识，提高群众疫情防控和自我保护意识。组织各村宣传员入村开展工作，利用微信群等宣传新型冠状病毒感染的肺炎预防知识，劝导村民简单办白事、推迟办婚礼，不参加集中聚会活动，不走亲访友。全年发放各类宣传资料3000余份，发放疫情防控知识宣传手册5000余份；储备84消毒液250千克，口罩8000个，防护服10套，红外线体温计18个，洗手液5箱，免洗消毒液10箱；6个行政村储备口罩6万个，消毒水60千克，喷雾器12个，测温器6个。推动疫苗接种工作开展，年内全乡干部职工全部完成疫苗接种工作，接种率100%，群众除不宜接种人群外，第一、二针疫苗接种率达100%。

【基层党建】　年初召开基层党组织书记抓党建述职评议大会，制定党建职责、问题和整改清单；与各党支部、站所签订2021年目标责任书9份；配齐配强各村党建指导员6人，下发工作要点，层层分解工作任务。开展“政治体检”，摸排各村党支部党员不担当、不履职、推诿扯皮、敷衍了事等情况，做好处置不合格党员工作。乡党委书记赴各村、各站所对党员干部履职尽责、作风情况等督查4次，谈心谈话30余人次。各支部每月定期召开“民情分析日”“主题党日”“党员学习日”，分析各村群众所需所盼，为群众解决实际困难，落实党组织

2021年7月12日，瓜什则乡开展中国共产党成立100周年首届牦牛酸奶艺术节（瓜什则乡政府供图）

激励关怀帮扶党员机制。推进乡镇“六化”建设、村级“六个基本”，建立以基层党员干部为主体、群众参与的基层事务管理模式。以中国共产党成立100周年、党史学习教育和民族团结宣传月等为契机，开展法治宣传教育，发放扫黑除恶等宣传资料3000余份。加强矛盾纠纷多元化解机制建设，推进人民调解、行政调解、司法调解衔接联动，形成功能互补、程序衔接的矛盾纠纷化解体系，满足纠纷解决方式的多元需求，增强基层群众安全感和满意度，确保基层和谐稳定、群众安居乐业、各项事业健康发展。执行“四议两公开”、书记“末位表态制”，规范重大问题、重要决策审议报备程序，保障民主集中制有力贯彻。全年乡党委累计召开季度党建工作会议4次、党委书记及班子成员讲党课4次，学雷锋志愿服务件数77件，党支部承诺办实事件数154件，完成践诺130件。

【党史学习教育】 采取领导带学、个人自学、专题研讨、以考促学等多种形式，学习“四史”等内容，全年组织党史集中学习37次，进行专题交流研讨7次，知识测试2次，推动党史学习教育走深走实、入脑入心、落实落细。坚持问题导向，立足群众需求，把“我为群众办实事”实践活动作为党史学习教育的重要内容和突出抓手，真心实意为群众办好事、办实事、解难事，不断增强农牧民群众幸福感。全年为群众办实事15件，群众满意度100%。

【作风突出问题集中整治专项行动】 执行党风廉政建设责任，召开专题会议，签订《瓜什则乡2021年党风廉政建设工作目标责任书》，制定班子成员党风廉政建设责任清单，定期听取工作汇报，分析研判党风廉政建设形势；开展反腐倡廉警示教育活动，年内开展警示教育活动3次，组织开展集体廉政谈话5次133人，讲廉政党课2次，强化正面宣传与反面警示相结合，筑牢党员干部廉洁从政思想防线；加强对查办案件工作的领导，重要案件亲自过问督办，年内处理违纪违法线索问题2件，立案结案1件，处分2人。

【乡村两级换届】 以“五好三清”（绘出好蓝图、选出好干部、配出好班子、树立好导向、形成好气象、确保换届风气清朗、清正、清新）为目标，完成乡、村两级换届工作。全乡6个行政村全部实现村党支部书记、村委会主任“一肩挑”。完成乡党委、纪委换届，党代表、人大代表换届选举工作，选举产生8名党委委员、5名纪委委员，35名乡级党代表和2名市级党代表、2名州级党代表，45名乡级人大代表和8名市级人大代表、1名州级人大代表，选举产生乡人大主席团主席1人、乡长1人、副乡长3人。

【人大工作】 坚持请示报告制度，主动争取乡党委支持。乡党委把人大工作纳入重要议事日程，党委会每季度听取一次人大工作汇报。修订完善“四项职责”“十项制度”，构建起人大工作制度的“四梁八柱”、行为准则；重视组织建设，开展专项培训4次；把准“乡镇人大年”巩固提升，通过外出考察学习，借鉴兄弟地市经验，推进阵地建设。设立1个乡“人大代表联络室”、6个村级“人大代表活动室”，发挥“人大代表之家”作用。建立“七表”“三册”台账，实现工作量化管理。建立选民联系情况登记制度，使人大代表更加深入群众、听取民声、了解民意。

（撰稿人：白玛文毛）

加吾乡

【概况】 加吾乡位于市境东南部，距市政府驻地9千米。属半农半牧区，气候干燥，昼夜温差较大。是一个以农业为主、农牧结合的小块农业乡。最高海拔3500米，最低海拔2800米，平均海拔3000米。总面积175平方千米。有耕地982.92公顷，退耕地346.87公顷，其中浅山599.13公顷，脑山383.8公顷，人均耕地0.1公顷，均为旱地。辖6个行政村，23个自然村。总人口有960户5001人（均为藏族）。其中，女2458人，非农业人口3503人。2021年，全乡实现地区生产总值6381.2万元，粮食作物播种面积

8696公顷，年末牲畜存栏15524头（只、匹），其中羊12443只、牛3081头。农村用电量113万千瓦时。农民人均收入1.12元，同比增加9%。小学6所、幼儿园2所，在校学生291人，适龄儿童入学率100%。卫生院1处。被评为州级文明村镇。

【农牧业生产】 加大农牧业结构调整，种植农作物579.73公顷，继续推进化肥农药减量增效行动，筹备有机肥139.14万千克。完成牛羊春防秋防，防疫注射14298只，总存栏数15524头（只）。围绕“产业兴旺、生态宜居、乡风文明、治理有效、生活富裕”总要求、省委“六富”及州、市部署要求，以发展好“一村一品”“一乡一特色”产业为己任，持续加大脱贫攻坚成效巩固与乡村振兴有效衔接力度，发展农旅融合产业链。在特色农产品种植方面，整合资金401万元，建成加吾乡协治村农产品种植专业合作社，兴办榨油纺，打造“加吾协知精选菜籽油绿色食品品牌”，收益分红逐年增加。

【项目建设】 整合加吾岗、俄毛、江日村资金416万元，建造马铃薯农产品专业合作社，购置马铃薯种植设备6套、淀粉生产线1条、粉丝生产线1条，在保安镇绿色产业园区厂房内安装完成，2022年投入生产。在乡村旅游方面，投资1000万元推动协治村乡村振兴示范村建设项目；吉仓、东维村投入中央财政扶持壮大村集体经济项目资金100万元，完成乡村旅游示范点打造；俄毛村以党支部引领，群众自发参与，投资45万元，依托自然风光开发乡村休闲旅游区，年内完成前期建设工作。谋划制定上报基础设施建设、乡村旅游、矿泉水厂、牛羊养殖等2022年乡村振兴项目方案10个。

【脱贫攻坚】 制定《加吾乡防止返贫监测和帮扶机制的实施方案》，跟踪记录“两类人群”政策落实、帮扶举措、“两不愁三保障”、饮水安全、收支等情况，做到早发现、早干预、早帮扶。对因大病、自然灾害有致贫风险的开展临时救助和民政救助工作。34户易地扶贫搬迁户实现村内插花式搬迁入住，复垦率达100%。搬迁户均实施产业帮扶，每户保障一名公益性岗位。289户脱贫户“双签约”实现全覆盖。脱贫人口医疗保险参保率100%。42名重残人员、15名特困供养人员、10名困境儿童、74名低保人员基本医疗保险财政补贴缴纳。脱贫户、边缘户、监测户适龄儿童入学率100%。年内新开发公益性岗位111人，289户脱贫户实现稳定就业全覆盖。扶贫产业项目、光伏扶贫项目每年持续收益分红。

【农村居民收入】 推进农村集体产权制度改革折股量化工作，按照“一村一策”设置股种，确认公示股权分配对象，建立股权登记制度，进一步壮大农村集体经济实力。2021年农牧民人均纯收入1.12万元，同比增长9%。固定资产投资达2475.5万元，其中民间投资500.5万元。

【生态环保】 以“洁净美”行动为抓手，按照“清洁化、秩序化、优美化、制度化、便捷化”标准，继续开展环境卫生集中整治活动。每周五组织发动村内公益性岗位人员、党员、低保户、志愿服务队按照环境卫生整治责任划分区，清理公路沿线、河道两侧白色垃圾、杂草、杂物和村内巷道的卫生死角。推进河长制，制定《加吾乡河长制工作考核办法》《加吾乡河长制督办制度》，开展河道“清四乱”专项行动。推进“农村生活垃圾分类处理示范乡”创建工作，建立经费筹集、日常管理、宣传教育等长效机制，完成2个农村生活垃圾分类处理示范村创建工作，制定《加吾乡环境卫生工作职责及考核奖惩办法》，按照每月一评、每季度一奖励、每年一表彰，评选最美农户、最美环保卫士、最美村庄，实现全域无垃圾目标。开展国土、庭院、村庄、寺院绿化工作，种植树木7200株。

【社会民生】 完成农牧民居住条件改善项目176户，排查农牧区户厕694户。城乡居民基本养老保险及城乡医保宣传实现全覆盖。完成慢性病患者“家庭医生双签约”、65岁以上老年人健康体检、两癌筛查、孕前优生检查。开展健康教育知识讲座 8 期，制作健康教育宣传栏 7 期，发放宣传资料 1500 余份。新增残疾 9 名，高龄补贴 43 名，发放临时救助补贴 46.96 万元。完成“雨露计划”短期技能培训 51 人，集中开办唐卡、挖机、电焊、烹饪等培训班 8 期，参训 400 人。完成农牧区劳动力转移就业 700 人。推进统编“三科”教材使用，义务教育巩固率 100%，学前教育毛入园率 100%，乡寄宿制学校完工率 80%。资助新考录困难大学生 31 名 12.7 万元。全面排查违建别墅、耕地建房，完成增减挂钩项目 3.89 公顷，拆除复垦 36 处。完成公职人员领取草补、林补排查整改。

【精神文明创建】 健全完善村规民约，加强村域社会治理，结合“一村一法律顾问”法治举措，修订形成藏语和汉语《加吾乡村规民约惩处手册》《村规民约》。推进新时代文明实践站（所）建设，组建志愿者服务队 7 支，加快核心价值观融入法治建设，教育引导人民群众认同、遵守和践行社会主义核心价值观，年内开展各类志愿服务 65 次。开展“我们的节日”系列活动，元旦、春节期间，在村内组织丰富多彩的传统性民俗活动，展现地区丰富的历史文化和昂扬向上的精神风貌；清明期间，组织开展党员干部诵读诗词、缅怀革命烈士等活动，引导人们继承中华民族优良传统，慎终追远，珍惜幸福生活；“三八”期间，组织乡全体妇女干部、妇女代表开展庆祝“三八”国际妇女节系列活动；端午期间，组织广大干部群众开展包粽子、话家风、诗朗诵等具有浓郁地方特色的民俗文化活动；“七一”期间，举办庆祝中国共产党成立 100 周年暨“奋斗百年路·启航新征程”系列活动，通过党史知识竞赛、升国旗、重温入党誓词、文艺会演等系列活动，激励全乡以奋斗之姿，为党的百年华诞献礼；开展全民阅读、重阳节敬老慰问等活动，为构建“和谐加吾”带来精神动力。结合“七一”建党节、国庆节、“三八”妇女节、重阳节，开展表彰“五星级文明户”“好媳妇”“好婆婆”“好女婿”“道德榜样”等评选表彰工作，营造向先进学习的良好氛围。年内评选表彰“五星级文明户”90 户、标兵户 4 户，“好媳妇”“好婆婆”“好女婿”10 人，推荐“道德榜样”2 人，分别获全市首届“道德榜样”奖、“道德榜样”提名奖。

【意识形态建设】 以庆祝中国共产党成立 100 周年为主线，围绕巩固脱贫攻坚成效与推进乡村振兴有效衔接、“我为群众办实事——守初心·践宗旨”“学悟伟大精神、牢记百年党史、践行为民初心”“疫情防控我先行”等主题，精心组织好各类宣传教育活动，编写为民办实事专题报道，制作中共十九届六中全会精神等藏语和汉语宣传片 5 部，让广大党员群众真切汲取百年党史中历史经验，激发干事创业激情。指定专人负责微信公众号运营，宣传工作动态，科学普及重要会议、领导讲话、疫情知识等各类微信文章 630 条。落实意识形态工作责任制，纳入领导班子民主生活会和组织生活会、述职报告的重要内容，明确分管领导，落实工作机构和专职工作人员，召开意识形态工作研判会 6 次，强化明责知责、强化负责尽责、强化履责督责。

【武装工作】 按照“拉得出、用得上、起作用”建设标准，以村为单位，组建民兵分队，开展兵役登记，完成适龄青年的兵役登记、基干民兵编组任务。乡党委履行党管武装责任制，坚持优先解决乡武装部和民兵连建设需要的原则，投资 10 万余元高标准打造武装办公室、民兵之家、武装器材库等“三室一库”建设，进一步补充完善民兵装备器材，做到活动有场所、工作有经费、参与有人员。发挥民兵应急连“平时服务、急时应急、战时应战”作用，落实民兵军事训练工作，夯实备战基础，多次组织民兵应急连完成队列、战术、军姿等集中军事训练任务，并组织民兵参与应急演练。在全乡 6 个行政村选拔人员组成民兵应急排，在各村选拔优秀青年组建普通民兵连。在疫情防控、安全生产、防汛减灾等期间，组织全乡民兵、退役军人参与组织群众有序接种疫苗、车辆登记、外来人员排查登记、村内公共场所消毒等工作，发挥村内带头作用模范，在群众中形成良好反响。

【社会综治维稳】 组织干部集中学习《青海省促进民族团结进步条例》《民族平等政策》《宗教事务条例》等民族团结各项政策，依法管理民间信仰活动场所事务，维护民族宗教领域和谐稳定。健全党组织领导的村民自治机制，修订各村《村规民约》。开展“八五”普法、“法治宣传月”“民主法治寺院创建”等宣传活动，营造学法、尊法、守法、用法的氛围。推进乡村两级综治中心规范化运行，强化各村每日指挥调度和协调推动。推进“枫桥经验”在加吾落地实践，成立13人组成的人民调解委员会，适时调解村内重大矛盾纠纷，确保“小事不出村、大事不出乡”。开展“道德模范”“五星级文明户”“好婆婆”“好媳妇”等先进典型评选表彰，通过评选表彰先进，不断建设新风、弘扬新风，净化社会风气，营造崇德、向善、守信的良好基层社会风尚，提高群众自治能力和自治体系建设。规范运行乡级综治中心五室一平台、村级综治中心三室一平台，录入信息5601条，完成年度信息录入目标。健全网格员激励奖惩机制，落实网格员量化考核。研究部署推进涉藏社会治理工作20余次，制定责任清单，明确完成时限。以“治穷、治乱、治弱”为主线，开展各类专项治理活动15次、宣传教育活动37次。调整综治中心、人民联防队、网格员、应急处突队、人民调解员名单，举办各类培训活动10次。联合乡属各站所及村级应急处突小组开展突发事件应急演练，提高应对突发事件响应速度、应急能力和处置水平。启动人民联防、反恐应急处突队伍，落实白天及夜间联合巡逻，常态化开展扫黑除恶专项斗争，落实“六清行动”，建立6大类型线索台账，处理乱点乱象线索9条。加强与毗邻地区情报交流、研判会商、联手打击、防范控制各项工作，形成“违法犯罪联打、矛盾纠纷联调、情报信息联通、社会治安联防、平安边界联创”的长效工作机制。

【新冠疫情防控】 落实疫情防控“四方”责任，落实外来人员摸排、疫苗接种和物资储备等工作，确保监测、预警、防输入落实落细。截至年底，全乡3—11岁人群接种672人（第一剂672人、第二剂533人、第三剂0人）；12—14岁人群接种260人（第一剂260人、第二剂251人、第三剂0人）；15—17岁人群接种216人（第一剂216人、第二剂180人）；18—59岁以上人群接种2977人（第一剂2977人、第二剂2683人、第三剂188人）；60岁以上人群接种146人（第一剂146人、第二剂118人）；全乡3岁以上人群累计接种4271人（第一剂4271人、第二剂3765人、第三剂188人）。

【基层党建】 完成乡村两级换届选举工作，各村实现党支部书记、主任“一肩挑”，选举产生30名村“两委”委员、35名党代表、45名人大代表。抓好党员学习教育，将从严教育培训党员作为推进全面从严治党向纵深发展、向基层延伸的重要抓手，利用农闲时间，依托周例会、“三会一课”、“主题党日”、现代远程教育、外出参观学习、“黄南先锋”、“学习强国”、青海网络干部学院等形式着重对党员进行培训，形成分级负责，运转协调的培训机制。针对党员教育特点，克服单一的培训方式，在进行课堂教学的同时，组织党员干部到州党群服务中心、市级党性教育基地开展党性教育，海北刚察县文迦牧场、海东互助县袁家村、油嘴湾等乡村振兴建设示范村参观学习，强化培训效果，年内实现村干部、党员教育培训全覆盖。开展农村牧区发展党员违规违纪问题自查工作，规范党员发展程序，做到台账齐全、程序规范。全年发展预备党员9人，储备积极分子10人。坚持以党的建设引领业务工作，建立党员联户制度，持续加强党员模范带头作用，组织全体党员、积极分子参与环境整治、慰问老人、义务植树、学习雷锋义务活动等主题活动，通过丰富支部活动载体，促进支部“党建+业务+服务”融合。全年组建党员志愿服务队7支，开展党员志愿服务活动30余次，参与110余人次，服务群众200余人次。

2021年，加吾乡开展“寻访红色路、践行红色魂”党史学习教育活动（加吾乡政府供图）

【党史学习教育】 推出一堂精品栏目，2月22日起，通过“加吾党建之窗”微信公众号，率先在全州推出《读党史，迎党百年华诞》党史学习专题栏目，通过组织全乡广大党员干部、驻村工作队、村“两委”班子及农牧民党员带头诵读百年党史知识，把百年党史知识、习近平总书记重要论述等制作成藏语和汉语音频作品，通过互联网形式进行传播，并在同仁党建工作交流群、同仁信息通信舆情“中央厨房”群等微信群进行同步推送，突破传统的“一锅炖”“漫灌式”学习教育形式，用创新的学习方式引导广大党员干部群众学党史、知党情、跟党走，做到学史明理、学史增信、学史崇德、学史力行。截至年底，制作音频资料372份、藏语和汉语党史资料480条，总阅读量1万余人次。《乡村振兴路上的“引路人”——加吾乡俄毛村党支部书记、村委会主任多杰仁青“为民办实事”专题报道》经省委组织部、市委宣传部、党史办采编，《加吾乡依托“六个一”聚焦“六个点”持续推动党史学习教育走深走实》文章由州委党史办、州电视台采编。

2021年，加吾乡开展庆祝中国共产党成立100周年系列活动（加吾乡政府供图）

【作风突出问题集中整治专项行动】 成立以乡党委书记为组长党风廉政建设和反腐败工作领导小组，研究制定《加吾乡2021年度党风廉政建设和反腐败工作计划》，乡党委政府主要领导与班子成员、各村“两委”签订《党风廉政建设目标责任书》，形成横向到边、纵向到底、覆盖全面、责任落地的责任体系。成立专项整治工作领导小组，开展整治违规收送礼金问题和小金库“回头看”专项行动，整治群众身边腐败和不正之风突出问题，组织全乡领导干部签订《拒收送礼金承诺书》10份，查摆出整治群众身边腐败和不正之风突出问题1个。执行民主集中制，全年专题研究部署党风廉政建设工作4次，经常性开会集体研究重大事项，按程序召开专题民主生活会及组织生活会，深入检查剖析、相互批评。贯彻落实《同仁市党政机关事业单位公务接待管理暂行办法》，加强“三公”经费、因公临时出国（境）经费管理，杜绝利用节假日乱发津贴奖金、公款吃喝、公车私用、公款旅游，收受微信红包、电子礼品等问题发生。利用各支部主题党日、讲党课等载体，在各村、学校、站所开展廉政文化宣传活动、观看反腐倡廉教育片，做到让廉政意识深入人心。落实廉政谈心谈话制度，做好日常谈心谈话工作。贯彻落实上级相关会议精神，结合3月作风整治专项行动，组织全乡干部学习《中国共产党问责条例》《中国共产党内监督条例》《中国共产党纪律处分条例》等相关内容，引导党员干部树立党性意识。不定期与班子成员、部分党员干部、重要岗位工作人员开展廉政谈心谈话，加强全乡党员领导干部日常教育和管理，增强领导干部廉洁自律意识和拒腐防变能力。全年提醒约谈18人次，廉政谈话8人次。严格执行考勤制度，不定时进行督促检查通报，解决干部消极应付、迟到早退、脱岗缺位和擅离职守等问题，年内下发通报12次。

【人大工作】　乡人大深入贯彻中共十九大及十九届历次全会精神以及中央人大工作会议精神，落实省、州“乡镇人大建设年”“乡镇人大落实年”“乡镇人大提升年”部署要求，开展“制度规范、素质能力、机构建设、平台建设、代表联系”五项提升行动，推动乡镇人大建设工作规范化。在人代会闭会期间，开展“十二个一”活动，即每月开展一次代表活动，其中《加吾乡的人大“咖啡论坛”》获《青海日报》专题报道。年内，省人大常委会副主任张光荣在加吾乡调研指导“乡镇人大建设年”提升行动和“两室一平台”规范化建设，对乡人大工作给予肯定。全州人大建设年提升行动暨“两室一平台”规范化建设观摩会在加吾乡召开。

（撰稿人：马云龙）

黄乃亥乡

【概况】　位于市西北部，距县政府驻地24千米。平均海拔2970米。总面积85平方千米，其中耕地996.6公顷，人均占有耕地面积0.32公顷；草场面积0.68万公顷，可利用草场面积0.68万公顷，人均占有草场面积2.16公顷。辖阿吾乎、群吾、日秀玛、羊智沟4个行政村，9个自然村，4个村（居）民委员会；有723户3143人。其中，女1063人，藏族3143人，人口自然增长率1.9‰。2021年，全乡实现地区生产总值3480亿元，同比增长7%。全年粮食作物播种面积876公顷，总产1440吨，种植业产值633.6万元。年末牲畜存栏6038头（只、匹），其中羊4231只、牛1194头，猪613头，出栏牲畜2783头（只），出栏率46%，畜牧业总产值1835万元。农村用电量59.1万千瓦时。农牧民人均收入11098元，比上年增加726元。有学校8所，其中中学1所、小学6所、幼儿园1所，义务教育在校学生276人，适龄儿童入学率100%。有卫生院1所。4个村全部达到小康水平，小康水平值100%。被评为州级文明乡镇。

【农牧业生产】　黄乃亥乡农作物以小麦、油菜、“同仁青稞”、“同

2021年10月20日，州委书记王耀春（中）考察黄乃亥乡产业发展情况（黄乃亥乡政府供图）

仁马铃薯”、“同仁豌豆”等种植为主，通过产业结构调整力度，农业产业逐步向饲草种植、“同仁青稞”、黄果树方向靠拢发展。结合乡、村情实际，发挥本地区位优势，在保障传统农作物666.67公顷播种面积的同时，根据市委总体部署规划，重点打造日秀玛村和群吾村为乡村振兴产业项目示范村。全年下达乡村振兴补助资金800万元。其中，日秀玛村600万元，用于建设饲草料储备库及设备购置建设项目；群吾村200万元，用于建设特色种植基地建设项目。截至年底，两村项目施工基建部分完成80%。争取多方资金，做好村集体经济“破零”工作，争取各类扶持资金930万元，4个行政村村集体经济收入达到143.26万元。

【劳务经济】 把劳务输出工作作为促进群众转移就业、增加收入、维护社会稳定的一项重要工作。为提高群众就业技能，全乡组织举办各类技能培训班2期，培训学员达100余人次；依托劳务经济、全乡合作社，解决就业100余人；异地规模性经商实现劳务输出200余人；通过虫草采挖实现劳务输出700余人。全年累计劳务输出达2500人次，劳动技能培训700余人次。

【项目建设】 投入4000余万元，实施向黄公路、村道硬化、同贵公路羊智沟段乡村旅游公路、村级党员活动室升级改造、努合萨电网改造、幼儿园煤改电等多个基础设施项目建设，解决一批群众关注的“急难愁盼”问题。全年全乡固定资产投资完成500万元。

【乡村振兴】 稳妥推进脱贫攻坚与乡村振兴有效衔接。按照“四不摘”要求，制定防返贫长效机制，按照“应纳尽纳、应保尽保”原则，衔接市乡村振兴、民政等部门对致贫风险较高的2户脱贫监测户和8户脱贫边缘户纳入低保，并适时进行返贫监测。解决临时救助户98户，发放救助资金40余万元。年内脱贫户返贫率为0。推进乡、村、户三级脱贫攻坚档案整理归档工作，同步推进项目、人员、资金、政策等领域有序过渡衔接。

【生态环保】 生态建设方面，完成义务植树1555株，落实羊智沟村120公顷国土绿化项目。人居环境整治方面，研究制定《黄乃亥乡全域无垃圾专项治理工作实施方案》，在全乡推行“全域无垃圾”示范乡建设，按照“划片包干、责任到人”原则，整合村干部、农牧民党员、公益岗位等工作人员力量，建立“定人员、定路段、定区域”和“主要领导全面抓、分管领导具体抓、联村领导重点抓、村党支部书记分村抓”的“三定四抓”长效机制。率先在全市推广农村垃圾分类试点工作，投资40万元，在乡域内修建8处垃圾分类站点，建立门前保制、“周督查、月考评”工作机制，制定10000元、8000元、5000元、3000元、1000元5个奖励等次标准。落实乡级总河长职责，开展常态化河域关乎工作，全年召开专题会议12次，签订责任书5份，开展巡河行动28次，解决处理相关河道治理问题4起。

【社会民生事业】 推进“三课教材”普及使用，乡中心幼儿园开园运行。控辍保学工作做到应学尽学。全乡有在校学生276人，适龄儿童入学率达100%。落实各类惠民政策，全年向特困供养人员、高龄老人、困境儿童、残疾人、临时救助户等发放惠民资金422万余元。

【精神文明创建】 开展“讲文明树新风”“学雷锋志愿服务”“五星级文明户评选”等一系列主题活动，使社会主义核心价值观内化为广大干部群众的价值取向和自觉行动。召开微信群整顿规范宣传动员会，通过“立规划线”，明确微信群聊内容、“红线”，净化网络生态环境。有针对性地开展教育引导，干部层面，要求干部爱党爱国爱家乡；教育层面，推进思想政治建设进校园活动、“妇女法律大讲堂”等一系列活动，增强学生、广大群众遵法、守法、学法、用法意识。结合中国共产党成立100周年重要时间节点，以“倡孝扬善、构建和谐、感恩新时代”为主题，邀请村内70岁以上高龄老人、老党员及乡域内有威望、口碑好的群众代表

2021年11月25日，州委副书记李晓燕（左一）一行在黄乃亥乡调研指导工作（黄乃亥乡政府供图）

270余人通过开展颂党恩、温誓词、戴党徽、表先进、话今昔、文艺演出等活动，为高龄老人送去党和政府的关怀与温暖，在全乡范围内营造倡孝扬善的良好氛围，鼓励老党员及群众代表发挥自身优势继续为黄乃亥乡经济社会发展建言献策、贡献力量，引导群众为乡村振兴纵深推进奠定良好的乡风文明基础。

【民族团结创建】　乡党委政府围绕藏区干部群众中存在的深层次思想问题，区分对象、层次，针对党员干部、农牧民群众、藏传佛教寺院僧侣、学生等不同群体的接受特点和知识水平，开展思想教育引导工作，纠正影响地区稳定和民族团结错误观念和模糊认识。坚持“教育为先，服务引领，依法管理，民主理事，和谐建寺”原则，推动寺院管理长效有效、规范有序。运用法律调节涉及宗教的各种关系，保护信教群众权益，依法正确处理宗教领域矛盾和问题，加强寺院僧侣教育引导，提升寺院法治化管理水平；实行宗教佛事活动审批制度，严管宗教活动场所改扩建项目，做到“三个不增加”；坚持管理与服务并重，解决寺院公共服务方面存在的困难问题，引导宗教与社会主义社会相适应。开展“三无”乡村创建工作，组织人员分析排查乡域边界地区民族团结、社会稳定情况，客观确定稳定和谐区、稳定区和纠纷区，实施分类管理、动态管理和差别化管理，采取有针对性的措施，确保全乡社会和谐稳定。开展新农村建设和精准扶贫工作，推动创建工作与经济社会发展齐头并进，把“五星级文明户”创建作为深化民族团结进步先进区创建的重要载体，把民族团结思想融入家庭教育，使家庭成为经济发展、民族团结诶、社会和谐的重要基点，不断增强创建的吸引力、凝聚力，调动全社会投身创建工作的积极性。

【普法工作】　坚持开展“七五”普法工作，通过LED大屏幕、横幅、传单等宣传工具，针对全乡干部、村民宣传，提高全乡干部依法行政，依法办事能力，促进村民懂法、知法、守法。在全乡青少年中开展法治和安全教育及禁毒等课外内容，加强青少年法治观念。全年开展普法培训10余场次，发放普法宣传资料1000余份，受教育群众达2000余人次，宣传面达90%以上。

【武装工作】　民兵战备　组织基干民兵对退役军人再摸底，了解他们的生产生活状况，做到底子清，数据明。组织在乡基干民兵开展一次集中训练，对基干民兵进行军事化训练，使其更好地了解部队纪律，掌握战术，熟悉装备器械的简单操作；组织乡专武干部参加全省专武干部培训，增强专武干部的业务知识与工作水平，进一步提升基干民兵、应急队伍应战能力。

阵地建设　维修改造乡武装部“三室一库”，标准化打造武装部，设立标准化人武部办公室、应急器材库、退役军人服务站、战备训练器材库、民兵连部、民兵之家6个相应办公场所。新添置档案柜1组、办公桌椅1套。配置充实总价值3万余元的防护头盔、防护盾牌等 9 类战备应急物资 100 余件（套）。

国防动员　加大征兵政策规定宣传力度，宣传《中华人民共和国国防法》《中华人民共和国兵役法》等相关法规和优抚安置等方面的优惠政策。利用节假日、乡村各类宣讲活动等，在人员集聚地设点宣传，在乡政务大厅设立征兵宣传窗口，接受群众咨询与参军青年登记。全年累计悬挂宣传条幅 20 余条，张贴宣传标语 50 余份，发放宣传海报、传单 400 余份。通过联合学校、公安部门，完成适龄青年网上兵役登记。

【社会综治维稳】　通过持续抓好宣传教育引导工作、突出抓好寺院学校两大重点、开展矛盾纠纷排查化解、落实群防群治工作、抓好民族团结工作等手段，有效维护乡域和谐稳定，年内调处 3 起矛盾纠纷。实施“抓乡促村筑根基，三级共创示范县”工程和构建“一核三治”村级治理体系等党建项目，推进党建+社会治理和网格化管理，建立 11 个网格，设立 6 名网格长，将部分党员纳入网格中，基本实现“人在网中走，事在格中办”。

【安全生产】　与乡属各站所、学区、村社、寺院、施工项目负责人等层层签订安全生产目标责任书 15 份，进一步明确责任。开展全乡重大节点、重点场所等消防安全检查 14 次、食品安全大检查 8 次。召开 14 次专题会议，安排部署防灾减灾工作。组织群众对险情地段及时开展防汛抢险工作，重点关注卧毛村、努合萨村、丹江卡路段等地质灾害重点区域，并制定险情应急预案，确保全乡群众生命财产安全。全年全乡域内总体平稳，无较大矛盾纠纷和涉稳事件发生。

【疫情防控】　通过完善疫情防控工作实施方案，先后召开 20 余次工作专题会、30 余次分析研判会，加强疫情防控知识宣传。着重开展重点地区外来返乡人员摸排，加紧完成各类人群的疫苗接种工作，全乡疫苗接种率在 90%以上，3—11 岁儿童疫苗接种任务完成率 90%。做好常态化疫情防控工作，筑牢保障人民群众生命安全，为经济稳健发展提供“安全屏障”。

【党史学习教育】　结合“主题党日”和“三会一课”制度，采取微信公众号党史学习教育专栏、“学习强国”、“黄南先锋”等线上及线下组织集中学习的模式，围绕“四个一”自选动作（每日一学、每周一测、每月一映、每季一评），做到学用结合，融会贯通，确保党史学习教育往深里走、往实里走。全年组织专题集中学习 33 次，交流讨论会 5 次，专题党史知识测试 5 次，干部撰写心得体会 30 余篇，党委书记讲党课和专题组织生活会各 1 次，组织开展“我为群众办实事”活动 39 件次，落实 37 件次。组织机关党员及部分农村党员代表开展“祭英烈·学党史”、专题党课学习、警示教育基地党性学习等活动 4 次。

（撰稿人：李元奎）

双朋西乡

【概况】　双朋西乡位于市东南部，距隆务镇 33 千米。最高海拔 3945 米，最低海拔 2660 米，平均海拔 2850 米。同夏公路横穿境内，交通便利。辖区总面积 250.97 平方千米。辖双朋西、宁他、环主、协智 4 个行政村，9 个自然村；总人口 720 户 3661 人（均为藏族），其中女 1868 人。有寄宿制学校 1 所、幼儿园 4 所；寺庙 3 座，有活佛 4 人、僧侣 46 人。全年农作物播种面积 670 公顷，其中粮食作物 477.07 公顷（小麦 205.53 公顷、“同仁青稞” 157.47 公顷、“同仁豌豆” 33.33 公顷、“同仁马铃薯” 80.73 公顷）、经济作物 139.6 公顷（油菜 139.6 公顷）、其他作物 53.33 公顷（青饲作物 33.33 公顷、中药材 20 公顷），粮、经、饲的比例趋于合理。草场总面积 146677.35 公顷，各类牲畜存栏 56527 头（只、匹），出栏数 6519 头（只、匹）；能繁母畜数 7689 头（只），仔畜成活数 7535 头（只、匹），仔畜成活率 98%。农民人均收入 10486 元。有卫生院 1 所。被评为省级卫生乡镇。

【农业产业调整】　推进产业结构

2021 年 4 月 25 日，省人大常委会副主任乌成云（左四）在双朋西乡尼桑赛江牛羊养殖专业合作社检查指导工作（双朋西乡政府供图）

调整，全乡种植业结构调整播种面积 731 公顷，其中粮食作物 480.4 公顷，经济作物 153.87 公顷，中药、藏药材 14.27 公顷，其他作物 82.47 公顷，粮、经、饲比例趋于合理，农业增产增效成果明显。探索特色农牧业发展新途径，培育和壮大新型农业经营主体，促进农业向规模经济发展，实现农业提质增效，流转土地 20 余公顷，对 4 个专业合作社进行规范化升级。实施化肥农药减量增效行动，完成 1266.67 公顷化肥农药减量增效，打造可持续发展绿色农业。推进农牧区集体产权制度改革，完成产权证书发放和管理系统信息录入工作。

【项目建设】 针对全乡基础设施及公共服务短板，联系交通、水利、民政等相关部门，相继建设道路交通、饮水安全、医疗卫生等民生工程项目，破除制约经济社会发展的瓶颈。投资 410 万元，完成拉卡三村道路桥梁项目工程，解决群众出行不便问题。投资 346.5 万元，实施双朋西村农牧民居住条件改善项目，改善街容村貌。该项目作为全市农户提升示范点，为各乡镇提供可复制、可借鉴经验。投资 186 万元，新建协智村党群服务中心和维修改造宁他村党群服务中心，保障基层党组织阵地建设。配合水库路面改道和西成铁路双朋西段等项目单位，协调解决项目实施过程中的征地、占用等难题。

【乡村振兴】 以实现高质量发展为主线，以增加农牧民收入为核

2021 年 3 月 22 日，州委、州政府领导一行在双朋西乡调研乡村旅游发展工作（双朋西乡政府供图）

心，以壮大村集体经济为突破口，推进乡村振兴项目建设落地见效，推动农业提质增效、农村文明进步、农民增收致富。双朋西村乡村旅游建设项目总投资1100万元（其中省级资金1000万元、群众自筹100万元）。该项目建设以EPC模式进行，于11月16日开标。年内完成40%项目进度。环主村犏牛养殖建设项目总投资319万元，完成前期各项工作，项目资金支出95.7万元，支出率30%。年内完成70%项目进度。

【生态环保】 开展“6·5”环境日主题宣传、“6·17”全国低碳日等宣传活动，向群众发放宣传材料并现场进行讲解，累计参与人数达到1820人次，发放宣传手册、宣传资料4300余份。建立人居环境整治长效机制，组织公益性岗位人员每周一、三、五，开展村内及周边地区、交通干道、旅游景点、农田、河流、水库等垃圾排查清理工作，环境卫生得到明显改观。组建双朋西乡环境卫生微信曝光平台，对各村、学校、驻地项目单位等在内环境卫生脏乱差现象，第一时间曝光于微信平台，要求责任单位限期整改，全年曝光11起环境卫生问题，均全面整改。实施清洁能源、扬尘综合整治等专项行动，解决施工扬尘、垃圾焚烧问题。开展垃圾收集处理，每3天进行一次垃圾清运，每月进行一次垃圾填埋场覆土碾压，实现乡村环境整洁有序。在打造幸福河上下功夫，提升河道监管和信息化水平，利用“河湖长通”App，实现巡河、管理、防治等工作信息化、智能化。

【社会民生】 加快实施教育布局优化调整，完成中小学撤并工作，实现集中教育。学前教育“村办公助”“三科”统编教材使用取得成效。推进医疗卫生事业发展，配备配齐乡村医生和村级卫生室基本药品，方便群众就近就医。持续加强社会保障体系建设，加大民政救助力度，及时解决一批群众面临的急难愁盼问题，评议审议申请低保户和临时救助困难家庭，确定低保户24户82人，临时救助90户，发放救助金33.89万元。加大以餐饮、商贸、泥瓦工等为主的劳务输出工作力度，全乡农牧民劳务输出总人数1150人次，同比增长9.6%。

【思想政治建设】 把党的政治建设摆在首位，自觉主动学，及时跟进学，联系实际学，笃信笃行学，推动党的创新理论入脑入心，确保全乡上下团结一心、步调一致听党话、跟党走。党政班子发挥领学促学作用，采取周一例会、专题学习会等形式，全年集中学习53次，确保各项事业发展保持正确方向。班子成员带头讲党课，在寺院、学校、村社、驻地企业宣讲中共十九届六中全会精神，引导全乡各族干部群众树牢“四个意识”、坚定“四个自信”、做到“两个维护”。围绕党建引领，提升组织力，发挥党组织核心引领作用，以“换届选举”为契机，4个村实现村“两委”“一肩挑”，选优配强村“两委”班子成员。健全完善配套组织体系，设立村民监督委员会、团支部、妇联等基本组织。

【意识形态建设】 建立意识形态安全搜集、研判、报告、处置机制，不定期分析意识形态领域新动向和风险点，预知、预警、预处水平不断提升。加强网络信息发布审核把关，按照“谁主管、谁负责”原则，及时上报每周宣传要点，确保对外公布的信息安全、真实、准确；不断强化宣传载体建设。推动精神文明建设，本着更加符合村情民意、寺情僧意的原则，各村、寺院相继修订完善《村规民约》《寺规僧约》，发挥“红白理事会”“禁毒禁赌协会”导向作用，用制度不断规范村民、僧侣的言行举止，从根本上减轻信教群众宗教负担。评选“五星级文明户”示范户59户，标兵户3户，最美家庭、好媳妇、好公婆1人。

【民族团结进步】 举办民族团结进步宣传月活动，引导干部群众、僧侣铸牢中华民族共同体意识。进站所、进合作社、进家庭、进寺院、进学校开展宣传讲解15场次，召开专题宣传培训会4期，发放各类宣传资料、手册2000余份，现场接受群众咨询500余人次，悬挂横幅12条，制作展板15块。助推全国创建示范市，注重氛围营造，持续开展寺院“五进”（一进庭院，启用民族团结系列标识，在院内垃圾箱、消防栓、路牌、警示牌等贴上统一制式民族团结标识；二进僧舍，向众僧侣征集各式“民族团结标语”，制作喷绘，打造每户僧舍独一无二的“名片”；三进经堂，堂内新设有“环保募捐箱”“扶贫募捐箱”，所得善款用于环保和扶贫事业；四进食堂，将食堂各上墙制度牌逐一添加“民族团结”元素，使宣传教育融入生活细节；五进办公场所，倾力打造“民族团结”文化墙），创建成果彰显。

【武装工作】 加强阵地建设，升级完善“三室一库”建设，配备配齐办公室、资料室、活动室、战备物资库等场所及办公设备，按照人武工作制度上墙要求，在办公区域上墙武装部职责、武装部部长职责、武装干事职责、党管武装工作制度、政治教育制度、战备值班制度、指挥室管理规定等相关制度，基层武装部正规化建设成效突出。坚持规模适当、布局合理、重点突出、结构优化原则，把政治思想好、身体健康、年龄较轻、有一定文化知识、军事素质和热爱民兵工作的人员选拔到民兵组织中。上半年，乡人武部部长参加省军区基层武装部部长集训，获得竞赛性考核奖个人第三名。加强拥军优属工作，结合军人家庭实际情况，对家属及时落实各项优惠政策，利用节假日，对现役、退役军人家属进行走访慰问，并授予“光荣之家”荣誉称号。年内将 1 名困难退伍军人纳入低保户，并评选出“最美退役军人”1 人。发挥民兵先锋带头作用，鼓励民兵参与到孤寡老人、留守儿童、残疾人慰问活动中，营造党政军民一家亲的浓厚氛围。

【普法工作】 落实党政领导班子学法制度，集中组织学习《中华人民共和国宪法》《中华人民共和国监察法》《中华人民共和国行政诉讼法》《中华人民共和国治安管理处罚法》《中华人民共和国保密法》等，有效提升领导干部运用法治思维、法治方式推进各项工作的能力；对乡党委、政府出台的规范性文件、议事文件，逐一开展合法性审查，维护法律权威。在各村街道、学校、卫生院醒目位置张贴法律宣传标语和违法举报公告 1000 余份，印发《公民遵纪守法倡议书》500 份，悬挂横幅 20 条，制作展板 3 块、墙体广告 18 面，举行乡、村两级法治宣讲会 36 场次，受众人数 2000 余人次。利用“法治宣传月”“宪法日”等重大节点，在乡政府设立法律咨询接待站，处理群众反映的热点、难点法律问题，依照有关法律法规分析解答，协调有关部门给予法律援助。

【社会维稳】 把维护社会稳定工作摆在突出位置，建立常态化长效机制，夯实责任，明晰维稳要求。入户、入寺宣讲法律法规、黄南州 20 种涉藏违法行为、民族宗教政策等。启动人民联防，联合乡派出所开展巡逻，排查梳理登记外来人员、境外回流人员。定期召开维稳形势分析研判会，各工作小组汇报维稳突出问题，共同研究商定解决办法。加大矛盾纠纷调处力度，人民调解员主动上门服务，妥善处理群众矛盾 7 起，建立相关台账资料。开展扫黑除恶专项斗争，运用新兴媒体，拓展宣传渠道，开展专项知识能力测试。继续完善乡、村两级综治中心建设，确立 149 名网格员，由各村支部书记担任网格长，修订网格员工作细则，做到大事全网联动、小事格内解决。协调毗邻乡镇之间、乡属各毗邻村之间签订睦邻友好协议，创造平安和谐外部和内部环境。落实宗教佛事活动管理“年度审批制”，促进宗教寺院管理法治化规范化。

【安全生产】 坚持“安全第一、预防为主、综合治理”方针，牢固树立“以人为本”理念，落实安全生产党政领导责任、监管责任和企业主体责任，筑牢安全生产红线底线。组织各村、学校、寺院、各站所、水库、金矿、西成铁路项目部负责人召开安全生产专题会，签订安全生产责任书，并对安全工作进行分析研判和回顾总结。紧盯森林草原防火、防汛、交通安全、施工安全、校园安全、食品药品安全等，持续加大监督管理力度，年内组织开展专项排查 23 次，发现问题 9 项，责令相关责任单位限期整改。截至年底，整改完成 8 项，需长期整改 1 项。落实 24 小时值班和领导带班制度，保证应急电话通信畅通，及时、准确上报突发事件信息，确保突发险情、灾情发生后处置及时。

【疫情防控】 调动公益性岗位及农牧民群众积极性，广泛参与监督宣传工作，引导全乡农牧民群众提高自我防范意识，做好疫情防控宣传和疫苗接种普及工作。加强外出外来人员排查，统计群众和干部出入情况，严防输入性风险，坚决筑牢“零输入、零感染”底线。组织开展新冠疫苗接种摸底排查和动员宣传工作，引导群众主动接种疫苗，强化疫苗接种，建立免疫屏障。疫苗接种人数第一剂、第二剂共 2219 人，推进第三剂接种工作。做好疫情防控物资储备工作，全乡储备口罩 35315 只，消毒液 222 桶，手套 650 双，体温枪、体温计 55 个，喷雾器 29 个，酒精消毒液 13 桶。

【基层党建】 贯彻“党要管党、从严治党”的方针，及时召开党委会议，对班子成员进行明确分工，实行每周一例会工作制。年初讨论制定党建工作计划，明确全年党建工作重点，分别与 4 个村党支部签订《党建工作目标责任书》，进一步明确工作目标和责任。开展先锋党员评选活动，通过村支部推选，乡党委审核，选出先锋党员 36 人。落实发展党员“双推双选双审”制度和入党积极分子近亲属报告制度，重点在优秀青年农牧民、致富能人群体中发展党员，全年发展入党积极分子 12 人，发展预备党员 1 人，转正党员 5 人。定期开展党员谈心谈话活动，引导党员开展批评和自我批评，增强党员党性修养，提高党员综合素质。建立健全《双朋西乡各村流动党员花名册》，做到人数结构、流动去向、思想状况、联系电话“四清”。充实后备干部队伍力量，把从思想政治好、有文化、懂经营、善管理、致富带富能力强的优秀村民纳入村干部后备人才库培养。推行“四议两公开”工作法，明确党支部、村委会具体职责，规范议事规则和决策程序，建立村务公开监督委员会，进一步完善村务公开、民主监督。落实“抓乡促村”“一核三治”项目化党建工作，设置“三办一室两中心”内部机构，发挥综合协调、基层党建、社会管理等职能。健全完善村级党组织和其他各类配套组织组成人员，核对整改新旧党统党员信息，规范党支部党员信息。

【党史学习教育】 对标中央、省委、州委、市委要求，突出学习内容“全”、学习形式“活”、学习效果“实”，强化学用结合。通过自学、周例会集中学、“三会一课”、主题党日活动、知识测试等形式，发挥线上学习优势，利用“学习强国”、“黄南先锋” App 等学习平台，组织全乡党员干部群众围绕学懂弄通做实党的创新理论，深化对党史内容的学习掌握。讲党课，带动党员干部对标深学，教育引导党员干部学好党史，要把一切工作的出发点都放到促进发展、为民办事上，为全乡党员干部明确目标、指明方向。带领党员干部重温革命历史，重温红色记忆，接受精神洗礼，感悟革命伟力、汲取信仰力量，筑牢信仰之基。组织全乡党员干部召开党史学习教育专题学习研讨会 6 次，促进全乡党史学习教育稳中有进，持续向好。把“我为群众办实事”实践活动作为检验党史学习教育成果的一项重要内容，梳理“我为群众办实事”重点项目清单，更好地解决群众操心事、烦心事、揪心事，推动党史学习教育走深走实、落地见效。全年为群众办实事 13 件。

【庆祝中国共产党成立 100 周年活动】 党政班子围绕庆祝中国共产党成立 100 周年这一主线，组织开展系列庆祝活动，唱响共产党好、社会主义好、改革开放好、伟大祖国好、民族团结好的时代主旋律，激发爱党爱国爱社会主义的巨大热情。把传统文化活动与地方特色民俗结合起来，谋划开展“永远跟党走、逐梦新时代”文艺会演、“迎七一、庆华诞、颂党恩、跟党走”庆祝中国共产党成立 100 周年主题党日系列活动，制作短视频专题片并巡回播放，持续唱响爱党主旋律。

【换届选举】　以市、乡换届选举工作为契机，中国共产党双朋西乡第十七次代表大会选举产生第十七届委员会委员 8 人、中共双朋西乡纪律检查委员会委员 5 人、出席市一次党员代表大会代表 3 人、出席州十三次党员代表大会代表 1 人；第二届人民代表大会第一次会议中选举产生新一任乡人大主席 1 人、乡人民政府乡长 1 人、乡人民政府副乡长 3 人，出席双朋西乡级人民代表大会代表 45 人，出席市新一届人民代表大会代表 6 人，出席州十六届人民代表大会代表 3 人，代表参选率为 100%，均全票当选。

【党风廉政建设】　定期召开党风廉政建设工作专题会议，安排部署工作任务，传达新党章、条例、准则及省州市纪委全会精神。明确班子成员任务分工，落实“一岗双责”工作机制。围绕公共服务项目建设、社会保障政策落实等重点工作开展跟踪监督，确保运作合法合规、资金使用安全、政策落实到位，工作推进廉洁高效。加强村务公开阵地建设，全面公开村务财务管理、各类奖励性扶助及低保、救济等内容。继续推行党务、政务、村务公开制度，及时下发有关党务政府公开文件，对公开的内容和时间提出明确要求。落实节假日廉政谈话制度，节假日期间乡党委和班子成员进行集中谈话，班子成员和所分管的干部及所联的村支部书记谈心谈话，签订廉政承诺书，推动党风廉政工作走细走深。全年开展集中谈话 4 次，签订承诺书 36 份。

【群团建设】　团乡委注重对青年团员的教育培训，举办技能培训班 3 次、座谈会 4 次。成立团员志愿服务队，在“我的节日”期间深入村户开展各项志愿活动。强阵地建设和团员队伍建设，组织团员民主评议工作，评议面达 100%。建立健全妇女队伍，通过以会代训，传达市妇代会精神，加强对女干部的教育，提高女干部履职能力。发挥妇女在精神文明建设中的积极作用，组织开展技能提升培训等形式多样的活动，逐步消除家庭中不道德和不文明行为，以家庭的和谐文明促进全乡社会文明。关爱妇女儿童，保障妇女儿童合法权益，深入排查家庭矛盾纠纷，及早介入，支持维权。联合乡卫生院开展妇女“两癌”筛查，保护妇女健康。

【民主监督】　健全完善请示报告制度，坚持年内向同级党委专题报告 2 次人大主席团工作，重大事项、重点工作、重要活动和重要会议及时向本级党委请示报告。乡人大联络室上墙藏语和汉语“四项职责”“十项制度”，各村人大代表活动室代表制度全面完成上墙。召开 7 次主席团会议研究部署人大各项工作，不断探索、创新乡人大工作方式方法。组织召开人代会，听取和审议政府工作报告。围绕全乡经济社会发展大局，突出疫情防控、安全生产、学前教育等人民群众关心关切、社会反映强烈的热点难点，开展专项执法检查 2 次，专项视察 2 次，调研 2 次。开展人大代表进“两室”活动，接待处理人民群众的来信、来访，倾听选民心声，了解选民诉求，密切与选民的联系，对群众反映的问题、提出的意见建议和需要解决的事项，建立接待台账，做到件件有回音、事事有答复。乡政协参与疫情防控工作，走访慰问各村道路检查点，配合乡党委政府对外来人员进行管控，在全乡范围内宣传疫情防控知识，疫情防控工作成效显著。组织政协联络员和政协委员对拉卡三村农牧业结构调整工作进行调研，提出相关意见建议，对发展乡村振兴特色产业建言献策。乡政协履行政治协商、民主监督、参政议政职能，经常组织政协委员深入群众，听取群众对党和政府的心声。

（撰稿人：朋毛才吉）

TONGREN

附 录

同仁年鉴 / 2022

YEARBOOK

年度工作亮点

2021年，市委、市政府以习近平新时代中国特色社会主义思想为指导，全面贯彻省州党委政府决策部署，团结一心、艰苦奋斗，干在实处、走在前列，高质量完成年度各项目标任务，体现了州府担当、交出了优异答卷。

【小厕所关乎大民生　办实事回应民期盼】 公厕是城市发展水平和居民生活质量的重要标志，是城市文明形象的重要窗口。市委、市政府高度重视公厕提标升级工作，专项投资1000万元用于城区公厕改造，2022年，城区厕所将达到50座，将彻底解决“如厕难问题”。

针对城区公厕分布不均衡、功能不完善的情况，同仁市结合党史学习教育“我为群众办实事”实践活动，以人居环境整治的突破口和切入点，对城区公共厕所进行升级改造及新建工程，让“将就”如厕变“讲究”如厕。

公共厕所升级改造工程主要对城区原有公厕外立面、门窗、室内地面、墙面、洁厕具、水电及采暖等进行全方位提标升级。同时，统筹规划，在城区主要街道、重点路段新建公厕和安装移动公厕，完善第三卫生间和残疾人设施，以厕所“小”革命推动社会文明“大”进步。

同仁市将在城区新建、改造、升级公厕15座，安装移动式环保公厕20座，改造面积约1000平方米。11所公厕完成提标升级并投入使用，改造后的厕所，干净亮堂、整齐划一、功能齐全，既有“颜值”，又有“品质”民生无小事，事事关幸福。公厕新改建工程是一项惠及群众的基础工程、文明工程、民生工程，反映着人民群众的“急难愁盼”，“小厕所”工程将实事办到了群众的心坎上。

【全面补齐防疫短板　打造全州疫情防控处置典型】 认真贯彻落实常态化疫情防控工作部署，抓实抓细疫情防控要求，牢牢守住“零输入、零感染”底线。在市委的正确领导下，市政府投入资金50万元购置核酸速测仪2台，核酸检测时长从原有的6小时缩短至55分钟内，创造全州核酸检测“最快速度”。投入资金814.9万元建设疫情防控升级改造项目，弥补全市疫情防控短板弱项，建立防控新防线，巩固常态化疫情防控成果。目前，市疾控中心、妇计中心升级改造项目和市人民医院发热门诊建设项目已完成。加强疫苗接种规范化建设，全力打造全州首个规范化预防接种门诊，预防接种门诊规范化建设项目已完成60%，建成后将进一步提高全市计划免疫工作质量和科学管理水平，切实为群众提供高标准、高质量的预防接种服务，为全州疫苗接种规范化工作积累宝贵经验，提供可行做法。

【创载体汇能量　多维度推进党史教育“走新走心”】 突出党建“联盟”优势，扎实推进“我为群众办实事”活动，党史学习教育成效覆盖社区每一角，惠民利民服务送至每一户。

“订单式”服务解决群众之急

整合利用社区“微心愿”、支部承诺践诺等，联合42个“党建联盟”支部，实现“群众上访求助”向“党员上门送服务”转变。

“分餐式”教育促进学习之效　针对无职党员、年老体弱党员和下岗失业党员等群体，开展“集中+自学”“指导+督学”“服务+送学”等“分餐制”教育，实现党史学习教育守正创新。

“特色式”宣讲传颂党史之音　打造“指尖课堂”，融入地域特色，培育乡音话党史项目，设置“党史百年天天学”等专栏，用多种语言为辖区党员群众讲述红色故事和同仁发展历程，引导党员群众知史爱党爱国爱乡。

“融合式”活动提升群众之感　将党史学习教育与帮扶返贫人员移风易俗等中心工作有机融合，以居民群众“幸福指数”成为检验学习教育“成效指数”，推动党史学习教育常态在线“不打烊”。

【转优势聚效能　提升发展力质效　组织力量“掷地有声”】　坚持信息、阵地、文化、服务共享，进行组织抱团式发展、活动打包式联办，党建引领主体功能更加集约高效。

短板弱项减量提效　深入推动“两新党建+”，紧扣以评促建活动，找准“两新”组织发挥薄弱点，实行“一支部一分值一清单”“细斟过筛”，剔除空壳支部21个，实现党组织标准化清单式考核。

发展路径再新突破　在曲库乎、保安镇等地区成功协办青海省“两新”组织红色引领乡村振兴．黄南活动，洽谈并签订24项各类乡村振兴项目，藏香猪养殖、隆青饮品加工等“同仁做法”深受企业家好评，喜得省级部门认可。

品牌效能晋位升级　深化“党建联盟+”，凝聚党心、服务群众，探索推广“企业党建+公益”等设置方式制度化，成功将“红色驿站”设立在社区，力推“爱心企业+社区社工+爱心志愿者”接力模式，打造“儿童之家”等，一批批关系群众切身利益的“急难愁盼”在城市党建建设和标杆效应下结出果实。

【城南派出所被命名为省级“枫桥式公安派出所”】　积极探索借鉴新时代“枫桥经验”，立足“平安不出事、矛盾不上交、服务不缺位”工作要求，同仁市基层公安派出所严厉打击各类违法犯罪活动，排查化解辖区矛盾纠纷，推行自助办证、网上缴费等便民举措，切实维护社会大局安全稳定，竭力打造新时代“枫桥派出所”同仁样板。今年以来，共接处警488起，办理行政案件99起，刑事案件4起。辖区未发生影响国家政治安全、社会稳定的群体性案件或事件，刑事案件同比下降20%，治安案件同比下降37%。排查各类矛盾纠纷80余起，调解77起，调解率96.5%。通过各级择优申报，省级公开评审，2021年11月，省公安厅命名黄南州同仁市公安局城南派出所为全省第二批“枫桥式公安派出所”。

【年都乎乡司法所被授予“全国模范司法所”荣誉称号】　近年来，同仁市将建好建强司法所作为全面提升司法行政工作的先导性、基础性工程来抓，全面加强司法所组织队伍、基础保障，为全面构建平安同仁、法治同仁贡献了司法行政力量。全市基层司法所以强化队伍建设、化解矛盾纠纷、推进法治宣传、加强安置帮教等重点工作为抓手，严格执行矛盾纠纷排查化解制度，深入推进“一村一法律顾问”工作，切实满足辖区群众法律服务需求。同时，强化重点人员帮教管控工作，建立重点人员帮教档案，夯实社会治安综合治理基层基础，切实维护社会安全稳定防线。2021年10月29日，年都乎乡司法所被司法部授予“全国模范司法所”荣誉称号。

【第一幼儿园被评为全国第二批足球特色幼儿园】　高度重视发展学前阶段教育工作，积极协调各方落实足球幼儿园建设场地、器械、师资力量配备，不断改善办园条件，在寓教于乐中不断摸索和创新适宜幼儿身心发展的足球运动的教育方法，帮助学生在体育锻炼中享受乐趣、增强体质、健全人格、锤炼意志，努力构建德智体美劳全面育人的教育体系。2021年4月，同仁市第一幼儿园

2021 年，同仁市第一幼儿园被评为全国第二批足球特色幼儿园。图为同仁市第一幼儿园特色足球授课现场（市党史研究室供图）

被评为“全国第二批足球特色幼儿园示范园”。

【荣获青海省第二批“法治文化建设示范点”称号】 同仁市高度重视法治宣传教育工作，坚持以法治文化建设为引领，以群众关注问题为导向，着力打造特色法治文化广场，让市民近距离领略法治文化，形成良好法治氛围。法治文化广场占地 1500 平方米，在不改变市体育射箭场原有景观功能基础上，以“法治文化”为主题，建设藏汉双文法治展牌 23 块，永久性法治宣传长廊 300 米，宣传内容着重选择与群众生活密切相关的法治警言，结合藏区特色选用藏族名人格言，让各族群众直观感受法治教育，现已成为同仁市开展法治宣传教育的重要载体，成为广大群众零距离接触法律法规的生动平台。2021 年 3 月，同仁市荣获青海省第二批“法治文化建设示范点”称号。

2021 年，新建的法治文化广场法治宣传橱窗（市党史研究室供图）

【凝心魂固培元　构建多领域体系意志统一实现“历阶而上”】 坚持以夯实基层政权为根基，以党建引领为主线，以乡村振兴为愿景，深入构建多领域体系建设，稳固党的集中统一领导在基层开花结果，党组织的核心地位在一线愈加强烈。

阵地建设更坚固　统筹资金 1148 万元，补齐 68 个村社党群服务中心短板弱项，扫黑除恶、整治“村霸”等专项行动只插一线，压倒性的严打态势响彻重点领域、重点部位，基层前沿阵地实现了办公场所最优化、服务功能最大化。

治理格局更优质　不断总结社会治理关键环节和创新举措．上的工作经验，逐步探索形成以党组织为核心，构建自治、法治、德治、智治“四治”融合格局，打造宣传教育有特色、矛盾排解有方法、人员管控有措施、依法打击有力度、网格管理有体系“五有”方式的“145”社会治理新模式，“要我管”变“我要管”成为常态。

服务效能更贴切　盘活党建资源，转化组织优势，有效形成融党群活动、便民服务、社会治理等一体的服务模式，“服务型”

社区党建“新鲜出炉”，利民“爱心厨房”服务到户，基层组织力、辖区自治力、服务高效力全面提升，党员更像党员、支部更像支部。

2021年度，同仁市多哇镇、曲库乎乡、保安镇新城村党组织荣获青海省先进党组织称号。

【率先在全州实施“暖心早餐”工程　让户外劳动者暖心又暖胃】 深入推进党史学习教育“我为群众办实事”实践活动，聚焦群众急难愁盼问题，及时用行动回应群众民生关切，在市委的正确领导下，市政府牵头组织于10月起，率先在全州启动实施“暖心早餐”工程，市场监督管理局等部门在同仁市区主次街道严格遴选出10个服务优、质量高、信誉好的早餐店，每年投入近120万元，以每人每日8元标准进行补助，为526名户外劳动者提供免费早餐。截至目前，累计惠及14407人次共补助8.64万元。自“暖心早餐”工程实施以来，取得了有目共睹的成效，在社会上引起了强烈反响，受到了社会各界广泛好评和环卫工人的一致点赞。

【开辟“绿色”招商引资新渠道　走好绿色产业发展之路】 深入贯彻习近平总书记在青海考察时的重要讲话精神，按照省委加快建设和打造“四地”重大要求，立足瓜什则乡光能资源禀赋，精心编制清洁能源项目纳入招商引资项目库，用“绿色招商”推进绿色发展。在第二十二届“青洽会”期间签约同仁市瓜什则乡400MW“光牧储”综合一体化发电项目，总投资23亿元，征占土地15211亩，建设400MW集中式光伏。截至目前，已投资7.75亿元，计划2022年完成所有投资。“光牧储”综合一体化发电项目的实施，标志着同仁市在调整优化经济结构上迈出了一大步，开辟了清洁能源高质量发展新路径。通过将瓜什则乡打造成为全州清洁能源示范乡镇，做大做强全市清洁能源产业，为清洁能源示范省建设贡献同仁力量。

【以项目投资建设为引擎　聚力打造青南地区宜居宜业示范城市】 始终树牢首府意识，全力推进省部共建高原美丽城镇示范省试点建设，通过实施各类重点建设项目，实现城市骨架延伸，城市建设进一步扩容提质。2021年实施各类项目233项，总投资83.51亿元，通过政府投资转型，拓展招商渠道，深挖民间资本，实现投资逆势增长，顺利完成固定资产投资省定目标任务。

隆务河两岸环境综合整治、城北新区13条路网基础设施建设、城北新区综合管廊建设等重点项目全面完工，郭么日大桥、城北新区综合管廊二期、县城供水提质增效及城北新区供水管网改扩建工程等建设项目有序推进，老城区基础设施日益完善，城北新区建设渐具规模，城市建设和城市发展实现质的飞跃，宜居宜业新城悄然崛起。

【着力化解教育事业发展难题　办人民满意的教育】 着力化解教育事业发展难题，办人民满意的教育。始终把教育摆在优先位置，认真贯彻《关于加快推进新时代教育高质量发展的实施意见》等

2021年，同仁市首届天津异地高中班开班。图为教师、学生留影（市党史研究室供图）

"1+5"教育工作政策，加快补齐教育工作短板。提升教育发展"软实力"，扎实推进"异地办班"工作，落实1个同仁籍高中班、40名学生在教育资源富集的天津第100中学就学，教育领域跨区域合作取得新进展；落实教育发展硬举措，每年投入近2500余万元支持教育高质量发展。城北幼儿园、市第二民族中学全面建成投用，新增学位1200余个，解决教师评而未聘152人，拨付家庭困难寄宿生生活补贴1331.3万元，营养餐补助688.7万元，补足配齐幼儿园后勤及保教人员345名，调配441名公益性和财政临聘岗位充实到各学校开展安保、后勤等服务岗位。切实有效地解决教育改革发展的历史遗留问题，教育教学更加优质、均衡，得到了省州领导的一致肯定，人民群众的一致认可。

【制定全州首个社区工作者管理办法　以新举措构建基层社会治理新模式】　持续健全社区管理和服务机制，主动适应新时期基层社会治理需要，积极探索社区管理新方法、新路径，逐步实现社区管理工作从管理型向服务型转变。同仁市以隆务镇丰富的社区管理经验和实践经历为基础，全面总结基层社会治理工作，制定全州首个社区工作者管理办法，明确社区工作者职责、薪酬待遇、选任退出、日常管理等内容，进一步激发全市社区工作者为民办事的积极性和主动性，切实加强基层社会治理队伍建设，提高新时代基层社会治理能力。同时，填补全州社区工作者管理上的空白，为全州提供高效可行的"同仁经验"。

【大力发展乡村旅游　推动经济发展驶入"高速路"】　坚持以创建全省文化旅游融合发展示范区为抓手，依托区域资源禀赋，大力发展乡村旅游，带动同仁社会经济高质量发展。着力打造全州"沉浸式旅游体验"示范乡镇——扎毛乡，投资1500万元实施扎毛乡"云端热贡"原生态露营营地项目，投资1000万元实施扎毛乡蝴蝶滩提标升级工程和农业休闲观光园项目，开发"草原风情+马鹿观赏+民俗体验"为一体的草原观赏旅游，为游客提供全方位、沉浸式文化体验，竖起同仁文旅融合的新地标。强化乡村生态旅游品牌培育，围绕绿色生态、藏乡风情、宗教寺庙等优势资源，打造集餐饮、休闲、娱乐、体验等为一体的旅游景区，龙树画苑和扎毛乡景区成功通过国家AAA级旅游景区初审。扎毛乡扎毛村被评为"国家级生态文化村"并入选"全国乡村旅游重点村镇"，隆务镇吾屯村入选"青海省第二批乡村旅游重点村"，隆务镇隆务老城区入选"青海省首批旅游休闲街区"，同仁市被中国舞蹈家协会认定为"中国藏族热贡神舞之乡"。

【四合吉社区荣获"全国县城足球典型"称号】　近年来，同仁市始终保持对足球的热情和坚持，倡导健康向上、共同进步、增强体质的宗旨，积极参加各类比赛项目，并取得了优异成绩，促进全市体育事业健康有序发展。2021年国家体育总局办公厅公布了首批全国县域足球典型名单，同仁市四合吉社区斩获殊荣。

2021年，四合吉社区荣获"全国县城足球典型"称号。图为足球健儿正在训练（市党史研究室供图）

【活形式浓氛围 唱响新时代旋律 百年华诞“铮铮有声”】 在建党百年华诞之际，唱响各族干部群众“永远跟党走”时代主旋律，在主流媒体平台开设《奋斗百年路·启航新征程》专栏，全面展示各级党组织和干部群众心向党，跟党走的精神风貌；采用网络直播，举行庆祝中国共产党成立100周年大型主题党日，表彰先进、激发干劲，展示成就、歌颂党恩；开展“颂党恩、唱党情、赞家乡”歌词征集，《同仁飞歌》唱出了同仁十万各族群众爱党爱国爱家乡的炙热之情；开展“国旗下讲话”“主题班会”“文艺活动”等“童心向党”主题活动，深情演绎青少年爱党爱国爱社会主义的情怀；全面更新市区街道两旁路标指示灯箱、报刊亭和大型跨街横幅宣传等，全市呈现“党的盛典人民的节日”热烈氛围。

【搭建“1+3”平台 培植优质化服务 政治协商“质朴平实”】 坚持把政治协商的根本立足于民生福祉、民心所盼，发挥委员主体作用和自身优势，探索开展“1+3”委员爱心平台建设（即1：每一位委员，3：委员爱心救助桥、连心就业桥、暖心协商桥），切实把贴心议事、爱心救助、暖心就业直插基层一线。积极引导160名委员发挥所在单位的人才智力优势，使专门协商机构“专”出特色、“专”出质量、“专”出实效，真正倾心关注贫苦群众、暖心帮扶青年就业，有效营造了民主协商、倾情献策、共同给力、协以成事的良好局面。政治协商形式没有“会场”，只有“现场”，过程没有“官话”、只有“实话”。2021年度，发动各界委员为贫困地区捐资近15万余元，深受广大干部群众好评。

【肃纪律清风气 换届高标准完成 履职赋能“有的放矢”】 把牢换届工作主导权，建立县级领导联乡包村分工制，制定换届“时间表”“路线图”，实行“挂图作战”，严肃换届纪律“十严禁”，换届风气监督组强化分析研判，落实“五类责任主体”，做到“九个必谈”，换届风气清明清正清新，新任村社“两委”成员学历层次和年龄结构呈现“一升一降”，乡镇领导班子当选委员平均年龄35.72岁，县级新任领导班子成员本科以上学历占80.8%，实现班子结构优化和整体功能增强“双提升”。

【同仁市（热贡艺术）成功入选2021—2023年度“中国民间文化艺术之乡”】 紧紧围绕黄南“三区建设”战略部署，以热贡艺术为龙头，扎实推进热贡文化旅游事业发展，初步制定同仁市全域旅游“5+1”总体规划，承办“‘5·19’中国旅游日世界唐卡艺术之都千人徒步文化体验游”“热贡艺术节”“热贡六月会”等一系列活动，着力加强热贡传统文化的保护传承，助推同仁经济社会高质量发展。同时，通过在天津等地举办文化旅游推介会和运用融媒体、抖音等各大平台，多角度、全方位宣传同仁特色文化，全面提升“神韵黄南·文化同仁”品牌竞争力。

截至目前，全市旅游收入达16亿元；旅游人数311万人次；文化产业收入9.73亿元，同比增长8%。11月3日，同仁市（热贡艺术）被文化和旅游部评为2021—2023年度“中国民间文化艺术之乡”。

【推进群团协同化高质量发展 特殊群体“妙手生花”】 认真贯彻习近平总书记关于群团工作的重要论述以及省委群团协同化改革要求，按照“统筹规划、共建共享、科学管理、融合发展”原则，从强化党的领导、统筹资源整合，转变运行方式，健全工作机制入手，优化整合群团人力、物力、财力，不断加大群团改革力度，全面推进群团协同化建设向高质量发展。统筹整合职工服务中心、青年之家、妇女之家等阵地，打造“大群团”工作阵地。建立切合大群团特点的考核管理办法，统筹党建、社会治理、精神文明等共性考核目标，实行整体联评。探索建立群团协同化网站，将工青妇残及科协、红十字会工作“一网公布”，统一打造微信平台，达到线上线下深度融合，划分区域网格，实现联系服务全覆盖。2021年落实扶持资金200万元，培树省级“青绣—江源巧姑”工坊2个，打造妇女乡村振兴重点帮扶车间4个，带动120人就业，切实将“指尖技艺”转化为“指尖经济”。

【抓落实提效能　创新一体化机制基层减负“从实出发”】　坚持改革所呼、协同所用、减负增效的大抓落实工作导向，紧盯党委政府中心工作和重大决策部署，构建“党政一体、督考一体”综合体制。以“党委领导、党政共抓，围绕中心、服务大局，统分结合、协同高效，依法依规、减负增效”四大原则，创新实施“督考促问用”一体联动，构建“决策—督查—落实—考核—奖惩—用人”闭环体系，进一步增强督查考核的针对性和实效性，切实解决考核与督查“两张皮”问题，探索出一条督查考核职能融合推动高质量发展的新路子，推动督考工作实现“串联分散”向“并联融合”，“大水漫灌”向“精细高效”，“年末算账”向“平时问诊”，“督促推动”向“考用衔接”四个转变。同时，针对机关工作运行不规范、工作效率不高等难题，全面推行“例会+学习”“例会+周报”“例会+通报”的“周一例会”制度，强化内部管理、深化学习实效，调高工作效率、实现减负增效，促进机关工作水平整体提升。同仁市督考一体工作受省委、州委全面深化改革委员会高度认可，并在全省深化改革信息动态、青海党建网大力推广。

【荣获“省级食品安全示范市”称号】　省级食品安全市县创建活动开展以来，同仁市将食品安全纳入经济社会发展规划和重点民生工程，积极协调解决创建工作中的重点难点问题，动员全市各类经营户着力创建“放心肉菜示范超市”“明厨亮灶”“样板企业”等示范点，压紧压实经营户创建工作责任。同时，坚持以群众反映最强烈、切实影响群众切身利益的热点、难点问题为导向，对滥用食品添加剂等各类违法犯罪行为“有案必查、有案必立”，及时向社会公开核查情况，确保了创建工作高质量开局，高标准推进，成效显著。2021年3月，同仁市被青海省食品安全委员会办公室命名为“省级食品安全示范市”。

【聚力地质灾害应急避险搬迁攻坚妥善解决历史遗留难题】　深入贯彻落实省州党委政府关于地质灾害防治工作决策部署，持续推进隆务西山省级特大地质灾害隐患点等重点地区地质灾害避险搬迁工作，通过县级领导分包、科级干部连点、现场调度推进等工作举措，奋战2个月全面完成了隆务西山地质灾害避险搬迁一期工程（40户）、年都乎乡录合相村（37户）地质灾害避险搬迁工作，发放搬迁补偿款2444.5万元，落实搬迁、复垦奖励资金189万元，后续产业扶持资金483万元。彻底解决了年都乎乡录合相村增减挂钩拆旧复垦工作多年悬而未决的搬迁难题，为隆务西山省级特大地质灾害隐患点167户整体搬迁工作打下了坚实基础，在全州范围内产生了引领示范效应。

【扎实推进市政设施建设　全面提升城市功能品位　增进民生福祉】

2021年以来，同仁市针对“撤县设市”后市政基础设施与县级市不相符的实际，依托2022年青藏川滇甘交界地区州（市）长联席会议和黄南州州庆、民运会等各类大型活动，启动谋划市政基础设施功能提升工程。升级改造新建城区公厕15处，已高标准建设完成并投入使用11处。深入推进“街长制”工作，明确23名副县级领导为街长，将全市城区划分为23个街区，在街道醒目位置树立了街长制公示牌，城市精细化管理水平得到显著提升。加大违章建筑整治力度，开展市域内交通秩序、环境卫生综合整治，占道经营、违章停车、环境卫生脏乱差等重点顽疾得到了有效缓解，市容市貌得到大幅改善，城市品质品位不断提升，为创建国家级卫生城市、省级文明城市奠定基础。

【强举措树典型　打造民族化品牌创建成果“榜上有名”】　坚持巩固深化全省民族团结进步示范市成果，把创建工作重点放在基层，措施落实在基层，成效体现在基层，深化创建“九进”“绿色寺院”活动，采用“政策宣传教育人+创建活动凝聚人+模公示”“范典型带动人”模式，重点打造推广司法局、教育局、隆务镇、青年路社区等20个具有一定代表性和标杆性的示范点，不断增强创建活动影响力和渗透力。探索推进“民族团结进步+”融合发展，打造文化底蕴深厚、民族宗教和顺的“五教一条街”，展现了多宗教和睦共存、多民族交往交流交融的和谐景象，引导宗教与社会主义社会相适应，铸牢中华民族共同体意识。特别是提升基层宗教治理现代化能力同仁经验受到省委高度认可，并在青海信息刊发推广。2021年11月同仁市成功入选第九批全国民族团结进步示范市，实现榜上有名。

【引风尚聚人心　宣传多元化推进思想引领“转静为动”】　坚持接地气、聚人心，以中国共产党成立100周年为主线，做好引领思潮、鼓舞干劲，大胆采用“县级领导干部带头讲+红旗宣讲团深入讲+基层宣讲队入户讲+教育统战入校进寺重点讲+机关单位常态讲”等多维一体的宣传模式，开设“专家学者+领导干部”相补充、“理论学习+实践锻炼”相结合的新时代干部大讲堂，促进先进理论通俗化、政策解读形象化、语言表述生动化，为广大党员干部提供新时代强大的精神力量和丰润的道德滋养，培育和践行社会主义核心价值观的优良传承，大力营造崇德向善、见贤思齐、德行天下的社会氛围，真正让新时代主旋律“声”入万家。2021年度，龙树画院负责人完德尖措荣获第八届全国道德模范称号，市第一完全小学学生马晓燕荣获全省新时代好少年称号，评选出首届同仁市道德模范10人、提名10人。

【以示范创建为引擎　驱动农牧产业绿色规范发展】　深入推进专业合作社示范社和示范性家庭农牧场创建行动，健全完善部门联合评定机制，开展动态监测，重点扶持产业基础牢、经营规模大、质量安全优、品牌效益高、社会效益好的合作社和家庭农牧场，进一步提升经营管理水平、丰富经营产业种类、优化产业发展模式，着力提升全市农畜产品市场竞争力，促进农牧民增收、农牧业增效。全市各类合作社经营覆盖牲畜养殖，中药、藏药材种植，农畜产品生产等特色产业。2021年10月25日，同仁隆务庄荣庆农畜产品购销专业合作社等12家被省农业农村厅评为第五批农牧民专业合作社省级示范社；同仁瓜什则索南达杰家庭牧场等3家被省农业农村厅评为第三批省级示范性家庭农牧场。

【一完小少先队大队荣获“全国优秀少先队集体”称号】　坚持深入贯彻落实未成年人思想道德建设工作部署要求和中央、省、州对少儿和少先队工作的重要指示精神，积极探索新形势下加强和改进少年儿童思想道德建设的有效途径，少先队网格管理队伍机制健全，基础设备完善，教育活动丰富，紧抓七一建党节、六一儿童节、“10·13”建队节等重要节点，扎实开展爱国主义教育、疫情防控主题教育、国旗下演讲等各活动，引导少先队员传承红色基因，赓续红色血脉。2020年12月，同仁市一完小被共青团中央、教育部、全国少工委授予少先队集体的最高荣誉——2020年度“全国优秀少先队集体”称号。

2021年10月12日，中国少年先锋队同仁市一完小第四次代表大会召开，一完小少先队大队荣获“全国优秀少先队集体”称号（市党史研究室供图）

【成功申报27个传统村落集中连片保护利用项目】 作为第三个国家级热贡文化生态保护区、全省唯一的国家级历史文化名城，同仁文化历史悠久，市域内现存27个国家级传统村落，占全省国家级传统村落总数的22%，其中隆务镇依里村等21个村被列入黄南州州级传统村落名录。依托得天独厚的区域文化资源优势，同仁市成功申报27个国家级传统村落集中连片保护利用项目，获批中央补助资金1.35亿元。同时，投资2100万元实施完成第五批7个传统村落保护工程。通过一系列项目实施，将有效保护同仁地区传统村落原始风貌，保留历史文脉，传承弘扬地方文化，为全州乃至全省传统村落保护提供可推广复制的经验做法。

【坚持不懈调整优化产业结构 推进高原特色现代农牧业高质量发展】 紧紧围绕"四地"建设要求，贯彻省委"一优两高"和州委"三区建设"战略部署，精准对标黄南州绿色有机农畜产品输出地示范产业园区建设目标，大力发展特色有机农牧业，完成农作物种植11.11万亩，持续调整优化种植结构，种植"同仁青稞"、"同仁马铃薯"、中药材各1万亩，其中"同仁青稞"亩均产量226公斤，亩产值858.8元，呈现增产丰收的良好局面。同时，持续延伸产业链条，提升"同仁青稞"产品附加值，研制"同仁青稞"糌粑、"同仁青稞"系列糕点等，产品附加值提高20%，"同仁青稞"特色品牌魅力日益凸显。继续推广"拉格日"模式，实施4个乡镇6个生态畜牧业合作社股份制提升改造，推进牦牛藏羊原产地质量可追溯体系建设，完成藏羊佩戴耳标15.2万只、牦牛佩戴耳标0.73万头。统筹抓好动物疫病防控工作，扎实开展草原有机认证，全市各类牲畜存栏39万头（只），出栏各类牲畜18万头（只）。依托同仁典型半农半牧区优势，实施同仁饲草产业振兴行动，在黄乃亥乡、曲库乎乡等半农半牧村，开展耕地、劳动力入股的饲草产业股份制试点，着力打造饲草种植基地。继续加大良种牦牛、良种藏羊引进推广力度，挖掘本地牦牛、藏羊原始品种，加大犏牛繁育力度，建立完善以饲草种植和绿色养殖相结合的循环产业链条，加快"种养结合、循环发展"绿色畜牧业发展模式，努力创建绿色农畜产品输出地示范市。

重要报告

艰难方显勇毅　磨砺始得玉成
奋力谱写新时代同仁高质量发展新篇章

——在市委一届二次全体会议上的讲话

蒋树成

（2021 年 1 月 12 日）

同志们：

这次全会的主要任务是，坚持以习近平新时代中国特色社会主义思想为指导，深入学习贯彻中共十九大和十九届二中、三中、四中、五中全会及中央经济工作会议、中央农村工作会议和省委十三届九次全会、州委十二届十一次全会精神，总结 2020 年工作，安排 2021 年工作，奋力推动全市“十四五”开好局、起好步。刚才，罗富贵同志代表市委常委会总结了 2020 年全市经济工作，安排部署了今年经济工作。各地各部门要认真学习领会，把“作战图”变成“施工图”，对标对表抓好落实。

2020 年是具有里程碑意义的一年，是决胜全面建成小康社会、决战脱贫攻坚收官之年。回望“十三五”，在以习近平同志为核心的党中央和省州委坚强领导下，全市广大党员干部把忠诚和信仰书写在脱贫攻坚伟大征程中，一步一个脚印，一年一个台阶，团结带领广大群众战贫困、挖穷根，逐梦全面小康。一路走来，我们战胜了一个又一个艰难险阻，经受住了一场又一场严峻考验，那些经历都绘成了壮丽秀美的风景，那些付出都化为了万家灯火的璀璨，我们向党和人民交出了不辱使命、不负重托的合格答卷。2020 年也注定是不平凡的一年，是同仁在大战大考中经受锻炼和考验的一年。新年伊始，一场突如其来的新冠肺炎疫情席卷全国。严峻疫情之下，全市各级各部门闻令而动、快速响应，大年初二即刻返岗、逆向而行，筑起守护人民群众生命安全坚固防线。我们与全国人民比肩同行、共克时艰，度过了一个不一样的春节。面对经济下行压力和疫情冲击影响，我们以习近平总书记重要讲话精神定向引航，统筹推进疫情防控和经济社会发展，扎实做好“六稳”“六保”工作，稳住了经济社会发展基本盘。特别是多哇藏区社会治理示范镇建设获习近平总书记批示，给全市干部群众以极大鼓舞；盼望已久的撤县设市成功获批，同仁历史掀开了新的一页；固定资产投资在前三季度仅完成一半任务的重压之下，经过冲刺超额完成了目标任务，年度主要经济指标取得优异成绩。这些成绩的取得凝结着广大党员干部的艰辛付出，承载着十万人民的力量托举，是广大干部群众扎扎实实干出来的，大家用苦干实干为不平凡的 2020 年画上了圆满句号。值此全会召开，向大家表示衷心的感谢和由衷的敬意！

下面，我讲几点意见。

一、坚定思想自觉政治自觉行动自觉，沿着习近平总书记指引的方向奋勇前进

中共十九届五中全会是在全面建成小康社会胜利在望、全面建设社会主义现代化国家新征程即将开启的历史时刻召开的一次具有里程碑意义的重要会议。习近平总书记在全会上的重要讲话，全面总结了十九届四中全会以来党和国家各项事业取得的新的重大成就、决胜全面建成小康社会取得的决定性成就，深刻阐述了新发展阶段一系列重大理论问题，为全面建设社会主义现代化国家开好局、起好步指明了方向、提供了根本遵循。全会审议通过的《中共中央关于制定国民经济和社会发展第十四个五年规划和二〇三五年远景目标的建议》，是开启全面建设社会主义现代化国家新征程、向第二个百年奋斗目标进军的纲领性文件。中央经济工作会议深刻总结 2020 年经济工作，深入分析当前经济形势，明确提出 2021 年经济工作的总体要求、主要目标、政策取向和重点任务，为乘势而上开启全面建设社会主义现代化国家新征程指明了前进方向。中央农村工作会议深刻阐释了全面推进乡村振兴、加快农业农村现代化的重大意义、指导思想、总体要求，科学回答了在新发展阶段做好“三农”工作的一系列重大理论和实践问题，是做好新发展阶段“三农”工作的行动纲领和根本遵循。省委十三届九次全会高度评价了“十三五”以来新青海建设的历史性成就，深刻分析了新发展阶段面临的机遇和挑战，清晰展望了 2035 年基本实现现代化建设的远景目标，明确提出了“十四五”时期青海发展的指导思想、主要目标、重点任务，审议通过的《建议》是引领新时代新青海建设的纲领性文件。州委十二届十一次全体会议是推动中央和省委要求在黄南走深走实的会议，王振昌书记所作的工作报告、重要讲话和乔学智州长的工作部署，为我们做好明年和今后一个时期各项工作提出了要求，会议审议通过的《建议》充分体现了推动黄南高质量发展的鲜明导向。

今年是实施“十四五”规划、开启全面建设社会主义现代化国家新征程的第一年，也是我们党成立 100 周年，做好今年工作事关强基固本、事关继往开来、事关行稳致远，所有工作都要围绕开好局、起好步来展开。中央有要求、省委有部署、州委有安排，抓落实就是讲政治。要把学习贯彻中共十九届五中全会和中央经济工作会议、中央农村工作会议以及省委州委全会精神作为当前和今后一个时期的重要政治任务，把学习贯彻会议精神与习近平总书记对青海工作重要指示精神结合起来，与中央第七次西藏工作座谈会结合起来，与当前正在做的事情结合起来，一体学习领会、整体理解把握、系统谋划推进，确保党中央和省州委各项决策部署在同仁落地生根。

要在学深悟透上下功夫。学习宣传贯彻中央和省州委重要会议精神，是当前和今后一个时期的重要政治任务，要组织开展多形式、深层次、全覆盖学习培训，推动全会精神入脑入心、走深走实。要深刻领会把握党和国家事业发展取得的重大成就，深刻领会把握党中央对国际国内形势的科学分析，深刻领会把握“十四五”时期我国进入新发展阶段的重大判断，深刻领会把握新发展格局的重大意义和工作着力点，深刻领会和贯彻新发展理念，深刻领会把握“十四五”时期目标任务和重大举措，深刻领会把握坚持党的全面领导的根本要求，切实用全会精神统一思想、振奋精神、凝聚力量。

要在宣传引领上下功夫。用全会精神统一思想是广泛凝聚人心的重要法宝，要组织开展全方位、多角度、立体化宣传教育，把全会精神讲深、讲透、讲实，营造学习宣传贯彻全会精神浓厚氛围。要讲清楚中共十九届五中全会的重大意义，讲清楚决胜全面建成小康社会取得的决定性成就，讲清楚党中央制定“十四五”规划和 2035 年远景目标的战略考量，讲清楚到 2035 年基本实现社会主义现代化的远景目标和“十四五”时期经济社会发展的重点任务，讲清楚全会提出的一系列新的重要思想、重要论断、重大举措，讲清楚实现宏伟目标必须坚持党的全面领导，真正把信心讲出来、把方向讲出来、把干劲

讲出来，用新时代的美好蓝图激励干部群众更加有方向、有信心、有力量。

要在学用结合上下功夫。学习是方法，目的是为了落实，要把学习成效落实到具体行动中，转化为谋划发展的思路、促进发展的举措、解决问题的能力，推动学习贯彻往深里走往实里走。要与谋划好“十四五”发展相结合，聚焦事关同仁长远发展的重大问题，加强前瞻性思考和全局性谋划，科学编制“十四五”规划，以高质量规划为高质量发展提供科学指引。要与谋划好今年工作相结合，准确把握今年工作的总体要求、政策取向、重点任务，抓住用好有利条件、比较优势和发展机遇，确保“十四五”开好局、起好步。要与实施乡村振兴战略相结合，以乡村振兴统揽“三农”工作全局，坚持不懈抓重点、补短板、强基础、增后劲，让农村真正成为“希望的田野”。

二、准确把握新时代的历史方位，凝心聚力擘画“十四五”奋进同仁新愿景

凡事预则立，不预则废。制定和实施中长期发展规划，是我们党治国理政的重要方式。新中国成立以来取得的重大历史性成就，充分彰显了五年规划的治理效能、我们党集中力量办大事的制度优势。习近平总书记高度重视“十四五”规划编制工作，起草工作自始至终是在习近平总书记亲自谋划和直接领导下进行的。要深刻认识编制“十四五”规划的重大意义，深化市情认识、找准历史方位、把握发展机遇，加强统筹谋划和科学布局，高标准高质量绘制“十四五”发展蓝图。

起草规划过程中，要严格遵循党中央《建议》提出的“五个坚持”原则，在全面学好省州《建议》的基础上，结合全市实际，注重把握好以下方面：要提高政治站位。坚持以习近平新时代中国特色社会主义思想为统领，把习近平总书记视察青海时的重要讲话和对青海工作的重要指示批示作为根本遵循，从更高层次领会精神、把好方向，从更大格局研判形势、找准方位，一步一个脚印把总书记擘画的蓝图变为现实。要准确把握形势。“十四五”时期是全面建设社会主义现代化国家新征程、向第二个百年奋斗目标进军的第一个五年。要准确把握党中央和省州委对“十四五”时期形势的重大判断，辩证认识发展大势，增强机遇意识和风险意识，做到因势而谋、应势而动、顺势而为。要吃透“上情”。紧密对接国家和省州规划，进一步理清思路、找准定位、明确方向，准确把握国家政策取向和投资导向，聚焦基础设施、产业发展、社会事业、生态环境、乡村振兴等领域，谋划储备一批打基础、利长远的重大项目，构筑起支撑高质量发展的“四梁八柱”。要下接“地气”。深刻把握同仁发展阶段和基本市情，坚持实事求是、遵循规律，科学提出“十四五”目标任务和路径方法，注重长短结合、远近衔接，循序渐进、适度加压，切实增强规划系统性、整体性、协同性、实效性。要突出重点。牢牢把握高质量发展根本要求，坚持问题导向、目标导向、结果导向，着力加固发展底板、破解发展难题、厚植发展优势，守住“绿”的底线，巩固“进”的态势，做好“融”的文章，深化“改”的层次，提升“治”的水平，绘就“兴”的画卷，一笔一划描绘好同仁发展美好蓝图。要集思广益。以对历史负责、对发展负责、对人民负责的态度，齐心协力把“十四五”规划编制好，深入研究、反复论证、精心打磨，汇聚各方力量，让规划成为集体智慧的结晶。要把加强顶层设计和坚持问计于民统一起来，使规划编制成为反映民意、凝聚共识的过程。

三、牢牢把握新时代“三农”工作总抓手，谱写新时代乡村全面振兴新篇章

脱贫摘帽不是终点，而是新生活、新奋斗的起点。波澜壮阔的脱贫攻坚战，解决了困扰中华民族千百年来的绝对贫困问题，为全面建成小康社会夯实了决定性基础。要千方百计巩固好脱贫攻坚成果，接下来要把乡村振兴这篇大文章做好，在希望的田野上书写人民群众更加幸福美好的崭新篇章。

实施乡村振兴战略事关乡村全面发展，必须从全局和战略的高度谋划和推进，注重协同性、

关联性、整体性，使各项工作互促共进、相得益彰。当前要接续推进巩固拓展脱贫攻坚成果同乡村振兴有效衔接，做好产业发展、公共服务和基础设施建设提升的政策衔接、机制整合和工作统筹，实现乡村振兴与脱贫攻坚“同频共振”。要坚持规划引领，遵循乡村建设规律，衔接编制好乡村发展总体规划、土地利用规划以及产业培育、结构调整等专业规划，坚持因地制宜、因村施策、彰显特色，切实加强分类指导。要谋划实施一批打基础、管长远的重大项目，细化实化工作重点、政策措施、推进机制，为乡村振兴奠定坚实基础。要建立健全巩固脱贫成果长效机制，严格落实“四个不摘”要求，保持帮扶政策总体稳定，抓好东西部协作和对口支援、社会力量参与帮扶机制，为乡村振兴注入不竭动力。要持续巩固“两不愁三保障”成果，紧盯重点地区重点问题，把短板补得再扎实一些，把基础打得再牢靠一些。要健全防止返贫动态监测和帮扶机制，织密筑牢防返贫致贫防线，托起群众“稳稳的幸福”。要加强易地扶贫搬迁后续扶持，完善安置区配套基础设施和公共服务设施，加强产业培育和就业帮扶，确保搬迁群众安居乐业。要加快补齐基础设施和公共服务短板，完善水、电、路、气、通信、物流等基础设施建设，持续改善教育、医疗、住房、饮水等保障水平，促进高质量脱贫和可持续发展。要唱响产业扶贫“重头戏”，进一步优化农牧业产业结构和布局，大力培育家庭农牧场、种养大户等新型经营主体，重点扶持发展规模化种植养殖、农畜产品加工、民族手工业、旅游业等产业，完善产业带贫益贫长效机制，让群众感受到“更好的日子还在后头”。要全面加强精神文明建设，以社会主义核心价值观为引领，弘扬新风正气，推进移风易俗，让精神文明之花枝繁叶茂、润泽心灵。要夯实乡村治理这个根基，建强基层“战斗堡垒”，坚持自治为基、法治为本、德治为魂，强基固本、凝心铸魂，让乡村治理盛开和谐之花。

四、聚焦新发展理念新发展格局，集中精力抓重点办大事求突破

今年是建党100周年，也是“十四五”规划和社会主义现代化建设新征程的开局之年，做好今年工作至关重要。十九届五中全会强调“我国发展仍然处于重要战略机遇期，但机遇和挑战都有新的发展变化”，要看清时与势的变化、危与机的转化，不仅要准确把握中央和省州委对“十四五”时期形势的重要判断，做好应对各种复杂困难局面的准备，更要牢牢把握国家构建“双循环”新发展格局、黄河流域生态保护和高质量发展、继续支持四省涉藏地区加快发展等重大历史机遇，切实增强机遇意识和担当意识，更加敏锐把握趋势变化，趋利避害、发挥优势、沉着应对，推动发展行稳致远。

（一）深化“生态强市”战略，筑牢生态屏障。心中有数，才能行为有底。对“国之大者”心中有数，对于我们这个地区，就是要像保护眼睛一样保护生态环境，像对待生命一样对待这一片蓝天、一河清水和一方沃土。要以国家公园示范省建设为引领，扎实推进国土绿化提升提质行动，持续抓好东西山延伸段、隆务河谷、城北新区、国道省道等重点区域绿化提升，努力打造森林城市。高位推进省级生态文明建设示范市创建，集中打造一批示范乡镇、示范村，以点带面、整体推进，全方位推动美丽同仁建设。巩固深化两轮中央环保督察反馈问题整改成效，加快非煤矿山生态修复，健全环境监管和生态治理长效机制，推动整改向更宽领域、更深层次迈进。坚决打好污染防治攻坚战，强化大气污染综合治理和联防联控，实施土壤污染治理与修复，让蓝天白云离我们更近。持续加大水生态综合治理，推进河道保护区范围划定，实施中小河流系统治理，让每条河流都成为造福人民的幸福河。持续开展人居环境整治，推进农村改厕、生活垃圾和污水处理，开展“白色污染”专项治理，积极推行垃圾分类管理，打造生态宜居美丽乡村。

（二）坚持“以人为本”理念，增进民生福祉。民心是最大的政治，我们一切工作的出发点和落脚点，都是为了让人民过上更好日子，要聚焦人民群众关心

关注的民生问题，一件接着一件办，一年接着一年干，尽心尽力办好每一件事。要让教育事业实现更高质量发展，持续巩固义务教育均衡发展成果，完成市第二民族中学、城北九年一贯制学校、加吾乡中心寄宿制学校等项目建设及布局结构调整，全面提升学前教育质量，促进各级各类教育协调发展。抓好统编“三科”教材使用，持续巩固控辍保学成果，确保适龄儿童有学上、上好学。深入推进健康同仁建设，全面深化综合医改，推进市医疗集团高效运行。加快市感染病区项目建设，积极争取市中医院门诊医技楼和多哇镇卫生院整体搬迁项目，不断完善医疗卫生服务体系。提升基层医疗卫生服务能力，加强疾病预防和妇幼保健，做好门诊特殊慢性病政策宣传落实，坚决防止因病致贫、因病返贫。落实常态化疫情防控措施，保障人民群众生命健康安全。健全多层次社会保障体系，落实好社保减负政策，推进社保提标扩面。构建兜底有力的社会救助体系，大力发展社会福利慈善事业，让发展更有温度，民生更有厚度。把稳就业作为重中之重，持续加大就业创业政策扶持，突出做好高校毕业生、城镇失业人员等重点群体就业，培育壮大劳务经济人队伍，扩大公益性岗位安置，就业稳则会人心安、社会稳、信心足。

（三）紧扣“生态人文”定位，塑造品质城镇。去年启动的省部共建高原美丽城镇示范省，为同仁新型城镇化建设带来了新机遇，要紧扣“生态人文”总体定位，聚焦“一河两线多点”发展布局，协调推进以人为核心的新型城镇化，书写更加精彩的小城故事。完善城市空间布局，严格遵循城市总体规划和控制性详规，分区分级分类管控城市风貌和空间形态，提炼城市主色调，勾勒优美城市天际线。统筹区域协调发展，做好旧城区转型升级文章，加快沿街立面、城中村及老旧住宅风貌改造，实施给排水、供热供气、污水垃圾处理、防洪排涝等市政设施提档改造，持续提升综合承载能力，让旧城区焕发新生机。全力实施隆务河水生态及两岸环境综合治理二期工程，高质量打造西山生态公园，拓展显山露水、通风透气城市公共空间。推动城北新区建设上档提速，加快推进郭么日大桥、地下管廊二期、330千伏输变电、高档住宅建设，着力打造行政办公、综合商业、优质教育样板城区，引导农牧业人口有序转移，激活经济发展新的增长极。坚持历史文化名城和传统村落集中连片保护开发“双轮驱动”，纵深推进隆务古城和传统村落保护修缮、风貌整治、人居环境改善，坚持因地制宜、顺应禀赋，让城市留住记忆、让人们记住乡愁。加快特色小镇建设步伐，巩固多哇高原美丽集镇建设成效，高质量建设唐卡艺术小镇，有序推进瓜什则乡、兰采乡集镇建设，打造各族群众美好生活新家园。

（四）擦靓“文化同仁”名片，深耕文旅融合。文化是一座城市的“根”和“魂”，源远流长的热贡文化，是我们最深厚、最持久的发展优势。要强化顶层设计和总体布局，着眼融入“双循环”新发展格局，精心编制好“十四五”文化旅游发展规划，谋划一批重大举措和工程项目，推动文化旅游高质量发展。立足生态资源、人文优势、产业基础，进一步加大“统”的力度、做好“融”的文章、增强“聚”的效能，丰富“文化同仁”品牌内涵。深入挖掘历史文化名城内涵，健全名城保护体制机制，加快完善配套设施和服务功能，打造历史文化名城“硬核”。加大非物质文化遗产保护力度，建立健全文物保护机制，推进文物古迹古堡抢救修缮，体现人文温度与历史厚度。大力推进旅游基础设施建设，完成扎毛水库景区、隆务寺旅游基础设施、自驾车营地建设，积极争取非遗综合场馆、智慧旅游等项目，全面提升文化旅游综合服务水平。巩固全省首批全域旅游示范区创建成果，因地制宜发展文化体验、文化观光、休闲度假和康体养生等乡村旅游新业态，重点打造“非遗文旅路线”，让群众吃“旅游饭”走“致富路”。精心策划文化旅游节庆活动，叫响热贡文化旅游节、藏乡“六月会”、土族“於菟”等一批有影响力的特色文化品牌，让人们循着故事来、带着故事走。

（五）构建“共治共享”格局，创新市域治理。经过多年强基固本，同仁长治久安的基础不断巩固，大家有信心有底气保持社会大局持续稳定。但树欲静而风不止，要清醒看到国际形势风云变幻的复杂性，反分裂反渗透斗争的长期性，坚持底线思维，发扬斗争精神，切实做好应对任何风险挑战的准备。今年将迎来中国共产党百年华诞，维护稳定各项工作都要围绕这个主线来谋划，要牢固树立稳定压倒一切的思想，以防患于未然为原则做工作，营造稳定和谐良好环境。深入推进市域社会治理现代化试点，积极探索政治引领、自治强基、法治保障、德治教化、智治支撑“五治融合”基层治理新模式，打造共建共治共享新格局。坚持守正创新、提质增效，加强和创新重点联系对象帮教转化、矛盾纠纷排查化解、依法综合整治等工作，打造“同仁做法”升级版。深化涉藏社会治理示范区创建成效，迸发全域联动治理效能。进一步加强和改进意识形态工作，做好新形势下宣传思想文化工作，推动媒体深度融合发展，讲好民族团结、感恩奋进的同仁故事。加快法治同仁建设，高点谋划“八五”普法开局，系统推进《宪法》《民法典》学习宣传，完善分业、分类、分众法治宣传教育机制，拓展三级公共法律服务站点服务供给，推动普法宣传教育走深走实。纵深推进扫黑除恶专项斗争，健全完善深挖根治和长效常治机制，让利剑高悬、震慑常在。依法管理民族宗教事务，扎实开展民主法治寺院和“绿色寺庙”创建，展现新时代宗教和顺新气象。全力创建国家级民族团结进步示范市，让民族团结之花常开长盛。

五、保持“永远在路上”的恒心和韧劲，推进全面从严治党向纵深发展

今年是建党 100 周年，各级班子换届之年。特殊的年份对党的事业有着特殊的意义，对各级党组织也有着特殊的要求。要准确把握全面从严治党“永远在路上”的深刻含义，用心体会党中央正风反腐的坚定决心，保持战略定力和政治定力，重整行装再出发，坚定不移推进全面从严治党，为实现“十四五”良好开局提供坚强政治保证。

加强党的政治建设，在新征程中把准方向、夯实根基。习近平新时代中国特色社会主义思想是我们党和国家必须长期坚持的指导思想，是推进“十四五”发展、实现 2035 年远景目标必须全面贯彻的科学指南。高举伟大旗帜，就是要把学懂弄通做实习近平新时代中国特色社会主义思想作为重大政治任务，带着深厚的感情学，带着执着的信念学，带着实践的要求学，不断提高政治判断力、政治领悟力、政治执行力，从根本上树牢“四个意识”，坚定“四个自信”，坚决做到“两个维护”。要始终把党的政治建设摆在首位，紧跟习近平总书记步伐，紧扣党中央节拍，在政治上忠诚忠正，在信仰上笃定笃行，在执行上坚定坚决，始终坚持正确政治方向，确保党中央决策部署落地生根。

加强组织体系建设，在新征程中敢于斗争、担当实干。团结带领各族群众建设新同仁，必须加强党的全面领导，推动党的建设高质量发展，把党建设得更加坚强有力。巩固深化“不忘初心、牢记使命”主题教育成果，在抓实工作责任、基本制度、基层基础上下功夫，全面提升党建工作质量。以提升组织力为重点，突出政治功能，强化党建引领，继续抓好“一核三治”“抓乡促村”，推进村级党群服务中心“十有”、乡镇“六化”和村级“六个基本”建设提标升级，推动基层党组织全面过硬。积极探索党建工作新思路，推动机关党建强起来，深化党支部标准化建设，打造一批拿得出的过硬党建品牌，以高质量党建引领高质量发展。全面贯彻新时代党的组织路线，扎实做好市乡村换届工作，换出心齐气顺劲足新面貌。把关心爱护干部落到实处，让干部有盼头、有奔头。

加强党风廉政建设，在新征程中干净干事、经受考验。全面贯彻党要管党、从严治党要求，推动全面从严治党向基层延伸，保持抓常的力度、拿出抓长的韧劲，持续巩固全市上下风清气正、干事创业的良好政治生态。要把严明政治纪律放在首位，不断深化纪律教育、严抓制度执行、强化监督检查、加强执纪审查，增强纪律刚性约束，切实把纪律和规矩立起来严起来。始终保持正风肃纪反腐高压态势，持续向群众身边腐败和作风问题“亮剑”，紧盯重点领域、延伸监督触角，让群众在全面从严治党中有更多获得感。精准运用监督执纪“四种形态”，抓早抓小、防微杜渐。深化纪检监察体制改革，扎实推进监督执纪执法一体化建设，实现力量整合、机制融合、效应聚合。不断深化政治巡察，强化整改落实和成果运用，做深做实“后半篇”文章。深化作风突出问题集中整治，坚决纠治形式主义、官僚主义，释放一严到底强烈信号。强化警示教育力度，推进以案示警、以案促改，筑牢拒腐防变思想堤坝。

同志们，回望这极不平凡的五年，我们共同经历了爬坡过坎特殊时期的艰辛，共同承受了转型升级攻坚阶段的考验，共同扛起了攻城拔寨繁重任务的挑战。最令人感动的是，在应对和战胜各种艰难险阻中，全市上下同心同德、同向同行，使经济社会发展产生了倍增效应。最令人振奋的是，在多重困难叠加、多重矛盾交织的复杂形势下，很多工作实现了历史性突破，使我们增添了无穷底气。最令人鼓舞的是，经过多年发展积累，全市综合实力明显增强，有利条件和积极因素不断增多，增强了加速发展的后劲。历经大战大考，我们对“事非经过不知难”有了更深入的理解，对“众人拾柴火焰高”有了更深刻的认识，对“自助者天助之”有了更切身的体会。

信心比黄金更宝贵。“十四五”时期是发展的关键期、上升期，虽然面临不少困难，但总体上看，我市在发展基础、发展环境、战略机遇、干事劲头上都要好于“十三五”。未来五年，同仁完全具备了厚积薄发、突破发展的潜力，我们完全有底气、有信心、有能力在新发展阶段实现更大作为。我们相信，量变必然带来质变，点滴的积累必然产生强大的集聚效应；我们相信，付出终将收获回报，历史永远眷顾坚定者、奋进者、开拓者；我们相信，所有积淀都是未来的铺垫，同仁必将乘风破浪、扬帆远航，在新征程上书写新的精彩。

新的一年，我们即将迎来建党100周年华诞。百年风雨，初心不改，我们无比自豪能够在新时代里坚毅奋进；天地辽阔，韶华珍贵，我们充满自信向着伟大复兴的目标昂首迈进。站在新起点，让我们更加紧密地团结在以习近平同志为核心的党中央周围，高举习近平新时代中国特色社会主义思想伟大旗帜，在省州委的坚强领导下，牢记嘱托、感恩奋进，心无旁骛、奋力拼搏，为实现“十四五”良好开局、开启全面建设社会主义现代化新征程不懈奋斗，以优异成绩庆祝建党100周年。

在市委一届二次全体会议上的讲话

罗富贵

（2021年1月12日）

各位委员、同志们：

受市委常委会委托，我对2020年经济工作作简要总结，对2021年工作作具体安排。

一、回首来时路，坚定信心不动摇

过去的一年，是同仁发展进程中极不平凡的一年。面对突如其来的新冠肺炎疫情、持续的经济下行压力，在州委州政府和市委的坚强领导下，我们坚持以习近平新时代中国特色社会主义思想为指导，深入贯彻中共十九大和十九届二中、三中、四中、五中全会精神，坚持稳中求进工作总基调，贯彻新发展理念，坚定高质量发展方向不动摇，紧抓“六稳”“六保”工作不放松，坚决打赢“三大攻坚战”，统筹推进稳增长、促改革、调结构、惠民生、防风险、保稳定各项工作，全市呈现经济运行平稳、扶贫成效明显、产业结构优化、城乡统筹加快、民生协调发展、人民幸福安康的良好态势。回顾2020年，滚石上坡、攻坚克难，我们走过了一段异常艰辛、令人难忘的历程。

过去一年，让我们倍感振奋的是：综合实力再上新台阶。预计地区生产总值38.43亿元，同比增长7.2%；规模以上工业增加值0.26亿元，同比增长9.2%；农林牧业总产值7.7亿元，同比增长5%；社会消费品零售总额8.06亿元，同比增长2.8%；全体居民人均可支配收入增长8%，其中农村居民人均可支配收入增长9%。全年完成固定资产投资22.13亿元，同比增长12.6%；实现地方一般公共预算收入1.13亿元，同比增长50.95%，首次突破亿元大关。固定资产投资、地方财政公共预算收入超额完成目标任务，以最美的奋斗姿态跑出了非常之绩，办成了一系列关系全局和长远的大事要事，赶超发展的动力势能不断聚集。

过去一年，让我们倍感鼓舞的是：城乡面貌亮出新颜值。成功实现撤县设市，掀开同仁发展崭新的一页。同仁列入省部共建高原美丽城镇示范省建设试点地区，城北新区建设全面提速，13条路网骨架基本形成，地下管廊主体建设全面完成，北区新城初具雏形。西成铁路同仁段线路开工建设，同仁将迈入“高铁时代”。城乡面貌日新月异，隆务镇行政管理体制改革实施方案获得省委省政府批复，开启了“强镇扩权”之路。多哇藏区社会治理示范镇建设项目基本完成，多哇正以崭新形象屹立同仁东南大门。完成7个高原美丽乡村建设、7个传统村落保护建设和26个、1582户的老旧小区综合整治项目，27个传统村落建设正在开展项目前期，实施农牧民居住条件改善工程700户，新建厕所401座。隆务河水生态综合治理及两岸环境综合治理工程基本建成，绘就河畅、水清、岸绿、景美的山水同仁新画卷。城乡人居环境“洁净美”专项行动和爱国卫生运动成效明显，美丽同仁城更绿、乡更美、路更畅。

过去一年，让我们倍感骄傲的是：脱贫攻坚夺取新战果。我们始终保持攻坚态势，全面完成年度扶贫各项任务，全市现行标准下的贫困人口全部脱贫，脱贫攻坚取得决定性胜利。持续深化“九大脱贫后续巩固行动”，细化“补针点睛”专项行动，返贫监测预警和精准防贫保机制有效运行，脱贫攻坚成果全面巩固提升。今年以来，先后接受了国家贫困市退出专项评估检查、2019年贫困市退出第三方评估国家抽检、脱贫攻坚普查、“三区三州”深度贫困地区脱贫攻坚实施方案（2018—2020年）实施情况国检和脱贫攻坚成效省际间交叉考核，得到了考核组的好评，成为全省脱贫攻坚工作的“加分项”。我市被省委、省政府授予“青海省2019年度脱贫攻坚先进集体”。

过去一年，让我们倍感提气的是：生态环保绘就新画卷。坚决扛起生态保护政治责任，以三江源二期、天然林保护、国土绿化等项目为支撑，推进国土绿化巩固提升三年行动，兰采省级森林公园申报成功，今年完成国土绿化15.06万亩，林业有害生物防治5万亩，持续增加蓝绿空间占比，良好生态环境成为同仁的靓丽底色。市政府被省委省政府授予“全省国土绿化先进单位”，隆务镇被省林草局授予“省级森林城镇”，隆务镇吾屯下庄村被国家林草局认定为第一批“国家级森林乡村”。

过去一年，让我们倍感自信的是：疫情防控取得新成效。全面贯彻落实党中央和省州委决策部署，把人民群众的生命安全和身体健康放在第一位，坚决打好疫情防控阻击战，抓紧抓实抓细常态化疫情防控，做实联防联控、群防群控，牢牢守住了疫情“零输入、零感染、零发生”的底线。在慎终如始抓好疫情防控的同时，凝心聚力推动经济恢复性增长，稳住经济基本盘，牢牢兜住民生底线，率先在全州实现复工复产复商复市复课，统筹疫情防控和社会经济发展取得了阶段性成果。在全省抗击新冠肺炎疫情表彰大会上，华吾本等2名同志被授予“青海省优秀共产党员”“青海省抗击新冠肺炎疫情先进个人”称号，授予隆务镇党委“青海省先进基层党组织”“青海省抗击新冠肺炎疫情先进集体”称号。

过去一年，让我们倍感可喜的是：社会发展谱写新篇章。坚持把财政预算的80%以上用于保障和改善民生，全年民生支出25.74亿元，各项民生政策全面落实。公共服务持续完善，成立同仁医疗集团，弥补了市级医疗服务短板。我市被国家卫生健康委命名为“2018—2020年全国计划生育优质服务先进单位”。成立黄南州首家非营利性社会公益服务婚姻介绍所，成功介绍26对单亲家庭，实现全州婚介服务“零”的突破。成功创建全省首批全域旅游示范区，保安镇花儿沟和东干木乡村旅游景区认定为国家AAA级景区。龙树画苑被省科技厅评为省级众创空间绩效优秀单位。金融风险有效防范，统筹盘活财政存量资金7795万元，化解政府债务1770万元，政府债务余额严格控制在省州核定限额内。清理拖欠企业账款293.52万元，在全州率先完成拖欠民营企业账款清欠任务。安全监管提速加力，坚决扛起安全生产责任，加大安全监管执法力度，强化重点领域、重点行业安全治理，全年未发生重大安全生产事故，安全生产形势持续稳定。

一年来，我们主要做了以下工作。

（一）面对绿色发展的历史使命，我们抓防治重保护，发展底色愈加靓丽。坚持生态保护优先理念，扎实做好治山理水、显山露水文章，牢固构筑生态安全屏障。国土空间规划编制工作加快推进，全面完成生态保护红线评估调整和自然保护地整合优化工作，生态边界更加清晰。全力实施水、大气、土壤污染防治行动计划，坚决打好污染防治攻坚战，认真汲取木里矿区非法开采事件惨痛教训，积极实施山水林田湖草生态保护修复综合治理项目，持续开展矿山生态修复治理和农牧区环境综合整治。坚决打好蓝天保卫战，全面整治城镇及施工扬尘，扎实开展燃煤小锅炉整治工作，空气质量优良天数比例达到97.8%，PM2.5平均浓度同比下降13.6%，较基准年下降64.2%；隆务河水质达到Ⅱ类水质标准，集中式饮用水水源地达标率100%，城镇污水和垃圾无害化处理率分别达到88%、95%。坚决打好碧水保卫战，深入推进河（湖）长制，完成全市33条重要河流“一河一策”编制工作，构建“互联网+河道监管”体系，对重点河段敏感水域实时动态监管，扎实开展河湖“清四乱”专项行动，全面改善水生态环境。违建别墅清查工作全面完成，农村乱占耕地建房问题整治工作扎实开展，打造省级生态文明建设示范村1个。巩固提升中央环保督察和省州巡视巡察问题整改成效，强化环保执法监管，坚定不移守护“蓝天、碧水、净土”。

（二）面对持续下行的经济形势，我们抓特色优结构，发展动力不断积蓄。坚决落实“三区建设”战略部署，全面实施绿色产业战略，注重特色优势产业培育，扩大特色农作物种植面积，以隆务河谷金黄果，中药、藏药材种植为主线，高标准打造黄果梨，中药、藏药材“两个万亩”特色种植基地。全年完成农作物种植11.08万亩，种植中药材1万亩、马铃薯1万亩、黄果梨0.2万亩。全面启动化肥农药减量增效行动，推广有机肥替代化肥8.3万亩，农牧业保险实现全覆盖。农业生产保持稳定，粮油、蔬菜产量稳中有增。主动融入全省绿色有机农畜产品示范州创建工作，在全市8个纯牧业村全面推广“拉格日”模式，培育壮大以股份制为核心的合作经济组织，建立“种养加”的利益联结机制，推行“三品一标”认证，在认定“同仁黄果梨”地标农产品的基础上，“同仁豌豆”等4项农产品荣获“国字号”地理标志称号。加快发展晶黄果饮料、牛羊肉、酸奶等特色产品产销，打造“同仁黄果梨”“牦牛乳制品”和中药、藏药材饮品等特色品牌。全力推进文化旅游融合发展示范区建设，加快推进全域旅游，建成东干木旅游示范村和自驾车营地等文旅建设项目，完成8个村六月会基础设施建设，文化旅游配套服务设施日益完善。强力推动“唐卡区块链”项目建设，加快唐卡质量信息追溯体系建设，做大做强热贡文化产业。成功举办“5·19”中国旅游日暨唐卡艺术之都千人徒步文化体验游、首届民俗文化旅游节等系列活动，同仁的知名度和美誉度不断提升。

全年文化经营收入9.92亿元，同比增长10%；旅游人数335万人次，同比增长11.6%；旅游收入17.02亿元，同比增长12.8%。

（三）面对政策收紧的融资压力，我们抓项目扩投资，发展基础更加稳固。坚持把项目投资作为打基础、增后劲、补短板的有力抓手，全面落实项目开复工支持政策，深入推进“审批破冰”工程，落实项目投资并联审批和“容缺+承诺制”等改革措施，进一步压缩工程建设项目审批时间，变“坐等审批”为“上门服务”。严格落实重大项目市级领导联系制度、项目集中开复工制度，全市项目投资呈现强劲势头，地区发展硬条件不断提升。全年共实施新续建项目169项，总投资71.18亿元，其中，续建项目87项，总投资35.54亿元；新建项目82项，总投资35.64亿元。郭么日大桥、城北新区综合管廊（二期）、文化广场海绵城市工程等重大项目前期有序推进，城北新区市政基础设施、扎毛水库灌渠、天然气利用工程、唐卡艺术小镇等重大项目正在全力实施。“十四五”规划和二〇三五年远景目标纲要编制工作基本完成，加大项目谋划储备和争取落实力度，主动跟进国家投资导向，围绕“两新一重”、生态建设、新兴产业和公共服务等领域，精心谋划储备“十四五”时期重点项目628项，形成项目滚动接续、梯次推进的良好局面，为可持续发展增添了后劲、奠定了基础。

（四）面对艰巨繁重的发展任务，我们抓改革增活力，发展动能更加强劲。紧紧抓住新一轮改革开放战略机遇期，大力培育竞相迸发的创新创业活力。“放管服”改革全面深化，建立政府权责清单动态调整机制，集中开展“减证便民”行动，清理取消各类证明事项102项。深入推进“多证合一”“二证合一”登记制度改革，发放“多证合一”企业营业执照113份，“二证合一”个体工商户营业执照1125份。加快推行“互联网+政务服务”，全面梳理公布群众和企业到政府“网上办”事项734项、通办事项15项、高频事项100项，全部录入青海省政务服务网办理，推动审批服务事项“网上办”“掌上办”和线下办事“只进一扇门”“最多跑一次”。农牧民集体产权制度改革和“三权分置”改革加快推进，建成农村承包地确权登记数据库，农牧区集体产权制度改革通过省级验收。扎实推进供销社综合改革，建成村级综合服务中心和服务网点36个。深入开展市场主体发展促进年活动，减免税费2367万元，全市新增各类市场主体1016户，各类市场主体达到8638户。招商引资工作取得新进展，充分利用“青洽会”等平台，签约招商引资项目7个，签约金额27.9亿元，招商引资到位资金8.7亿元。引进的隆务水岸和香格里拉房地产综合开发一期项目完成投资6.8亿元，为同仁发展注入强劲动力。对口援建升级加力，与天津经开区在教育、就业、人才委培等领域的合作不断深化。

（五）面对日益增长的群众期盼，我们抓民生增福祉，发展成果更加普惠。坚持以人民为中心的发展思想，用心用情用力办好民生实事，让群众感觉到“心里有温暖、生活有奔头”。脱贫攻坚有精度。全力做好脱贫攻坚与乡村振兴战略有机衔接，持续推进产业扶贫带贫，打造唐卡等4个文化扶贫产业创作基地，吸纳500余名贫困人口稳定就业。大力发展文化旅游、商贸物流等到户产业，村集体经济全面“破零”。中央专项巡视“回头看”和省级督察反馈及国家成效考核反馈的42项问题已全部完成整改。扎实开展与全州全省全国同步全面建成小康社会同仁行动，紧紧围绕“一脱贫、两翻番、四实现”总体目标，加快补齐决胜全面小康短板，全面建成小康社会统计监测各项指标基本实现，决胜全面小康社会胜利在望。教育发展有广度。投资8303.75万元，实施“三区三州”脱贫攻坚教育等18项建设项目，有力地改善了教育教学条件。加快推进教育布局优化调整，撤并学校32所。大力发展学前教育，在17所幼儿园推广实施“村办公助”办学模式，取得了可推广复制的经验做法。稳步推进统编“三科”教材工作，全市53所中小学完成“三科”教材推广使用，涉及中小学学生2948名。全面落实15年资助教育和大中专生资助政策，落实资助资金2118.5万元，发放贫困生和寄宿生生活补助1301.16万元，营养餐补助681.84万元。常态化推进“控辍保学”，全市中小学入学率分别为99%、100%。健康同仁有深度。深入实施健康同仁2030行动计划，加快完善医疗卫生基础设施，完成同仁市中医院医技楼和疾控中心建设项目，核酸实验室建成投用，分级诊疗、远程会诊、一站式结算取得实质性成效，有力地提升了医疗服务水平。全市乡镇中医、藏医馆建设实现全覆盖。重点人群家庭医生签约率达100%。贫困人口就医“一站式”结算覆盖率达100%。文化阵地有高度。建设笼式足球场7个、标准足球场1个，广播电视人口综合覆盖率分别达98.4%和98.8%。文化“进村入户”工程扎实推进，公共文化服务体系不断健全。社会保障有温度。社保提标扩面减负任务全面完成，社会救助等政策全面落实，发放社会保障卡4.91万张，城乡低保标准月人均提高到648元和400元，全年发放城乡低保金8811.5万元，临时救助金2276万元。就业创业有力度。落实就业增收战略，切实抓好就业、创业培训和服务，实现城镇新增就业460人，组织引导农村劳动力转移就业9500人次，实现劳务收入5975.79万元。

（六）面对复杂多变的严峻挑战，我们抓治理保稳定，发展环境更加优化。坚持以创建涉藏社会治理示范区为目标，全面推进“一核三治”社会治理模式，提升平安同仁建设水平。依法治理深入推进，扎实推进“七五”普法收官工作，顺利通过省级终期考核验收。纵深推进扫黑除恶专项斗争，扎实开展“六清行动”，率先完成“六清”目标，人民群众的安全感不断增强。社会管理持续深化，坚持和发展新时代“枫桥经验”，全面推进涉藏社会治理示范区创建工作，集中打造兰采乡、双朋西乡、年都乎乡、黄乃亥乡示范点，深入推进“综治中心+雪亮工程+网格化服务管理”一体化建设，建成市乡村三级综治中心95个，在各乡镇、村社重点部位和重要路段安装视频监控300路，构建共建共治共享的社会治理格局。隆务寺“智慧消防”和寺院财税监管得到中央领导充分肯定。建立矛盾纠纷“三区”动态管理模式，严格落实“三调联动”机制，全年排查各类矛盾纠纷438起，已调处438起，化解率达100%。民族团结创建深化，扎实开展国家级民族团结进步示范市创建，重点打造隆务镇等示范点20个，精心组织开展各类民族团结进步宣传活动，营造各民族交往交流交融的浓厚氛围。

同志们，艰难方显勇毅，磨砺始得玉成。这些成绩的取得，最根本的是坚持以习近平新时代中国特色社会主义思想为指导，汇聚起加快发展的强大动能；最关键的是市委总揽全局、科学决策，凝聚起战无不胜的磅礴力量；最重要的是全市干部群众苦干实干、奋力拼搏，用辛苦指数提升幸福指数。在这里，向同志们致以衷心的感谢和崇高的敬意！思危方能居安。我们也清醒地认识到，砥砺前行的同仁面临着多重困难和挑战，主要表现在：以“市”的定位、“市”的格局谋划工作意识不强、思路不宽、举措不新；巩固拓展脱贫攻坚成果任务依然繁重，群众自我发展能力仍然不足；经济总量小，地方财力弱，财政收支矛盾十分突出，对上依赖程度较高，“保工资、保运转、保基本民生”存在不小困难；产业发展水平不高、规模不大，市场主体不强，对全市经济发展的带动作用不够；民生保障依然存在薄弱环节，社会事业进一步发展动力不足；政府职能转变还不到位，一些干部能力不强，责任担当不够，执行力、落实力有待增强。我们将坚持问题导向，破解疑难杂症，努力把政府工作做得更实更好，推动同仁发展行稳致远。

二、走实脚下路，真抓实干不松劲

今年是建党100周年，也是“十四五”规划和全面开启社会主义现代化建设新征程的开局之年。做好今年工作责任重大、使命光荣。根据新的形势和任务，今年全市经济工作的总体要求是：以习近平新时代中国特色社会主义思想为指导，全面贯彻中共十九大和十九届二中、三中、四中、五中全会及中央经济工作会议、中央农村工作会议和省委十三届九次全会、州委十二届十一次全会精神，坚持稳中求进工作总基调，立足新发展阶段，贯彻新发展理念，积极融入新发展格局，以推动高质量发展为主题，以深化供给侧结构性改革为主线，巩固拓展疫情防控和经济社会发展成果，奋力推进“一优两高”，全面建设“山水黄南”，高质量推进“三区建设”，全面推进“农牧为基础、生态为根本、文化为核心、民生为主线、城镇化为统领”发展思路和“一河两线三点”区域布局，扎实做好“六稳”工作，全面落实“六保”任务，不断满足各族群众日益增长的高品质生活需要，在新起点上奋力开创“平安同仁、和谐同仁、文化同仁、美丽同仁、幸福同仁”新局面，确保“十四五”开好局，以优异成绩向建党100周年献礼。

今年全市经济社会发展的主要预期目标为：一是经济增长目标。地区生产总值力争增长6%以上。其中，第一产业增加值增长4.6%，第二产业增加值增长6.9%，第三产业增加值增长7%。二是发展支撑指标。地方公共财政预算收入同比增长5%，固定资产投资增长6%，社会消费品零售总额增长7%，文化产业经营性收入增长8%，旅游总收入增长10%。粮食总产量稳定在1.6万吨以上。三是民生保障指标。全体居民人均可支配收入增长6.5%，城镇新增就业400人以上，农牧区劳动力转移就业9000人次以上，城镇调查失业率、登记失业率和居民消费价格涨幅控制在省定指标以内。四是生态环保指标。全市空气质量优良天数比例达到90%以上，黄河出境断面水质和集中式饮用水水源地水质优良率100%，PM2.5、PM10平均浓度持续下降，城镇污水和生活垃圾无害化处理率持续提升，节能减排指标控制在省定目标以内。

上述指标有保有稳有升，贯彻了新发展理念，统筹兼顾“稳”与“进”的要求，符合高质量要求，主要是既考虑了当前宏观发展环境和全市经济增长潜力，又与“十四五”规划目标相衔接，与全州保持一致，着力引导全市上下把主要精力投入到保护生态环境、提高发展质量、保障改善民生上来。这些指标经过多方论证、既实事求是，又积极进取，是经过努力完全可以实现的。

实现上述预期目标，着力抓好以下九个方面工作：

（一）坚定不移推进环境保护，绘制高质量发展新画卷。坚定践行“两山”理论，持之以恒推进生态文明建设，把生态优势巩固好、提升好、利用好，绘就高颜值生态山水画卷。增添“绿”的底色。深入推进国土绿化巩固提升三年行动，聚焦护绿、增绿、管绿，全面推广“林草长制”，抓好111.93万亩天然林管护工作，完成国土绿化14.3万亩，人工造林1.87万亩，林草有害生物防控65万亩，建设隆务东西山、南当山百万亩生态绿色长廊。实施国省道、市乡村道、单位庭院绿化工程，持续推进乡村绿化，以道路、河流、村庄为重点，建设绿色生态长廊，打造一批“森林城镇”和“森林乡村”。加快城市润色，坚持见缝插绿、抬头见绿，努力让同仁大地生机勃勃、绿意盎然。强化“治”的力度。积极融入国家公园示范省建设，统筹抓好山水林田湖草综合治理、系统治理、源头治理，着力打造青南地区生态样板。扎实开展碳达峰行动，巩固提升中央生态保护督察问题成果，全面完成10蒸吨以下燃煤锅炉淘汰任务，实施清洁能源替代工程，开展扬尘综合整治行动，着力解决好施工扬尘、垃圾焚烧、偷排漏排等问题，推动空气质量持续改善。加强土壤污染管控和修复，抓好矿山恢复治理，推进重点行业企业监管、工业固体废物处置，切实保障土壤环境安全。全面推进“河湖长”制规范化，持续开展河湖“清四乱”专项行动，维护河湖生态健康。落实最严格的水资源管控“三条红线”，实施城镇供水提质增效工程，加强饮用水源地保护，努力使同仁的天更蓝、地更绿、水更清。提升“管”的成效。加快推动“三线一单”成果落地应用，深化生态环境损害赔偿制度和综合行政执法改革。强化“源头责任”和“干流担当”，推进隆务河等重点流域的生态综合治理工程，抓好小流域水土流失综合治理，着力增强洁净水源涵养功能。深入开展城乡人居环境整治和“洁净美”专项行动，全面实施“禁塑令”，实施第二垃圾填埋厂建设，加强城镇生活垃圾分类处理，加快推进全域无废项目，破解城乡环境卫生顽疾，扮靓城乡美丽容颜。大力倡导绿色低碳生活方式，积极创建节水型社会，不断提高全民生态文明素养，真正让美丽成为习惯、让生态成为时尚。力争年内创建省级生态文明示范乡镇2个、示范村4个。

（二）坚定不移推动产业升级，培育高质量发展新优势。坚持绿色发展，培育壮大特色产业，扩大总量与优化结构并重，推进产业结构调整和转型升级。做优特色农业。围绕创建绿色有机农畜产品示范州三年行动，推动化肥农药减量增效行动由“面”向“质”转变，持续扩大黄果梨，中药、藏药材，青稞，有机饲草料等特色农作物种植面积，高水平打造“药王谷”和青稞有机饲草料种植基地，继续保持粮油产量稳定，确保农作物种植面积稳定在11.08万亩以上。着力推行“农业+观光”发展新模式，打造赛加滩、格拉滩黄果种植基地和羊智沟现代农业示范园。做强生态畜牧业。扎实开展青南农区生态畜牧业园区建设，在一镇四乡16个纯牧业村深化“拉格日”模式，建立“农牧民+生态畜牧业合作社+企业”的利益链接机制，实行“保底收益+按股分红”的分配方式，走产出高效、绿色优质、生态环保的畜牧业发展道路。积极推进农畜产品可追溯体系建设，强化“三品一标”认证，进一步培育黄果梨，中药、藏药材，同仁青稞，乳制品等农畜产品品牌，持续提升农牧产业竞争优势和市场优势。全面推进牛羊肉屠宰加工厂建设，不断延伸产业链，着力打造成有机农畜产品生产供给基地。做实新兴业态。培育壮大生态经济，做强生态旅游，生态畜牧，中医、藏医药等产业，发展节能环保、清洁生产、清洁能源等产业，拓宽生态产品价值实现路径。持续推进循环经济，加快培育园区经济，完善绿色工业园区基础设施，引导有机畜产品加工、生态水开发、民族手工业等产业向园区集中，新增一批规上企业、限上企业，力争工业增加值增长6.1%以上。着力发展数字经济和区块链技术运用，围绕特色产业、政府管理、金融服务、民生事业等推进大数据平台建设，推动传统产业与区块链技术的深度融合。积极发展“飞地经济”，依托对口援建等平台，开拓省内外飞地，实现借船出海、借梯登高。大力发展夜间经济、假日经济、赛会经济，促进消费扩容升级，加快家政服务、体育健身、快餐配送、体验式消费等现代服务业发展，培育定制消费、智能消费、电商直播等商业新模式。

（三）坚定不移加快文旅发展，拓展高质量发展新空间。围绕全省文化旅游融合发展示范区和人文生态城市建设，统筹利用好资源，推动文旅融合特色化发展。加快特色文化发展，全力推进“唐卡区块链”建设，加快唐卡质量信息追溯体系建设，规范唐卡制作标准和市场销售行为，积极发展唐卡、堆绣、雕塑等特色文化产品，拉长服务产业链条，做大做强热贡文化产业，带动提升文创产品创意、设计、生产、销售产业链，推动非遗传承保护和提升经济效益实现双赢。加强文化遗产保护，组织科研单位、专家和艺人整理各类文化遗产和历史人物古迹，实施“互联网+文化遗产”“互联网+非遗”，推动文化遗产和旅游真融合、深融合。加速全域旅游发展，积极推进旅游公共基础设施、配套服务设施、市场营销、公共信息平台等项目建设，提升“吃住行游购娱”旅游六要素品质。启动热贡历史文化名城国家5A级景区创建工作，全力推进全域旅游和智慧旅游建设，着力打造同仁山水文化旅游城市。加大旅游宣传营销，积极组织参加省内外品牌节会，继续办好热贡文化旅游节庆活动，打造一批乡村旅游示范点和文化旅游精品路线，丰富文化旅游产品供给，持续提升文化旅游热度。利用网站、微信等新媒体多渠道、多形式讲好同仁故事，策划排练特色鲜明、民族气息浓厚、内涵丰富、让人回味的舞台剧，打响擦亮热贡文化旅游节等活动品牌，充分展示本土文化魅力。

（四）坚定不移扩大有效投资，壮大高质量发展新动能。坚持把项目建设作为发展的“生命线”，以项目促投资，以投资强建设，全力推进基础设施建设，切实增强经济高质量发展支撑。高起点谋划重大项目。结合“十四五”规划实施，精准对接国家产业政策和投资导向，抢抓国家实施“两新一重”、加快黄河流域生态保护和高质量发展等历史机遇，深度谋划一批事关长远发展的大项目好项目，全力做好项目论证、评审、包装等工作，加大进“省”跑“厅”力度，争取更多的项目列入国家和省上的“大盘子”，确保中央和省级预算内投资保持连续增长。高标准管理重大项目。继续落实市级领导联系重大项目责任制和重点项目协调督办工作机制，强化要素保障，加强重大项目建设前期工作，优化配置水电路等要素资源，力促重大项目早落地、早开工。强化过程监管，落实重大项目全过程监管机制，不断破解项目建设中的瓶颈问题，努力提升项目管理水平。高效率建设重大项目。严格实行投资调度监测机制，坚持“旬分析、月调度、季通报”制度，逐项督开工、督进度、督支付、督投资，以旬保月、以月保季、以季保年，确保如期完成年度投资任务。加快推动同赛高速、张汶高速同仁至西卜沙段、扎毛水库灌渠、浪加水库、同仁330千伏输变电工程、天然气入同、城北新区综合管廊（二期）等重大项目建设，开工建设郭么日大桥、浪加水库灌溉、文化广场海绵城市工程、乡镇清洁能源供热、城北新区供水管网改扩建工程、牙浪卡图沟及草原扶贫旅游公路等重点项目，稳步推进隆务河水生态综合治理工程（二期）、石哈龙水库、城北新区防洪工程等项目前期工作，全力做好西成铁路建设协调服务工作，进一步提高项目开工率，加快项目建设进度，稳定投资增长。

（五）坚定不移加速城乡建设，提升高质量发展新品质。坚持以省部共建高原美丽城镇示范省建设试点工作契机，以“市”的理念统筹推进城乡一体化建设，提升城市品质内涵，打造黄河上游生态人文城市。完善规划编制体系。加快推进国土空间规划编制，构建以国土空间规划为纲领、各类专项详细规划为支撑，统一衔接、分级管理的空间规划体系，引领和支撑经济社会可持续发展。统筹划定生态、农业、城镇三类空间和生态保护红线、永久基本农田、城镇开发边界三条控制线，合理布局城镇体系、产业发展、公共设施等各类空间要素。强化规划刚性约束，持续保持“双违”整治的高压态势，切实维护规划的严肃性和权威性。促进城乡融合发展。全面启动省部共建高原美丽城镇示范省试点建设工作，实施城镇老旧小区和既有建筑风貌品质提升改造工程，启动11条街道、45个居民小区基础设施改造项目，实施老旧小区综合整治2102户，不断完善老城区功能。高标准推进城北新区建设，做到老城更优、新区更活、有机衔接、交相辉映。稳步推进隆务镇、年都乎乡和瓜什则乡等重点城镇区划调整，推动管理模式向城市化转变，形成以城带乡、城乡融合新格局。坚持产业立城、产城融合、差异化发展，加快编制保安镇高铁新区规划，扎实推进唐卡艺术小镇和瓜什则美丽乡镇建设，打造独具特色的中心集镇和特色小镇。紧抓国家级传统村落集中连片保护利用示范州建设机遇，完成27个传统村落、7个高原美丽乡村建设，继续实施农牧民居住条件改善工程。加大乡镇客运站等公共服务设施建设，促进城乡基本公共服务普惠共享。推进城市精细管理。围绕建设精致城市，精心规划、精致建设、精细管理城市。创新城市治理机制，强力推进市容市貌、马路市场、市政设施、交通秩序等整治工作，加快便民市场建设，规范提升小区物业服务，让城市运行更有序、环境更宜居。优先发展公共交通，加强城市停车场、充电设施和公共厕所建设配置。全力建设智慧城市，完善网格化管理，充分应用现代网络技术，提升城市管理效能，让城市变得更“聪明”。强力推进“门前三包”责任制和“街长制”，加大综合执法力度，广泛开展各类志愿服务活动，用“绣花”功夫打造干净、整洁、有序的市容市貌，让同仁既有“颜值”，又有“品质”。

（六）坚定不移实施乡村振兴，谱写高质量发展新篇章。坚持抓好脱贫成果巩固和乡村振兴，接续推进全面脱贫与乡村振兴有效衔接。聚焦脱贫成效，强化后续扶持。巩固拓展脱贫攻坚成果，健全防止返贫动态监测和帮扶机制，对易返贫致贫人口实施常态化监测，重点监测收入水平变化和“两不愁三保障”巩固情况，继续精准施策。全面落实“精准防贫保”制度，推进扶贫、民政两项制度衔接。持续加大产业、就业帮扶力度，深入推进村集体经济高质量发展，健全完善带贫益贫机制，推动脱贫后走向全面振兴。扎实做好易地搬迁后续扶持，多渠道促进就业，加强配套基础设施和公共服务，搞好社会管理，进一步巩固拓展脱贫攻坚成果。聚焦乡村建设，强化示范带动。坚持藏粮于地、藏粮于技，采取“长牙齿”的硬措施，落实最严格的耕地保护制度，开展农地“非农化”“非粮化”治理，严守耕地红线。新建高标准农田4800亩，稳定和加强种粮农民补贴，调动农民种粮积极性，努力实现稳产高产。抓好产业振兴，加快发展高效种养业，做强优势特色农牧业，补上技术、设施、营销等短板，完善利益联结机制，形成“一乡一特、一村一品”产业发展格局。抓好生态宜居，重点加大污水、垃圾处理等基础设施建设，有序推进村容村貌提升、农业生产废弃物资源化利用，增加农业生态产品和服务供给，实现百姓富、生态美的统一。聚焦乡风文明，强化基层治理。抓好文化发展，保障乡村文化需求供给，加强农牧区思想道德建设，弘扬和践行社会主义核心价值观，扎实开展移风易俗活动，建设邻里守望、诚信重礼、勤俭节约的文明乡村。抓好乡村治理，坚持以自治增活力、以法治强保障、以德治扬正气，打造充满活力、和谐有序的善治乡村。深入推进乡村振兴试点示范，着力打造一批高质量乡村振兴典型示范亮点，实现美一方环境、带一方产业、富一方百姓、促一方振兴。

（七）坚定不移深化改革创新，激发高质量发展新活力。坚持把改革开放作为发展的根本之策，实施开放新举措，打破瓶颈制约，为同仁发展注入新动力、增添新活力、开拓新空间。全面优化营商环境。深入推进“放管服”改革，推进政务行政审批标准化建设，全面推进“一网通办、一事通办”和政务服务“好差评”制度。加快推进“互联网+政务服务”建设，加强信息互联互通共享，提升网上服务能力。继续推进投资“审批破冰”工程，全面落实项目投资并联审批和“容缺+承诺制”等改革措施，着力营造更优营商环境。深化市场主体准入制度改革，推进“证照分离”改革全覆盖。健全完善“双随机、一公开”新型监管机制，全面推行“多证合一”“照后减证”，将企业设立登记时间压缩至2个工作日。全面落实优化营商环境条例和减税降费政策，构建亲清新型政商关系，让民营企业放心投资、专心创业、安心发展。大力推进政务诚信、消费诚信、社会诚信和司法公信建设，让诚实守信蔚然成风，失信悖德寸步难行。深化重点领域改革。持续深化财税金融改革，落实财政事权和支出责任划分改革措施，加快建成全方位、全过程、全覆盖的预算绩效管理体系。树牢“过紧日子”理念，优化财政支出结构，继续压减一般性支出和“三公经费”。继续深化农村宅基地“三权分离”制度改革，落实第二轮土地承包到期后再延长30年的具体政策措施。做好自然资源确权登记工作，推进全民所有自然资源有偿使用制度改革。统筹推进集体林权、国家林场、供销社、水权等领域改革，确保改有所进、改有所成。扩大对外开放合作。主动融入“一带一路”合作交流和兰西城市群、泛共和盆地城市群建设，积极参与五省涉藏地区交往交流，推进区域开放向更深层次迈进。加大招商引资力度，充分利用“青洽会”“津洽会”及特色产业推介会等平台，扩大同仁“朋友圈”，开展精准招商，做好“无中生有、有中生新”的文章，积极跟进服务“青洽会”等招商引资活动签约项目落地，努力打造经济增长新动能。强化对口援建地区的交流合作，积极争取对口援建项目和教育、医疗等方面援助，开创对口援建升级加力新局面。

（八）坚定不移保障改善民生，共享高质量发展新成果。坚持以人民为中心的发展思想，加强普惠性、基础性、兜底性民生建设，确保基本民生投入只增不减，让百姓生活更有品质、更有温度、更有尊严。推动教育资源更加普惠。全面完成教育布局调整工作，巩固深化学前教育“村办公助”模式，全力打造年都乎乡学前教育示范点，推动学前教育全面提升。深入推进优质教育均衡发展，统筹解决好师资短缺、结构不合理等问题。稳步推进统编“三科”教材的统一使用，全面落实15年资助教育、义务教育“两免一补”、贫困家庭学生资助等教育惠民政策，推动城乡义务教育一体化发展。持续巩固控辍保学成果，确保义务教育阶段巩固率达到95.5%以上。推动健康服务更加优质。加快完善医疗卫生基础设施，广泛开展爱国卫生运动，着力保障妇女儿童健康，不断提高群众健康水平。纵深推进医药卫生体制改革，推动医共体和医联体建设扩面提质。进一步完善慢性病管理、重大传染病和急救体系建设，推进地方病专项防治攻坚行动，全面提升有效应对重大传染病和地方病的能力水平。全力做好常态化疫情防控工作，抓实抓细春节期间的疫情防控，有序推进疫苗预防接种，坚决守住“零输入、零感染”底线。推动就业创业更加充分。把稳就业摆在突出位置，全面落实就业创业各项扶持政策，突出重点群体就业工作，开展困难人员就业援助，确保零就业家庭动态清零。实施职业技能提升三年行动，大力发展富民乡村产业和劳务经济，以更加充分、更高质量的就业促进收入稳定增长。健全农民工工资支付保障机制，根治拖欠农民工工资问题，保障农民工合法权益。推动社会保障更加完善。深入实施全民参保计划，持续落实社保减负政策，推进社保提标扩面工作，规范发展第三支柱养老保险，探索开通门诊异地就医直接结算业务。健全“三级”退役军人服务体系，推动退役军人服务保障制度化常态化。加快殡仪馆建设，统筹推进社会救助、社会福利和慈善事业，加强农牧区留守儿童和妇女、老人关爱服务体系建设，积极发展居家养老、社区养老等多样化服务，着力解决好“一老一少”保障问题。全面落实粮食安全和“菜篮子”市长负责制，认真落实价格补贴政策，确保老百姓的“米袋子”“菜篮子”货足价稳，不断提高人民群众获得感和幸福感。

（九）坚定不移加强社会治理，构建高质量发展新格局。紧紧围绕创建涉藏社会治理示范区，稳步推进平安与振兴工程，全面加快地方治理制度创新和治理能力建设，巩固提升“一核三治”涉藏社会治理模式。启动实施“八五”普法，强化法治同仁建设，增强全民法治意识。深化“枫桥经验”同仁化实践，有效排查化解矛盾纠纷，推动扫黑除恶专项斗争常态化。依法加强民族宗教事务管理，扎实开展寺院法治宣传教育，推广实施寺院敬老院和智慧消防项目，积极推进“绿色寺院”创建工作。扎实开展全国民族团结进步先进市创建工作，纵深推进“十一进”活动，全方面开展“民族团结进步+”深度融合发展行动，始终在各族群众中铸牢“中华民族共同体意识”，确保成功创建全国民族团结进步示范市。全力防范化解风险，加强政府债务规模预算和限额管理，逐步化解隐性债务存量。压紧压实安全责任，深入推进安全生产专项整治三年行动，强化安全隐患排查治理，突出抓好道路交通、食品药品、建筑施工、非煤矿山和危险化学品等重点领域安全监管，坚决遏制重特大安全事故发生，积极构筑防灾减灾救灾人民防线，持续巩固安全生产稳定向好态势。

同志们，路虽远行则将至，事虽难做则必成。让我们高举习近平新时代中国特色社会主义思想伟大旗帜，在市委的坚强领导下，提振精气神、锤炼硬作风、干出加速度，只争朝夕、不负韶华，为全面建设社会主义现代化、奋力谱写新时代同仁高质量发展新篇章而不懈奋斗！

同仁市人民代表大会常务委员会工作报告

——在同仁市第一届人民代表大会第一次会议上

薛吉明

（2021 年 3 月 16 日）

各位代表：

我受市人大常委会委托，向大会报告工作，请予审议。并请市政协委员和列席会议的同志提出意见。

2020 年主要工作

2020 年是极不平凡、极不容易的一年，这一年我们众志成城，抗击新冠疫情；这一年我们奋力拼搏，“十三五”规划胜利收官；这一年我们感恩奋进，决胜全面建成小康社会。一年来，在市委的坚强领导和州人大常委会的精心指导下，常委会坚持以习近平新时代中国特色社会主义思想为统领，深入学习贯彻中共十九大和十九届历次全会精神，认真践行习近平总书记关于坚持和完善人民代表大会制度的重要思想，坚持党的领导、人民当家作主、依法治国有机统一，聚焦发展出智出力，聚心民生重实重行，聚力法治担当担责，圆满地完成了县十六届人大六次会议确定的各项目标任务，为促进全市经济社会发展和民主法治建设作出了积极的贡献。

一、坚持党的领导，在贯彻决策部署、落实中心工作上展现对党忠诚的政治担当

一年来，我们始终牢记人大及其常委会是党领导下的重要政治机关，旗帜鲜明讲政治，确保人大工作始终沿着正确方向前行。

（一）坚定贯彻市委部署的政治自觉。坚持把学习习近平新时代中国特色社会主义思想作为首要政治任务，列为党组会、主任会第一议题，系统学习《习近平谈治国理政》第三卷，全面学习中央和省州市委重要会议、文件精神，强化政治统领，提高政治站位，着力推动“四个意识”“四个自信”“两个维护”等政治要求具体化、实践化。深入贯彻落实省州委人大工作会议精神及市委关于《同仁市贯彻落实省州委人大工作会议精神的重点工作任务清单》，坚持把党的领导贯穿于人大工作各方面、全过程，保证人大工作始终与市委同向发力、同轴运转、同频共振。

（二）坚定执行市委决策的行动自觉。坚持市委决策部署到哪里，人大工作就跟进到哪里，坚决做到市委重要会议及时学习、重大决策坚决落实，人大重大问题及时请示、重要事项及时报告。经市委安排，常委会紧扣乡村振兴战略、新冠疫情防控、机构编制改革、村“两委”一肩挑、学前教育“村办公助”模式、村集体经济、教育布局调整、“三科”教材实施、多哇镇创建涉藏社会治理示范镇、城北新区建设等事关全市经济社会发展和人民群众切身利益的大事、要事，深入调查研究，广泛听取民意，查找问题症结，提出思路对策，推动人大在促进中心工作中取得实效。

（三）坚定落实市委意图的法治自觉。常委会认真领会和把握党委人事安排意图，确保党组织推荐的人选通过法定程序成为国家机关工作人员。一年来，依法任免国家机关工作人员 34 人次，接受 11 人辞去人大代表、常委会委员等相关职务，补选同仁市出席州十五届人大代表 5 名，顺利实现了州委、市委的人事安排意图。认真贯彻落实中央和省州市委重大改革决策部署，修订完善同仁市人大常委会任免国家机关工作人员办法、施行国家工作人员宪法宣誓办法，并在同仁撤县

设市后，依法任命73名“一府一委两院”工作人员，举行宪法宣誓仪式，加强宪法实施。认真开展人大任命的国家机关工作人员履职评议工作，增强国家机关工作人员的人民意识、责任意识和人大意识。

二、坚持服务大局，在推动经济发展、维护民利民益上扛起依法监督的责任担当

一年来，我们始终牢记人大监督是党和国家监督体系的重要组成部分，不断拓展监督范围、持续加大监督力度、逐步增强监督刚性。共召开常委会会议7次，听取和审议专项工作报告17个，提出审议意见60余条，依法作出决议决定14项，开展执法检查4次，专题调研8次，配合省、州人大开展调研视察6次。

（一）聚焦经济高质量发展开展监督。常委会以推动解决经济发展全局性问题为抓手，依次听取和审议全市“十三五”规划执行情况及“十四五”规划编制进展情况、2020年元至9月份国民经济和社会发展计划执行情况、2020年上半年财政预算执行情况、2019年度市级财政决算（草案）、2018年审计查出问题整改情况和2019年度市级财政预算执行及其他财政收支情况的审计工作报告、2019年地方金融企业国有资产管理情况等报告，加强了对财政全口径、全领域、全过程审查监督。听取和审议2020年预算调整方案、2020年特殊转移支付资金使用分配方案、2020年新增地方政府债券、地方政府债务限额、2020年抗疫特别国债资金、动用预算稳定调节基金、新增转移支付资金等议案，努力看好了人民的“钱袋子”、守好了人民的“家底子”。

（二）聚焦生态高颜值治理开展监督。常委会牢固树立“绿水青山就是金山银山”的理念，调研全市2020年度环境状况和环境目标完成情况，始终保持深入践行习近平生态文明思想的战略定力。执法检查《土壤污染防治法》实施情况，助力消除土壤污染隐患。各乡镇人大在乡镇人代会上专项听取生态环境保护工作，力推乡村生态改善为现代化治理提供范本。视察喜马拉雅市场综合整治情况及隆务河水生态和景观带建设工程等，全面提升城镇居民生活品质和市容市貌，回应群众对美好生活的期盼，以法治力量打造“山水黄南”、建设“美丽同仁”。

（三）聚焦人民高品质生活开展监督。常委会立足做好“六稳”工作、落实“六保”任务，寓支持于监督之中，为民生保驾护航。专题调研农村“四好公路”建设及“路长制”落实、有机畜牧业发展中畜牧兽医技术人员作用发挥、热贡文化传承保护等工作。执法检查《中华人民共和国食品安全法》《科学技术普及法》《就业促进法》等法律条文实施情况。专题审议脱贫攻坚后续巩固、“拉格日”模式推广、文化旅游融合发展、自来水公司改制等报告，并提出具有针对性、建设性的意见建议，有效推动民生改善。审议通过《同仁县撤县设市有关事项的决定》，在同仁从“县”到“市”的华丽转身中，发挥作用，彰显作为。

（四）聚焦社会高效能治理开展监督。深入调研户籍管理、法律进宗教活动场所、律师队伍建设和公共法律服务等工作，逐步完善地方治理体系，推进治理能力现代化。听取审议扫黑除恶专项斗争报告，确保依法、精准、有力惩处黑恶势力，推动专项斗争取得全面胜利。扎实做好人大信访工作，全年信访案件办结率为100%，切实畅通群众诉求表达、利益协调、权益保障通道。持续完善监督体系，推动监督链条向问题整改延伸，真正做到参谋有道、监督有方、推进有力。

三、坚持代表主体，在规范代表履职、强化建议办理上践行履职为民的使命担当

一年来，我们始终牢记尊重代表主体地位就是尊重人民主体地位，全力支持保障代表依法履职。

（一）优化保障体系。常委会以强化制度保障、队伍保障、经费保障为抓手，倾力打造代表履职平台，实现市、乡（镇）、村（社区）级代表履职阵地规范化建设、精细化管理、常态化运用，为代表接待选民、服务群众搭建“连心桥”。加强选民监督，组织五级人大代表开展述职活动，实现述职全覆盖，进一步督促代表想履职、能履职、会履职、善履职、履好职。与海东市、尖扎县开展“乡镇人大建设年”分片区

交流活动，全市各乡镇之间也开展交流活动，学习互补谋共进、促提升。果洛州玛沁县人大观摩团到同仁考察交流人大和文旅融合工作，学习借鉴同仁先进经验做法。省人大常委会副主任张光荣一行在同仁视察时指出：同仁人大工作政治站位高、发挥职能足、探索意识强，人大先进做法在全省人大层面值得交流推介。州人大常委会在同仁调研乡镇人大工作时，对同仁人大系统结合实际守正创新，健全完善制度，加强队伍建设，强化经费保障等方面给予了高度评价和充分肯定。在全省人大分片区交流活动总结暨“两室”建设工作推进会上，对同仁市乡镇人大建设工作的经验做法得到了良好评价。

（二）强化履职效能。常委会扩大代表对常委会及“一府一委两院”工作的参与度，联合市政协，组织人大代表、政协委员对全市教育、文化旅游、财政审计、法检两院等重点工作，市体育馆群团一体化建设、城北新区建设等重点建设项目实施情况等开展联合视察，把代表最想看，群众最关注的热难点问题列入视察内容，切实引导代表察民情、解民意、汇民智，为经济社会发展建言献策。在疫情防控工作中，全市各级人大代表积极响应常委会号召，投身抗疫一线，共同汇聚起“尘埃之微，补益山海；萤烛之光，增辉日月”的感人力量抗击疫情，并踊跃捐款捐物共计6万多元，生动诠释了人大代表的内涵和本色。常委会牢固树立全市各级代表“一盘棋”思想，督导各乡镇人大创新开展代表工作，各乡镇因地制宜，结合实际，以亮点纷呈的履职不断提升全市人大工作整体质效。

（三）深化建议督办。常委会把办好议案建议作为激发代表履职热情、彰显代表主体作用的抓手，召开代表建议意见交办会将代表建议意见交办至市政府，市政府召开政府常务会议研究决定后交办至各承办部门，通过人大、政府两次交办，形成人大、政府两级督办，切实做到代表建议意见事事有回音、件件有着落。截至目前，在县十六届人大六次会议上代表们提出的70件意见建议中，已办结的有45件，占64%；正在解决或列入规划逐步解决的有21件，占30%；因目前条件所限或政策不允许暂时难以解决的有4件，占5.7%，较去年降低2.3个百分点，所有建议交办率为100%，答复率为100%，收到了很好效果。在去年州委人大工作会议上，常委会对人大代表作用发挥情况进行交流发言，分享同仁人大代表工作经验做法，得到州委、州人大的肯定和全州各县人大的认可。

四、坚持固本强基，在加强自身建设、提升履职能力上凝聚奋发有为的时代担当

一年来，我们始终牢记自身建设是做好新时代人大工作的根本保证，坚持从严从实要求，不断提高依法履职的能力和水平。

（一）坚定不移加强政治建设。充分发挥常委会党组在人大工作中把方向、谋大局、保落实的作用，完善党组工作机制，坚持重要问题、重大事项由常委会党组集体研究决定，以政治建设统领人大各项工作。认真召开民主生活会、全体党员大会、组织生活会，坚持党组成员参加双重组织生活会制度，使党内生活规范化、制度化、经常化。认真落实党建、意识形态、廉政建设工作责任制，保持常委会正确政治导向。

（二）久久为功优化工作作风。常委会深刻汲取木里矿区非法采矿教训，坚决纠治在贯彻落实习近平总书记重要指示批示和党中央以及省州市委重大决策部署中的不严不实等问题，围绕8个“聚焦”，深入开展10次集中学习及“五个一”活动，坚定不移推进全面从严治党，坚持不懈推进作风建设。同时，机关干部认真“照镜子”，坚持边学边查、边学边纠、边学边改，党组班子共查摆出10项重点纠治问题，班子成员查摆出47项重点纠治问题，目前已解决班子及成员的46件问题，努力打造为民务实清廉的人大机关。

（三）与时俱进提高自身建设。注重加强干部队伍建设，多层次、立体化开展学习培训，先后组织选派常委会组成人员、人大干部14人次，分别参加福建厦门、河南郑州、天津、西宁等地组织举办的培训，进一步提升人大代表和人大干部的政治素质和

履职能力。调训各乡镇人大专干在常委会办公室交流锻炼，以“现场教学”、实践历练提升专干专业知识、专业能力、专业精神，持续加强“乡镇人大建设年”队伍建设工作。统筹规划官方网站和新媒体建设，编发《同仁人大》撤县设市增刊，为反映情况、交流工作、代表履职搭建平台。助力全面打赢脱贫攻坚，在联点乡、村深入宣传党的扶贫政策，认真开展调研走访，及时发现各类问题，以过硬的作风啃下脱贫攻坚“硬骨头”。在全市脱贫攻坚工作表彰大会上，取得“市级定点扶贫先进单位”和“优秀第一书记”两项荣誉称号。

各位代表，一木难为林，众志方成城。常委会工作的发展和进步，得益于市委的坚强领导，饱含着常委会组成人员和全体人大代表、人大工作者的辛勤付出，离不开“一府一委两院”的积极配合，源自于全市人民以及社会各方面的理解支持。在此，我谨代表市人大常委会向大家表示崇高的敬意和衷心的感谢！

在肯定成绩的同时，我们清醒地认识到，常委会的工作与市委的要求相比，同人大代表和人民群众的期盼相比，还存在一些差距和不足。如监督工作实效有待进一步增强，深入基层调研、回应社会关切尚有不足，人大机关工作效率还有待提升等等。我们将高度重视这些问题，虚心听取代表和各方面的意见建议，不断加强和改进各项工作。

2021 年主要任务

各位代表，2021 年是中国共产党成立 100 周年，是“十四五”规划和开启全面建设社会主义现代化国家新征程的开局之年。市人大常委会要坚持以习近平新时代中国特色社会主义思想为统领，认真学习贯彻习近平法治思想、习近平总书记关于坚持和完善人民代表大会制度的重要思想，全面贯彻落实中共十九大和十九届二中、三中、四中、五中全会和省委十三届、州委十二届、市委一届历次全会精神，增强“四个意识”，坚定“四个自信”，做到“两个维护”。坚持党的领导、人民当家作主、依法治国的有机统一。立足新发展阶段，贯彻新发展理念，构建新发展格局，深入贯彻落实省州委人大工作会议精神，围绕省委“一优两高”和州委全面建设“山水黄南”、高质量推进“三区建设”战略部署、打造共同富裕的黄南样板，奋力开创“平安同仁、和谐同仁、文化同仁、美丽同仁、幸福同仁”新局面，为统筹推进疫情防控、乡村振兴和经济社会高质量发展，确保“十四五”开好局起好步提供有力法治保障，以优异成绩庆祝建党 100 周年。

根据这一总体要求，常委会将重点抓好以下工作：

（一）突出政治引领，始终坚持坚定不移讲政治、顾大局。坚持以学习贯彻习近平新时代中国特色社会主义思想为主题主线，扎实开展党史学习教育，认真学习贯彻习近平总书记在党史学习教育动员大会上的重要讲话精神，深入学习党史、新中国史、改革开放史、社会主义发展史，自觉用党的创新理论武装头脑、引领方向、指导实践、推动工作。发挥好常委会党组作用，切实提高政治判断力、政治领悟力、政治执行力，不断增强“四个意识”，坚定“四个自信”，做到“两个维护”。严格执行向市委请示报告制度，把人大各项工作始终置于党的领导之下。把学习贯彻习近平总书记关于坚持和完善人民代表大会制度的重要思想列入党组会、主任会、常委会首要议题，努力把学习成果转化为做好新时代人大工作的政治定力、担当精神、思路举措。认真贯彻省十三届人大六次、州十五届人大七次会议精神及省州委人大工作会议精神，努力推动全市人大工作开创新局面、取得新进展。

（二）突出中心大局，始终坚持坚决有力重监督、求实效。常委会切实担负起推动经济社会发展和民主法治建设的责任。执法检查固体废物污染环境防治法、未成年人保护法、传染病防治法等法律法规贯彻实施情况。专题调研全市医保基金运行管理、审计结果执行、教育三项经费增长、突发公共卫生事件应急管理、依法整治漠视侵害群众利益问题、适用认罪认罚从宽制度等工作。听取审议全市国有自然资源资产管理情况、国有资产管理情况、2021年度环境状况和环境目标完成情况的报告。深化经济工作和预决算审查监督，促进经济高质量发展。坚持党管干部原则与人大依法任免有机统一，完善并严格执行人事任免程序，确保圆满实现党委人事安排意图。认真贯彻讨论决定重大事项制度，及时把党委的决策主张转化为地方国家权力机关的决议决定。适时作出关于开展第八个五年法治宣传教育的决议。加强决定和任命后的跟进监督，开展人大任命的国家机关工作人员履职评议考核。进一步加强备案审查制度和能力建设，全力做好备案审查工作。

（三）突出代表主体，始终坚持全力以赴抓培训、优服务。支持和保障代表依法行使职权，不断深化“三联系”制度，强化代表对常委会工作的参与。突出强化指导乡镇人大工作，扎实推进村（社区）代表联络工作站的建设，让“家站常用、实事常办、代表常在、百姓常来”成为代表工作站的新常态。开展代表履职培训和集中视察活动，充分调动和发挥代表作用。持续推动“两个办法”落实，加强代表履职监督。认真落实提高代表建议提出和办理质量的意见，进一步完善和规范办理工作程序，强化建议办理和督办力度，不断提高代表建议工作质量。

（四）突出换届纪律，始终坚持科学组织严把关、保圆满。高度重视市乡（镇）两级人大换届选举，坚持党的领导。按照市委统一部署，认真组织实施，确保换届选举不折不扣贯彻市委意图、体现人民意志，保证换届选举工作沿着正确政治方向前进。保证选举质量。依法组织好代表选举，充分发扬民主，严格依法办事，从严把好代表政治关、廉洁关、法律关、程序关，力争选出政治素质好、群众公信度高、履职能力强的新一届人大代表。严格落实责任。按照换届时间节点和工作进度，统筹安排，精心组织，认真细致地做好每一个环节的工作，确保换届工作规范有序。严肃换届纪律。坚持教育在先、警示在先、预防在先，筑牢思想防线，严守廉洁底线，用铁的纪律维护换届选举工作严肃性，确保换届选举风清气正。

（五）突出自身建设，始终坚持持之以恒强素质、提能力。坚持把党的政治建设摆在首位，认真履行党风廉政建设主体责任，贯彻落实中央八项规定及实施细则精神和省州市委实施意见，巩固和深化作风突出问题集中整治成果，持之以恒纠正“四风”。严格执行“三会一课”、民主生活会和组织生活会、领导干部双重组织生活等制度，不断提高思想政治素质和履职保障能力。深入贯彻落实省人大关于《加强和改进新时代人大机关建设的意见》，以深化拓展“四个机关”为抓手，着力加强“书香支部”“智慧人大”建设，打造“旗帜鲜明讲政治、依法履职勇担当、群众利益我代言”人大机关政治文化品牌。突出强化指导乡镇人大工作，全面构建市乡人大上下联动、纵向协调、整体发力的新格局。

各位代表，新目标赋予新使命、新征程呼唤新作为。让我们紧密团结在以习近平总书记为核心的党中央周围，在市委的坚强领导下，开启新征程，推动新实践，在奋斗中释放激情，在奋进中展示作为，为奋力开启同仁全面建设社会主义现代化新征程作出更大贡献，以优异成绩庆祝建党100周年！

同仁市第一届人民代表大会政府工作报告

——在同仁市第一届人民代表大会第一次会议上

罗富贵

（2021年3月15日）

各位代表：

现在，我代表市人民政府向大会报告工作，请予审议，并请各位政协委员和列席会议的同志提出意见。

一、2020年和“十三五”工作回顾

2020年，是极不平凡的一年。面对严峻复杂的国内外形势，特别是新冠肺炎疫情的严重冲击，我们坚持以习近平新时代中国特色社会主义思想为指导，认真贯彻落实中共十九大和十九届二中、三中、四中、五中全会精神，坚持稳中求进工作总基调，全面贯彻新发展理念，统筹推进疫情防控和经济社会发展，扎实做好“六稳”工作，全面落实“六保”任务，圆满完成了全年各项目标任务，全市经济社会呈现高质量发展的良好态势，交出了一份全面好于预期、十分来之不易的答卷。

过去的一年，特别令人鼓舞的是，在省、州党委政府的坚强领导下，经过市委市政府历届班子的团结拼搏，全市干部群众的不懈奋斗，撤县设市如期实现，实现了由“县”到“市”的新跨越，同仁进入新时代、承载新使命、开启新征程、培育新动能的新起点，开启了同仁发展的新纪元。特别令人提气的是，在经济下行压力持续加大的背景下，我们紧紧扭住“六稳”“六保”不放松，主要经济指标实现企稳回升、逆势上扬。实现地区生产总值38.95亿元，同比增长5.9%；完成固定资产投资22.11亿元，同比增长12.6%；农林牧业总产值8.24亿元，同比增长11.98%；社会消费品零售总额9.41亿元，同比增长1%；全体居民人均可支配收入20272元，同比增长7.2%；实现地方一般公共预算收入1.13亿元，同比增长50.95%，突破亿元大关。特别令人振奋的是，全面完成年度扶贫各项任务，全市现行标准下的贫困人口全部脱贫，脱贫攻坚取得决定性胜利。持续深化“九大脱贫后续巩固行动”，细化“补针点睛”专项行动，返贫监测预警和精准防贫保机制有效运行，脱贫攻坚成果全面巩固提升。先后接受贫困市退出专项评估检查、第三方评估国家抽检、脱贫攻坚普查和脱贫攻坚成效省际间交叉考核等多轮国考省考，得到了充分肯定和高度评价。我市被省委省政府授予“青海省脱贫攻坚先进集体”。多哇镇政府被党中央国务院授予“全国脱贫攻坚先进集体”。特别令人难忘的是，面对突如其来、百年不遇的严重疫情，我们坚定扛起防控重大政治责任，迅速建立高效有序、行动有力的指挥体系，各级组织各条战线闻令而动、听令而行，坚决筑牢联防联控、群防群控的坚固防线，用大爱和奉献换得同仁安康。以非常之策恢复经济运行、以非常之力保障基本民生，率先在全州实现复工复产复商复市复课，统筹疫情防控和社会经济发展取得了阶段性成果。在这场大战大考中，全市上下众志成城、共克时艰，在同仁大地奏响了一曲科学战疫、硬核担当的英雄赞歌！

这一年，我们抓防治重保护，发展底色更加靓丽。坚持把生态建设作为同仁发展的最大潜力、最大价值和最大责任，扎实做好治山理水、显山露水文章，牢固构筑生态安全屏障。国土空间规划编制工作加快推进，全面完成生态保护红线评估调整和自然保护地整合优化工作，生态边界更

加清晰。全力实施水、大气、土壤污染防治行动计划，坚决打好污染防治攻坚战，积极实施山水林田湖草生态保护修复综合治理项目，持续开展矿山生态修复治理和农牧区环境综合整治。坚决打好蓝天保卫战，全面整治城镇及施工扬尘，扎实开展燃煤小锅炉整治工作，空气质量优良天数比例达到97.8%，PM2.5平均浓度同比下降13.6%；隆务河水质达到Ⅱ类水质标准，集中式饮用水水源地达标率100%，城镇污水和垃圾无害化处理率分别达到88%、95%。深入推进“河湖长制”，构建“互联网+河道监管”体系，对重点河段敏感水域实时动态监管，扎实开展河湖“清四乱”行动，全面改善水生态环境。违建别墅清查工作全面完成，打造省级生态文明建设示范村1个。

这一年，我们抓特色优结构，发展步伐更加坚实。坚决落实“三区建设”战略部署，全面实施绿色产业战略，注重特色优势产业培育，扩大特色农作物种植面积，全年完成农作物种植11.08万亩，种植中药材1万亩、马铃薯1万亩、黄果梨0.2万亩。全面启动化肥农药减量增效行动，推广有机肥替代化肥8.3万亩，农牧业保险实现全覆盖。主动融入全省全域绿色有机农畜产品示范州创建工作，在全市16个纯牧业村全面推广“拉格日”模式，培育壮大以股份制为核心的合作经济组织，推行“三品一标”认证，在认定“同仁黄果梨”地标农产品的基础上，“同仁豌豆”等4项农产品荣获“国字号”地理标志称号。全力推进文化旅游融合发展示范区建设，加快推进全域旅游，建成东干木旅游示范村和自驾车营地等文旅建设项目，完成8个村六月会基础设施建设，文化旅游配套服务设施日益完善。强力推动“唐卡区块链”项目建设，加快唐卡质量信息追溯体系建设。成功举办首届民俗文化旅游节等系列活动，同仁的知名度和美誉度不断提升。

这一年，我们抓项目扩投资，发展基础更加稳固。坚持把项目投资作为打基础、增后劲、补短板的有力抓手，全面落实项目开复工支持政策，深入推进“审批破冰”工程，严格落实重大项目县级领导联系制度、项目集中开复工制度，全市项目投资呈现强劲势头。全年共实施新续建项目169项，总投资71.18亿元，其中，续建项目87项，总投资35.54亿元；新建项目82项，总投资35.64亿元。郭么日大桥、城北新区综合管廊（二期）等重大项目前期全面完成，扎毛水库灌渠、天然气利用工程、唐卡艺术小镇、文化广场海绵城市工程、绿色产业园区基础设施等重大项目全力实施。加大项目谋划储备和争取落实力度，主动跟进国家投资导向，围绕“两新一重”、生态建设、新兴产业和公共服务等领域，精心谋划储备“十四五”时期重点项目628项，形成项目滚动接续、梯次推进的良好局面。

这一年，我们抓改革增活力，发展动能更加强劲。紧紧抓住新一轮改革开放战略机遇期，大力培育竞相迸发的创新创业活力。“放管服”改革全面深化，建立政府权责清单动态调整机制，集中开展“减证便民”行动，清理取消各类证明事项102项。深入推进“多证合一”“二证合一”登记制度改革，发放“多证合一”企业营业执照113份，“二证合一”个体工商户营业执照1125份。加快推行“互联网+政务服务”，全面梳理公布群众和企业到政府“网上办”事项734项、通办事项15项、高频事项100项，推动审批服务事项“网上办”“掌上办”和线下办事“只进一扇门”“最多跑一次”。农牧民集体产权制度改革和“三权分置”改革加快推进，农牧区集体产权制度改革通过省级验收。扎实推进供销社综合改革，建成村级综合服务中心36个。深入开展市场主体发展促进年活动，减免税费2367万元，全市新增各类市场主体1016户。招商引资工作取得新进展，充分利用“青洽会”等平台，签约招商引资项目7个，签约金额27.9亿元，招商引资到位资金8.7亿元。招商引进的隆务水岸和香格里拉房地产综合开发一期项目完成投资6.8亿元，为同仁发展注入强劲动力。

这一年，我们抓民生增福祉，发展成果更加普惠。坚持以人民为中心的发展思想，用心用情用力办好民生实事，让群众感觉到

"心里有温暖、生活有奔头"。教育发展有广度。投资8303.75万元，实施"三区三州"脱贫攻坚教育等18项建设项目，全力改善教育教学条件。加快推进教育布局优化调整，撤并学校32所。在17所幼儿园推广实施"村办公助"办学模式，学前教育"村办公助"模式得到了省上肯定。稳步推进统编"三科"教材工作，全市53所中小学完成"三科"教材推广使用。全面落实15年资助教育和大中专生资助政策，发放贫困生和寄宿生生活补助1301.16万元，营养餐补助681.84万元。常态化推进"控辍保学"，全市中小学入学率分别为99%、100%。健康同仁有深度。深入实施健康同仁2030行动计划，完成同仁市中医院医技楼和疾控中心建设项目，核酸实验室建成投用，分级诊疗、远程会诊、一站式结算取得实质性成效。全市乡镇中医、藏医馆建设实现全覆盖。重点人群家庭医生签约率达100%。贫困人口就医"一站式"结算覆盖率达100%。社会保障有热度。社保提标扩面减负任务全面完成，社会救助等政策全面落实，城乡低保标准月人均提高到648元和400元，全年发放城乡低保金8811.5万元，临时救助金2276万元。就业创业有力度。落实就业增收战略，切实抓好就业、创业培训和服务，实现城镇新增就业460人，组织引导农村劳动力转移就业9500人次，实现劳务收入5975.79万元。

这一年，我们抓治理保稳定，发展环境更加优化。坚持以创建涉藏社会治理示范区为目标，全面推进"一核三治"社会治理模式，提升平安同仁建设水平。依法治理深入推进，"七五"普法顺利通过省级终期考核验收。纵深推进扫黑除恶专项斗争，扎实开展"六清行动"，率先完成"六清"目标，人民群众的安全感不断增强。社会管理持续深化，坚持和发展新时代"枫桥经验"，全面推进涉藏社会治理示范区创建工作，集中打造兰采乡等4个示范点，深入推进"综治中心+雪亮工程+网格化服务管理"一体化建设，构建共建共治共享的社会治理格局。建立矛盾纠纷"三区"动态管理模式，全年排查调处各类矛盾纠纷438起，化解率达100%。民族团结创建深化，扎实开展全国民族团结进步示范市创建，重点打造隆务镇等示范点20个，组织开展各类民族团结进步宣传活动，营造各民族交往交流交融的浓厚氛围。

二、2021年重点工作任务

今年是中国共产党建党100周年，是我国现代化建设进程中具有特殊重要性的一年。做好今年工作，具有特殊重要意义。我们必须拿出"开局就是决战、起步就是冲刺"的斗志，紧扣高质量发展主题，牢牢把握新发展阶段，推动构建新发展格局迈好第一步、见到新气象。

根据新的形势和任务，今年全市经济工作的总体要求是：以习近平新时代中国特色社会主义思想为指导，全面贯彻中共十九大和十九届二中、三中、四中、五中全会及中央经济工作会议、中央农村工作会议和省委十三届九次全会、州委十二届十一次全会、市委一届二次全会精神，深入落实"四个扎扎实实"重大要求，奋力推进"一优两高"战略，坚持稳中求进工作总基调，立足新发展阶段，贯彻新发展理念，积极融入新发展格局，以推动高质量发展为主题，以深化供给侧结构性改革为主线，巩固拓展疫情防控和经济社会发展成果，扎实做好"六稳"工作，全面落实"六保"任务，全力推进乡村振兴，不断满足人民群众日益增长的高品质生活需要，对标"六富"要求，全面建设"山水黄南"，高质量推进"三区建设"，着力打造共同富裕的黄南样板，在新起点上奋力开创"平安同仁、和谐同仁、文化同仁、美丽同仁、幸福同仁"新局面，确保"十四五"开好局，以优异成绩向建党100周年献礼。

今年全市经济社会发展主要预期目标为：一是经济增长目标。地区生产总值力争增长6%以上。其中，第一产业增加值增长4.6%，第二产业增加值增长6.9%，第三产业增加值增长7%。二是发展支撑指标。地方公共财政预算收入增长5%，固定资产投资增长6.5%，社会消费品零售总额增长7%，文化产业收入增长8%，旅游总收入增长10%。粮食总产量稳定在1.6万吨以上。三是民生保障指标。全体居民人均可支配收入增长6.5%，城镇新增就业400人以上，农牧区劳动力转移就业9000人次以上，城镇调查失业率、登记失业率和居民消费价格涨幅控制在省定指标以内。四是生态环保指标。全市空气质量优良天数比例达到90%以上，集中式饮用水水源地水质优良率100%，PM2.5、PM10平均浓度持续下降，城镇污水和生活垃圾无害化处理率持续提升，节能减排指标控制在省定目标以内。

实现上述预期目标，我们必须在毫不放松抓好常态化疫情防控的前提下，着力抓好以下九个方面工作：

（一）坚定不移生态优先、绿色发展，绘制高质量发展新画卷。坚定践行“两山”理论，持之以恒推进生态文明建设，在提升绿水青山“颜值”中做大金山银山“价值”，用生态底色彰显发展成色。

全力守护青山净土。加快推动“三线一单”成果落地应用，深化生态环境损害赔偿制度和综合行政执法改革，让保护生态得到合理回报，让破坏环境付出沉重代价。深入推进国土绿化巩固提升三年行动，全面推广“林草长制”，抓好111.93万亩天然林管护工作，完成国土绿化14.3万亩，人工造林1.87万亩，林草有害生物防控65万亩，建设隆务东西山、南当山百万亩生态绿色长廊。持续推进乡村绿化，打造一批“森林城镇”和“森林乡村”。

强力保护蓝天白云。积极融入国家公园示范省建设，统筹抓好山水林田湖草综合治理，扎实开展碳达峰行动，全面完成10蒸吨以下燃煤锅炉淘汰任务，实施清洁能源替代工程，开展扬尘综合整治行动，推动空气质量持续改善。加强土壤污染管控和修复，抓好剩余废弃矿山恢复治理，推进重点行业企业监管、工业固体废物处置，切实保障土壤环境安全。

倾力呵护碧水清流。强化“源头责任”和“干流担当”，推进隆务河等重点流域的生态综合治理工程，抓好小流域水土流失综合治理，着力增强洁净水源涵养功能。落实最严格的水资源管控“三条红线”，实施城镇供水提质增效工程，加强饮用水源地保护。全面推进“河湖长制”规范化，持续开展河湖“清四乱”专项行动，确保“一江春水向东流”。深入开展城乡人居环境综合整治“洁净美”提升行动，抓好净河、净郊、净巷、净厕专项整治，真正让农牧区净起来、绿起来、美起来。持续推进生态文明创建活动，力争年内创建省级生态文明示范乡镇2个、示范村4个。

（二）坚定不移转型升级、做强实体，积蓄高质量发展新动能。坚持生态优先、绿色发展导向，培育壮大特色产业，加快构建具有同仁特色的现代经济体系。

做优特色农业。围绕绿色有机农畜产品示范州建设，开展绿色农业增效行动，推动化肥农药减量增效行动由“面”向“质”转变。持续扩大黄果梨，中药、藏药材，青稞，有机饲草料等特色农作物种植面积，高水平打造“药王谷”和青稞有机饲草料种植基地。着力推行“农业+观光”发展新模式，打造赛加滩、格拉滩黄果种植基地和羊智沟现代农业示范园。

做强生态畜牧业。扎实开展青南农区生态畜牧业园区建设，在一镇四乡16个纯牧业村深化“拉格日”模式，建立“农牧民+生态畜牧业合作社+企业”的利益链接机制，实行“保底收益+按股分红”的分配方式，走产出高效、绿色优质、生态环保的畜牧业发展道路。积极推进农畜产品可追溯体系建设，持续强化“三品一标”认证，提升农牧产业竞争优势和市场优势。全面推进牛羊肉屠宰加工业发展，不断延伸产业链，着力打造有机农畜产品生产供给基地。

做实新兴业态。培育生态经济，做强生态旅游、生态畜牧等产业，发展节能环保、清洁能源等产业，拓宽生态产品价值实现路径。加快发展园区经济，引导有机畜产品加工等产业向园区集中，新增一批规模以上企业、限上企业。着力发展数字经济，推动传统产业与区块链技术的深度融合。持续推进促消费活动，培育电商直播等商业新模式，完善现代物流体系，推动快递下乡进村、出村入城，让更多农牧民享受到新业态带来的各种便利，不再为买和卖发愁。

（三）坚定不移扩大增量、培育主体，擦亮高质量发展新名片。围绕全省文化旅游融合发展示范区和人文生态城市建设，打造亮丽文旅名片，让同仁成为人人向往的“诗和远方”。

加快特色文化发展，全力推进“唐卡区块链”建设，加快唐卡质量信息追溯体系建设，规范唐卡制作标准和市场销售行为，积极发展唐卡、堆绣、雕塑等特色文化产品，拉长服务产业链条，做大做强热贡文化产业，带动提升文创产品创意、设计、生产、销售产业链，让文化之魂融入旅游。加强文化遗产保护，组织科研单位、专家和艺人整理各类文化遗产和历史人物古迹，实施“互联网+非遗”，推动文化遗产和旅游真融合、深融合。

加速全域旅游发展，积极推进旅游公共基础设施、配套服务设施、市场营销、公共信息平台等项目建设，因地制宜发展文化体验、文化观光、休闲度假等乡村旅游新业态，重点打造“非遗文旅路线”，让群众吃“旅游饭”走“致富路”。启动热贡历史文化名城国家5A级景区创建工作，全力推进全域旅游和智慧旅游建设，着力打造同仁山水文化旅游城市。

加大旅游宣传营销，积极组织参加省内外品牌节会，继续办好热贡文化旅游节庆活动，打造一批乡村旅游示范点和文化旅游精品路线，丰富文化旅游产品供给，持续提升文化旅游热度。利用网站、微信等新媒体多渠道、多形式讲好同仁故事，策划排练特色鲜明、民族气息浓厚、内涵丰富、让人回味的舞台剧，打响擦亮热贡文化旅游节等活动品牌，让人们循着故事来、带着故事走。

（四）坚定不移扩大投资、稳定增长，强化高质量发展新支撑。坚持把项目建设作为发展的“生命线”，以项目促投资，以投资强建设，全力推进基础设施建设，切实增强经济高质量发展支撑。

高起点谋划项目。结合“十四五”规划实施，精准对接国家产业政策和投资导向，抢抓国家实施“两新一重”、加快黄河流域生态保护和高质量发展等历史机遇，深度谋划一批事关长远发展的大项目好项目，加大进“省”跑“厅”力度，争取更多的项目列入国家和省上的“大盘子”，确保中央和省级预算内投资保持连续增长。

高标准管理项目。继续落实县级领导联系重大项目责任制和重点项目协调督办工作机制，强化要素保障，加强重大项目建设前期工作力度，优化配置水电路等要素资源，力促重大项目早落地、早开工。强化过程监管，落实重大项目全过程监管机制，不断破解项目建设中的瓶颈问题，努力提升项目管理水平。

高效率建设项目。严格实行投资调度监测机制，坚持“旬分析、月调度、季通报”制度，逐项督开工、督进度、督支付、督投资，确保如期完成年度投资任务。加快推动张汶高速同仁段、隆务至循化街子公路、扎毛水库灌渠、浪加水库、同仁330千伏输变电工程、天然气入同、城北新区综合管廊（二期）等重大项目建设，开工建设郭么日大桥、文化广场海绵城市工程、省部共建高原美丽城镇和城区既有建筑风貌品质提升改造、隆务河水生态综合治理工程（二期）、石哈龙水库、城北新区防洪工程项目，全力做好西成铁路建设协调服务工作，进一步提高项目开工率，加快项目建设进度，稳定投资增长。

（五）坚定不移优化功能、打造品质，拓展高质量发展新空间。坚持以省部共建高原美丽城镇示范省建设试点工作为契机，统筹推进以人为核心的新型城镇化，提升城市品质内涵，打造黄河上游生态人文城市。

用心规划城市。高质量编制国土空间规划，构建以国土空间规划为纲领、各类专项详细规划为支撑的空间规划体系，引领和支撑经济社会可持续发展。统筹划定生态、农业、城镇三类空间和生态保护红线、永久基本农田、城镇开发边界三条控制线，合理布局城镇体系、产业发展、公共设施等各类空间要素。加强规划管控，持续保持“双违”整治的高压态势，严厉打击违法建设行为，做到“一个规划管到底”。

精心建设城市。全面启动省部共建高原美丽城镇示范省试点建设工作，启动11条街道、26个居民小区基础设施改造项目，实施老旧小区综合整治2102户，让旧城区焕发新生机。高标准推进城北新区建设，做到老城更优、新区更活。稳步推进隆务镇、年都乎乡和瓜什则乡等重点城镇区划调整，形成以城带乡、城乡融合新格局。加快编制保安镇高铁新区规划，扎实推进唐卡艺术小镇和瓜什则美丽乡镇建设，打造独具特色的中心集镇和特色小镇。完成27个传统村落、7个高原美丽乡村建设，继续实施农牧民居住条件改善工程，让各族群众住的更敞亮、更舒适！

细心管理城市。围绕建设精致城市，精心规划、精致建设、精细管理城市。创新城市治理机制，强力推进市容市貌、马路市场、交通秩序等整治工作，加快便民市场建设，规范提升小区物业服务，让城市运行更有序、环境更宜居。优先发展公共交通，加强城市停车场、充电设施和公共厕所建设。全力建设智慧城市，完善网格化管理，推进城市管理“一网统管”。强力推进“门前三包”责任制和“街长制”，加大综合执法力度，广泛开展各类志愿服务活动，用“绣花”功夫打造干净、整洁、有序的市容市貌，让同仁既有“颜值”，又有“品质”。

（六）坚定不移振兴乡村、融合发展，谱写高质量发展新篇章。坚持抓好脱贫成果巩固和乡村振兴，接续推进全面脱贫与乡村振兴有效衔接，奋力跑出农业农村现代化的加速度。

巩固拓展脱贫成果。严格落实“五年过渡期”和“四个不摘”要求，保持主要帮扶政策总体稳定。健全防止返贫动态监测和帮扶机制，推进扶贫、民政两项制度衔接，加强农牧区低收入人口常态化帮扶，持续加大产业帮扶力度，增强特色产业带动能力，稳固利益联结机制，确保脱贫攻坚成色更足、质量更高。扎实做好易地搬迁后续扶持，完善配套基础设施和公共服务，搞好社会管理，真正让搬迁群众稳得住、有就业、逐步能致富。

聚力推进富农兴村。深入实施藏粮于地、藏粮于技战略，采取“长牙齿”的硬措施，落实最严格的耕地保护制度，深入推进农村乱占耕地建房专项整治行动，坚决遏制耕地“非农化”、防止“非粮化”，新建高标准农田4800亩，努力实现稳产高产。开展农牧民合作社质量提升试点工作，推动产业布局更加合理。引导各类资金、人才、资源要素向乡村集聚，着力增强乡村发展内生动力，努力探索实现乡村振兴“同仁路径”。

实施乡村建设行动。科学编制乡村建设行动方案和村庄规划，合理优化村庄布局。健全城乡基础设施一体化规划、建设和管护机制，实施市乡道通行能力提升工程，推进“四好农村公路”建设。注重培育文明乡风，充分发挥“四德”工程的引领作用，大力推进移风易俗，建设邻里守望、诚信重礼、勤俭节约的文明乡村。深入推进乡村振兴试点示范，着力打造一批高质量乡村振兴典型示范亮点。注重保护传统村落和乡村特色风貌，不搞大拆大建，防止千村一面，让乡村望得见青山绿水，留得住田园乡愁。

（七）坚定不移深化改革、驱动创新，激发高质量发展新活力。坚持把改革开放作为发展的根本之策，实施开放新举措，打破瓶颈制约，为同仁发展注入新动力、增添新活力、开拓新空间。

全面优化营商环境。深入推进“放管服”改革，推进部门权力再“瘦身”，审批流程再优化，市场门槛再降低，以更好的营商环境培育更多的市场主体。加快推进“互联网+政务服务”建设，全面推行“一网通办”和“不见面审批”，深化投资“审批破冰”工程，全面落实项目投资并联审批和“容缺+承诺制”等改革措施，着力营造更优营商环境。加快推行“互联网+监管”，完善以信用为核心的新型监管机制。

发展壮大民营企业。放宽市场准入，促进公平竞争，鼓励引导有条件的民营企业加快建立现代企业制度。深入开展银企对接活动，建好小微企业信用融资服务平台，建立民营企业账款清欠长效机制，打好降税减负“组合拳”，着力构建亲清新型政商关系，依法保护各类市场主体权益，让民营企业放心投资、安心发展，让发展潜力充分释放，市场活力充分涌动。

深化重点领域改革。持续深化生态、司法、医药卫生三大“国字号”改革，推进财税金融改革，落实财政事权和支出责任划分改革措施，优化财政支出结构，从严控制和压减一般性支出和“三公经费”。继续深化农村宅基地“三权分置”制度改革，落实好第二轮土地承包到期后再延长30年的政策。做好自然资源确权登记工作，推进全民所有自然资源有偿使用制度改革。统筹推进集体林权、国家林场、供销社等领域改革，确保改有所进、改有所成。

扩大对外开放合作。主动融入“一带一路”合作交流和兰西城市群、泛共和盆地城市群建设，积极参与五省涉藏地区交往交流，推进区域开放向更深层次迈进。加大招商引资力度，充分利用“青洽会”“津洽会”及特色产业推介会等平台，扩大同仁“朋友圈”，开展精准招商，积极跟进服务“青洽会”等招商引资活动签约项目落地，努力打造经济增长新动能。强化对口援建地区交流，推动各领域务实合作，提升对口援建综合效应。

（八）坚定不移兴办实事、增进福祉，共享高质量发展新成果。坚持以人民为中心的发展思想，办好民生实事，优化公共服务，让全市人民的生活更有品质。

让教育质量强起来。推进新时代铸魂育人工程，落实立德树人根本任务。全面完成教育布局调整工作，全力打造年都乎乡学前教育示范点，推动学前教育全面提升。深入推进义务教育优质均衡发展，促进义务教育学校标准化建设，稳步推进统编“三科”教材的统一使用，全面落实15年资助教育等教育惠民政策，推动城乡义务教育一体化发展。持续巩固控辍保学成果，确保义务教育阶段巩固率达到96%以上。

让健康服务优起来。加快完善医疗卫生基础设施，广泛开展爱国卫生运动，规范医共体和健共体建设管理，发展“互联网+医疗服务”。完善异地就医备案和费用直接结算制度，优化药品耗材集中采购流程，多措并举减轻群众就医负担。毫不放松抓好新冠肺炎疫情常态化防控工作，完善疾病预防控制体系和平战结合的疫情防控救治体系，抓好疫苗预防接种，坚决筑牢“零输入、零感染”防线。

让就业收入提起来。把稳就业摆在突出位置，全面落实就业创业各项扶持政策，突出抓好高校毕业生等重点群体就业工作，拓展就业渠道，改进就业服务，确保零就业家庭动态清零。实施职业技能提升三年行动，大力发展富民乡村产业和劳务经济，多渠道增加城乡居民经营性收入、财产性收入，以更加充分、更高质量的就业促进收入稳定增长。加大专项行动和执法力度，确保农民工工资按时足额支付。

让民生保障暖起来。持续落实社保减负政策，推进社保提标扩面工作，规范发展第三支柱养老保险，探索完善门诊异地就医直接结算体系。统筹推进社会救助、社会福利和慈善事业，建设居家社区机构相协调、医养康养相结合的养老服务体系，支持社会力量发展普惠养老托育服务，做好城乡无供养老人、孤儿、残疾人等群体帮扶，着力解决好“一老一少”保障问题。扎实推进国防动员、双拥共建，落实优抚安置政策，实现退役军人服务保障规范化。全面落实粮食安全和“菜篮子”市长负责制，认真落实价格补贴政策，确保老百姓的“米袋子”“菜篮子”货足价稳。

让民生工程实起来。民之所望，政之所向。我们在广泛征求意见、充分研究论证的基础上，确定了就业促进、住房保障、健康同仁、抓乡促村等10类20项民生实事工程。这些民生项目，是对全市人民的郑重承诺，我们一定带着责任、带着感情，把民生实事办得更实更好，让老百姓的生活一年更比一年好！

（九）坚定不移守牢底线、优化治理，筑牢高质量发展新根基。紧紧围绕创建涉藏社会治理示范区，坚持人民至上、安全第一，牢牢守住安全发展底线，建设更高水平的平安同仁。

提升社会治理水平。巩固提升“一核三治”涉藏社会治理模式，推动治理和服务重心向基层下移，优化网格设置，打造共建共治共享的基层社会治理新格局。强化法治同仁建设，深入实施“八五”普法，提高全民法律意识和法治意识。坚持和发展新时代“枫桥经验”，健全矛盾纠纷多元化解机制，完善立体化信息化社会治安防控体系，推进扫黑除恶机制化常态化，构筑起维护安全稳定的铜墙铁壁。

做好民族宗教工作。全面贯彻党的宗教工作基本方针，依法加强民族宗教事务管理，扎实开展寺院法治宣传教育，推广实施寺院敬老院和智慧消防项目，构建基层宗教“一核多元共治”新格局。扎实开展全国民族团结进步先进市创建工作，全方面开展“民族团结进步+”深度融合发展行动，大力开展爱国主义教育，广泛宣传中国共产党百年伟业，铸牢中华民族共同体意识，努力打造民族团结进步示范新高地。

守牢安全发展底线。加强政府债务规模预算和限额管理，逐步化解隐性债务存量。压紧压实安全责任，深入推进安全生产专项整治三年行动，全面排查治理各类风险隐患，坚决遏制重特大安全事故发生。高度重视防灾减灾工作，提高灾害预警、应急处置和社会动员能力。加强食品药品、产品质量和特种设备安全监管，让群众吃得更放心、买得更舒心、用得更安心！

三、全面推进政府治理能力现代化

人民政府植根于人民，人民二字重于泰山。我们将坚持以民为先、法治为纲、廉洁为基，不断推进政府治理体系和治理能力现代化，努力建设人民满意的有为政府。

牢固树立“对党忠诚、执政为民”的政治品格。全面加强政府系统党的建设，扎实开展党史学习教育，坚持把习近平新时代中国特色社会主义思想内化于心、外化于行，始终胸怀“两个大局”、心系“国之大者”，不断提高政治判断力、政治领悟力、政治执行力，把党对一切工作的领导贯穿到政府工作各领域各方面各环节，把牢经济发展正确方向，不折不扣推动省州党委政府和市委的重大决策部署落地生根。

牢固树立“奋发有为、狠抓落实”的使命担当。始终知责于心、担责于身、履责于行，把全部心思用在干事创业上，把全部精力用在狠抓落实上。对重点工作、重点任务、重大工程，实行项目化、清单化管理，加强督查督办，提升工作效能。发扬“为民服务孺子牛、创新发展拓荒牛、艰苦奋斗老黄牛”精神，当事不推责、遇事不避难，一心一意把群众关心期盼的事一件件办好办实，以政府的“辛苦指数”提升人民群众的“幸福指数”。

牢固树立“敬畏权力、尊崇法治”的行为习惯。带头尊法学法守法用法，忠诚履行宪法法律赋予的职责，把依法行政贯穿政府工作全过程，主动接受人大法律监督、工作监督和政协民主监督，高质量办理代表建议和委员提案，主动接受社会和舆论监督，深化政务公开，强化审计监督，严格规范公正文明执法，让行政权力在法治轨道上公开透明运行，以政府的“法治指数”提升社会的“公平指数”。

牢固树立“诚信阳光、清正廉洁”的责任自觉。坚定落实全面从严治党要求，严格履行“一岗双责”，纵深推进政府系统党风廉政建设和反腐败斗争，巩固提升作风突出问题集中整治成果，持续打造正气充盈的政治生态。严格落实中央八项规定及其实施细则精神，以反复抓、抓反复的韧劲，坚决纠治形式主义、官僚主义，坚持厉行节约、带头过紧日子，始终保持为民、务实、清廉的政治本色，以政府的“清廉指数”提升人民群众的“满意指数”。

各位代表！开局关系全局，起势决定胜势。让我们更加紧密地团结在以习近平同志为核心的党中央周围，在市委坚强领导下，加足马力起好步，奋勇争先开新局，奋力谱写好“五个同仁”现代化建设新篇章，以优异成绩迎接建党100周年！

中国人民政治协商会议第一届同仁市委员会常务委员会工作报告（讨论稿）

——在政协第一届同仁市委员会第一次会议上

蔡有年

（2021 年 3 月）

各位委员，同志们：

我受政协第一届同仁市委员会常务委员会的委托，向大会报告工作，请予审议，并请列席会议的同志提出意见。

2020 年工作回顾

一年来，市政协常委会在市委的坚强领导和省、州政协的指导下，在市政府的大力支持下，深入学习贯彻中共十九届历次会议精神，以习近平新时代中国特色社会主义思想为指导，高举中国特色社会主义伟大旗帜，团结带领政协各参加单位和全体政协委员，牢牢把握团结和民主两大主题，切实履行政治协商、民主监督、参政议政职能，围绕工作大局凝心聚力，扎实工作，为我市“十三五”规划圆满收官、同步全面建成小康社会，汇聚了正能量、作出了新贡献。

一、强化思想引领，始终保持政协工作高度的政治自觉

加强理论学习，把握精神实质。以推进“两学一做”学习教育常态化制度化和作风突出问题集中整治行动具体化为契机，深入学习贯彻习近平新时代中国特色社会主义思想和中共十九大、十九届历次全会精神和中央、省州委政协工作会议精神，邀请省政协副秘书长和青海大学财经学院院长，开展了领会省委政协工作会议精神暨新增委员履职能力培训，进一步促进委员间的相互了解、认识沟通，不断提升委员履职能力。结合政协机关视察、调研、委员活动工作，以参观视察、座谈交流、主题活动、理论讲坛等形式，多角度、多层次、多方面开展学习，在学习培训中引导广大政协委员准确把握习近平新时代中国特色社会主义思想的精神实质和核心要义，不断提高政治站位和政治觉悟，牢固树立“四个意识”，切实增强“四个自信”，始终做到“两个维护”，进一步明确了政协工作的理论遵循和行动指南，增进了高度的政治认同、思想认同、理论认同，不断夯实了团结奋斗的共同思想政治基础。

加强党的建设，坚定政治立场。着力发挥政协党组把方向、管大局、保落实的作用，认真组织学习中办《关于加强新时代人民政协党的建设工作的若干意见》和中央政协、省州政协系统党的建设工作座谈会精神，把加强政协党的建设的新思想新要求不折不扣地在政协工作中进行贯彻落实。把发挥党组领导核心作用与依法依章程履行政协职责统一起来，带头维护市委权威，重大事项主动向市委请示，重要工作及时向市委汇报，始终做到与市委在思想上同心、目标上同向、工作上同行。充分发挥政协机关党组的主体作用和党组书记总揽全局作用，不断加强党员活动阵地规范化建设，把机关党组织书记党建工作责任具体化、形成了政协党组和机关党组上下联动、齐抓共管的格局。按照市委印发的《关于贯彻落实省州委政协工作会议精神重点任务分工方案》具体要求，修订完善了《中共同仁市政协委员会党组工作规则》《市政协党组成员讲党课制度》《政协机关干部学习读书笔记调阅制度》等制度，促进党建工作有章可循，按计划、有步骤地运行。联合开

展了省政协教科卫体委员会临时党支部、黄南州政协机关党组、市政协机关党支部三级政协主题党日活动；联合海晏县政协开展红色爱国主题教育，在主题党日“+”上下功夫、出实招，使视察学习交流和主题党日“党味”更浓、“鲜味”更足。

二、紧扣中心工作，助推市域经济社会全面发展

一年来，常委会认真贯彻市委一届一次、二次全会提出的总体要求，把市委全会做出的决策与政府工作报告部署的重大工作作为履职尽责的重点。紧紧围绕加快新型城镇化进程、持续推进改革举措落地、坚决打赢“三大攻坚战”、加快实施乡村振兴战略、持续保障和改善民生等重点工作协商议政、建言献策。

协商议政聚焦发展大局。坚持把协商议政贯穿政协履职全过程，围绕市委的决策部署和政府的重点工作，突出事关我市长远发展大局，精心组织协商议政活动。一是精心组织全会协商。去年县政协十一届六次全会期间，组织委员听取和讨论市政府、市法院、市检察院工作报告，重点围绕贯彻落实乡村振兴、现代农牧业发展、城乡环境卫生治理、民族团结进步、旅游基础设施建设、民生保障等方面进行认真协商讨论，提出了意见和建议。二是积极推进专题协商。年内，召开常委会 4 次，专题协商座谈会 11 次，先后围绕我市发展农业产业助推乡村振兴、精准扶贫成果巩固、提案办理落实、创新政协工作等工作开展专题协商讨论，有效助推了相关工作的开展。三是认真参与决策重点协商。一年来，主席、副主席分别列席市委常委会、政府常务会及其他重要会议，就全市开展的重点工作、实施的重大项目参与协商讨论、发表意见，特别是对市委安排联系的重点建设项目进行了多次协商讨论，并及时向市委做出汇报提供参考建议，做好协商于决策之前。

调查研究突出中心任务。坚持把调查研究作为政协的一项经常性工作和委员参政议政的重要手段，围绕市委决策部署的贯彻落实精选课题，切实抓好调查研究，努力抓出成效。市政协常委会结合市委市政府中心工作，精心考察选题、认真制定方案，组织人员深入基层开展调研。年内，紧紧围绕全市经济和社会发展大局，重点选择隆务镇 8 个社区的专项整治情况、同仁市传统村落保护发展现状、文物保护工作开展情况、我市“十四五规划”编制情况等课题开展调研，组织调研组成员对各类数据资料整理汇总深入分析，认真指导撰写调研报告，对存在的困难和问题认真研究、深入思考，对提出的意见建议多方征求意见，反复推敲修改，最终形成 5 篇调研报告，为市委市政府科学决策提供依据。期间组织 16 名政协委员赴海北州门源县、祁连县、刚察县、海晏县考察学习了乡村旅游发展、全域旅游示范情况、市政建设及四个县政协工作典型做法。组织部分政协常委、委员、相关行业部门负责同志，赴海东平安区、乐都区、互助县开展文化旅游事业发展及传统村落建设。同时，全力配合省、州政协来我市开展的各项调研活动 30 余次。

民主监督助推工作落实。坚持把民主监督作为政协履职的重要方面，围绕政府重点工作推进和民生问题改善开展监督性视察等活动，发挥好监督作用，增强民主监督实效。一是开展会议监督，召开了 4 次协商监督性专题常委会，提出协商意见和建议，促进经济高质量发展。二是创新提案监督，推动党组成员领衔督办重点提案工作，组织重点提案相关涉及单位负责同志及提案人，开展面对面交流推进会，督促重点提案现场办理，不断推动全市提案质量、办理质量再上新台阶。三是开展视察监督，联合市人大对喜马拉雅市场综合整治情况、市教育布局调整项目、市第二民族中学建设项目、城北九年一贯制寄宿制学校建设项目、“村办公助”幼儿园建设、市体育馆群团一体化建设情况、多哇镇撤乡建镇情况进行视察。四是开展特约监督，政协委员积极参加法院审判等经常性的监督活动，助推相关部门转变作风、不断改进工作。同时，委员们通过参加各级领导班子考核民意测评、部门工作情况通报会等，有效扩展了民主监督的多样性，促进了民主监督在

具体工作中的实效性，调动了委员的积极性，在市属部门单位作风改进、工作效率提高、服务态度保障上发挥了积极作用。

发挥作用助力疫情防控。在全国新型冠状病毒肺炎肆虐的紧急关头，为深入贯彻落实习近平总书记重要指示精神和省、州、市委相关会议精神，市政协各领导深入一线，分别赴有关重要站点和乡镇进行督查、督导工作。更好地引导群众认清疫情形势，不信谣不传谣，印发《珍爱生命始于心、防控疫情践于行》的倡议书，教育引导委员们积极行动、敢于担当、各尽其责、各尽其能。政协机关干部在协助城南社区登记外来人员工作的基础上，认真登记掌握本单位人员健康状况及外出返乡人员居家观察动态。广大政协委员借助政协平台，自发捐款捐物，将56300元捐资款转交给市疫情防控指挥部和市红十字会。

凝心聚力把握两大主题。坚持把凝心聚力作为人民政协大团结大联合的重要任务，牢牢把握团结和民主两大主题，充分发挥党派团体作用，认真办理各政协参加单位的提案，联合开展调研视察活动，积极反映他们的意见、建议和呼声，切实把政协的组织、渠道优势与界别优势、人才智力优势结合起来，发挥了工商联、无党派人士在政协工作中的作用。大力引导广大委员特别是民族宗教界委员，更加积极主动地发挥政协委员主体作用，更加积极主动地维护社会稳定，使政协联系群众的工作进一步拓展和深入，联系群众、凝聚人心、化解矛盾、维护稳定的作用和成效更加突显。充分发挥政协联系广泛的优势，加强与省州政协和社会各界的联系协调，积极开展困难群体帮扶工作。工商联等界别的委员们发挥自身优势，多形式开展捐资助学、奉献爱心活动，累积捐款20多万元，委员们主动参与脱贫攻坚和奉献公益事业的实际行动在社会上产生了积极影响，树立了政协组织的良好形象，也展示了政协委员的时代风采。

对外宣传树立良好风尚。充分利用“政协工作交流”等微信平台，增强党员干部做好意识形态工作的本领。积极出版《同仁政协》杂志，展现政协委员为全市经济建设、政治建设、文化建设、社会建设、生态文明建设献计出力的精神风貌。学习借鉴祁连政协文史资料馆建设，积极打造同仁市政协文史档案馆，汇集全省各州、市、区、县政协文史资料和安多藏文化资料，并通过照片、图表、实物、书籍等各门类档案载体，立体化呈现同仁市发展的辙迹。积极参加省政协召开的“繁荣发展乡村文化，助力乡村振兴战略”网络议政远程协商暨第五次双月协商座谈会、三级政协委员视察汇报座谈会，反映我市热贡文化产业发展情况、民族团结进步创建工作情况，积极展示同仁近年来取得的发展成果。

三、加强自身建设，提高履职能力和水平

坚持以习近平新时代中国特色社会主义思想为指导，加强人民政协履职能力建设，着力在提高工作效能和履职水平上下功夫，使政协工作能够更好地围绕中心，服务大局。

（一）以廉政建设为抓手不断强化自身能力提升。抓紧抓实《党章》《关于新形势下党内政治生活的若干准则》《中国共产党党内监督条例》等党纪党规的学习，通过经常性学习教育拧紧思想“总开关”。谈心谈话工作求实。认真落实“日常、节前”廉政谈话制度，利用每周学习会、季度集中谈心会、每月党员活动日等，查找党员干部思想上的问题、工作上的不足，动态掌握机关干部的工作、学习和生活状态，因人施策、加强引导，点对点解决存在的问题，理顺情绪、化解心结，让每位同志始终保持积极心态和饱满精神状态。纪律作风整改务实。认真落实中央八项规定及其实施细则精神，严格执行“三重一大”、公务接待、公务用车管理等制度，着力规范办文、办会、办事工作程序，开展反腐倡廉警示教育，增强廉政觉悟，支持单位纪检员和市纪委监委派驻组的工作，不断严明工作纪律要求，积极打造风清气正的政协工作氛围。

（二）以机关建设为契机不断推动政协工作提质。市政协常委会积极适应新时代人民政协事业

发展需要，按照新修订的政协章程要求，修订全体会议工作规则、常务委员会工作规则、年度协商计划办法等，制定《市政协委员参加全体会议和常委会议管理的规定》《市政协委员年度履职量化考核办法》，以制度完善促进工作质量提升。学习借鉴其他地区乡镇政协工作经验的基础上，完善乡镇政协委员联络组制度，明确人员构成，明晰职能职责，积极实践“大家的事情大家商量、众人的事情众人商量”的生动局面。不断规范乡镇政协联络组工作人员职责及年度目标责任考核办法，重点从联络组自身建设、学习宣传、履行职能、加强团结等多个方面进行考核，并根据考核结果分三个标准给予工作经费支持，有效发挥乡镇政协联络组的桥梁纽带作用，逐步探索形成了市、乡政协工作互通的工作格局。

（三）以探索职能优化为转机不断发挥专委作用。为着力发挥专委会“专门中的专门”“机构中的机构”的职能作用，探索创新开展了“专委会七个一+N”工作，把凝聚共识融入专委会视察考察、调查研究等履职活动中。截至目前，政协党组班子成员积极参与督促各专委会开展了乡镇公共卫生发展现状、扶持人口较少民族（土族）项目建设情况、发挥地方特色产业及文化优势拓展文旅融合发展、文旅创意产品开发情况，并召开“复工复产暨减税降费”、同仁江什加自来水厂运行情况、同仁市国家级重点文物保护（寺院）消防安全工作的专项协商座谈会，形成协商报告2篇，调研报告5篇，不断强化各专委会履职赋能。制定《中国人民政治协商会议同仁市委员会专门委员会通则》，从委员中选出了经济农牧和资源环境、提案、社会和民族宗教3个专门委员会副主任和各委员会的成员，确保了与委员们的经常性交流沟通，密切与对口部门的沟通联系，完善了联动协商、协同调研视察机制，政协职能不断向最基层延伸。

各位委员，回顾过去的一年，同仁走过了一段不平凡、不寻常、不容易的发展历程，迎来了很多好事喜事，干成了许多大事要事，办妥了诸多难事急事，决胜全面建成小康社会取得决定性胜利，同仁全面振兴全方位振兴迈出新的重大步伐。这是以习近平同志为核心的党中央坚强领导的结果，是习近平新时代中国特色社会主义思想和习近平总书记视察青海重要讲话重要指示精神科学指引的结果，也是在市委正确领导下全市广大干部群众戮力同心、共同奋斗的结果，这其中也凝聚着政协组织和广大政协委员鼎力支持、无私奉献。过去的一年，市政协常委会开展了一系列扎实有效的工作，彰显了政协的独特作用，扩大了政协的影响力。这些成绩的取得，是同仁市委高度重视、正确领导的结果，是市人大、市政府大力支持的结果，是全市各部门、各单位，以及社会各方面全力配合的结果，是市政协各参加单位和广大政协委员奋力拼搏的结果。在此，我代表市政协第一届常委会表示衷心的感谢并致以崇高的敬意！

各位委员，在看到成绩的同时，我们也清醒地看到，政协工作也面临一些急需解决的问题：党员委员作用发挥有待加强；对网络议政、远程协商的探索不够；调研方式方法仍然存在满足于座谈、听汇报的现象，后续研究不够全面系统，需要进一步深入；一些意见建议缺乏时效性系统性针对性，建言献策的质量需要进一步提高；与委员联系往往停留在会议和履职活动上，联系服务委员的渠道需要进一步拓宽。以上这些问题，我们将在今后的工作中要高度重视，认真改进。

2021年工作思路

2021年是中国共产党成立100周年，是“十四五”开局之年，做好今年工作具有特殊重要意义，需要全市广大干部群众团结一心、共同努力。市政协和广大政协委员更需要始终坚持团结和民主两大主题，充分发挥人才荟萃、智力密集、渠道畅通、联系广泛的优势，在推进新时代同仁全面振兴中再谱新篇、再创佳绩。新的一年，市政协工作总体要求是：坚持以习近平新时代中国特色社会主义思想为指导，全面贯彻中共十九大和十九届二中、三中、四中、五中全会精神，认真践行习近平总书记关于加强和改进人民政协工作的重要思想，积极落实中央、省州委政协工作会议精神，在中共同仁市委的坚强领导下，牢牢把握新时代人民政协新方位新使命，把坚持和发展中国特色社会主义作为巩固共同思想政治基础的主轴，不断加强专门协商机构建设，扎实履行政治协商、民主监督、参政议政职能，全面做好思想引导、汇聚力量、议政建言、服务大局各项工作，着力提高建言资政和凝聚共识水平，以优异成绩庆祝建党100周年。

（一）牢牢把握正确工作方向。常委会要深入学习贯彻中共十九届五中全会精神、习近平总书记关于加强和改进人民政协工作的重要思想，不断巩固团结奋斗共同思想政治基础。尤其结合当前党史学习教育活动，明确学习任务、突出学习重点，在学懂弄通做实上下功夫，特别要深入学习领会习近平新时代中国特色社会主义思想，把握其精神实质、核心要义，并作为统揽政协工作的总纲，增进高度的思想认同、政治认同、理论认同，夯实团结奋斗的共同思想基础。常委会要始终坚持党对政协工作的领导，坚决维护以习近平同志为核心的党中央权威和集中统一领导，确保把中央和省州市委的决策部署贯彻到政协各项工作之中。在全面系统学习基础上，要突出重点、抓住关键，把着力点聚焦到习近平新时代中国特色社会主义思想是党必须长期坚持的指导思想上，聚焦到近年来党和国家事业取得的历史性成就和发生的历史性变革上，聚焦到作出中国特色社会主义进入新时代、我国社会主要矛盾已经转化为人民日益增长的美好生活需要和不平衡不充分的发展之间的矛盾等重大论断的深远影响上，聚焦到建设“平安同仁、和谐同仁、文化同仁、美丽同仁、幸福同仁”的新目标、新征程、新部署上，确保市政协各项工作始终保持正确的政治方向。

（二）聚焦中心任务协商议政。常委会要认真贯彻市委一届一次全会提出的总体要求，把全会做出的决策与政府工作报告部署的重大工作的贯彻落实情况作为协商议政的重点。紧紧围绕新时代“三农”工作、加快建设现代产业体系、持续推进改革举措落地、深化生态“强市战略”、加快实施乡村振兴战略、持续保障和改善民生等重点工作，在组织好全会专题协商的同时，选好党政所需、政协所能的课题开展调查研究、进行协商议政。常委会要突出“以农牧为基础、生态为根本、文化为核心、民生为主线、城镇化为统领”这条主线，围绕提质增量、巩固脱贫成果、乡村综合治理、村镇规划建设、加强生态保护、持续改善民生、社会治理创新、文旅融合发展等全市经济社会发展重点工作，结合“七个一”+N的专题协商议政活动，开展一系列视察、监督活动，力求把问题找准、把建议提实，切实增强调研、协商活动的针对性和实效性。

（三）紧扣民生热点建言献策。常委会要充分利用好政协委员来自各行各业、日常工作中身处一线、联系群众密切的优势，把市委市政府部署的重大民生工作的推进落实情况，作为反映社情民意、建言献策的重点，要着重围绕教育事业、医疗服务、公共卫生、群众文化、公共基础设施、社会保障、就业、财政资金使用、审计结果执行等方面掌握社情民意，提出实际可用的意见建议。常委会要围绕社会治理、安全生产、民族团结进步等工作的推进落实开展协商监督，协助市委市政府做好协调关系、化解矛盾、安稳人心、防患未然的工作。以委员提案为抓手，认真做好提案办理协商，推动民生提案建议的更好落实。常委会要以乡村振兴为己任，持续开展各层面乡村振兴调研视察，激发政协委员参与乡村振兴的热情，动员和组织委员积极投身乡村振兴工作，助推市委市政府用乡村振兴做好脱贫攻坚后半篇文章，为实现与脱贫攻坚“同频共振”加油助力。

（四）围绕“五个”同仁建设凝心聚力。常委会要充分发挥人民政协大团结大联合功能，始终把维护稳定、增进团结、构建和谐、汇聚合力作为重要职责。注重加强与无党派人士、工商联、的联系与合作，通过专题座谈交流、联合调研视察、反映社情民意等渠道，努力搭建更多更广的协商议政平台。充分发挥民族宗教界代表人士的作用，积极引导宗教与社会主义社会相适应，协助党委政府持续推进民族团结进步。加强与省州政协和省内外区（市）县政协间的联系交流，积极组织委员开展各类考察调研、座谈交流活动，不断拓宽思路、促进工作。

（五）提高服务水平加强自身建设。常委会要持续加强政协机关思想、组织、作风和制度建设，自觉转变工作作风，按照市委的统一部署，扎实开展党史学习教育，深化作风问题持续整治，不断提高机关干部的政治素质、组织能力、执行能力和服务保障能力，为做好政协工作打牢基础。协助市委组织、统战部门做好换届委员的推荐安排，按照“懂政协、会协商、善议政、守纪律、讲规矩、重品行”的要求，把更多代表性强、议政水平高、群众认可、德才兼备的优秀人才吸收到委员队伍中来。通过学习培训和实践锻炼，不断提升委员政治把握能力、调查研究能力、联系群众能力和合作共事能力，切实强化委员自觉保持良好形象，在政协工作中履职尽责，在本职岗位上模范带头，真心实意地承担起委员的责任和使命。

各位委员，同志们，“争当表率、争做示范、走在前列”是我们的光荣使命。团结就是力量、奋斗就有收获。让我们更加紧密团结在以习近平同志为核心的党中央周围，高举中国特色社会主义伟大旗帜，以习近平新时代中国特色社会主义思想为指引，在中共同仁市委的坚强领导下，不忘初心，履职为民，共同谱写新时代人民政协事业发展新篇章，为推动同仁各项事业取得新突破作出新的更大贡献！

旦增、赵建国同志在全市林草长制第一次工作会议上的讲话

（2021年11月12日）

旦增同志讲话

今年年初，中央印发了《关于全面推行林长制的意见》，对全面推行林长制、保护发展森林草原资源提出明确要求。在《意见》印发之前，我们已经根据同仁实际，推行实施了林草长制，可以说，在这方面形成了一套自己的机制和做法，打下了一定基础。前不久，省上和州上相继召开了林草长制会议，建军书记、长星省长，耀春书记、扎西州长都作了重要讲话，提出了非常具体的工作目标和要求。刚才，陈峻同志领学了省州林草长制工作会议精神，华周同志汇报了全市林草长制工作开展情况，安排了相关工作，我都同意，请大家抓好贯彻落实。下面，我结合省州会议精神，谈几点自己的想法，与大家交流。

一、提高政治站位，强化责任担当

十八大以来，习近平总书记始终把生态文明建设作为“国之大者”放在首位，不管是林草长制还是河湖长制都是对生态文明体制改革的重大部署。特别是这几年，总书记每到青海考察，都会把生态文明建设作为一项重要内容。今年，总书记到青海考察时提出“把青藏高原打造成为全国乃至国际生态文明高地”，省委省政府提出实施“四地”建设，州上全力打造“山水黄南”等等，可以看出，在新发展阶段，不谋青山绿水，何以谋发展？同仁处

于三江源保护区，境内地形地貌多样，森林草原河湖野生动物资源丰厚，实现高质量发展，就是要把绿色发展理念贯穿全局。全面推行林草长制的目的就是要把我们的这些资源保护好、发展好、利用好。这五年，我们累计投资3.04亿元，完成国土绿化86.6万亩，草原有害生物防控266.5万亩，全市森林覆盖率达35.37%，划分了6个片区，设立了1806个草管员、林管员，投入很大、力度空前，特别是打造了东西两山绿化为主的隆务河绿色长廊，在造林绿化、草原治理、管护巡查上可以说有做法、有亮点、有经验。接下来，我们就要总结提炼，推广好做法，分析查找薄弱短板，从体制机制上、规划保护上、长远发展上有一个管长远、治根本、见长效的全盘布局。要通过落实林草长制、河湖长制等，使同仁在创建生态文明示范区上发挥更大作用，做出更大贡献。

二、强化支撑协同，提高治理能力

近日，省上印发了《青海省全面推行林（草）长制实施方案》以及相关的会议制度、督办制度、通报制度、巡查制度和考核办法。州上也将印发，林草部门要根据省州要求，结合同仁实际，加强调查研究，认真按照会议提出的意见，再修改、再完善，务必要体现同仁特色，拿出真正管用、能用的方案和制度。

全面推行林草长制，首先，要实行党委领导、党政同责。“林草”是主题，“长”是关键。各乡镇党委、政府主要负责同志要紧紧抓牢林草长制的“长”这个“牛鼻子”，千万不能搞“挂名制”，要亲自抓、亲自盯、亲自干，切实履行好林草长的工作职责。同时，要根据部门职能和职责，建立健全以党政领导负责制为核心的责任体系，科学确定本辖区林草长责任区域，细化任务清单，抓好工作成效，努力构建全域林草资源网格化、精细化管理体系，真正实现山有人管、林有人造、树有人护、责有人担的良好工作局面。其次，要强化工作统筹、协同并进。大家要清醒的认识到，林草长制的“林”不是简单的指森林和草原，也不是林草部门“单打独斗”的事，它关系到生态、环保、农牧、产业发展等方方面面，是一个系统整体。如果护山的护山、治水的治水、管林的管林，就会造成“两张皮”。我们既要划分好“责任田”、逐级明确责任，也要整合各部门的职能和资源，变条块管理为综合施策、同向发力，全面推动好山水林田湖草沙冰系统治理，使林草资源保护发展更有条件、更具力度、更高质量。再次，要构建长效机制、持续发展。省上要求“到2021年底，在全省范围内全面建立五级林（草）长制管理体系”。市级层面、各乡镇要及时调整组织机构。刚才，我也说了省州都要印发相关的方案制度，各乡镇、各相关部门特别是林草部门要主动思考、主动汇报、主动沟通，建立健全林草长会议、信息公开、工作督查、林草长巡察、工作考核等林草长制实施配套制度，形成上下衔接无阻碍、左右协调更高效的组织保障体系，切实让林草长制长久发挥作用。最后，要做好结合文章抓落实。林草长制的最终目的是要保护好生态、发展好生态，要做好“五个结合”。与“河湖长制”结合起来，统筹山水林田湖草综合治理责任区域，做到不重不漏、一体推进；与“路长制”结合起来，加强公路养护，做好公路沿线绿化美化工作；与民生结合起来，优先采用本地苗木，引导群众参与林草管护，助力村集体产业发展，实现群众就近就业；与生态产业结合起来，大力挖掘生态资源优势，探索以生态体验、林下经济为主的绿色产业发展；与碳汇交易结合起来，积极探索推动碳汇交易社会化、市场化。

三、狠抓生态价值转化，生动实现绿色高质量发展

建军书记强调“要经营林草事业，实现生态产业化、产业生态化，林草既扮美世界，也要产生经济价值。”绿色是高质量发展的底色，是乡村振兴的必由之路，森林草原综合效益提高了，老百姓从中得到了实惠，才能更好推动绿水青山变成金山银山。要继续实施好生态补偿。这几年，我们通过开发公益性岗位，设立了1806个草管员、林管员，也就是说有1806个贫困家庭通过保护生态得到了实惠，实现了生态保护

和脱贫增收双赢。要精准落实国家各种奖补政策，规范有效利用村集体产业收益，继续开发一批生态管护员岗位，让更多的农牧民群众切身参与生态保护实现收益。要实施林草提质增效工程。要稳定林果种植面积，调整林果种植结构，增加高端特色果品供给。大力发展中药、藏药材，苗木花卉，有机饲草料等林草产业，坚持标准化生产、市场化经营、品牌化推广、产加销一体的发展模式，构建现代林草产业体系。要大力发展生态旅游产业。抓住全省生态旅游示范区这个机遇，依托丰厚的林草资源，推动林草与文旅、康养等深度融合，大力发展乡村生态旅游、生态观光、健康养生等新兴业态，打造一批森林景观、草原风光、河道风情与厚重的风土文化融为一体的旅游线路，实现产业链延伸、价值链提升、增收链拓宽。

同志们，提升林草治理能力水平是关乎林草事业长远发展的根本性问题，我们要牢牢把握机遇，锚定构建“增绿、护绿、富绿”的林业发展新思路，统筹推进生态文明建设，画好“山”的画卷，写好“林”的文章，努力探索出“林长制”促进“林长治”的工作模式，切实做到绿水青山与金山银山有机统一，努力实现林草生态、经济、社会三大效益共同提升，让林草长制真正成为实实在在的惠民工程。

赵建国同志讲话

刚才，会议传达学习了省州相关会议精神，通报了全市林草长制工作进展情况，安排部署了下一步工作。特别是旦增书记从提高政治站位、强化支撑协同、狠抓生态价值转化 3 个方面为我们全面推行林草长制工作指明了方向、提供了遵循，书记的讲话具有很强的针对性、指导性，大家要认真领会，切实抓好落实。下面，我就贯彻好旦增书记讲话精神，抓好全市林草长制工作强调四点意见。

一要把深化思想认识作为关键。全面推行林长制是习近平总书记亲自部署推动的一项生态文明建设的重大改革举措，是贯彻落实习近平生态文明思想的重大实践，也是林业领域的“国之大者”。习近平总书记多次就推行林长制工作作出重要指示，党中央、国务院专门印发了《关于全面推行林长制的意见》，9 月 16 日，11 月 1 日，先后召开省、州林长制第一次工作会议，对推行林长制的各项任务进行了全面的安排部署，这充分说明了从中央到地方对推行林长制的重视程度之高、工作要求之严、推进力度之大是前所未有的。各乡镇、各部门要进一步提高政治站位，深刻认识全面推行林草长制的重要意义，以强烈的责任感和使命感自觉投入到林草资源保护上来。

二要把狠抓任务落实作为核心。今年是我市全面推行林草长制的开局之年。各乡镇各部门要始终坚持目标导向、问题导向、效果导向，把林草长制作为一项增进民生福祉的基础工程来抓，按照“到 2021 年底，全面建立林（草）长制管理体系”的总体要求，加快部署推进，狠抓工作落实，努力实现全面推行林草长制的良好开局。一是全力拓展绿色空间。突出抓好荒山绿化。对现有立地条件差、造林难度大的宜林荒山，实施人工造林和封山育林。要把这些区域荒山绿化的任务和责任逐区域、逐山头落实到各级林草长身上，强力推进、集中攻坚，力争到 2025 年基本实现宜林荒山全部绿化。突出抓好绿色廊道建设。加快建设高速公路、国省干道两侧的廊道绿化和隆务河及其支流等水系生态绿带和景观廊道。同时，要把隆务峡绿色长廊建设作为实施林草长制的重点任务，持续用力、重点突破，力争取得实实在在的成效。突出抓好乡村绿化美化。结合乡村振兴，推进镇村片林、乡村绿道、街道绿化、四旁绿化、空闲地绿化和休闲游憩公园建设，努力打造一批“森林城镇”和“森林乡村”。突出抓好森林质量提升。以国有林场为重点，结合森林抚育、低效林改造和退化林修复，推进实施森林质量提升工程，更新栽植更多的乡土、彩叶和珍贵树种，加快建设多彩森林。二是强化生态资源管护。保护好存量森林草原资源，是实施林草长制的首要任务。强化自然保护地监管。积极推进以国家公园为主体的自然保护地体系建设，实行最严格的森林草原资源保护管理制度，严格控制林地、草地转为建设用地，确保现有林地、草地面积不减少。积极实施生态系统保护和修复工程，全面加强天然林保护修复，积极推进退化草原修复工作，确保生态价值不减损。加大森林灾害防治力度。要高度重视防火和有害生物防治，增强风险意识，克服侥幸心理，准确评估森林草原灾害安全风险，及时排查安全隐患，坚持森林草原防火、有害生物疫情监测防控一体化推进，统筹加强人员队伍、基础设施、物资储备建设，完善应急突发事件处置预案，加强动态监测，掌握动态变化，做到一旦发生灾情能够有效处置和应对。严守生态保护红线。加强森林、草原、湿地等生态资源保护的整体规划，明确发展目标，划定生态保护红线，厘清保护边界，确保重点生态区域面积不减少、功能不降低、性质不改变。对森林、草原、湿地生态保护红线开展勘界定标工作，严格落实国土空间用途管制制度。要着重加强生态环境敏感脆弱区的森林草原资源保护，严格林地用途管制和森林采伐限额管理，严厉打击违法违规使用林地和毁林行为。同时，完善森林生态效益补偿制度，继续实施退耕还林还草、退牧还草，落实草原禁牧和草畜平衡硬性要求，确保生态功能不减弱。三是推动生态价值转化。森林草原是生态效益、经济效益、社会效益的综合体。一定意义上讲，只有提升森林草原资源的综合效益，才能推动绿水青山变成金山银山，使生态产品实现自身价值，林草工作才有源源不断的发展动力。要持续深化林业草原供给侧结构性改革，做大做强金黄果，中药、藏药材，有机饲草料等特色优势林草果产业，大力发展乡村生态旅游、生态观光、健康养生等新型业态，努力实现生态受保护、林草增效益、群众得实惠的工作目标。特别是市生态环境、人社、财政等部门要完善生态管护公益岗位政策，推进群众转产增收，推动生态惠民、生态利民、生态为民，让守护者有更多的获得感，实现“守绿换金”。

三要把强化保障机制作为基础。全面推行林草长制是一项系统工程，需要各方面积极参与、共同发力。各乡镇、各部门主要领导要亲自研究、亲自部署、亲自推动，对落实林草长制投入足够的时间和精力。市林草长制办公室要明确各级林草长的职责范围，制定任务清单，明确考核目标，加快探索建立以“一林一档、一林一策、一林一技、一林一警、一林一员”为基本支撑的服务平台，构建起党政同责、部门联动、一级抓一级、层层抓落实的林草工作新机制，市督考办要将林草长制考核纳入年度生态文明建设考核内容，科学制定考评指标、设立考评体系，实行差异化、动态化、精准化的考评。“从根本上解决生态保护责任模糊”“谁都管、谁又都不管”等问题，让守住自然生态安全边界的保障和支撑更加有力。

四要把营造良好氛围作为重点。市林草部门要加强对乡镇、村级林草长的业务培训，帮助他们把握工作重点、掌握工作要求，更好地履职尽责。特别是指导督促村级林草长把管建责任落实到山头地块、田间地头，加强日常巡护，强化源头管理，切实发挥好护林员、草管员、信息员的作用。要做好持续性的宣传解读，让林草长制的重大意义和目标任务深入人心，提高公众管护林草资源的责任意识和参与意识，为林草长制落实提供良好的舆论氛围和社会氛围。

旦增、赵建国同志在全市教育发展暨教育教学工作表彰大会上的讲话

（2021 年 12 月 17 日）

旦增同志讲话

好事多磨终成事。今天，我们在这里隆重召开全市教育发展大会，表彰教育教学工作先进单位和先进个人，共商同仁教育发展大计。在此，我代表市四大班子，向关注支持同仁教育事业的杜会锋副主任、哇多副州长、白萍副主席、万玛尖措局长表示最衷心的感谢！向受到表彰的先进单位和先进个人表示最热烈的祝贺！向教书育人、为同仁教育事业付出心血的教育战线的同志们致以最崇高的敬意！向多年来关心支持同仁教育事业发展的社会各界表示最诚挚的问候！

中共十八大以来，习近平总书记高度重视教育工作，明确提出了教育是党之大计、国之大计的战略定位，科学概括了教育发展九个坚持的宝贵经验，深刻回答了为谁培养人、培养什么人、怎样培养人等重大根本性问题，为新时代教育改革发展擘画了蓝图，明确了方向。历届市委市政府高度重视教育事业发展，始终把教育作为最大民生工程，不断加大教育投入，着力改善办学条件，努力提升办学水平，人民群众对教育事业发展的信心明显增强，教育改革发展取得阶段性成效。教书育人环境更加优化。狠抓校园意识形态阵地建设，树牢积极向上的校园文化，把德育纳入学生培养全过程，加强师德师风建设，全市各级各类学校党组织组建率全覆盖，96%的学校实现党支部书记、校长“一肩挑”，配备思政课教师 322 人，努力培养德智体美劳合格人才和时代新人；教育教学基础设施极大改善。优化中小学教育布局，统筹推进农村牧区薄弱学校改造、标准化建设、校舍安全工程等项目，全市中小学宿舍、食堂、教学楼基本达标，各式各类教学功能用房覆盖率 100%，城乡教育资源配置趋于合理，义务教育均衡发展通过国家验收；教育教学质量再上新台阶。全面落实十五年教育补助政策，落实各类教育资助资金 3.3 亿元，受益学生 11 万余人次。全市学前三年毛入园率、九年义务教育巩固率、高中阶段毛入学率分别达到 91.2%、97%和 85.5%，均高于全州平均水平。

虽然取得了一定成绩，但我们必须清醒地看到，同仁教育面临的困难和问题仍然严峻，我们的教育发展水平还远不能满足新时代高质量发展的要求，远不能满足人民群众对高质量教育的期盼。我们不怕揭短亮丑，既然我们下定决心要把教育干好，就要直面问题，广泛听取意见，把问题找准找实，把那些阻挠同仁教育发展的脓疮烂疤、顽瘴痼疾剔除干净。我来给大家捋一捋，找一找问题。比如，从教育教学理念来看，教育系统包括政府、教育部门以及学校普遍不重视基础性工作，急于出成绩，好高骛远。学校治理体系和治理能力严重不足，管理理念和办法不适应当下教育形势，管理队伍能力不足，从严治教、从严治校、从严治学的局面还未形成；从教师队伍建设来看，教师结构性缺编问题比较普遍，特别是“三科”教师、数理化、音体美等专业学科教师严重缺员；非在编教师占比过高，学前教育非在编教师占比超过

80%以上。教师在编不在岗情况不同程度存在，借调现象严重，甚至个别学校有近五分之一的教师不在岗教学；部分教师素质有待提高，教学水平、教学理念不适应教育改革需要。个别教师沿用七八年前的旧教案，甚至不备课就上讲台，职业操守、教学效果令人担忧；从教育教学质量来看，教育质量停滞不前，教育发展不平衡不充分的矛盾越来越突出，无论是教学质量，还是办学条件，与省内先进地区甚至在州内比都没有竞争力，导致相当一部分学生思想观念落后、在外没有竞争力，走不出去，也不愿出去，只能回乡待业。回乡后也缺乏基本的创业能力，小钱不想挣，大钱挣不了；从教育资源配置来看，教育资源总量不足、资源配置不均衡，“入园难”“入学难”“大班额”现象普遍存在，“城镇挤”“农村弱”问题突出。部分学校体育场、食堂、图书馆等基础配套设施设备急需改薄提升；从履行教育职责来看，部分职能部门思想认识不到位，依法履行教育职责的积极性主动性不高，社会力量参与教育事业制度不完善。导致这些问题的因素有很多，既有外部的客观原因，也有内部的主观因素，既有我们党委政府的原因，也有教育部门、学校和社会的责任。到同仁任职后，各级人大代表、政协委员、村民代表到我和市长办公室反映最多、最迫切的问题就是教育问题。看着同仁广大干部群众期盼教育高质量发展的诉求，我们看在眼里，急在心里。我们深刻地认识到，同仁的十万群众对教育是十分关注的，是十分期盼的，这些摆在我们面前的困难和问题无论多么难啃，必须要妥善解决。

今天我们召开这个会议，就是要向全市人民传递一个强烈的信号，亮明一个坚决的态度，新一届市委、市政府要狠抓教育，要把教育这一重大民生工程大抓特抓、抓出成效，以抓铁有痕的决心，不达目的决不罢休，不见起色誓不收兵。在这里，我代表市委市政府表个态，市委市政府将以最好的资源支持教育、以最强的改革支持教育、以最大的关爱支持教育，宁可少修几座楼、少建几个项目，也要在人力、物力、财力等方面进一步加大支持力度，做到发展规划优先考虑教育、财政资金优先保障教育、项目政策优先倾斜教育。市委市政府对开好这次大会高度重视，前期做了大量的准备工作，通过深入调研、广泛征求意见，对我市相关教育政策再梳理、再拓展、再改革、再深化，形成了《同仁市教育高质量发展若干措施》，这个文件既有贯彻全州教育发展大会的规定动作，又有彰显同仁教育高质量发展自我加压的自选动作，明确了教育领域的“八大工程”，确立了教育高质量发展的路线图、时间表、任务书，近期我们还将出台一系列配套措施和制度办法，大家务必要研究深、研究透，把它作为今后开展工作的“指导手册”。下面，我代表市委市政府讲六个方面的意见。

一、深刻把握教育高质量发展的重大意义

教育是民族振兴、社会进步的重要基石，是功在当代、利在千秋的德政工程，在我们少数民族欠发达地区更为重要。国家的未来靠教育，民族的未来靠教育，同仁的未来更要靠教育。面向“十四五”，我们不但要继续坚持教育优先发展的战略地位，还要实现教育质量更高更优。

第一，教育高质量发展的内涵是什么。高质量的教育应该是全面、幸福、有成长的教育。“全面”是指学生德智体美劳的全面发展。“幸福”是指要让学生们愉快的学习，幸福的学习。“有成长”就是要培养孩子正确价值观、必备品格和关键能力。在这其中，要把握好三种内涵。首先，是政治内涵。我们都知道，教育关系着一个国家的长治久安和民族发展。过去，同仁的教育出过问题，我们一定要引以为戒，认真反省，把立德树人作为教育的首要任务和根本任务，把教育的政治功能发挥好，把意识形态阵地守好，培养德智体美劳全面发展的社会主义建设者和接班人；其次，是社会内涵。教育是社会公平的重要基础，可以避免贫困的代际传递，教育一旦失去公平，就会损害社会公平，就会产生社会矛盾。因此，必须始终坚守教育的公益、普惠、公平性，促进教育均衡发展；最后，是人民内涵。教育是

最受关注的民生工程，与每个家庭息息相关。只要涉及教育的问题，都会引起社会的强烈关注。我们要牢固树立以人民为中心办教育的理念，多从家长、学生的角度考虑问题，着力解决群众最关心最直接最现实的问题。

第二，教育高质量发展要树立什么样的理念。当前，我们在教育工作上还有很多制度机制和措施办法不符合或者不适应新时代教育发展规律，需要我们革新思维，拿出敢闯敢干的勇气，在这个过程中要树立好三个理念。一是树立正确的教育政绩观。有什么样的教育政绩观，就有什么样的教育发展观。过去我们一味追求升学率，忽视了学生的全面发展，说白了就是考虑自己的政绩多了些，考虑地方的升学率多了些，考虑每个孩子全面、有个性的发展少了些。去年，中央出台了《深化新时代教育评价改革总体方案》，明确提出了“三个不得一个严禁”，我们党委政府和教育部门一定要立下高压线，绝不允许以牺牲学生的德行成长、身心健康和综合能力发展为代价，盲目追求学校升学率。二是注重行政管理与学校发展的良性调和。高质量的治理体系是教育高质量发展的有效保障，当前，我们在教育教学管理中，政府管了很多不该管、管不了、也管不好的事，导致学校行政化严重，也束缚了学校办学自主性和积极性，必须要厘清政府、社会、学校的权责关系。比如，政府履行了教育投入责任和依法管理学校的义务之后，具体的办学权应该交给学校，由学校自主办学。办学效果、办学质量应交给社会或者专业机构来评价。三是落实和扩大学校办学自主权。要始终牢记，学校是教育高质量发展最直接的主体，要明确学校在教育教学活动中的主体地位，在办学模式、课程设置、资源配置及人事管理等方面给予学校更多的自主权，激发学校办学活力。要进一步优化学校内部管理体制，给学校放了权，学校一定要敢用、会用、善用，但不能乱用。

第三、教育高质量发展的目标是什么。当前和今后一个时期，同仁教育发展的总体定位是：坚持以习近平新时代中国特色社会主义思想为指导，全面加强党对教育工作的领导，更加突出教育优先发展的战略地位。以“一年定机制、固成果；三年补短板、见实效；五年成体系、建示范”为目标，建成一流的领导体制、一流的教育体系、一流的办学条件、一流的教师队伍、一流的教育质量，举全市之力建成全省有影响、群众有好评的教育强市，努力打造教育高质量发展的县域样板。

二、要加快构建高质量教育发展体系

实现教育高质量发展，必须遵循规律、突出重点，推进各级各类教育协调发展。一是要把立德树人融入教育教学全过程。教育从来就不应该只是教知识、教文化、教技能，我们不能培养只会考试的机器，而是要培养健全道德的人，这是放在第一位的。当然，德育也不仅仅是德育老师的事，而是校长抓的事，是所有老师的事，是一所学校的风气和导向。要配齐配强思政教师队伍，结合学校党建、校园文化建设等活动，从学生的思想认识和品德发展的实际出发，开设形式多样、丰富多彩地思政课堂，既要有理论也要有实践，既要有课内也要有课外，把社会主义核心价值观用生动通俗易懂的方式灌输给不同阶段的学生，而不是口号式、机械式地学习，让学生都爱听爱学，乐于接受。二是提升学前教育普及普惠水平。“入园难”一直是困扰老百姓的烦心事，今年，我们克服困难、想方设法解决了222个保教岗位，一定要用好这支来之不易的队伍，真正发挥作用。要牢牢把握学前教育公益普惠基本方向，把发展普惠性学前教育作为重点任务，把普惠性幼儿园建设纳入城乡公共管理和公共服务设施统一规划，统筹利用好教育布局调整后的教学点。“十四五”期间，按照人口布局，我们要在城区建设一批公办民办幼儿园，在乡镇建设与乡镇中心学校联合办学的中心幼儿园，在符合办学条件的行政村建设联合幼儿园，在没有条件的偏远地区通过设立巡回支教点或者季节班的方式，办好新时代学前教育，实现幼有所育。同时，还要规范幼儿园建设标准、办园标准，科学核定办园成本，规范幼儿园招生行为，推进学前教育普及普惠安全优质发展。三是推动义务教育优质均衡发展。均衡发展是当前素质教育的重中之重，要加大义务教育布局调整力度，大力实施学校标准化建设工程，加快推进学校建设标准统一、教师编制标准统一、生均公用经费基准定额统一和基本装备配置标准统一，配齐配好教学设施设备。暂时不具备条件的要在用地等方面留足空间，逐步建设完善；对不达标学校，要实施改薄提升工程，按标准补充配足教学设施设备。今年，我们全市所有乡镇、所有部门全力以赴支持教育，从本来就紧缺的工作力量中抽出和新聘了441名公益性岗位用于学校后勤，在这里向大家表示感谢！教育部门和各学校一定要牢记大家的付出，要用活用好这些岗位，让教师安心投入到教学中。四是实施高中教育优质特色工程。高中教育是基础教育中比较特殊的一个阶段，不仅是人生观、世界观形成的重要时期，同时也是增长知识和才干的重要时期，一定要抓好抓实。要进一步提升高中校园校舍、教育装备、信息化设施等建设水平，力争新建或异地设立1所综合性普通高中。要深化普通高中育人方式改革，落实课堂教学规范要求，强化综合素质培养，开展学生理想、学习、生活、生涯规划等方面的教育引导。要积极适应高中课程改革和高考综合改革需要，探索普通教育与职业教育相融合的综合高中发展，比如尝试开设非遗传承教育、心理健康教育、法治教育、国防教育和人文教育等特色课程，也可以面向乡村振兴培养职业经理和技术能手。五是全面提升国家通用语言文字教学。中央民族工作会议上，习近平总书记强调“要推广普及国家通用语言文字，科学保护各民族语言文字。”少数民族通过学习和掌握国家通用语言文字，既可以开拓视野、丰富知识，又可以历练能力、提升素质。当代成功的少数民族优秀人才，大多都是国家通用语言文字教育的受益者。要全面推进国家统编“三科”教材，加大“三科”教师培养培训力度，构建高质量国家通用语言文字教育体系，精准施策，满足不同阶段学生的学习需求。比如，针对幼儿，要培养幼儿学习使用普通话的习惯，为接受义务教育打好语言基础。针对义务教育阶段和高中阶段学生，要加强国家通用语言文字教育，让小学生普遍学会，中学生熟练应用。

三、要把教师队伍建设作为基础性工作来抓

教师是人类文明的传承者，人类灵魂的工程师。习近平总书记指出：“一个人遇到好老师是人生的幸运，一个学校拥有好老师是学校的光荣，一个民族源源不断涌现出一批又一批好老师则是民族的希望。”今天在做的老师都是好老师。我们要坚持把教师队伍建设作为基础工作，打造一支师德高尚、业务精湛、结构合理、充满活力的专业化创新型教师队伍。

第一，大力实施师德师风工程。教师不能只做传授书本知识的教书匠，而要成为塑造学生品格、品行、品位的“大先生”。要积极引导广大教师争做有理想信念、有道德情操、有扎实学识、有仁爱之心的“四有”好老师。藏族谚语里有这样一句话：“心地要像海螺一样纯洁，行为要像箭杆一样端正。”希望老师们能遵行谚语里古人们的交代，教学生就像教自己的孩子一样，做干干净净、端端正正的老师，把教书育人和自我修养结合起来，做到以德立身、以德立学、以德施教，具备学习、处世、生活、育人的智慧，能够在各个方面给学生帮助和指导。从今年起，我们将实行“一票否决”制和清理退出机制，把师德表现与教师的业绩考核、职称评审、评优奖励等挂钩，建立教师个人信用记录，重点突出政治考核、师德考核和职业素质考核，对教师参与校外培训、谋第二职业、赌博酗酒等师德失范行为进行严厉整治，积极营造能者上、庸者下、劣者汰的良好氛围。

第二，大力实施教师素质提升工程。老师自古就被称为“智者”。如果知识储备不足、视野不够，教学中肯定会漏洞百出，更谈不上游刃有余，这样的老师不能成为好老师，甚至会误人子弟。好老师要有扎实的知识功底、过硬的教学能力、勤勉的教学态度、科学的教学方法。曾经我看过一篇文章，很有启发，文章是这样写的：“当下教育最大的问题就是

教师不读书，最应该读书的教师群体却成了远离阅读的一个群体。在学校里最可怕的是一群不读书、缺乏智慧的教师把本来聪明的学生教得不会学习。”所以，老师必须要把读书学习作为一种责任、一种精神追求、一种生活方式，要努力练就过硬本领，不辜负人民群众对老师们的信任。今后，我们要大力实施教师和校长培训工程，制定教师总体培训规划和分年度培训计划，合理利用“国培”“省培”平台，加强与对口帮扶地区在教育培训方面的合作，重点强化新课改、“三科”教材、教育信息技术、普通话、数理化、音体美等紧缺教师的培养，下学期开学前，我们还要高薪聘用50名结构性缺编教师，充实到全市教育紧缺岗位，不断提升教师队伍整体素质。

第三，大力实施教师激励工程。教师每天要面临繁杂的事务，既要确保学生的安全问题，又要做好教学任务，还要处理琐碎的日常工作，承担的压力很大，很辛苦。在这一点上，市委市政府将出台更多办法在生活上工作上做到关心关爱。要建立教师绩效工资增量机制，推进教师职称制度改革，加快构建教师职称科学评价体系，在职称评定上不论资排辈、不徇私舞弊，真正让能教书、会教书的优秀教师享受到应有的待遇和职称。要积极推行教师减负政策，加强对校园各类活动的审核把关，切实减轻与教学无关的负担。要加大对优秀教师的表彰力度，激发他们教育、教学和教研的热情，让教师们“有地位”“有奔头”“有尊严”。

四、要把改革创新作为高质量发展最强动力

建设高质量教育体系需要我们破除壁垒，尤其是教育教学体制机制方面需要我们拿出更大力气改革，真正办好家门口的学校，办出家门口的名校。一要在优化资源配置上有新思路。准确把握趋势，深入调查研究，找准问题短板，着眼解决学校布局、教师结构、队伍稳定、硬件建设、校风学风等制约教育发展的突出问题，进一步深入思考、强化措施，加快制定相关的配套措施和制度办法，统筹布局市域内各类教育资源，逐步缩小城乡、区域、校际之间的差距，力争通过3到5年的时间，在各个学段打造一批在全州乃至全省有影响、有实力的名校。二要在教学质量提升上有新转变。坚持“抓实、抓小、抓早”，细化自上而下的岗位职责体系、目标管理体系、绩效考核体系、教育评价体系，将岗位职责、工作任务、业绩考核贯穿到教育教学全过程，真正用制度管理教学活动、规范从教行为、提升教学质量。要结合各个学段的发展规律，把准方向、着眼细节，加强教学研究、推进课堂改革。市委将统筹全市编制资源，增核3个事业编制，专门用于教育调研。三要在工作绩效考核上有新加强。教育高质量发展作为一项系统工程、重点工作，必须配套严格的督促检查、严厉的奖惩考核、全面的督查通报机制，通过严厉的考核压实相关部门工作责任。同时，明年8月底之前，我们要建立一套科学的教学评价体系，考核结果要与职称晋升、岗位晋档晋级、表彰奖励、教师聘任、绩效工资挂钩，让教师安于教学、乐于教学。要加强对教育系统的常态化纪检监督力度，派驻专职纪检员加强教育领域政治监督和意识形态责任监督，严厉整治形式主义、官僚主义、不正之风。

五、要始终加强党对教育工作的全面领导

历史和实践证明，只有在党的全面领导下，我们才可以集中力量办大事，取得一个又一个胜利，这是我们最重要的法宝。要加强党的领导能力，不断提高党在教育事业发展进程中把方向、管大局、作决策、抓班子、带队伍、保落实的能力与定力，把党的领导贯穿教育工作全过程。市委教育工委和教育工作领导小组要熟悉教育、关心教育、研究教育，指导和检查党的路线、政策以及市委在教育系统中的指示和决定的执行情况，增强统领教育事业发展全局的能力。教育部门和各学校的党组织，要牢固树立“四个意识”、坚定“四个自信”、坚决做到“两个维护”，自觉在政治立场、政治方向、政治原则、政治道路上同党中央保持高度一致。要完善领导体制机制，健全党委统一领导、党政齐抓共管、部门各负其责的教育领导体制，把教育改革发展纳入党委政府的

优先议事日程，定期研究解决教育改革发展中的重大问题，推动各部门履职尽责，形成教育发展合力。各学校要坚持和完善党组织领导下的校长负责制，承担管党治党、办学治校主体责任，健全完善内部治理结构，确保党委统一领导、党政分工合作的机制协调运行。要加强教育领域党的建设。各级各类学校党组织要把抓好学校党建工作作为办学治校的基本功，统筹抓好教育系统党的组织建设、作风建设、纪律建设，把制度建设贯穿其中，深入推进反腐败斗争，不断提高党的建设质量，使党对教育系统的领导始终坚强有力。

六、要以更强的责任担当推动教育发展

教育事业是一项庞大的系统工程、劳心的复杂工程、持久的艰巨工程，单靠教育部门是不可能完成的，必须依靠全社会的力量，齐抓共管，通过政治的、经济的、行政的、法律的、文化的等等多种手段，综合施策。一要高度重视教育。市委市政府已经带头作出了表率，扛着巨大的压力，拿出这么多人力物力财力，全力支持教育。全市各级各部门也要把教育纳入工作重点、列入重要日程，定期研究、随时调度，解决难题。首先，由我和市长带头，会以更大的信心和决心、更多的时间和精力，深入研究教育工作，全力推动教育发展。全体县级领导、各乡镇各部门主要负责同志，尤其是教育行政主管部门，一定要定期研究教育问题，责无旁贷地支持教育、关注教育，真正做到推动教育发展的力量始终不撤、强度始终不减、标准始终不降。二要营造浓厚氛围。宣传部门要把市委、市政府推动教育高质量发展的决心、目标、举措和行动口号喊出去、目标亮出去，把各行业、各系统、各阶层关心、帮助和支持教育的事迹报道出去，切实提振全市人民对同仁教育的信心和底气。教育系统内部也要把市委、市政府办好教育的大决心、大目标，社会各界的好思路、好做法宣传到每位教师、每名学生，努力形成市委市政府为推动教育高质量发展全方位服务、教育系统为推动教育高质量发展全身心投入、社会各界为推动教育高质量发展全过程助力的良好格局。三要加强多方联动。发改、财政部门要全面保障教育项目建设和经费投入，公安、文体、市场、卫生等部门要依法履行责任，加大校园及周边环境的整治力度，严惩侵犯师生权益的不法行为，切实守护好校园这片净土；群团组织要依托与教育联系多、同社会联系广的优势，发挥好“桥梁”作用、扮演好“纽带”角色，促进学校和学生更多地参与社会实践。要积极引导社会各界对教育事业多关心、多支持，通过设立教育捐助基金，调动全社会关注教育发展、服务学校教学、支持教师从教。尤其要引导各位家长重视教育，尊重老师，配合学校共同帮助孩子健康成长、学有所成。

老师们、同学们、同志们，教育是希望，更是未来。教育是今天，更是明天！办好同仁的教育，使命光荣、责任重大。我坚信，在州委州政府的坚强领导下，在上级教育部门的殷切指导下，在全社会的共同参与下，在广大教育工作者的辛勤付出下，同仁的教育一定会更好，同仁的明天一定会更加灿烂！

赵建国同志讲话

（摘录）

同志们，今天我们隆重召开了全市教育发展暨教育教学工作表彰大会，这次会议既是一次鼓励先进、树立典型的总结表彰会，也是一次相互学习、彼此借鉴的经验交流会，更是一次凝聚思想、鼓舞士气的思想动员会。下面，我就贯彻落实好此次会议精神提三点要求。

一是深刻领会会议精神实质。新一届市委、市政府履职伊始，就将发展教育作为头等大事来抓，抢抓历史机遇，坚持优先发展教育事业，积极谋划和加快推进教育改革，制定出台了促进全市教育高质量发展的若干措施。刚才旦增书记的重要讲话，进一步强调了教育高质量发展的重大意义，提出了以“一年定机制、固成果；三年补短板、见成效；五年成体系、建示范”为目标，努力打造教育高质量发展的县域样板的战略格局。全市各乡镇、各部门和全体教职员工要深入学习领会本次会议精神，充分认识市委、市政府实施教育优先发展战略的坚定决心，努力形成全市上下重视教育、支持教育、发展教育的浓厚氛围。

二是全力以赴抓好贯彻落实。全市各乡镇各部门要以此次会议精神为指导，准确把握同仁教育事业发展面临的新形势新任务，领会今后教育发展的工作思路。市委、市政府在经济社会发展规划上优先安排教育、财政资金投入上优先保障教育、公共资源配置上优先满足教育和人力资源开发需要。持续在消除“大班额”、破解“入园难、入校难”问题、加强乡村教师队伍建设等方面综合发力，大力实施好“八大”工程，促进义务教育城乡一体化发展。市教育局和各学校要深入推动习近平新时代中国特色社会主义思想进教材、进课堂、进头脑，构建德、智、体、美、劳全面培养的教育体系和更高水平的人才培养体系。要持续推进“双减”及“五项管理”工作，及时做好调整优化教育布局、教学安排、师资调配等各项工作，确保我市的教育改革工作方向不偏、进度不慢、质量不减。各乡镇各部门要落实优先发展教育的责任，巩固控辍保学成果，做到教育投入优先安排、教育用地优先保障、教育人才优先引进、教育问题优先解决、教师待遇优先落实，不断使教育同党和国家事业发展要求相适应，同人民群众期待相契合。

三是保障义务教育公平底线。要紧紧围绕黄南州教育“1+5”和同仁市教育高质量发展若干措施，着力加强新时代教师队伍建设，把师德师风作为评价教师队伍素质的第一标准，健全绩效考核评价长效机制。大力弘扬尊师重教的社会风尚，努力提高教师政治地位、社会地位、职业地位，让广大教师安心从教、热心从教、信心饱满从教，让尊师重教蔚然成风。要着力深化教育领域综合改革，坚持把学校布局调整与城镇规划建设、乡村振兴战略结合起来，进一步统筹全市教育资源，普惠发展学前教育，均衡发展义务教育，高质量发展高中教育，构建科学民主高效的现代教育治理体系、高质量人才培养体系。

教育是国之大计、党之大计，关乎千家万户、关乎未来发展。我们要始终本着为人民负责、为发展负责、为未来负责的态度，肩负历史使命，坚定不移落实教育优先发展战略，持续补齐短板弱项，坚守为党育人、为国育才理念，在加快推进教育现代化的新征程中培养担当民族复兴大任的时代新人，全方位推动全市教育事业高质量发展，为同仁各族群众努力办好公平而有质量的教育。

重要文件目录

2021 年同仁市委文件一览表

表 8

文号	题名	日期
同委〔2021〕19 号	中共同仁市委关于省委办公厅网情通报第 5 期办理情况的报告	2021 年 1 月 14 日
同委〔2021〕28 号	中共同仁市委关于上报《市委十二届十一次全会对同仁市履行党风廉政建设责任制述职点评意见整改方案》的报告	2021 年 2 月 4 日
同委〔2021〕29 号	中共同仁市委关于上报《市委十二届十一次全会对同仁市基层党建工作述职点评意见整改方案》的报告	2021 年 2 月 4 日
同委〔2021〕30 号	中共同仁市委关于《同仁市 2020 年度省对县脱贫攻坚绩效考核目标任务完成情况》的报告	2021 年 2 月 5 日
同委〔2021〕40 号	中共同仁市委关于同意召开同仁市第一届人民代表大会第一次会议的批复	2021 年 3 月 8 日
同委〔2021〕41 号	中共同仁市委关于同意召开政协第一届同仁市委员会第一次会议的批复	2021 年 3 月 8 日
同委〔2021〕54 号	中共同仁市委　同仁市人民政府关于同仁市 2020 年扶贫审计反馈问题整改情况的报告	2021 年 3 月 18 日
同委〔2021〕64 号	中共同仁市委关于召开中国共产党同仁市第一次代表大会的请示	2021 年 4 月 13 日
同委〔2021〕101 号	中共同仁市委关于同意成立同仁市第二届人民代表大会换届选举委员会的批复	2021 年 5 月 11 日
同委〔2021〕102 号	中共同仁市委关于印发《中国共产党同仁市第一次代表大会代表选举工作方案》的通知	2021 年 5 月 12 日
同委〔2021〕125 号	中共同仁市委关于对董涛等同志荣立三等功并予以表彰的决定	2021 年 5 月 27 日
同委〔2021〕141 号	中共同仁市委关于中共同仁市扶贫开发局党组更名的通知	2021 年 6 月 17 日
同委〔2021〕161 号	中共同仁市委关于上报《同仁市 2021 年上半年全面从严治党工作总结》的报告	2021 年 6 月 23 日
同委〔2021〕162 号	中共同仁市委关于呈报《同仁市 2021 年上半年工作总结及下半年工作计划》的报告	2021 年 6 月 28 日
同委〔2021〕163 号	中共同仁市委关于上报《中国共产党同仁县第十四届委员会工作报告（征求意见稿）》的报告	2021 年 6 月 28 日
同委〔2021〕167 号	中共同仁市委关于同仁市人大、政府、政协领导班子及监察委员会主任、副主任、法检“两长”换届人事安排的请示	2021 年 7 月 5 日
同委〔2021〕168 号	中共同仁市委关于中共同仁市纪律检查委员会、监察委员会主任、副主任换届人事安排的请示	2021 年 7 月 5 日

续表8

文号	题名	日期
同委〔2021〕169号	中共同仁市委关于确定同仁市出席中国共产党黄南藏族自治州第十三次代表大会代表候选人预备人选的情况报告	2021年7月5日
同委〔2021〕178号	中共同仁市委关于选举产生同仁市出席中国共产党黄南藏族自治州第十三次代表大会代表的情况报告	2021年7月14日
同委〔2021〕179号	中共同仁市委关于同仁市出席黄南藏族自治州第十六届人民代表大会候选人的情况报告	2021年7月10日
同委〔2021〕183号	中共同仁市委关于印发《同仁市委巡察工作领导小组向市委常委会会议和书记专题会议报告巡察工作的规定》的通知	2021年7月19日
同委〔2021〕184号	中共同仁市委关于同仁市领导班子换届选举结果的报告	2021年7月19日
同委〔2021〕190号	中共同仁市委关于同意同仁市应急管理局党组改设为党委的通知	2021年7月28日
同委〔2021〕201号	中共同仁市委关于上报《同仁市2021年度上半年州委十二届十一次全会对同仁市履行党风廉政建设责任制述职点评意见整改情况》的报告	2021年8月16日
同委〔2021〕202号	中共同仁市委关于上报《同仁市2021年度上半年州委十二届十一次全会对同仁市基层党建工作述职点评意见整改情况》的报告	2021年8月16日
同委〔2021〕203号	中共同仁市委关于进一步明确市委常委分工的通知	2021年8月19日
同委〔2021〕207号	中共同仁市委　同仁市人民政府关于调整同仁市乡村振兴领导小组及工作职责的通知	2021年9月18日
同委〔2021〕219号	中共同仁市委关于同意召开中国少年先锋队同仁市第一次代表大会的批复	2021年11月4日
同委〔2021〕220号	中共同仁市委关于呈报《同仁市2021年工作总结及2022年工作计划》的报告	2021年11月9日
同委〔2021〕227号	中共同仁市委关于印发《一届同仁市委巡察工作规划（2021—2026）》的通知	2021年11月16日
同委〔2021〕243号	中共同仁市委关于上报中央第十五巡视组巡视青海省反馈意见涉及同仁市意见建议整改落实情况的报告	2021年11月26日
同委〔2021〕245号	中共同仁市委关于上报《同仁市2021年度上半年州委十二届十一次全会对同仁市基层党建工作述职点评意见整改情况》的报告	2021年12月10日
同委〔2021〕248号	中共同仁市委　同仁市人民政府关于上报同仁市构建简约高效乡镇管理体制实施方案的请示	2021年12月22日
同委〔2021〕250号	中共同仁市委关于上报《同仁市2021年度州委十二届十一次全会对同仁市履行党风廉政建设责任制述职点评意见整改情况》的报告	2021年12月24日
同委〔2021〕261号	中共同仁市委关于成立同仁市乡镇机构改革领导小组的通知	2021年12月27日
同委〔2021〕262号	中共同仁市委关于上报《同仁市2021年全面从严治党工作总结》的报告	2021年12月27日

2021 年同仁市委办文件一览表

表 9

文号	题名	日期
同办发〔2021〕1 号	中共同仁市委办公室关于转发《中共黄南州委办公室关于印发〈被巡察党组织配合州委巡察工作规定〉的通知》的通知	2021 年 1 月 7 日
同办发〔2021〕2 号	中共同仁市委办公室印发《关于在全市开展“五项教育”迎党百年华诞主题活动实施方案》的通知	2021 年 1 月 29 日
同办发〔2021〕3 号	中共同仁市委办公室　同仁市人民政府办公室关于印发《2021 年全市百名干部下乡开展“巩固拓展脱贫攻坚成果全面推进乡村振兴落地见效”活动方案》的通知	2021 年 2 月 26 日
同办发〔2021〕4 号	中共同仁市委办公室　同仁市人民政府办公室关于印发《市委一届二次全体会议重点工作任务落实分工方案》的通知	2021 年 2 月 26 日
同办发〔2021〕10 号	中共同仁市委办公室　同仁市人民政府办公室关于印发《同仁市党政领导班子和领导干部年度目标考核办法》的通知	2021 年 4 月 9 日
同办发〔2021〕11 号	中共同仁市委办公室关于成立中国共产党同仁市第一次代表大会筹备工作领导小组的通知	2021 年 4 月 22 日
同办发〔2021〕12 号	中共同仁市委办公室转发《中共同仁市人大常委会党组关于认真做好 2021 年市乡两级人民代表大会换届选举工作的实施方案》的通知	2021 年 5 月 12 日
同办发〔2021〕13 号	中共同仁市委办公室关于印发《中共同仁市委党的建设工作领导小组 2021 年工作要点》的通知	2021 年 5 月 20 日
同办发〔2021〕21 号	中共同仁市委办公室关于召开中国共产党同仁市第一次代表大会的通知	2021 年 7 月 4 日
同办发〔2021〕22 号	中共同仁市委办公室　同仁市人民政府办公室关于印发《同仁市县级领导干部联乡进寺上讲台工作实施方案》的通知	2021 年 7 月 19 日
同办发〔2021〕23 号	中共同仁市委办公室　同仁市人民政府办公室关于印发《同仁市促进 3 岁以下婴幼儿照护服务工作联席会议制度》的通知	2021 年 7 月 22 日
同办发〔2021〕24 号	中共同仁市委办公室　同仁市人民政府办公室关于印发《同仁市西山地质灾害隐患区限时搬迁复垦工作方案》的通知	2021 年 7 月 27 日
同办发〔2021〕25 号	中共同仁市委办公室关于举办新时代干部能力提升培训班的通知	2021 年 7 月 28 日
同办发〔2021〕26 号	中共同仁市委办公室　同仁市人民政府办公室关于印发 2021 年度《同仁市年度乡镇及部门责任目标》的通知	2021 年 7 月 28 日
同办发〔2021〕27 号	中共同仁市委办公室　同仁市人民政府办公室关于全面落实周一例会制度的通知	2021 年 8 月 2 日
同办发〔2021〕32 号	中共同仁市委办公室　同仁市人民政府办公室关于印发《推荐评选表彰首届同仁市道德模范的工作方案》的通知	2021 年 9 月 15 日
同办发〔2021〕33 号	中共同仁市委办公室　同仁市人民政府办公室关于印发《关于推进同仁新发展阶段全面深化改革工作的若干措施》的通知	2021 年 9 月 16 日
同办发〔2021〕34 号	中共同仁市委办公室　同仁市人民政府办公室关于印发《建立落实乡镇党委副书记分管宗教事务和村社区设立统战委员宗教事务联络员人员的通知》	2021 年 9 月 17 日

续表9

文号	题名	日期
同办发〔2021〕35号	中共同仁市委办公室　同仁市人民政府办公室关于印发《同仁市建设项目质量大检查活动实施方案》的通知	2021年9月24日
同办发〔2021〕36号	中共同仁市委办公室　同仁市人民政府办公室关于印发《同仁市党政机关单位新闻发言人制度》的通知	2021年9月29日
同办发〔2021〕42号	中共同仁市委办公室关于印发《同仁市供销合作社联合社职能配置和人员编制规定》的通知	2021年11月2日
同办发〔2021〕44号	中共同仁市委办公室　同仁市人民政府办公室关于常态化开展不合格党员处置工作的通知	2021年11月15日
同办发〔2021〕47号	中共同仁市委办公室关于印发《中共同仁市委落实全面从严治党主体责任清单》的通知	2021年11月18日
同办发〔2021〕49号	中共同仁市委办公室关于转发州政协党组《关于推进全州乡镇政协委员联络室实体化、规范化运行的指导意见》的通知	2021年11月23日
同办发〔2021〕50号	中共同仁市委办公室　同仁市人民政府办公室关于印发《木里矿区综合整治工作“回头看”指出问题涉及同仁市整改方案》的通知	2021年11月24日
同办发〔2021〕52号	中共同仁市委办公室　同仁市人民政府办公室关于印发《同仁市村集体经济收益资金管理使用暂行办法》的通知	2021年11月26日
同办发〔2021〕53号	中共同仁市委办公室　同仁市人民政府办公室关于印发《同仁市2021年度科级领导班子及领导干部目标考核实施方案》的通知	2021年11月29日
同办发〔2021〕54号	中共同仁市委办公室　同仁市人民政府办公室关于印发《同仁市贯彻省政府主要领导调研同仁工作时重要讲话精神若干措施》的通知	2021年11月29日
同办发〔2021〕56号	中共同仁市委办公室　同仁市人民政府办公室印发《中共同仁市委关于中共青海省委〈法治社会建设实施纲要（2020—2025年）的实施意见〉的贯彻措施》的通知	2021年12月14日
同办发〔2021〕60号	中共同仁市委办公室关于召开中共同仁市委一届二次全体会议的预通知	2021年12月23日

2021年同仁市人大文件一览表

表10

文号	题名	日期
同人大〔2021〕1号	同仁市人民代表大会常务委员会关于补选吴树荣、杨海云为州十五届人大代表的公告	2021年2月26日
同人大〔2021〕2号	同仁市人民代表大会常务委员会关于同意调整市政府2020年地方公共财政收入、政府性基金收入议案的决定	2021年3月14日
同人大〔2021〕3号	同仁市人民代表大会常务委员会关于补选扎西才让、宋辉、王桂莲为州十五届人大代表的公告	2021年4月26日
同人大〔2021〕4号	同仁市人民代表大会常务委员会关于同仁市乡级人民代表大会代表名额的决定	2021年5月14日
同人大〔2021〕5号	同仁市人民代表大会常务委员会关于成立同仁市人民代表大会换届选举委员会的公告	2021年5月14日

续表10

文号	题名	日期
同人大〔2021〕6号	同仁市人民代表大会常务委员会关于成立同仁市各乡镇人民代表大会换届选举委员会的公告	2021年5月14日
同人大〔2021〕7号	同仁市人民代表大会常务委员会关于印发《同仁市人大常委会2021年度监督工作计划》的通知	2021年5月14日
同人大〔2021〕8号	同仁市人民代表大会常务委员会关于同仁市市乡两级人民代表大会代表换届选举日的决定	2021年6月1日
同人大〔2021〕9号	同仁市人民代表大会常务委员会任命名单	2021年7月12日
同人大〔2021〕10号	同仁市人民代表大会常务委员会关于批准同仁市2020年市级财政决算的决议	2021年9月9日
同人大〔2021〕11号	同仁市人民代表大会常务委员会关于设立代表资格审查委员会的决定	2021年9月9日
同人大〔2021〕12号	同仁市人民代表大会常务委员会决定任命名单	2021年9月9日
同人大〔2021〕13号	同仁市人民代表大会常务委员会任免名单	2021年9月9日
同人大〔2021〕14号	同仁市人民代表大会常务委员会免职名单	2021年9月9日
同人大〔2021〕15号	同仁市人民代表大会常务委员会免职名单	2021年9月9日
同人大〔2021〕16号	关于《市人民政府实施〈中华人民共和国固体废物污染环境防治法〉情况报告》的审议意见	2021年9月15日
同人大〔2021〕17号	关于《全市医保基金运行管理情况的报告》的审议意见	2021年9月15日
同人大〔2021〕18号	关于《审计结果执行情况的报告》的审议意见	2021年9月15日
同人大〔2021〕19号	关于《适用认罪认罚从宽制度工作情况报告》的审议意见	2021年9月15日
同人大〔2021〕20号	关于《同仁市2021年上半年财政预算执行情况报告》的审议意见	2021年9月15日
同人大〔2021〕21号	关于《同仁市2021年上半年国民经济和社会发展计划执行情况报告》的审议意见	2021年9月15日
同人大〔2021〕22号	关于《同仁市2019年度本级预算执行和其他财政收支发现问题整改情况的报告和2020年度预算执行和其他财政收支的审计工作报告》的审议意见	2021年9月15日
同人大〔2021〕23号	关于《同仁市2020年市级财政决算（草案）报告》的审议意见	2021年9月15日
同人大〔2021〕24号	同仁市人民代表大会常务委员会关于开展第八个五年法治宣传教育的决议	2021年11月29日
同人大〔2021〕25号	同仁市人民代表大会常务委员会关于批准同仁市2021年新增地方政府债券资金的决定	2021年11月29日
同人大〔2021〕26号	同仁市人民代表大会常务委员会关于批准同仁市2021年新增地方政府专项债券资金的决定	2021年11月29日
同人大〔2021〕27号	同仁市人民代表大会常务委员会关于同意同仁市2021年县级基本财力保障机制奖补资金分配方案的决定	2021年11月29日
同人大〔2021〕28号	同仁市人民代表大会常务委员会关于接受辛芙蓉辞去同仁市第二届人民代表大会代表职务请求的决定	2021年11月29日
同人大〔2021〕29号	同仁市人民代表大会常务委员会决定任命名单	2021年11月29日
同人大〔2021〕30号	同仁市人民代表大会常务委员会任命名单	2021年11月29日
同人大〔2021〕31号	同仁市人民代表大会常务委员会任命名单	2021年11月29日

续表10

文号	题名	日期
同人大〔2021〕32号	关于《全市突发公共卫生事件应急管理工作和传染病防治法律法规实施情况的专项报告》的审议意见	2021年12月9日
同人大〔2021〕33号	关于《全市国有自然资源资产管理情况专项报告》的审议意见	2021年12月9日
同人大〔2021〕34号	关于《全市教育三项经费增长情况的报告》的审议意见	2021年12月9日
同人大〔2021〕35号	关于《市人民政府实施〈中华人民共和国未成年人保护法〉情况报告》的审议意见	2021年12月9日
同人大〔2021〕36号	关于《市一届人大一次会议代表建议办理情况报告》的审议意见	2021年12月9日
同人大〔2021〕37号	同仁市人民代表大会常务委员会关于同意同仁市2021年预算调整方案的决定	2021年12月29日
同人大〔2021〕38号	同仁市人民代表大会常务委员会关于批准同仁市2021年阶段性财力补助资金使用分配方案的决定	2021年12月29日
同人大〔2021〕39号	同仁市人民代表大会常务委员会关于批准同仁市2021年特殊困难补助（抗疫特别国债）资金使用分配方案的决定	2021年12月29日
同人大〔2021〕40号	同仁市人民代表大会常务委员会关于批准同仁市2021年省对下均衡性等转移支付资金使用分配方案的决定	2021年12月29日
同人大〔2021〕41号	同仁市人民代表大会常务委员会关于同意同仁市2021年地方政府债务限额的决定	2021年12月29日
同人大〔2021〕42号	同仁市人民代表大会常务委员会关于同意同仁市2021年县级基本财力保障机制奖补资金使用分配方案的决定	2021年12月29日
同人大〔2021〕43号	关于《同仁市行政事业性国有资产管理情况的报告》的审议意见	2021年12月29日
同人大〔2021〕44号	关于《同仁市2021年度环境状况和环境保护目标完成情况报告》的审查意见	2021年12月29日

2021年同仁市人民政府文件一览表

表11

文号	题名	日期
同政〔2021〕1号	关于上报《省部共建高原美丽城镇示范省建设试点工作同仁市三年行动方案》的请示	2021年1月6日
同政〔2021〕4号	关于印发《同仁市健康中国行动工作实施方案》的通知	2021年2月22日
同政〔2021〕11号	关于印发省州市《政府工作报告》和民生实事工程重点工作任务分工方案的通知	2021年3月17日
同政〔2021〕13号	关于《同仁县城市总体规划（2014—2030年）（2020年修改）》备案的报告	2021年3月26日
同政〔2021〕14号	关于上报《省部共建高原美丽城镇示范省建设试点工作同仁市三年行动方案》的请示	2021年3月26日
同政〔2021〕15号	关于《同仁市历史建筑保护试点方案》的请示	2021年3月26日
同政〔2021〕20号	关于审批《同仁市土地征收成片开发方案（2021年度）》的请示	2021年4月28日
同政〔2021〕21号	关于申报同仁市海绵城市示范市的请示	2021年5月10日

续表11

文号	题名	日期
同政〔2021〕24号	关于同仁撤县设市组织实施情况的报告	2021年5月19日
同政〔2021〕30号	关于申请设立海峡两岸少数民族交流与合作基地的报告	2021年6月10日
同政〔2021〕32号	关于同仁市城北新区项目工程推进实施事宜的请示	2021年6月16日
同政〔2021〕33号	关于同仁市饮用水源水源地情况的报告	2021年6月18日
同政〔2021〕35号	关于同仁市草原生态保护补助奖励政策审计反馈问题核查核实情况的报告	2021年6月25日
同政〔2021〕36号	关于同仁市北城区综合管廊建设项目（二期）与海绵城市项目捆绑实施的请示	2021年6月29日
同政〔2021〕42号	关于同仁市申报“中国民间文化艺术之乡”的请示	2021年8月2日
同政〔2021〕49号	关于申请小型有机垃圾焚烧炉项目的报告	2021年8月20日
同政〔2021〕50号	关于表彰优秀民兵教练员和先进个人的通报	2021年8月19日
同政〔2021〕51号	关于创建同仁市国家农村产业融合发展示范园的请示	2021年9月3日
同政〔2021〕52号	关于申请设立“海峡两岸少数民族交流与合作基地”的报告	2021年9月17日
同政〔2021〕58号	关于将黄南州体育场产权和管理权移交至同仁市的请示	2021年10月13日
同政〔2021〕61号	关于同仁市县域节水型社会建设验收工作的请示	2021年10月29日
同政〔2021〕62号	关于州政协第十三届委员会第七次会议提案办理情况的报告	2021年11月4日
同政〔2021〕63号	关于同仁市农牧民草原生态保护补助机制政策执行情况全面排查工作情况的报告	2021年11月10日
同政〔2021〕64号	关于2020年度青海省国家重点生态功能区县域生态环境质量监测与评价结果通报的整改报告	2021年11月12日
同政〔2021〕68号	关于申请解决同仁市环卫工人“暖心早餐”工程经费的报告	2021年12月17日
同政〔2021〕69号	关于印发《同仁市2021统筹整合涉农资金使用方案》的通知	2021年11月30日
同政〔2021〕72号	关于印发《同仁市社区工作者管理办法（试行）》的通知	2021年11月30日
同政〔2021〕73号	关于报请审查《城乡建设用地增减挂钩项目拆旧复垦安置方案——同仁市多哇镇、瓜什则乡等9乡镇城乡建设用地增减挂钩项目（2020—2022年）》的请示	2021年12月6日
同政〔2021〕74号	关于报请审查《同仁市城镇开发边界划定方案》的请示	2021年12月8日
同政〔2021〕75号	关于年都乎乡曲么村330千伏变电站相关问题办理情况的报告	2021年12月8日
同政〔2021〕76号	关于报请审查《同仁市义务教育薄弱环节改善与能力提升规划实施方案（2021—2025）》的请示	2021年12月10日
同政〔2021〕77号	关于州政协十四届一次会议《关于切实提高同仁市城市管理水平的提案》办理情况的报告	2021年12月21日
同政〔2021〕78号	关于同仁市耕地保护责任目标履行自查情况的报告	2021年12月28日

2021年同仁市政府办文件一览表

表12

文号	题名	日期
同政办〔2021〕3号	关于印发同仁市2021年种植业结构工作计划的通知	2021年2月22日
同政办〔2021〕4号	转发黄南藏族自治州人民政府办公室《关于印发推动黄南州服务业高质量发展实施方案》的通知	2021年2月25日
同政办〔2021〕5号	关于印发《同仁市“百日攻坚”专项行动实施方案》的通知	2021年2月26日
同政办〔2021〕7号	关于印发《同仁市全面推行林草长制工作实施方案》的通知	2021年4月2日
同政办〔2021〕8号	关于印发《同仁市姜曲等6条河道岸线保护与利用规划》的通知	2021年5月8日
同政办〔2021〕9号	关于印发《同仁市河道采砂管理规划》的通知	2021年5月28日
同政办〔2021〕12号	关于印发《2021年深化“放管服”改革优化营商环境重点任务分工方案》的通知	2021年9月30日
同政办〔2021〕13号	关于建立同仁市社会救助工作联席会议制度的通知	2021年9月30日
同政办〔2021〕14号	关于印发《同仁市2021年综合医改重点工作任务》的通知	2021年10月28日
同政办〔2021〕15号	关于印发《同仁市进一步加强农村牧区宅基地管理工作实施方案》的通知	2021年12月22日

2021年同仁市政协文件一览表

表13

文号	题名	日期
同协办〔2021〕1号	关于申请工会工作经费的报告	2021年1月4日
同协办〔2021〕2号	关于印发《关于进一步加强对乡镇政协联络室工作联系和指导的若干意见》《同仁市乡镇政协联络室工作制度（试行）》的通知	2021年1月7日
同协办〔2021〕3号	关于提案征集工作的通知	2021年1月7日
同协办〔2021〕4号	关于召开市政协党组班子“作风突出问题集中整治专项行动”主题教育专题民主生活会的通知	2021年1月11日
同协办〔2021〕5号	关于征求对市政协党组及领导班子成员民主生活会、市政协机关党组及领导班子成员民主生活会、市政协办公室支部及支部班子成员组织生活会意见建议的函	2021年1月12日
同协办〔2021〕6号	关于做好移动互联网应用程序整治指尖上的形式主义的报告	2021年1月14日
同协办〔2021〕7号	关于市政协党组2020年民主生活会情况总结的报告	2021年1月20日
同协办〔2021〕8号	关于办理一届第十四次常委会会议确定重点工作进展和完成情况说明	2021年1月27日
同协办〔2021〕9号	关于更换市政协纪检员的报告	2021年1月28日
同协办〔2021〕10号	关于提交个人述职报告的通知	2021年1月28日

续表13

文号	题名	日期
同协办〔2021〕11号	关于召开组织生活会的请示	2021年1月29日
同协办〔2021〕12号	关于市政协党组2020年度民主生活会整改落实方案	2021年2月3日
同协办〔2021〕13号	关于政协会议租用委员通勤车的函	2021年3月9日
同协办〔2021〕14号	关于开展“祭英烈　学党史”主题党日活动的通知	2021年4月25日
同协办〔2021〕15号	关于要求核销固定资产的报告	2021年4月26日
同协办〔2021〕16号	关于申请工会工作经费的报告	2021年4月28日
同协办〔2021〕17号	关于上报同仁市政协2021年“十三五”工作总结和“十四五”工作谋划的报告	2021年5月6日
同协办〔2021〕18号	关于要求解决修缮政协办公楼费用的报告（30w）	2021年5月6日
同协办〔2021〕19号	关于要求解决修缮政协办公楼费用的报告	2021年5月18日
同协办〔2021〕20号	关于要求解决修缮政协办公楼费用的报告	2021年5月18日
同协办〔2021〕21号	关于赴迭部县腊子口红色教育基地开展学习交流相关事宜的请示	2021年6月1日
同协办〔2021〕22号	关于赴刚察县开展学习交流的函	2021年6月2日
同协办〔2021〕23号	关于开展整治违规收送礼金问题小金库“回头看”专项行动方案	2021年6月10日
同协办〔2021〕24号	关于开展整治违规收送礼金问题和小金库“回头看”专项行动方案	2021年6月10日
同协办〔2021〕25号	关于印发《同仁市“乡镇政协工作联络组规范化建设”重点工作任务计划》的通知	2021年6月18日
同协办〔2021〕26号	关于同仁市“乡镇政协联络组工作规范化建设”重点工作任务计划	2021年6月21日
同协办〔2021〕27号	关于召开市政协乡镇联络组及参加单位重点工作安排部署会议的通知	2021年6月21日
同协办〔2021〕28号	关于开展提质增效三年行动2021年实施方案	2021年6月21日
同协办〔2021〕29号	关于政协出席中国共产党同仁市第一次党员代表大会代表选举结果报告	2021年6月25日
同协办〔2021〕30号	关于解决市政协二届一次会议经费的请示	2021年7月2日
同协办〔2021〕31号	关于召开政协同仁市一届四次常委会的通知	2021年7月6日
同协办〔2021〕32号	关于召开政协第二届同仁市委员会第一次会议的通知	2021年7月9日
同协办〔2021〕33号	关于2021年上半年全面深化改革工作进展情况的报告	2021年7月23日
同协办〔2021〕34号	关于举办2021年度同仁市政协委员履职能力提升专项培训班的通知	2021年7月26日
同协办〔2021〕35号	关于上报“严肃财经纪律专项检查”工作的自查报告	2021年8月5日
同协办〔2021〕36号	关于市政协领导干部职工工作分工的通知	2021年8月6日
同协办〔2021〕37号	关于征求对市政协办公室党支部班子及成员意见建议的函	2021年8月9日
同协办〔2021〕38号	关于开展实施乡村振兴战略调研、热贡馍馍产业发展情况调研方案的通知	2021年8月27日
同协办〔2021〕39号	关于开展义务教育三科统编教材使用情况调研方案的通知	2021年8月27日
同协办〔2021〕40号	关于组织市政协委员开展学习培训活动方案的请示	2021年9月1日
同协办〔2021〕41号	关于申报2019—2021年度州级文明村镇（文明单位、文明校园、文明家庭）的报告	2021年9月15日
同协办〔2021〕42号	关于开展保密工作专项自查报告	2021年9月15日

续表13

文号	题名	日期
同协办〔2021〕43号	关于推荐同仁市首届道德规范的报告	2021年9月15日
同协办〔2021〕44号	关于开展2021年对基层政协委员进行培训的通知	2021年9月15日
同协办〔2021〕45号	关于追加预算的报告	2021年9月16日
同协办〔2021〕46号	关于申请撤销同仁市政协机关党组的请示	2021年9月16日
同协办〔2021〕47号	关于中国人民政治协商会议同仁市委员会委员履职管理暂行规定（修订稿）的征求意见的函	2021年9月17日
同协办〔2021〕48号	关于成立同仁市政协机关工会委员会的请示	2021年9月21日
同协办〔2021〕49号	关于印发《推动协商向基层延伸工作方案》的通知	2021年9月22日
同协办〔2021〕50号	关于成立工会委员会选举结果的请示	2021年9月26日
同协办〔2021〕51号	关于中国人民政治协商会议同仁市委员会委员履职管理暂行规定（修订稿）的征求意见的函	2021年10月8日
同协办〔2021〕52号	关于市政协主席、副主席、秘书长、专委会主任联系委员工作的通知	2021年10月19日
同协办〔2021〕53号	关于成立同仁市政协妇工委的请示	2021年10月20日
同协办〔2021〕54号	关于政协同仁市委员会了解和反映社情民意工作制度（征求意见稿）	2021年10月21日
同协办〔2021〕55号	关于对2021年度提案办理情况督办和“双向评议”的通知	2021年10月26日
同协办〔2021〕56号	关于印发《关于进一步加强对乡镇政协联络室工作联系和指导的若干意见》《同仁市乡镇政协联络室工作制度（试行）》的通知	2021年10月27日
同协办〔2021〕57号	关于成立政协同仁市委员会提案和提案办理“双向评议”工作领导小组的通知	2021年10月27日
同协办〔2021〕58号	关于成立市政协党组（机关党组）疫情防控领导小组的通知	2021年11月2日
同协办〔2021〕59号	关于征求同仁市脱贫攻坚巩固与乡村振兴战略实施有效衔接情况的专题调研报告意见建议的函	2021年11月4日
同协办〔2021〕60号	关于成立政协同仁市办公室第八轮巡察“回头看”领导小组的通知	2021年11月8日
同协办〔2021〕61号	关于《2021年党委督促检查工作要点》落实情况的报告	2021年11月17日
同协办〔2021〕62号	关于上报一届市委2021年25次常委会会议确定重点工作落实情况的报告	2021年11月17日
同协办〔2021〕63号	关于对《中共同仁县委关于同仁市提名推荐出席政协黄南藏族自治州第十二届政协委员会候选人情况的报告》解密建议	2021年11月18日
同协办〔2021〕64号	关于申请替换公益性岗位人员的报告	2021年11月18日
同协办〔2021〕65号	关于2021年同仁市政协纪检员工作总结报告	2021年11月26日
同协办〔2021〕66号	关于政协2021年党风廉政建设和反腐败工作总结	2021年11月26日
同协办〔2021〕67号	关于上报履行党风廉政主体责任情况的报告	2021年11月26日
同协办〔2021〕68号	关于2021年同仁市政协纪检员工作总结报告	2021年11月26日
同协办〔2021〕69号	关于要求缴纳企业职工基本养老保险的报告	2021年12月10日
同协办〔2021〕70号	关于印发《政协同仁市委员会委员履职考核办法（试行）》的通知	2021年12月15日
同协办〔2021〕71号	关于申请解决公务用车购买经费的报告	2021年12月16日

续表13

文号	题名	日期
同协办〔2021〕72 号	关于开展市政协一届一次、二届一次会议提案及提案办理“双向评议”工作的通知	2021 年 12 月 27 日
同协办〔2021〕73 号	关于政协法治建设工作 2021 年总结及 2022 年工作计划	2021 年 12 月 28 日
同协党组〔2021〕1 号	关于调整同仁市政协机关党组书记的请示	2021 年 1 月 8 日
同协党组〔2021〕2 号	关于召开 2020 年度民主生活会的请示	2021 年 1 月 11 日
同协党组〔2021〕3 号	关于同仁市政协党组班子 2020 年度民主生活会方案	2021 年 1 月 16 日
同协党组〔2021〕4 号	关于召开政协第一届同仁市委员会第一次会议的请示	2021 年 3 月 2 日
同协党组〔2021〕5 号	关于《政协同仁市第一届委员会第一次会议工作报告（审议稿）》的请示	2021 年 3 月 5 日
同协党组〔2021〕6 号	关于同仁市第二届委员会第一次会议前期筹备工作相关事宜的请示	2021 年 5 月 11 日
同协党组〔2021〕7 号	关于召开民主生活会“回头看”问题情况的报告	2021 年 5 月 25 日
同协党组〔2021〕8 号	关于呈报《政协同仁市委员会换届选举方案》的请示	2021 年 6 月 9 日
同协党组〔2021〕9 号	关于同仁市政协增设教科文卫和学习文史委员会、委员履职服务中心相关事宜协商的函	2021 年 6 月 22 日
同协党组〔2021〕10 号	关于更换市政协各专委会名称的决定	2021 年 7 月 6 日
同协党组〔2021〕11 号	关于召开政协第二届同仁市委员会第一次会议的请示	2021 年 7 月 9 日
同协党组〔2021〕12 号	关于推荐同仁市政协科级干部的函	2021 年 8 月 31 日
同协党组〔2021〕13 号	关于申请成立市政协二届委员培训临时党支部的请示	2021 年 9 月 17 日
同协党组〔2021〕14 号	关于申请成立同仁市政协协商议政服务中心的请示	2021 年 10 月 19 日
同协党组〔2021〕15 号	关于政协第二届同仁市委员会领导班子成员工作分工的请示	2021 年 10 月 26 日
同协党组〔2021〕16 号	关于上报《同仁市政协党组 2021 年工作总结及 2022 年工作思路》的报告	2021 年 11 月 29 日

同仁市 2021 年度经济运行简析

2021 年，根据地区生产总值统一核算结果，全市完成地区生产总值 402643.78 万元，同比增长 3.1%；其中：第一产业增加值 63543.50 万元，同比增长 4.6%；第二产业增加值 48844.80 万元，同比下降 11.5%；第三产业增加值 290255.48 万元，同比增长 5.5%。

一、经济运行情况

（一）农牧业稳中有升。2021 年，我市实现农林牧渔业总产值 85952.78 万元，同比增长 4.25%，其中：农业总产值 38892.28 万元，同比增长 11.67%；林业总产值 4049 万元，同比下降 18.25%；牧业总产值 39580.5 万元，同比增长 0.55%，农林牧渔服务业总产值 3431 万元，同比增长 3.97%。

（二）工业稳步增长。2021 年，规模以上工业完成增加值 2365.4 万元，同比增长 6%；规模以下工业增加值同比增长 5.7%。从产品产量看，完成发电量 2.84 亿度，同比增长 30.2%。

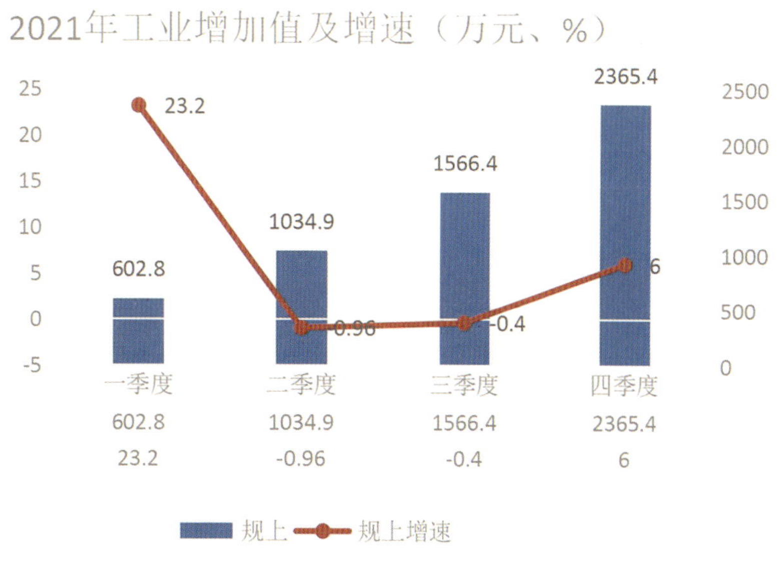

（三）固定资产投资。1—12 月份，市属固定资产投资同比增长 6.9%。其中民间投资同比增长 182.2%，占全部投资完成额 60.1%。按投资类型分，1—12 月份，项目投资同比增长 16.3%；占全部投资完成额的 88.15%；房地产开发投资同比下降 33.3%；占全部投资完成额的 11.85%。按产业分，第一产业投资同比下降 48.9%，占全部投资完成额的 4.32%；第二产业投资同比增长 577.5%，占全部投资完成额的 43.74%；第三产业投资同比下降 33.9%，占全部投资完成额的 51.94%。

（四）社会消费品零售总额平稳增长。2021 年，全市实现社会消费品零售总额 101524.7 万元，同比增长

7.8%。按销售单位所在地分：2021 年，城镇实现社会消费品零售额为 93293.2 万元，同比增长 8.9%，占同仁市社会消费品零售额的比重为 91.9%（其中：城区实现社会消费品零售额为 27577.9 万元，同比增长 7.9%）；乡村实现社会消费品零售额 8231.5 万元，同比下降 2.5%，占全市社会消费品零售额的比重为 8.1%。按消费形态分：2021 年，实现商品零售额为 78348.4 万元，同比增长 9.2%；实现餐饮收入为 23176.3 万元，同比增长 3.4%。

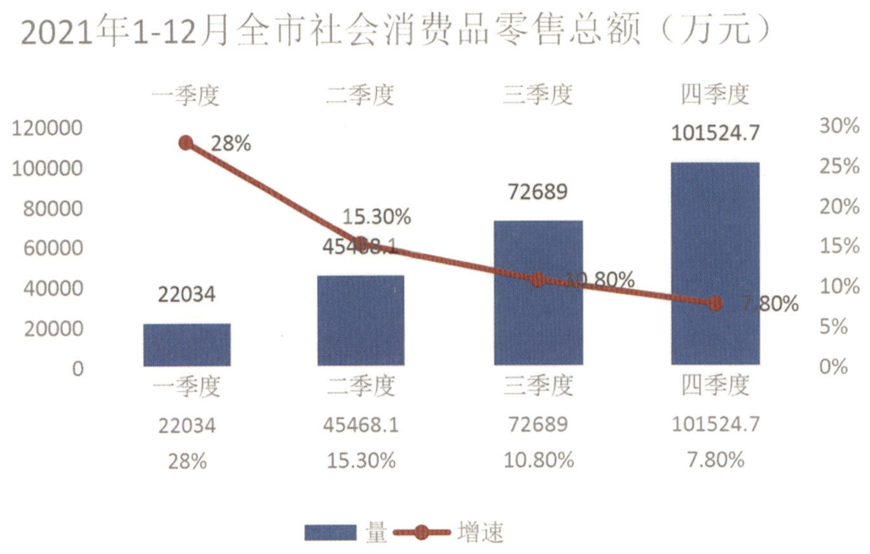

（五）城乡居民收入。2021 年同仁市全体居民人均可支配收入 22060 元，同比增长 8.8%。其中城镇人均可支配收入 38270 元，同比增长 6%，农村人均可支配收入 12169 元，同比增长 9%。

（六）居民消费价格保持平稳运行态势。据 CPI 调查数据显示：2021 年同仁市居民消费价格呈稳中略涨的态势，累计上涨 1.3%，涨幅比上年缩小 1.3 个百分点，与全省平均水平持平，被调查的八大类商品和服务价格呈"五涨三降"态势。其中：食品烟酒上涨 1.2%，居住类上涨 3.6%，交通和通信类上涨 1.6%，教育文化和娱乐类上涨 1.0%，医疗保健类上涨 0.8%；衣着类下降 1.5%，生活用品及服务类下降 0.8%，其他用品和服务类下降 1.9%。

二、存在的问题

农牧业：一是蔬菜方面，生产成本持续走高，包括土地租金和用工成本高，加之机械化率低，劳动力价格上涨。设施温棚年久失修的问题，导致蔬菜增长幅度不高；二是农牧业结构单一，规模化生产经营能力不足，集体性产业发展规模较小，市场竞争能力弱。农畜产品附加值低，产供销一条龙的产业化经营模式还未形成；三是各类农牧业专业人才缺乏。缺少有文化、懂技术、善经营、会管理的致富带头人，导致技术力量薄弱，技术指导服务滞后。

工业：一是制造业竞争力不强。通过大力培育，我市工业企业数量在逐步增加，但是竞争力整体不强，多为规模较小的小微企业，结构单一，工业整体发展不平衡；二是小微企业基础薄弱、融资方式单一，过度依赖银行信贷资金，稍遇银行信贷收缩、金融政策变化、资金回笼困难就容易出现经营问题甚至停工停产现象，拉低整体产值和增速；三是原材料价格和人工成本持续上涨、导致企业生产成本提高，利润空间变窄。

固定资产投资：一是新开工项目的减少，投资规模下降，大量项目投资额已竣工，致使投资后劲不足，后期无力接续，成为制约投资增长的主要因素；二是施工项目资金支付率低，无法形成实物量；三是民间投资统计难度大，由于国家统计制度的不断完善和健全，对于数据凭证的要求也越来越严格，而我市大多数民间投资因规模小，企业管理滞后，财务制度不健全，致使很多民间投资未能提供有效的数据凭证，导致无法统计入库。

社会消费品零售总额：一是跨地域消费压缩了我市社会消费市场营业占有份额。随着家庭购买力的增强和消费意向的变化，跨地区消费逐年增多，从一定程度上对我市社会消费品零售总额增长造成了影响；二是随着电子商务的不断壮大成熟，各类商品成交量较大，分流了很大一部分消费群体，对传统的进店销售模式产生极大的冲击，对我市实体店产生了一定的影响。

三、意见建议

农牧业：一是坚持以市场为导向，根据不同地域条件和特点，立足于优质农牧业资源优势，不断拓宽发展思路，做大做强优势特色产业，选择优势明显、有发展潜力的主导品种，统一规划、连片建设，规模经营，打造具有本地优势的特色设施农业品牌，形成品牌效应；二是抓好服务对接，发挥龙头企业示范带动效应；三是立足本地实际，发展具有本地特色农产品及其加工，吸引本地大学生留在家乡搞发展，同时增加农牧民就业岗位，带动农牧户增加收入。

工业：一是加强与企业联系，对密切关注企业动态，力争掌握第一手资料，尤其是对有明显变化的企业更要做到及时跟进，及时将变动情况，作出相应的反应；二是重点培育拟入规企业，属于新建投产的企业，及时帮扶企业尽早投产，稳产，密切关注发展发展动态，达到标准后及时入规，梳理并解决企业存在的困难和问题，积极利用政策，扶持企业做大做强，力争实现年度达标入规；三是政府优惠政策也要倾向规下的小微企业，完善工业企业培育机制，培育有发展前景的工业企业。

固定资产投资：一是抓好项目入库工作，各项目单位做好项目前期工作，争取更多的项目落地做到及时入库，使项目库储备充盈，为增加投资提供保障，形成有效的投资额；二是加大施工项目资金支付率，进一步形成投资；三是做好固定资产统计服务工作，加强对投资项目的跟踪服务与管理，从项目入库开始引导项目单位规范化实施项目建设，督促指导建立健全项目财务管理制度，严格按固定资产统计上报要求做好统计上报工作，切实做到数据真实、准确，不漏统，为全面完成固定资产投资任务打好基础。

社会消费品零售总额：一是加强商贸企业的培育力度。为客观真实、及时准确反映全市经济发展状况，提高统计基础数据质量，采取相应措施，鼓励更多中小企业做大做强，对即将或已经跨入限额以上门槛和符合条件的，动员引导其依法入限，争取为商贸统计工作打下良好的基础；二是积极应对网购。鼓励线上企业开展线上、线下双轨销售，以品种多样化，满足消费者需求，吸引更多本地消费者在本地消费，促进消费品市场快速发展。

2021年同仁市年度目标责任考核优秀班子和优秀公务员名单

优秀、良好领导班子名单

表14

组别	优秀班子		良好班子	
	个数	名称	个数	名称
乡镇组	5	隆务镇、多哇镇、曲库乎乡、年都乎乡、瓜什则乡	6	保安镇、兰采乡、黄乃亥乡、扎毛乡、加吾乡、双朋西乡
党群组	5	市委组织部、市委办公室、市委宣传部、市纪委监委、市委政法委	10	市政协办公室、市人大办公室、市妇女联合会、市残疾人联合会、市委统战部、市人民检察院、共青团市委、市委党校、市总工会、市人民法院
政府社会组	4	市政府办公室、市司法局、市公安局、市卫生健康局	10	市人力资源和社会保障局、市审计局、市教育局、市应急管理局、市民政局、市退役军人事务局、市统计局、市医疗保障局、市文体旅游广电局、市气象局
政府经济组	4	市乡村振兴局、市财政局、市市场监督管理局、市发展和改革局	9	市自然资源局、市住房和城乡建设局、市交通运输局、市水利局、市农牧和科技局、市工商和信息化局、市生态环境局、国家税务总局同仁市税务局、市供销合作联社

优秀科级干部名单

表15

组别	人数	单位	姓名
乡镇组	27	隆务镇	夏吾桑杰
			宋健良
			尕藏卓玛
		多哇镇	周加卡
			张占臻
			措　姆

续表15

组别	人数	单位	姓名
乡镇组	27	曲库乎乡	李本扎西
			华 谦
			吴忠伟
		年都乎乡	张 红
			马晓明
			尕桑当周
		瓜什则乡	祁 亮
			旦巴杰
			羊毛吉
		保安镇	增他加
			杨 艳
		兰采乡	丹措卓玛
			卡布加
		黄乃亥乡	才让扎西
			杨 斌
		扎毛乡	王俊安
			辛丽瑞
		加吾乡	关却项加
			格桑卓玛
		双朋西乡	拉公加
			夏 江
党群组	14	市委办公室	林业昭
		市纪委监委	卡毛措
			力辛加
			楼 岚
		市委组织部	董 涛
		市委宣传部	马新国
		市委统战部	黄永刚
		市人大办公室	才毛吉
		市政协办公室	马忠文
		市委党校	扎西东智
		市委政法委	王洪英
		市群团组织	华 盖
		市人民法院	高淑琴
		市人民检察院	辛雨林

续表15

组别	人数	单位	姓名
政府社会组	16	市政府办公室	辛作鲲
			王珍文
		市卫生健康局	张永华
		市应急管理局	桑知措
		市民政局	才让扎西
		市统计局	王　祥
		市气象局	张增林
		市审计局	王常清
		市司法局	祁兴慧
		市人力资源和社会保障局	刘文丽
		市文体旅游广电局	傲赛多杰
		市教育局	张晓萍
		市医疗保障局	李德林
		市退役军人事务局	夏吾更藏
		市公安局	南拉才让
			才　旦
政府经济口	13	市税务局	郭晓莉
		市供销合作联社	王生英
		市财政局	秦丽华
		市水利局	马承斌
		市发展和改革局	增太加
		市住房和城乡建设局	林海军
		市工业商务和信息化局	敏　飞
		市自然资源局	夏吾加
		市生态环境局	严　沛
		市农牧和科技局	卡本加
		市市场监督管理局	才让东智
		市乡村振兴局	田志国
		市交通运输局	韩志远
司法局、公安局、法院、检察院等部门的派出机构、内设机构，寺院管理处、市委巡察组及市督考办科级干部	9	扎毛乡司法所	拉毛先
		市人民法院	李毛吉
		市人民检察院	陈秀花

续表15

组别	人数	单位	姓名
司法局、公安局、法院、检察院等部门的派出机构、内设机构，寺院管理处、市委巡察组及市督考办科级干部	9	市公安局	才　旦
			仁青当周
			马　宁
		市委巡察办	谢饶措
		市委督考办	马弘勃
		隆务寺院管理委员会	索南尖措

注：除以上79名优秀科级领导干部外，其他科级领导干部均为称职。

目标考核专项奖与支持地方社会经济发展优秀单位

表16

奖项名称	获奖单位
乡村振兴专项奖	加吾乡、市民政局
改革创新专项奖	双朋西乡、市委办公室
支持地方社会经济发展优秀单位	市委机构编制委员会办公室、国网青海省电力公司同仁市供电公司、中国邮政储蓄银行黄南分行同仁市支行、青海同仁农村商业银行股份有限公司、同仁市消防救援大队、同仁市公安交通警察大队、武警黄南支队同仁中队、中国电信股份有限公司同仁分公司、中国人民财产保险股份有限公司同仁支公司

索　引

使用说明

一、本索引采用内容分析索引法，按索引数字、汉语拼音字母顺序排列。

二、索引词条后的数字表示内容所在的页码。

数字

A

B

C

D

F

G

H

J

K

L

M

N

P

Q

R

S

T

W

X

Y

Z